KB210417

BELIEVERS CHURCH BIBLE COMMENTARY

Old Testament

Genesis, by Eugene F. Roop, 1987
Exodus, by Waldemar Janzen, 2000
Deuteronomy by Gerald E. Gerbrandt, 2015
Joshua, by Gordon H. Matties, 2012
Judges, by Terry L. Brensinger, 1999
Ruth, Jonah, Esther, by Eugene F. Roop, 2002
1 & 2 Chronicles by August H. Konkel, 2016
Psalms, by James H. Waltner, 2006
Proverbs, by John W. Miller, 2004
Ecclesiastes, by Douglas B. Miller, 2010
Isaiah, by Ivan D. Friesen, 2009
Jeremiah, by Elmer A. Martens, 1986
Lamentations/Song of Songs by Wilma Ann Bailey, Christina Bucher, 2015
Ezekiel, by Millard C. Lind, 1996
Daniel, by Paul M. Lederach, 1994
Hosea, Amos, by Allen R. Guenther, 1998

New Testament

Matthew, by Richard B. Gardner, 1991
Mark, by Timothy J. Geddert, 2001
John, by Willard Swartley, 2013
Acts, by Chalmer E. Faw, 1993
Romans, by John E. Toews, 2004
2 Corinthians, by V. George Shillington, 1998
Galatians by George R Brunk III, 2015
Ephesians, by Thomas R. Yoder Neufeld, 2002
Philippians by Gordon Zerbe, 2016
Colossians, Philemon, by Ernest D. Martin, 1993
1–2 Thessalonians, by Jacob W. Elias, 1995
1–2 Timothy, Titus, by Paul M. Zehr, 2010
1–2 Peter, Jude, by Erland Waltner and J. Daryl Charles, 1999
1, 2, 3 John, by J. E. McDermond, 2011
Revelation, by John R. Yeatts, 2003

회중교회 사역자,

교회학교 교사,

선교단체의 리더,

그룹성경공부 구성원,

학생,

목회자,

연구자.

이 읽기 쉬운 주석 시리즈는

성서의 원래 메시지와 그 의미를

오늘날 더 온전히 이해하려는

모든 이들을 위한 것이다.

Original published in English under the title ;
  Ephesians -Believers Church Bible Commentary
  by Thomas R. Yoder Neufeld
Published by Herald Press, Herrisonburg, VG 22802
Realeased simultaneously in Canada by Herald Press Waterloo, Ont. N2L 6H7.
All rights reserved.

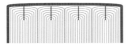

신자들의교회 성서주석은
펼침이 좋고 오래 보관할 수 있도록
전통적인 사철 방식으로 제작했습니다

신자들의 교회 성서주석
에베소서

지은이	톰 R. 요더 뉴펠트 Thomas R. Yoder Neufeldr
옮긴이	황의무
초판발행	2017년 8월 22일

펴낸이	배용하
책임편집	배용하
등록	제364-2008-000013호
펴낸곳	도서출판 대장간
	www.daejanggan.org
등록한곳	대전광역시 동구 우암로 75-21 (삼성동)
편집부	전화 (042) 673-7424
영업부	전화 (042) 673-7424 전송 (042) 623-1424

분류	주석	신약	에베소서
ISBN	978-89-7071-421-9
	978-89-7071-386-1 (세트 04230)
CIP제어번호	2017019407

 값 25,000원

신자들의 교회 성서주석

에베소서

톰 R. 요더 뉴펠트
황의무 옮김

약어표 Abbreviations

*	see TBC
+	see TLC
//	parallel reference
=	parallel to, equal
ANE	Ancient Near East
Ant.	Jewish Antiquities, by Josephus
[Chiasm]	Sample reference to essay in the back of the commentary
b.	Babylonian Talmud, with its tractates
ca.	circa, around
CD	Damascus Document
cf.	compare
ch./chs.	chapter(s)
DSS	Dead Sea Scrolls
ed(s)	editor(s), edition
e.g.	for example
Ep.	epistle
esp.	especially
ET	English translation
FC	Fathers of the Church [series] Washington, DC, 1947–
Gk.	Greek
Heb.	Hebrew
Hist. eccl.	Ecclesiastical History, by Eusebius
i.e.	id est, that is
LXX	Septuagint (Greek translation of the Hebrew Bible)
m.	Mishnah, with its tractates
MM	Martyrs Mirror. See Braght in the bibliography.
MS(S)	manuscript(s)
MT	Masoretic Text (Heb.) of the Old Testament
n	note
NT	New Testament
OT	Old Testament
p75	sample reference to a papyrus
par.	parallel(s)
pl.	plural
1QH	Thanksgiving Hymns, DSS
1QS	Rule of the Community, DSS
sg.	singular
Sir	Sirach 집회서(Latin: Ecclesiasticus),

	the Wisdom of Jesus Son of Sirach
TBC	Text in Biblical Context, after comments on a unit
TDNT	Theological Dictionary of the New Testament
TLC	Text in the Life of the Church, after comments on a unit trans.
	translation, translator/s, translated by
v./vv.	verse/verses
Wis	Wisdom of Solomon
w1, 2, 3	Markers (in the Essays only) pointing to further discussion
	online at: www.heraldpress.com/bcbc/john
y.	Jerusalem Talmud (tractates)
x	times, such as a term appearing 2x (2 times)

영어성경버전 English Bible Versions

AT	author's translation or paraphrase
CEB	Common English Bible
CEV	Contemporary English Version
JB	Jerusalem Bible
KJV	King James Version (= Authorized Version)
LB	Living Bible
NAB	New American Bible
NASB	New American Standard Bible
NEB	New English Bible
NIRV	New International Reader's Version
NIV	New International Version (1984)
NJB	New Jerusalem Bible
NKJV	New King James Version
NLT	New Living Translation
NRSV	New Revised Standard Version
REB	Revised English Bible
RSV	Revised Standard Version
TEV	Today's English Version (= Good News Bible)
TNIV	Today's New International Version

차례

신자들의 교회 성서주석시리즈는 기본적인 성서공부를 위한 새로운 도구를 사용할 수 있게 한다. 이 시리즈는 성서의 원래 메시지와 그 의미를 오늘날 더욱 풍부하게 이해하고자 하는 모든 사람들–주일학교 교사들, 성경공부그룹, 학생, 목회자 등–을 위해 발간되었다. 이 시리즈는 하나님께서 여전히 듣고자 하는 모든 이들에게 말씀하시며, 성령께서는 하나님의 뜻을 알고 행하고자 하는 모든 이들을 위해 말씀으로 권위 있는 산 지침을 삼으신다는 신념에 기초하고 있다.

저자들은 가능한 넓은 층의 독자들을 도우려는 열망으로 참여를 결정했다. 성서본문을 선택함에 있어 어떤 제한도 없으므로, 독자들은 가장 익숙한 번역을 계속 사용할 수도 있다. 이 시리즈의 저자들은 비교를 위한 기준으로 NRSV역과 NIV역을 사용한다. 이들은 어떤 본문을 가장 가까이 따르고 있는지, 그리고 자신들만의 번역을 하는 부분이 어디인지를 보여준다. 저자들은 혼자서 연구한 것이 아니라, 정선된 조언가들, 시리즈의 편집자들, 그리고 편집위원회와 협의했다.

각권은 성서를 조명하여 필요한 신학적, 사회학적, 그리고 윤리적 의미들을 제공해주며, 일반적으로 "고르지 않은 땅을 매끄럽게" 해주고 있다. 비평적 이슈들을 피하지 않되, 그것을 학자들 간의 논쟁이 일어나는 전면에 두지도 않았다. 각각의 섹션들은 주를 달아, 이후에 "성서적 맥락에서의 본문"과 "교회생활에서의 본문"이라는 집중된 글들이 따라오게 했다. 이 주석은 해석적 과정에 도움을 주지만 모이는 교회 속에서 분별되는 말씀과 성령의 권위를 넘어서려 하지는 않는다.

저자들은 각자의 주석에 대한 기본적 작업을 했으나 "성경의 모든 예언은 사사로이 풀 것이 아니니"벧후 1:20; cf 고전 14:29라는 말씀처럼, 모든 작업을 혼자 한 것은 아니다. 그들은 작업 기간 중 최고의 학자들을 엄선하여 조언을 들었으며 시리즈를 위해 편집자들과 함께 논의 하는 한편 다른 성경학자로부터 피드백을 받는 일도 잊지 않았다. 뿐만 아니라 신자들의 교회 교단을 대표하는 여섯 명의 편집 위원들이 원고를 자세히 읽은 후 교회적 차원에서 의견을 개진하고 수정할 내용에 대해서는 기탄없이 건의했다. 저자는 이 모든 조언 및 논의 과정을 원고에 고스란히 반영했으며 편집 위원회가 최종적으로 출판을 승인했다. 따라서 본 주석은 개인 저자의 탁월한 작업과 교회의 목소리를 조화롭게 반영한 결과물이다. 이점에서 이 주석은 성령님의 인도하심을 따라 성경 본문을 해석하려는 해석학적 공동체의 노력을 잘 보여준다.

신자들의 교회라는 용어는 교회의 역사 속에서 자주 사용되어 왔다. 16세기 이후로, 이 용어는 흔히 아나뱁티스트들에게 적용이 되었으며 후에는 메노나이트 및 형제교회를 비롯해 유사한 다른 그룹들에게도 적용되었다. 서술적인 용어로, 신자들의 교회는 메노나이트와 형제교회 이상의 것을 포함하고 있다. 신자들의 교회는 이제 특수한 신학적 이해들을 나타내고 있는데, 예를 들면 신자의 침례, 마태복음 18:15-20에 나타나는 교회 회원이 되기 위해 필수적인 그리스도의 통치에 헌신하는 것, 모든 관계들 속에서 사랑의 힘을 믿는 것, 그리고 자발적으로 십자가의 길로 그리스도를 따라가고자 하는 의지이다. 저자들은 이런 전통 속에 이 시리즈가 설 수 있도록 선정되었다.

신자들의 교회 사람들은 항상 성서의 단순한 의미에 순종하는 것을 강조한다고 알려져 있다. 이 때문에 그들은 깊이 있는 역사비평적 성서학문의 역사가 길지 않다. 이 시리즈는 고고학과 현재 진행되는 성서연구를 진지하게 취하면서 성서에 충실하고자 한다. 이런 작업의 의미는 다른 많은 좋은 주석들에서 발견될 수 있는 해석들과 저자들의 해석이 질적으로 크게 다르지 않다는 뜻이다. 그러면서도 이 저자들은 그리스도, 교회와 선교, 하나님과 역사, 인간의 본성, 그리스도인의 삶, 다른 교리들에 대한 기본적인 신념을 공유한다. 이런 가정들이 저자의 성서해석을 이루고 있다. 따라서 이 시리즈는, 다른 많은 주석처럼, 하나의 구체적인 역사적 교회의 전통 속에 서 있는 것이다.

이러한 교회의 흐름 속에서 많은 사람은 성경공부에 도움될만한 주석의 필요를 역설해 왔다. 이 필요에 대한 응답이 신자들의 교회성서주석을 소개하는 데 충분한 정당성이 될 것이다. 그럼에도, 성령께서는 어떤 전통에도 묶이지 않으신다. 이 시리즈가 전 세계 그리스도인들 사이의 벽을 허물며 말씀의 완전한 이해를 통한 순종 속에서 새로운 기쁨을 가져다주기를 바라는 바이다.

저자 서문

에베소서는 지난 수년간 필자의 연구와 교수 및 설교 사역과 함께 해온 동반자였다. 에베소서와 필자의 우정은 지금도 계속되고 있다. 사실 나는 지혜의 친구들과 함께 하는 영적 모임-언제나 말씀을 경청하며 그것을 꾸준히 묵상하고 실천하는 삶을 살며 항상 마음과 입술로 예배하는 단체-의 일원이라는 엄청난 특권을 인식하며 살아왔다.

에베소서가 강조하듯이, 우리 가운데 다른 사람과 떨어져 홀로 살 수 있는 사람은 아무도 없다. 더욱이, 우리의 삶은 그리스도의 몸 안에서 의미를 가진다. 그는 평화를 추구하는 머리이시다. 필자는 이 주석을 저술하는 동안 나와 함께 해 준 이 위대하고 다양한 몸의 지체들에게 감사한다.

필자의 학생들은 나에게 유익한 조언과 용기를 주었다. 안네 브루바허Anne Brubacher, 해롤드 바우만Harold Bauman 및 조지 실링톤George Shillington은 본 주석을 꼼꼼히 읽고 필요한 조언을 해 주었다. 매사에 철저한 편집부는 본 주석을 풍성하게 하는 여러 가지 제안과 요구를 아끼지 않았다. 편집자인 윌라드 스와틀리Willard Swartley는 대단한 인내와 통찰력 있는 충고 및 그러한 시도가 얼마나 큰 특권인지를 상기시켜주는 일종의 주장을 끊임없이 제공했다. 끝으로 헤럴드출판사의 데이빗 가버David Garber는 이 프로젝트가 큰 주목을 받으며 완성될 것이라고 내다보았다.

이책처럼 시간이 걸리고 힘든 작업을 해본 경험이 있는 자라면 가족의 고마움을 누구보다 잘 알 것이다. 나의 아내 레베카Rebecca와 자녀 미리암Miriam과 데이빗David의 관심과 인내, 사랑 및 지원에 진심에서 우러나오는 감사를 드린다. 나는 에베소서를 통해 배운 진리와 사랑 및 평화의 일부가 아버지와 남편으로서 나에게 영향을 미치게 해 주시기를 기도한다.

무엇보다도 나는 대부분의 "짐"을 가볍게 해주신마 11:30 하나님께 감사드린다.

나는 이 주석을 가정에서 그리스도의 도로 양육해준 나의 부모님에게 바친다. 부디 이 주석이 그들의 신실함과 근면함의 작은 결실이 되기를 바란다.

서론

개관

본 주석은 에베소서에 대한 묵상, 연구, 토론, 설교, 교수, 저술 등 수년간 함께 해온 결과물이다. 이 서신의 탁월성에 대한 필자의 인식은 한결같다. 나는 논증의 강력함, 표현의 아름다움과 힘, 관점의 포괄성에 대해 놀랐다. 무엇보다도 나는 이 서신이 도시적, 세계적, 대규모적인 동시에 근본적이고 예언자적인 오늘날 교회의 삶과 매우 중요한 관계가 있다는 사실에 대해 어느 때보다 확신하고 있다. 필자는 본서가 교회로 하여금 성경을 통해 들려주시는 성령의 음성에 귀를 기울일 것을 촉구하는 주석이 되기를 바란다.

다음의 서론은 에베소서의 내용에 대한 간략한 개요 및 구조에 대한 논의로 시작할 것이다. 이어서 본 서신에 대한 면밀한 연구를 통해 드러난 특별한 이슈 및 문제점에 대한 고찰이 제시될 것이다.

개요

에베소서의 내용 및 주요 주제

에베소서의 구조

수수께끼로서의 에베소서

수신자, 저자, 연대 및 역사적 상황

목회적 차원 및 해석학적 고찰

번역

다른 주석

에베소서의 내용 및 주요 주제

에베소서는 1장 1-2절의 인사말이 끝난 후 하나님에 대한 송영 또는 찬송을 무려 열두 절3-14절에 걸쳐 이어지는 한 문장으로 제시한다. 이것은 본 서신 전체의 기초가 되는 핵심적 확신을 보여준다. 즉, 하나님이 유대인과 이방인을 모든 면에서 동일하게 복 주셨다는 것이다. 하나님은 그리스도 안에서또한 그리스도로 말미암아 그들을 택하시고 자녀 삼으셨으며 그들에게 비밀을 알리셨다. 하나님은 만유, 특히 모든 사람을 신적 하나 됨으로 통일하고 계신다.1:10, 4:6

일반적으로 서신의 핵심 내용을 압축한 요지는 바울 서신에서 문안 인사가 끝난 즉시 이어지는 감사 부분에 나타난다.[바울서신의 구조, 368쪽] 본서 뒷부분의 에세이 참조 바울 서신 가운데 감사 대신 송영찬송이 제시된 것은 고린도후서뿐이며 여기서 송영은 감사와 동일한 역할을 한다. 그러나 에베소서의 경우 1장 15절에서 감사에 대한 내용도 제시된다. 이 감사는 공식적으로 3장 끝까지 이어지는 것으로 보인다. 그러나 이 감사의 표현은 즉시 중보기도 또는 적어도 중보의 내용에 대한 진술로 바뀌며 저자는 독자가 그들 안에서, 또한 그들을 위해 어떤 능력이 역사하는지 아는 지혜를 주실 것을 구한다. 이 힘의 위력은 그리스도를 살려 하나님 오른편에 앉히사 우주의 모든 권세 위에 뛰어나게 하신 능력으로 제시된다.1:18-23

에베소서 2장 1-10절은 이 능력이 신자들에게 어떤 영향을 이미 주었는지에 대해 일견하게 한다. 한때 죄로 죽었던 자들이 이제 그리스도와 함께 살리심을 받았다. 그들은 일으키심을 받아 그리스도와 함께 하늘에 앉았다. 신자는 선한 일을 위하여 은혜로 구원 받았으며 공중의 권세 잡은 자의 지배로부터 벗어났다.2:10 선한 일의 온전한 의미는 에베소서 후반부에서 명확해질 것이다.

2장 11-22절에는 평화케 하신 그리스도의 행위에 대한 긴 찬송이 이어진다. 그리스도 밖의 외인이며 원수 되었던 자 -이방인- 가 친구가 된 것이다. 그들은 하늘나라의 시민이 되었으며 하나님의 가족이 되었다. 그들은 하나님이 거하시는 거룩한 성전의 벽돌이 되었다. 이방인은 유대인과 함께, 만물을 통일되게 하실 하나님의 형상으로 새로 지으심을 받은 한 새 사람의 중요한 부분이 되었다.cf. 1:10, 20-22 이 재창조 행위의 핵심에는 그리스도의 끔찍한 죽음이 있다. 그러나 이 궁극적 자기희생은 원수된 것에 결정적인 타격을 가하신다.2:16

3장에서 바울은 하나님의 비밀에 대한 전문 가이드로 나타나며 여기서 말하는 비밀은 이방인이 하나님의 백성에 포함되는 것으로 규명된다. 이제 유대인과 이방인으로 구성된 교회가 할 일은 하늘에 있는 권세들로 하여금 하나님의 무한하신 각종 지혜를 알게 하는 것이다.3:10 그러므로 이어지는 14-19절에서 능력과 지식cf. 1:17-23, 특히 측량할 수 없는 그리스도의 사랑을 위한 사도의 중보 기도가 제시된다는 것은 매우 적절하다. 1장 23절에서와 마찬가지로 이 모든 목적은 하나님의 충만이다.3:19 따라서 첫 번째 세 장에 제시된 하나님의 복 주심에 대한 찬양은 영광송으로 끝난다.3:20-21

에베소서의 후반부는 대부분 권면paraenesis으로 구성된다.[바울서신의 구조, 368쪽] 이 권면은 4장 1절에서 "그러므로"로 시작된다. 로마서 11장 33절-12장 2절에서와 같이 이 권면은 하나님의 무한하신 은혜를 찬양하는 송영에 바로 이어진다. 이것은 매우 중요하다. 모든 바울 서신에서 윤리는 무엇보다도 하나님의 복 주심에 대한 반응이다. 하나님의 은혜는 언제나 인간의 신실함에 앞서며 그 기초를 제공하기 때문에특히 2:1-10 참조 하나님이 주신 복과 은혜에 대한 진술은 필연적으로 하나님의 복을 받은 자의 편에서 적극적 감사의 반응을 요구한다. 에베소서의 첫 번째 세 장이 하나님의 복 주심에 대해 진술했듯이 나머지 세 장은 복을 받은 자들의 반응을 보여준다. 그들은 성도가 예배와 감사를 통해 수행해야 할 선한 일cf. 2:10에 주목한다.

이 권면은 4장에서 교회에 대한 초점과 함께 시작한다. 에베소서의 전반부가 교회를 하나님이 인간에 대한 재창조를 시작하신 장소로 제시한다는 점에서 이러한 시작은 적절하다. 따라서 4장은 교회의 하나 됨을 촉구하는 내용4:1-6으로 시작한다. 이어지는 7-16절은 그리스도의 몸을 세우는 사역이 지도자와 선생들만의 특권이 아니라 그리스도의 몸된 지체 모두의 일임을 상기시킨다. 지도자들의 임무는 처음부터 끝까지 성도가 이 일을 할 수 있도록 구비케 하는 것이다. 그리스도의 몸을 세우는 이 일은 그리스도의 화목 사역이라는 관점에서 보아야 한다.2:11-22 참조

저자는 교회에서 윤리로 초점을 옮기면서 어떤 간격도 두지 않으며 인식조차 하지 않는다. 새 사람이 할 일은 선한 일이라는 것은 분명하다.2:10, 4:24. TRYN 성도는 교회 안에서는 물론 주변 세상에 대해서도 새로운 삶을 살아야 한다. 어쨌든 새 사람은 적대적인 세상 속에서 지으심을 받기 때문이다. 에베소서에서 윤리는 정직함과 깨끗함 및 다른 사람을 사랑하는 태도를 의미한다.4:1-5:2 윤리는 탐욕과 정욕 및 우상숭배로부터5:3-14 피차 복종하는 삶으로5:15-6:9 돌아서는 것을 가리킨다. 이러한 내용은 결국 진리, 의, 평화, 하나님의 말씀, 기도를 통해 악의 영들과 담대히 싸우라는 말로 요약된다.6:10-20

2장에 묘사된 사망과 생명 사이의 괴리는 5장에서 어둠으로부터 빛을 분리하라는 촉구로 제시된다. 그러나 이러한 요구는 어둠으로부터의 완전한 이탈을 의미하는 것이 아

니다. 빛과 어둠의 철저한 이원론은 '어둠에서 빛으로의 변화'라는 개념으로 바뀌어야 한다. 어둠과 맞서 드러내는 것은 이러한 변화를 초래하기 위한 것이다.5:11-14 따라서 본문의 이원론적 언어는 빛의 자녀를 어둠의 세상으로부터 제거하기 위한 것이 아니라 오히려 그들의 영적 감수성을 자극하여 믿음에 깨어 있게 하고 자신들 앞에 놓인 변화의 사역을 인식하게 하기 위한 것이다. 그들이 세상을 본받지 않는 것은 만물을 새롭게 하는 사역에 동참하기 위한 것이다. 빛의 자녀는 그리스도의 몸이 되어cf. 1:23, 2:15 세상을 화목된 완전체로 통일시키시는 하나님의 사역1:10에 동참해야 한다. 비록 이러한 화목과 변화 사역이 대결과 분열을 가져온다고 할지라도.

5장 21절-6장 9절에 제시된 가정법Household Code은 이러한 준거에 기초한다. 1세기 가정은 핵가족을 가리키지 않으며 하인과 노예를 포함한 확장된 가정만 의미하지도 않는다. 가정은 사회 전체의 패러다임을 보여준다. 가정에 대한 교훈은 성령으로 충만함을 받으라는 명령5:18과 어둠의 권세에 맞서 싸우라는 명령6:10-13 사이에 제시된다. 이러한 연결은 에베소서에서 인간의 일상적 세계는 빛과 어둠, 선과 악, 하나님과 악한 세력이 만나는 영역임을 보여준다.

그리스도 안에 있는 성도들에 대한 하나님의 부르심과 역사하심1:19-23, 2:1-10, 3:14-21은 본 서신의 마지막 부분6:10-20에서 신적 용사로서 하나님에 대한 성경의 오랜 전승에 기초한 이미지로 완성된다. 이제야 메시아 공동체 —메시야의 몸— 는 하나님의 전신갑주를 입고 하나님의 화목사역을 대적하는 세력들과 전쟁에 나선다. 이 싸움을 위해 모든 지식과 모든 능력과 모든 부활의 생명이 요구된다.1:17-23, 2:4-8, 3:14-21, 6:10 본 서신의 최종적이고 아마도 가장 극적인 이미지는 이런 식으로 에베소서 전후반부의 목적을 결합한다. 독자는 하나님의 택하신 자녀라는 고상한 자리에 올라 그리스도의 몸으로 부르심으로 받고 이러한 지위에 합당한 순종을 요구받았다. 비록 그들은 일상적 삶의 영역에서 겸손, 진리, 의, 평화 및 기도라는 가장 겸손한 미덕을 실천하고 있지만 하늘에서 일어나고 있는 우주적 전쟁에 동참하고 있는 것이다.TRYN

신약성경 가운데 에베소서만큼 교회를 강조하는 문헌은 없지만 궁극적으로 이 이야기의 핵심은 그와 같은 교회가 아니다. 첫째로, 교회는 그리스도 안에 있다. 이 말은 교회란 하나님이 세상 안에서또한 세상을 위해 의도하신 뜻과 불가분리의 관계에 있는 메시아적 현상에 해당한다는 것이다. 교회, 정확히 말하면 "자신의 교회 안에 계신 그리스도"R. Martin, 1991:4는 온 세상을 새롭게 하는 수단이다. 결국 이 엄숙한 사명은 에베소서에서 능력과 권능과 성령 및 부활하신 그리스도와의 하나 됨을 강조하는 보다 큰 틀을 제공한다.

에베소서의 전반적 요지는 다음과 같이 정리할 수 있다. 비밀이 드러났다! 그리스도 안에서 하나님은 만물을 모으고 계신다. 하나님의 자비와 은혜는 죄인들에 대한 용서로 끝나지 않았다. 창조주는 원수를 제거하고 그리스도 안에서 인간을 새롭게 재창조하심으로 고장난 인간을 고치시는 일을 주도하셨다. 새롭게 된 인간 공동체는 즉시 평화를 실천하는 사역에 뛰어들었다. 이 공동체는 인사이더와 아웃사이더, 인간과 하나님을 위한 새로운 집이 되었다. 뿐만 아니라 이 교회 공동체는 아직도 하나님의 평화의 완전한 실현을 방해하고 있는 악의 세력과 맞서 일상이라는 참호 속에서 거룩한 싸움을 싸우라는 부르심과 능력을 받았다.

에베소서의 구조

에베소서를 1세기의 대화 수단으로 알려진 용어로 범주화 하려는 시도는 좌절되었다.Best. 1998:59-62 에베소서는 편지 형식으로 시작하고 끝나지만 사실 우리가 바울에게서 기대했던 서신 형식을 대충 따를 뿐이다.[바울서신의 구조, 368쪽] 따라서 에베소서가 서신이 아니라 교훈이나 설교라고 생각하는 사람들도 있다. 에베소서와 같은 서신은 공적인 기능을 수행한다. 즉 이러한 서신들은 문자로 기록되었으나 청중이 듣는 앞에서 큰 소리로 낭독되었다. 따라서 에베소서가 설교적 요소를 가지고 있다고 해도 결코 놀랄 일이 아니다. 어찌 보면 수사학적 고려와 서한체적epistolary 고려가 한 곳으로 수렴되는 것은 당연한 일이었다.

고대 이론에 의하면 대중 연설은 두 종류로, 즉 화자가 청중이 이미 확신하고 있는 내용을 강조하는 연설epideictic speec[식장연설]과 저자나 화자가 청중이 특정 행위를 하도록 감동을 주는 연설deliberative speech[정책연설]로 구별된다. 에베소서의 수사학적 특징은 이 두 가지 범주와 일치한다. 에베소서의 전반부에 해당하는 1-3장은 주로 전자에 해당하며 독자나 청중에게 하나님의 복을 자세히 진술한다. 후반부에 해당하는 4-6장은 대체로 후자에 해당하며 독자와 청중에게 하나님의 복에 대한 반응을 촉구한다.

에베소서를 편지로 보는 관점에 문제가 있다고 해도, 에베소서의 구조와 형식은 확실히 우리가 앞서 제시한 맥락과 일치한다. 홀랜드 헨드릭스Holland Hendrix는 에베소서를 위대한 은인의 선물에 대한 엄숙하고 중요한 진술이 있은 후 수혜자의 순종에 대한 리스트가 이어지는 "서간체 형식의 공적 선포"honorific epistolary decree로 보아야 한다고 주장한다.Hendrix: 9; 그러나 cf. Best, 1998:62 따라서 에베소서의 전반부는 베푸신 은혜에 초점을 맞추며, 후반부는 수혜자의 반응에 초점을 맞춘다. 같은 맥락에서 랄프 마틴 Ralph Martin은 에베소서를 이중 패널로 구성된 두폭화diptych로 보아야 한다고 주장한다.1991:46

패널 A로 부를 수 있는 1-3장은 하나님이 그리스도 안에서또한 그리스도로 말미암아 교회를 위해 하신 일에 대한 경배와 찬양을 포함하는 광범위한 감사이다. 패널 B에 해당하는 4-6장은 교회로 하여금 그에 합당한 삶을 살라고 촉구하는 권면이다. 레이먼드 브라운 Raymond Brown은 동일한 선상에서 이 서신의 전반부는 하나님의 복 주심에 대해 "진상이 무엇이냐"에 초점을 맞춘 직설적 설명이며 후반부는 하나님의 복 주심에 대해 "어떻게 할 것인가"라는 당위성과 관련된 명령이라고 주장한다.1997:621-3

우리는 에베소서의 전반부에 대한 구조를 살펴봄으로써 문학적 예술성에 대한 증거를 더욱 분명히 확인할 수 있다. 성경 저자들은 일련의 유사한또는 대조적인 구문이나 단락을 연결함으로써 전체적 틀을 형성하는 경우가 종종 있다. 때로는 대칭 관계에 있는 문장들이나 보다 큰 단위의 본문이 텍스트의 핵심 요소주제의 틀을 형성되기도 한다. 우리는 이러한 수사학적 기법을 대칭구조라고 부른다. 이 구조를 키아스무스chiasmus 또는 키아즘 chiasm으로 부르는 이유는 본문의 구조가 헬라어로 "키"chi라는 발음을 가진 X 형태를 이루기 때문이다. 대칭구조에 대한 최근의 논쟁에 대해서는 Breck: 15-70, 333-57; Thomson: 13-45; Geddert: 416-7 참조

상세한 설명은 주석을 통해 제시되겠지만 에베소서 2장 11-22절은 대칭구조임을 한눈에 알아볼 수 있는 구조로 되어있다.Thomson: 84-115; 그러나 필자는 46-83페이지를 통해 1장 3-10절이 대칭구조라거나 5-6장이 명백한 대칭구조로 되어 있다는 Breck: 267-9 및 Lund: 197-206의 주장이 설득력이 약하다고 생각한다 실제로 2장 11-22절은 에베소서 전반부의 전체적 틀을 형성하는 대칭구조의 핵심 단위로 보인다. 찬양으로 시작하고 찬양으로 끝나는 전반부에서 하나님이 인간과 화목하셨다는 진술은 평화이신 그리스도에 대한 위대한 찬양2:14-18의 배경이 된다.

이 대칭구조에서 연결이 가장 분명하지 않은 부분은 C-C1이다. 그러나 내용상의 분명한 차이에도 불구하고 두 단락 모두 그리스도 안에서 유대인과 이방인에게 일어난 일에 대해 찬양한다. 두 단락 모두 유대인과 이방인에 대한 특정 언급과 함께[2:1-10의 경우 "우리"와 "너희"로 제시됨] 그리스도 안에서 만물이 통일될 것이라는 1장 9-10절의 함축을 반영함으로서 핵심 단락인 2장 후반부[2:11-22]의 틀을 형성한다.

우리는 이와 같이 다양한 분석적 도구를 통해 에베소서의 구조와 형식이 우연이 아니라는 결론을 내릴 수 있다. 오히려 이러한 에베소서의 이중적 구조는 바울적이고 유대 언약적일 뿐만 아니라 그리스-로마 특유의 사고가 잘 드러난다. 즉 은혜는 삶을 통한 감사를 요구하며 자비에는 합당한 반응이 따라야 한다는 것이다.

그러나 이러한 권면의 패턴이나 구조가 전부는 아니다. 은혜를 베푸는 자는 수혜자로 하여금 반응을 가능하게 한다. 하나님의 복 가운데 하나는 능력이다. 하나님은 자기 백성으로 하여금 부르심에 합당한 삶을 살 수 있게 하신다. 한때 죽었던 자, 하나님의 대적을 따라 반역하던 자가[2:1-2 양자1:4-5와 하늘나라의 시민2:19-22이 되어 하늘보좌에 앉게 되었을 뿐만 아니라2:6 마침내 그들을 위해 예비된 "선한 일"을 행할 능력을 받게 된 것이다.2:10, 4:24

하나님은 재창조를 통해 이러한 반역자들을 구원하셨으며 그들에게 성령을 선물로 주심으로 계속해서 합당한 삶을 살 수 있게 하셨다.1:13, 2:18, 3:16, 5:18, 6:18 가장 놀라운 것은 그들로 하여금 은혜를 베푼 자의 몸이 되게 하심으로 수혜자와 은혜를 베푸는 자를 하나가 되게 하신 것이며예를 들면, 1:22-23, 2:5,15, 3:17, 4:15-16, 5:1-2, 30-32 보잘것없는 유대인과 이방인은 은혜를 베푼 자의 숭고한 사역에 동참하게 되었다. 그렇다면 첫 번째 패널이 영광송으로 끝나고 두 번째 패널이 화목케 하는 전사의 신적 역할을 감당하라는 촉구로 끝난 것이 당연하지 않겠는가?

수수께끼로서의 에베소서

에베소서는 강력하지만 매우 다른 반응을 촉구한다. 한편으로 이 서신은 "바울주의의 정수"로 불렸다.Bruce, 1984:229 많은 사람들은 이 서신의 탁월하고 문장 흐름과 바울 특유의 기독교 메시지의 핵심을 제시한 기념비적 구절특히 2장 8절의 "너희는 그 은혜에 의하여 믿음으로 말미암아 구원을 받았으니"와 4장 4-6절의 "몸이 하나요 성령도 한 분이시니… 한 소망… 주도 한 분이시요 믿음도 하나요 세례도 하나요" 어떤 학자는 "신약성경 가운데 에베소서만큼 시대적으로 오늘날과 관련된 성경은 없다"R.Martin, 1991:1라고 주장한다. 에베소서는 교회는 그리스도의 하나 된 몸이라는 교회론과 함께 예배에서도 탁월한 지위를 누린다.

어떤 사람들은 바울 서신에서 흔히 발견되는 활기나 사적인 언급이 빠진 것을 아쉬워한다.가령 Beker: 109-11 많은 사람들은 에베소서의 문체와 어조가 마치 과도한 그림처럼 극도로 수사적이고 장황하다고 생각한다. 오늘날 성차별 문제에 민감한 독자는 5장에서 그리스도와 교회의 관계를 남편과 아내의 관계에 비유한 것에 당황스러워하며 6장의 군사적 이미지에 대해 불편해 하는 사람들도 있다. 따라서 많은 사람은 이 서신에 대해 냉담한 태도를 취하며 일부는 반감을 가지기도 한다.

동시에, 다소 아이러니한 일이지만 화목하게 하는 사역을 맡은 그리스도인은 평화하게 하시는 그리스도에 대한 2장의 찬양뿐만 아니라 세상 주관자들 및 악한 영들과 싸우라는 6장의 명령을 통해 큰 힘을 얻는다. 한 마디로 에베소서에 대한 평가는 복합적이다. 에베소서는 수수께끼라고 할 수 있는가?

에베소서는 독자를 여러 면에서 당황스럽게 한다. 첫째로, 이 서신에는 수신자가 분명하게 제시되지 않는다.1:1 주석 참조 둘째로 에베소서는 바울 서신의 일반적 구조와 정확하게 일치하지 않는다. 에베소서는 서신은 찬양과 감사 후에 즉시 권면으로 이어진다.[바울서신의 구조, 368쪽] 그렇다면 에베소서를 분명한 서신 형식으로 볼 수 있는가? 찬양과 기도에 대한 광범위한 용례를 감안할 때 에베소서는 서신보다 예배 자료에 가깝지 않은가? 셋째로, 우리는 "촌충처럼" 긴 문장의 특이한 문체Lincoln: xlv, 과도한 구문, 지나친 수식과 함께 반복되는 명사를 어떻게 해석해야 하는가? 넷째로, 에베소서는 데살로니가후서 및 목회서신을 제외한 모든 바울 서신의 내용이 부분적으로 반영되어 있다.

에베소서와 골로새서

가장 당황스러운 것은 골로새서의 1/3 이상이 그대로 인용된 것은 아니지만 에베소서에 나타난다는 것이다. 본 주석에서도 분명히 드러나듯이 에베소서와 골로새서 사이에는 매우 밀접한 유사성이 있다. 대다수 학자들은 골로새서의 작성연대가 에베소서보다 빠르다고 생각하며 어느 면에서는 골로새서에 의존하여 기록된 것으로 본다. 이처럼 광범위한 인식과 견해를 달리하는 한 가지 중요한 접근은 Ernest Best, 1998:20-40이다. 그는 두 자료의 "중첩"은 둘 다 바울 "학파"의 공유된 전통에 의존한 때문이라고 생각한다. 에베소서의 그리스도, 교회, 종말론 및 가정 법전에 대한 진술은 어떤 바울 서신보다 골로새서와 많은 부분을 공유하는 것으로 보인다. 공관복음 상호 간의 관계는 두 서신의 관계에 대한 유익한 유추를 제공한다.

그러나 공관복음의 경우에서와 같이 이러한 유사성은 중요한 차이점도 부각시킨다. 골로새서의 내용은 에베소서에서 상세하게 재생되지 않으며 공유된 자료는 대체로 뚜렷한 인상을 남긴다. 몇 가지 사례를 제시하면 다음과 같다. 에베소서의 기독론은 그리스도의 주 되심 및 탁월하심에 대한 강조와 함께 골로새서 1장 15-20절에서 발견되는 기독론에 상당부분 의존한다. 동시에 에베소서에서는 모든 초점이 교회비록 그리스도의 몸으로 제시되지만로 옮겨간다.cf. 골1:19; 엡1:23, 3:19

또한 골로새서는 모든 권세들이 그리스도로 말미암아 창조되었으며1:16 그를 대적한 자들은 멸망당해 승리의 행렬 앞에 공개적인 구경거리가 되었다고 주장한다.2:15 이와 대조적으로 에베소서에서 권세들은 여전히 적대적 세력으로 제시된다.2:1-3, 3:10, 6:10-13 에베소서의 목회적 지표는 골로새서처럼 신자들에게 확신을 주기 위한 것이 아니라 그들에게 여전히 활동 중인 적대적 세력과 싸울 수 있는 능력을 부여하는 것이다.6:10-20

끝으로 에베소서는 골로새서로부터 가정 법전을 가져오며 아내-남편 부분을 그리스도와 교회의 사랑에 대한 요약적 묵상으로 확장한다. cf. 엡5:22-33; 골3:18-19 또한 우리는 에베소서의 가정 법전이 성령으로 충만함을 받으라는 명령5:18-21과 우주적 전쟁에 대한 명령6:10-20 사이에 끼여 있다는 사실에 주목해야 한다.

우리는 정확히 에베소서가 골로새서의 모티브를 인용한 부분에서 에베소서의 특징적 성격에 대한 분명한 증거를 발견할 수 있다.상세한 비유에 대해서는 Best, 1998:20-5; Lincoln:

xlvii-lviii; Schnackenburg: 30-3을 참조하고 골로새서와 에베소서에 대한 또 하나의 관점에 대해서는 Co-lossians, by Ernest Martin: 27, 284-5를 참조하라

에베소서와 바울의 가르침

에베소서는 바울의 가르침의 정수 또는 요약인가? 아마도 그럴 것이다. 그렇다고 해도 세심한 독자는 본 서신이 바울의 일반적 문안 인사 방식에서 다소 벗어난다는 사실을 알 것이다. 물론 이러한 차이점에 큰 중요성은 부여하지 않겠지만

이러한 차이에 대한 조명은 몇 가지 사례를 제시하는 것으로 충분할 것이다. 첫째로, 바울은 일반적으로 교회를 지역의 회중으로 언급하지만 에베소서에서 교회는 언제나 우주 전체를 일컫는 하나의 실재로 제시된다. 이러한 사색은 교회 자체의 변화에 기인하는가?

둘째로, 바울은 일반적으로 구원을 가까운 미래에 기대할 수 있는 것으로 언급한다.가령, 롬13:11; 살전1:10, 4:13-5:11 그러나 에베소서의 구원은 그리스도와 함께 하는 부활 및 승귀와 함께 이미 이루어진 사건으로 언급된다. 미래적 사건으로서 구원에 대한 언급은 거의 찾아볼 수 없으며가령, 1:14, 4:30, 5:5 그리스도의 재림이나 미래적 나타나심에 대한 분명한 언급은 전혀 제시되지 않는다.

셋째로, 에베소서에는 칭의에 대한 언급이 나타나지 않는다. 은혜에 의한 칭의롬3:24 대신 은혜에 의한 구원이 제시된다.2:5, 8

넷째로, 고린도전서 15장 20-28절에서 바울은 그리스도에 대해 모든 권세와 싸우시는 신적 전사로 묘사한다. 그러나 에베소서에서 이 싸움에 대한 명령을 받는 자는 교회이다6:10-18

끝으로, 갈라디아서 3장 28절에서 바울은 "너희는 유대인이나 헬라인이나 종이나 자유인이나 남자나 여자나 다 그리스도 예수 안에서 하나이니라"라는 급진적인 슬로건을 인용하며 인정한다. 그러나 에베소서는 골로새서와 마찬가지로 아내와 남편, 자식과 부모, 종과 주인에 대해 지배와 복종이라는 전통적 역할의 틀 안에서 살 것을 촉구한다. 본 주석은 이러한 이슈에 대해 상세히 다룰 것이다.

수신자, 저자, 연대 및 역사적 상황

앞서 언급한 것들에 대한 고찰은 에베소서를 연구하는 사람들에게 -특히 수신자, 저자, 연대 및 역사적 상황에 대해- 몇 가지 어려운 문제를 제기한다. 이러한 문제에 대해서는 에세이 [저자, 361쪽]에서 상세히 다루겠지만 이 서신을 누가 누구에게 언제 보냈는지에 대해 초점을 맞추게 될 것이다.

바울이 이 서신의 저자라고 할 경우 우리는 에베소서의 저작 연대를 그의 사역 후반기^{바울이 로마에 감금되어 있던} 60년대 초로 보아야 할 것이다.[저자, 361쪽] 당시의 에베소는 수신자로 보기 어렵게 하는 몇 가지 문제점을 안고 있었다. 1장 1절에 대한 사본상의 문제는 차치하고라도^{1:1-2 주석 참조} 3장은 바울이 에베소에서 수년간 보낸 후 틀림없이 잘 알고 있었을 회중과 달리 독자에 대해 잘 모르고 있었음을 보여준다. 오히려 우리는 바울이 일부 독자에 대해 알고 있는 에베소 부근의 몇몇 교회에 보낸 일반적 서신을 생각해볼 수 있다. 이 서신을 기록한 이유에 대해서는 어떤 구체적인 결론도 제시되지 않는다. 어쩌면 바울은 세상을 화목하게 하시는 하나님의 사역을 찬양하기 위한 마지막 사색적 진술 또는 설교형식의 서신을 준비해야 할 필요를 느꼈는지도 모른다.

한편으로 만일 에베소서가 바울이 죽은 후 기록되었다면[저자:355쪽, 위경:378쪽] 에베소가 기록된 시기는 그것이 전제하는 신학적 역사적 발전을 설명할 수 있는 충분한 시간이 지난 후일 것이다. 그러나 우리는 적어도 대주교 이그나티우스^{Ignatius of Antioch}가 저술 작업을 하던 주후 2세기의 처음 10년^{그는 에베소서에 대해 언급한 것으로 보인다. 가령 T} Polycarp 5.1 [Holmes: 197]; Best, 1998:15-6 이전에 에베소서가 회람되고 받아들여졌을 것으로 추정할 수 있다. 따라서 에베소서의 기록 연대는 1세기 말 무렵으로 보는 관점이 가장 설득력이 있으며 오늘날 대부분의 견해와도 일치한다.^{Best, 1998:6-20; Kitchen: 1-34;} Lincoln: lxxii-lxxiii; Schnackenburg: 33-4

대체로 가장 신뢰할 수 있는 사본에 수신자에 대한 분명한 언급이 나타나지 않기 때문에 수신자 문제는 여전히 미해결상태로 남아 있다.^{1:1-2, 주석} 어떤 사람들은 에베소서가 에베소에 사는 사람들에게 보낸 편지가 아니라고 할지라도 이 서신과 에베소의 궁극적인 관계는 이곳이 저자가 살던 곳임을 보여준다고 생각한다. 바울이 에베소에서 오랫동안^{사도행전 20장 31절에 따르면} 3년 사역한 사실을 감안할 때 이 성읍은 바울의 연구와 사색을 위한 매력적인 장소이자 바울 "학파"의 산실이었을 수 있다.^{cf. 행19:9-10; Brown: 630; cf.} Best, 1998:36-40 그러나 이것은 경험적 추측일 뿐이다. 결국 에베소서는 바울이 사역한 소아시아 부근 어딘가에서 주변의 광범위한 독자를 대상으로 기록되었을 것이라고 보는 것이 가장 설득력 있다.

에베소서를 기록한 정확한 동인을 찾는 일은 여간 어려운 일이 아니다.[저자, 355쪽] 클린턴 아놀드Clinton Arnold는 누구보다 적극적으로 나서서 구체적인 장소와 상황까지 제시한다. 그에 의하면 에베소서에 나타난 능력에 대한 강조 및 "악한 권세들"에 대한 특별한 관심은 신자들이 주술과 점성술에 빠질 위기에 처한 상황이 배경이 되었음을 암시한다. 에베소는 이러한 종교적 행위의 핵심 지역이라는 것이다.1989:5-40; cf. 행19장 다른 학자들은 이러한 주장에 비교적 회의적이다. 그들은 이 서신과 에베소를 연결하는 요소가 약하다는 사실을 고려할 때 바울이 1세기 말에 사역하던 지역 전체의 공동체에 영향을 준 사조에 대해 광범위하게 들여다 볼 필요가 있다고 주장한다.e.g., Best, 1998:63-75; Lincoln: lxxiii-lxxxvii

1세기 후반부는 초기 기독교 공동체, 특히 바울 교회 안에 큰 혼란과 변화가 초래된 시기이다. 그리스도인은 교회 내 유대인-이방인 관계에서 중요한 역할을 했던 율법과의 지속적인 관계를 다루는 다양한 방식을 찾았다. 또한 그들은 예수님이 속히또는 그들이 처음 기대했던 방식으로 오시지 않았다는 사실을 해결하기 위해 다방면으로 접근했다. 어떤 사람들은 깨달음과 영성이 가져온 **현재적** 구원을 찬양했으며 다른 사람들은 하나님이 장차 어떻게 하실 것인지에 대해 면밀히 살폈다. 이처럼 갈등의 소지가 있는 이슈들은 신약성경 기록에서도 흔적을 남겼다.

에베소서가 바울 사후 기록되었다고 믿는 사람들은 이러한 혼란기의 흔적이 본문에 명백히 각인되어 있다고 생각한다. 첫째로 2장 11-22절 및 3장에 나오는 유대인과 이방인의 관계는 바울 교회의 지속적인 관심사이며 에베소서 저자 역시 마찬가지였다. 에베소서 독자의 대부분은 이방인이었음이 거의 확실하다. 그러나 유대인도 교회 공동체의 일원이었으며 그들 가운데는 에베소서 저자를 비롯하여 다른 독자들도 있었을 것이다. 거룩한 삶에 관한 문제와 함께 구원과 종말론에 대한 갈등적 관점으로 인해 긴장이 고조되었을 가능성은 매우 높다.Koester, 1982a:269-70 에베소서의 유대인 저자는 동료 유대인과 이방인이 자신을 한 새 사람one new humanity의 일원으로 볼 수 있게 도우려 했다.

둘째로, 에베소서에는 지나친 단순화일지 모르나 영지주의의 관심사를 상기시키는 내용을 반영한 것처럼 보이는 여러 가지 요소들이 나타난다. 요한복음은 모르겠지만 다른 신약성경의 경우 지식gnōsis, 1:15-23, 3:14-21에 큰 가치를 두지 않는다. 또한 우리는 이미 구원을 받아 그리스도와 함께 하늘의 영역에 올라갔다는 강조2:6에 주목할 필요가 있다. 5장 14절의 짧은 찬양은 잠에서 깨라는 강조와 함께 영지주의적 모임에서 환영을 받을만한 내용이다. 2세기에 충만*plērōma*, 1:23, 3:19, 하늘가령, 1:3, 2:6, 구세주의 내려오심과 올라가심4:8-10, 온전한 사람4:13, 그리스도와 신자의 거룩한 결혼5:25-32과 같은 에베소서의 모티브들은 모두 영지주의 문헌에서 쉽게 찾을 수 있는 내용이다.

그러나 셋째로, 에베소서에는 바울의 묵시적 교훈을 따르는 자들이 고수하는 요소들도 있다.[묵시사상, 353쪽] 악한 세력이 지배하는 어둠의 세상가령, 2:1-3, 6:12, 하나님의 진노를 기다리는 죄인들5:5-7, 우주의 악한 세력들과 맞서 싸우는 전쟁6:10-20 및 구원의 날에 대한 기대4:30에 대한 묘사에 주목하라. 많은 학자들은 이러한 묘사들이 에베소서가 쿰란의 사해 공동체와 관련된 종말론적 관점에 영향을 끼쳤음을 확인해 준다고 생각한다. 가령, Kuhn; Perkins

에베소서를 연구하는 학자들은 어느 한 가지 해석을 선택해야 한다고 생각할 때가 많다. 그러나 본 주석을 통해 거듭해서 드러나겠지만 하나의 대안에 대한 배타적인 선택은 에베소서에 명확히 함축된 요소를 무시하거나 경시하는 결과가 되고 말 것이다. 우리는 영지주의 요소와 종말론적 요소의 결합은 조망perspectives과 전통둘 다 성경적이며 바울적임의 결합을 반영했을 가능성을 인정해야 한다. 종종 상호 간의 긴장으로 인식되는 강조점들이 에베소서에서는 이 서신 전체의 근간이 되는 평화의 메시지와 일치하는 전체론적 통일성 속에 녹아든다. 우리는 저자의 신학 자체에 대해 평화—"통일되게" 하는 행위로서 평화1:10; Yoder Neufeld, 1993:211-32; 그러나 cf. Zerbe—를 추구하는 행위로 보아야 한다.

우리는 에베소서 안에서 지식과 총명, 영과 자유, 부활과 승귀의 중요성에 대한 근본적인 진술을 찾을 수 있다. 동시에, 이미 이루어진 사실에 대한 이러한 도취적 진술은 그리스도인의 삶의 공동체적 윤리적 성격에 대한 사실적 강조와 불가분리의 관계로 제시된다.

그리스도인은 "하늘의 영역"에 속한 존재이지만 이러한 장소들은 확실히 악한 권세들에 대한 우주적 싸움이 벌어지고 있는 지상의 일상적이고 사회적인 삶 속으로 확장된다. 예를 들면, 가정 법전 바울의 종말론적 가르침을 그 때까지 인내하며 기다리라는 촉구로 보는 해석가들은 하나님의 미래적 구원에 대해서만 알고 있는 것이다. 그들은 지금 그들 가운데 역사하고 계신 부활의 현재적 능력과 함께 이미 시작된 전쟁에 동참하게 하는 능력에 대해 알아야 할 필요가 있다. 에베소서에는 방관자가 존재하지 않는다.

종종 주목을 받고 있는 것이지만, 에베소서에는 주님의 미래적 나타나심에 대한 분명한 언급이 없다는 문제 역시 이러한 관점에서 접근해야 한다. 저자는 구원 과정의 미래적 정점이 "하늘에 있는 것이나 땅에 있는 것이 다 그리스도 안에서 통일되게 하려 하심"이라는 모티브 속에 함축된 것으로 믿은 것이 분명하다. 또한 에베소서가 이미 회자되고 있는 바울서신과 별도의 관점에서 읽어 주기를 바라는 마음에서 기록된 것으로도 보이지 않는다. 이러한 서신들에는 그리스도와 그의 나라가 장차 온전히 임할 것이라는 바울의 기대가 분명히 제시된다. 예를 들면, 살전4:16-5:1; 고전15:20-28; 롬8:18-25, 13:11-14; cf. 골3:4 바울의 회중들은 이러한 임재에 대한 언급이 에베소서에 빠져 있다는 사실을 즉시 알았을 것이다.

에베소서 저자는 독자에게 지금 세상에 임재 해 계신 그리스도의 몸이 된다는 의미를 온전히 이해시키고자 했는가? 말하자면 에베소서는 영지주의적 관점을 선호하는 독자로 하여금 하나님이 아직도 이 세상에 대해 이루셔야 할 일이 있다는 사실을 주지시킨 것처럼, 종말론적 관점을 선호하는 독자에게 하나님의 선택, 부르심, 구원 및 능력 주심이 과거적 사건이라는 사실을 증거로 들이댔느냐는 것이다.

바울이 죽은 후 바울의 교회들은 점차 이러한 문제들에 사로잡혔다. 따라서 에베소서는 1세기 말 무렵의 교회들을 위한 사도적 유산cf. 딤전 1:3, 4:6, 6:20-21의 함축에 대한 바울 "학파" 내의 활발한 토론을 반영한 것으로 보인다.[저자, 355쪽] 에베소서와 같은 서신은 사도 바울의 예언적 유산과의 관계는 물론 보편적 성격 및 사색적 특징에 있어서 예언이라기보다 이스라엘의 지혜 전승에 가까운 신학적 사색이라고 할 수 있다. 그럼에도 불구하고 에베소서는 영감으로 기록된 책이다. 그것의 기초는 사도들과 선지자들의 터이며 그 초점은 머릿돌이신 그리스도이며 그 틀edifice은 성도들의 협력적 사역의 결과이다. 2:20, 4:12-16

목회적 차원 및 해석학적 고찰

제자도에 대한 열정으로 가득하거나 첫사랑의 감격에 사로잡힌 그리스도인은 에베소서를 마치 해도를 들여다보듯 할 것이다. 특히 교회의 이미지에 대해서는 그리스도 안에서 악한 권세들과 싸우며 "하늘에 있는 것이나 땅에 있는 것이 다 그리스도 안에서 통일되게"1:10 하는 일에 완전히 사로잡혀 있는 이미지를 떠올릴 것이다. 그러나 본서를 읽는 독자의 대부분은 이러한 열정과는 거리가 먼 회중에 속하며 오래전부터 장기적으로 인식된 필요perceived needs[인지된 필요]에 익숙해 있다.

앞서 제시한 바와 같이 만일 에베소서가, 바울의 후계자들에 의해 전수되고 2-3세기 신자들이 경험한 바울의 관점을 반영하고 있다면 퇴락의 조짐을 보이고 있는 회중과 교단은 본 서신에 특별히 주의를 기울여야 할 것이다. 본서의 급진적 내용은 정확히 이러한 교회들을 깨우는 경종이다. 5장에 묘사된 그리스도와 교회의 결혼이라는 이미지에 다가가기 위해서는 에베소서를 일종의 결혼 갱신marriage renewal으로의 초청으로 보아야 한다.

본 주석은 특정 전승, 즉 '성경은 평화와 섬김으로의 부르심'이라는 입장을 고수하는 소위 신자들의 교회believers church 전승으로부터 기록되었다. 이 전승의 교회관은 삶을 통해 그리스도를 따르겠다는 결심을 하고 신앙 고백을 통해 세례를 받은 자들의 공동체가 가지고 있는 교회관이다. 세례를 받은 모든 신자는 다양한 방식을 통해 사역자로 부르심을 받았다. 본 주석은 이러한 전승 및 그들의 관점을 존중한다.

에베소서는 이러한 전승을 뒷받침하는 동시에 도전을 준다. 한편으로 신자교회 전승은 선한 일을 특징으로 하는 새로운 삶으로 들어가기 위한 진입로로서 세례에 높은 가치를 두는 본문2장 및 4장을 통해 힘을 얻는다. 많은 희생이 따르는 제자도에 대한 강조는 어둠에서 벗어나 악과 싸우라는 명령에서도 반영된다.6장 평화이신 그리스도에 대한 핵심적 강조는 특별한 관심사이다.2장 다른 한편으로, 선택과 신적 주권1장 및 죄를 악한 권세들에 대한 예속으로 보는 관점2장에 대한 강조는 신자교회에서 광범위하게 주장되는 인간의 자유에 대한 강력한 믿음과 마찰을 빚는다.

에큐메니즘에 대해 불편함을 느끼는 사람들은 그리스도 안에서 통일 또는 하나 됨가령 4장에 대한 왜곡된 역설catholicism로 인해 힘들어 할 수 있다. 반면에 신자교회 공동체가 가지고 있는, 정치적으로나 사회적으로 보다 급진적인 요소들은 가부장적 이미지 및 군사적 이미지5장과 6장로 인해 어려움을 겪을 것이다.

에베소서가 어떤 도전을 제시하든, 성경을 하나님의 말씀으로 경청하기 위해 기울인 신자교회 전승의 헌신은 성경에 대한 전통적 해석을 고수하는 일보다 우선되어야 한다. 따라서 신자교회의 조망perspective을 위한 모범이나 탁자를 제공하는 일, 또는 본문을 구미에 맞게 만들어 내거나, 급진적 내용임에도 불구하고 특별한 지표agenda에 도움을 주는 내용으로 다듬는 작업은 본 주석이 허락할 수 일이 아니다. 이런 일은 먼저 성경 본문으로 하여금 하나님의 말씀에 귀를 기울이는 믿음의 공동체를 향해 말씀하게 한 후 공동체로 하여금 자신의 지표를 성경으로 가져오게 하는 방식이 되어야 한다.예를 들면, Swartley, 1983:270-5

그러나 우리는 지혜로워야 한다. 모든 주석과 모든 독자는 문화나 공동체 안에서또한 그러한 것들을 통해 형성된 의식이나 상상력을 가지고 본문으로 나아온다. 만일 이러한 문화나 공동체가 신실하고 하나님이 세상 속에서 하고 계신 화목 사역에 주의한다면, 그러한 문화 속에서 형성된 선입견은 감사할 일이다. 그러나 성경을 배우는 많은 학생들은 하나님이 없는 실재를 설명하고, 죄와 악을 의심하기보다 쉽게 받아들이며 교회의 한 지체가 되는 경험에 대해 큰 기대를 갖지 않는, 그런 문화를 통해 형성된 상상력과 세심함을 가지고 있다. 이런 경우의 선입견은 하나님의 말씀을 듣는데 장애가 될 뿐이다.

주로 무의식적으로 습득되는 이러한 경향은 본문을 기존의 필요나 요구 및 기대에 부응하는 내용으로 재단하려 할 것이다. 주석가나 독자와 마찬가지로 우리도 1장과 3장의 기도가 우리를 위한 것이 되게 하는 방법밖에 없다. 그것은 우리가 그 너비와 길이와 높이와 깊이를 깨닫고 특히 그리스도 안에서 우리와 온 우주를 향한 하나님의 사랑을 깨달을 수 있는 지혜와 계시의 영을 위한 기도이다.

번역

아마도 여러분은 대부분 성경을 연구할 때 NIV나 NRSV 역본을 사용할 것이다. 필자는 어느 한 쪽 역본을 두둔하거나 다른 탁월한 역본가령, KJV나 NJB 또는 REB을 선호하는 사람들을 변방으로 몰 생각이 없다. 나는 지금까지 부록Schematic Trans에 제시된 필자 자신의 도식적 번역에 의존해왔으며 때때로 NIV나 NRSV를 참조해 왔다. 본서에 제시한 번역을 비롯하여 어떤 역본도 단어와 개념의 온전한 의미 및 미묘한 뉘앙스까지 모두 담아낼 수는 없다. 여러분은 본 주석을 읽을 때 자신이 선호하는 역본과 본서의 번역을 함께 사용하는 것이 가장 효과적일 것이다.

다른 주석

모든 주석은 본질상 주석가, 독자, 텍스트 및 성경을 연구하는 광범위한 공동체의 협력을 통해 산출된 결과이다. 따라서 필자는 다른 저서에 많은 빚을 지고 있다. 다른 학자들을 수시로 인용한 것은 이 사역이 협력을 통해 이루어짐을 보여주고 독자에게 다른 안내서 및 정보의 원천을 제공하기 위함이다. 특히 나는 전문적인 지식과 풍부한 신학적 통찰력이 담겨 있는 앤드류 링컨Andrew Lincoln, 1990의 주석을 추천한다.

가장 최근의 나온 베스트Ernest Best, 1998의 주석은 에베소서 및 오늘날 학계와의 진지한 교류를 위한 필수 자료이다. 에베소서는 내적 교회의 실재에 관심을 가진 유일한 책이라는 그의 관점은 본 주석의 관점과 크게 다르다. 마르쿠스 바르트Markus Barth가 저술한 두 권의 방대한 책1974은 사실상 무한한 정보와 신학적 사색의 보고이다. 1991년에 번역된 루돌프 슈낙켄버그Rudolf Schnackenburg의 주석1982은 특히 에베소서가 기독교 역사 전체에 미친 영향에 대한 연구로 유명한 탁월한 저서이다.

다소 덜 전문적인 책이기는 하지만 랄프 마틴Ralph Martin, 1991과 레티 러셀Letty Russell, 1984의 주석은 특히 매력이 있다. 퍼킨스Pheme Perkins의 주석1997은 특히 사해사본과의 접점에 대해 연구한 귀중한 자료이다. 또한 필자는 독일 학계, 특히 요아킴 그닐카 Joachim Gnilka, 1971와 하인리히 슐리어Heinrich Schlier, 1971: Schnackenburg에 대한 앞서의 언급 참조로부터 많은 영감을 얻었으나 인용은 많이 하지 않았다. 참고 문헌은 에베소서 연구에 유익한 주석과 기타 저서 및 논문에 대한 구체적인 정보를 제공할 것이다.

수신자 및 인사말

개관

에베소서는 다른 고대 서신과 마찬가지로 "발신자가 수신자에게 문안하는" 형식으로 시작한다. 그러나 바울서신에서 전형적으로 볼 수 있는 것처럼 이러한 인사말은 발신자와 수신자가 누구인지를 밝히 드러내는 역할을 한다. 발신자는 하나님의 뜻대로 세움을 입은, 그리스도 예수의 메신저이다. 그는 신실한 자들성도들의 공동체에게 문안한다. 또한 저자는 그들에게 하나님 아버지와 주 예수의 은혜와 평화를 기원함으로써 인사말을 대신한다.

이러한 특징들은 바울의 명의로 보낸 서신의 전형적 요소에 해당한다. 한 가지 특기할 만한 것은 첫 번째 문장에 등장하는 에베소라는 지명이다.

개요

인사말, 1:1-2
수신자, 1:1

주석

인사말 1:1-2

발신인 및 수취인

바울은 글을 쓰는 일을 시작할 때부터 자신의 사도적 목적을 위해 인사말을 비롯하여 당시 서신의 전형적 형식을 채택하였다. 에세이 [바울서신의 구조, 368쪽] 참조 그는 자신의 편지가 개인적인 서신일 뿐만 아니라 그리스도의 명령사실상 하나님의 명령에 의한 공적인 서신으로 받아들여지기를 원했다. 에베소서 1장 1절은 바울의 글에 전형적으로 나타나는 표현이다. 저자는 자신을 "그리스도 예수의 사도메신저 된 바울"로 제시하며 이러한 직책은 "하나님의 뜻으로 말미암아" 위임된 것이라 말한다. 따라서 이어지는 내용은 중요한 메신저인 바울과 그를 보내신 그리스도 예수의 권위 및 사실상 이 모든 권위의 원천이 되시는 하나님 자신의 권위가 담긴 글로 읽어야 한다. 그러므로 이 서신이 바울 자신의 글이든 우리가 에베소서로 알고 있는 메시지를 보존하고 있는 바울 추종자 가운데 한 사람의 글이든서론 및 에세이 [저자, 361쪽], [위경, 384쪽] 참조, 에베소서는 궁극적 발신자이신 하나님의 뜻이 온전히 담긴 글로 보아야 한다.

바울서신의 서두에는 이어지는 내용에서 중요한 역할을 하는 용어나 개념이 담기는 경우가 종종 있다. 여기서도 마찬가지이다. 에베소서 전체에서 볼 수 있는 것처럼 바울의 상투적 강조점은 신비하고 놀라운 하나님의 은혜를 들여다볼 수 있는 창문처럼 다루어진다.

이 서신은 "거룩하고 신실한 자들"TRYN에 대해 언급한다. "거룩한 자들"은 일반적으로 "성도들"로 번역된다. 거룩한 자들이라는 용어는 성경 전체에서 다양한 의미를 가진다. 이 표현은 하늘 궁정에 속한 지체에 대한 언급이나천상의 존재에 대한 다양한 암시에 대해서는 1:18 주석을 참조하라. cf. 신33:2; 시89:5-7; 단7:21 하나님의 백성에 대한 일반적인 언급으로 사용된다. 바울은 자신의 회중의 지체들을 "거룩한 자들"로 부르기를 즐겨했다. 바울의 청중이 대부분전적인 것은 아니지만 이방인이라는 사실을 감안할 때 유대인인 바울이 이러한 호칭을 사용한 것은 매우 관대한 행위로 볼 수 있다.

결국 거룩한 자들이라는 용어는 특별한 지위와 아울러, 다른 것과 구별된다는 개념을 가진다. "너희는 나에게 거룩할지어다 이는 나 여호와가 거룩하고 내가 또 너희를 나의 소유로 삼으려고 너희를 만민 중에서 구별하였음이니라."레20:26; cf. 신7:6, 14:2 2장과 3장에서 저자는 한때 거룩함과 무관한 외인이었던 이방인이 거룩한 영역으로 들어오게 된 사실을 찬양한다. 말하자면 한때 담 밖에 있던 그들이 이제 새로운 지성소의 벽을 형성하게 된 것이다.2:19-22

바울서신에 자주 등장하는 "신실한"피스토스이라는 단어는 다양한 의미를 가진 용어이다. 피스토스pistos라는 헬라어는 "믿는"예를 들면, 행10:45; 고후6:15; 갈3:9; 명사형인 피스티스[pistis]는 주로 "믿음"으로 번역된다이라는 단어의 용례에서 볼 수 있듯이 "믿음이 충만한"faith-full이라는 뜻이 있다. 그러나 이 단어는 "진실한"이나 "충성된"예를 들면, 6:21; cf. 마25:21; 고전4:2; 고후1:18; 요삼1:5에서 볼 수 있는 것처럼 "신실한"이라는 뜻으로 더 많이 사용된다. 피스티스pistis라는 헬라어 명사 역시 "믿음"롬3:3,22; 갈2:16; 딤전6:11; cf. 약2:14-26이라는 뜻이 있지만 본 서신이 2:10의 선한 일4-6장에서 더욱 확장된다을 강조한다는 사실을 감안할 때 이곳의 구절은 "그리스도를 믿음"이라는 해석가령 Best, 1998:95; Lincoln: 6보다 "그리스도 안에서, 그리스도로 말미암아 신실하게 행함"이라는 뜻으로 해석해야 할 것이다.

"그리스도 예수 안에서의 신실함"은 본 서신의 핵심적 메시지에 해당한다. "그리스도 안에서"In Christ라는 표현은 에베소서 전체에 유사한 형태로 20번 이상 나타난다."그리스도 안에서"에 대해서는 1:3-14 주석 참조 에베소서 전체는 "그리스도 안"이라는 표현에 함축된 의미에 대한 한편의 논문wisdom treatise으로 볼 수 있다. 이처럼 뚜렷한 바울 특유의 숙어는 다음과 같은 확신을 보여준다. 즉 신자의 삶은 하나님이 그리스도를 통해 이루신 일에 기초하며, 따라서 그들의 행위는 이러한 정체성에 의해 형성되고 힘을 얻으며, 선한 일이란 신자가 하나님이 그리스도를 통해 세상을 온전케 하고 계신 사역에 대한 동참이라는 것이다.에세이 [안에, 373쪽] 참조

인사말

본 서신은 2절에서 통상적인 문안 인사chairein 대신 독자에 대한 축복을 기원한다. "은혜와 평화가 너희에게 있을지어다"에세이 [바울서신의 구조, 368쪽] 참조 바울 서신은 모두 이러한 기원으로 시작하며 여기에 사용된 어법은 대부분 동일하다. 이것이 바울의 상투적 인사말이라고 해서 그 의미가 축소되는 것은 아니다.Mauser: 106-9 "은혜와 평화"에 대한 언급은 마지막 기원6:23-24에도 다시 나타나며 두 기원은 은혜예를 들면, 1:6, 2:8, 3:8, 4:7와 평화예를 들면, 2:14-17, 4:3, 6:15에 대한 본 서신의 중요한 설명의 틀을 형성한다.

이 축복의 원천은 "하나님 우리 아버지와 주 예수 그리스도"이다. 이 익숙한 어휘에 함축된 의미 역시 중요하다. 에베소서에서 아버지라는 말은 돌보심, 양육, 구원, 피조세계와 하나님의 관계 및 삼위의 관계를 나타낼 때 사용된다.예를 들면, 1:3, 2:13, 3:14, 4:6, 5:20

신적 부모는 주 예수 그리스도를 통해 만유와 그 안에 거하는 자들에게 이 모든 것을 베푸신다. 마르쿠스 바스Markus Barth는 1장 1절 및 에베소서 여러 곳에 나오는 그리스도 예수를 메시아 예수로 번역함으로써 하나님의 화목 사역의 대리인으로서 예수님의 역할에 초점을 맞춘다.Barth, 1974:65 이러한 번역 역시 메시아나 그리스도라는 호칭이 근본적으로 유대적이라는 사실을 정확히 강조한다. 이것은 신적 부모로서 아버지 하나님과 하나님의 그리스도이자 그의 아들 예수의 구별에 초점을 맞춘다.

그렇다고 해도 메시아에게 주라는 용어를 사용했다는 것은 바울과 그의 학파가 하나님과 메시아에 대해 놀랄 만큼의 일체성을 부여한 것으로 볼 수 있다. 유대인이 하나님을 지칭할 때 즐겨 사용하는 주라는 용어는 바울의 글 다른 곳에서와 마찬가지로 여기서도 거의 하나님에 해당하는 개념으로 예수님에게 적용된다.본 서신의 서두와 말미에 나오는 축복/인사 및 1:3,17 참조 한 마디로 빌립보서 2:6-11 및 골로새서 1:15-20의 위대한 기독론적 송가에 제시된 찬양은 초기 바울 공동체의 문안 및 기원에 뿌리를 두고 있다는 것이다.

주Lord는 존경과 예배의 표현이다. 그리스도에게 주라는 호칭을 사용한 것은 그에 대한 강력한 충성심을 인정하는 것이기도 하다. 또한 그리스도를 은혜와 평화의 원천으로 제시한 것은 이러한 은사에 합당한 반응을 보일 뿐만 아니라 이 주님에게그리고 이 주님으로 말미암아 신실할 것을 맹세한다는 뜻이다.

수신자 1:1

에베소서 1장 1절에는 해석상의 문제점이 나타난다. 첫째로, 가장 신뢰성 있는 사본들최초의 바울서신집으로 알려진 파피루스 46은 물론 시내산사본 및 바티칸사본까지에 지명이 나타나지 않는다. 이 서신에는 원래 특정 수취인에 대한 언급이 없었는가? 이것은 에베소서가 애당초 특정 장소에 보낸 서신이 아니라 바울의 가르침을 보다 광범위한 교회에 제시하기 위한 회람용 서신이라는 잘 알려진 가설과도 부합된다.서론 참조

그러나 이 구절의 문법은 지명의 삽입을 요구하는 것처럼 보인다. 바울서신에서 "토이스 우신"who are…이라는 문구 뒤에는 항상 수신자지명에 대한 언급…에 있는이 따라온다.롬 1:7; 고후1:1; 빌1:1 참조 본문의 경우 원래부터 대부분의 사본에서 볼 수 있는 것과 같은 "에베소에 있는"in Ephesus이라는 문구가 들어 있지 않았을까? 그러나 문제는 이 서신을 읽는 독자들이 바울을 잘 알지 못한다는 것이다. 3:1-7; cf. 1:15 이것은 바울이 에베소에서 3년을 보내었다는 사실행20:31; cf. 19:1-22과 부합되지 않는다. 물론, 이 서신이 바울 사후 수십 년이 지난 시점에 쓰였다면 에베소서가 그들의 위대한 사도와 그의 가르침을 상기시

킬 필요가 있었을 가능성이 있다.

따라서 수신처가 에베소라는 주장은 이 서신이 바울 사후 상당한 시간이 흐른 후에 쓰였다면 설득력을 가질 수 있다. 그러나 이 지명이 제기된 것은 바울과 에베소의 오랜 관계를 감안했거나 이 서신의 지참인인 두기고를 에베소와 동일시여긴 때문일 수 있다. 6:21-22; 딤후4:12; Perkins: 34

어셔Usher 주교가 1654년에 제기한 대안은 이 부분이 비워 있었으며 에베소라는 지명은 요구에 따라, 아마도 두기고에 의해 삽입된 것으로 보인다는 것이다. 예를 들어 2세기 중엽 마르시온Marcion은 이 서신이 라오디게아에 보내진 것으로 알고 있었던 듯하다. 이 매력적인 이론의 가장 큰 문제점은 당시 회람용 서한이 그런 식으로 다루어진 사례를 찾아볼 수 없다는 것이다

우리가 이런 가설을 받아들인다고 해도 여전히 "who are and"그들은 그리고라는 매우 부자연스러운 어법상의 문제가 남는다.Schematic Trans 참조 한 가지 해법은 and를 "또한" 으로 해석하는 방법이다. "to the saints who are also faithful"[신실하기도 한 성도들에게] 그러나 성도는 거룩한 자로서 이미 신실한 자가 아닌가? 일부 번역은 아예 전치사 문제에 신경 쓰지 않는다. 가령 NIV는 "에베소에 있는 성도들, 그리스도 예수 안에 있는 신실한 자들에게"로 번역한다

앤드류 링컨은 본문의 지명은 원래 한 곳이 아니라 두 곳이며 접속사 "그리고"kai는 두 지명을 결합한 것으로 본다. Lincoln: 1-4, 이러한 주장은 van Roon: 72-85에 기초한다 그는 에베소서가 골로새서에 크게 의존한 사실을 감안할 때 에베소서는 원래 라오디게아와 히에라볼리에 보낸 서신이었을 것이라고 주장한다. 골로새서 4장 13절은 에바브라가 두 곳에서 사역했다고 말한다 이 경우 1장 1절은 "[히에라볼리]와 [라오디게아에 있는] 거룩한 자들과 그리스도 예수 안에 있는 신실한 자들에게"로 읽어야 할 것이다. 또한 두 지명은 나중에 사도의 서신이 광범위하게 확산되면서 삭제되었을 것이다. 예를 들면, 일부 사본은 로마서 1장 7, 15절에서 "로마"를 삭제했는데 이것은 논쟁의 여지가 없는 바울서신[undisputable letters]에서 보편적으로 일어난 현상으로 볼 수 있다는 것이다

이것은 1장 1절의 텍스트 역사 및 문법적 특이성을 설명하기 위한 수많은 시도 가운데 하나에 지나지 않는다. 링컨 및 다른 사람들의 주장에 대한 비판은 Best, 1998:99-100, 1997:1-24를 참조하라 우리가 이러한 자료에 대해 어떤 식으로 설명하든, 이러한 설명들은 모두 에베소서가 처음부터 특정 그룹을 넘어서는 광범위한 독자층을 염두에 둔 서신임을 보여준다. 확실히 에베소서는 교회를 위한 서신이다.

서론적 찬양: "영원히 찬송 받으실 복의 근원"

개관

사람들이 예배하기 위해 모일 때마다 이 서신을 반복해서 읽는다고 생각해보라. 저자가 자신을 소개하자마자 청중은 예배의 감격에 사로잡히게 될 것이다. 고린도후서를 시작하는 찬송1:3-7을 제외하면, 바울서신은 일반적으로 하나님에 대한 감사로 시작한다.[바울서신의 구조, 368쪽] 그러나 에베소서는 두 가지 요소 모두 가지고 있다. 에베소서는 공예배 행위에 해당하는 긴 찬송으로 시작하며 15절에서 즉시 감사가 이어진다. 우리는 이러한 사실만으로도 저자가 이 서론적 찬양또는 소위 송가을 얼마나 중요시하는지 알 수 있다. "주는… 영원히 찬송 받으실 복의 근원"이라는 찬송가Henry van Dyke, "Joyful, Joyful, We Adore Thee," HWB, 71[개편 찬송 64장/역주] 가사에 잘 요약되어 있듯이, 하나님은 우리에게 복 주심을 인해 찬송을 받으신다.

이 찬미는 길고 포괄적이며 예수 그리스도를 통해 택하신 자들에게 복을 주시는 하나님을 찬양한다. 창세 전에 택함을 받은 선민은 속량 곧 죄사함과 구원을 받고 성령이 보증하신 기업이 되었다. 그들을 택하신 목적은 하나님의 영광을 찬송하게 하려 함이다. 그러나 이러한 택함은 우주 만물, 즉 "하늘에 있는 것이나 땅에 있는 것이 다 그리스도 안에서[또한 그리스도로 말미암아] 통일되게" 하시려는 하나님의 포괄적 계획의 일환일 뿐이다. 하나님의 구원 열정은 시공세계의 끝까지 이르며 그것을 넘어선다. 10절은 이 서신을 형성하는 우주적 비전을 이해하는 열쇠임이 분명하다.

이 부분은 헬라어 원문으로 읽기가 쉽지 않다. 형용사의 수식을 받는 다양한 동의어와 명사로 연결된 난해하고 긴 구절이 이 서신의 핵심 주제를 대부분 담고 있는 하나의 긴 문장으로 녹아든다. 아이러니하게도 우리는 저자가 우주와 그 가운데 있는 것들에 대한 하나님의 사랑과 돌보심의 경이를 언어로 표현하는 데 한계가 있다는 사실을 잘 알고 있다는 분명한 인상을 받는다. 이러한 도취적 찬양에는 절제된 표현이 어울리지 않는다.

헬라어 텍스트를 편집하거나 번역하는 사람들은 이 난해한 문장을 여러 개의 짧은 단문으로 쪼개어 독자들이 미궁에 빠지지 않게 했다. 예를 들면 NRSV는 이 부분을 여섯 개의 문장으로 나누었으며 NIV는 여덟 개의 문장으로 나누었다. 그러나 이러한 편의적 독법에는 대가가 따랐다. 우리는 하나님이 우리에게 어떤 복을 주셨는가에 대해 하나의 연결된 문장으로 단숨에 읽어내려 가도록 작성된 본문을 읽거나 들을 수 없게 된 것이다. 이러한 문장 쪼개기는 우리가 숨을 헐떡이며 하나님을 찬양하는 경험을 앗아갔다.

본 단원에 대한 개요는 이 놀라운 문장의 문법적 특성을 반영하지 않을 수 없다. 문장을 형성하는 세 개의 주요 분사 −복을 주시되[또는 "복 주신" 1:3], 예정하사1:5, 알리신1:9− 는 각각 하나님의 여러 가지 복을 제시하는 작은 표제가 된다. 본문은 하나님의 기뻐하심에 대한 반복적 언급과 함께 처음과 마지막 행위자로서 하나님의 탁월하심에 초점을 맞춘다.1:5, 9, 11 또한 자주 등장하는 "그리스도 안에서"in Christ, "그 안에서"in him, in whom 라는 유사한 구절은 하나님이 그리스도를 통해 모든 일을 행하심을 보여줌으로써 문장의 축을 형성한다. 특히 속량의 수단으로서 그리스도의 피에 관심이 집중된다.1:7 하나님의 복 주심은 성령의 보증을 받는다.1:3, 13-14 "그의 영광을 찬송하게[또는 찬송이 되게] 하려 함"이라는 언급의 반복1:6, 12, 14은 하나님의 부르심의 목적 −즉 거룩한 삶을 통한 예배1:4− 을 분명히 보여준다.

아래에 제시된 요약적 개요는 문법적 관계와 함께 반복적으로 언급되는 구절 및 강조점을 보여줄 것이다.

엡 1:3-14 구조

찬송하리로다 하나님

신령한 복을 우리에게 주시되…   그리스도 안에서in Christ

우리를 택하사…   그리스도 안에서in him

우리를 예정하사…   예수 그리스도로 말미암아

자기의 아들들이 되게 하셨으니

기쁘신 뜻대로

그의 은혜의 영광을 찬송하게 하려는 것이라

우리는 그리스도 안에서… 속량 곧 죄 사함을 받았느니라

그 뜻의 비밀을 우리에게 알리신 것이요

그의 기뻐하심을 따라…

하늘에 있는 것이나 땅에 있는 것이 다 그리스도 안에서 통일되게 하려 하심

그 안에서… 우리가 예정을 입어 기업이 되었으니

일을 그의 뜻의 결정대로 일하시는 이의 계획을 따라

그의 영광의 찬송이 되게 하려 하심이라

그 안에서… 성령으로 인치심을 받았으니

그의 영광을 찬송하게 하려 하심이라

이 위대한 축복은 사실상 에베소서의 내용을 일목정연하게 보여주는 일람표에 해당하며 이 서신 전체에 대한 입문서 또는 서곡의 역할을 한다. 필자는 주석을 통해 이 특별한 서곡에 대해 살펴볼 것이다. 이 긴 문장은 일정한 구조를 가지고 있지만 많은 주제는 수차례 반복된다. 따라서 본문을 엄격하게 좇아가는 일은 쉽지 않다. 우리의 논의는 3절의 서론적 찬양에 이어 세 개의 주요 분사를 중심으로 살펴보는 순서로 이어질 것이다.

개요

찬양: 개론적 언급, 1:3-14

    1:3a 하나님 곧 우리 주 예수 그리스도의 아버지에 대한 찬양

    1:3b-4 그리스도 안에서 우리에게 복 주신 하나님에 대한 찬양

모든 신령한 복	1:3b
하늘에 속한	1:3b
그리스도 안에서	1:3b
거룩함을 위한 택함	1:4

그리스도로 말미암아 우리를 예정하신 하나님에 대한 찬양, 1:5-8

    1:5-6a 우리를 예정하사 아들이 되게 하심

1:6b 사랑하시는 자를 통해안에서 은혜를 주심

1:7 은혜의 풍성함: 속량 및 죄사함

1:8 지혜와 총명

그리스도 안에서… 비밀을 알리신 하나님에 대한 찬양, 1:9-14

1:9-10 비밀: 그리스도 안에서[또한 그리스도로 말미암아] 만유를 통일하심

1:11-12 예정을 입은 자의 몫

1:12-13 우리와 너희

1:13-14 성령으로 인치심

주석

찬양: 개론적 언급 1:3-14

3절은 이 긴 문장이 무엇보다 하나님에 대한 예배와 찬양에 초점을 맞추고 있음을 분명히 보여준다. 이어서 열거되는 우리에 대한 하나님의 복 주심은 이러한 초점에서 벗어나지 않으며 우리가 하나님께 받은 복을 열거하는 방식으로 하나님을 찬양한다.

하나님에 대한 찬양은 모든 예배의 핵심이다. 가장 일반적인 형식의 유대 기도문인 베라카berakah[복]는 이러한 찬송으로 구성된다. 헬라어역 히브리어 성경70인역은 종종 바룩baruk, 복을 받다을 에베소서 1장 3절에서 만날 수 있는 율로게토스eulog tos, 찬송하다로 번역한다. 본문은 흔히 "송가"eulogy로 불리는데 "율로지"라는 영어 단어는 헬라어에서 직접 가져온 차용어이다.

아마도 초기 유대 그리스도인의 찬송이나 기도는 여기서부터 유래 및 확장되었을 것이다. 예를 들면, Barth, 1974:77; BEST, 1998:105; Lincoln: 10 이 찬양 안에서 삼위일체 구조를 보는 사람도 있다. 그들은 3-6절에서 성부, 7-12절에서 성자, 그리고 13-14절에서 성령에 초점을 맞춘다. 예를 들면, Houlden, 1977:262-3; R. Martin, 1991:14 에베소서2:14-16, 5:14를 비롯하여 바울서신가령, 빌 2:6-11; 골 1:15-20에서 찬양을 인용하는 사례가 드문 것은 아니지만 본문의 경우 그런 사례로 단정하기는 어렵다. 우리는 기독교회사 초기 수십 년 동안 이 본문과 같은 찬양이나 제의가 있었다는 말을 듣지 못했다. 상세한 논의에 대해서는 Best, 1998:107-9; Lincoln: 12-5 참조

이 찬양은 이 서신의 고유 자료이며 의도적으로 저자와 독자에게 익숙한 공적인 찬가

를 모방했을 가능성이 많다. 어쨌든 이 서신은 이러한 찬양적 요소로 인해 처음부터 독자와 청중을 감사와 경배의 분위기로 몰아간다. 더구나 이 서신의 많은 강조점은 모두 이 서론적 찬양 속에 예시되며 선포되는데 이것은 이 서신 전체를 예배적 관점에서 읽어야 함을 보여준다. cf. Penner:11-22

이러한 하나님에 대한 찬양과 유사한 사례는 이방 세계의 비문이나 기념비에서 흔히 나타나는 극진한 언어에서 찾아볼 수 있다. 사람들은 마음을 담아 고심해서 작성한 긴 문장을 통해 은덕을 베푼 자를 칭송했다. 이어서 은혜를 받은 자들에게 이러한 호의에 합당한 행위로 반응할 것을 호소했다. 이것은 히브리인들이 여호와께서 해방시켜주신 것에 대한 감사의 반응으로서 율법에 신실할 것을 촉구 받은 것과 같다. 가령, 출 20장 이 에베소서의 서문은 하나님을 은혜 베푼복을 주신 자로 찬양함으로써 은혜 받은 자의 반응을 위한 준비를 한다. Hendrix: 3-15; Perkins: 36

1:3a 하나님 곧 우리 주 예수 그리스도의 아버지에 대한 찬양

3절은 모든 찬양과 마찬가지로 하나님이 창세전에, 그리고 모든 사람과 시간과 만물의 끝에 계신다는 확신을 드러낸다. cf. 4:6 하나님은 창조와 재창조 드라마의 주인공이 되신다. 통일되게 하려 하심, 1:10

하나님은 "우리 주 예수 그리스도의 아버지"로 불리신다. 아버지라는 말은 신약성경에서 하나님을 언급하는 용어로 자주 사용되지만 여기서는 특별한 중요성을 지닌 다양하고 복잡한 개념으로 제시된다. 첫째로, 하나님은 존재하는 모든 만물의 기원이다. 하나님은 아버지로서 피조 세계 안에 있는 모든 사람, 공동체 및 만물을 보호하시고 양육하시며 보존하신다. cf. 3:14-15, 4:6 즉, 복을 주신다는 것이다. 둘째로, 하나님은 고대의 부권fatherhood 이해를 따라 아버지이자 주Lord도 되신다. 이러한 이해는 이 서신에 내포된 신정론하나님 중심적 관점과 일치한다.

본문에서 하나님은 메시아 예수의 아버지로 명확히 제시된다. 이것은 그리스도에게 특별한 지위를 부여한다. 1:6의 "사랑하시는 자"와 시2:7-9, 110:1을 비교해보라 즉 그리스도는 아버지의 뜻을 행하시며 하나님은 그로 말미암아 모든 피조세계를 다스리신다는 사실을 보여준다. 한 가지 분명한 사실은 하나님의 본성과 성품이 우리 가운데 계신 예수님을 통해 나타난다는 것이다. 하나님의 주되심Lordship은 그리스도의 종 되심servanthood 및 수난과 불가분리의 관계에 있다. "부전자전"

이 유대 저자가 나사렛 사람을 따르는 다른 제자들과 마찬가지로 그리스도에 대해

"주"라는 호칭을 사용할 수 있었던 것은 이러한 아버지와 아들의 밀접한 관계 때문이다. 우리는 이것을 당연한 것으로 여겨서는 안 된다. 어쨌든 "주"는 유대인이 여호와를 일컫는 용어이다. 아들이 "우리 주"가 된 것은 바로 이 아들 안에서 하나님의 구원적 임재와 사역을 만날 수 있기 때문이다. 한 예로, 우리는 이 서신이 하나님 우리 아버지와 주 예수 그리스도의 문안으로 시작한다는 사실에 주목할 필요가 있다. 또한 4장 17절-5장 2절에서 진리, 친절 및 사랑에 대한 실천은 하나님[5:1]과 그리스도[4:20, 5:2]를 본받는 것으로 제시된다. 우리는 후세 그리스도인들이 이 신비한 상호작용을 삼위일체와 관련된 용어로 표현했음을 쉽게 알 수 있다.

앞서 1장 2절에서 분명히 제시한 대로 하나님은 우리 아버지도 되신다. 이어지는 내용에서 볼 수 있는 것처럼 예수 그리스도의 아버지는 그리스도 안에서, 그리스도로 말미암아, 그리스도와 함께, 우리에게도 양자의 복을 주셨다. 우리도 아들이 된 것이다.[1:5] "그[하나님]가 사랑하시는 자"[1:6]에게 주어진 것은 그[그리스도] 안에 있는 자들에게도 부여되었다.특히 2:4-7을 보라 따라서 우리 역시 하나님의 택하심과 양자 삼으심으로 인해 그의 자녀가 된 자들에게 합당한 기업을 받은 것이다. 아들과 딸로서 우리는 신적 아버지의 기쁘신 뜻을 따라 거룩하고 흠 없는 삶을 살아야 한다.[1:4]

1:3b-4 그리스도 안에서 우리에게 복 주신 하나님에 대한 찬양

3절이 하나님을 찬송하는 서론적 외침이라면 이어지는 세 개의 분사는 하나님을 찬송해야 할 이유를 제시한다. 즉 하나님이 우리에게 복을 주셨다는 것이다. 복이라는 단어가 3절에서 유형을 달리하며 세 차례 제시된다는 사실은 이 예배 행위가 관용과 감사의 분위기로 가득함을 보여준다. 첫 번째 주요 분사가 가리키는 것은 "하나님이 그리스도 안에서 하늘에 속한 모든 신령한 복을 우리에게 주셨다"는 것이다.

모든 신령한 복 1:3b

"신령한"이라는 형용사는 바울서신에 자주 등장하는 표현이지만 에베소서에서는 다소 수수께끼 같은 역할을 한다. 한편으로 우리는 여기서 하늘에 속한 신령한spiritual 복에 대해 듣는다. 다른 한편으로 6장 12절에는 하늘에 있는 악의 영들spiritualities이라는 표현이 나온다. 따라서 "영적"신령한이라는 단어는 긍정적인 개념 또는 부정적인 개념을 가질 수 있다. 이 단어는 신적인 능력이라는 의미를 함축하지만 경우에 따라서는 악한 능력을 가리키기도 한다. 본문에서 13절과 14절의 "약속"과 "보증"이 성령과 연결된 것은 3절의

"신령한"에 대해 '장차 보다 확실히 알게 될 일을 하나님의 풍성하심에 대한 효과적이고 강력한 경험으로서 지금 미리 경험한다' 는 의미로 보아야 함을 말해준다. 고든 피Gordon Fee는 신령한 복을 "성령에 속한 영적인 복"이라고 부른다.Fee, 1994:666

이 신령한 복은 무엇을 가리키는가? 이 구절은 경배적 요소로 가득한 긴 송가의 성격에 걸맞게 하나님의 신령한 복의 다양한 영역에 대해서만 열거하며 상세한 설명은 제시되지 않는다.

- 사랑 안에서 거룩하고 흠이 없게 하기 위해 그리스도 안에서 택하심1:4
- 창세전부터 하나님의 자녀로 예정하심1:5
- 그리스도께서 생명을 주심으로 해방하심1:7,14 cf. 2:13
- 죄 사함1:7; cf. 2:4-5
- 우주적 회복에 대한 하나님의 은밀한 계획을 알리심1:9-10; cf. 3장
- 하나님의 영광을 위해 살 수 있게 하심1:12
- 약속의 성령으로 인치심1:13-14

이러한 것들이 신령한 복인만큼 신자의 일상적 물질생활에 중대한 결과를 초래한다.Fee, 1994:667 이 신령한 복은 지위하나님의 자녀가 됨, 하나님이 세상에 대해 가지고 계신 목적에 대한 은밀한 지식 및 임무거룩함, 흠이 없음, 선행, 사랑의 실천, 및 특히 만유를 통일되게 하는 일에 동참함, 1:10와 관련된다. 약속의 성령에 대해서는 나중에 다시 살펴볼 것이다.

하늘에 속한 1:3b
이러한 복은 인간 세상 및 하늘에서 즉각 경험되어지는가? 아니면 하늘은 앞으로 올 시공세계를 가리키는 언급인가? 과거 시재를 사용한 것has blessed us["복을 우리에게 주시되"]은 우리에게 이러한 예배 행위가 신자들의 삶에 이미 일어났거나 일어나고 있는 일에 대한 감사임을 보여준다. 그러나 여전히 의문은 남는다.

신약성경에 나오는 독특한 표현으로 에베소서1:3,20, 2:6, 3:10, 6:12에 자주 등장하는 "하늘에 속한"은 미스터리한 단어이다. 우리는 문법적으로 절대복수형하늘의 것들 또는 하늘의 일들[ta epourania]이나 장소를 암시하는 남성 형용사대부분의 역본에서처럼 "하늘의 장소"[hoi epouranioi]에 대해 다루고 있는 것이 아니다. "하늘의"epouranios라는 형용사는 바울의 글 여러 곳에 나타나지만 절대적 의미로 제시된 적은 없다. 가령 고전15:40,48-49; 빌2:10; 딤후

4:18 이 단어의 절대적 형식은 신약성경에서 두 차례 나타나는데, 요한복음 3장 12절은 "하늘의 일"로 번역되는 것이 옳고 히브리서 9장 23절의 경우는 하늘 예배의 양상에 대한 언급이다.

NRSV는 사실상 모든 역본과 더불어 이 구절을 지역에 대한 언급으로 보며 따라서 하늘의 장소로 번역한다. 마찬가지로 NIV도 "하늘의 영역"으로 해석한다. 이런 해석은 2:6의 "그리스도 예수 안에서 하늘에"라는 구절에 가장 적합해 보인다. 그러나 이 문제가 복잡한 것은 "하늘에 [속한]"이라는 구절이 악의 세력이 거하는 곳으로도 언급된다는 사실 때문이다. 3:10; 6:12 에베소서의 우주론이나 세계관에 대한 이해는 이 퍼즐에 대한 통찰력을 제공한다.[에베소서의 우주론, 359쪽] 여기서는 이 용어가 명확하지 않다는 정도로만 언급하고자 한다. 이곳 본문처럼 긍정적인 의미로 사용된 경우조차 이 단어는 성도들이 지금 거하는 곳으로부터 멀리 떨어진 장소나 현재로부터 멀리 떨어진 시간에 대한 언급이 아니다. 이것은 장차 더 많은 복이 기다린다는 사실을 배제하지 않는다.cf. 1:11,14,18

그리스도 안에서 1:3b

앞서 언급한 대로, 하나님은 사랑하시는 아들 예수 그리스도를 통해또한 그로 말미암아 택하시고 구속하시고 재창조하신다. "그리스도 안에서"in Christ라는 말은 바울의 전형적인 표현이다. in헬라어 en의 의미는 매우 신축적이며 그리스도 안에서in, 그리스도와 함께with라는 공간적 의미로 번역되거나 "말미암아"나 "～에 의해"라는 도구적 용례로 번역된다. 저자가 이 모호하고 많은 함축을 지닌 전치사를 택한 이상 우리는 해석의 영역을 확장하지 않을 수 없다.

이 단어에 함축된 의미들은 각각 이곳의 사상과 잘 부합된다. 그리스도는 하나님의 복이 그 안에서in whom 실현되었거나 실현되고 있는 중인 분이시다.1:3,7,11 그리스도에 대한 이 놀라운 확장적 이해는 이 서신의 나머지 부분에서 중요한 역할을 하는 "그리스도의 몸"이라는 이미지의 토대가 된다.1:23, 2:16, 4:4,12,16, 5:30[안에, 367쪽] 신자들은 그리스도께서 그들이 하나님을 만나 하늘에 속한 모든 신령한 복을 경험하는 "장소"가 되신다는 의미에서 그리스도 안에in Christ 있다는 것이다. 그리스도의 "크기"는 우주적이다. 구속과 재창조의 영역이 이 거대한 수확ingathering을 통해 충만한 데까지 이르듯이1:10; cf. 4:12-13 그리스도의 몸은 마침내 피조세계의 가장자리까지 확장되며 "하늘에 있는 것이나 땅에 있는" 모든 것을 포괄할 것이다.1:10, NRSV; cf. 1:23

이러한 개념이 오늘날 인간관의 한계를 무너뜨린다고 말하는 것은 깊은 사색을 통해 나온 말이 아니다. 예를 들면, Best, 1998:153-4; Lincoln: 21-2 및 동 자료에 인용된 문헌 한편으로 보면 그리스도는 십자가에서 돌아가신 예수님이시다.[1:7; cf. 2:16] 뿐만 아니라 그리스도는 하나님의 창조의 대리인으로서 "선재"하신다.[1:4; cf. 2:10] 하나님은 대리인인 그리스도를 통해 복을 주시고[1:3] 양자 삼으시고[1:4-5] 기업을 주시고[1:11, 14] 속량하시고[1:7, 14] 용서하시며[1:7] 구원하신다.[1:13] 이러한 내용은 **그리스도 안에서** 만물이 통일될 것이라는 구절[1:10]에 요약되어 있다.

거룩함을 위한 택함 1:4

에베소서의 무게 중심은 기독론에서 교회론으로 옮겨간다.서론 이것은 −설사 "교회와 대비되는 그리스도"로부터 "교회 안의 그리스도"로의 전환으로 보아야한다는 랄프 마틴 Ralph Martin의 주장[1991:4]이 더 낫다고 할지라도− 충분히 일리가 있는 말이다. 이러한 에베소서의 전반적 패턴에 발맞추어, 4절의 초점은 택자에게로 옮겨가며 하나님이 주신 복에 대한 첫 번째 고찰과 함께 5절부터 시작되는 두 번째 주요 강조점예정을 미리 내다본다.

4절은 앞서 3절에서 살펴본 강조점을 다양한 방식으로 개괄한다. 첫째로, 우리를 택하신 분은 하나님이시다. 이것은 아무리 강조해도 지나치지 않다. 하나님은 우리를 먼저 택하신 자비로운 아버지이시다. 여기서 찬양의 행위로 제시된 예배는 이러한 하나님의 선행적 행위에 대한 반응이다.

둘째로, 하나님은 우리를 그분, 즉 그리스도 안에서 택하셨다.위 참조 "안"은 그리스도와의 하나 됨을 가리키는 동시에 **그로 말미암아** 하나님의 택하심이 성취되었다는 언급으로 이해해야 한다.

셋째로, "창세전에"라는 구절은 우리가 하나님을 택한 것이 아니라 하나님이 우리를 택하신 사실을 강조한다. 이 택함은 창조에 "선행하는" 하나님의 지혜에 기초한다. 여기서 시간과 관련된 언어를 사용한 것은 하나님의 선택이 인간의 행위는 물론 인간의 곤경에 대한 반응이 아니라 하나님이 처음부터 인간 창조의 이니셔티브를 쥐고 계신다는 사실을 분명히 보여주기 위한 것이다.[2:10; 4:24] "하나님은 상대의 말이 최종적으로 움직인 것을 확인한 후에야 다음 말을 두는 체스 플레이어가 아니다. 그는 계획에 따라 진행하신다"Best, 1998:120

이 창세전 선택이 그리스도 안에서 이루어졌다는 것은 하나님이 그리스도 안에서 인간에게 주시는 복이 십자가와 부활물론 그 자체도 중요하지만을 넘어선다는 뜻이기도 하다. 바울은 그리스도와 지혜를 연결함으로써 이러한 사상적 흐름을 드러낸다.[1:8; cf. 3:10] 지혜는 창조 현장에 함께 있었으며.cf. 골 1:16 인간과 하나님을 화목시키는 희생적 사역에 관계한다. 고전1:17-25[지혜, 382쪽]

넷째로, 선택과 택함은 인간이 창조되기 전에 하나님의 주도하신 일이라는 주장은 인간이 하나님 앞에서 어떤 삶과 예배로 설 것인가라는, 관계적 중요성을 약화시키지 않는다. 거룩하고 흠 없는 삶은 택함을 받은 자가 추구해야 할 목적을 형성한다.cf. 5:3-11 하나님의 복이나 은혜는 수혜자 편에서의 합당한 반응을 요구한다는 사실을 상기하라. 에베소서 저자와 같은 1세기 유대인은 제의적 상황성전 및 제사과 윤리삶으로서의 예배라는 두 요소가 반영된 거룩함을 강조했을 것이다. 아무리 좋은 시대라고 해도 두 요소의 분리가 인정된 적은 없었다.cf. 가령 시50편; 시58장

다음 장에서 살펴보겠지만 거룩하고 흠이 없음은 하나님의 복 주심에 대한 감사의 반응이며 이러한 복 주심의 본질적 요소에 해당한다. 하나님은 우리가 하나님께 거룩하고 흠 없는 삶을 살 수 있게 하시는 복을 주신다. 2장 10절에서 선한 일을 행하는 삶은 신자들을 구원하고 재창조하신 목적으로 제시된다. 또한 복 주시는 하나님은 이 일을 미리 준비하셨다.2:10 주석 참조

"사랑 안에서"라는 수식어가 들어간 것은 문법적으로 모호하다. 이 구절은 NRSV또는 NJB처럼 거룩함과 관련하여 해석하거나 하나님에 대한 사랑 예정과 관련하여 해석할 수 있다.우리에 대한 하나님의 사랑; NIV 우선 이 구절은 "거룩하고 흠이 없게"를 본질상 관계적으로 수식한다. 예배와 윤리는 결국 마음과 뜻과 목숨과 몸을 다해 하나님을 사랑하는 것이다.cf. 신6:5, 30:6,16; 막12:30 등 사랑이 없는 예배와 윤리는 우리를 택하신 하나님의 사랑을 배신하는 것이다.cf. 고전 13장 대부분의 주석가들은 "사랑으로"를 예정과 연계하지만 두 가지 모두를 염두에 두고 본문을 해석하는 것이 바른 접근 방식이다. 많은 경우에서와 마찬가지로 여기서도 어느 한쪽을 제거하는 것은 바람직하지 못하다.

그리스도로 말미암아 우리를 예정하신 하나님에 대한 찬양, 1:5-8

1:5-6a 우리를 예정하사 아들이 되게 하심

두 번째 핵심적 분사예정하사는 4절의 "택하사"라는 구절에 예시像示되어 있다. 택자는 양자, 즉 자녀 됨이 예정되어 있다는 것이다. NRSV의 하나님의 자녀로서의 포괄적 양자됨은 하나님의 아들과 딸이 되었다는 점에서 전적으로 옳다. 그러나 우리는 택함을 받아 신적 아들이 되었다는 말 속에 들어있는 왕적 지위라는 함축적 의미를 놓쳐서는 안 된다.cf. 가령, 시2:7; 마3:17; cf. Best, 1998:125; 또한 Lincoln: 25에 인용된 자료 및 Schweizer,

1972:334-99도 참조하라 고린도후서 6장 18절에서 바울은 놀랍게도 사무엘하 7장 14절에서 발견되는 하나님의 양자됨 또는 "아들"의 대관식에 "딸"까지 포함시키는 확장된 해석을 제시한다.

우리는 다시 한 번 이곳의 시재와 관련된 요소는 예정과 작정이 하나님의 주권에 뿌리 내리고 있다는 것을 분명히 보여준다는 사실에 주목한다. 하나님은 우리를 창세전에 택하신 것처럼 이제 우리의 양자됨을 미리 정하셨다.proorisas; cf. 1:9 "예정하신 것이니" [beforehand, proetheto] 이것은 에베소서에서나 기대할 수 있는 수사학적 과잉이다. 그러나 우리는 언제나처럼 이러한 중복을 단순한 문체상의 문제로 치부해버리지 않도록 주의해야 한다. 이것은 그처럼 장엄한 칭송과 찬사에 합당한 감사와 찬양의 언어이다. 이러한 언어를 선택한 주 목적은 독자에 대한 하나님의 측량할 수 없는 사랑을 찬미하기 위한 것이다. 이러한 상황에서는 어떤 과장된 진술도 삼가는 말이 될 수밖에 없다.

4절의 "사랑 안에서"라는 구절이 주로 예정과 연결된다는 사실은 다소 놀랍다. 이 찬송은 처음부터 끝까지 복 주시는 하나님의 사랑과 자비로 가득하다. 택함 받지 않은 자나 하나님의 자녀로 예정되지 않은 자에 대한 언급은 없다. 또한 저자가 예정이 신적 의지와 인간의 자유의 관계에 대해 제기할 수 있는 철학적 문제에 대해 눈곱만큼이라도 관심을 가지고 있다는 어떤 암시도 나타나지 않는다. 이것은 환희로 가득한 예배이며 감격에 찬 감사이다. 모든 시공세계의 주권자가 열정적으로 바라는 인간과의 관계, 즉 "그 기쁘신 뜻"cf. 1:9은 창조를 시작하기도 전에 존재했다.

택자는 하나님의 자비하심으로 말미암아 복을 받았으나 이 관계의 궁극적 수혜자는 하나님 자신이다. 우리를 아들과 딸로 삼으신 것은 하나님 자신을 위한 것이다.이해할 수 없는 일이지만 NIV나 NRSV에서는 이런 함축이 드러나지 않는다. 이 구절은 그리스도보다 하나님에 대한 언급이라는 것이 필자의 생각이다 무엇보다도 하나님이 우리를 택하시고 예정하신 것은 "그의 은혜의 영광을 찬송하게" 하기 위해서이다.이 문장이 끝나는 1장 14절의 유사한 구절을 참조하라 우리는 시편 22편 3절을 상기한다. "이스라엘의 찬송 중에 계시는 주여 주는 거룩하시니이다." 하나님의 자녀의 예배는 하나님에게 처소를 제공한다. 이러한 사상은 2장 11-22절의 평화에 관한 위대한 본문의 틀을 형성한다. 멀리 떨어져 있던 자들이 그리스도 안에서 회복됨으로써 하나님이 거하실 처소로 "지어져" 가는 것이다.2:19-22

성도를 예정하신 것은 하나님의 놀라운 은혜를 찬송하게 하기 위한 것이라고 말하는 6절에는 하나님과 인간이 둘 다 수혜자라는 사실이 나타난다.은혜[헬라어, 카리스]에 대해서는 아래 참조 4절의 끝 부분이 명확하게 제시하듯이 하나님의 은혜의 영광에 대한 가장 합당한 찬송은 거룩하고 흠이 없는 삶이다. 따라서 "하나님의 은혜의 영광을 찬송하는 삶"은 에베소서 4-6장에서 다루는 윤리의 주제이다.

권면 부분을 공식적으로 시작하는 4장 1절은 사실상 부르심에 합당한 삶을 살기 위한 성도의 윤리적 과업에 대한 요약으로, 이곳의 서론적 찬양에 제시된 택함과 예정에 대한 강조를 반영한다. 서론적 찬양은 이러한 부르심을 받은 것이 하나님을 찬송하게 하기 위한 것임을 보여준다. 이것은 성도들 가운데 역사하시는 하나님의 능력에 대한 확신을 전제하며1:19, 3:20, 이러한 확신은 영광송3:21으로 이어진다. 거룩하고 흠 없는 삶으로의 부르심은 곧 하나님께 영광을 돌리는 삶living doxology[살아 있는 영광송]으로의 부르심이다.cf. 롬11:33-12:2; 사58장 하나님의 은혜에 비추어볼 때 윤리는 예배가 되어야 한다. 하나님의 은혜에 비추어 볼 때 예배는 결코 윤리와 분리될 수 없다.

1:6b 사랑하시는 자로 말미암아안에서 은혜를 주심

다른 본문과 마찬가지로 이 구절 역시 에베소서의 언어에 함축된 의미를 완전히 파악한다는 것은 사실상 불가능하다. 일반적으로 "주었다"라는 뜻으로 번역되는 "카리투"charito는 문자적으로 "값없이 주다"라는 뜻을 가지고 있으며 은혜charis라는 명사와 관계가 있다. 영어로는 확실히 드러나지 않지만 우리는 "하나님이 은혜카리스를 주셨다.카리투"라는 언어유희를 놓쳐서는 안 된다.

사랑하시는 자 안에서"in the loved one" 또는 "Beloved"는 앞서 3절의 "그리스도 안에서"와 관련하여 살펴본 내용과 동일하다.[안에, 367쪽] 그러나 여기서는 메시아적 어조가 더욱 개인적이고 관계적이다. 하나님의 사랑의 대리인 자신이 "사랑하시는 자"로 불린다. 한편으로 이러한 표현은 특별한 은총을 나타낸다. 즉 그리스도는 하나님의 대리인이자 하나님이 사랑하시는 아들이시다. 다른 한편으로 "사랑하시는 자"는 이 특별한 은총이 사랑하시는 자 안에 있는 자녀들에게도 부여된다는, 하나님의 영광스러운 은혜를 보여준다.

에베소서에서 그리스도는 그를 통해 인간에게 일어난 일과 무관한 사색이나 예배의 대상이 결코 아니다. 이러한 사실은 하나님이 그리스도의 부활과 승귀를 통해 신자들 안에서 능력으로 역사하신다는 1장 후반부1:19-23에 잘 나타난다. 신자와 메시아의 하나 됨은 2장 5-6절에 분명히 제시된다. 우리는 그리스도와 함께 일으킴을 받고 그리스도와 함께 하늘에 앉았다. 2장 14-16절에 제시된 그리스도에 대한 위대한 평화의 노래는 그리스도를 우주적 피스메이커로 제시하며 자기 안에서 한 새 사람을 지으심을 찬양한다. 이런 의미에서 이 은혜는 사랑하시는 자Beloved 안에서, 또한 그로 말미암아 받은 것이다.

1:7 은혜의 풍성함: 속량 및 죄사함

6절과 7절에 언급된 풍성한 은혜의 영광이 나타내는 것은 은혜의 "사역," 즉 그리스도의 죽음이다. 이곳에 언급된 피는 2장 16절의 하나님과 인간의 화목이라는 십자가의 핵심적 역할을 예시한다. cf. 2:13; 골 1:20 에베소서에는 그리스도의 생애와 사역에 대한 역사적 정황이나 십자가를 통한 구원에 대한 논의가 거의 나타나지 않는다. 그러나 비록 간결한 형태이기는 하지만 이곳에서도 2장 13, 16절에서와 마찬가지로 은혜의 "역사적 시현"manifestation in history, Best, 1998:127; cf. Lincoln: 28은 분명히 제시된다. 그것은 이미 독자들이 알고 있는 기정사실로 다루어진다. 그렇다고 해도 이러한 사실은 부활과 마찬가지로 하나님의 은혜와 능력의 지극히 크심으로 제시된다.1:19

메시아의 피는 속량 및 죄사함과 관련된다. 이 부분은 매우 간결하게 다루어져 있어 저자의 생각을 모두 알기는 어렵다. 이 이미지는 애굽에서의 구원, 노예를 풀어주거나 죄수를 석방하기 위한 속전의 지급 및 성경의 속죄제를 상기시킨다. 우리는 에베소서 저자의 인도를 따라 그가 상기시키는 요소들을 속량과 해방에 대한 우리의 풍성한 이해와 연결할 것이다. Lincoln: 28은 Best, 1998:130과 달리 이러한 견해를 취하며 Schnackenburg: 56은 이곳의 속량 개념을 부인한다 복음의 핵심이자 하나님의 은혜와 사랑의 참된 척도는 십자가에서 피 흘리신 메시아로서의 하나님에게서 찾을 수 있다.2:14-16 피해자가 화목의 대가 -자신의 생명- 를 지불한 것이다.

1장 3-14절의 찬양에 제시된 철저한 하나님 중심적 본질은 그리스도의 보혈이 하나님의 진노를 누그러뜨린 것이 아니라 그리스도의 보혈이 하나님 자신의 은혜의 보고로부터 나왔다는 사실을 분명히 한다. 십자가에 못 박히신 메시아와 원수를 사랑하신 하나님의 관계에 대한 상세한 내용은 로마서 5장을 참조하라 저자는 다음 장에서 두 차례나 "너희는 은혜로 구원을 받은 것이라"고 외친다.2:5,8

죄나 허물에 대한 용서를 언급한 것은 그리스도의 보혈을 통한 속량과의 내용적 평행을 위한 것이다. 바울의 설교 및 글에는 죄사함에 대한 내용이 나오지만 바울의 글이 확실한 서신에는 이러한 개념이 분명하게 제시되지 않는다. 이들 서신에서는 오히려 칭의와 화목에 대한 언급이 더 많은 것을 볼 수 있다. 물론 이러한 칭의와 화목 교리에 죄사함 개념이 함축되어 있는 것은 사실이지만Lincoln: 28 우리는 에베소서의 언어가 칭의에서 죄사함으로 옮겨간다는 사실에 주목할 필요가 있다. cf. 골 1:13-14도 마찬가지이다 2장 1-3절에서 죄와 허물은 영적으로 죽은 자들의 속박 상태를 보여준다. 이어지는 본문에는 부활이 생명을 주는 드라마로 전면에 등장한다.2:4-8 그러나 이곳1장에서 해방을 가져오는 것은 성금요일^{고난}이다.

1:8 지혜와 총명

풍성함의 기조는 8절에서도 계속 유지된다. 우리에게는 아낌없는 은혜가 주어졌다. 4절 끝 부분의 "사랑 안에서"와 마찬가지로 "모든 지혜와 총명"이라는 다음 구절에 대해서는 다소 의문이 있다. 이 구절은 은혜의 풍성함과 연결되는가^{NJB; Lincoln: 29} 아니면 9절과 연결되어 하나님이 우리에게 비밀을 알리신 방식을 규명하는가? ^{NRSV, NIV; Best, 1998:133}

두 가지 연결 모두 설득력 있는 주장이 제시된다. 지혜와 총명과 지식은 에베소서에서 매우 중요한 요소로 다루어진다는 사실을 감안할 때^{가령 1:17-18, 3:14-19, 4:17-24, 5:15-17} 지혜와 총명은 하나님이 택자에게 풍성히 베푸시는 **영적 축복**으로 볼 수 있다.^{확실히 바}울은 고린도전서 1장 17-31절에서 은혜와 지혜를 연결한다. ^{cf. 솔로몬의 지혜서 10장} 마찬가지로 하나님이 비밀을 알리신 행위에는 신적 지혜가 나타난다는 주장 역시 사실이다.^{cf. 고전1:18-2:16} 따라서 "지혜와 총명"이라는 구절은 은혜와 계시 양쪽 모두와 연결된다고 말할 수 있다.

사실상 동의어에 해당하는 두 단어^{지혜[shophia]; 총명[phronēsis]}를 사용한 것은 에베소서의 수사적인 문체와 잘 부합된다. 그러나 잠언 8장 1절은 이곳이 두 단어가 함께 사용된 첫 번째 사례가 아님을 보여준다. 지혜와 총명은 본질적으로 지혜라는 인물을 가리키는, 상호교환이 가능한 용어이다. 그러므로 이곳 본문의 "지혜와 총명"은 단순히 하나님의 은혜에 대한 통찰력이나 지혜롭고 총명한 삶을 가리키는 언급 이상이다. 이 표현은 마땅히 성경에 나오는 지혜라는 인물을 가리키는 것으로 보아야 한다.

우리가 인격화 된 지혜 전승을 받아들이면 들일수록^[지혜, 382쪽], "모든 지혜"^{in all} wisdom라는 구절은 본문에 자주 등장하는^{1:3,4,6,7,9,10,11,12,13} "그리스도 안에서ⁱⁿ Christ"나 "그 안에서^{in him, in whom}"와 동일한 의미의 이문^{variant} 가운데 하나로 인식될 것이다.^[안에, 367쪽] 우리는 지혜^{Wisdom} 안에서 한량없이 풍성하신 하나님의 은혜와 대면하게 된다. "**모든 지혜**"라는 언급을 그리스도와 동일시하는 관점을 배제한 채 받아들일 수도 있다. 그러나 우리는 3장 10절에서 그리스도께서 "하나님의 각종 지혜"로 언급된다는 사실에 주목해야 한다. 앞서 언급했듯이 에베소서 −특히 서두에 나오는 이 위대한 찬양− 의 언어에서 확연히 드러나는 암시적이고 상기적인 요소를 묵살하기는 어렵다.^{불가}^{능한 것은 아니겠지만}

그리스도 안에서… 비밀을 알리신 하나님에 대한 찬양, 1:9-14

1:9-10 비밀: 그리스도 안에서[또한 그리스도로 말미암아] 만유를 통일하심

9절은 이 서론적 찬미의 틀을 형성하고 있는 세 개의 분사 가운데 마지막 분사 "알리신"를 소개한다. 비밀또는 미스터리이란 하나님이 창세전에 "하늘에 있는 것이나 땅에 있는 것이 다 그리스도 안에서 통일되게" 하려는 계획을 가지고 계셨다는 것이다.

9절과 10절은 에베소서 전체의 비전을 이해하는 열쇠이자 하나님의 복주심의 정점에 해당하는 구절임이 확실하다. 이 구절에 나오는 일부 핵심 용어의 의미에 대해서는 보다 면밀한 탐구가 필요하다.문자적 번역에 대해서는 Schematic Tans.를 참조하라

본문에 나오는 일부 용어는 광범위한 해석이 가능한 단어들이 있다. 첫째로, 대다수 번역은 "미스테리온"*mysterion*이라는 헬라어를 mystery비밀로 번역한다. 영어에서 미스터리는 "수수께끼 같은" 또는 "불가해한"이라는 의미가 있다. 바울이 부활의 비밀에 대해 "설명하고 있는" 고린도전서 15장 51절은 이러한 용례에 가장 가깝다고 할 수 있다. 고대사회, 특히 소위 신비적 제의에서 미스테리온은 신적 "미스터리"로 들어가는 제의와 관련이 있다. 은밀한 지식은 "전수받은 자"에게만 주어지고 다른 사람에게는 비밀로 했다. 기독교의 시초를 이러한 신비 종교의 한 형태로 해석하고 에베소서 같은 문헌이 그 증거라고 생각하는 사람들도 있다.Best, 1998:134-7; Lincoln: 30-1; Barth, 1974:123-7의 학문적 논의

비밀에 대한 초점은 묵시 사상 및 저술의 한 부분이며cf. 단2:18-19,27-30; 2 에스드라 14:5 사해 쿰란 공동체의 문헌에 나타나는 주요 주제이다.예를 들면, 1QM 3.9; 1QpHab 7; 1QS 4:18-19; 1Q27; 4Q299-301 묵시문학에서 비밀은 하나님이 원하시는 극소수의 사람에게만 계시되는 하나님의 은밀한 계획이다.[묵시사상, 353쪽] 신적 비밀에 대한 이러한 개념은 에베소서에 나오는 미스테리온의 의미여기에는 불가해한 기적 및 경이로움이라는 의미도 있지만와 매우 가깝다. 5장 32절의 그리스도 및 교회와 관련된 큰 비밀; 문헌에 대해서는 Lincoln: 30; Perkins: 40; Schnackenburg: 57-8 참조.

묵시문학과 대조적으로 에베소서에서는 한때 특전으로 생각했던 정보비밀가 모든 사람에게 주어진다.Best, 1998:135; R. Martin, 1991:17-8 이러한 비밀 누설은 초기 사도들의 선교 -특히 이방인 사역-의 핵심이다.특히 3:1-13; 골1:26-27 참조 본문에서 비밀은 "진리의 말씀" 및 "구원의 복음good news"-즉 공적인 소식-으로 불린다.1:13 3장 9-10절은 교회가 하나님의 각종 지혜에 대한 비밀을 하늘에 있는 권세들에게까지 알게 해야 한다고 말한다.

확실히 이 비밀은 인간의 머리로 풀 수 있는 퍼즐은 아니다. 이것은 하나님이 주도적으로 보여주시는 그분 자신의 비밀이다. 이러한 계시는 은혜의 행위이다.1:7-9 왜냐하면 악이 인간의 마음을 흐리게 함으로써 피조세계와 역사를 주관하시는 하나님의 주권에 대한 실재를 깨닫지 못하게 한 때문이다.4:17-19 계시는 하나님의 영적 축복 가운데 하나로, 하나님을 떠나 사망의 잠을 자고 있는 세계로의 은혜로운 진입이다.2:1-3, 4:17-19, 5:14, 6:15,19

둘째로, 이 비밀은 NRSV가 말하는 "충만한plērōma 때를 위한 계획oikonomia"과 관련이 있다. 이것은 그리스도를 통한 하나님의 행위는 미리 정해진 계획을 따라 이루어졌다는 인상을 준다. 물론 저자가 이런 의도로 말했을 수도 있다.cf. 막1:7; 눅21:24; 요7:8 그러나 이 구절에는 이러한 번역이 반영하지 못한 다른 잠재적 의미도 있다. 우선, 영어에서 "이코노미"economy로 번역되는 오이코노미아oikonomia는 문자적으로 "집oikos의 규칙이나 법nomos"이라는 뜻을 가지고 있다. 이 용어는 3장 2절 및 9절에 다시 나타나는데 여기서의 의미는 특정 임무에 대한 "위임"이나 "행정" 또는 "경영"에 가깝다.고전9:17 및 골1:25도 마찬가지이다 행정은 "활동적인 집안 경영"이라는 뜻을 내포한다.가령, NJB: "행동하다" 여기에는 그리스도를 통한 신적 개입의 활동적이고 진행적인 성격이 함축되어 있다. 따라서 이 두 가지 의미는 하나님의 뜻과 사역을 반영한다.

셋째로, 우리는 "충만한 때""때가 찬"에 대해, 역사가 하나님이 그리스도를 통해 이루실 적절하고 무르익은 순간에 이르렀음을 가리키는 것으로 볼 수 있다.가령 NJB; cf. 롬5:6 "충만"으로 번역된 플레로마plērōma는 영지주의 사상에서 중요한 역할을 하는 용어이다. "충만"[fullness]에 대해서는 1:23 및 3:19 주석 참조[영지주의, 367쪽] 여기서는 "때"kairos에 초점을 맞출 것이다. 직선적 시간을 나타내는 크로노스chronos와 대조적으로갈 4:4 카이로스kairos에는 "채워진" 시간이라는 뜻이 있다. 이곳의 정확한 어법은 "시간들"times이다. NRSV와 달리 복수형이다. NIV, NJB 및 NKJ는 정확한 번역을 제시한다 "충만"과 "시간"의 결합"때가 찬"은 그리스도께서 비밀을 시행하실 때가 "완전히 무르익었음"을 보여주기 위한 것이다.

그리스도 안에서 만물을 "통일되게" 하시는 일은 이미 일어난 과거적 사건은 물론 미래에 있을 일회용 사건도 아니며 다만 "때를 채운"filling up of times 사건일 뿐이다. 때를 채운다는 이미지는 만유를 통일시킬 결정적인 때를 향한 흐름movement이 존재함을 보여준다.Schnackenburg: 139 이 "때"times를 묵시적 개념의 시대나 세대dispensations라는 관점에서 접근할 필요는 없다.그러나 Gnilka: 79의 생각은 다르다

한편으로 에베소서는 확실히 그리스도를 통한 하나님의 행위를 이미 성취된 사실로 찬

양한다. 신자의 부활을 이미 이루어진 사건으로 찬양하는 방식에 있어서 에베소서 2장 4-7절만큼 극적인 본문도 없을 것이다. 그러나 이러한 성취적 어조에도 불구하고 우리는 이것이 본 찬양의 전형적인 요소임을 기억해야 한다. 예배자는 여전히 기대하며 믿음으로 찬양한다. 그들이 섬기는 하나님은 과거와 현재와 미래를 주관하시는 분이시기 때문이다.

"행정," "충만" 및 "채워진 시간"에 대한 이러한 역동적 이해는 과거의 십자가와 부활 또는 미래적 그리스도의 재림과 같은 구원 역사의 한 순간에만 지나치게 집중하는 것을 금한다. 에베소서는 독자들에게 자신이 살고 있는 현재에 주의를 기울이기 원한다. 그 때나 지금이나 현재는 언제나 충만한 시간이다.5:16의 "세월을 아끼라 때가 악하니라"에 대한 주석 참조 이러한 이해는 교회를 통한 그리스도의 사역에 대한 우리의 통찰력을 크게 확장한다. 또한 이것은 우리로 하여금 '그리스도 안에서 우주를 화목시키는, 말하자면 이미 창세전에 시작된 과정의 절정을 향한 흐름이 현재이며 이러한 현재를 충만히 채워나간다' 는 에베소서의 분명한 종말론에 민감하게 한다.

이 비밀의 핵심은 구원이다. 10절에서 구원과 화목의 핵심적 이미지는 우주 안에 있는 만물을 그리스도 안에서 통일시킨다는 것이다. "통일되게"는 희귀 단어인 아나케팔라이 오사스타이anakephalai sasthai를 번역한 것이다. 이 단어의 어원은 "머리"를 뜻하는 케팔레kephal ; Lincoln: 32; Schnackenburg: 59가 아니라이 단어가 배후에 있는 것은 사실이지만 "요약하다"나 "나아가다"라는 의미의 케팔라이온kephalaion이다.NIV, NJB; cf. 1:22-23, 4:11-16; cf. Barth, 1974:89-92; Best, 1998:140; Kitchen: 36-42 [머리, 363쪽] "포괄시키다"나 "요약하다"도 적합한 번역이다. 우주 안의 만물 —하늘에 있는 것이나 땅에 있는 것— 은 모든 과정의 최종적 초점이신Lincoln: 33; R. Martin, 1991:17 그리스도 안에서 집약될 것이다.Best, 1998:142-3

"그리스도 안에서"와 관련하여 우리는 "안에서"in가 도구적 의미와 함께 공간적 의미도 가질 수 있다는 사실을 상기한다. 도구적 의미는 분명하다. 만물은 그리스도로 말미암아 통일될 것이다.2장 11-22절에 제시된 유대인과 이방인의 하나 됨에 대한 찬송 그러나 "안에서"를 공간적 의미로 이해할 경우 궁극적으로 통일은 화목된 우주가 그리스도 안에 포함되는 결과를 초래할 것이다. 이런 의미에서 그리스도는 만물의 "머리," 즉 자신의 몸인 온 세상의 머리가 되신다.cf. 4:12-16 이 구절에는 과정과 목적 둘 다 나타난다. 행위자이자 목적으로서 그리스도의 핵심적 역할은 10절 뒷부분에 다시 한 번 나오는 "그리스도 안에서"를 통해 이중으로 강조된다.

이러한 우주적 이미지의 깊이를 완전히 이해하기는 어렵다. 첫째로, 이것은 지극히 포괄적이고 포용적이며 이스라엘의 지혜 전승에서 발견할 수 있는 풍부함과 "세속성"worldliness을 모두 반영한다.[지혜, 382쪽] 우주에서 창조주의 사랑과 회복이 미치지 못하는 부분이나 요소는 없다. 둘째로, 이 이미지는 종말론적 요소가 매우 강하며 특정 도식에 매이거나 하나님의 자비로운 구원적 관심의 과거나 미래를 비워버리지 않는다. 다만 채워진 시간만큼 성장하며, 충만fullness이 구원에 대한 이해를 제공하는 만큼 채워질 뿐이다.

1:11-12 예정을 입은 자의 몫

이제 초점은 예정을 입은 자를 구원하신 그리스도를 통한"그 안에서"; cf. 1:7,13[안에, 373쪽] 하나님의 사역의 수혜자, 즉 예정을 입은 우리에게로 옮긴다. 이어지는 내용은 다소 난해하며 번역자들은 같은 헬라어에 대해 다양한 방식으로 번역한다.

- NAB 우리가 택함을 입었다.we were chosen
- NIV 우리도 택함을 입었다.we were also chosen
- NJB 우리가 우리의 기업을 받았다.we have received our heritage
- NKJV 우리가 기업을 얻었다.we have obtained an inheritance
- NRSV 우리도 기업을 얻었다.we have also obtained an inheritance
- REB 우리가 기업의 몫을 받았다.we have been given our share in the heritage
- TEV 하나님이 우리를 그의 백성으로 택하셨다.God chose us to be his own people

일부 번역은 예정을 입은 자를 하나님이 택하신 "몫" 또는 "소유"로 본다. 반면에 저자의 언급은 예정을 입은 자가 받은 기업에 대한 것이라는 주장도 있다. 문제는 "클레루"clro 라는 헬라어 동사가 신약성경의 이곳에서만 나타난다는 것이다. 이 단어의 능동태는 "추첨을 통해 정하다"라는 뜻이며BAGD, 여기서와 같은 수동태의 경우 "추첨에 의해 정해졌다" 즉, "그로 말미암아 우리의 운명몫이 정해졌다"라는 뜻이다.BAGD 구약성경에서 이 단어는 이스라엘 백성에게 기업으로 준 땅을 가리키는 언급으로 볼 수도 있지만민 26:52-53; 수12:7 하나님의 기업으로서 이스라엘 자체를 가리키기도 한다.예를 들면, 신9:29; 슥2:12 공동체가 하나님의 "몫"이라는 사고는 쿰란 문학에도 자주 등장한다. 예를 들면, 1QS 2.2; 1QM 1.5

이 송영의 본질은 우리로 하여금 두 가지 의미를 모두 받아들이게 한다. 선택, 예정 및 양자라는 용어의 등장은 우리로 하여금 그리스도에 대해 "하나님이 그리스도 안에서 자신의 몫을 요구하셨다"는 사실을 상기하게 한다. 예정을 입은 자는 하나님의 영광을 찬송하는 삶을 살도록1:12 "선택" 또는 "지명" 되었다.Lincoln: 25 하나님은 예배 공동체를 형성하심에 있어 자신을 선물로 주신 것이다!

또한 이 해석은 이 단어를 '예정을 입은 자가 그리스도를 통해 받는 몫또는 기업'으로 해석한 본문하나님의 복주심에 대한의 요지와도 정확히 일치한다. 이러한 사실은 14절의 기업 klēronomia에 대한 언급을 통해 뒷받침된다.cf. 1:18; 5:5 우리 역시 찬송과 예배를 통해 하나님을 찬양함으로써 한량없는 복을 받은 것이다.

아무리 하나님이 이 몫의 수혜자라고 할지라도 이 드라마의 처음과 마지막 주인공은 사랑이 많으신 창조주 하나님이시다. 다음 두 개의 유사한 구절은 이러한 관점에 설득력을 더해준다.

- 일하시는 이의 계획oikonomias, 1:10을 따라
- [하나님의] 뜻의 결정대로

그리스도 안에서 만유를 통일시키는 과정, 택자에 대한 구속 및 하나님을 찬양할 백성을 지으심cf. 1:4; cf. 2:10, 5:15-21 등은 하나님의 뜻에 따른 것이며 하나님의 주권에 의해 보장된다.

1:12-13 우리와 너희

12절은 먼저 그리스도또는 메시아를 신뢰했던 사람들에 대한 언급이다. 지금까지의 모든 구절에서 "우리"we 또는 "us"라는 단어는 그리스도를 믿는 모든 신자를 가리키는 것으로 보인다. 그러나 12절은 확실히 "우리"라는 단어에 제한을 둔다. 이곳의 "우리"는 먼저 믿은 자들을 가리킨다. 이어지는 13절은 "너희도"라는 표현으로 독자를 놀라게 한다.

이 구절에 대한 해석은 다양하다. 많은 사람은 13절의 "너희"you가 단순히 청중이나 독자를 보다 직접적으로 부르는 한 방식이라고 주장한다.Best, 1998:144-5, 148; Bowe: 31; Lincoln: 38; Schnackenburg: 64-5 결국 이 "편지"는 대중의 귀로 전달되는 구술-청각적oral and aural 형태의 서신이며 따라서 대중연설의 수사학적 요소를 특징으로 한다. 12절에서 "우리"는 저자들을 가리키며 이 서론적 찬양의 다른 구절에서는 그리스도 안에 있는 모든 사람을 가리킨다.

이와 관련하여 "너희"와 분명히 구별되는 "우리"는 구체적으로 사도를 가리킴으로써

바울의 지위 및 권위를 부각시키는 표현일 수 있다.Houlden, 1977:265-6; Perkins: 43 실제로 바울은 자신의 소명 및 사명을 변론할 때 자신을 복수로 지칭할 때가 종종 있다.cf. 고후3-4장 및 10-13장, 본문에서 단수와 복수는 상호교환이 가능하다 따라서 여기서 "우리"와 "너희"의 구별은 신적 비밀을 독자에게 계시한 사도로서 바울의 권위를 강조하기 위한 것으로 볼 수 있다.1:8-9와 3:1-13을 대조해보라

또 하나의 가능한 해석은 12절의 "그리스도를 먼저 소망한" "그리스도 안에서 전부터 바라던" 우리에서 13절의 "너희도"로 바뀐 것은 이전 일정 시점에 교회에 속했던 자들과 비교적 최근에 믿은 자들에 대한 언급이라는 것이다. 가령, Mitton: 57 이것은 "우리"가 유대인을 가리키고 "너희"가 메시아를 믿는 이방인 신자를 가리킨다는 주장과 밀접한 연관이 있다.Barth, 1974:130-3; Patzia, 1990:156; cf. 특히 2:11-22 초기 수십 년간 "먼저 믿은 자들"이것이 1장 12절의 pro lpikotas에 대한 바른 번역이라면은 예수 그리스도를 유대의 메시아 대망을 성취한 분으로 믿었던 유대인들이었다. 그들은 이방인을 하나님의 확장된 가족의 새로운 일원으로 받아들였다. 이런 의미에서 "우리"와 "너희"는 오래 믿은 신자와 초신자를 가리키는 동시에 유대인과 이방인을 가리키는 표현이라고 할 수 있다.

이러한 해석은 에베소서가 쓰일 당시 그리스도를 따르는 자들 사이에 여전히 혈통 의식이 존재했으며 유대인들은 이방인이 수백 년간 메시아를 대망해온 자신과 같은 반열에 서게 된 것을 이색적인 일로 여기는 분위기가 여전했음을 보여준다. 필자는 에베소서 저자에게 유대인-이방인 문제는 더 이상 쟁점이 되지 않았을 것이라고 생각하는 많은 학자들의 의견에 동의하지 않는다.Perkins: 29-32

그러나 어느 주장이 옳은지 따질 필요는 없으며 가능한 일도 아니다. 우리는 모두 듣는 귀가 다르다. 의미가 모호한 언어일 경우 해석을 달리할 가능성은 더욱 높아진다. 저자는 독자가 "철저한 연구가 아니라 귀를 기울여줄 것을 바라며 에베소서를 기록했다"는 베스트의 주장1998:144은 부분적으로만 옳은 말이다. 에베소서처럼 철저한 연구를 통해 나온 문헌은 독자들에게도 보다 깊은 연구와 지속적인 묵상을 기대하고 있는 것이 분명하다. 따라서 "우리"와 "너희"를 유대인과 이방인으로 구별한 2장 11-22절2장 1-3절은 덜 직접적이다은 여기서도 동일한 관점을 적용함으로써 2장과 마찬가지로 그리스도 안에서의 하나 됨을 강조하는 것으로 보게 한다.

"[그리스도] 안에서 너희도"라는 구절은 바울과 그의 계승자들의 선교가 얼마나 놀랍고 다른지를 보여준다. 하나님의 선택 및 택하심은 전형적으로 들어올 자와 나갈 자를 구별하는 역할을 한다. 이것은 우리가 여기서 이 놀라운 축복이 어디까지 미칠 것인지를 파

악할 수 있는 매우 중요한 요소가 된다. 하나님은 지금까지 거부당했던 자들까지 그리스도 안에 포함시키신다.특히 2:1-2, 11-12 14절에서는 "우리"라는 포괄적 표현으로 되돌아감으로써 에베소서의 하나님의 백성은 "우리"와 "너희," 가까이 있는 자와 멀리 있는 자, 유대인과 이방인, 오래 믿은 자와 새로 믿은 자, 첫 번째 세대의 신자와 두 번째및 세 번째 세대의 신자로 구성됨을 보여준다. 우리와 너희는 **함께** 택자들의 공동체를 형성한다.

13절은 이 선교를 간략히 요약한다. 즉 "진리의 말씀을 듣고 믿어 성령을 받았다"는 것이다.cf. 롬10:14-21; 갈3:1-5 이것은 그때나 지금이나 교회의 복음사역에 대해 상기시켜준다. 진리의 말씀은 "복음의 객체"Best, 1998:149 -즉, 교회가 선포하는 진리- 로 받아들일 수 있다. 이러한 관점은 특히 신약성경의 다른 후기 서신에서도 찾을 수 있다는 점에서가령 골1:5; 딤후2:15; 약1:18 옳다. 한편으로 에베소서에서 "진리"라는 단어는 명사와 동사로 종종 등장하지만4:15,21,25; 5:9; 6:14 특정 내용에 초점을 맞추거나 제한하는 방식은 아니다. 이곳의 표현 방식은 4장 21절의 진리가 예수 안에 있음을 환기시키는 구절["진리가 예수 안에 있는 것같이"]을 예시한다.4:21, 주석

1:13-14 성령으로 인치심

이제 우리는 하나님 아버지와 사랑하시는 아들 그리스도에 덧붙여 약속의 성령과 만나게 된다. 이 성령은 13절과 14절에 명백히 언급되지만 이미 3절에서 "신령한"이라는 형용사로 제시된 바 있다. 성령이라는 단어를 대문자로 표현한 것은 헬라어의 언어 관습이 아니라 영어의 관습이다. 필자가 대문자를 사용한 것은 성령이 "하나님의 영"임을 보여주기 위한 편의적 목적 때문이다.

13절의 "약속의 성령으로 인치심을 받았으니"는 종종 세례와 연결되기도 한다.cf. 고후 1:22; 가령, Houlden: 270; Kirby: 153-4; Patzia, 1990:158-9; Schnackenburg: 65; Barth, 1974:135-43의 논의; Best, 1998:150-2; Lincoln: 39-40 우리는 이것을 인을 친다는 이미지의 유일한 의미로 보는 시각에 대해서는 경계해야겠지만Fee, 1994:669-70은 이러한 관점에 대해 거부한다, 세례를 '그리스도와 하나가 되는 연합이자 이러한 연합에 함축된 메시아적 사역을 위해 성령의 권능을 입는 의식'으로 보는 관점은 매우 유익하다.

바울 시대 유대인에게 인을 친다는 이미지는 대체로일부 유대인의 경우 오랜 후에 이 단어를 할례에 사용했다 할례를 가리키는 익숙한 언급이었을 것이다.cf. 롬4:11 골로새서 2장 11-12절은 할례와 세례를 명백히 연결한다는 사실에 주목할 필요가 있다. 만일 인침과 세례 및 할례에 대한 이러한 연결이 옳다면 세례는 유대인과 이방인을 모두에게 의미 있는 행사

로서 성도 공동체의 일원이 되는 의식으로 볼 수 있을 것이다. 인침과 세례의 연결과 관계없이, 성령을 받는다는 것은 하나님의 자녀에게 주어지는 선물로서 그들이 믿음의 삶을 살며 만물을 화목케 하시는 메시아의 사역에 동참함에 있어서 결코 버림받지 않을 것이라는 보증이 된다.

약속의 성령이라는 구절은 이 서신에서 종종 논쟁이 되는 종말론 영역에 대한 통찰력을 제공한다. 한편으로, 하나님은 이미 택자에게 "하늘에 속한 모든 신령한 복"1:3을 주셨으며 그들에게 그리스도로 말미암아 성취된, 때가 찬 경륜에 대한 비밀을 알려주셨다.1:10 그러나 성령의 임재 및 경험은 하나님이 하신 일에 대한 말씀이 진리임을 보여주는 약속이자1:13 성도가 이 모든 축복을 아직 완전히 경험하지 않았다는 증거이다. 성령이 먼저 "약속의 성령"1:13으로 제시된 후 보증금이나 계약금, 즉 "우리 기업[과 속량]의 보증"1:14; cf. 롬8장, 특히 8:23으로 제시된다는 사실은 소위 "종말론적 유보"eschatological reservation를 보여준다.

동시에 성령에 대한 현재적 경험은 장차 경험할 일에 대한 보증이 된다. 이 경험은 예배 행위로서의 삶을 통해 가장 분명하게 드러난다. 따라서 하나님의 복 주심에 대한 이 위대한 찬양이 "그[하나님]의 영광을 찬송하게 하려 하심이라"는 구절로 끝난 것은 매우 적절하다.

성령, 권능 및 영광은 상호 밀접한 관련이 있다.1장 17절 및 19절의 힘과 영광의 밀접한 관계를 주목하라; Arnold, 1989:76, 137-42 우리는 하나님의 영pneuma, "바람"으로도 번역된다을 신적 힘으로 생각할 수 있다.1:11에 대한 Schematic Trans. 참조 함축적으로, 사람들은 하나님의 영광을 찬송하는 삶을 삶으로서 하나님의 권능과 힘1:11 및 그들의 삶에 역사하시는 하나님의 "바람"wind을 보여준다.

성경 문맥 안에서의 텍스트

복 주심, 찬양

성경 세계에서 말 –축복이든 저주든– 은 작동하는 힘이 있는 것으로 믿어졌다. 말은 상처를 주고 죽이기까지 할 뿐만 아니라 치유하기도 한다. 약3:1-12, 특히 3:9-10의 혀에 관한 경고를 상기하라; cf. 엡 4:29 구술된 복축복 기도은 복blessing의 한 형태이다. 또한 복은 일반적으로 하나님 편에서 베푸시는 자비은혜의 행동을 가리키기도 한다. 건강, 자녀, 땅, 풍작 및 안전은 모두 복이다.

축복의 말 자체에 일종의 주술적 효력이 있느냐라는 문제는 많은 논쟁이 되고 있으나 이곳의 문맥과는 부합되지 않는다.Richards; Urbrock 이 단어Blessing에 대한 초점은 한편으로는 하나님의 은혜복 주심로, 다른 한편으로는 복을 받은 자의 반응찬양에 맞추어진다. 말하자면 복은 관계적 상황 안에서만 기능한다는 것이다.

신약성경과 마찬가지로 히브리 성경에서 신적 복은 창조주, 왕, 아버지, 주, 또는 종주 suzerain로서 하나님과 인간의 관계에 기초한다.마태복음 5장 43-48절은 이러한 관점에서 읽어야 한다 복이 어떤 힘을 가지든, 궁극적으로는 하나님과 관련되며 따라서 하나님과 복을 받은 인간의 관계에 대한 것이다. 이러한 관계적 요인은 이스라엘의 경우에서 볼 수 있듯이 복이 해방, 땅 및 국가라는 선물과 관련될 때 더욱 부각된다.cf. 신27-30장 따라서 복은 하나님의 특별한 은총, 즉 택하심과 관련된다.아래 참조 예를 들면 팔복에 함축된 복의 근원은 고난당하는 자들에 대한 하나님의 특별한 관심이다.마5:3-10; 눅6:20-26

이곳 본문에서 하나님의 그리스도 안에서, 그로 말미암아 역사하신 모든 일은 하나님의 복 주심으로 칭송을 받는다. 일반적으로 이러한 복은 백성의 신실함과 관련된다.cf., 가령, 시119; 128편 놀랍게도 에베소서에서 특별한 은총과 관련된 언어는 기존의 구성원과 새로 들어온 사람 모두에게 적용된다."우리"와 "너희"; cf. 1:3-14; 2-3장

하나님의 복은 인간이 비는 축복의 말을 통해 촉구될 수 있다. 은혜와 평화를 비는 에베소서의 서두1:1-2와 결어6:21-24는 정확히 이러한 복에 해당하며 독자에 대한 하나님의 은혜와 평화를 기원한다. 또한 5장 14절의 짧은 찬양 기사는 오늘날 유대인과 그리스도인이 애송하는 가장 유명한 축복 구절인 민수기 6장 24-26절을 상기시킨다.

잠자는 자여 깨어서
죽은 자들 가운데서 일어나라
그리스도께서 너에게 비추이시리라5:14, TRYN

여호와는 네게 복을 주시고 너를 지키시기를 원하며
여호와는 그의 얼굴을 네게 비추사 은혜 베푸시기를 원하며
여호와는 그 얼굴을 네게로 향하여 드사 평화 주시기를 원하노라

민수기 6장의 복에서 평화shalom가 핵심 요소라는 사실에 주목할 필요가 있다. 샬롬은 하나님의 복 전체를 요약한다. 2장 13-18절에서 그리스도는 자신을 평화와 동일시하며

평화로 제시하신다. 5장 14절이 우리에게 상기시켜주는 것처럼 평화이신 그리스도는 인간에 대한 하나님의 복이다.

이제 복을 받은 자가 하나님을 향한 감사의 고백을 할 차례이다. 그들의 언어는 찬양과 감사 가운데 하나로 제시된다.^{cf. 가령 시9편; 40:1-10; 47편; 68편; 89:1-18, 95-100편, 103-105} 편, 107편, 113편, 135-136편, 144-150편; cf. 엡 5:19-20 그러나 성경 여러 곳에서 발견할 수 있는 것처럼 입술로 하나님을 찬양하는 것은 날마다의 구체적인 삶을 통해 하나님을 찬양하는 것과 분리될 수 없다. 하나님이 자신의 은혜를 받은 자들의 찬양을 기뻐하신다는 것은 사실이다. 실제로 이러한 찬양은 하나님께 보좌를 제공한다.^{시22:3; cf. 엡2:20-22.} 본문에서 하나님과 화목한 예전의 대적은 하나님께 예배 처소를 제공한다 그러나 예배적 삶과 무관한 예배는 하나님에게 가증하다.^{시50:1-15,23; 사58장}

이 두 가지 영역-즉 찬양감사과 하나님의 관대한 의generous justice의 시행-은 고린도후서 9장 6-15절의 헌금에 관한 논증에서 결합된다. 바울은 복에 대한 일종의 순환경제를 믿었다. 즉 하나님이 선물을 아낌없이 베푸신 것은 결국 복 받은 자가 선물을 주신 분 - 하나님- 에 대한 예배로 이어진다는 것이다. 하나님의 복 주심은 하나님에 대한 찬양으로 나타난다.^{cf. Shillington: 194-7}

선택과 예정

선택은 성경에서 매우 중요한 주제이다. 여기서는 본문에 나타난 여러 가지 특징을 직접적으로나 대조하는 식으로 규명하는 정도로만 소개할 것이다.선택에 관한 이슈들에 대해서는 Bruce, 1976; Mendenhall, 1962, 1962b; Patrick; Quell; Schrenk, 1967; Shogren을 참조하라

구약성경, 특히 신명기에서 선택과 양자adoption, 선택과 밀접한 관련이 있다는 이스라엘을 다른 나라와 구별하는 특별한 지위와 은총을 함축한다. "선택하다"나 "택하다"라는 뜻을 가진 히브리어 바하르는 여호와가 이스라엘을 "선택하셨다"또는 "택하셨다"고 말하는 본문이나 이스라엘이 하나님의 택하심에 대한 반응으로 "생명을 택하라"는 명령을 받는 장면신30:19에서 매우 중요한 의미를 가진다. 이스라엘은 하나님이 특별히 택하신 그의 소유이다. 1:11, 주석; 출19:5; 신7:6, 14:2 하나님이 이스라엘을 택하신 것은 이스라엘의 의 때문이 아니라 이스라엘에 대한 사랑과신7:7-8; 10:15 족장들에게 하신 약속신9:5, 25-29 및 다른 나라를 심판하시려는 목적가령 신9:4-5 때문이다.

선택은 특별한 지위 및 은총을 함축할 뿐만 아니라 의무가 따른다. 선택은 언약과 밀접한 관련이 있다. 하나님은 섬김과 예배를 통해 부르심에 합당한 삶을 살 백성을 택하셨

다. 그들은 생명을 택했다. 신명기 10장 20-21절은 이러한 사실에 대해 에베소서의 위대한 찬양에 나오는 여러 가지 주제를 예시하는 언어로 표현한다.

> 네 하나님 여호와를 경외하여 그를 섬기며 그에게 의지하고 그의 이름으로 맹세하라 그는 네 찬송이시요 네 하나님이시라 네 눈으로 본 이같이 크고 두려운 일을 너를 위하여 행하셨느니라

그때나 지금이나 특별한 지위는 종종 '결점에 대한 면죄부' 와 '우대' 라는 잘못된 의미로 인식되어 왔다. 특히 선지자들은 이것이 하나님의 관대함을 반영한다는 왜곡된 인식을 책망했다. 아모스 3장 1-2절은 선택이 하나님의 특별한 관심을 보여주는 것은 사실이지만 그렇기 때문에 심판도 따른다는 사실을 보여준다. 호세아가 셋째 아이의 이름을 "로암미"나의 백성이 아니다. 1:9로 정한 것은 선택이 처벌을 면하는 방편이라는 잘못된 인식을 가진 자들을 향한 의도적인 메시지이다. 성경에서 거룩함은 성경에서 "흠 없음" 및 "구별됨"과 관련된다.

이곳 본문에 나오는 선택에는 두 가지 의미가 더 함축되어 있다. 하나는 기름부음 받은 자에 대한 선택으로 초점을 **좁힌다**. 다른 하나는 선택의 의미를 이스라엘 영역 밖으로 **확장한다**. 사실 두 가지 의미는 상호 관련이 있다. 하나님은 아브라함에 대한 선택을 통해 "땅의 모든 족속"에게 복을 주시기로 선택하셨다. 가령, 창12:1-3; 갈3장 하나님과 기름부음 받은 왕의 관계 역시 하나의 선택이다. 왕은 하나님의 택하신 아들이다. 시2:7; 대상28:6 동시에 왕은 하나님의 백성을 대표한다. 종의 노래로 유명한 이사야 40-55장에 나오는 예언들만큼 이러한 사실이 풍성히 드러나는 본문도 없다.

학자들은 지금도 여호와의 택한 종예를 들면, 사41:8-9, 43:10, 44:1-2, 45:4이 특정 개인왕? 선지자?을 가리키는지 하나님의 백성 전체를 가리키는지에 대해 논쟁중이다. 그러나 어느 한 쪽 견해를 취하는 것은 핵심을 놓치는 것이다. 이사야 55장 3-5절이 명확해 보여주듯이 하나님의 기름 부음 받은 자가 맡은 만민에 대한 증인으로서의 역할은 하나님의 백성 전체의 왕적 사명이 되어야 한다. 그들은 "이방의 빛"42:1-12, 특히 42:6-7; 헬라어 "에스노이"는 "나라들" 또는 "이방인"으로 번역될 수 있다이 되어야 한다.

말하자면 기름부음 받은 자왕/메시아/그리스도와 하나님의 백성 사이에 존재하는 이러한 정체성의 융합은 초기 신자들에게서 풍성히 나타난다. 그들은 예수님이 그리스도, 하나님의 아들 및 택하신 종이라고 생각했다. 사실 일부 사본은 요한복음 1:34 및 누가복음 9:35에서 예

수님을 "택하신 자"로 읽는다; 누가복음 23:35에는 예수님을 괴롭히는 자들이 예수님에 대해 "택하신 자"라고 비웃는다 동시에 그들은 비록 미련하고 약한 자이며 사회적으로 천한 자이지만고전1:26-29; cf. 마11:25-27; 약2:5 자신들이 "택하신 족속"벧전2:9이라고 믿었다. 아마도 초기 신자들에게는 비록 이사야서와 같은 성경에 예시되어 있지만위 참조 하나님이 이방인을 택하셨다는 사실이 가장 놀라웠을 것이다.

무엇보다 중요한 것은 오합지졸과 같은 그들이 그리스도 안에서 "택자"가 되었다는 사실이다. 신명기가 하나님이 이스라엘을 부르신 것은 그들의 공로 때문이 아니라 하나님의 사랑 때문이라는 사실을 분명히 제시하듯이 신약성경에서 택자는 "택하신 자"Chosen One 안에서또한 그로 말미암아 선택되었다. 그들은 이렇게 해서 택하신 자의 몫과 사역에 동참하게 되었다. 이것은 하나님 앞에서 거룩한 삶을 산다는 뜻이다. 또한 이것은 나라들에 대한 증인이 된다는 의미이다. 그리스도 안에 있다는 것은 이러한 사명을 감당해야 한다는 뜻이다. 바울은 로마서 8장 28-30절에서 택자와 그리스도 사이의 이러한 일치를 제시한다.

> 우리가 알거니와 하나님을 사랑하는 자 곧 그의 뜻대로 부르심을 입은 자들에게는 모든 것이 합력하여 선을 이루느니라 하나님이 미리 아신 자들을 또한 그 아들의 형상을 본받게 하기 위하여 미리 정하셨으니 이는 그로 많은 형제 중에서 맏아들이 되게 하려 하심이니라 또 미리 정하신 그들을 또한 부르시고 부르신 그들을 또한 의롭다 하시고 의롭다 하신 그들을 또한 영화롭게 하셨느니라

이 본문은 우리를 예정이라는 이슈로 인도한다. 신약성경에는 이 개념이 자주 등장하지 않는다. 잠언 16장 4-5절에는 하나님의 주권과 함께 인간의 죄성이 잘 나타난다.

> 여호와께서 온갖 것을 그 쓰임에 적당하게 지으셨나니
> 악인도 악한 날에 적당하게 하셨느니라
> 무릇 마음이 교만한 자를 여호와께서 미워하시나니
> 피차 손을 잡을지라도 벌을 면하지 못하리라

이러한 "이중 예정"double predestination 개념은 쿰란의 서약자들에게 쉽게 찾아볼 수 있다. 그들은 하나님이 인간에게 두 개의 영을 주셨다고 믿는다. "빛의 아들들"에게는 "진

리의 영"을 주시고 숫자적으로 훨씬 많은 "어둠의 아들들"에게는 "거짓의 영"을 주셨다는 것이다. 예를 들면, 1QS 3.17-4.26; 1QM

신약성경에는 일부 범죄한 자들에 대한 부정적 운명이 하나님에 의해 결정된다는 사실이 암시되지만 예를 들면, 막14:21의 가룟 유다 및 롬9:17의 바로 이것조차 화목과 구속이라는 전체적 목적에 기여한다. 인간의 책임 및 자유와 하나님의 주권 사이의 미스터리를 해결하려는 어떤 시도도 없다. 이러한 난제는 진흙이 토기장이에 대해 어떤 주장도 할 수 없다는 사실만 상기시키며 롬 9:20-21 지나간다. 사랑과 자비가 풍성하신 하나님의 절대주권에 대한 믿음과 복음에 대한 그의 백성의 저항을 결합시키려는 바울의 노력은 구원의 은총을 통해 해결된다. 롬 11:11-33

에베소서 1장은 택함을 받지 못한 자나 하나님을 기쁘시게 하지 않는 자들에 대해 어떤 관심도 보이지 않지만 R. Martin, 1991:14-6, 로마서 11장에 나오는 바울의 마지막 말32-33절은 그러한 성향에 대해 잘 파악하고 있으며 에베소서의 서두 찬양과도 연결된다.

하나님이 모든 사람을 순종하지 아니하는 가운데 가두어 두심은 모든 사람에게
긍휼을 베풀려 하심이로다
깊도다 하나님의 지혜와 지식의 풍성함이여, 그의 판단은 헤아리지 못할 것이며
그의 길은 찾지 못할 것이로다

그리스도와 지혜

에베소서의 다른 본문과 마찬가지로 1장 3-14절에서 그리스도는 그의 생애와 인격 속에 만물의 갱생을 포함하는 포괄적 실재로 이해된다. 구체적으로는 하나님과 화목하고 새로 지으심을 받은 인간이 여기에 포함된다. 이러한 기독론의 기원은 대표자로서 왕위참조에 대한 전승 및 유대인의 지혜서, 특히 지혜를 지혜부인으로 인격화 한 전승에서 찾을 수 있다.[지혜, 382쪽]

그리스도를 지혜와 동일시한 것은 골로새서 1장 15-20절에 나오는 위대한 기독론적 찬양 속에 극적으로 표현된다. E. Martin: 59-77 그리스도는 모든 피조물보다 먼저 나신 자이며1:15 그로 말미암아 모든 권세들을 포함한 천지만물이 창조되었다.1:16 사실 우주 만물은 그 안에 함께 서 있다.1:17 그리스도는 몸 된 교회의 머리시며 모든 만물의 으뜸이시다.1:18 그리스도는 하나님의 형상이시며 그 안에는 하나님께서 모든 충만으로 거하신다.1:15, 19 끝으로 그의 십자가는 하나님이 하늘과 땅의 모든 것과 화목하시는 수단이

다. 1:20

창조, 재창조, 구원, 구속, 화목 및 포괄성의 이처럼 광범위한 연결은 에베소서 1장 3-14절의 서론적 찬양에 예시되어 있으며 에베소서의 나머지 부분, 특히 전반부1-3장에서도 예리한 통찰력으로 분석된다.

교회적 상황에서의 텍스트

예배

이 시적 찬양에 담긴 예배적 요소는 우리로 하여금 몇 가지 중요한 통찰력에 주의를 기울이게 한다. 무엇보다도 예배는 언제나 인간 언어의 한계에 대한 인식을 수반한다. 예배자는 —특히 주제가 하나님일 경우— 우리의 언어가 기껏해야 가리키는pointer 역할밖에 할 수 없음을 안다. 우리는 이러한 본문에 대해 일부 신학자들이 담고 싶어 하는 무게를 견딜 것을 요구하는 우를 범하지 않도록 조심해야 한다.

예를 들면 이곳의 본문은 하나님의 자녀로 택함 받은 복에 대해 하나님을 찬양하는 내용과 관련되며 이러한 관점이 불택자에 대해 가지고 있는 함축에 대해서는 어떤 철학적 관심도 드러내지 않는다.위 참조 더구나 그리스도 안에서 만물을 통일되게 하신다는 구원관은 지극히 풍성한 은혜무한하신 관대함로 이어진다. 따라서 에베소서 다른 곳, 가령 5장에 나오는 극명한 이원론과 같은 구원의 한계limits of salvation에 대한 정확한 정보를 제공하려는 시도는 옳지 않다. 다시 한 번 말하지만 찬송 언어는 철학적 또는 신학적 정밀함과는 어울리지 않는다. 이러한 언어는 감사와 찬양에 가장 적합한 도구이다.

그렇지만 이러한 예배 언어는 우리를 다른 세계와 실재로 인도하고 우리 안에 경외감을 불러일으키며 우리의 삶까지 변화시키는 능력이 있다. 이런 본문은 우리를 택하시고 자녀 삼으신 하나님께 감사하는 마음을 가지게 하며 하나님의 풍성하신 구원에 대한 경외감으로 인도할 뿐만 아니라 우리로 하여금 온전한 예배적 삶을 살게 한다.

기독교 전승에서 하나님의 뜻에 대한 순종을 하나님의 백성 된 증거로 여기는 것은 매우 중요하다. 이러한 경향은 옳지만 자칫 그리스도인의 삶을 '규칙을 준수하는 문제' 또는 '특정 교회의 규범을 따르는 것'으로 보는 관점으로 흐를 위험도 있다. 그렇게 될 경우 선, 공의, 평화 및 사랑은 자유와 즐거운 감사를 잃을 것이며 더 이상 예배가 되지 않고 결국 그리스도 안에서의 삶은 약화될 것이다.

이런 면에서 무미건조한 순종이나 제자도에 대한 반발은 얼마든지 이해할 수 있다. 그것은 종종 예배 갱신을 향한 열망과 함께 한다. 그러나 예배 갱신은 예배를 사랑하는 마음 및 자유와 함께 윤리를 회복하는 것이 아니라 주일날 교회에 모인 사람들이 하는 일에 초점을 맞추기 쉽다. 예배 갱신은 주로 경건의 미학에 대한 문제로 접근하기보다 섬김과 봉사의 갱신으로 끝나기 쉽다는 것이다. 예배[leitourgia]는 섬김["service"]이라는 뜻으로 번역할 수 있다 이 경우 선, 공의 및 평화는 본연의 아름다움을 잃어버릴 위험이 있다.

우리가 이 서론적 찬양 –사실상 에베소서 전체– 을 통해 직면하는 것은 아름다운 삶 – 사랑 안에서 거룩하고 흠이 없는 삶1:4; cf. 2:10, 4:24, 5:2– 에 기초한그리고 그러한 삶 속에 나타난 예배관이다. 바꾸어 말하면 이와 같이 사랑 안에서 거룩하고 흠이 없는 삶은 오직 하나님과 그의 사랑에 대한 즐겁고 창의적인 감사의 표현으로만 제시된다는 것이다.

선택과 예정

개혁주의의 주요 전통에서 칼빈주의의 가장 중요한 요소인 선택과 예정은 중요한 신학적 역할을 수행해 왔다.아우구스티누스로부터 위대한 개혁주의자 및 이후 시대까지 이 교리의 역사에 대해서는 Finger, 1989:129-32, 199-210; McClendon, 1994:180-5; Schnackenburg: 312-5 및 기타 수많은 자료를 참조하라 신자들의 교회believers church 전통에서 초점은 전형적으로 기독교 공동체 안에서 그리스도를 따르는 제자가 되겠다는 성인의 결정 및 회심에 맞추어진다. 선택이나 예정과 같은 교리에 대해서는 복음화와 제자도를 위한 교회의 노력을 저해한다고 판단될 경우 불안한 시선으로 바라보았다.Finger, 1985:86-7 이 이슈를 다룬 사람들은 매우 신중한 입장을 견지하며 인간의 결정의 중요성을 조심스럽게 강조하며 하나님의 선택에 대해서는 그리스도를 통해 나타난 하나님의 사랑이라는 긍정적 관점에만 초점을 맞춘다.

제임스 맥클렌돈James McClendon은 이러한 접근에 대해 잘 제시한다.

> 우리에게 필요한 것은 창조와 구원 및 종말론에 대해 다음과 같이 주장하는 교리이다… 하나님은 선택적 사랑의 하나님으로 남되 그의 선택은 피조계나 피조계의 일부를 무시하는 것이 아니라 언제나 지혜롭게 피조계의 유익을 위하고 같은 뜻이지만 궁극적으로 자신의 신적 영광을 피조물과 나누는 선택이다… [여기서 맥클렌돈은 자신의 주장을 뒷받침하기 위해 에베소서 1장 4-5, 9-10절을 인용한다.] 그러나 [선택과 예정] 교리에 대한 오랜 인연은 이러한 기독교의 가르침이 거의 기여할 수 없을 만큼 끈질기게 버티고 있다는 것이 필자의 생각이다. 우리는 이러한

아우구스티누스의 유산을 비축하려는 노력도 해야 하지만 동시에 하나님의 법을 다양한 면에서 효과적인 방식으로 강조하는 것도 반드시 필요하다. 그러나 한 가지 확실한 것은 예수 그리스도를 정점으로 하는 성경 내러티브에 나타난 하나님에 대한 지식과, 하나님의 포괄적이고 선택적인 사랑에 대한 우리의 주장 사이에는 어떤 괴리도 없어야 한다는 것이다.1994:184-5

그보다 훨씬 앞서 뱅거J. C. Wenger도 이러한 관점을 제시한 바 있다.

하나님의 성품을 인류에게 제대로 제시하기 위해서는, 신약성경이 그리스도를 거부한 책임을 구세주에게 순종하기를 거부한 자들에게 정확히 돌리고 신자의 믿음을 은혜로우신 하나님의 선택적 사랑과 자비에 기인한 것으로 보았듯이 하나님에 대한 사랑이 가장 중요하다는 사실을 강조할 필요가 있다.

한 마디로 선택과 예정은 인간을 사랑하셔서 구원하기로 결정하신 하나님과 관련이 있다는 것이다. 인간은 이러한 신적 주도권을 얼마든지 거부할 수 있다. 나아가서 하나님은 성령의 도우심을 통해 주권적으로 인간으로 하여금 자유롭게 메시아적 계획에 동참하게 할 수 있다.예를 들면, Finger, 1989:136

위에서 제시한 관점은 확실히 에베소서 1장의 중요한 요지를 파악하고 있다. 물론 에베소서 1장은 수 세기 동안 기독교 신학의 쟁점이 되고 있는 신학적 철학적 난제를 해결하기에 적합한 본문은 아니다. 이것은 본문의 언어가 의도적으로 다양한 해석을 용인하고 있는 때문이다. 어쨌든 하나님의 은혜에 대한 이 도취적 진술은 찬양의 행위에 해당한다. 이 송영은 −우리를 미리 예정하실 만큼− 깊이를 측량할 수 없는 사랑과 자비를 찬양한다. 하나님은 우리를 창세전에 택하신 것이다. 이것은 신학적 정확성보다 놀라움과 감사 및 확신에 적합한 언어이다.

그렇다고 해도 이 본문은 그리스도인의 믿음을 행위 윤리로 행위로 보는 경향이 있는 제자들에 대한 말씀이다. 이 말씀은 그들에게 그들과 하나님의 관계가 그들의 노력에 기인하는 것이 아니라 우선적으로 하나님의 은혜의 결과임을 강력히 상기시킨다. 동시에 택자는 의와 평화, 흠이 없는 거룩함1:4을 위해 선택되고 예정된다. 하나님은 택자가 그 가운데서 행할 수 있는 선한 일을 예비하신다.2:10 우리는 최선을 다해 노력하고 열심을 내어야 하지만4:3 의를 구하고 화목하게 하는 일은 결국 인간의 업적이 될 수 없다. 이것은 그들로 자랑하지 못하게 함이다.2:9 우리는 하나님을 기쁘시게 하고1:5, 9 그의 영광을 찬송하기 위해1:5-6, 12, 14 부르심을 받고 택함과 예정을 입었다.

만물을 통일시키심

1장 10절의 만물"하늘에 있는 것이나 땅에 있는 것이 다"이라는 표현은 수리가 불가능한 세상에서 사람을 구원하신다는 차원이 아니라 세상 모든 영역의 실재를 구원 및 해방 또는 회복시켜 만물을 통일되게 하신다는 것이다. 이것은 하나님의 돌보심이 인류개인은 말할 것도 없고에 한정된다는 관점과 배치된다.

에베소서에 제시된 것처럼 구원은 한 때 죄인이었던 자들을 용서하고 회복시켜 하나님이 거하실 처소로 택하신 새 사람으로 지으심을 받게 하는 것이다.2장 그러나 한편으로 구원은 인간에 대한 그룹가령, 2:11-22의 유대인과 이방인을 포괄한다. 이것은 개인은 물론 그룹과 공동체 및 사회에 대한 억압과 속박을 초래한 비극과 분열에 대해 말할 방법을 찾고 있는 오늘날 그리스도인에게 중요한 기반이 된다. 많은 사람들은 인종차별, 성차별, 가해자와 피해자의 화해, 사회적 군사적 갈등 및 경제적 불균형과 같은 이슈를 다루고 있다.

"하늘에 있는 것이나 땅에 있는 것이 다"라는 표현 속에 내재된 포괄성은 하나님의 구원적 관심을 넘어서는 어떤 것 –사람이든 사물이든– 도 남기지 않는다. 세상에 대한 재창조 –만물을 통일시킴– 라는 구원 개념은 초기 교회 교부들, 특히 이레니우스의 사고에 영향을 주었으며Against Heresies 5.20.20 지금까지 중요한 역할을 해 왔다.Schnackenburg: 315-8; cf. Edwards: 116 "하늘에 있는 것이나 땅에 있는 것이 다"에 내포된 "하나님의 자비의 광범위함"은 하나님과 화목하고 그리스도 안의 새 생명으로 들어와야 할 긴급성을 다시 일깨워준다. 또한 이것은 우리로 하여금 빈곤, 성차별, 군국주의 및 생태학적 문제를 하나님의 구원의 아젠다로 보게 한다.

예를 들면, 우리는 산업화와 기술 문명의 발달로 가속화 되고 있는 자연 파괴에 관심을 가질 필요가 있다. 구원의 범주는 만물을 포함한다는 사실은 구원에 대한 우리의 이해가 인간 공동체 너머로 확장되어야 함을 보여준다. 우리의 이해는 나무와 호수, 벌레 및 새의 생명까지 확장되어야 한다. 그들 역시 궁극적으로 그리스도의 우주적 몸에 포함된다.

아버지

오늘날 하나님 아버지라는 묘사는 성sex과 관련된 구원 논쟁에 휘말려 왔다. 에베소서 및 다른 성경 문헌는 가부장적 시대를 배경으로 한다. 우리는 하나님이 아버지로 묘사되는 것에 놀랄 필요가 없다. 그러나 하나님이 아버지라는 것은 어떤 의미이며 이 아버지는 누구인가?

유대교와 달리 이방 종교는 남신과 여신을 포함하는 다신교에 해당한다. 이것은 그들로 하여금 여성 친화적이 되게 한다는 사실은 차치하고라도 이방인은 신들에 대한 이미지에서 양성 모두를 받아들일 수 있었다. 그러나 유일신 신앙을 고수하는 유대교적 유산은 그리스도인으로 하여금 이러한 양성론적 접근을 불가능하게 한다. 그러나 초기 단계 유대인의 지혜서는 지혜를 히브리어 및 헬라어로 호크마 *okmah*나 소피아*Sophia*라는 여성으로 인격화함으로써 양성 모두 신적 실재의 모델이 될 수 있는 가능성의 폭을 확장한다.[지혜, 382쪽] 예수님의 제자들은 이러한 원천 깊은 곳으로부터 예수님에 대한 이해를 발전시켜나갔다.

우리는 바울과 그를 따르는 자들이 오늘날 하나님을 어떻게 부를 것인지에 대해 확실히 알 수 없다. 그들이 하나님을 아버지나 어머니로 언급하는 것에 어떤 어려움이 있었든, 우리의 몫은 아니다. 하나님에 대해서는 아버지와 어머니라는 두 개념을 모두 반영한 어버이라는 포괄적인 표현을 사용하는 것이 성별을 비롯하여 하늘과 땅의 모든 것을 통일시키시는 하나님의 사역과 일치하는 관점으로 보인다. 하나님의 호칭으로 아버지라는 단어를 사용한다고 해서 이러한 포괄적 개념이 배제된다는 것은 아니다. 실제로 예수님은 하나님을 아버지로 부르실 때가 많았는데 당연히 이러한 의중이 담겨 있었을 것이다.

스와틀리Willard Swartley의 지적처럼 하나님을 아버지로 부르는 성경 본문의 대부분은 신적 사랑과 성품 및 부성애적 보살핌을 강조한다.1992:12-4 에베소서는 하나님을 아버지라고 부름으로써 하나님의 권위와 주권, 특히 영적 후손에 대한 관심과 사랑 및 모든 족속들과 만물을 돌보신다는 사실을 보여주려 한다.3:14-19 따라서 에베소서는 가부장적 문화를 배경으로 기록되었으며 그러한 제도를 뒷받침하고 있지만5:21-6:9, 주석 참조, 전반적 관점은 모든 실재가 남성 중심으로 흡수되는 것이 아니라 그리스도를 통해 '모든 분리의 이전과 이후에 계신' 하나님께로 통일되게 한다는 것이다.2:11-22; 4:6 그러나 이러한 통찰력을 무시함으로써 너무나 큰 대가를 치루고 있다.

오늘날 그리스도인은 기독교 공동체 안에서조차 1세기만큼이나 종교적으로 다변화된 세상에 살고 있다. 지금은 말씀의 의미가 왜곡되고 통제조차 어려운 상황이다. 따라서 하나님의 아버지 되심에 대한 문제는 여전히 많은 논쟁과 갈등을 초래하고 있는 것으로 보인다.TLC, 3:14-21

감사와 중보

개관

바울 서신은 통상적으로 서두 인사 후에 감사가 이어진다.[바울서신의 구조, 368쪽]
예외는 세 곳뿐이다. 고린도후서 1장에는 찬양이 감사 대신 제시된다. 갈라디아서 1장에
서 바울은 찬양이나 감사에 대한 언급을 하지 않을 만큼 갈라디아 사람들을 못마땅해 한
다. 에베소서에는 찬양과 감사를 모두 발견할 수 있다. 1장 3-14절의 찬양은 감사의 어
조로 가득하며 이러한 분위기는 3장 끝까지 이어진다. 1장 15-16절에는 감사에 대한 구
체적 언급이 제시되며 즉시 "중보기도"Lincoln: 49: "감사기도," Perkins: 46로 이어진다. 이곳
의 감사는 독자를 칭송하는 내용으로 이루어지며 중보는 선행하는 문장1:3-14에 이어 독
자에 대한 하나님의 주권적 사랑에 대한 진술을 개인적인 차원에서 계속한다.

에베소서 1장 15-23절은 1장 3-14절에 제시된 하나님의 복 주심에 대한 진술을 신자
들이 이러한 복 주심에 대해 알고 감사하게 해 달라는 기도를 통해 요약한다. 이 기도는 2
장과 3장에서 하나님이 그리스도와 그의 거룩한 사도들을 통해 이루신 일에 대해 상세히
살펴본 후 3장 14-21절에서 다시 한 번 나타난다. 우리는 두 본문에 대한 간략한 비교를
통해 두 본문이 상호 얼마나 밀접한 관련이 있는지를 알 수 있다.

에베소서 1:15-23		에베소서 1:3-14	
15	주 예수 안에서 너희 믿음과	13	그 안에서 또한 믿어
15	모든 성도를 향한 사랑	4	사랑 안에서… 거룩하고
17	주 예수 그리스도의 하나님	3	하나님… 아버지께서
17	영광의 아버지	6, 12, 14	영광의 찬송
17	지혜와 계시의 영	8	지혜와 총명
18	부름의 소망	4, 12	그리스도 안에서 전부터 바라던
18	기업	11, 14	기업
20	그의 능력이 그리스도 ,,, 다시 살리시고	11	모든 일을 그의 뜻의 결정대로
20-23	만물 *kephal* 위의 머리로서 그리스도	10	다 그리스도 안에서 통일되게 *anakephalai sasthai*

1장 3-14절에서와 같이 1장 15-23절의 헬라어 본문은 한 문장으로 되어 있다. 편집자와 번역자들은 편의상 이 본문을 여러 개의 문장으로 나누었다.^{Nestle-Aland} 헬라어판은 두 문장으로, NIV는 다섯 문장, 그리고 NRSV는 네 문장으로 나눈다 다음은 본문의 골격으로, 구조와 주요 강조점을 보여주기 위해 들여쓰기를 한 것이다.^{cf. Schematic Trans.}

1:15-23의 구조

이로 말미암아 나는

너희 믿음과 모든 성도를 향한 사랑을 들었으므로

너희로 말미암아 감사하기를 그치지 아니하고

너희를 기억하며 기도하기를

하나님이 너희에게 지혜를 주사

[1:17-18의 "지혜와 총명"의 동의어임에 주목하라]

그의 부르심의 소망과

그 기업의 영광의 풍성함과

능력의 지극히 크심과

[1:19의 "힘의 위력"과 동의어임]

그리스도 안에서 역사하신 그의 능력으로 말미암아

죽은 자들 가운데서 다시 살리시고

하늘에서 자기의 오른편,

　　　모든 권세들 위에 앉히사

만물을 그의 발 아래에 복종하게 하시고

그의 몸이자

　　　만물을 충만하게 하시는 이의 충만함인

　　　　　교회와 함께/교회를 위해/교회를 통해

　　　　　만물 위에 머리로 삼으신 것을 알게 하시기를 구하노라.

문법적 구조면에서 볼 때 이 문장이 주장하고자 하는 요지는 감사이다. 그러나 이 문장의 내용적 구조는 독자에게 소망과 기업과 —교회와 함께, 교회를 위해, 교회를 통해 그리스도 안에서 역사하시는1:20-23— 능력을 아는1:18-19 지식을 주실 것을 구하는1:17-18 기도를 중심으로 구성된다.

　　3-14절과 마찬가지로 우리는 이 문장에서 하나님 중심적 강조를 즉시 찾을 수 있다. 하나님은 "영광의 아버지"이시다.1:17 "부르심"과 "기업" 및 "능력"은 전적으로 하나님의 주권에서 비롯된다.1:19 이 드라마에서 하나님의 중심적 역할은 그리스도를 살리시고 높이신 사실에서 가장 극적으로 드러난다.1:20-22 이 부활과 승귀는 하나님이 그리스도의 몸인 교회를 통해 행하신 사역의 수단이 된다.1:19, 22-23

개요

감사와 중보기도, 1:15-16

중보기도의 내용, 1:17-19a

　　　1:18b　　　소망에 대한 지식

　　　1:18c　　　기업에 대한 지식

　　　1:19a　　　능력에 대한 지식

무한하신 능력의 수단, 1:19b-22a

　　　1:20　　　그리스도를 살리시고 오른 편에 앉히심

　　　1:21-22a　만물을 머리이신 그리스도에게 복종하게 하심

교회, 1:22b-23

| 1:23a | 몸 |
| 1:23b | 충만함 |

주석

감사와 중보 기도, 1:15-16

15절은 "이로 말미암아"로 시작하여 16절에서 "너희로 말미암아 감사하기를 그치지 아니하고"로 이어진다. 문법적으로는 감사의 원인은 3-14절의 긴 찬양에 제시된 하나님의 복 주심과 관련된다. 그러나 이 감사를 촉발한 가장 근접한 이유는 수혜자의 믿음과 사랑에 대해 들었기 때문이다. 하나님에 대한 감사에서 믿음과 사랑은 그들에게 베푸신 하나님의 다양한 복 가운데 하나이다.[1:13]

믿음*pistis*은 "주 예수 안"에 있는 믿음이며 사랑*agapē*은 "모든 성도[거룩한 자]를 향한문자적으로는 into, 즉 '안으로'" 사랑이다. 이것은 예수님을 향한 믿음과 동료 신자를 향한 사랑으로 해석하면 가장 자연스럽고 오류가 없는 해석이다. 그러나 피스티스*pistis*는 "신실함"으로도 해석될 수 있다.[1:1 주석] 따라서 "주 예수에 대한 신실함"은 사실상 "성도를 향한 사랑"과 같은 의미이다.Barth, 1974:146; Best, 1998:160; Lincoln: 55;Schnackenburg: 72 참조

목회적 관점에서 볼 때 독자의 신실함과 사랑으로 인해 하나님께 감사한다는 것은 신자를 인정한다는 것이다. 동시에 이러한 인정과 칭찬은 본 장 전체에 나타나는 하나님 중심적 관점에 따라, 전적으로 하나님으로부터 나온다. 다시 말하면 이 감사는 비록 간략하지만 독자의 믿음과 사랑을 칭찬할 뿐만 아니라 그들의 믿음과 사랑조차 하나님의 복이라는 사실을 보여준다.

중보기도의 내용, 1:17-19a

16절의 "내가 기도할 때에 [너희를] 기억하며" 뒤에는 즉시 "너희로 말미암아 하나님께 감사하기를 그치지 아니하고"라는 구절이 이어진다.[1:15-23 구조] 그러나 이 긴 문장의 대부분은 중보의 내용으로 채워진다.

NIV나 NRSV와 같은 역본은 17절에서 새로운 문장을 시작하지만 헬라어 원문은 "하나님이…"라는 목적절과 함께 중보의 내용으로 들어간다. 이 기도는 하나님께 대한 직접적인 요구로, 독자를 대신하여 특정 목적을 위해*hina: ~하기 위해* 끊임없이 간구한다. 이처럼 간절한 수고의 결과는 우리 주 예수 그리스도의 하나님, 영광의 아버지에 의해 보장된

다. cf. 1:3, 하나님과 예수 그리스도의 관계에 대한 주석 참조

"영광*doxa*의 아버지"라는 독특한 구절은 "영광스러운 아버지"를 가리키는 셈어식Se-mitic 표현일 수 있다. 그러나 이 구절은 하나님이 모든 영광의 원천이자 목적임을 보여주는 표현이기도 하다.cf. "빛들의 아버지"[약1:17] 참조 구체적으로 말하면, 하나님은 성도들에게 베푸시는 것들 −소망, 기업, 능력바울에게 있어서 영광과 능력은 사실상 동의어이다. 예를 들면, 롬 6:4; Best, 1998:162; Lincoln: 56− 의 원천이자 보증인이며 목적이 되신다는 것이다.

이 기도에 나타난 지식에 대한 관심은 1장 8절의 지혜와 총명을 상기시킨다. 여기서는 구체적으로 골로새서 1장 9절을 반영한다. 지식이나 지혜에 해당하는 단어들은 점차 많이 열거된다. "**지혜**와 **계시**의 영을 너희에게 주사 하나님을 알게 하시고 너희 마음의 눈을 **밝히사**… **알게** 하시기를." 골로새서 1장 9절의 지혜에 대한 진술은 우리에게 한편으로는 "지혜와 총명"cf. 엡1:8과 다른 한편으로는 "계시"가 상호 밀접한 관련이 있음을 주지시킨다.[지혜, 382쪽] 이제 이러한 연결은 분명히 제시된다.1:17 지식과 지혜에 해당하는 여러 가지 동의어와 함께 하나님은 이러한 지혜의 원천이시라는 사실이 다양하게 제시된다. 하나님은 지혜와 계시의 영을 주시고 마음의 눈을 밝히신다.cf. 고전2:6-16

지식과 계시에 해당하는 다양한 용어들이 가진 뉘앙스의 차이를 정확히 구별하려는 노력은 큰 유익이 없다. 중요성을 강조하기 위해 용어를 쌓는 것은 에베소서의 문체에 나타나는 전형적 특징이다. 다양한 용어는 독자로 하여금 신자에게 계시된 하나님의 지혜의 놀라움에 주목하게 하기 위한 것이다.

첫째로, 1장 3−14절의 지혜에 대한 논의에서 살펴본 대로 하나님이 지혜의 원천이시라는 사실을 아는 것은 이러한 지혜에 대한 인간의 경험을 결코 무시하지 않으며 반대의 경우도 마찬가지이다.잠언 8−9장 및 솔로몬의 지혜서 6−9장에서 인격화 된 지혜가 어떻게 벗과 선생으로서 신실한 자와 연결되는지 주목하라 이러한 사실은 이사야 11장 2절과 솔로몬의 지혜서 7장 7절 및 9장 17절을 반영한 "지혜의 영"이라는 구절에 명확히 나타난다. 이러한 본문들은 이 지식을 받을 수 있는 특권에 대해 지혜의 영이 하나님의 왕적 대표자들 −왕들과 기름 부음 받은 자들− 에게 임한 사실을 통해 보여준다. 에베소서에서는 이처럼 특별한 지식을 하나님의 모든 "평범한" 아들과 딸들에게 베풀어 주실 것을 위해 기도한다. 17절의 "영"은 지혜와 계시의 영으로, 지혜와 계시가 밀접한 관련이 있음을 보여준다. 둘 다 원천은 하나님이시다. 이것은 이러한 지혜가 참여적이라는 사실과 함께 하나님과 인간이 계시적 사건을 통해 적극적 참여자로 만난다는 사실을 보여준다. 가령 우리는 바울 서신의 보다 광범위한 맥락에서 볼 때 고린도전서 14장 1절에 묘사된 예언 행위는 교회에 주

신 가장 큰 성령의 선물이라고 생각한다.14:6,26,30의 계시에 대한 강조 참조 그러나 데살로니가전서 5장 19-21절이 상기시켜주듯이 예언은 공동체 안에서 검증을 받아야 하며 여기에도 지혜가 요구된다.

본문의 "영"에는 관사가 없다. 따라서 이 영이 하나님의 성령을 의미하는지NIV; Fee, 1994:675-9; Best, 1998:162-3; Lincoln: 56-7; Schnackenburg: 74 하나님이나 인간또는 하나님과 인간의 지혜의 영에 대한 일반적 언급인지는NRSV; Barth, 1974:162 알 수 없다. 이 구절은 하나님의 메시아가 자신에게 강림한 "여호와의 영, 곧 지혜와 총명의 영"으로 다스리신다는 이사야 11장 2절을 상기시킨다. 여기서는 계시라는 표현으로 바뀐 것과 지혜의 원천으로서 하나님과의 연결이 강조될 뿐이다. 따라서 관사의 유무와 관계없이 "영"은 메시아적 소명을 받은 신자들을 깨우치시는 하나님의 영을 가리킨다.

또한 우리는 마음의 눈을 밝힌다는 특이하고 놀라운 이미지를 보게 된다. 성경에서 마음heart은 일반적으로 감정과 의지 및 지성의 좌소로 알려지며 생각mind에 가깝다.예를 들면, 창6:5; 시77:6; 잠15:14; 렘31:33; 막12:30; 행4:32; 롬10:10 따라서 NJB는 이 구절을 "이성mind의 눈"으로 의역한다. 우리는 에베소서의 다른 곳에서 관련된 표현을 발견할 수 있다. 4장 23절에는 이곳에서와 유사한 "너희의 심령마음의 영"이라는 구절이 나타난다. 또한 이방인에 대해서는 "무지와 마음의 완고함"4:18이라는 표현이 사용된다. 눈에 대해서는 생명의 빛을 가진 이미지"눈을 밝히소서… 사망의 잠을 잘까"로 제시된 시편 13편 3절을 찾아볼 수 있다.

두 모티브가 하나의 이미지로 결합된 것은 그것이 밝아진다는"밝히사" 개념만큼이나 특이하다.이 부분은 나중에 1 Clem. 36.2; 59.3; Odes of Sol. 15 등에도 반영된다 이 이미지는 인식과 자각이라는 내적 인식 기관을 여시는 분이 하나님이시며 이 과정에서 죽은 자에게 생명을 주시는 분도 하나님이시라는 두 가지 확신을 표현한다.cf. 2:5-6; 4:22-24 이 부분은 세례와 연결된다.cf. 롬6장 및 13장; Houlden: 275 에베소서 5장 14절은 사실상 세례가 이러한 조명illumination에 대한 경험을 축하하는 찬양으로 보인다. "잠자는 자여 깨어서 죽은 자들 가운데서 일어나라 그리스도께서 너에게 비추이시리라 하셨느니라"Perkins: 48

1:18b 소망에 대한 지식

이 지식의 내용은 소망과 기업 및 능력과 연결된다. 지식의 첫 번째 대상은 문자적으로 "그의 부르심의 소망"이다. 이것은 하나님이 그들을 이러한 소망으로 부르셨다는 뜻이다. 이 소망의 정확한 내용이 무엇인지는 다른 바울서신의 도움을 받지 않고는 알기 어렵다. 그러나 에베소서가 처음부터 다른 바울 서신과 같은 맥락에서 읽어주기를 의도했다고 하더라도 우리는 그런 식으로 빈칸을 채우는 것에 신중해야 한다.

에베소서에는 소망의 내용이 무엇인지에 대한 몇 가지 단서가 나타난다. 1장 12절에는 먼저 소망을 가진 자들"우리가 전부터 바라던"에 대한 언급이 나타나며 이 소망은 4장 4절에서 다시 언급된다. 그러나 에베소서에는 그리스도의 나타나심에 대한 분명한 언급이 제시되지 않으며 최후 심판5:6에는 진노에 대한 언급이 나타나지만이나 미래적 구원4:30[cf. 1:14]의 "구원의 날" 및 5:5의 "그리스도와 하나님의 나라"라는 언급을 제외하면에 대한 언급도 거의 나타나지 않는다.

그렇다고 해도 우리는 앞서 서론적 찬양을 통해 그리스도 안에서 만물을 통일시킨다는 이미지1:10에 담긴 그리스도 안에서 하나 됨으로의 흐름에 대해 살펴본 바 있다. 악의 존재가 확연한 현실가령, 2:1-2, 5:3-16, 6:10-13이라는 관점에서 볼 때, 그리스도 안에서 만물을 통일시킨다는 이미지는 본질상 종말론적 -소망으로 가득한- 이미지일 수밖에 없다. 또 하나의 단서는 우리가 알아야 할 리스트의 두 번째 항목기업에서 발견된다.

1:18c 기업에 대한 지식

18절은 문자적으로 "성도 안에서 그 기업의 영광의 풍성함이 무엇이며"라는 구절로 끝난다. 이 단락과 1장 3-14절을 비교한 도표가 보여주듯이"개관" 참조, 본 장에는 기업이라는 주제가 반복 언급된다.1:11, 14 이 기업은 하나님의 자녀가 그리스도와 하나님의 나라에 동참함으로써 얻는 것과 관련된다.5:5; cf. 갈 3:23-4:7 기업의 영광과 풍성함에 대한 언급은 기업에 대해 많은 것을 알려주지 않지만 우리가 하나님이 "거룩한 자들"을 위해 예비해두신 것에 대해 어떤 경외감을 가지고 묵상해야 할지를 보여준다. 기업에 대한 지식을 가진다는 것은 정보 획득이 아니라 마음의 눈이 밝아져서 미래에 비추어 현재를 산다는 것이다.

"성도 안에서"문자적으로 "거룩한 자들 안에서"라는 구절은 더욱 당황스럽다. "안에서"en는 NRSV의 번역처럼 "~가운데"라는 의미도 된다. 문제는 거룩한 자들hagioi이 누구를 가리키느냐라는 것이다. 한편으로 "성도"로 번역된 "하기오이"는 에베소서1:1, 주석; 2:19, 3:8, 4:12, 5:3, 6:18에서도 볼 수 있는 것처럼 바울서신에서 신자를 일컫는 가장 일반적인 방식이다. 성도를 "신자"로 본다는 것은 다른 신자들도 "기업"을 경험하게 될 것이라는 사실을 보여준다.

다른 한편으로 구약성경에서 거룩한 자들은 종종 하나님의 보좌 주변에 있는 영적 존재들을 가리킨다. 그들은 천사로 묘사되거나 하나님의 보좌를 둘러싼, 소위 거룩한 자의 모임가령, 시89:3-18으로 묘사되기도 한다. 이 경우, 이 구절은 골로새서 1장 12절에서 직접 온 것으로 볼 수 있다. "빛 가운데서 성도의 기업의 부분을 얻기"라는 골로새서 본문은 에베소서의 어법에 비해 영적 존재들에 대한 암시가 더욱 강하게 나타난다. 이러한 해석은 신자들이 하늘에서 신적 존재들과 함께 기업에 동참할 것임을 보여준다.2:5-6 쿰란의 사해 공동체에서 나온 문헌에는 신실한 자들이 영적 존재들과 가까이 교제했다는 다양한 본문들이 나타난다. 가령, 1QS 11.7; 1QM 12.1-2; 1QH 11.21-22; cf. 솔로몬의 지혜서. 5:5

이러한 해석은 이 구절에 대한 다양한 역본의 번역"성도들," NRSV, NIV; "거룩한 백성," NJB; "교회 지체," NAB; "그의 백성," NEB, REB, GNB/TEV과 대치된다. 그럼에도 불구하고 우리는 거룩한 자들에 대한 성경적이고 보다 광범위한 유대적 이해와, 신자들의 고귀한 신분을 강조하는 에베소서의 경향을 따라야 할 것이다. 따라서 교회지체를 하늘의 모임 자체로 이해하지 않는 한 이 구절은 교회 지체보다 "거룩한 자들"에 대한 언급으로 보아야한다. cf. 2:6; cf. Best, 1998:168

"성도 안에서 그 기업의 영광의 풍성함"이 하나님이 성도에게 주신 기업이 아니라1:14에서 볼 수 있는 것처럼 하나님 자신의 기업"그의 기업"을 가리키는 것이라면Lincoln: 60; cf. 1:11-12, 주석 이 구절의 의미는 달라질 수밖에 없다. 이 해석은 다소 부자연스러워 보이지만 우리가 하나님 자신의 영광스러운 기업의 일부라는 사실을 아는 것이 얼마나 중요한지에 초점을 맞춘다. 그러나 이 해석은 "성도 안에서"라는 구절의 의미가 하나님의 기업이 성도로 구성되었다는 것인지 하나님이 하늘 모임의 지체들인 거룩한 자들 가운데서 자신의 기업을 누리신다는 것인지 모호하게 만든다.

해석이 어떠하든, 이 지식을 위한 기도는 기업이 확실하다는 사실을 아는 것에 초점을 맞추고 있다는 것은 분명하다. 이 중보기도는 중요하며 중단이 되어서는 안 된다. 왜냐하면 이러한 지식은 확신을 가지고 오늘을 살아가게 하기 때문이다. 미래에 대한 확신은 신자로 하여금 자유롭게 현재에 몰두하게 한다. 이러한 사실은 기도의 마지막 항목능력에서 더욱 분명하게 드러난다.

1:19a 능력에 대한 지식

우리가 알고 이해해야 할 마지막 항목은 "믿는 우리에게 베푸신 능력의 지극히 크심"이다.19절 "그의 부르심의 소망"으로부터 "기업의 영광의 풍성함"으로, 그리고 이제는 "지극히 크신 능력"으로 점차 강화된다는 사실에 주목하라. "지극히 크신"은 "휘페르발론"*huperballon*이라는 헬라어를 번역한 것으로 영어의 "hyperbole"과장은 여기서 나온 말이다. 이 단어의 동사 형태는 문자적으로 "이기다" 또는 "뛰어 넘다"라는 의미가 있다. 따라서 형용사는 "탁월한" 또는 "한량없는"이라는 뜻으로 번역된다. 이 어원은 본 서신 여러 곳2:7; 3:19에 나타난다.cf. 바울 서신 다른 곳에는 고후3:10, 4:7, 9:14에만 나타난다 이 용어를 선택한 이유는 하나님의 능력은 언어로 묘사할 수 없다는 사실을 보여주기 위한 것이다. 그러나 저자는 잠시 후 살펴볼 19b절에서 능력이라는 용어를 반복한다.

이것은 이 기도에서 차지하는 중요성 때문이다. 즉, 신자는 이 위대한 능력이 우리를 위한 것"우리에게"이라는 사실을 이해해야 한다.NRSV, NIV, NJB; 유사한 표현으로는 "우리를 향해"[NASB], "우리에게 열린"[REB] 이 능력은 "믿는 우리"를 위한 것이다. 우리는 여기서 "신뢰"라는 믿음의 역동적 요소가 보존될 수 있도록 주의해야 한다.필자는 롬3:22; 고전1:21, 14:22; 갈3:22; 살전1:7, 2:10,13에 대해서도 같은 맥락에서 해석한다 즉, 하나님의 능력은 하나님을 신뢰하는 사람들을 위한 것이다.

일부 역본RSV, NAB, GNB/TEV은 "우리 안에서"로 번역하는데 이것은 하나님의 크신 능력이 믿는 자들 안에서또한 그들을 통해 역사하고 있음을 보여준다. 이것은 "우리"의 의미를 수혜자에서 신적 능력의 행위자로 바꾼다. 이런 의미는 하나님이 그리스도와 함께 우리를 일으키신 사실2:4-6 및 하나님의 전신갑주를 입으라는 부르심6:10-20과 일치한다. 그러나 이곳에 사용된 헬라어 전치사는 "~를 통해"through라는 뜻을 가지고 있는 *en*이 아니라 에이스*eis*, 문자적 의미는 "속으로"이다. 일반적으로 에이스는 방향 및 목적을 가리킨다. 이 단어는 1장에서 아홉 차례 나타난다. 따라서 "우리 안에서"라는 함축이 에베소서의 목적과 잘 부합된다고 하더라도, 1:19a에서는 "우리를 위하여"가 더 설득력 있다.

능력의 지극히 크심1:19b-22a

이 긴 문장의 마지막 부분은 "그의 힘의 위력으로 역사하심을 따라"라는 구절로 시작한다. "~을 따라"*kata*라는 수식절은 에베소서에서 자주 나타나며 본 장의 앞부분에 반복 언급된다.엡1:5,7,9,11[2회] 20-22절은 19절에 언급된 "하나님의 능력의 지극히 크심"을 수식하고 규명하며 다소 역설적이지만 범위를 제시한다.

이 구절의 문자적 의미는 "[하나님이] 역사하신 그의 강력한 힘의 위력을 따라…"이다.1:11; 3:20에서도 마찬가지이다 우리는 이 신적 힘을 나타내는 몇 가지 용어를 발견할 수 있다. 능력*dynamis*, 강력*kratos*, 힘*ischus*, 위력*energeia* 17-18절의 지혜를 뜻하는 다양한 용어에서 살펴본 대로 의미의 차이를 구별하는 것은 큰 도움이 되지 않는다. 헬라어에서와 마찬가지로 영어에서도 이 용어들은 상호 대체할 수 있으며 함께 하나님의 지극히 크신 능력을 나타내는 역할을 한다. cf. Arnold, 1989:73-5 그러나 위력*energeia*은 예수를 죽은 자 가운데서 살리시는 하나님의 효과적인 시행력을 강조한다는 점에서 예외로 볼 수 있을 것이다. 에베소서 6장 10절도 유사하다. "너희가 주 안에서와 그 힘의 능력으로 강건하여지고." 또한 19절은 골로새서 1장 11절도 상기시킨다. "그의 영광의 힘을 따라 모든 능력으로 능하게 하시며."

이러한 표현 방식의 배후에는 능력과 관련된 다양한 용어를 통해 하나님을 위대한 창조주이자 전사로 묘사하는 전승이 있다. cf. 신3:24; 사40:26; 엡6:10, 주석 이곳의 리스트는 독자로 하여금 우리를 위해 역사하시는 능력이 바로 세상을 창조하시고 보존하시며 심판하시고 구원하시는 능력임을 인식하게 한다.

1:20 그리스도를 살리시고 오른 편에 앉히심

이 신적 능력은 먼저 하나님이 예수님을 위해 하신 일에 대한 요약과 함께 제시된다. 즉 하나님은 예수님을 죽은 자 가운데서 살리시고 하늘에서 자신의 우편에 앉히시며 모든 권세보다 높이셨다. 하나님은 만물을 그에게 복종하게 하시고 그를 만물의 머리로 삼으셨다. 1:20-22; cf. 1:10

우리는 먼저 하나님 중심적 관점에 주목할 필요가 있다. 그를 살린 것은 예수님 자신이 아니라 하나님이시다. Best, 1998:170-2 영광의 아버지의 능력은 그리스도를 보좌에 앉히심으로 하나님의 오른 편이라는 특권적 지위를 부여하셨다. 이것은 그리스도를 모든 권세와 이름 위에 뛰어나게 했다.[에베소서의 우주론, 259쪽] 모든 권세들을 그리스도의 발 아래에 복종하게 하고 그를 만물의 머리로 삼으신 것은 하나님의 능력이다. 이러한 시나리오를 통해 그리스도는 하나님이 그를 위해 베푸신 사역의 수혜자가 되신다.

그리스도의 승귀라는 모티브를 형성하는데 사용된 본문은 두 가지이다. 먼저 20절에서 시편 110편 1절에 대한 명백한 암시를 제시한 후 22절에서 시편 8편 6절을 인용한다.

여호와께서 내 주에게 말씀하시기를
　　내가 네 원수들로 네 발판이 되게 하기까지
너는 내 오른쪽에 앉아 있으라 하셨도다. 시110:1

주의 손으로 만드신 것을 다스리게 하시고

만물을 그[그들]의 발 아래 두셨으니
시8:6, RSV/NRSV는 단수로 번역한다

두 개의 본문이 혼합된 것이다.고전15:25-27; 히1:13, 2:6-8에서도 찾아볼 수 있다: cf. Best, 1998:171-2, 180-1 시편 110편 1절은 하나님이 그의 대리인 -메시아 또는 그리스도- 을 자신의 오른 편에 앉히신 것을 찬양하고 그의 대적에 대한 승리를 확인하는 시의 일부이다.TBC 시편 8편 6절은 하나님을 찬양하고 인간이 피조세계에서 얻은 탁월한 지위에 대해 묵상하는 시의 일부이다. 에베소서에서 시편 8편 6절은 메시아적 의미로 해석된다. 하나님이 세상을 창조하실 때 인간에 대해 말씀하신 본문이 여기서는 예수님의 특별한 지위를 찬양하는 역할을 한다. 이 본문을 승리의 제왕시와 함께 제시함으로서 "만물을 그의 발 아래에 복종하게 하시고"라는 구절은 예수님의 지위 및 그의 승리를 확인한다.

그러나 시편 8편 6절을 메시아에게 적용한 것은 하나님의 창조에서 인간의 지위에 대한 원래적 초점을 흐리지 않는다. 오히려 에베소서 1장에서 하나님이 그리스도를 위해 하신 일에 대한 진술은 하나님이 인간에게 베푸신 능력의 원래적 의도가 무엇인지 보여준다.1:19 이러한 의도는 시편 8편 6절의 용례를 통해 드러난다. 즉 그리스도께서 탁월한 지위를 회복하심으로, 인간이 피조계에서 차지하는 원래적 지위를 회복한다는 것이다.cf. 2:5-7 그리스도는 그의 발 아래에 만물을 복종케 하시는 참 아담이며 진정한 인간이시다.cf. 1:10 인간은 그리스도 안에서 하나님의 화목케 하시는 역사를 통해 올바른 지위와 역할을 회복한다.

1:21-22a 만물이 머리이신 그리스도에게 복종함

23절에서 화목된 인간과 그리스도와의 관계를 상세히 고찰하기에 앞서 먼저 "권세들"과 관련된 단어에 대해 살펴보자.[권세들, 371쪽] 이미 6장 10-13절에 대해 잘 알고 있는 독자는 1장 21절의 권세들을 적대적 세력이라고 예단할 것이다. 이런 관점은 시편 110편 1절을 인용한 20절을 통해 뒷받침되며cf. 특히 고전15:25-27 2장 2절에서도 다시 강조된다. 그러나 이러한 의미가 에베소서 전체의 관점이라고 하더라도cf. 2:2; 6:12, 이곳 본문의 배타적 의미로 받아들이기는 어렵다.

골로새서 1장 15-20절은 이곳의 본문에 대한 통찰력을 제공한다. 한 마디로 골로새서 본문은 그리스도를 하나님의 형상으로 언급하는데골1:15 이것은 창세기 1장 26절 및 시편 8편의 전승과 관련이 있음을 보여준다. 그러나 골로새서의 찬양은 창조의 행위자인 인격화 된 지혜 전승과 그리스도의 연결에 더 많은 관심을 가진다.[지혜, 382쪽] 따라서 본문은 모든 피조물보다 먼저 나신 그리스도께서 권세들왕권들, 주권들, 통치자들, 권세들; 골1:16을 창조한 것으로 믿는다. 그러나 아무리 그렇다고 해도 권세들이 본질상 적대적인 것으로는 보이지 않는다. 오히려 이러한 권세들은 신적 질서 하에 있는 우주를 가리킨다. 예를 들면, Wink, 1984:6-11; 1992:10; J. H. Yoder, 1994:140-4 참조 [권세들, 371쪽] 따라서 골로새서 찬양의 관심은 그리스도께서 이러한 권세들보다 높은 탁월한 위치에 있다는 사실에 맞추어진다.cf. 2:15; E. Martin: 63

에베소서는 권세들을 공격적이고 적대적인 존재로 보지만6:11-12, 이곳 본문만큼은 골로새서 찬양의 흔적이 남아 있는 것으로 보인다. 6장 10-13과 대조적으로 시편 8편 6절에 대한 인용은 이곳의 강조점이 승리보다 지위status에 있음을 보여준다.Perkins: 51 결국 두 관점 모두 어느 한 쪽을 배제하기는 어려우며 본문의 관심은 곧 대적에 대한 승리로 초점을 옮겨갈 것이다. 이곳의 권세들이 그리스도를 주로 인정하는 하늘의 군대라는 카르Carr의 관점은 지나친 주장이다.98-9

우리는 이곳에서 다시 일련의 용어들 –통치archē와 권세exousia와 능력dunamis과 주권kuriotēs과 이 세상뿐 아니라 오는 세상에 일컫는 모든 이름onoma– 을 만난다. 오늘날 독자는 이곳에 제시된 권세들 가운데 "이름"은 잘못 들어간 것이라고 생각할 것이다. 사실이것은 어떤 권세도 빠짐이 없음을 보여주는 것일 수 있다.Best, 1998:173; Wink, 1984:22 그러나 오늘날 일부 영역에서 볼 수 있는 것처럼 고대 사회에서 "이름"은 "권세"와 같은 개념으로 받아들였다.cf. 빌2:9; 계6:8, 13:1,17, 14:1; 영지주의 문학에서도 종종 발견된다 에베소서 5장 3절"이름조차 부르지 말라"에서 이름을 부르는 것이 얼마나 중요한 행위로 제시되는지 주목하라5:3 주석 참조 아마도 저자는 구체적으로 주술 행위를 염두에 두었을 것이다. 주술 행위에서 이름을 부르는 것은 영력을 불러 모으기 위해 시행하는 하나의 중요한 절차였다.Arnold, 1989:54-5

이러한 권세들은 누구혹은 무엇인가? 오늘날 대략 세 가지 해석이 제시된다. 첫째로, 인격적, 영적, 초자연적, 악한 권세라는 해석이다. 둘째로, 통치자나 지배 조직과 같은 정치적 권세로 본질적으로 악한 것이 아니라는 해석이다. 셋째로, 모두 공중의 권세를 가리킨다는 해석이다.2:2, 주석; 6:12, 주석 [권세들, 371쪽] 세 번째 대안을 택한다면 가장 오류를 줄일 수 있을 것으로 보이며 편의적 선택도 아니다. 초기 그리스도인 및 동시대인들은 개인과 공동체, 종교와 정치 및 사적이고 공적인 모든 삶 속에 영적 세력 및 권세들이 침투해 역사하고 있다고 생각했다.cf. 2:2

이러한 세력들이 그 자체로 모두 악한 것은 아니라고 하더라도 오늘날 악한 세대에는 대부분 그렇게 볼 수 있다. 본문이 이러한 권세들을 제시한 것은 단순히 열거하기 위한 것이 아니라 그리스도께서 그들 모두의 머리가 되신다는 진술"머리로 삼으셨느니라"을 명확히 하기 위해서이다. 권세들의 목록은 크든 작든, 보이든 보이지 않든, 현재적이든 미래적이든"이 세상뿐 아니라 오는 세상", 어떤 세력이나 힘의 중심 또는 영향력도 빠짐없이 그리스도의 통치 하에 있음을 보여주기 위한 것이다.롬8:38-39

따라서 19b-22절은 한 가지 중요한 질문을 제기한다. 즉, 하나님이 그리스도를 자신의 우편에 앉히시고 모든 권세를 포함하여 만물을 그 발아래 복종케 하셨다면 왜 2장과 6장에는 여전히 악한 세력들이 활동하고 있는가라는 것이다. 적대적 세력의 활동이 계속되고 있는 가운데 그리스도를 높이신 것은 어떤 의미가 있으며 신자들에게 그들과 맞서 싸우라고 한 이유는 무엇인가? 한 가지 해법은 이러한 구절들에 대해 골로새서 2장 15절에서처럼 이미 제압당한 권세들을 가리키는 것으로 보는 것이다. 그러나 이러한 해석은 에베소서 6장 10-20절에 제시된 싸움의 중요성을 축소시키는 경향이 있다. 또 하나는 6장의 지속적 싸움에 초점을 맞춘 상반된 해석으로 이곳 본문의 주되심과 승리에 대한 강조가 흐려질 수 있다.

어느 쪽 대안이든, 본 서신의 관점을 온전히 담아내지 못한다. 에베소서는 교회가 앞으로의 사역을 능히 감당할 수 있게 하기 위해, 하나님이 그리스도를 위해또한 그리스도 안에서, 그리스도를 통해 하신 일을 찬양한다. 두 가지 강조점 모두 중요하다. 신자는 하나님의 지극히 크신 능력을 알아야 한다.1:17-18 이것은 정확히 신자가 알고3:10 승리해야 할 6:10-20 권세들과 관련하여 자신이 어디에 있는지를 알아야 하기 때문이다. 다음 장에서 볼 수 있듯이2:6 이미 신자는 그리스도와 함께 하늘에 앉아 있다. 그러나 한편으로 에베소서 저자는 그들이 하늘에 있는 악한 세력들과 싸우는 중에 있다고 말한다.6:10-12

하나님의 창조와 구원은 지금도 그리스도 안에서 시현되고 있는 중이다.cf. 1:10 이러한 변화는 일시적인 것이 아니며 갈등과 분투가 없는 것도 아니다. 따라서 신자는 계속해서 기도해야 하며1:16; cf. 3:14, 6:18 하나님이 그리스도 안에서 자신을 위해 하신 일을 알고 언제나 기억해야 한다.Neil Elliott, 114-24는 이 부분을 완전히 놓치고 있으며 골로새서와 에베소서를 하나로 합침으로써 두 본문의 의미를 왜곡한다

우리의 해석을 뒷받침하기 위해 두 가지를 더 살펴보자. 하나는 모든 권세들 위에 계신 그리스도에 대한 찬양은 정확히 구약성경에서 하나님의 이름으로 전쟁을 수행하기 전에 있었던 승리의 확신과 같은 역할을 한다. 그들은 전쟁을 수행하기에 앞서 "내[또는 여

호와]가 그들을 너희 손에 넘겨주었느니라"라는 말씀을 들었다. 가령, 수8:1, 10:19, 4:14; cf.
von Rad: 42-4 따라서 이 구절들은 아직도 싸워야 할 전쟁이 있음을 보여준다.6:10-20

두 번째는 다른 본문과 관련된다. 이 구절들이 초기 찬송가에서 직접 왔다는 주장에는
의문이 있지만 본문의 사상이나 언어가 1장 3-14절, 골로새서 1장 15-20절 및 빌립보
서 2장 6-11절의 찬양과 공통점이 많다는 사실은 논쟁의 여지가 없다. 이러한 찬양들은
아직 일어나지 않은 일을 이미 성취된 것으로 노래하는 특징이 있다. 이것은 시공세계를
주관하시는 분이 찬양 받기에 합당하신 하나님이시기 때문이다.

교회, 1:22b-23

하나님이 신적 능력을 행하심에 대한 진술과 관련하여 살펴볼 마지막 대목은 교회를
위해또는 통하여 그리스도를 만물의 머리로 삼으셨다[머리, 369쪽]는 부분이다.1:22; 에베소
서의 교회에 대해서는 Best, 1998:622-41 참조 본 서신에서 "교회"와 "몸"이라는 단어는 모두 이
곳에 처음 나타난다. 교회는 "부르심을 받은 자들의 모임"이라는 뜻의 헬라어, 에클레시
아를 번역한 것이다. 이 단어는 헬라 세계에서 광범위하게 통용되었으나 바울에게 있어
서 이 단어의 의미는 "부르심을 받은" 하나님의 백성이라는 성경적 개념에 뿌리를 두고
있다.1:3-14의 부르심 및 선택에 대한 강조 참조 일반적으로 바울의 문헌에서 교회는 지역 회중
을 가리키지만그러나 cf. 고전10:32 여기서는 에베소서 나머지 부분에서와 마찬가지로 그리
스도와 동일시되는 공동체 전체를 가리킨다.cf. Banks: 40-50; Meeks: 74-110, 특히. 108

현재의 본문은 교회가 머리로서 그리스도와 정확히 어느 정도 관련이 있는지에 대해서
는 다소 모호한 부분이 있다. 첫째로, 교회는 23절에서 그리스도의 몸으로 규명되지만
22절 마지막 부분의 어법은 그리스도께서 교회뿐만 아니라 만물의 머리이심을 보여준
다.cf. 1:10 둘째로, 교회는 여격으로 나타나는데"교회에게" 이것은 다양한 번역을 허용한
다.

첫째, NIV와 NRSV는 이 여격을 혜택의 의미로 해석하여 "교회를 위한"for the church
으로 번역한다. 따라서 교회는 하나님이 그리스도를 만물의 머리로 삼으신 행위의 중요
한 수혜자이며 이러한 해석은 3-14절의 찬양 내용과도 일치한다.

둘째는 하나님이 그리스도를 머리로 주셨다는 문자적 번역에 의해 제기된다. 에베소
서에서 "주다"give라는 단어 뒤에는 일반적으로 여격을 동반한 수혜자가 따른다.간접 목적
어의 여격; 예를 들면, 1:17, 3:2,7,8, 4:7,8,27,29, 6:19 문자적으로 번역하면 "하나님이 [그리스
도를] 교회에게 만물의 머리로 주셨다"가 된다.NASB, GNB/TEV, REB 따라서 우리는 만

물의 머리를 몸에게 주셨다. 즉, 우주의 주를 교회에 주셨다는 놀라운 사실을 놓치지 않아야 한다. 4장 7절도 그리스도를 선물로 제시한 것으로 볼 수 있으나 여기서의 "몸"은 4장 15-16절에서 머리를 향해 자란다는 사실을 염두에 두어야 한다 [머리, 363쪽]

셋째, 이 여격은 도구적 의미를 가질 수도 있다. 수단으로서의 여격 이 경우 본문은 "교회를 통하여"로 해석해야 할 것이다. 이것은 "주다"를 "지명하다"라는 의미로 받아들일 때에만 가능한 해석이다. cf. 4:11; Barth, 1974:157-8 이것은 하나님이 교회를 사용하여 그리스도를 만물의 머리로 삼으셨다는 의미가 된다. 이러한 해석은 3장 10절을 통해 뒷받침된다. 본문에서 교회는 하나님의 지혜에 관한 소식그리스도를 의미을 권세들에게 알린다. 성도가 그리스도의 몸을 세운다는 4:12이나 성도가 권세들과 싸워야 한다는 6장 10-17절 역시 이러한 사실을 뒷받침한다. cf. 고전 15장에는 그리스도께서 싸우신다

이러한 해석들은 모두 본 서신의 뒷받침을 받기 때문에 여기서도 어느 한 가지 해석을 택하는 것은 어리석은 일이 될 것이다. 어떤 해석을 취하든, 모든 해석의 초점은 메시아의 몸, 즉 그리스도의 머리되심으로 인해 혜택을 받은 교회에 맞추어진다.

1:23a 몸

몸sōma이라는 이미지는 놀랍지 않다. 이 이미지는 독자에게 잘 알려져 있다. 롬12:4-5; 고전12:12-27; 골1:18,24, 2:19, 3:15 또한 이 이미지는 머리에 대한 묘사 속에 함축되어 있으며1:22 통일시킨다는 이미지 속에 숨어 있다. 1:10 이 단어는 2:16; 4:4,12,16 및 5:23,30 등에 다시 나타난다. 우리는 로마서 12장이나 고린도전서 12장이 그리스도를 몸과 분리된 머리로 제시하지 않는다는 사실에 주목해야 한다. 머리와 몸에 대해서는 Barth, 1974:183-99; Best, 1998:189-96, 629-32; Lincoln: 67-73을 참조하라 저자는 몸이라는 이미지를 골로새서로부터 도출한 것이 분명하다. 특히 신자들의 지역 모임 안에서의 관계를 몸이라는 이미지로 제시해온 바울의 일반적 관습과 달리 에베소서골로새서와 같은 초기의 몸은 포괄적인 이미지를 취한다. 즉 에베소서에서 말하는 몸은 메시아이신 예수님에게 붙어 있는 모든 사람을 가리킨다. cf. Banks: 72-81; Meeks: 89-90

에베소서에서 몸이라는 메타포는 여러 가지 중요한 통찰력을 보여준다. 첫째로, 교회를 머리이신 그리스도와 밀접하게 연결한다. 이러한 강조는 성도로 하여금 그리스도와 자신에 대한 진실을 알게 해달라는 1장 15-23절의 기도 요지와 일치한다. 성도와 그들의 머리의 관계가 밀접하면 할수록 그리스도 안에서 역사하고 계신 능력은 더욱 더 크게 그들을 위해그들 안에서, 그들을 통해 역사한다고 말할 수 있다. 여기서 중요한 것은 계급적

질서가 아니라 동질성이다. 본문이 그리스도를 머리로 언급한 것은 만물에 대한 구원적 통치 질서를 세우기 위한 것이며1:10 교회를 그의 몸으로 언급한 것은 교회를 자신의 능력 및 사역에 동참하게 하기 위한 것이다.[머리, 363쪽]

둘째로, 그리스도는 만물의 머리라는 관점에서, 교회를 그의 몸으로 규명한 것은 교회와 만물의 연결을 보여준다. 저자의 우주관은 이러한 모티브의 우주론적 함축을 담고 있다. 그러나 우리는 이러한 연결에 대해 에베소서에서 모든 만물은 이미 교회가 되어가고 있다는 과장된 주장을 해서는 안 될 것이다. 그리스도의 몸으로서 교회는 발아단계의 화목된또는 통일되어가는 우주이다.cf. 특히 2:11-22

셋째로, 교회를 그리스도의 몸으로 규명한 것은 사역과 관련된 함축을 내포한다. 4장 12-13절에 의하면 성도는 그리스도의 장성한 분량에 이르기까지 몸을 세워야 한다. 교회는 성장하는 유기체로cf. 4:15-16 궁극적으로는 만물을 통일시킨다.cf. 1:10 이러한 교회관, 즉 화목 되어야 할 세상 안에서 화목된 전체로서 교회에 대한 인식은 "만물 안에서 만물을 충만하게 하시는 이의 충만함"이라는 본문의 마지막 구절에 잘 나타난다.

1:23b 충만함

이 문장에서 "만물 안에서 만물을 충만하게 하시는 이의 충만함이니라"라는 마지막 구절은 몇 가지 흥미로운 번역상의 문제점을 제시한다. 첫째로, 충만함plērōma은 "충만케 하는 것"을 가리키는가 아니면 "충만하게 되는 것"을 가리키는가? 즉, 충만함은 내용물인가 용기인가아니면 내용물이자 용기인가? 이 단어는 두 가지 의미를 모두 가질 수 있다. 둘째로, 이러한 충만함을 지닌 자는 누구인가? 또는 누가 충만 되고 있는가? 그리스도인가 교회인가? 셋째로, 충만케 하시는 분은 누구인가? 그리스도인가 하나님인가? 이러한 의문에 대한 대답을 찾는 일은 그리스도를 통해 역사하고 계신 하나님의 우주적 계획과 교회의 관계에 달려 있다.

플레로마라는 단어는 바울 서신 여러 곳에 나타나지만 일반적으로 시간이나 사람의 "가득 찬 상태"라는 제한적 의미로 사용된다.예를 들면, 롬11:12,25; 갈4:4 후기 기독교특히 영지주의 사상에서 "플레로마"Pleroma는 광범위한 사색의 주제가 되었다. 그들에게 플레로마는 신적 발산물emanations을 포함한, 하나님과 가장 가까운 공간을 가리킨다.당시 문학에 나타난 풍성한 다양성에 대해서는 Barth, 1974:200-10; Best, 1998:183-9; Lincoln:72-6 참조 헬라의 스토아 사상에는 우주 안에 있는 모든 것은 신적 정신 또는 임재로 깃들여 있다는 사상이 광범위하게 퍼져 있었다. 이러한 개념은 유대 사상에도 영향을 미쳤다.가령, 솔로몬의 지혜서7:24 우리는 이러한 개념이 본문 속에 풍성히 나타나는 것을 볼 수 있는데 이것은 정확히 말해 저자가 하나님의 임재의 영역, 그리스도의 머리되심, 교회의 정체성 및 과업을 가능한 확장시키려 했기 때문이다.

골로새서 1장 19절은 하나님의 모든 충만이 그리스도 안에 있다고 말씀한다. 본문의 요지는 하나님이 그리스도 안에 충만히 임재해 계신다는 것이다.cf. 골2:9 따라서 이곳 에베소서의 구절 역시 그리스도를 하나님의 충만으로 묘사하며 하나님이 그리스도 안에서 또한 그리스도를 위하여 이루신 일에 대한 22절의 진술을 계속하고 있음을 볼 수 있다. 하나님이 만물을 통일시키신다는 1장 10절은 이러한 언급을 반영한 것이다. 말하자면 하나님은 그리스도를 만물로 채우신다는 것이다. 동시에 하나님은 그리스도 안에서, 또한 그리스도를 통해, 우주를 자신으로 채우신다.cf. 4:6

그러나 자주 말하겠지만 에베소서는 바울이 다른 서신에서 그리스도에 대해 언급한 부분을 교회에 대한 강조로 바꾼다.Introduction 정확히 그리스도에 대해 언급한 골로새서 1장 19절이 에베소서에서는 신자에게 적용됨으로써 골로새서 2장 10절이 암시하는 초점을 바꾼다. 에베소서 저자는 일반적으로특히 이 본문에서 그리스도와 교회에 대해 상호 관련이 있는 것으로 언급한다. 이러한 사실을 고려할 때 우리는 "충만함"이 문법적으로 "몸"과 동일한 위치에 있다고 생각해야 할 것이다. 교회는 하나님의 충만을 담는 그릇이며 비록 진행 중이지만 그 안에는 충만이 담겨 있다. 그리스도의 몸으로서 교회는 계속해서 채워지고 있는 중이다.cf. 3:19

충만함plērōma에 대한 바른 번역 및 해석을 둘러싼 어려움을 가중시키는 문제는 두 가지이다. 하나는 플레로우메노스pleroumenos라는 분사가 수동태 분사로 해석되거나"채워지고 있는" 중간태 분사로 해석되어 수동적 의미나 능동적 의미채우다 또는 재귀적 의미"스스로 채우다"를 가진다는 것이다. 대부분의 번역가는 이 단어를 능동적 동사로 다룬다. 두 번째 문제점은 "만물 안에서 만물을 충만하게 하시는"ta panta en pasin이라는 구절이다. 우리에게 익숙한 "만물"이라는 구절은 "타 판타"ta panta를 번역한 것이다.1:10-11, 주석 따라서 우리는 이곳의 "타 판타"가 1장 10절의 통일되고 있는 만물과 유사한 의미의 "충만하게 되고 있는 모든 것"에 대한 언급으로 볼 수 있다.

역본들은 다양한 가능성을 반영한다. 한 가지 예를 들면 다음과 같다.

1. [능동태]   만물 안에서 만물을 충만하게 하시는NRSV
          모든 면에서 만물을 충만하게 하시는NIV

우주의 모든 부분을 충만하게 하시는 NAB

2. [수동태]　만물 안에서 만물이 충만케 되는 NJB

3. [중간태]　스스로 모든 면에서 충만케 되는 가능성 있는 번역
　　　　　　…의 충만함이라.

　첫 번째 능동태 번역에서는 그리스도께서 또는 하나님이 그리스도를 통해 충만하게 하신다. 하나님은 우주를 교회로 충만하게 하시거나 내용으로서 plērōma, 교회를 모든 면에서 충만하게 하신다. 용기로서 plērōma; cf. 3:19 두 번째 수동태 번역에서는 그리스도께서 교회로 충만하게 되며 결국 우주로 충만하게 된다. cf. 1:10; 4:11-16 세 번째 중간태 번역에서는 하나님이 그리스도와 그의 몸을 통해 자신을 만물로 채우시며 결국 하나님이 만유를 통일하시고 만유 가운데 계신다. 4:6; cf. 고전15:28 세 가지 가능성 모두 본 서신의 뒷받침을 받는다. 번역가는 어쩔 수 없이 그 가운데 하나를 선택할 수밖에 없다. 그러나 해석가는 그렇지 않다. 이처럼 암시적이고 모호한 언어 선택은 의도적인 것으로 보인다. 따라서 어떤 해석도 배타적이지 않으며 세 가지 해석 모두 가능하다.

　확실히 헬라어 어휘의 역동적 의미를 완전히 파악한다는 것은 쉬운 일이 아니다. 그러나 그리스도의 몸으로서 교회가 만물을 충만하게 하는 일에 연루되어 있다는 것은 분명하다. 교회가 하나님의 충만함의 수혜자라는 언급은 놀랍다. 3:19 그러나 하나님의 충만함으로서 교회가 우주를 채운다는 것은 더욱 놀라운 사실이 아닐 수 없다. 전자를 받아들이고 후자를 거부하는 것은 이기심의 극치이며 후자를 받아들이고 전자를 거부하는 것은 교만의 극치이다.

성경 문맥 안에서의 텍스트

　다음 논의에 덧붙여 독자는 [지혜, 388쪽]과 [Power]는 물론, 1장 3-14절에 대해서는 TBC, "그리스도와 지혜" "Christ and Wisdom"를, 6장 10-20절에 대해서는 TBC, "모든 권세는 악한가" "Are the Powers All Bad?"를 참조할 필요가 있다.

　주석이 반복적으로 보여주는 대로, 15절부터 23절까지 이어지는 이 긴 문장은 에베소서 특유의 주제들을 반영하고 있다. 동시에 저자가 사용하는 단어나 구는 다른 바울 서신, 특히 골로새서의 내용에 크게 의존한다. 우리는 이것을 다음과 같이 요약할 수 있다.

에베소서		골로새서	기타
1:15-16	감사, 기억, 기도	1:3-4, 9	몬4-6; 롬1:8-9
1:17-18	지혜를 위한 기도	1:9-10	
1:18	지혜의 풍성함	1:27	롬11:33
1:20	다시 살리심	2:12	롬8:11
1:20	오른편에 앉히심	3:1	롬8:34
1:21	권세들	1:16	롬8:38; 고전15:24
1:21	이름		빌2:9-10
1:22	발 아래		고전15:27-28; 빌3:21
1:22	머리	1:17-19	
1:23	몸으로서 교회	1:24	롬12:5; 고전12:12,27

의인에 대한 신원vindication

하나님이 그리스도를 다시 살리시고 권세들을 포함한 만물 위에 높이셨다는 집중적 묘사1:20-23는 성경적 패러다임에 깊이 뿌리내리고 있다. 이것은 특히 교회의 찬송 속에 다양한 방식으로 반복적으로 묘사된다. 예를 들면, 로마서 1장 3절에서 바울이 인용한 신조에 관한 문구가 그리스도의 부활을 하나님의 아들이라는 지위로의 승귀와 동일시한 방식에 주목하라. 빌립보서 2장 6-11절에서 그리스도는 자신을 비워 죽기까지 비천한 종의 삶을 사신 후에 부활하시고 모든 이름 위에 뛰어나신 자로 지극히 높임을 받으신다.cf. 엡1:21 고린도전서 15장 20-28절 역시 동일한 시나리오를 바탕으로 제시된다.

성경 및 관련 문헌에는 이러한 신실함, 고난, 죽음 및 전능하신 하나님에 의한 신원이라는 도식이 풍성히 나타난다. 시편 22편 및 이사야 53장은 중요한 사례이다. 후자는 하나님이 고난 받는 종을 위해 개입하기로 결심하신 사실 및 종의 대적이 제거되지 않은 사실을 보여주는 본문으로 유명하다. 대신에 양자는 동일한 종의 고난을 통해 화목하며 이러한 주제는 에베소서 2장 11-22절에서 중요한 역할을 한다. 시편과 이사야의 본문은 둘 다 복음서의 수난기사에 중요한 영향을 미쳤다.cf. 이사야 53장에 기초한 솔로몬의 지혜서 2-5장도 마찬가지이다 또한 이 전승은 순교 신학의 발전에 중요한 역할을 수행했다.가령, 2 Macc. 7에서 볼 수 있는 것처럼 따라서 에베소서를 기록할 당시 이것은 오래된 전승이자 한편으로는 동시대의 전승이었다.

시편 110편 1절은 신약성경 기자들 및 에베소서 저자로부터 특별한 관심을 받았다. 본

문은 그리스도의 부활 및 승귀를 찬양하는 구절로 자주 인용되거나 암시된다.예를 들면, 마
26:64; 막14:62, 16:19; 눅22:69; 행2:33-35, 7:56; 롬8:34; 고전15:25; 골3:1; 히8:1, 10:12; cf. Hay
이곳에서의 용례는 기름부음 받은 자왕 또는 메시아의 등극에 관한 전승과 의인들에 대한
하나님의 돌보심 및 의롭다하심을 결합한다.솔로몬의 지혜서 5:15-16에서 의인에 대한 신원이 등
극으로 묘사된다는 사실에 주목하라 의인은 악한 자들의 손에 고난을 받을 수 있다. 그러나 더
욱 분명한 것은 그들은 그들을 살리시고 왕적 지위를 부여하실 뿐만 아니라 대적을 처리
하심으로 그들을 신원해주실 하나님을 의지할 수 있다는 것이다. 나중에 유대 문헌에는
이와 같은 의인에 대한 신원이 신실함에 대한 궁극적 보상인 부활과 연계된다.cf. 마카비2.
7; 단 12:23; Nickelsburg의 인용

성도의 승귀exaltation

의인의 신원에 대한 전승은 특별한 개인왕, 종, 선지자, 의인의 운명에 대한 것만은 아니
다. 하나님의 자녀의 온전한 신분에 이르기까지의 승귀는 고난과 박해에 직면하여 하나
님의 뜻을 신실하게 행하는 모든 사람의 희망이기도 하다. 이사야 53장의 고난 받는 종
은 원래 왕이나 선지자 개인에 대한 언급일 수 있지만 결국 이 본문은 하나님의 신실한
종이나 의인 누구든지, 또는 신실한 공동체 전체의 운명을 반영하는 것으로 해석된다.
다니엘 7장 13-27절에서 "인자 같은 이"의 승귀 후 하나님의 백성 전체 승귀가 이어진다는 사실에 주목하라;
Perkins: 50

요약하면, 초기 그리스도인이 하나님께서 그리스도를 위해 하신 일을 선포하고 찬양
할 때 그들은 신실한 의인들의 공동체를 위한 확신의 말씀도 함께 선포한 것이다. 따라서
에베소서 1장 19-22절에서 그리스도께서 하나님의 능력을 경험한 사실은 거룩하고 흠
이 없는 사랑의 삶을 위해 택하심을 받은 모든 자에게 동일한 능력이 부여됨을 보여주기
위해 재진술된다.1:4; cf. 2:4-6; 고린도전서 15장 23에서 그리스도는 [전체적] 부활의 "첫 열매"로 제시
되며 히브리서 2장 10절에서는 "그들의 구원의 창시자"로 제시된다

이곳 및 신약성경 다른 곳에 인용된 시편 8편은 특별한 개인과 공동체 -여기서는 그리
스도와 새로 지으심을 받은 인간-의 경험 사이의 이러한 상호작용을 보여준다. 시편 8편
은 인간이 하나님의 피조세계에서 차지하는 지위에 대해 묵상한다.NRSV는 4절의 "사람"을
"인류"[human beings]로, "인자"를 "인간"[mortals]으로 번역한다 이런 관점에서 보면 본문은 대체로
창세기 1장 26-31절에 대한 재진술로 볼 수 있다. 하나님은 인간을 "만물을 다스리는"
주인으로세우시고 그를 하나님이나 신들8:5-6; 히브리 성경에서 일반적으로 하나님을 가리키는 엘

로힘[elohim]은 문자적으로 "신들"이라는 뜻이다보다 조금 못하게 하셨다.

그러나 신약성경에서 시편 8편특히 6절은 부활하셔서 하나님 우편에 앉으신 그리스도의 특별한 지위를 찬양하는 데 사용된다.cf. 고전15:27에는 이곳과 마찬가지로 시110:1; 히2:6과 함께 제시된다; cf. 히1:13에 인용된 시110:1의 용례 참조 그러나 주석에서 설명한 것처럼 부활 승귀하신 그리스도는 결코 혼자만의 개인이 아니다. 그리스도는 새로 지으심을 받은 인간이다. 이러한 기본적 관계는 고린도전서, 에베소서 및 히브리서 저자로 하여금 시편 8편을 메시아적 용례로 사용하게 한다. 즉, 그리스도의 승귀는 피조세계의 회복을 의미한다는 것이다. 에베소서에서 이 전승은 그리스도와 성도의 차이를 강조하기 위한 것이 아니라 그것을 최소화하고 사실상 그리스도와 성도가 하나 —머리와 몸— 임을 보여주기 위해 제시된다.

신적 전사이신 하나님

예수 그리스도를 다시 살리시고 모든 권세들보다 높이신 하나님의 능력을 찬양한 배후에는 재창조라는 주제와 함께 압제 당하는 자들을 신원하기 위해 개입하신 신적 전사로서 하나님이라는 모티브가 존재한다. 성경에는 이러한 전승이 광범위하게 나타난다.예를 들면, 출14-15장; 신32-33; 시18, 68편; 사59, 63장; 합3장; cf. 솔로몬의 지혜서5; Hiebert, Lind, Yoder Neufeld, 1997 등의 저서 메시아는 종종 하나님을 대신하여 재판장과 해방자로 오시는 분으로 제시되며예를 들면, 사11장, 특히 신약성경에는 자주 언급된다.예를 들면, 고전15:24-26; 살후1:5-10; 계6, 19장

신적 전쟁 개념은 6장 10-20절과 관련하여 더욱 상세하게 다루게 된다. 그러나 이곳에서는 다음과 같은 사실을 강조하는 정도로만 제시할 것이다. 즉, 대적에 대한 승리 모티브는 재판장이자 해방자이신 하나님의 주권을 드러내며, 따라서 하나님이 고난당하는 자녀와 함께 하심을 보여준다는 것이다. 이러한 승리를 언급한 주요 목적은 의인들과 그들을 괴롭히는 자 모두에게 하나님은 결코 조롱당하지 않으신다는 사실을 분명하게 보여주는 것이다. 비록 전사 자신의 고난과 죽음이 하나님이 창조하신 피조물은 합당한 위치와 기능을 회복할 것이며 전쟁의 수단까지 전사 자신의 고난과 죽음이 될 것이다.2:16; 평화의 "전사"가 어떻게 자신의 죽음을 통해 "원수된 것을 소멸"할 수 있는지에 주목하라; cf. 계시록 5장의 죽임 당했으나 여전히 싸우고 계신 어린 양

성도로 하여금 그 기업의 확실함을 깨닫고 하나님의 지극히 크신 능력이 그들을 위해 역사하고 계심을 알게 해달라는 1장 17-19절의 기도는 하나님이 이처럼 강력하고 개입

적인 분이시라는 사실을 전제한 것이다. 이런 확신은 하나님이 행동하시기를 기다리는 수난자의 입장으로 이어질 수 있다. 종종 "무저항주의"로도 불리는 담대한 인내심에 대한 전승 역시 철저하게 성 경에 기초한 매우 중요한 전승이다. 이 전승은 신적 전쟁이라는 또 하나의 영역과 함께 제시될 필요가 있다. 교회가 메시아의 몸이라는 것1:23은 단순히 교회가 인내심을 필요로 한다는 것 이상의 요구이며, 이러한 사실은 본 서신의 후반부 특히 6장 10-20절에 풍성히 나타난다.cf. 롬6장, 13:11-14; 살전5:8

교회적 상황에서의 텍스트

지식과 계시

지식과 계시는 1장 3-14절의 영광송에서 인간에 대한 하나님의 복으로 찬양되며 1장 17-23절에서는 기도의 핵심 내용으로 제시된다. 그러나 지식과 계시는 교회의 삶에서 험난한 역사를 이어왔다. 유대인과 이방인을 막론하고 초기 신자들은 모두 지식과 계시를 높이 평가했으며 특히 영지주의는 지식3:19을 구원의 핵심 요소로 강조했다.[영지주의, 361쪽]

신비주의자들 역시 교회사 전체에서 지식과 지혜 및 계시를 신과의 친밀함으로 생각하여 귀하게 여겼다. 또한 재세례파 초기 시대에 활동했던 세바스찬 프랑크Sebastian Franck 나 카스퍼 슈벵크펠트Caspar Schwenckfeld와 같은 신령주의자spiritualist 및 한스 덩크Hans Denck와 같은 재세례파의 핵심 인물에게서 이와 유사한 관점을 발견할 수 있다. 오늘날에도 근본주의로부터 세속주의까지, 그리고 자유주의적 해석학페미니즘, 해방 신학으로부터 소위 뉴에이지 정신에 이르기까지 통찰력과 지식에 대한 강조를 찾아볼 수 있다.

그러나 영적 지식에 대한 강조는 지식 자체가 목표가 될 수 있는 위험에 항시 노출되어 있으며 자칫 현실 감각을 상실하거나 때로는 중도에 길을 잃어버릴 수 있다. 당연한 말이 겠지만 많은 교회흥미롭게도 오순절 및 은사 중심 교회를 포함하는는 기록된 말씀 및 권위 있는 해석을 넘어서는 정신, 지식 및 계시에 대해 강조하는 것을 두려워했다.때로는 합당한 이유와 함께 그러나 교회 시대 초기 및 그 후에도 수차례에 걸쳐, 이러한 지식에 대한 열망을 통제하고 때로는 억압하려는 시도들은 비싼 대가를 치러야 했다. 부활의 능력 및 신자들의 삶 속에 나타난 이러한 능력에 대한 실효적 지식은 만물을 통일시키는 그리스도의 사역의 온전한 성취 이면에 있는 현실사물이 존재하는 방식을 타개하지 못하는 경우가 너무 많았다.

"열정"으로 불리기도 했던 탐구욕에 대한 두려움은 세상 사람들심지어 그리스도인까지의 비관론과 함께 하기도 했다. 결과적으로 교회들은 기독론에 대해, 하나님과 그리스도의 관계가 그리스도 안에 있는 인간에게 어떤 의미가 있느냐에베소서의 핵심적 기독론 및 교회론적 관심사이다보다 하나님과 그리스도의 정체성과 관련된 기독론으로 설명했다. 그 대가는 종종 신자들 안에서또한 신자들을 위해 지금 현재 역사하고 계신 신적 능력을 경시하는 결과로 나타났다.

부활 의식

오늘날 그리스도인은 개인적으로나 특히 교회 및 공동체로서 이러한 부활의 능력, 특히 하나님의 대리인그리스도의 몸으로서 자신의 정체성 및 사역에 대한 지식을 소유하고 있는가? 신자와 교회는 개인적으로나 단체로서 자신을 위한 기대치를 설정할 때 자신이 만물 위에 뛰어나신 분으로 충만하다는 사실을 알고 있는가? 만일 그렇다는 대답을 할 수 없다면 이 기도는 끊임없이 계속되어야 할 것이다.1:16

이러한 질문들은 현실과 타협중인 자들은 물론 수 세기 전에 현실과 타협한 기독교 전승에 대해 던질 수 있다. 권세들은 이러한 교회를 피하지 않으며 공격하지도 않는다. 그들은 그러한 교회와 공동 전선을 펼칠 것이다. 이러한 교회들이 권세들을 주관하시는 그리스도의 사역에 동참하지 않는 한 그들에게 하늘에 앉을 권리를 부여하기 어려울 것이다.2:4-6

부활이 얼마나 중요하느냐라는 질문은 십자가를 신자의 정체성 및 임무를 들여다보는 유일한 렌즈로 생각하는 자들에게도 던져야 할 것이다.예를 들면, J. H. Yoder, 1994: 특히 51-3, 144-7 십자가를 져야 한다는 사실을 아는 자들은 현재 자신이 하나님의 부활의 능력을 통해 십자가를 질 수 있는 능력을 받았다는 사실을 확신하고 있는가? 바울은 자신의 편지 여러 곳에서 십자가와 부활이라는 이중 초점 렌즈를 요구한다.가령, 롬6장 에베소서의 이 부분에서신자들이 자신과 자신의 임무를 들여다 볼 렌즈를 제공하는 것은 부활과 승귀이다.2:5-7,10 도전적으로 진술하면, 부활은 그리스도를 본 받는 삶에 있어서 성 금요일고난보다 앞선다.TLC, 2:1-10; Yoder Neufeld, 2000 또한 확실히 부활은 하나님이 모든 이름 위에 뛰어나게 하신 분의 몸을 구성하는 자들을 위해 성 금요일로 이어진다.5:2 바울은 빌립보서 3장 10-11절에서 먼저 부활이 있은 후 십자가가 이어지는 순서를 제시한다는 사실에 주목하라.

내가 그리스도와 그 부활의 권능과 그 고난에 참여함을 알고자 하여 그의 죽으심

을 본받아 어떻게 해서든지 죽은 자 가운데서 부활에 이르려 하노니

에베소서의 이 구절은 메시아의 평화 사역을 강력하고 헌신적으로 수행하는 교회 성도들에 대한 언급이다. 오늘날 우리는 영성이 평화 사역의 바탕이 되어야 한다는 언급을 할 수 있다. 예를 들면, Douglass; Snyder; Wink, 1992 에베소서는 우리보다 앞서 마음의 눈을 통해 깨닫는 영성의 필요성을 제시하며 이러한 영성은 부활이라는 구체적인 내용을 통해 알려진다고 주장한다. TLC, 2:1-10 제임스 맥클렌든James McClendon은 소위 "아나스타틱 영역"the sphere of the anastatic이라는 제목 아래 "부활 윤리"에 대해 논의한다. 1986:241-75; "아나스타틱"은 "부활"을 의미하는 아나스타시아[anastasis]에서 온 말이다

> 그리스도인의 사회생활에서 가장 중요한 일은 정확히 부활 윤리를 통해 전달되는 예배, 전도, 봉사 및 교회의 선교이며 이러한 부활의 빛을 통해 살지 못한다면 그리스도인으로 살 자격이 없다. McClendon, 1986:275

권세들을 이기는 능력

이 본문은 악한 세력의 압제를 받는 자들을 위해 구원 사역에 동참한 자들의 강력한 격려의 말씀으로 들린다. cf. 엡3:10, 주석; 6:10-20, 주석 [권세들, 371쪽]; Arnold, 1997; Boyd; Wagner, 1991; Warner, 1991 알란 크레이더Alan Kreider의 주장처럼 치유와 귀신을 쫓아내는 사역은 초기 교회의 삶에서 부활의 능력을 입증하는 강력한 증거이며 개인을 믿음으로 인도하는 중요한 요소이다. Kreider: 16-7

그러나 우리는 권세들과의 보다 광범위한 전쟁을 성공적으로 수행하기 위한 격려를 인정하고 받아들여야 한다. 하나님이 그리스도를 죽은 자 가운데서 다시 살리시고 **만물을** 그 발 아래 복종하게 하신 사실을 과거 시재로 제시한 것은 본질이나 의도와 상관없이 그것 자체로 악한 세력과의 전쟁에 필요한 확신을 준다. 악한 세대에 지혜 있는 자-부활의 능력에 대한 개인적 지식 및 경험을 가진 지혜자- 같이 살라는 요구5:15-17는 5장 21절 ~6장 9절의 가정법전이 상기시켜주듯이 평범한 일상을 포함한 모든 삶의 영역에 대한 격려를 전하기 위한 것이다. 하나님의 충만은 모든 방법으로 만물을 채우시는 과정에 있다. 1:23 교회는 수혜자이자 분배자로서 이 충만함과 밀접한 관계가 있다.

그리스도와 함께 사망에서 생명으로

개관

문자적 번역에 의하면 2장은 "그리고 너희[복수]는"으로 시작한다. 이것은 사실상 1장의 문맥이 끊어지지 않고 계속되고 있음을 보여준다. 이 구절은 감사의 찬미라는 동일한 어조를 통해 그리스도를 다시 살리신 능력은 우리를 위한 것이라는 1장 19절의 주장을 확장한다.

이 구문은 1장에서 발견되는 두 개의 긴 본문보다 복잡하지 않다. 하나의 긴 문장2:1-7 뒤에 두 개의 짧은 문장2:8-9 및 2:10이 이어진다. 1-3절은 문장 안에서 삽입구 역할을 하며 악한 통치자의 지배를 받는 삶을 묘사한다. 번역가는 다른 때와 마찬가지로 이 긴 문장을 나누지만NIV는 다섯 개로, NRSV는 세 개로, 4절의 핵심적 중요성은 유지한다. 이 구절에서 하나님은 "너희"와 "우리"를 "그리스도와 함께" 살리신다. 이것은 1장 20절의 그리스도를 위한 하나님의 행위를 상기시키는 두 개의 핵심 용어인 "함께 살리셨고"와 "함께 [하늘에] 앉히시니"로 인해 복잡해진다. 저자는 이러한 첫 번째 문장의 주요 동사들과 함께 구원의 드라마를 고도의 집중된 형태로 묘사한다.

두 개의 결론적 문장2:8-9 및 2:10은 이러한 집중적 요약으로부터 도출된다. 첫 번째 문장은 구원의 기초, 즉 은혜에 대한 내용이며 두 번째 문장은 구원의 목적, 선한 일에 대한 것이다. 본 단원 전체는 처음과 끝의 단어나 구를 반복하는 인클루지오 형식을 취한다. 즉, 1-2절의 "허물과 죄"를 "행하여" "죽었던 자"와 10절의 "선한 일"을 "행하게" 하려고 다시 살리심을 받은 자

인클루지오라는 문학적 기법과 함께, 한때 죽었으나 지금은 살았다는 함축, 우리와 너희, 죽음과 생명, 죄와 선행 등 다양한 대조법은 이 본문이 세례식이나 세례문답 상황을 반영한다는 주장으로 이어진다. Lincoln: 88-91, 참고 문헌 및 논의 내용 참조 본문이 찬양이든 설교든 본질적으로 "자비롭고 은혜로우신 하나님은 그리스도로 말미암아 반역한 인간을 용서하시고 옳은 일을 하게 하신다"는 구원의 패턴을 기리고 찬양하는 정수라는 사실에는 변함이 없다.

2:1-10의 구조

그리고 너희는

    이 세상 풍조를 따라

        불순종의 아들들 가운데서

      본질상 진노의 자녀 가운데서

      행하여 허물과 죄로 죽었다.2:1-3

그러나 하나님은

    긍휼이 풍성하셔서

    그리스도와 함께 우리를 살리시고 일으키사 하늘에 앉히셨으니

      이는 그 은혜의 지극히 풍성함을

        오는 여러 세대에 나타내려 하셨으니2:4-7

이는 너희가 그 은혜에 의하여 믿음으로 말미암아 구원을 받았고

    이것은 하나님의 선물이며

    행위에서 난 것이 아니다.2:8-9

우리는 그가 만드신 바라

    그리스도 예수 안에서 선한 일을 위하여 지으심을 받은 자이기 때문이다.2:10

개요

너희와 우리, 죽었던 자, 2:1-3, 5a

2:2   악한 세력의 지배 하에서

긍휼이 풍성하신 하나님, 2:4-7

2:5-6   그리스도와 함께 살리심

은혜에 의하여 믿음으로 말미암아 구원 받음, 2:8-10

2:10   선한 일을 위해

주석

너희와 우리, 죽었던 자, 2:1-3, 5a

첫 세 구절은 유대 독자에게 익숙한 언어와 함께 하나님을 반역한 인간에 대해 묘사한다. 하나님과 상관없는 생명은 살아 있으나 죽은 자이다. 죽은 자에 대한 이러한 은유적 용례는 초기 기독교 사회에서 -특히 세례와 관련하여- 광범위하게 퍼져 있었다.cf. 특히 이곳 본문이 의존하고 있는 골2:12-14을 비롯하여 롬6:1-14, 13:11-14, 살전4:14-15, 5:1-11, 특히 11절 참조 죽음은 특히 진노와 함께 제시됨으로써 심판을 암시한다.아래 참조

이 죽은 자들은 활발한 생명력을 가진다. 그들은 행하고 범죄하며 불순종한다. 성경에서 "행함"은 삶이나 도덕적 행위를 가리키는 일반적 용어로 사용된다.엡4:1,17, 5:2,8,15; cf. 신30:16; 시119:1; 잠10:9; 요11:9-10; 롬6:4; Ps. Sol. 16:1-5 바르게 행한다는 것은 율법의 말씀을 따라 하나님의 뜻에 순종하는 것을 의미한다. 허물과 죄 가운데 행한다는 것은 이러한 율법을 범한다는 것이다.2:1에서 죄와 허물을 복수로 표현한 것에 주목하라

영적으로 죽은 자walking dead는 "불순종의 아들들"로 불린다. 셈어에서는 인간을 가리킬 때 "~의 아들들"Sons of…이라는 표현을 사용한다.cf. Qumran's War Rule, 1QM, 4QM: The War of the Sons of Light Against the Sons of Darkness 그러나 1장 5절에서 볼 수 있는 것처럼 이러한 세미티즘은 NIV와 NRSV의 포괄적 번역으로 인해 의미가 더욱 모호해지게 되었다. 본 서신, 특히 서론적 찬양에서 아들 됨sonship이 얼마나 중요한 의미를 가지고 있었는지 상기해보라. 여기에는 존재의 원천은 물론 지위라는 개념까지 포함된다.1:3-14 영적으로 죽은 자를 불순종의 아들로 묘사한 것은 그들이 자신에게 전해진 명령을 따를 수밖에 없는 존재임을 보여준다. 그들은 불순종하는 자로 불리지만 사실 그들은 하나님이 아닌 다른 자에게 철저히 순종한다. 그러므로 그들은 "본질상 진노의 자녀"이기도 하다.cf. 5:6 순종이라는 용어에는 선택과 그에 따른 책임이 포함되기 때문에 성격이나 정체성을 암시하는 본성nature이라는 개념이 추가된 것이다."본질상"

저자는 이러한 긴장을 해소해야 할 필요성을 느끼지 않는 것이 분명하다. 우리는 자신이 임의로 행한 선택에 대한 책임을 지거나, 그렇지 않으면 본성이나 외부의 영향과 같은 다른 힘 때문이라고 생각한다. 즉, "마귀가 나를 그렇게 하도록 만들었다"는 것이다. 에베소서는 바울이나 유대인의 일반적 사상과 마찬가지로 누군가 또는 무엇인가에 의해 지배를 받는 자들에게 책임을 묻는 것이 일반적이다. 갈라디아 5장 16-25절에서 인간은 세력 다툼이 벌어지는 전장으로 제시된다. 즉 "육체"는 "성령"을 거스린다.cf. 롬7-8장; 골 2:18 뿐만 아니라 이곳 3절에서 육체는 의식감각을 동반한 개념으로 제시된다. 불순종의 아들들은 주저 없이 자신이 원하는 것을 하지만, 동시에 이 모든 것은 명령에 따른 것이다. 미로슬라브 볼프Miroslav Volf는 이것을 악에 의한 "식민지화"로 표현한다.

> 악은 자신의 악한 소욕을 미워하는 역할을 해야 할 자아self 안에 어떤 도덕적 공간
> 도 남겨두지 않을 만큼 철저히 우리를 식민지화 했다. 우리는 반대하겠다는 생각
> 은커녕 구원을 위한 탄식조차 없이 전적인 동의하에 악의 덫에 걸려들었다. 악은
> 자신의 지배 아래 있는 의지의 내적 역사로 말미암아 유혹에 의한 힘이나 지배를
> 필요로 하지 않는다. 따라서 역설적인 말이지만, 우리는 인식조차 할 수 없는 악
> 의 감옥 속에서만 자유를 느낀다.Volf: 89-90

우리는 인간의 죄에 대한 이런 식의 묘사는 결국 죄를 피해자화victimization 한다는 사실을 알아야 한다. 우리가 죄인인 것은 악의 압박이 우리의 의지보다 크기 때문이라는 것이다. 그러므로 우리는 구원을 받아야 한다.2:8

2:2 악한 세력의 지배

이러한 의지적 예속은 2절에서 다양하게 언급되는 "이 세상 풍조" "공중의 권세 잡은 자" "지금 불순종의 아들들 가운데서 역사하는 영"에 대한 복종의 징후가 된다. 이것은 1장 21절이나 6장 12절에 나오는 권세들의 리스트가 아니라 이 죽음의 세상을 지배하는 악의 궁극적 핵심을 가리키는 다양한 묘사 또는 열거이다. 이것은 우리에게 성도와 은밀한 싸움을 하고 있는 대적cf. 벧전 5:8, 마귀diabolos, 4:27, 6:11를 상기시킨다. 그러나 이곳 본문의 이미지는 한층 더 광범위하다.

악을 지배하는 것으로 제시된 첫 번째 묘사는 "이 세상 풍조"이다. 여기서 "세상"world은 "우주"cosmos로도 번역된다. 한편 "아이온"풍조은 번역이 쉽지 않으며 현대 영어에서

번역하는 것처럼 종종 "시대"나 "세대"라는 의미를 가진다.cf. 2:7 바울은 대체로 이런 의미로 사용한다.

바울은 "이 시대"가 지나가고 새로운 피조물의 "새 시대"가 도래할 것으로 믿었다.cf. 고후5:17 그리스도를 믿는 자는 이미 다가올 시대의 능력과 가치관에 의해 살아갈 뿐만 아니라 동일한 능력으로 옛 시대의 한계와 압력 속에서 살아간다. 이와 같이 로마서 12장 2절도 "이 세대를 본 받지 말고"TRYN라고 말씀한다. 동일한 본문에서 NRSV는 아이온을 세상으로 번역하는데고후4:4에서처럼, 이것은 아이온이 우주cosmos와 같은 뜻으로 해석될 수 있음을 보여준다. NRSV가 이곳2:2에서 다른 역본들과 마찬가지로 "이 세상의 길 course"cf. "이 세상의 방식"[NIV]; 또는 암시적으로 "이 세상 질서의 방식," REB로 번역한 것은 이러한 이유 때문일 것이다. 앤드류 링컨Andrew Lincoln의 "세상–시대"world-age는 의미의 스펙트럼을 보여준다.94-5

그러나 이 단어의 배후에는 또 하나의 의미가 존재한다. 고대인은 종종 아이온을 우주에서 활동하는 인격적 힘으로 보았다. 이러한 관점은 이곳 본문에도 암시되며, 특히 이 단어가 악에 대한 다른 묘사와 함께 제시될 때 뚜렷이 드러난다.e.g., Best, 998:203-4; Schnackenburg: 91 일부 주석가는 이러한 의미를 명백히 거부하지만가령, Lincoln: 94; Perkins: 58; 놀랍게도, Arnold, 1989:59-60 본 서신에서 종종 볼 수 있는 것처럼 단어나 개념은 가능한 풍성히 반향하게 하는 것이 좋다. 아이온은 시대의 문화를 반영하고 형성하는, 오늘날의 소위 "시대정신"zeitgeist, 2:2c에서처럼에 해당한다.Wink, 1984:84 따라서 우리는 "역경의 30년대"나 "탐욕의 80년대" 또는 별도의 수식어 없이 "60년대"라는 표현을 사용한다. 그러나 에베소서 저자는 독자가 이처럼 문화적으로 왜곡된 태도와 가치관원리, NJB에 대해, 사실상 인간을 부추기고 유혹하며 속여서 하나님을 반역하게 하는 인격적 힘으로 보기를 원한다.Best, 1998:207

"공중의 권세exousia 잡은 자archōn"라는 두 번째 묘사는 이 악한 힘을 더욱 분명하게 인격화 한다. 이 이미지는 악한 세력을 대기공중에 비유함으로써 악의 개념을 크게 확장한다. 공중은 저자가 세상이 어떻게 형성되었다고 생각하는지에 대한 단서를 제공한다. 많은 고대인은 높은 하늘하나님의 영역과 달리 낮은 하늘공중은 악이나 귀신의 세력이 인간사에 영향을 미치는 영역으로 생각했다.1장 21절의 "뛰어나게" 참조[Cosmology]; cf. 고후4:4, 12:2; Arnold, 1989:60; Lincoln: 96; Perkins: 59 헬라 주술에도 "공중의 모든 권세들로부터 나를 보호하소서"라는 표현이 있다.via Arnold, 1989:60 공중의 권세 잡은 자는 이러한 악한 세력들을 지배한다.cf. 6:11-12 인간이 호흡하는 공기는 악한 주인과 그의 졸개들에 의해 오염

되어 있다. cf. Wink, 1984:84

악에 대한 세 번째 묘사이자 마지막 묘사는 언어유희를 사용한다. 우리는 공중에 대한 언급 직후 악한 "영"*pneuma*에 대한 언급을 찾아볼 수 있다. 히브리어 루아흐*ruah*에서 볼 수 있듯이 프뉴마는 일반적으로 "영"spirit으로 번역되지만 "바람"이라는 뜻도 있다. 프뉴마의 보호성에 대해서는 요한복음 3:5-8에서 잘 다룬다 저자는 독자가 유추적 방식을 통해 "영"을 1장 13-14절의 성령과 대조적인 초자연적 힘으로 생각해주기를 바란다. Fee, 1994:680, 하나님의 성령에 대한 의도적인 패러디로 생각한다 이 악한 프뉴마는 세력이 광범위할 뿐만 아니라 불순종하는 자들이 호흡하는 공기이다. 역설적이지만 그것은 그들이 사망의 삶을 살기 위한 거짓 산소이며 반역한 그들을 휩쓸어버릴 맹렬한 바람일 뿐이다.

본문은 1장 3-14절 및 2장 11-22절에서 볼 수 있는 것처럼 1인칭과 2인칭 대명사 모두 사용한다. 우리와 너희는 죽은 자이다. 이것은 이방인과 유대인을 가리키는가 아니면 처음 믿은 신자와 오래 믿은 신자를 가리키는가? 본문의 경우 정확히 파악하기 어렵다. 왜냐하면 여기서는 두 대명사의 상호 교환이 가능하며 하나님을 떠난 삶에 대한 묘사가 아무런 구별 없이 우리 모두에게 적용된 것이 분명하기 때문이다. 2:3 우리는 바울이 심판과 구원 문제에 있어서 이방인과 유대인에 대해 어떤 차별도 두지 않는다는 사실을 알고 있다. 롬1:16, 2:9-10, 3:22, 10:12 초기 교회에서, 특히 세례가 본문의 배경이 되었다면 1:3-14 주석 참조 이러한 구별은 새 신자와 성숙한 신자 사이의 차이에 대한 반영일 가능성을 배제할 수 없다.

3절 끝에서 영적으로 죽은 자는 "진노의 자녀"로 불린다. 이것은 그들 자신의 분노를 가리키는 것이 아니라 하나님의 진노 또는 심판을 일컫는 말이다. cf. 5:6; Best, 1998:210 신적 진노는 바울 신학의 본질적 요소에 해당하며 이처럼 철저하게 짜여 있는 구원의 패턴과 분리해서 생각하기 어렵다. 그러나 이 진노는 순간적인 신적 격노로 이해하기보다 피조세계의 배신과 압제 및 오염에 대한 하나님의 세심한 관심과 반응으로 보아야 한다. 예를 들면, 롬1:18, 2:5, 5:9, 9:22, 12:19, 13:4-5; 살전1:10; cf. 특히 솔로몬의 지혜서1-5; R. Martin, 1991:26-7 따라서 죽었다는 것은 무의식과 무지로 잠들어 있는 상태로 하나님의 심판의 대상이며 따라서 죽은 자와 같다는 뜻이다. 죽음은 진노의 자녀의 반역에 대한 당연한 결과이다. cf. 롬5:12-21; 요3:36

긍휼이 풍성하신 하나님, 2:4-7

인간의 생명을 이처럼 극적인 방식으로 대조한 것은 우리로 하여금 놀라운 은혜로 향하게 한다. 4절은 예기치 않게 "그러나 하나님이"But God라는 구절로 시작한다. "그러나"
와 "하나님"이라는 두 단어는 에베소서에서 가장 중요한 단어이다. 이곳에서는 진노2:3
를 기대하는 것이 정상적이겠지만 우리"너희"와 "우리"는 하나님의 풍성하신 긍휼과 크신
사랑을 경험했다.

"풍성"은 본 서신이 즐겨 사용하는 용어이며1:7,18, 2:7, 3:8,16 이곳에서는 가장 무서운
이미지 너머에 있는 긍휼이 풍성하신 하나님을 묘사한다. 그러나 "그러나 하나님이"라는
극적인 불연속성은 이 긍휼이 언제나, 그리고 본질적으로 놀랍다는 사실을 상기시킨다.
하나님의 긍휼하심을 받은 자들은 정확히 5장 5절의 허물로 죽은 자들 가운데서 건짐을
받은 자들이다. 의인들과 달리 그들은 하나님의 진노 외에는 어떤 도우심도 기대할 수 없
는 자들이었다. 그들은 죽었으며 -이 사실은 2:5a절에서 거듭 강조된다- 하나님의 대적
과 함께 허물 가운데 있는 자들이다. 우리는 여기서 하나님의 사랑의 대상이 대부분 이방
인"너희"이라는 사실을 상기할 때 이 놀라운 은혜는 더욱 풍성해진다. 본문은 2장 11-22
절에 제시될 하나님의 화목 사역에 대한 철저한 묵상을 예시한다.

이 긍휼이 놀랍다는 것은 결코 독단적이라는 의미가 아니다. 하나님의 긍휼은 궁극적
으로 하나님의 크신 사랑에 바탕을 두며 이러한 성품은 창세전부터 하나님의 행위를 통
해 드러났다.1:4 이 사랑은 하나님과 이스라엘의 언약에 기초한다. 하나님의 진노와 심
판의 밑바탕에는 피조세계에 대한 하나님의 사랑이 있으며 예수님의 죽음의 핵심도 사
랑이다.1:5-8, 2:16, 5:2 사랑은 그리스도 안에서 화목 된 자와 피조세계를 향한 하나님의
불가해한 통찰력의 좌소이다.서론적 찬양, 1:3-14; cf. 롬11:33-36 바울이나 그를 따르는 자
들과 같은 유대인에게 한편으로 사랑과 긍휼, 다른 한편으로 심판과 진노는 상호 배타적
일 수 없었다. 사실 심판과 무관한 긍휼과 은혜는 아무런 의미가 없다.cf. Yoder Neufeld,
1999; 솔로몬의 지혜서12

2:5-6 그리스도와 함께 살리심

마침내 이 문장의 핵심 단어가 제시된다. 이 단어는 드물게 사용되지만 분명한 기독교
적 동사이다. 즉 하나님은 우리를 그리스도와 **함께 살리셨다**.suzōopoieō 이 "살리심"은 그
리스도의 부활에 대한 경험과 같은 의미이다. 초기 독자는 여기서 세례의 암시를 발견했
을 것이다.이곳의 본문이 의존하는 골로새서 2장 12-13절에는 명확히 나타난다; Best, 1998:215-6; E.
Martin: 111-3 그러나 에베소서의 본문에는 그리스도와 함께 죽었다는 어떤 언급도 발견
되지 않는다. 이것은 본문이 부활하신 주님과의 연합에 초점을 맞추기 때문이다.롬6:1-11

과 비교해보라 본 장 후반부에는 예수님의 죽음에 대한 강조가 제시되나[2:16] 그곳에서조차 그의 죽음과 직접 연결되지 않으며 새로운 피조물로 언급될 뿐이다.

5절의 "함께"는 누구를 가리키는가? 헬라어에서 "함께"*sun*는 이곳에서는 물론 2장 6절의 "일으키사"와 "앉히시니"라는 동사 앞에도 붙는다. 한 가지 분명한 가능성은 이 "함께"가 "너희"와 "우리"를 가리킨다는 것이다. 일부 사본은 "그리스도 안에서"로 읽는데 이것은 그리스도가 서로 화목한 신자들이 생명에 이르는 수단임을 보여준다.cf. 1:3-14, 2:11-22 하나님에 의해 살리심을 받았다는 것은 개인적 차원이 아니라 다른 사람들과 함께 신적 생명을 경험한 공동체에 동참한다는 것이다. 그러나 골로새서 2장 13절은 "순"을 동사 앞에 접두한 후 "그리스도" 앞에서 전치사로 반복함으로써 그리스도와 연결을 명확히 한다. 본서는 어느 한쪽 해석을 택하는 것을 배제하며 2장 11-22절에서와 마찬가지로 두 해석을 모두 받아들이는 방식을 권장한다.Barth, 1974:220

"함께 살리셨고"는 6절의 "일으키사"와 "앉히시니"라는 동사로 말미암아 그 의미와 중요성이 분명해졌다. 1장 20절에서 "살리시고"와 "앉히시고"가 메시아를 위한 하나님의 행위로 묘사된 사실을 상기해보라. 또한 메시아의 부활과 보좌에 앉으심 및 승귀가 우리를 위한 하나님의 능력을 초래한 사실을 상기해보라.1:19 2장 6절은 하나님이 그리스도를 위해 하신 일을 이제 해방된 불순종의 자녀를 위해 하고 계심을 분명히 보여준다. 메시아의 부활과 승귀가 고난당하시고 죽임 당하신 의인을 위한 하나님의 역사였다는 사실을 감안하면 이러한 놀라움은 배가된다. 우리는 이러한 사실을 통해 불순종하는 자들을 악의 손아귀에서 해방시키신 하나님의 은혜가 얼마나 놀라운 것인지 깨달을 수 있다. 하나님은 그들의 어둠, 그들의 사망의 영역으로 들어가셔서 하나님의 자녀가 되게 하셨으며 그들을 그리스도와 함께 살리시고 그와 함께 하늘에 앉히셨다. 베스트Best, 1998:219와 링컨Lincoln, 107은 하나님의 오른편은 그리스도를 위해 예비 된 곳이기 때문에1:20 이곳에 언급되지 않았다고 생각한다. 그러나 이러한 구별은 본 서신에서 말하고자 하는 요지와 다르며 신자와 그리스도와의 연합 또는 그리스도 안에 있다는 사실을 간과한 측면이 있다.cf. 계3:21!

하나님의 개입은 해방의 행위로 묘사되며 2장 5c절의 구원을 받았다는 번역은 정확한 묘사이다. 하나님은 공중 권세 잡은 자의 영역에 들어오셔서 그의 손아귀에서 진리의 말씀, 자유의 복음을 듣고 반응한 자들을 건져내셨다.1:13; cf. 2:13,17 이들은 순교의 죽음을 당한 자들계 6:9-11이 아니며 자신의 죄와 허물로 죽은 자들이라는 사실에 다시 한 번 주목할 필요가 있다. 우리는 로마서 5장 6-10절에 나오는 바울의 말을 상기하지 않을 수 없다. 본문을 약간 의역하면 "우리가 아직 연약 할 때에… 죄인 되었을 때에… 원수 되었을 때에 그리스도의 죽으심으로 말미암아 하나님이 우리를 구원하셨다"는 것이다. 그러나 로마서 5장과 달리 이곳에서는 구원에 대한 강조가 그리스도의 죽음보다 그의 부활하심에 초점을 맞춘다. 본문의 제목을 "부활에 의한 구원"Salvation by Resurrection으로 제시한 마르둑 바스Markus Barth는 이러한 중요성을 잘 파악하고 있다.1974:211

그러나 우리는 이것으로 모든 문제가 해결되었다고 생각할 수 있는가? 신자들은 다시 살리심을 받음으로 죄와 사망의 영역에서 완전히 옮겨졌는가? 바울은 로마서 6장에서 신자는 이미 부활의 빛 가운데 살고 있다고 말하지만 신자의 부활을 미래적 사건으로 언급함으로써 이러한 추론을 피한다.2:8-10, 주석 및 TBC 참조 바울의 종말론적 유보로마서는 바라던 것이 성취되었다는 확신에 따라 실현된 종말론에베소서에 밀렸는가? 골로새서 2-3장과의 대조는 도움이 된다. 신자는 세례를 통해 일으키심을 받고 그리스도와 함께 완전한 생명에 동참한다.2:10, 13 하나님은 권세들을 무력화하여 구경거리로 삼으신다.2:15; cf. 엡1:20-22, 하나님은 모든 권세를 그리스도의 발아래에 두신다 그러나 골로새서 3장은 신자가 이미 사망에서 그리스도의 나라로 옮겨졌으나골 1:13 아직 하늘의 영역에는 이르지 못하였다고 말한다.   신자는 그리스도와 함께 살리심을 받았으나3:1 그들의 생명은 당분간 "그리스도와 함께 하나님 안에" 감추어져 있다.3:1 그러므로 그들은 "위의 것을 생각"해야 한다.3:2

로마서 6장과 골로새서 2장은 부활과 현재의 비극적 실상을 모두 고려한다는 점에서 현실적이라고 할 수 있다. 우리는 이것을 "기독교 현실주의"Christic realism라고 부른다. 일반적으로 현실주의는 이상주의의 반대 개념으로 제시된다. 그것은 개인 및 공동체적 차원에서 죄나 불의에 대한 적응을 가리키며 도덕적, 영적으로 현실과 타협하는 것을 의미한다. 그러나 바울과 그를 따르는 자들은 이처럼 왜곡된 세상에 대해, 특히 그리스도 안에서의 삶과 관련하여 현실적으로 접근한다. 하나님께서 그리스도를 통해 이루신 일은 이 세상세대이 그리스도와 함께 하는 사들에게 허용된 한계임을 보여준다는 것이다. 기독교 현실주의는 "아직"not yet을 진지하게 받아들이지만 예수님을 주로 고백하는 것이 "이미"와 관련하여 어떤 의미를 가지는지에 초점을 맞춘다. 이러한 현실주의는 에베소서에도 나타나지만 골로새서나 로마서와는 약간의 차이를 보인다. 골로새서는 "위의 것"을 찾으라고 말하지만골3:1 에베소서에는 이러한 공간적 구별이 무시되며 신자는 이미 그리스도와 함께 하늘에 있다.cf. 엡1:3, 2:6 [우주론] 골로새서 2장 15절에서 권세들은 이미 멸망당해 공개적인 수치를 당하지만 에베소서에서는고전15:20-28, 특히 25절에서 볼 수 있는 것처럼 권세들이 여전히 싸워야 할 강력한 세력으로 남아 있다.6:10-20 또한 다시 살리심을 받고 하늘에 앉는 것은 완전한 승리를 뜻하지 않으며 다만 보장된 승리를 가리킬 뿐이다. 그러나 Lindemann, 1985:111-6의 생각은 다르다

따라서 우리는 신자의 등극과 관련된 수사학적 구절을 본 서신이 신자들에게 촉구하는 광범위한 투쟁에 관한 본문과 구별하여 해석하려해서는 안 될 것이다. 사실 이곳의 본문은 이러한 싸움을 격려하기 위한 것이다. 신자가 다시 살리심을 받고 그리스도와 함께 하늘에 앉았다는 것은 독자로 하여금 그리스도 안에서 그와 함께 있는 탁월한 위치에서 사망의 영역 및 그 지배자와 맞서 싸워야 함을 보여준다. cf. 1:22-23; Best, 1998:220-2 6장에서 제시되겠지만 하늘에 있는 악한 권세들과의 "영적" 전쟁은 사실상 지상에서 진리와 의와 평화를 실천하고, 생명을 주는 강력한 하나님의 말씀을 선포하는 형태로 나타난다.

7절은 에베소서의 하나님 중심적 관점을 부각시킨다. 우리는 이 구절에서 다시 한 번 하나님의 풍성함 −여기서는 지극히 크신 또는 넘치는 은혜와 자비의 풍성하심− 과 만난다. cf. 2:4 앞서 사랑과 자비의 경우에서 살펴본 것처럼 일반적으로 자비와 은혜는 하나님이 언약 안에서 백성에게 보여주시는 성품을 묘사한다. 이것은 에베소서에서 즐겨 사용되는 "넘치는"충만한이라는 형용사의 모티브를 제공한다. cf. 1:19, 3:19; 하나님이 주시는 "지극한 은혜"에 대해서는 고후9:14 참조

불순종의 자녀에 대한 구원은 하나님의 은혜와 자비를 오는 세대에 나타내기 위함이다. "오는 여러 세대"라는 구절은 특히 2절의 비추어보면 다소 당황스럽다. 2:2, 공중[aiōn]에 대한 주석 참조 이 "아이온"은 시대age로 번역하는 것이 가장 바람직하다. NIV, NRSV 및 대부분의 역본은 그렇게 해석한다 "오는 세대"는 하나님의 은혜가 나타날, 정해지지 않은 미래를 가리킨다. 이것은 에베소서가 바울 서신에서 전형적으로 볼 수 있는 것처럼 임박한 종말이나 혁신적인 변화를 기대하는 것이 아님을 보여준다. 이러한 해석을 적용할 때, 신자는 구원을 받았으며완료 시재, 2:8 하늘과 땅에 있는 그리스도의 몸으로서 하나님의 은혜와 자비하심이 나타날 불확정한 미래를 소망한다.

한편으로, 2절과 관련하여 언급한 대로 "아이온"은 종종 인격적 힘이나 존재로 해석된다. 이러한 관점에 따르면 이 구절은 "다가오는공격을 위해? 아이온에 대해 하나님은 우리에게 자비하심을 보여주거나 입증하실 것이다"라는 의미가 될 것이다. 예를 들면, Barth, 1974:223; Lindemann, 1975:121-9 이것은 교회가 하나님의 각종 지혜를 권세들에게 알게 한다는 3장 10절에 가깝다. 이러한 해석은 매력적이고 본 서신에도 부합되지만 문법적으로는 문제가 있다. 따라서 인격적 권세들에 대한 몇 가지 개념을 염두에 두면서 "~에"in, [세대]에를 "~동안"during으로, "아이온"을 시간적 개념으로 해석한 후, 여기서 제기되

는 종말론적 문제들에 대해 고심하는 것이 가장 확실한 방법일 것이다.Best, 1998:223-4; Lincoln: 110-1; Perkins: 62; Schnackenburg: 97

은혜에 의하여 믿음으로 말미암아 구원을 받음, 2:8-10

이제 새로운 문장과 함께 5c절의 핵심적인 주장이 반복 및 확장된다. "너희는 그 은혜에 의하여 **믿음으로 말미암아** 구원을 받았으니." 아마도 이 구절은 세례를 축하하는 상황에서 비롯되었을 것이다.cf. 5:14; Schnackenburg: 97 가령, 우리는 이 구절이 5c절와 같이 "너희"에 대한 언급이며 따라서 말하는 자는 세례를 행하는 자일 것이라고 추측할 수 있다.

언뜻 보기에 이 구절은 바울의 전형적인 표현처럼 보인다. 그러나 로마서 3장 26-30절, 5장 1, 9절, 10장 9-13절 및 갈라디아서 2장 16절과 같은 핵심 구절과 비교해보면 "믿음으로 의롭다하심을 받았다"가 보다 전형적인 표현임을 알 수 있다. 구원은 앞으로 있을 일이다.가령, 롬5:9-10, 10:9,13, 11:26; 고전5:5; 10:33; 살전1:10 현재 시재나 과거 시재가 사용된 경우조차예를 들면, 롬8:24; 고전15:2 강력한 종말론적 어조가 드러난다. 에베소서는 칭의에 대한 언급이 없으며 구원에 대해서는 대체로 완성된 것으로또한 완료 시재로 제시한다. 에베소서에서 구원은 칭의를 대신한다. 구원을 받았다는 것은 주로 현재 공중 권세 잡은 자의 압제로부터의 해방이러한 해방이 아무리 미래적 기업과 밀접한 연결이 있다고 하더라도을 의미한다.1:14,18, 5:5

동시에 **현재의** 경험에 대한 이러한 강조는 바울이 칭의를 이해하는 방식과 매우 밀접하다. 그럼에도 불구하고 로마서 8장에 나타난 바울의 일반적인 법정적 이해에 따르면 칭의는 육신, 죄 및 사망과 결합된 율법의 속박에서 벗어나는 동시에8:2-8, 율법의 요구를 이루는 능동적인 "의로운" 삶을 위해8:4 권능을 입는 것임을 알 수 있다. 이러한 내용은 이곳 본문에도 제시되며 에베소서 2장 10절과 관련하여 곧 살펴보게 될 것이다.

"구원을 받았으니"having been saved라는 완료시재는 미래가 현재로 들어왔다는 의미가 아니다. 성도는 악한 권세로부터 구원을 받은 사실만큼 확실하게, 만물이 그리스도 안에 있고1:10 하나님이 만유 가운데 계실4:6 구원의 날을 기다린다.4:30 구원이란 성도가 이제 **더 이상** 예전처럼 악한 자의 지배 아래 있지 않다는 뜻이며불순종은 여전히 있지만; 2:2, 그들의 현재는 모든 권세들이 복종하는1:22 그리스도의 인격과 삶 및 사역에 대한 동참으로 규명된다.

한때 죽었던 자가 믿음으로또는 믿음에 의해 구원을 받았다. 믿음*pistis*은 바울의 복음에서 -특히 이방인이 거룩한 공동체의 일원이 되는 과정에서- 중요한 역할을 한다.로마서 4장 및 갈라디아서 3장에 제시된 아브람의 역할 참조 일반적으로 이 공동체의 구성원은 "믿는 자"pisteuontes, 예를 들면, 엡1:13,19; 롬3:22로 불린다. 이 믿음은 종종 신뢰로 번역되며 하나님이 선물로 주신 구원이 사실임을 믿고 신뢰한다는 의미로 제시된다.1:13 그렇기 때문에 믿음은 종종 하나님의 인정을 받기 위해 행동하는 "행위"와 대립적 개념으로 제시된다.

믿음pistis은 "신뢰"를 의미하는 동시에 "신실함"faithfulness 또는 trustworthiness, 1:1 주석 참조이라는 뜻도 있다. 따라서 우리는 이곳에 언급된 믿음이 신자들의 "신뢰"를 가리키는지1:13에서처럼; Lincoln: 111; Patzia: 184; Schnackenburg: 98 참조 아니면 하나님과 그리스도의 "신실함"을 가리키는지cf. 3:12 질문할 수 있다. Barth, 1974:225는 둘 다 가리킨다는 바른 해석을 제시한다 로마서 3장 3절은 하나님의 믿음pistis에 대해 언급하는데 NIV와 NRSV를 비롯한 많은 역본은 이것을 "미쁘심faithfulness[신실함]"으로 번역한다. 또한 로마서 3장 22, 26절 및 갈라디아서 2장 16, 20절에서 말하는 믿음은 예수님에 대한 신자의 믿음으로 해석할 수 있다. NIV, NRSV 및 대부분의 역본 그러나 이 믿음 역시 예수님의 "신실하심"으로도 번역할 수 있다. KJV; NRSV 주석 참조

이곳 본문에 나오는 피스티스pistis는 하나님에 대한 인간의 믿음으로 보기보다.물론 이것도 중요하지만 하나님의 신실하심에 대한 언급으로 해석하는 것이 낫다. 이런 의미는 하나님의 은혜에 의한 구원이, 악의 지배를 받았던 이방인을 포함한 인간 공동체와의 신의를 지키는 하나님의 방식임을 암시한다. 물론 이러한 신실함은 언약 관계에 적합하다. 그러나 하나님은"But God" 언약 관계에 있지 않았던 자들이나이방인, 2:12 언약을 위반한 자들유대인, 2:3; cf. 딤후2:13의 찬양에게까지 다가가신다.

구원억압당한 죄인들에 대한 해방은 우리가 주도한 것이 아니며 "너희에게서 난 것"ex humōn 이나 "행위에서 난 것"ex ergōn; 2:8-9도 아니다. 이곳의 평행은 율법의 행위가 아니라 인간의 일반적인 노력을 상기시킨다. 결국 죄인은 스스로를 희생시켜왔으며 진상을 망각하고 죽은 자가 되었다.2:1-3, 5 그들의 해방은 하나님의 주권적 사랑의 결과이며 따라서 은혜와 선물의 중요성이 부각된다. 은혜를 뜻하는 헬라어 카리스charis에는 선물이라는 의미도 있다. 저자는 8절 끝에서 선물을 뜻하는 또 하나의 단어dōron를 덧붙임으로 강조점을 더욱 명확히 한다.

2:10 선한 일을 위하여

하나님 중심적 관점은 마지막 문장도 형성한다.2:10 하나님의 은혜의 선물인 구원과 구원 받은 자는 모두 "그리스도 예수 안에서 지으심을 받은" 하나님의 생산품 또는 예

술 작품poiēma, 영어의 poem[시]와 관련된다에 해당한다.[안에, 367쪽] NRSV는 "포에이마"poiēma를 "우리는 [하나님이] 만드신 바""하나님의 솜씨," NIV로 번역한다. 따라서 그리스도와 함께 살리심을 받았다는 것은 신적 구원 행위이자 인간을 원래의 의도대로 새롭게 만든 재창조 행위의 하나이다.2:15, 주석; cf. 고후5:17 및 갈6:15이 "새로운 피조물" 참조 베스트Best는 이에 대해 "하나님은 언제나 '만들고 계시며' 그의 '구원'은 이러한 만들기의 한 국면"이라고 말한다.1998:230

이러한 재창조의 목적은 선한 일을 행하며 사는 새로운 삶이다."그 가운데서 행하게 하려함"; cf. 4:24, "하나님을 따라 의와 진리와 거룩함으로 지으심을 받은 새 사람"; 1:4, 선택의 목적은 "거룩하고 흠이 없게 하시려고" 한때 허물과 죄 가운데 행하던 자들이2:1 새로 지으심을 받아 선한 일 가운데 행하게 된 것이다. 이러한 행함은 구원의 전제조건이 아니다. 이 구절에 사용된 전치사는 ex선한 일을 근거로, 또는 그것을 통해가 아니라 구원의 목적 또는 이유를 가리키는 epi선한 일을 위하여이기 때문이다.

바울의 글에서 일을 복수로 표현한 사례works는 흔치 않다.딤전2:10, 5:10,25; cf. 행9:36에서만 발견되며 롬2:7; 고후9:8; 골1:10 등에는 단수가 사용된다 이러한 복수 형태는 단순히 2장 1절에서 복수로 제시된 허물과 죄trespasses and sins와 일치시키기 위한 것일 수도 있다. 그러나 이러한 복수 형태는 1세기 말경 저자의 윤리적 초점이 도덕적 요소에 맞추어져 있었음을 보여준다고 생각하는 사람들도 있다.예를 들면, Schnackenburg: 101 그러나 에베소서에서 선한 일은 미덕의 행위 이상의 것을 의미한다. 골로새서 1장 10절의 "모든 선한 일"은 "주께 합당한" 삶cf. 엡4:1과 같은 말이다. 에베소서는 골로새서와 마찬가지로또는 그 이상으로 그리스도와 그의 몸 사이의 밀접한 관계에 대해 다룬다.

교회는 만물을 하나님과 화목하게 하시는 그리스도와 동일시된다.1:10, 2:13-16 그러므로 우리는 선한 일이 곧 화목하게 하는 사역에 동참하는 것임을 알아야 한다. 그리스도의 몸을 세우고4:12 어둠을 빛으로 변화시키며5:11-14 악한 권세들을 물리치는 것6:10-18이 바로 선한 일인 것이다.

선한 일은 수세기 동안 믿음과 행위에 관한 논쟁의 쟁점이 되어 왔으며 때로는 은혜를 공격한다는 의혹을 받기도 했다. 에베소서 2장 10절은 이러한 의혹이 전적으로 오해임을 잘 보여준다. 선한 일은 하나님의 선물이며 이러한 사실은 헬라어로 "예비하사"라는 단어 앞에 붙은 접두사 "pro"를 통해 확인할 수 있다.cf. 1:4-5, "예정하사"에 대한 주석 참조 이 선한 일은 하나님이 미리 택하시고 미리 정하신 자들을 위해 예정된 일이다. 교만하거나 자랑하는 사람은 설 자리가 없다.cf. 가령 롬3:27-28; 고후10:12-12:10; 갈6:12-14 하나님은 성도가 수행하는 선한 일로 인해 영광을 받으신다. 하나님이 백성을 사망의 영역에서 해방하신 것은 그들로 하여금 선한 일을 행하는 원래적 목적을 회복하게 하기 위해서이다. 선한 일을 하지 않는 것은 하나님의 은혜를 거부하는 것과 같다.cf. 롬6:1

성경 문맥 안에서의 텍스트

두 가지의 행함walking

본 단원의 첫 구절에 나오는 죄인과 포악한 악에 대한 묘사는 성경에 광범위하게 나타나는 한 가지 개념에 기초한다. 즉 인간은 의인과 악인, 즉 하나님의 은총을 받을 수 있는 자와 하나님의 진노를 만날 자들로 나뉜다는 것이다. 이러한 분리는 유대인과 이방인의 구별에도 적용된다. 롬1-2장의 이방인에 대한 묘사 참조; cf. 엡2:11-12, 4:17-19 유대인의 문헌에서 광범위하게 발견되는 한 가지 적절한 메타포는 두 개의 길에 관한 교훈이다. 좁은 길은 생명으로 인도하며 넓은 길은 사망으로 인도한다. 좁은 길은 찾는 자가 별로 없고 넓은 길은 많은 사람이 찾는다. cf. 마7:13-14; 시1편

저자들은 공통적으로 이 두 길을 선과 악의 목록과 함께 제시한다. 이런 전승은 초기 기독교 문헌가령, Ep. Barnabas 18-20; Didache 1-5에도 흔적이 남아 있으며 특히 신약성경롬 1:29-31; 고전6:9-10; 갈5:19-23; 골3:12; 딤전6:2-11; 딛2:2-3:7, 엡3:3-7와 유사한 내용에 많이 나타난다. 베드로후서 2장 4-16절 및 유다서 4-16절은 이 전승이 교회 안에서 사도의 가르침을 왜곡한 악인들에게 적용되었음을 분명히 보여준다. Charles: 237-42, 291-308

이 주제와 관련된 하나의 이문은 특히 이곳의 본문과 관련된 것으로, 쿰란에 나오는 인간의 행위를 결정하는 두 개의 "영" 또는 "바람" 개념이다. 1QS 3.17-26 에베소서가 이러한 이원론을 전제하고 염두에 두었다면가령, 5:3-14, 그 이상으로 저자는 하나님 앞에서 이러한 구별이 결코 최종적이지 않음을 확실히 믿는다. 이곳의 본문에 제시된 철저한 이원론은 사실상 하나님의 주권을 강조하기 위한 것이다.cf. 2:11-22 "[그러나] 긍휼에 풍성하신 하나님이…" 하나님의 은혜의 진정한 의미는 지옥으로 갈 자들을 놓아주시고또는 구원하시고 생명의 길로 인도하셨으며 선한 일을 하게 하신 데 있다.

부활은 이미 일어난 사건인가?

본 단원에서 보다 어려운 문제 가운데 하나는 종말론이다. 주석에서 살펴본 대로 바울은 일반적으로 그리스도인이 소망하는 부활이나 구원과 같은 미래적 핵심 주제에 대해

매우 신중한 자세로 접근한다. 예를 들면, 롬6장; 고전15장 바울은 많은 사람이 미래를 현재로 가져와서 적대적이며 왜곡된 현재를 불명확하게 함으로써 신실한 삶을 위한 싸움을 약화시키는 경향에 대해 주의를 환기시킬 필요가 있었던 것이다. 바울의 다른 본문들가령, 고전15장; 살후2:1-2; 딤후2:18은 부활과 구원 및 종말론의 관계가 수십 년간 문제가 되어왔음을 보여준다. Elias: 274-7 이 논쟁은 2세기의 영지주의 논쟁으로 말미암아 절정으로 치닫게 되었다. 바울은 두 논쟁 모두와 관계하지 않을 수 없었다. 에베소서는 다른 신약성경 −골로새서 및 요한복음 등− 과 내용이 유사하다. 이러한 문헌들은 구원의 완전한 나타남이 미래적이라는 사실을 명확하게 제시하지만 한편으로 무분별한 유기 −우리는 이것을 "감사와 찬양에 대한 열광적 도취"로 부른다− 에 대해서도 그리스도를 통한 하나님의 행위의 현재적 함축으로 제시한다. 가령, 골1:13; 요5:24, 11:25 "무분별한"이라는 표현을 사용한 것은 하나님의 자비와 사랑의 현재적 유익에 대한 강조가, 아이러니하게도 자신은 이미 하나님에 대해 경험해야 할 모든 것을 누리고 있다고 생각하여 윤리적, 영적으로 현실감각을 잃은 자들의 손에 놀아나고 있기 때문이다.

에베소서에 제시된 확신과 지위에 관한 내용은 결코 물질적 삶이나 사회적 삶으로부터의 도피가 아니라 신자들에게 세상에 대한 하나님의 우주적 구원 계획에 어떻게 동참해야 하는지를 알려주는 한편 이러한 동참으로 초래될 영적 전장에서 소명을 따라 살려는 결심을 뒷받침하는 것이다. 따라서 저자는 선한 일을 강조함으로써 부활이 함축하는 거룩한 일상을 극대화하고 있는 것이다. 결국 하늘의 삶은 이 땅에서 살아야 하는 것이다.

교회적 상황에서의 텍스트

복음적 분리주의?

인간을 악과 결탁한 죽은 자로 묘사한 것은 많은 교회에 친숙한 내용으로 들릴 수도 있고 불협화음처럼 들릴 수도 있다. 교회와 세상의 구별에 민감한 사람들은 "세상"을 악령의 집으로 생각하는 것이 어렵지 않다. 그러나 많은 신앙 공동체에서 거룩함, 흠이 없음, 악으로부터 떠남 및 죄와의 싸움은 세속화에 밀려나고 말았다. 이러한 구별이 신실함을 위해 필요한 요소라는 확신을 버린 사람들도 적지 않다. 그들은 완전주의는 개인적으로나 공동체적으로 자기 의에 빠질 수 있으며 개인적인 경험이나 특히 공동체적이고 제도적인 경험에서 악의 실재에 대한 무지로 이어질 수 있다고 의심한다. cf. Sawatsky and Holland: Block

그러나 우리의 본문은 좁은 길에 대한 해법을 넓은 길에서 찾아서는 안 된다는 사실을 분명히 한다. 확실히 해법은 좁은 길을 끊임없이 남겨두시는 하나님을 본받는 데 있지만 이것은 어디까지나 새로운 자녀들을 위해 넓은 길로 뛰어들기 위한 것이다.마5:43-48의 "온전함"은 원수에 대한 사랑을 통해 극대화 된다

이처럼 신실하고 관대하며 복음적인 분리주의이렇게 부를 수 있다면는 사회적, 문화적 이슈 −성, 탐욕, 폭력, 인종문제 등− 전반과 관련된다. 세상과의 분리, 즉 불순종의 자녀와의 분리는 이러한 문제 −특히 자신이 관련되어 있는− 로부터 등을 돌리는 것이 아니다. 오히려 우리는 이러한 것들이 인간을 노예화하는 수단임을 인식하고 문제에 함축된 복잡성을 파악해야 한다. 이곳의 본문은 우리에게 악은 우리의 감각과 생각 속에 거짓 생명의 느낌을 줌으로써 하나님을 반역하게 하는 치명적인 가스와 같다는 사실을 상기시킨다. 우리가 호흡을 무의식적으로 하는 것처럼, 인간은 하나님으로부터 멀리 떨어져 공중 권세 잡은 자의 희생이 된 사실을 의식하지 못한다. 우리는 악에 "식민지화" 되어 있다는 미로슬라브 볼프Miroslav Volf의 말을 상기해보라Volf: 89-90, 2:1-3, 5a 주석 참조

에베소서의 관점에서 가장 그리스도적인메시아적인 태도 −투쟁적인 행동 및 복음적인 행동을 포함하여− 는 이러한 문제들에 대해 하나님을 대적하는 권세로 규명하고 대처하는 것이다. cf. 5:3-14; 6:10-18[권세들, 371쪽] 이러한 규명은 개인적인 삶 및 공동체의 삶을 통해 부활을 경험한 자들의 공동체로부터 제기되지 않는 한 들을 수 없을 것이다. 그러나 신자에게는 이러한 문제에 뛰어들어 권세들과 맞서 싸우는 것보다 중요한 일이 있다. 우리는 이러한 문제들을 통해 악의 세력에 의해 노예가 된 자들을 보고 하나님이 우리를 사랑하신 것처럼 그들을 사랑함으로써 구원 사역에 동참해야 한다. 우리는 이런 식으로 하나님을 본받도록 부르심을 받았다. 그렇지 않다면 우리가 그리스도와 함께 앉아 있을 이유가 없지 않은가?

안타깝게도, 우리는 교회 안에 거대한 포로 상태와 반역이 남아 있음을 발견한다. 에베소서는 이러한 사실을 인정한다. 본 서신의 반은 성도를 향한 권면으로 이루어진다.4-6장 선한 일 가운데 행하라는 부르심은 물론, 자비와 은혜 및 자유에 대한 강조는 좁은 길에 머물러 있지 못하는 성도를 향한 것이다. 이곳의 본문은 부활과 재창조에 대한 강조로 가득하며 교회 안의 독선과 교만을 다룰 여지조차 없다.

윤리와 부활

그럼에도 불구하고 본문은 부활의 핵심적 의미를 통해 신자들에게 독선과 교만에 대

한 경고를 제시한다. 그들은 모든 시대가 주시하는 가운데 부활 및 승귀에 합당한 삶을 살며2:7 끊임없이 선한 일에 힘써야 한다.2:10 그들은 연약하고 무능하며 고난당하는 희생자가 아니라 다시 살리심을 받고 하늘의 왕과 왕비로 앉은 자로서, 말하자면 그리스도의 주권에 동참한 자로서 살아야 한다.2:5-6 이러한 왕적 신실함은 4장 31절-5장 2절에 제시된 친절, 용서, 온유 및 자기희생을 통해 드러난다. 이것은 어둠의 일을 드러내고 변화시키며5:11 가정을 사랑함에 있어서5:25 하나님과 그리스도를 본받는 삶이다.5:1-2

우리는 이러한 절대적 신실함이 저항에 부딪치고 고난을 당할 수 있다는 사실에 놀라서는 안 된다. 예수님의 삶을 통해서 볼 수 있듯이 이것이 바로 십자가의 삶이다. 그러나 이러한 십자가가 제자도의 핵심적인 의미를 가로막아서는 안 된다. 좁은 길을 걷는 자들에게 부활은사실상 오순절도 성금요일고난에 앞선다.cf. Dintaman: 207; McClendon, 1986:242-75; Yoder Neufeld, 2000:61-2; TLC, 1:15-23 부활을 경험한 자들에게는 십자가가 불가피하다. 에베소서가 영적 전쟁에 대한 언급6:10-20으로 끝난 것은 바로 이 때문이다.

본문에 대한 연구를 통해 진술한 대로 에베소서의 이 부분은 세례적 상황을 반영한 것일 수 있다. 쉴라이타임 신앙고백Schleitheim Confession은 세례에 대해 명확히 다룬 첫 번째 조항에서 부활 후 십자가라는 순서를 고수한다.

> 세례는 회개와 개심을 경험하고 자신의 죄가 그리스도로 말미암아 완전히 제거되었음을 믿는 모든 자와 예수 그리스도의 부활 가운데 행하며 그의 죽으심과 함께 장사되기를 원함으로써 그와 함께 부활할 것을 믿는 모든 자에게 주어야 한다.J.
> H. Yoder, 1972:36

메노 시몬스Menno Simons는 두 부활에 대해 비슷하게 언급한다. 하나는 세례를 통해 "그리스도로 옷 입음"으로서 경험하는 "죄와 사망으로부터 새로운 생명 및 회심으로의 영적 부활"이다.The Spiritual Resurrection," 1536; Menno: 53-62 이 부활은 장차 올 위대한 부활을 바라보며 십자가를 지는 일보다 앞선다.

에베소서 2장 1-10절은 세례를 부활의 기쁨과 활기로 가득하게 하는 원천을 제시한다. 세례가 사망에서 죽음으로, 불순종의 자녀에서 선한 일을 행하는 자유로 옮기는 의식이 될 때, 세례는 구원의 드라마를 온전히 반영하게 될 것이다. 그리하여 부활하신 주님의 주권에 동참하는 제자도의 역량을 강화하는 드라마가 될 것이다.세례에 대해서는 TLC, 4:17-5:2 참조

우리의 평화이신 그리스도

개관

확실히 에베소서 2:11-22는 에베소서의 기념비적 본문 중에서도 최고라고 할 수 있다. 이 부분은 성경 전체에서 가장 심오하고 아름다운 평화 본문 가운데 하나이다. "허물어진 담" 이미지는 기독교 공동체를 넘어서는 영역에까지 영향을 미쳤다. 베를린 장벽 붕괴 및 그로 인해 철의 장막이 무너진 것과 같은 사건들은 이러한 이미지에 각별한 통렬함을 더했다. 이스라엘의 수상을 지낸 고 이츠하크 라빈Yitzhak Rabin은 1904년 7월 요르단과 이스라엘의 국경을 열면서 이스라엘과 아랍 국가 사이에 놓인 적개심의 담을 허물겠다는 감동적인 연설을 했다.

본문이 가지고 있는 평화에 대한 긍정적 이미지에도 불구하고 기독교의 반유대주의라는 끔찍한 유산은 이 본문에 대한 신중한 해석을 요구한다. 왜냐하면 2장 14절의 "중간에 막힌 담"이 원수 된 것과 관련되며 특히 유대인의 정체성을 규정하는 율법과 관련이 있기 때문이다. 본문은 그리스도 밖에 있는 자들이 그리스도 안으로 들어왔다는 2장 1-10절로 거슬러 올라간다. "그 때에"와 "지금은"의 대조는 2절 및 골로새서 1장 21-22절의 "죽은 자"에 대한 묘사를 상기시킨다. 계속되는 이원론적 묘사는 이러한 대조를 더욱 부각시킨다. 먼 데/가까운 데, 나그네/권속, 외인/시민, 우리/너희. 또한 너희이방인는 우리유대인가 이미 동참한 것을 믿는다는 1장의 서론적 찬양1:13 및 2:1-3 주석 참조도 다시 들린다.

이제 화목하게 하시는 신적 주권cf. 2:4은 자신의 생명을 주심으로 -인간을 위해 자신의 생명을 포기하셨다는 의미와 인간에게 생명을 주셨다는 의미에서- 원수를 멸하신 피스메이커, 그리스도의 형태를 취한다. 그리스도는 자신의 죽음을 통해, 분열의 담 역할을 해온 율법을 폐하신다. 이제 이스라엘 밖의 외인과 안에 있는 자는 한 식구, 한 권속이되어 성전이 되어 가고 유대인과 이방인은 하나님이 거하실 처소가 된다.

14-16절은 특별히 흥미롭다. 이 구절은 찬송가와 같은 형식으로 십자가에 달리신 그리스도의 화목 사역의 우주적 및 사회적 영역을 찬양한다. 골로새서 독자는 역시 그리스도를 피스메이커로 찬양한 1장 15-20절의 위대한 기독론적 찬양을 상기할 것이다.특히 골1:20; E. Martin:59-77 참조

본문은 다섯 개의 본문11-12, 13, 14-16, 17-18, 19-22절으로 이루어진다. 본문의 구조에 대해서는 두 가지 접근 방식이 있다. 하나는 골로새서 1장 21-22절처럼 "그때"와 "지금"의 대조를 배경으로 하는 구조로구조 A, 13절이 중심축이 된다. "[그러나] 이제는…; Lincoln: 125, 148; 필자의 Schematic Trans. 참조

구조 A

생각하라 너희는 그 때에 이방인, 이스라엘 나라 밖의 사람, 외인, 세상에서
소망이 없고 하나님도 없는 자였다.2:11-12

그러나 이제는 그리스도 예수 안에서 가까워졌다.2:13
　그는 우리의 평화이시며
　둘로 하나를 만드셨다.2:14-16
　그는 먼 데 있는 자들과 가까운 데 있는 자들에게 평화를 전하셨다.2:17-18

그러므로 이제부터 너희는 외인도, 나그네도 아니요 오직 성도들과 동일한 시민이요
권속이며2:19 하나님이 거하실 처소이다.2:20-22

또 하나의 관점구조 B은 본문을 대칭구조로 보는 접근 방식이다. 예를 들면, Bailey: 63; Houlden: 288; Kirby: 156-7; Thomson: 84-115; 반대 의견으로는 Best, 1998:236-7; Lincoln: 126; 대칭구조에 대해서는 그곳에 인용된 Introduction and literature를 참조하라 대칭구조란 A-B-B' A' 처

럼 유사한 구절을 역순으로 대칭이 되게 반복하는 것이다.

A 여호와께 감사하라

    B 수금으로

    B' 열줄 비파로

A' 찬송할지어다. 시33:2

대칭구조의 다른 사례들은 본문에서 가장 중요한 요소에 해당하는 핵심중심부분에 관심을 집중시키는 동심원적 구조를 가진다. 가령, A-B-C-B'A' 에베소서 2장 11-22절도 이러한 구조로 되어 있는 것으로 보인다. 평화이신 그리스도에 대한 찬양우리는 이것을 핵심 창[windowpane]으로 부를 수 있다2:14-16를 중심으로 비슷한 규모의 두 개의 거울과 같은 유리가 자리한다. 이 두 개의 바깥 창2:11-12 및 19-22은 이방인이 밖에 있을 때와 안으로 들어왔을 때의 상황을 대조한다. 평화의 찬양2:14-16의 틀을 형성하는 안쪽의 두 창2:13 및 2:17-18은 그리스도에 대해 멀리 있던 자를 가까이 오게 하신 분이자 먼 데 있는 자와 가까운 데 있는 자에게 평화를 전하신 분으로 묘사한다.

구조 B

A 예전에는 외인이요 하나님도 없는 자였다.2:11-12

    B 그리스도는 멀리 있는 자를 가까이 오게 하셨다.2:13

        C 그리스도는 우리의 평화이시다.2:14-16

    B' 그리스도는 먼 데 있는 자들과 가까운 데 있는 자들에게 평화를 전하셨다.2:17-18

A' 이제는 더 이상 외인이 아니며 하나님의 처소의 한 부분이다.2:19-22

두 가지 접근 방식구조 A 및 B은 나름대로 설득력이 있다. 두 방식 모두 에베소서의 사상과 일치한다. 에베소서에서 자주 있는 일이지만 한 가지 대안을 고집할 필요는 없다.Thomson: 91 첫 번째 구조는 과거와 현재, 하나님을 대적하여 멀리 떠남으로 죽은 자와 하나님이 그리스도 안에서 재창조하신 새로운 피조물 사이의 대조를 강조한다. 두 번째 구조는 화목으로 말미암아 이러한 대조를 실재가 되게 하신 그리스도에 대해 거의 시각적 방식으로 -마치 아이콘처럼- 관심을 집중시킨다.

개요

주석

한때 그리스도 밖의 외인, 2:11-12

저자는 11절에서 이방인 신자에게 그들의 예전 상태를 강력히 상기시킨다. 이방인의 실체는 유대인의 고정관념이 담긴 전형적인 "윤리적 험담"으로 묘사된다. Perkins: 67 저자는 이방인에 대해 "할례를 받지 않은 무리"문자적으로는 "포피"라는 대표적인 별명을 사용함으로써 그들을 할례 받은 유대인과 대조시킨다. 이방인이 육체의 포피인 것처럼 유대인은 손으로 육체에 할례를 행한 자들이다.

갈라디아서 5장 16-24절에서 바울은 "육체"를 하나님의 성령에 속하지 않은 것과 동의어로 사용한다. "영적 할례" 및 "그리스도의 할례"를 손으로 육체에 행한 할례롬2:25-29와 구별한 골로새서 2장 11절도 참조하라. 그러나 이곳 본문에서 육체는 절대적이지는 않지만 대체로 두 부류의 적대적인 인간을 가능한 구체적으로 적시하기 위해 사용될 뿐이다. 그리스도는 이러한 적개심을 자신의 육체로 허무신다. 적개심, 소외 및 구원은 모두 육체를 통해 경험된다.

이방인 독자는 유대인의 관점에서 볼 때 자신들은 외인이었다는 사실을 상기해야 한다. 무엇보다도 그때에 이방인은 그리스도 밖에또는 메시아 밖에 있는 자였다. 그리스도 밖에 있었다는 것은 단지 그들이 예전에 그리스도를 믿지 않았기 때문에 구원 사역의 수혜자가 아니라는 뜻이 아니다. 여기서 그리스도 밖은 이방인에게 있어서 유대인이 아니라는 사실이 어떤 의미인지를 보여주는 목록 가운데 하나이다. 그들은 메시아가 나실그리고 위하실 공동체에서 제외된 자들이다. 롬9:4-5; cf. 위경 솔로몬의 시편 17:21-25 다시 말하면 이방인은 소망이 없는 자들이라는 것이다.

이방인은 이스라엘 연방에서 제외된 자들이다. 연방politeia이란 하나님과 특별한 관계를 누리는 국가로서 이스라엘을 일컫는 말이다.Best, 1998:241 ; Houlden: 289 ; Lincln: 137 따라서 밖에 있는 자들은 "약속의 언약들에 대하여는 외인"인 것이다. 약속의 언약들이란 표현은 하나님이 땅, 후손, 왕조의 회복 및 나라의 궁극적 회복롬 9:4을 포함하여 이스라엘과 맺은 언약들을 가리키는 다소 특이한 언급이다. 저자가 아브라함 언약을 염두에 둔 것으로는 보이지 않는다. 바울은 아브라함 언약을 이방인에 대한 배제가 아니라 그들의 소망의 기초로 제시하기 때문이다.롬4:1-12; 갈3:8-9

모든 소망은 하나님으로부터 나오기 때문에 이방인에게 소망이 없다는 것은 그들에게 하나님이 없다는 것과 같은 말이다 저자는 신약성경에 단 한 차례 등장하는 아데오이 *atheoi*라는 표현을 사용한다. 아데오이는 atheist무신론자에서 나온 말이다. 이것은 유신론에 대한 철학적 거부라기보다 밖에 있는 자들에 대한 안에 있는 자의 판단이다. 유대인이 보기에 이방인은 이방인이 그들을 볼 때처럼 무신론자였던 것이다.예를 들면, Josephus, Contra Apion 2.148; Martyrdom of Polycarp 3.2; 9.2; Barth, 1974:260; Best, 1998:243 이 세상에서 하나님이 없다는 말보다 희망이 없는 상태를 잘 요약한 말은 없다. 유대인은 정확히 이방인을 그렇게 보았다. 그들은 우주 가운데 아무런 희망 없이 떠나고 있었다는 것이다.

이러한 묘사는 중요하며 13절부터 시작되는 그리스도를 통해 나타난 지극히 놀라우신 하나님의 은혜를 극명하게 보여준다. 우리는 2장 1-3절이 4절에 제시된 하나님의 구원적 개입"그러나 긍휼이 지극히 크신 하나님이…"을 위한 무대를 제공한 사실을 상기한다. 우리는 여기서 거룩한 메아리처럼 다시 한 번 심오한 은혜의 불연속성을 만난다. "[그러나] 이제는 그리스도 예수 안에서…"2:13

그리스도 안에서 가까워짐, 2:13

13절은 하나님을 떠난 이방인의 삶과 그리스도의 화목 사역에 대한 찬양을 연결하는 가교 역할을 한다. "[그러나] 이제는 전에 멀리 있던 너희가 그리스도 예수 안에서 그리스도의 피로 가까워졌느니라." 11-12절이 본 서신의 이방인 독자가 예전에 어떤 상태였는지 보여주는 진술이라면 지금 그리스도는 이 모든 것을 바꾸어놓으셨다. 이제 너희 -이방인, 멀리 있던 자, 제외되었던 외인- 는 가까워졌다는 것이다. 너희에 대한 언급은 1장 3-4절 및 2장 1-10절에 제시된 우리/너희의 익숙한 대조를 상기시킨다.

이 언어를 선택함에 있어서 저자는 의도적으로 이사야 57장 19절의 평화에 대한 위대한 선언을 상기시킨다. "먼 데 있는 자에게든지 가까운 데 있는 자에게든지 평화가 있을지어다 평화가 있을지어다." 이곳에 인용된 이사야 본문의 완전한 의미를 알기 위해서는 57장 19절의 상황에 주의를 기울여야 한다. 이 구절은 바벨론 포로민의 귀환을 기대하는 시의 일부이다. "먼 데 있는 자에게든지 가까운 데 있는 자에게든지"는 포로로 잡혀간 유대인과 고국에 남아 있는 1/10 정도의 백성을 가리키는 말이다. 포로는 불순종에 대한 형벌로 해석된다. 겸손과 통회가 하나님의 마음을 바꾸었으며 이제 하나님은 통회하는 자에게 평화를 보장하시며 고국으로 돌아오라는 신호를 보내고 계신 것이다. 악인은 어떻게 될 것인가? "악인에게는 평화가 없다 하셨느니라"사57:21

나중에 유대 랍비들은 이 이사야 본문을 유대교로 개종한 자들에게 적용하려 했다.Lincoln: 147, Num. Rab. 8.4; Midr. Sam. 28.6; cf. Smith: 41-2, 특히 Gen. Rab. 39.14 그러나 우리는 에베소서 저자가 "귀향을 반기는" 이 이사야 본문을 메시아의 이방인 사역을 위한 본문으로 사용했다는 사실에 놀라지 않을 수 없다. 이방인을 포로민으로 해석한 이 본문은 확실히 심오한 화목의 행위를 보여준다. 이방인은 대적의 가족사를 자신들의 역사로 받아들이고 사실상 집으로 돌아오라는 초청을 받는다.2:19-22 이렇게 함으로써 하나님의 가정은 한때 가족에서 제외된 외인들을 한 식구로 받아들이게 된 것이다.

이 모든 일은 그리스도 안에서, 특히 그리스도의 피로 일어났다. 그리스도의 피는 앞서 언급한 할례에 대한 언급이 아니라 16절에 제시된 그리스도의 십자가 죽음을 가리킨다. Best, 1998:246 그리스도의 피는 구속을 의미하며1:7, 우리에게 희생과 속죄를 상기시킨다. 레17:11은 피와 생명 및 속죄의 관계를 보여준다 여기서 잊지 말아야 할 것은 거룩한 피는 지금까지 언약의 약속 밖에 있었던 자들을 위해 기꺼이 드려졌다는 것이다. 이제 이 극적인 통찰력은 찬양의 형식으로 제시된다.

우리의 평화이신 그리스도, 2:14-16

14-16절의 문법적 구조는 그리스도는 평화이시라는 핵심 주장을 축으로 한다. 이 구절 뒤에는 네 개의 주요 분사만드시, 허시고, 폐하셨으니, 소멸하시고가 부정과거로 제시된다. 세 번째 분사폐하셨으니는 폐기의 목적을 보여주는 두 개의 종속절지어, 화목하게 하려을 수반한다. "지어"는 "평화하게 하시고"라는 현재분사와 연결된다.Schematic Trans.

이 부분에서 핵심 주장은 그리스도께서 평화를 만드시고 전하실 뿐만 아니라 친히 평화가 되신다는 것이다. 성경에서 평화eirēnē는 단순히 갈등이 없는 상태 이상의 의미를 가진다. 헬라어역 구약성경70인역은 신약성경과 마찬가지로 히브리어 샬롬을 eiene평화로 번역한다. 샬롬은 인간이 관심을 가지고 있는 모든 -개인적, 사적, 사회적, 종교적- 삶의 영역에 대한 안녕well-being과 건강을 뜻한다.TBC

동시에 샬롬은 갈등 및 전쟁과 밀접하게 연결되어 있다. 하나님은 피스메이커이자 전사이시며예를 들면, 사42:1-7, 13-15, 하나님의 기름 부음 받은 자도 마찬가지이다.예를 들면, 사9-10장; 살후1:5-10; 계19:11-16; TBC, 6:10-20 이 찬양은 메시아적 피스메이커의 창조적 능력과 함께만드사, 지어, 평화하게 하시고 투쟁성도 보여준다. 허시고, 폐하셨으니, 소멸하시고 그러나 우리가 먼저 알아야 할 것은 이러한 파괴적 언급은 원수 된 것을 죽이거나 적개심을 허문다는 구절에서 가장 강력하게 표현되는 고도의 역설에 해당한다는 사실이다

본문에 제시된 평화라는 단어가 나오게 된 성경적 원천에 대해 아는 것은 중요하다. 동시에 이 본문이 평화에 대한 우리의 이해에 어떤 뚜렷한 기여를 하는지에 대해 살펴보는 것도 중요하다. 그러기 위해서는 이 본문의 선역사에 대해 관심을 가져야 한다. 많은 학자들은 본문이 정확히 찬양 형태로부터 나왔다고는 생각하지 않지만 저자가 이 구절에서 그리스도를 피스메이커로 찬양한 찬송가 형식을 사용한 것으로 믿는다. 예를 들면, Barth, 1974:261-2; Dinkler: 177-81; Gnilka: 147-52; Lincoln:127-30; Sanders: 88-92; Stuhlmacher: 337-58, 문학에 대한 개관과 함께 이들 중에는 본문의 배후에 그리스도를 우주적 평화를 가져오는 자로 찬양한 초기 찬송이 있으며 저자가 이것을 이방인과 유대인을 화목하게 하시

는 그리스도에 대한 현재의 본문에 가져왔을 것이라고 믿는 상당한 공감대가 형성되어 있다.

모든 주석가들이 이러한 주장에 동의하는 것은 아니다. 예를 들면, Schnackenburg: 107, 112는 2:13-18이 세 본문, 사9:5-7, 52:7, 57:19에 대한 기독론적 주석으로 본다; Best, 1998:247-50 골로새서 1장 20-22절을 확장해 보면 이곳 본문의 출처에 대한 충분한 설명이 될 것이다. Thurston: 108 그렇다 해도 출처가 찬송가라는 사실은 달라지지 않을 것이다.

최종적 의미에 대해서는 확신할 수 없지만 이러한 데이터는 본문이 찬양 자료를 사용했음을 보여준다. 아래는 초기 찬양의 일부였을 것으로 보이는 자료들이다. 생략부호… 는 이 찬양을 현재의 본문에 삽입하기 위해 나중에 내용이 추가될 곳을 가리킨다.

원래의 가설적 평화의 찬양

그는… 평화이신지라

둘로 하나를 만드사

원수 된 것 곧 중간에 막힌… 허시고

… 폐하셨으니

이 둘로… 한 …을 지어

평화하게 하시고…

이 둘을 한 몸으로… 화목하게 하려 하심이라

원수 된 것을… 소멸하시고

이 재구성에는 그리스도의 평화의 우주적 영역이 명확히 드러난다. 그리스도는 하늘과 땅을 나누는 담을 허심으로 우주의 분열을 치유하셨다. 그는 분열된 것둘을 하나의 통일체로 만드셨다.

그렇다고 하더라도, 이 골격은 많은 해석의 여지를 남긴다. 어떤 사람들예를 들면, Fischer: 133; Schlier: 129-30은 본문의 배후에 진정한 영지주의자와 하늘의 영역을 분리하는 담을 허물고 평화를 가져온 영지주의적 구속자가 있다고 생각한다.[영지주의, 361쪽] 그러나 실재reality는 수선의 필요성이 있는 부분들로 구성된다는 사상은 유대 묵시 문학예를 들면, 에녹1서 14:9은 물론 헬라 철학 및 헬라의 영향을 받은 유대 문헌Smith: 36-41, 인용문 포함에도 나타난다. 그렇다면 이 찬송은 가능한 광범위한 언어로 그리스도의 평화 사역을 찬양하고자 했던 각양 사람들에 의해 불렸을 것이다.

그러나 현재의 본문에 나타난 찬양은 그리스도의 화목 사역이 유대인과 이방인 —하나님과의 관계를 유지했던 사람들과 지금까지 하나님도 소망도 없이 살아왔던 자들— 사이의 분열에 어떤 영향을 미쳤는지에 초점을 맞춘다.2:11-12 우리는 앞서 살펴본 가설적 찬양 원문에 덧붙인 것으로 보이는 요소들에 밑줄을 그어 부각시킴으로써 저자의 현재적 관심사를 들여다볼 수 있다.

완성된 평화의 찬양

> 그는 우리의 평화이신지라
>> 둘로 하나를 만드사
>> 원수 된 것 곧 중간에 막힌 담을 자기 육체로 허시고…
>> 법조문으로 된 계명의 율법을 폐하셨으니
>>> 이 둘로 자기 안에서 한 새사람을 지어
>>>> 평화하게 하시고 십자가로
>>> 이 둘을 한 몸으로 하나님과 화목하게 하려 하심이라
>> 원수 된 것을 십자가로[또는 자신이] 소멸하시고

2:14a 그리스도는 우리의 평화

이러한 형태에서는 우리가 본문을 어떤 특정한 방식으로 재구성하든또는 재구성 여부와 관계없이, 여러 가지 핵심적인 강조점이 부상할 수 있다. 첫째로 그리스도는 우리의 평화이시다. 그리스도의 평화의 우주적 영역은 "너희"와 "우리"의 원수 된 것을 포괄한다.

메시아의 평화는 옛 언약의 당사자인 유대인뿐만 아니라 새롭게 가까워진 자들에게도 해당된다.2:13 그리스도의 평화는 특별히 종교적 정체성 및 소망에 뿌리를 둔 사회적, 종교적 적개심과 관련이 있다.

그렇다고 해도 2장 14절의 "둘"*ta ampjhotera*, NRSV는 "두 그룹"으로 번역하며 다른 역본들은 대체로 "둘"로 번역한다이라는 중성 명사에는 앞서의 찬양에 나타난 우주적 관점이 포함된다. 사람이나 그룹을 중성 복수 형태로 제시하는 것은 가능하다. 그러나 유대인 및 이방인에 대한 언급이 분명한 2장 16-17절에서 "호이 암포테로이"*hoi amphoteroi*라는 남성으로 돌아간 것은 저자가 2장 14절에서 인간적 적개심이 아니라 보다 광범위한 평화 사역에 초점을 맞추기 위해 의도적으로 원래 찬양의 중성 복수를 보존했을 가능성을 보여준다.cf. 에베소서에는 "모든"[*ta panta*]이라는 표현이 자주 등장한다. 가령 1:10, 23; 3:9, 20; 4:6, 10; 5:13; 6:16,

다시 말하면 그리스도의 평화는 "너희"와 "우리"즉 이방인과 유대인를 모든 원수, 모든 이원론, 모든 분열을 이기고 극복하신 그리스도의 수혜자로 만든다. 하늘과 땅을 가른 담을 허무신 분이 우리의 원수 된 것도 소멸하신 것이다. 그는 우리의 평화이시다.

2:14b 육체로 이룬 평화

그리스도는 그의 육체로 "안에서" 또는 "말미암아," 2:14b 평화를 이루셨다. 이방인과 유대인의 구별이 할례 여부에 따라 나누어진 육체 가운데 하나인 것처럼2:11, 그리스도의 평화 사역은 우주적 차원에서가 아니라 바로 가까이서, "그의 육체 안에서" 일어났다. 저자는 5장 31–32절에서 남자와 여자가 합하여 한 육체가 된다는 언급창2:24을 그리스도와 교회의 관계에 비유한다.

그러나 이곳에서 육체는 무엇을 뜻하는가? 우리는 이것을 성육신에 대한 언급으로 볼 수 있다. 이것은 우리의 본문을, "말씀"그리스도이 "육신"이 되셨다는 요한복음 1장과 연결한다. 그곳의 요지는 이곳과 마찬가지로, 물질 창조를 폄하하고 원수된 것과 그리스도의 평화 사역의 육체성fleshliness을 부인하는 자들에 맞서 그리스도의 물질성과 신체성을 주장한다. 앞서 재구성된 평화의 찬양은 이런 폄하와 부인이 일어나지 않기를 바라고 있는 것이다.

이 구절은 2장 13절의 그리스도의 피와 보다 밀접한 관계가 있으며 16절cf. 1:7의 십자가를 예시한다. 여기서 "그의 육체로"는 그리스도의 평화 행위가 인간의 적개심에 대해 값비싼 개인적 희생을 요구한 사실을 보여준다. 우리는 로마서 5장을 상기한다. "우리가 아직 연약할 때… 죄인 되었을 때… 원수 되었을 때, 그리스도께서 우리를 위하여 죽으셨다." 따라서 "육체로"엡2:14b는 로마서 5장 18–19절에 언급된 "한 [사람의] 의로운 행위 … 한 사람이 순종하심"을 가리킨다.

끝으로, "그의 육체로"는 "새 사람"anthrōpos, 2:15 및 "한 몸"sōma, 2:16을 예시하기도 한다. 이 경우 교회는 예전의 대적들 간의 "육체적" 적개심이 극복된그리고 극복되고 있는 "육체적" 공간이라고 할 수 있다. 우리는 어떤 가능성도 배제해서는 안 된다. 그리스도 안에는 우주적 차원 및 가까이서 경험한 인간관계적 차원의 평화가 모두 나타난다.

2:14c–15a 분열의 담을 허무심

그리스도의 평화를 확장한 두 번째 주요 분사는 원수 된 것 자체에 초점을 맞춘다. 즉 그리스도는 "너희"와 "우리," "먼 데 있는" 자와 "가까이 있는" 자, 이방인과 유대인 중간에 막힌 담을 허셨다. 원래의 찬양에서 담은 지상과 하늘의 분리를 가리키는 것으로 보이지만Best 1998:254-5 여기서는 이방인과 유대인, 그리고 이방인과 하나님 간의 분리를 가리킨다.

담 2:14c

중간에 막힌 담*mesotoichon*은 울타리*phragmos* 정도로 번역되지만 벽에 가깝다.NRSV는 주저 없이 울타리로 번역한다 에베소서에서 흔히 볼 수 있는 것처럼 이것은 단순한 또 하나의 동의어가 아니라 이방인과 유대인 사이에 서 있는 구체적인 무엇을 가리킨다. 어떤 사람들은 이 허물어진 담을 예루살렘 성전 내 유대인을 위한 지성소로부터 이방인을 분리하는 칸막이로 보기도 한다.예를 들면, Houlden: 290 NIV가 말하는 장벽도 이런 의미로 보인다. 이러한 주장에는 성전이 이방인에게 적대적인 공간이라는 암묵적 판단이 깔려 있으며 이 문제는 초기 교회에서도 쟁점이 되었다.cf. 막11:17; 행6:13-14; 21:28 에베소서가 기록될 당시 예루살렘 성전이 여전히 서 있었는지는 알 수 없으나 이러한 암시는 유대인 저자에게 큰 의미가 있었을 것이다. 그러나 이방인 독자의 입장에서는 민감한 문제가 아니었을 수 있다.Best, 1998:253-4

법조문으로 된 계명의 율법 2:15a

오히려 이 "담"은 그리스도께서 폐하신*katargeō*, 2:15 "법조문으로 된 계명의 율법"을 가리킬 가능성이 높다. 이 "카타르게오"는 "파괴하다"라는 뜻을 가지고 있지만 율법과 관련해서는 "폐지하다," "무효화 하다," "폐기하다"라는 뜻으로 사용된다. 따라서 우리는 이 구절을 그리스도께서 원수 된 것의 원천인 율법을 멸하셨다는 의미로 받아들일 수 있다. "그리스도는 율법을 제거하심으로 율법의 부정적 결과들을 무효화 하셨다"Lincoln: 142 이러한 급진적 관점은 퍼킨스Perkins의 주석에도 반영된다. "에베소서는 율법의 신적 속성을 확실하게 하려는 의도가 없다"73 이러한 관점은 율법에 대한 전통적 기독교 사상과도 조화를 이룬다. 그러나 이것은 이방인을 포함시킨 메시아의 행위에 대한 저자의 찬양을 오해한 결과라는 것이 필자의 판단이다.

주석가들은 이 본문에 대한 해석에 많은 어려움을 느끼고 있다. 한편으로 해석가는 율법이 폐기되었다는 직설적 언급에 대해 설명해야 한다. 다른 한편으로 우리는 저자가 자신에 대해 예수님을 믿는 유대인으로 소개한 사실과 함께 본 서신 전체에 거룩함과 의

4:24, 5:3-5, 특히 모든 행동의 동인이자 근거로서 율법의 구체적 용례6:2에 대한 강조가 나타남을 인정해야 한다. 또한 빛과 어두움, 거룩함과 부도덕에 대한 모티브는 하나님의 뜻을 거역한 자들에 대한 심판의 경고와 함께5:5 토라를 지키는 삶을 통해 형성된 유대적 이미지에서 나온 것이다. 결국 율법의 중심은 인간에 대한 신적 의지의 표현이다. 에베소서 저자를 포함하여 어떤 신약성경 기자도 달리 생각했다는 증거는 없다.

우리는 아래에서 유대인인 저자가 어떻게 유대인과 모든 인간을 위한 하나님의 뜻으로서 율법을 존귀하게 여기면서 동시에 명령과 교훈에 기초한 율법의 폐지를 주장할 수 있었는지에 대해 다룰 것이다.

우리는 무엇보다도 이 구절의 어법에 세밀한 관심을 가져야 한다. NIV와 NRSV의 "명령과 규례로 된 율법"이라는 번역은 정확한 번역으로 보기 어렵다. 헬라어의 문법적 의미는 "법조문으로 된규례, 신조 계명의 율법"이라는 뜻이다. 초기의 주요 사본인 P46에는 "법조문으로 된"이 빠져 있다. 이것은 이 구절이 삽입되었을 가능성을 보여준다.Roetzel: 86 그러나 신약성경에서 이 구절은 이곳과 골로새서 2장 14절에만 나타나기 때문에 에베소서의 많은 부분이 골로새서에 의존한 사실을 감안하면 이 부분을 원문의 일부로 받아들이는 것이 타당한 것으로 보인다.Lincoln: 142

따라서 "법조문으로 된"은 이 구절에서 율법을 어떻게 받아들여야 할 것이며, 그리스도께서 그것을 폐기하셨다는 것이 무슨 뜻인지를 규명한다. "법조문으로 된 계명의 율법"은 율법 전체에 대한 언급이라기보다 제한적인 의미이며, 여러 가지 복합적 의미로 해석이 가능한 표현이다.

1. 구별을 위한 수단으로서의 율법에 대한 폐지인가? 첫 번째 가능성은 그리스도께서 참되고 선한 율법을 폐지한 것이 아니라 유대인을 다른 사람과 구별하는 율법의 기능적인 면을 폐지하셨다는 것이다.Barth, 1974:290-1 여기서 말하는 율법은 일반적으로 음식 규례나 할례와 같은 의식법을 염두에 둔 것이다.Schnackenburg: 115 이와 관련하여, 그리스도는 실제로 법을 시행할 경우 유대인과 이방인을 구별할 소지가 있는 상세한 법조문으로서의 율법에 대한 결의론적 해석만 폐지했다고 한다.Schlier: 126

이런 관점에 의하면 율법 자체는 여전히 그리스도 안에 있는 신자들을 위해 존재하지만 보다 정교한 시스템을 갖춘 규례를 통해 해석되어야 하는 일련의 법전이 아니다. 오히려 이 율법은 내주하시는 성령의 감화하심 및 인도하심을 통해 거룩함과 의를 자유롭게 이루어갈 수 있는 틀을 제공한다.

이 주장은 칭찬할 만하다. 그러나 우리는 유대인의 율법 적용과 율법주의를 동일시해서는 안 된다. 소위 의식법 및 확장된 법전의 주요 기능은 언약적 신실함을 드러내고 공고히 하기 위한 것이다. 주전 2세기 아리스테아스의 편지Letter of Aristeas에 대한 광범위한 언급이 명확히 보여주는 대로, 언약적 신실함을 더욱 굳세게 하는 방법 가운데 하나는 언약 백성이 아닌 자들과의 구별의식을 명확히 심어주는 것이다.cf. R. Martin, 1991:35; Mauser: 157; Schackenburg: 114

> 우리가 타인과의 접촉이나 나쁜 영향으로 인해 잘못되지 않기 위해, [율법 수여자/모세는]⋯ 고기나 음료, 듣는 것 및 보는 것과 관련된 규례에 대한 엄격한 준수를 통해 모든 면에서 우리를 속박했다.Letter of Aristeas 139, 142

신명기 4장에서 모세는 백성에게 규례와 법도신4:1를 기억하고신4:9; cf. 엡2:11 지킬 것신4:1,5,8,40; cf. 6:1을 요구한다. 모세는 "오늘 내가 너희에게 선포하는 이 율법과 같이 그 규례와 법도가 공의로운 큰 나라가 어디 있느냐"4:8라고 묻는다. 이 구절은 이곳의 본문과 매우 유사한 내용의 질문이 있은 후 즉시 이어진다. "우리 하나님 여호와께서 우리가 그에게 기도할 때마다 우리에게 가까이 하심과 같이 그 신이 가까이 함을 얻은 큰 나라가 어디 있느냐"4:7; cf. 엡2:13, 17! "규례와 법도"로서 율법의 목적은 하나님이 자기를 위해 선택하신 자들을 구별하는 것이다.신4:20 뿐만 아니라 이것은 이스라엘이 그 하나님께 가까이 다가갔음을 보여준다.5:22-27

에베소서 2장 11-12절에 제시된 이방인에 대한 통렬하고 노골적인 묘사는 대부분 이러한 율법의 가르침 때문이다.cf. 엡4:17-19 그러나 이러한 이방인이 하나님의 백성이 되었다면 —이것은 바울 사역의 핵심임이 분명하다.cf. 엡3장— 이처럼 구별을 목적으로 하는 율법의 기능은 "근본적인 재고"의 필요성이 있다는 것이다.R. Martin, 1991:36 15절에서 이방인과 유대인이 한 새 사람이 되었다는 것은 율법의 이러한 특정 기능이 끝났음을 보여준다. 따라서 법조문으로서의 율법은, 가령 음식 규례나 할례를 가리키는 언급일 수 있다. 이런 규례들은 이방인이 하나님의 가족이 되기를 기대하는 한 폐지된 것이다. 그러나 유대인 신자가 계속해야 할 일이 무엇인지에 대해서는 구체적으로 제시되지 않는다.

2. 정죄의 수단으로서 율법에 대한 폐지인가? 골로새서 2장 14절과 비교해 보면 에베소서 저자는 율법의 정죄 기능에 더욱 초점을 맞추고 있었을 가능성을 보여준다. 현재의

본문을 제외하면 "법조문으로 된"*en dogmasin*이라는 표현이 나오는 곳은 골로새서 2장 14절 뿐이다. 문자적으로 번역하면 하나님이 "우리를 대적하는 법조문으로 쓴 증서를 지우셨다"는 것이다. 여기서 "법조문"은 채무증서에 기록된 법적 판결을 가리킨다. 이것은 하나님이 "십자가에 달려 돌아가심"으로 "판결"이 취소되었다는 것이다. 이러한 골로새서의 함축을 감안할 때 저자는 그리스도의 십자가 죽음이 어떤 의미에서 하나님의 평화 행위였는지, 특히 이방인에 대한 심판의 법조문이 어떻게 그리스도의 죽음으로 무효화 되었는지에 대해 명확히 밝히고 싶어 했는지도 모른다.

3. 종말론적 결과에 따른 "폐지"인가? 율법을 폐한 것이 어떤 의미인지를 보여주는 또하나의 단서는 유대인의 종말론에 있다. 우리는 15절에서 그리스도의 죽음이 "법조문으로 된 계명의 율법"을 폐한 것 및 "새 사람"에 대한 창조와 연결된다는 사실을 알아야 한다.cf. 2:15c; 2:10; 4:24 이러한 어휘는 메시아 예수님의 오심으로 인간이 재창조 과정에 있다는 이해를 포함한 일련의 기본적 확신을 반영한다.

이 새로운 창조의 한 가지 국면은 율법과 연결된다. 예레미야의 위대한 예언이 보여주듯이 피조물이 새롭게 될 때 율법은 우리의 마음, 즉 하나님의 백성의 양심에 기록될 것이다. 렘31:31–34; cf. 고후3:3 더 이상의 가르침 -법조문으로 된 계명- 은 필요 없을 것이다. 율법 자체는 없어지지 않았다 그것은 우리 의지의 좌소에 있다. 일련의 규정으로서 율법은 하나님의 뜻과 인간의 의지가 하나가 되는 마음에 새겨진 율법으로 바뀌었다.

따라서 법조문으로 된 계명의 율법을 폐한 것은 유대인의 종말론적 기대가 그리스도 안에서 성취된 것으로 보아야 한다. 율법은 자체적으로 보강된 것이다. 뿐만 아니라 종말론적 선물은 한때 언약 밖의 외인에게까지 확장된다. 이제 메시아의 평화 사역에 대한 복음은 "가까운 데" 있는 유대인"우리" 뿐만 아니라 "먼 데 있는" 이방인"너희"에게도 해당된다.

결론적으로, 이상의 해석은 이 서신 전체의 목적에 비추어 설득력을 가진다. 어느 한 해석을 택할 필요는 없다. 어떤 해석도 율법은 물론 유대 전승과도 배치되지 않는다. 그럼에도 불구하고 에베소서의 종말론적, 기독론적 및 선교적 관점을 받아들이지 않는 유대인은 이러한 해석이 유대인의 정체성 및 신실함과 배치되고 종말론적 실재에 대한 왜곡일 뿐만 아니라 심지어 신성모독에 해당한다는 반응을 보인다.

그러나 이 평화의 시인의 관점에서 볼 때 하나님의 뜻이나 지혜나 뜻으로서의 율법 또는 −언약, 하나님과의 친밀함 및 해방자의 기대에 의해 은혜를 받은− 하나님의 백성의 구전으로서의 율법은 그리스도의 근본적인 평화 사역에 의해 폐지되었다. 에베소서 저자는 예레미야와 마찬가지로 율법이 이방인을 포함하여 인간의 마음에 새겨질 것이라고 믿는다. 인간은 하나님이 원래 −분열이 있기 전, 원수 되기 전, 유대인과 이방인의 골이 깊어지기 전, 인간의 죄로 말미암아 율법이 개입하기 전− 의도하신 대로 재창조 되었다. cf. 롬7장; 갈3장

2:15b 새 사람

앞서 살펴본 대로 담을 허신 것 자체가 목적은 아니다. 파괴의 목적은 새 사람을 짓는 것이다. Barth, 1974:306 브라이언 워렌Brian Wren의 말을 인용하면 "새로운 창조의 목수" 이신 그리스도는 자신 안에서 둘을 하나의 새로운 사람으로 화목하게 하기 위해 원수 된 것을 멸하셨다. "God of Many Names," HWB, 77, 3연2:15 "새 사람"은 헬라어에 대한 정확한 번역이지만 이것을 개인에 대한 언급으로 생각해서는 안 된다. 새 사람은 그리스도이지만 재창조된 인간으로서 그리스도이다. "그리스도 안에서"에 대해서는 1:3−14, 주석 참조 그리스도의 평화 사역은 두 그룹문자적으로는 "둘"에 대해, 그들을 갈라놓은 것을 소멸하고 그들을 하나의 존재 −그리스도 자신− 로 융화시킨 것으로 묘사된다. 이곳에서 일어나고 있는 일은 인간을 그리스도 안에서 통일 되게 하는 사역이다. 1:10

이 개념은 바울 사상, 특히 새로운 아담 개념과 관련하여 풍성히 나타난다. TBC 참조 바울과 그의 학파에게 그리스도는 십자가에서 죽으시고 죽은 자 가운데 부활하신 분이시다. 과거시재; cf. 롬1:3; 고전15:3−28; 골1:15−20 그리스도를 믿는 자들이 새로운 피조물에 동참한다는현재 시재; cf. 고후5:17; 갈6:15 사실 역시 그들에게는 중요하다. 그리스도는 새로운 아담, 하나님의 형상으로 재창조된 인간이다. 롬5:12−21; 고전15:21−28; 빌2:6−11; cf. 특히 엡4:24! 사실 이 완전한 인간은 아직 장성한 분량에 이르지 못하였다. 엡4:13−14 그러나 이러한 사실이 그리스도의 평화에 관한 이 결정적인 주장의 바탕이 되는 종말론적 비전을 가로 막아서는 안 된다. "그리스도 안에서 하나"가 된다는 것은 인간이 된다는 의미 −한때 원수였던 자와 함께 함− 를 다시 시작하는 것이다.

2:16a 한 몸

이것은 16절에서 거의 평행구적 진술로 되풀이 된다. "또 십자가로 이 둘을 한 몸으로 하나님과 화목하게 하려 하심이라 원수 된 것을 십자가로 소멸하시고." 이 구절은 "폐하

셨으니"라는 분사와 연결된다. "율법을 폐하셨으니 이는 이 둘로… 평화하게 하시고."
저자는 주로 골로새서 1장 20, 22절의 위대한 기독론적 찬양으로부터 도출한다. 골로
새서에 나타나는 그리스도의 육체적 몸문자적으로는 "그의 육체의 몸 안에서 죽음으로 말미암아"
과 함께 우주적 평화와 십자가의 연결에 주목하라. 특히 저자는 골로새서로부터 "화목하
다"*apokatallass* 라는 독특한 표현을 가져온다. 이 단어는 그리스도의 화목의 범위를 "만
물 곧 땅에 있는 것들이나 하늘에 있는 것들"로 규명한다. 이것은 "그리스도 안에서 통일
되게 하려 하심"이라는 에베소서의 강조점과 일치한다.1:10, 주석

그리스도는 "두 그룹 '둘' [hoi amphoteroi], 남성 복수 명사을 한 몸으로" 화목시킨다. 우리는
1장 23절을 통해 교회를 가리키는 몸에 대해 들은 바 있다. 교회는 서로 화목한 예전의
원수들로 구성된 화목의 몸이다. 이것은 새 사람*anthrōpos*과 평행을 이룬다.

그러나 "in"안에서이라는 단어가 특히 에베소서에서 도구적 의미를 가진다는 사실을 상기
한다면[안에, 373쪽] 지금의 논의를 조금 더 진행할 수 있을 것이다. 이것은 그리스도의
몸, 교회가 대적이 화목하는 수단이 됨을 암시한다. 더구나 몸이라는 개념에는 이미 활
동적 요소가 포함되어 있다. 교회는 그리스도의 화목 행위의 결과이자 화목의 대행자이
다. 동시에 평행구절인 골로새서 1장 20,22절은 십자가의 죽으심에 대한 언급을 통해 이
몸이 그의 역사적 몸을 가리킨다는 사실을 더욱 분명히 암시한다.

반복되는 말이지만 본문이 매우 압축적이고 암시적이라는 사실을 감안하면 여기서도
한 가지 선택을 고집할 필요가 없다. 예를 들면 골로새서 1장 24절 및 마가복음 8장 27-
38 및 10장 35-40절에 나타난 예수님의 가르침을 상기해볼 때, 초기 신자들이 그리스도
의 고난의 본질, 특성 및 의미와 그의 몸에 동참한 자신의 고난을 확실하게 구별하지 않
았다는 것은 분명하다. 이러한 모호함은 특히 그리스도의 지체와 교회의 지체에 대한 구
별을 거의 하지 않는 에베소서에 대한 해석학적 열쇠와 잘 부합된다.

2:16b 십자가

십자가가 어떻게 화목을 가져왔는지에 대한 언급은 제시되지 않는다. 아마도 본 서신
의 저자에게는 당연한 내용이었기 때문일 것이다. 어쨌든, 에베소서는 다른 바울 서신과
함께 읽어야 하는 서신이었을 가능성이 매우 높다.서론 참조 그러나 분명한 것은 십자가가
신자 개인에 대한 적용을 훨씬 넘어서는 광범위한 지평 안에서 제시된다는 것이다. 십자
가는 그룹들NRSV의 번역은 정확하다 간의 적개심 극복과 관련되며 그것의 효과는 그리스도
안에서 인간의 화목 및 재창조로 확장된다.

그럼에도 불구하고 십자가를 통해 주어진 평화의 선물은 그룹들 간의 적개심 극복의 문제를 넘어선다. 그들은 단순히 상호 화목한 것만이 아니다. 한때 하나님이 없던 자들 *atheoi*, 2:12이 한 몸으로 하나님과 화목한 것이다.cf. 롬5:10; 고후5:18-19 이것의 중요성은 아무리 과장해도 지나치지 않다. 적개심의 가장 깊은 골은 결국 그룹들 간의 단절에 있지 않다. 이러한 적개심은 하늘과 땅에 있는 모든 족속의 아버지이신3:15 하나님과 원수가 되었음을 보여준다.3:15 인간 공동체 내의 적개심은 인간에 대한 하나님의 계획을 침해하며 따라서 사랑의 창조주에게 정면으로 도전한다.

에베소서 전체는 우리가 범죄함으로 진노케 한 그 하나님이 우리의 원수 된 것을 끝내셨다는cf. 2:4 사실에 대한 긴 찬양이다. 우리는 그리스도께서 인간과 복수심에 불탄 하나님을 화목하게 하신 것이 아니라는 사실을 알아야 한다. 하나님이 주권적으로 그리스도를 통해 인간을 새롭게 하신 것이다. 평화이신 그리스도의 드라마에서 궁극적인 주인공은 다름 아닌 하나님이시다.

2:16c 원수된 것을 소멸하심

본 단락의 마지막 구절은 평화의 드라마에서 가장 극적인 순간을 요약적으로 제시한다. 즉, 마이어Ched Myers가 "에베소서의 구속 드라마에서 핵심적인 악역"이라고 부르는 "원수 된 것"을 소멸하신다.Myers: 18 아이러니하게도 "원수 된 것"은 그리스도께서 십자가에서 자신의 생명을 내어주심으로 죽었다. "그리스도는 죽임을 당하셨으며 죽이신다!"Best, 1998:266 찬송 작가 조지 허버트George Herbert [1633]는 다음과 같이 노래한다.

> 나의 길, 나의 진리, 나의 생명이여 오소서
> 우리에게 호흡을 주신 길이며;
> 모든 싸움을 끝내신 진리시며;
> 사망을 죽이신 생명이시여HWB, 587

평화 사역으로서 "원수 된 것을 소멸하심"이라는 역설적 모티브는 이 평화가 생사를 건 싸움 없이 얻어지지 않는다는 실재를 반영한다. 이것은 확실히 "원수"원수 된 것 자체의 죽음을 함축하지만 그러기 위해서는 평화하게 하시는 자의 죽음이 필요하다는 것이다.cf. 롬5:1-11; 고전15:3-28 본 서신의 관점을 보여주는 끝없이 광활한 평화는 자신의 피로 원수 된 것 자체와 싸우시는 신적 전사에 의해 확장된다.

이 절의 끝 부분에 대한 번역은 쉽지 않다. NRSV는 "*en autō*"를 "through it", 즉 "그 것십자가나 한 몸을 가리킨다으로"로 번역한다. 그러나 15절에서 볼 수 있는 것처럼 *en autō* 는 "그 안에서" 또는 "자기 안에서"로도 번역될 수 있다.NJB: "그 자신 안에서" 다른 성경은 "그렇 게"NASB나 "그것에 의하여"REB; 유사한 번역으로는, NAB로 번역함으로써 이러한 문제를 회피한다. 다시 한 번 말하지만 이러한 모호성이 존중될 수 있도록 모든 가능성을 살려두 어야 한다. 결국 그리스도의 십자가 죽음은 예수님이 인간 상호간 및 하나님과 원수 된 우리를 위해 개입하셨음을 보여준다. 결국 십자가에 달린 것은 그리스도의 대적들이 아 니라 그리스도 자신 및 "원수 된 것"이다.

1세기의 십자가는 오늘날 고문실, 사형장, 전기의자, 가스실 및 치사 주사와 같은 뜻 이다. 초기 그리스도인은 황제를 피스메이커라고 부르는 것을 들었겠지만 황제는 자신 의 대적예수님을 포함하여을 십자가에 매닮으로서 평화를 유지했다. 로마 황제를 높여 *eirēnopo-ios* [peacemaker]로 부른 것에 대해서는 Foerster, 1964:419; Windisch: 251-6 참조 본문의 우주적 피 스메이커는 황제의 권세와 힘을 무력화 한다.1:22 그러나 적대적이고 무법한 백성에 대해 서는 인간 상호간 및 하나님과 화목하게 하기 위해 자신의 생명과 몸을 주셨다.그의 몸 된 지체는 깨달아야 한다

평화가 우리를 하나님께 데려 감, 2:17-18

13절에서 도입된 "멀리"와 "가까이"라는 주제가 다시 등장한다.위에서 살펴본 "구조 B" 참 조 이곳의 어법은 13절에 비해 이사야 52장 7절 및 57장 19절에 더 가깝다. 17절은 문자 적으로 "또 오셔서 먼 데 있는 너희에게 평화평화에 대한 복음을 전하시고euangelizomai 가까 운 데 있는 자들에게 평화를 전하셨으니"로 읽는다.

우리는 6장 15절을 통해 저자가 이사야 52장 7절을 잘 알고 있었음을 볼 수 있다. 저 자는 이 위대한 본문을 이곳에 인용하여 예수님을 이사야의 신적 메신저와 연결한다. 한 걸음 더 나아가 이사야 57장 19절에서 여호와가 평화를 선포하신 것은 이곳에서 그리스 도의 말씀 및 사역과 연결된다. 그리스도께서 오셔서 평화를 전하신 것은 예수님의 팔레 스타인 사역 및 부활 후 현현을 암시한다.cf. 요20:21-23; 행10:36-38 이러한 구체적 연결은 본문이 허용하는 것 이상의 꼼꼼함을 추구한 것일 수 있다. 오히려 저자는 평화의 메신저 에 대해 언급한 이사야서 본문을 가이드삼아, 십자가를 핵심 요소로 하는 선행 구절에서 간략히 묘사한 대로 그리스도의 화목케 하심 및 평화 선포에 대해 언급한 것으로 볼 수 있 다.Barth, 1974:293-5; Best, 1998:271-3

70인역 이사야 57장 19절은 문자적으로 "먼 데 있는 자에게든지 가까운 데 있는 자에게든지 평화가 있을지어다"로 되어 있다. 이곳의 본문이 먼 데 있는 자와 가까운 데 있는 자에 대한 평화를 반복한 것은 이 서신이 이사야서에 의존하고 있음을 보여주는 것이 분명하다. 이방인과 유대인은 그리스도께서 오실 때 이미 자신들에게 선포된 평화가 있었다. 그는 유대인의 메시아이지만cf. 2:12, 이방인에게 평화를 전하는 하나님의 전도자이기도 한 것이다.

확실히 에베소서를 기록할 당시에도 이러한 사실은 여전히 강조되어야 할 필요가 있었다. 유대 신자인 저자는 최근까지 외인이었던 이방인에게 하나님의 은혜를 은혜롭게 상기시키고 있는 것이다. 또한 그는 사랑하는 동료 유대인에게도 이방인에 대한 하나님의 사랑을 상기시키는 동시에 그들이방인이 없이는 온전한 사랑을 경험할 수 없다는 사실을 전하고 있는 것으로 보인다. 우리는 본문 전체에서 "너희"와 "우리"가 번갈아가며 사용되는 것을 볼 수 있다.

"이는 그로 말미암아 우리 둘hoi amphoteroi이 한 성령 안에서 아버지께 나아감을 얻게 하려 하심이라2:18 이 짧은 문장 안에 삼위 −성자, 성령, 성부− 가 모두 제시된다.Barth, 1974:267 당시는 기독교신학의 발전 단계에 있어서 삼위일체에 대한 확실한 개념이 정립되기 전 이었지만 개념 정립을 위한 소재들은 나타난다.

본문에서 거룩함, 위엄 및 지위에 대한 고대의 성경적 이해가 그리스도를 믿는 이방인 신자와 관련하여 고도의 집중된 형식으로 이루어졌다는 사실은 중요하다. 성경에서 하나님의 거룩하심은 죄인 된 인간이 다가가는 것조차 위험할 정도였다.예를 들면, 출3:5, 19:10-25, 20:18-21, 33:7-11; 사6:5 이러한 사실은 예수님 시대 유대인에게서도 찾아볼 수 있다. 당시 성전은 하나님에 대한 단계적 접근을 보여주는 담들로 구별된 여러 뜰을 가지고 있었다. 이러한 배경은 앞서 칸막이와 관련하여 언급한 대로2:14 "나아감" 이라는 단어에 특별한 의미를 준다.2:18

이러한 나아감은 하나님의 성령을 통해서만 가능한 일이다.cf. 고후3:18 동일한 성령께서 분리된 인간을 화목하게 하시는 동시에 하나님께 나아갈 수 있게 하신 것이다. 에베소서에서 성령은 구별하는 존재가 아니라 하나로 묶는 능력으로서 하나님께로부터 나와, 친구가 된 대적과 함께 하나님께로 돌아간다.Fee, 1994:682-5 화목하게 하는 사역에서 성령의 이러한 핵심적 역할은 오순절 기사를 반복한다. 즉 성령의 부으심은 다양한 인간으로 하여금 하나님의 은혜의 복음을 듣게 하기 위함이다. 행2장; cf. 욜2장; 이러한 "오순절 평화" 에 대해서는Volf: 306 참조 따라서 나아감은 주권적 하나님의 가장 깊은 처소로 들어갈 수 있는 자들의 특별한 지위와 관련된다. 이러한 특권은 하나님과의 관계를 격의 없는 관계나 심지어 편안한 관계로 이해하는 오늘날 신자들보다 1세기의 독자들이 훨씬 이해하기 쉽다. 배교한 유대인 신자와 부정하고 악한 이방인이 이제 그리스도의 사역의 결과로 함께 한 사람이 되어 하나님께 나아갈 수 있게 된 것이다.

에베소서에서 "아버지"라는 용어는 우주적 및 포괄적 어조를 가지는 경향이 있다.[1:17, 3:14, 4:6 참조] 그러나 2장 18에 사용된 단어는 예수님이 겟세마네에서 사용하신 "아빠"[막 14:36]나 주기도문을 가르칠 때 사용하신 "우리 아버지"라는 개념에 훨씬 가깝다.[마6:9- 13//눅11:2-4] 그리스도의 화목의 결과로 이제 예전의 대적은 성령을 통해 화목하게 된 -택하심을 받아 자녀가 된- 형제로서 신적 아버지 앞에 서게 된 것이다.[1:4-5; cf. 롬8:14-16; Best, 1998:273-5]

이제는 회복되어 하나님의 처소로 지어져 감, 2:19-22

19-22절은 17-18절에서 제시한 주장에 기초한다. 동시에 이 부분은 11-12절에 제시된 공동체 밖의 외인과 대조적인 거울 이미지를 형성한다. 그리스도의 화목하게 하시는 사역에 비추어 볼 때 "이제부터 너희는 외인도 아니요 나그네도 아니요"라는 것이다. 본문에서 나그네와 외인은 유기적 성장과 건물이라는 두 메타포의 흥미로운 조합과 함께 하나님의 권속이 된 것으로 제시된다. 그들은 하나님의 처소로 지어져 간다.[유사한 메타포의 결합에 대해서는 고전 3장 참조] 11-12절의 반목과 소원에 관한 언어가 어떻게 처소와 집이라는 용어로 옮겨갔는지에 주목하라. 집이나 처소에 해당하는 헬라어는 오이코스*oikos*, "생태학"이나 "경제학"의 어근에 해당한다이다. 이 짧은 단락에서 오이크*oik*라는 어근을 가진 단어는 여섯 개나 된다.

외인	par*oik*oi
권속	*oik*eioi
세우다	epi*oik*odomēhentes
구조	*oik*odom
함께 짓다	sun*oik*odomeisthe
처소	kat*oik*ētērion

너희 이방인은 한때 나그네xenoi와 외인paroikoi이었으나 이제부터는 더 이상 외인도 아니요 나그네도 아니라는 것이다. paroikoi는 문자적으로 집 밖에 있는 자라는 뜻이다; cf. 특히 벧전 2:11; Waltner: 25-7, 84

2:19-20 회복된 하나님의 백성

파로이코스Paroikos는 70인역에서 외인을 가리키는 용어이지만 이스라엘 지경 안에 사는 외국인이나 거류민에 대한 언급이기도 하다. 레25:6,35; 신23:7-8 동시에 이스라엘이 외인을 친절하게 대해야 하는 이유는 그들도 한때 고국을 떠나 애굽과 바벨론에서 나그네로 지냈기 때문이라는 점에서cf. 시39:12; 벧전1:1, 5:13 이 단어는 이스라엘에게 아픈 단어이기도 하다. 따라서 이 구절은 외인에 대한 의무와 함께 이스라엘 자신이 길을 벗어나 반목하며 포로로 잡혀 간 경험을 암시한다. 이곳에는 이사야 57장 19절을 이방인에게 적용한 에베소서 2장 13절 및 17절에서 볼 수 있는 관대함이 다시 나타난다. 요약하면 그들이 하나님을 떠난 것을 포로기로 보고, 그들이 하나님의 백성에 포함된 것을 귀향으로 본다는 것이다.

한때 이스라엘 공동체politeia로부터 배제되었던 이방인이2:12, 지금은 그들과 동일한 시민sympolitai이 된 것이다. 그들은 성도들과 함께 시민권을 누린다. "성도들"은 하나님을 떠나 있는 이방인과 대립되는 개념으로서 이스라엘이나 "초기 세대" 그리스도인Houlden: 292, 또는 일반적으로 교회 지체나 심지어 하늘의 하나님 주변에 있는 영적 존재들을 가리키기도 한다. 1:1 및 1:18c의 "성도"에 대한 주석; cf. 1QS 11.7-8 어느 한쪽을 선택하려는 시도는 피해야 한다. "성도들"은 사람이든 천사든, 하나님께 즐겨 나아가는 거룩한 자 모두를 가리키는 광범위한 언급으로 받아들여야 한다. cf. 1:18; Schnackenburg: 121; Lincoln: 150-1 그러나 그리스도의 평화의 범위를 보여주는 또 하나의 단면은 한때 거룩함의 영역 밖에 있던 자들이 지금은 다른 성도들과 동일한 시민이 될 만큼 가까워졌다는 사실이다.

이제 국가나 도시에 권속이나 가정이라는 모티브가 덧붙여진다. 한때 이방인은 하나님의 가정에서 제외된 자들이었으나나그네 및 외인, 이제는 하나님의 권속oikeioi이 된 것이다. paroikoi외인에서 oikeioi권속으로 바뀌었다.

2:19-22 하나님의 처소를 지음

건축용 블록: 유대인과 이방인 2:19

20절에서는 관계로서의 가정에서 집으로서의 가정 또는 건물로서의 가정으로 다시 한 번 메타포가 전환된다. 그리스도의 평화는 수평적 영역과 수직적 영역으로 이루어지지만 이제 초점은 그리스도께서 예전의 대적과 하나님 사이에 초래한 평화에 맞추어진다. 그러나 그리스도께서 "우리"와 "너희," 유대인과 이방인 사이에 가져온 평화의 일면은 이방인이 하나님의 집의 건축용 블록이 된 사실로 나타난다. 모든 사람이 한때 거부했던 돌들이 하나님의 성전을 짓는 건축 재료로 선택된 것이다. "너희[이방인]는 사도들과 선지자들의 터 위에 세우심을 입은 자라 그리스도 예수께서 친히 모퉁잇돌이 되셨느니라."

터: 사도들과 선지자들 2:20

이 본문은 어느 면에서 고린도전서 3장 5-23절특히 3:10-17; TBC 참조에 제시된 그리스도께서 교회의 터라는 바울의 묵상과 대조된다. 여기서는 "사도들과 선지자들"이 터foundation로 제시된다. 헬라어에서 "세우심"은 과거 시재로 제시되는데 이것은 저자가 믿음의 공동체가 세워진 기원을 되돌아보고 있음을 보여준다.Schnackenburg: 122 필자를 비롯한 많은 주석가들은 초기 사도들과 선지자들이 작고한 후 수십 년간 이러한 관점이 이어져왔을 것이라고 생각한다. "사도들"은 일반적으로 -바울의 경우는 그렇지 않았겠지만- 선교사를 가리키는 말이 아니라 부활을 목격한 자로서 특별히 복음을 위탁 받은 초기 지도자를 일컫는 말이다.

"선지자들"의 정체는 더욱 모호하다. 이들이 위대한 히브리 선지자들을 가리킨다는 해석은 1세기 교회 지도자들의 반 마르시온주의 활동과 부합되며 바울과 같은 사도들도 자신에게서 예전의 위대한 선지자와의 연속성을 보았지만cf. 롬1:1-2; 갈1:15 설득력이 약하다.Barth, 1974:315 이곳의 선지자들은 사도들 다음에 언급된다.3:5; 4:11에서처럼 선지자들이라는 용어는 그 앞에 정관사가 붙지는 않았지만 단순히 사도들과 동의어로 제시된 것은 아니다.Best, 1998:281; contra R. Martin, 1991:38 저자는 초기 교회의 선지자들을 염두에 두고 있다.

에베소서에서 이 선지자들은 그리스도의 영이 교회와 지속적으로 교통하는 중요한 수단이었다.3:5의 전환구 참조; cf. 행13:1-3; 고전12; 14; Perkins: 76 디다케Didache 11는 1세기 후반의 교회들이 늘어나는 교회 조직 속에서 여전히 순회 선지자들을 돌보는데 힘썼음을 보여준다. 선지자들을 터의 한 부분으로 제시한 것은 그들 자신의 견고성 때문이 아니라 그들을 통해 전달하고 계신 자의 견고성 때문이다.살전5:19-21 그렇기는 하나 이곳의 관점은 선지자의 현재 활동보다.결코 배제하는 것은 아니지만 과거에 대한 것이다.엡4:11, 주석

모퉁잇돌 또는 머릿돌: 그리스도 2:20-21

이 본문에서 말하는 터가 그리스도를 가리키는 것이 아니라면 그리스도는 모퉁잇돌, 머릿돌, 기촛돌*akrogōniaion*로서 터와 밀접한 관련을 가진다. 이 단어에 대한 정확한 번역은 불가능하지만 "아크로고니아이온"*akrogōniaion*은 일반적으로 모퉁잇돌cornerstone로 번역된다. NIV, NRSV 이 경우 그리스도는 터의 가장 중요하고 결정적인 부분으로서 터의 방향을 제공한다. 사28:16; R. Martin 1991:38; Schnackenburg: 124 한편으로 그리스도께서 머릿돌이나 기촛돌이라는 생각도 이치에 맞다. Jeremias, 1964:792; 1967:275

아마도 저자는 성전의 중앙에 놓인 돌을 염두에 두고 있었을 것이다. cf. 막8:31; 눅20:17; 행4:11; 벧전2:4,7 등에 인용된 시118:22 또는 다른 돌이 기댈 수 있도록 균형을 잡아주는 아치의 정점에 놓인 돌일 수도 있다. 베스트Best는 중간에 놓인 "모서리 돌"angle-stone을 선호하지만1998:284 "터"와의 관계 외에는 어떤 의미가 있는지 명확하지 않다. 그리스도께서 머리라는 개념은 앞서 1장 22절에서 제시된 바 있으며, 4장 15절에서 머리까지 자라간다는 개념은 다소 특이하다. 예를 들면, Barth, 1974:317-9; Lincoln: 154-6

어느 쪽이든, 21절이 명확히 보여주는 대로 그리스도는 이 건물의 성장에 가장 핵심적인 요소이다. 그리스도는 십자가 사역 및 자신의 몸을 통해 이방인을 하나님의 성전으로 세운 분이시다. 교회가 하나님의 처소인 것은 단순히 예전의 대적들이 평화로운 공동체가 되었기 때문이 아니라 그리스도 안에서 재창조되었기 때문이다. "주 안에서"라는 구절은 이 본문 전체에서 화목하게 하시는 분으로서 하나님의 창조적이고 회복적인 임재를 가리키는 것이지만 그리스도와 교회 및 하나님의 처소 사이의 긴밀한 관계를 재강조한 것일 뿐이다. Lincoln: 152, 161-2

"서로 연결하여"*sunarmologoumen* 라는 용어는 신약성경 다른 곳에는 사용되지 않으며 이 유사한 본문인 4정 16절에서 다시 나타난다. 이 단어는 건축학적 의미든 생리학적 의미이든 유기적 성장의 개념을 잘 보여준다. 예전의 대적들은 하나님을 위한 한 새로운 성전으로 녹아든다. 이것은 "**평화의 매는 줄**로 성령이 하나 되게 하신 것을 힘써 지키라"고 요구하는 4장 3절을 예시한다. 4:3, 주석; Yoder Neufeld, 1993:211-32 성전의 이미지를 생각할 때 이것을 개인 신자에게만 해당되는 용어로 생각할 필요는 없으며 오히려 이방인과 유대인을 가리키는 표현으로 볼 수 있다. 그러나 Best, 1998:287의 생각은 다르다

능력: 성령 2:22

18절에서 성령은 새 사람에게 생명을 주고 하나님과의 교제를 가능하게 하신다. cf. 창

2:7; 겔37; 고전12장 22절에서 성령은 성전을 지을 힘을 주신다. "너희도 성령 안에서[또는 성령에 의해] 하나님이 거하실 처소가 되기 위하여 그리스도 예수 안에서 함께 지어져 가느니라." "성령 안에서"*En pneumati*, 문자적으로는 "영 안에서"는 "영적으로"NRSV로 번역되거나 REB, "영적인 내주", 각주에만 "성령 안에서"로 제시된다.NAB 및 NJB; NIV, "그의 성령으로"; TEV, "그의 성령을 통해" [안에, 367쪽]

"영적"spiritual이라는 것은 "은유적"이라는 의미에 지나지 않을 때가 종종 있다. 그러나 이곳의 의미는 결코 그런 것이 아니다.Best, 1998:290 "성령 안에서"는 "주 안에서"*en kuriō* 및 "그 안에서"*en hō*, 2:21와 평행을 이룬다. 따라서 우리는 여기서 하나님에 대한 명백한 언급과 함께 다시 한 번 훗날 정립될 삼위 −하나님, 그리스도, 성령− 에 대한 교리삼위일체의 기초를 발견한다. 성령은 성전을 지을 힘을 주시는 하나님의 임재와 권능을 나타낸다.

이 건물은 일상적 갈등과 적개심 가운데 살아가는 인간의 사회적 삶의 구체적이고 물질적인 현실을 의미하는 것이 아니라면 영적이라고 할 수 없다. 한때 사회, 문화 및 종교적 방식에서 편견과 상호 거부의 적개심 가운데 살았던 실제적인 이방인과 실제적인 유대인으로 구성된 교회야말로 하나님의 처소이다. 따라서 이제 그룹 및 개인 상호 간에 적개심의 담을 경험적이고 확실하게 허물고 아직도 멀리 있는 자에게 다가가는 교회가 하나님의 성전인 것이다. 거룩함은 화목하게 하는 성령 충만한 능력이다.

거주자: 하나님 2:21−22

22절은 21절을 재 진술한 것이다. "주 안에서" 건물마다 성전이 되어가는 것처럼 "너희도" 하나님의 처소로 지어져 가고 있다는 것이다. "함께"는 접두사 *sun*순에 의해 강조된다.*sunarmologoumen* 2:21[서로 연결하여]; *sunoikodomeisthe*, 2:22[함께 지어져 가느니라] 앞서 살펴본 대로 이것은 모퉁잇돌또는 머릿돌이신 그리스도와의 연결을 가리킬 수 있다.cf. 2:5-6, 접두사 "순"의 용례 참조 이러한 해석은 특히 4장 15-16절에서 볼 수 있는 것처럼 몸의 이미지와 일치한다. 그러나 동시에 이것은 확실히 유대인과 이방인이 함께 지어져간다는 의미로 해석할 수 있다. 이 관점은 특히 2장 19절의 요지와 부합된다. 그러나 이 화목 된 공동체는 "그리스도 안에서" 존재하기 때문에2:15 앞서의 해석의 대안이 아니라 그것의 한 단면으로 보아야 한다. 하나님의 성전, 하나님의 처소는 그리스도 안에서 상호 간 및 하나님과 화목을 이룬, 예전의 대적들로 구성된다.

간단하지만 중요한 몇 가지 강조점이 있다. 첫째로, "함께"에 대한 강조는 하나님의 성전을 개인과 연결하는 해석을 배제한다는 것이다. 고린도전서 6장 19절과 대조해 보면 개인 신자가 아니라 그리스도 안에서 이방인과 유대인으로 구성된 조직 전체2:21가 하나님의 성전임을 알 수 있다. 모든 초점은 개인 신자가 아니라 교회의 공동체적 영역에 맞추어진다.

둘째로, 건물이 자란다는 이미지는 기존의 것에 대한 개량 이상의 의미를 가진다. 신적 석공은 여전히 한때 거부당한 돌cf. 벧전2:4-10, 특히 2:5을 주시하고 있다.현재 시재, "함께 지어져 가느니라" 이것은 "집중적이고"Schnackenburg: 126 "질적인"Lincoln: 158 성장인 동시에 필연적으로 광범위하고 양적인 성장이다.4:12-16, 주석

결론적으로, 그리스도는 평화에 대한 선포와 특히 자신의 죽음을 통해 중간에 막힌 담을 허심으로 거룩한 영역을 침범하셨다. 그의 목적은 한때 가증스러웠던 자들을 받아들이심으로 거룩한 영역을 재구성하시는 것이었다. 그 과정에서 그리스도는 자신 안에서 인간을 평화의 하나님에게 적합한 처소로 재창조하신 것이다.

성경 문맥 안에서의 텍스트

우리는 주석을 통해 보다 넓은 성경 문맥과의 다양한 연결에 대해 살펴본 바 있다. 로마서, 고린도후서, 갈라디아서 및 골로새서와의 접점은 특별히 중요하다. 이사야 57장 19절 및 52장 7절은 에베소서 저자의 마음에 가장 뚜렷이 각인되어 있으며 청중으로 하여금 계승된 성경 전승이라는 관점에서 이 본문에 귀를 기울일 것을 요구한다. 몇 가지 이슈는 추가적으로 살펴볼 가치가 있다.

성경적 평화

에베소서 2장 11-22절은 성경의 중요한 평화 본문 가운데 하나이다.가령, Dinkler: 176-81; Mauser: 151-65; Stuhlmacher 이것은 신약성경에서 이 주제를 가장 광범위하게 다룬 본문이다. 이 본문은 그리스도를 평화로 규명하고 그가 십자가에서 자신의 생명을 주심을 유대인과 이방인이 역사적으로 원수 된 상황 속에서 제시함으로써 성경적 평화의 중요한 영역들에 접근한다. 하나님과의 화목 및 인간 상호간의 화목이라는 평화의 "이중적 요소"Dinkler: 180는 특히 중요하다.

이 본문은 샬롬의 지상적 성격을 직접 반영하지 않는다.가령 땅, 건강, 안전; Westermann: 16-48; P. Yoder, 1986 그럼에도 불구하고 그리스도의 평화 사역 −특히 "새 사람"에 함축된

피조물에 대한 재창조- 의 우주성은 이러한 물질적 관심사에도 주의를 기울일 것을 촉구한다. 평화에 대한 성경 학계의 최근 연구에 대해서는 Swartley, 1996 참조

본문에서 그리스도를 통한 하나님의 화목 사역은 대적에게 초점을 맞춘다. 이러한 텍스트는 결국 신구약성경에 제시된 복음의 핵심을 보여주는 지표가 된다. 즉 하나님은 완고한 선민cf. 신9-11장; 호2장과 궤도를 벗어난 대적출8장; 롬5장을 끝까지 추적하신다는 것이다. 분열은 극복되고 피조물은 복원되었으며 인간 집단은 호전되고 하나님의 처소는 확장되었다. 이처럼 광범위한 영향을 미치지 않는 어떤 평화 개념도 성경적 평화 개념으로는 부족하다.

평화와 기독론

이 찬양에서 평화는 기독론적 의미를 가진다. 에베소서는 그리스도와 평화의 특별한 관계를 규명한 첫 번째 서신이 아니다. 로마서 5장과 골로새서 1장은 이러한 연결을 분명히 하며 복음서는 암시적 및 명시적 방법으로 제시한다.cf., 예를 들면, 마10:13//눅10:5-6; 그러나 마10:34//눅12:51; 요14:27, 20:19-26 참조 그러나 에베소서에서 평화는 기독론적 속성이 되었다. 랍비들은 이사야 9장 6절이 에베소서의 저자가 2장 14절에서 제시한 것처럼 메시아의 이름을 평화로 불렀으며 이사야 52장 7절에 다시 반복된 것으로 읽는다.cf. Mauser: 153

그리스도는 평화를 가져오시며 평화는 그의 이름이기도 하다. 다른 말로 하면 평화 - 하나님과 개별 인간 사이 및 상호 적개심을 가진 사회집단간의- 는 예수님이 그리스도라는 의미와 불가분리의 관계에 있다는 것이다. 이것은 공동체 내 적개심의 문제를 구원의 핵심으로 제시한다.

평화와 정체성

에베소서 2장 11-22절은 정체성과 관련하여 몇 가지 어려운 질문을 제기한다. 우리의 본문은 유대 독자들에게 이방인과의 평화가 공동체에 대해 규정한 내용 -여기서는 "법조문으로 된 율법"2:15- 의 소멸과 바꿀 수 있느냐는 문제를 제기한다. 그리스도의 평화 사역은 유대인으로서의 정체성을 포기하게 했는가? 일부 주석가들은 그렇게 생각하며 에베소서가 오리겐과 같은 사도 이후 시대 지도자들과 마찬가지로 교회를 "제3의 인류"로 예시한다고 말한다.가령, Best, 1998:267-9; R. Martin, 1991:31

이 이방인 승리주의triumphalism는 이미 로마서 9-11장, 특히 11장 13-32절에서 바울

을 자극했다. 그러나 유대적 기원으로부터의 이탈이 1세기 말 특히 2세기 기독교의 많은 사람들에게 해당된다고 해도^{예를 들면, Ignatius, To the Magnesians 10.3}, 본문은 결코 이것을 인정하거나 칭송하지 않는다. 에베소서를 기록한 유대인 저자는 그리스도의 사역을 유대인에 대한 배제가 아니라 ^{이방인에 대한 포함으로}, 잘라내기가 아니라 성장^{2:21}으로 본다는 것이 필자의 생각이다. ^{Barth, 1974:310} 그렇다고 해서 이러한 포함에는 모든 근본적인 화목에서 볼 수 있는 정체성의 변화가 따른다는 사실 자체가 부인되는 것은 아니다.^{Volf: 99-165} 따라서 유대적 모체로부터 시간적으로나 문화적으로 멀리 떠난 후세대는 이 본문을 반유대주의로 해석할 여지가 있다. 그러나 필자는 이런 해석이 본 서신 및 본문의 정신에 대한 근본적 오해에서 비롯된 것이라고 생각한다.

율법과 새 사람

우리는 주석을 통해 에베소서의 종말론이 어떻게 저자가 법조문으로 된 계명의 율법의 폐지를 선언하게 된 상황을 살펴보았다.^{2:15} 에베소서 저자와 대략 동시대인인 유명한 유대 철학자 필로^{Philo}는 창조와 타락 기사에 대한 주석을 통해, 어린 아이^{nēpios; cf 엡 4:14}에게 가르침이 필요하듯이 "지상의 아담"에게는 계명과 명령 및 금지의 율법이 필요했다고 주장한다. 이와는 달리 "하늘의 아담"은 "온전"하고^{teleios; cf. 엡4:13} "지혜"롭기 때문에^{sophos; cf. 엡5:15} 제재와 보상이 따르는 규정이나 가르침이 필요 없다.^{Roetzel: 87} 물론 필로가 율법을 폄하하거나 쓸모없다고 선언한 것은 아닐 것이다.

바울은 "지상의 아담"과 "하늘의 아담"보다 "첫 번째 아담"과 "두 번째 아담"에 대해 언급하며 종말론적 의미로 제시하지만^{롬5:12-21; 고전15:21-22,45-49}, 어쨌든 아담 이미지가 낯설지 않다. 바울에게 "새로운 아담"은 그리스도이며, 그 안에는 화목을 이룬 인간이 성령으로 살며 몸의 구속을 기다린다. 신자들은 그리스도안에서 이미 "새로운 아담"에 동참했다.

이것은 바울 사상에서 율법에 대한 중요한 함축을 가진다. 예를 들면, 바울은 고린도후서 3장 1-6절에서 예레미야 31장 31-34절에 나타난 위대한 종말론적 예언을 인용한다.^{cf. 히8:6-13도 참조하라} 예레미야는 때가 되면 율법이 "마음에 기록"될 것이라고 예언했다. 그것은 율법에 대한 순종이 규정이나 규례와 같은 외부의 강요를 받지 않아도 될 만큼 백성의 의식의 한 부분으로 자리 잡을 것이다. 율법에 대한 순종은 사실상 자유에 맡겨진 것이다.

바울에게 있어서 유대인과 이방인의 삶 속에 동일하게 나타나는 성령의 선물은 이러한 시대가 시작되었음을 보여주는 강력한 증거이다. 바울이 갈라디아의 이방인 신자들에 대해 그처럼 분노한 것은 이런 이유 때문이다. 그들은 성령을 받아 새로운 아담의 몸, 새로운 피조물의 한 부분이 되었으나 새로운 창조에 완전히 참예하기 위해서는 유대인처럼 되어야 한다고 생각한 것이다. 갈3:2, 5:22-23, 6:15 따라서 바울은 로마의 유대인 신자 및 이방인 신자에게 자신은 율법이 불법적이고 부정한 것으로 혐오한 것들을 받아들이는 것은 물론 율법을 폄하하지 않는다고 주장했다. 롬3:31; 6-11장

바울에게 문제가 된 것은 하나님의 율법 자체가 아니라 새로운 종말론적 상황에 따른 그것의 임재 형태였다. 율법의 글자는 죽이는 것이지만 율법의 정신은 살리는 것이다. 고후3:6; cf. 롬8:1-8 우리는 에베소서 2장 15절에 대해 이러한 유대 종말론적 확신의 프리즘을 통해 읽어야 한다.

하나님의 성전

1세기 소아시아에는 곳곳에 성전이 있었다. 그것은 유대인과 이방인 모두에게 하나의 메타포로 이해될 수 있는 것이었다. 그러나 우리의 저자는 성전의 성경적 의미에 모든 초점을 맞춘다. 이스라엘에서 성전은 하나님이 자기 백성과 함께 하시는 상징이었다. 예를 들면 시11편, 48편, 84편; 겔43장; 합2:20; 말3:1; 계21:22 실제 성전과 제의가 지도자와 백성 및 제사장의 타락으로 말미암아 평판이 안 좋아진 상황에서도 성전 정화 및 재건은 회복된 백성과 땅에 대한 소망과 직결되었다. 가령, 느헤미야, 에스겔 예루살렘의 성전 제의를 불법적이고 부정하다며 거부한 쿰란 공동체의 언약자들조차 새로운 이상적 성전을 꿈꾸었다. Temple Scroll, 11QT

성전의 중요성은 신약성경에도 나타난다. 에베소서와 거의 동시대에 기록된 히브리서는 성전과 희생 제의에 대한 모티브를 그리스도의 사역에 적용한다. 그리스도는 하늘의 성전에서 사역하고 계신 이상적 대제사장이시다. 히7-10장 스와틀리Willard Swartley는 구약성경의 성전에 관한 전승이 공관복음 전승을 형성한 방식들에 대해 다룬다. 1994:154-97

성결과 거룩함이라는 주제는 언제나 성전 모티브의 핵심이다. 이것이 바로 바울이 형식적 파괴에도 불구하고 이 이미지를 개인적 삶에서의 성결예를 들면, 성전 창기와의 음행을 피하라, 고전6:19을 묘사하는데 사용한 이유이다. 교회는 그리스도의 몸인 동시에 하나님의 성전이다. 고전3:16-17 성결과 거룩 개념은 하나님의 성전이 한때 배제된 자들로 구성된다고 진술하는 에베소서의 이미지에 특별한 설득력을 더한다. 이제 이방인은 하나님

의 임재로 들어갈 수 있게 되었으며cf. 2:18 처소의 건축 블록이 되었다. 따라서 이 본문은 이사야 9장 6절, 52장 7절 및 57장 19절을 반영하며 이방인foreigners이 "만민또는 "이방인"[ethnoi], LXX; cf.막 11:17이 기도하는 집"으로 일컬음을 받을 성전으로 인도함을 받을 것이라는 56장 3-8절도 반영한다.

성전의 터

고린도전서 3장 5-23절, 특히 10-17절은 이곳의 본문과 공통점이 많다. 두 본문에는 성장과 건물이라는 유기적 이미지와 건축학적인 이미지가 나란히 제시된다. 특히 하나님의 성전이 터 위에 세워진 모티브에 주목하라. 그러나 두 본문에는 차이점도 있다. 첫째로 고린도전서에서 바울은 자신과 동료 사도의 교회를 세우고 양육하는 역할을 분명히 하기를 원한다. 바울은 베드로나 아볼로와 같은 사도나 자신은 고린도인의 신앙의 터가 될 수 없다고 말한다. 오직 그리스도만이 이러한 터가 될 수 있으며 자신과 동료 사도는 이 터 위에 지혜로운 건축자처럼 하나님의 성전을 세워간다고 말한다.고전3:10-11

에베소서에서는 새로운 공동체 내에서 사도들과 선지자들의 중요성이 새로운 단계로 접어든다. 사도들과 선지자들은 스스로 터가 되었다.특히 바울이 에베소서 3장에서 어떻게 나타나는지에 주목하라; 바울은 갈라디아서 2장 9절에서 베드로와 야고보 및 요한을 터가 아니라 기둥[stuloi]으로 제시한다; cf. 계3:12 메시아 예수님을 목격했던 첫 번째 증인들보다 한 세대가 지난 후 사도들과 선지자들은 교회가 계속해서 성장할 수 있는 중요한 터전이 되었던 것이다.

교회적 상황에서의 텍스트

평화교회

에베소서 2장 11-22절은 화목 사역의 중요성에 초점을 맞춘 교회 전승으로서 고전적 지위를 누림이 마땅하다. 그러나 아이러니하게도 이 본문은 초기 재세례파 문헌은 물론 오늘날에도 크게 부각되지 않고 있다. 이 본문은 "역사적 평화 교회"가 발기한 "평화 선언"Declaration on Peace에도 찾아볼 수 없다. Gwyn, Hunsinger, Roop, and Yoder; cf. Loewen; 그나마 드물게 나타나는 자료로는 Marlin Miller; J. H. Yoder, 1985:108-15; 1994:218-9 등이 있다 평화 본문에 관한 한 산상수훈 및 관련 본문들만 선정된다.Loewen 바울의 글은 일반적으로 평화보다 신학, 교리, 교회 질서 및 전도를 지표로 한다. 에베소서 2장 11-22절은 평화에 관한 명백한 내용을 넘어 선교와 전도에 대한 관심사를 풍성하게 반영한다.

우리는 평화 교회가 이 본문에 큰 관심을 보이지 않는 것이 평화를 사회적 정치적 관점에서 보는 자들과 주로 하나님과의 개인적 화해로 보는 자들 사이에 놓인 장벽 때문이 아닌가라는 의구심을 가질 수 있다. 양 진영은 상대의 개입을 거의 허용하지 않는 언어를 발전시켜 왔다. 선교와 관련된 문제해결 방안은 무엇인가? 하나님이 교회를 하나 되게 하신 것이 교회를 산산조각 내고 만 것은 안타까운 일이 아닐 수 없다.Sider; cf. J. H. Yoder, 1979:68-103 우리의 본문은 양 진영 모두에 도전을 준다.

평화와 십자가

에베소서 2장 11-22절은 평화를 그리스도및 십자가에서 죽으심와의 근본적 관계로 제시한다. 그리스도는 평화이시지만 모든 평화가 그리스도인 것은 아니다. 요약하면, 다른 바울서신과 마찬가지로 에베소서에도 십자가 사건 및 그리스도의 죽음과 부활의 중심성에 관한 기독교의 핵심 메시지는 평화와 직결된다는 것이다. 허물어진 분열의 담 뒤에는 십자가와 부활 및 새로운 피조물이 있다. 따라서 허물어진 적개심의 담이라는 이미지는 기독교 공동체를 넘어 확산되었지만"개관" 참조 이 서신의 그리스도 중심적 본질은 이러한 이미지의 세속적 적용을 어렵게 한다. 그러나 바로 이 영역에서 많은 교회가 평화 사역에 동참하는 일이 증가하고 있다. 교회는 무엇이 평화가며, 특히 누가 평화인지 기억하는가?

평화와 '친구가 된 대적의 공동체'

이 본문은 전도와 평화 사역을 불가분리의 관계로 볼 것을 요구한다. 평화이신is peace 그리스도는 십자가 죽음을 통해 화목**하게 하셨으며**made peace 평화의 복음을 **선포하고 계신다.**announcing gospel of peace 원수들은 그로 말미암아 하나님과 화목하게 되었으며 상호 간에도 화목을 이루었다. 그들은 함께 하나님의 가족의 일원이 되었다. 교회는 각자 하나님과의 개인적인 평화 조약을 맺은 개인들의 모임이 아니다. 교회는 화목을 이룬 대적들의 친밀한 공동체이다.J. H. Yoder, 1983:281-3; 1985:110-2; Yoder Neufeld, 1999a

이러한 교회가 주님과 그의 부르심에 합당한 삶을 살기 위해서는 허물어야 할 담과 하나님과, 그리고 상호 간에 친구가 되어야 할 원수들을 찾는 공동체가 되어야 한다. 화목하게 하시고 재창조하시는 하나님에 관한 한 하나님의 가정은 충분히 큰 상태가 될 수 없다. 정확히 말하면 하나님의 가족은 결코 충분히 채워진 상태가 아니라는 것이다. 하나님의 백성과 아직도 하나님과 하나님의 가족을 멀리 떠나 있는 사람들에 관한 한 언제나 거처가 남아 있다. 하나님의 가정은 영원히 지어져 간다.cf. 요14:2-3

이 본문은 다음과 같은 점에서 진정한 평화 본문이라고 할 수 있다. 첫째로, 본문은 분열의 담을 허는 힘을 교회 안에서 찾는다. 둘째로, 본문은 아직도 상호간 및 하나님의 가족으로부터 멀리 떠나 있는 자들, 하나님의 은혜로우신 임재 −전도를 통해서든 공의와 평화의 사역이나 인간의 물질적 요구에 대한 충족을 통해서든− 를 모르는 자들에 대한 선교를 위한 기독론적 기초를 제시한다.

영역담의 역할

재세례파와 같은 일부 교회 전승은 세상으로부터의 분리나 저항을 강조한다.TLC, 5:3-21 이러한 맥락의 교회들은 구별되는 방법을 알고 있으며 이러한 구별을 공고히 하는 −영역을 유지하는− 방법들을 찾고 있다. 급진적 유대주의와 마찬가지로 그들은 하나님의 계명에 대한 철저한 순종의 중요성을 알고 있다. 그들은 공동체의 신앙과 행위의 순결을 보장하기 위해 영역을 유지하는 것이 중요하다는 사실을 알고 있다.

에베소서는 이러한 분리주의에 대해 매우 친화적인 내용을 제시함에도 불구하고5:3-21참조 이 특정 본문은 이러한 공동체들을 크게 동요하게 만들고 있다. 어쨌든 본문은 그리스도를 통한 영역 파괴를 평화의 대가로 찬양한다. 여기서 불가피하게 다음과 같은 질문이 제기된다. 즉 어느 영역이 중요하며 어떤 것이 장애물이고 장벽인가? 어느 영역이 평화의 복음을 보호하며 어느 영역이 그것을 질식시키는가? 공동체가 만물을 그리스도 안에 통일시키는1:10 사역에 동참하도록 힘을 주는 비전과 정체성을 육성하는 영역은 무엇이며 그러한 평화 사역을 지체시키는 영역은 무엇인가?

이러한 영역 전쟁이 1세기에 일어났다. 부정한 것에 대한 개방 거룩함과 신실함에 대한 추구 사이의 갈등은 신약성경 여러 곳에서 볼 수 있다.cf. 마5:17-20; 행10장; 롬14장; 고전10:6-11:1 지난 두 세기 동안 교회의 선교 사역에도 이러한 싸움이 있었다. 예를 들면, 과거 수십 년간 많은 재세례파 선교사들은 교회의 평화 입장이 백성이 하나님의 은혜와 구원을 만나는 과정에서 용납될 수 없는 장벽이라고 생각했다. 가령, Gallardo: 152; Ramseyer, 1979; 1984; Shenk, 1984

북미와 유럽의 상황에서 교회의 다가가려는 노력 역시 유사한 문제들예를 들면, 예배, 평화 사역 및 교단과 관련된 문제로 고민해왔다. 최근에는 교회가 인종, 계급, 예배 형식, 평화주의 및 성 문제가장 치열한 이슈 가운데 일부이다 등과 관련하여 정체성 및 영역 싸움을 빌이고 있다. 교회 성장을 위한 다양한 시도를 하는 가운데서도 성장의 "학문"과 성경적 복음의 요구 사이, 그리고 "시장"market의 요구와 전통적 비타협주의 사이에 복잡한 갈등이 표출되었다. 예를 들면, Yoder Neufeld, 1999a 그러나 전통의 담 안에서 안전함과 방향을 찾고 있는 자들에게는 -그들이 아무리 신실함과 거룩함으로 바로 섰다고 할지라도- 이 본문이 비록 노골적인 자극까지는 아니더라도 적어도 끊임없는 도전을 제시한다.

그러나 본문은 모든 담이 무너지고 모든 영역이 제거되었다고 생각하는 사람들에게도 문제를 제기한다. 에베소서 2장은 여전히 "우리"와 "너희"를 구별한다. 교회는 "이중 문화"J. H. Yoder, 1997a: 39-40나 "복합적 정체성"Volf: 54-5을 가지고 있는 동시에 "너희"와 "우리"의 기원이 새롭게 창조된 "우리"와 구별된다는 사실을 분명히 기억한다. 본문은 적개심의 담이 무너졌으며 이 담은 그리스도께서 십자가의 죽음을 통해 무너뜨리셨다고 진술한다. 평화는 이 구체적인 사건에 뿌리를 둔다.

또한 대적들 간의 담이 무너진 것은 새 사람, 그리스도의 몸을 창조하기 위한 것이다. 이 본문은 새 사람, 즉 그리스도를 모퉁잇돌또는 머릿돌로 하고 사도들과 선지자들의 터 위에 세워진 하나님의 성전으로서 교회의 핵심적 지위를 강조한다. 많은 사람에게 이 터는 너무 제한적이며 건물은 너무 좁아 보인다. 그러나 에베소서 저자에게는 그리스도 안에서 발견되는 특정 평화만큼 광범위하고 포괄적인 평화는 없다. 그리스도로 대표되는 영역이 빠진 메타포들의 결합은 사람들을 하나로 모을 능력이나 힘이 없다.

유대인과 이방인

현재의 본문은 이방인과 유대인의 화목을 촉구하는 강력한 자극제가 된다. 그리스도의 사역은 그 중심에 있어서 이러한 신적 목적과 일치한다. 동시에 법조문으로 된 계명의 율법에 대한 폐지를 찬양한 본문은 걸림돌skandalon이 되기도 한다. 이것은 정확히 본문의 강조점이 평화에 초점을 맞추기 때문이다.

근본적 개혁주의의 후예를 비롯한 모든 전승의 교회에서 오랜 기간 지속된 반유대주의 역사를 생각할 때 우리는 더 이상 본문을 결백한 마음으로 읽을 수 없다. 유대인은 하나님이 외인 -이방인- 을 받아들이기 위해 어디까지 가실 준비가 되어있는지에 대해 담대히 인정했으나 기억력이 짧은 이방인은 이러한 유대인의 진솔한 고백을, 자신들에게 희망을 전수해 준 공동체를 폄하하는 수단으로 삼은 것이다! 메시아적 유대인이 희생적 관대함으로 활짝 열어 제친 문을 손님이 주인을 밖에 세워둔 채 안에서 세차게 닫아버린 꼴이 된 것이다.

유대인 예수님과 유대인 사도들을 따르는 이방인 추종자들이 이 감동적인 말씀을 유대적 유산을 폄하하는 기초로 삼은 것은 그리스도의 평화 사역에 대한 배신행위에 지나지 않는다. 율법 자체를 구시대적이라고 생각한 그들은 그리스도인이방인 공동체를 유대적 기원으로부터 단절했다. 이 조치는 본질적으로 율법 자체를 폐지한 것은 아니다.어쨌든 기독교는 아이러니하게도 바울 서신을 사용하여 이 율법을 자신을 위해 재개발했다 대신에 그들은 예전의 대적들로 구성된 새 사람을 온전히 실현하는 평화운동을 폐지한 것이다. 사실, 그리스도를 믿는 이방인 신자는 새로운 담을 세웠다. 캘빈 로첼Calvin Roetzel은 이 문제에 대해 냉정한 평가를 내린다.

> 저자의 의도가 무엇이든, 그가 원한 연합은 교회를 피해갔다. 2세기의 저스틴 Justin은 유대 그리스도인이 구원에서 배제되었다고 주장했으며Dial. with Trypho 47 훗날 제롬Jerome은 유대 그리스도인에 대해 "그들은 유대인도 되고 그리스도인도 되고 싶어 하지만 유대인도 그리스도인도 아니다"Ep. 112.13라고 비난했다. 에베소서 저자의 비전은 숭고하지만 그의 전략은 문제가 있었다. 그 결과 2세기 들어와서는 비전마저 오염되고 유대인과 이방 그리스도인의 연합의 길은 막히고 말았다.1983:88

필자의 판단에 에베소서 저자에게는 하나님의 백성과의 신뢰에 대한 중대한 위법 행위에 대한 책임이 없다. 본문과 본문의 논리는 유대인-그리스도인의 관계와 관련하여 제기되는 분명한 문제점들에 대해 부정하지 않으며, 다양한 정체성 및 역사의 와중에 분열을 극복한 그리스도의 사역의 핵심에 위치시킨다. 특히 에베소서는 친밀함의 문화를 구성할 만큼 오랫동안 하나님을 알아온 자들과 그러지 못한 자들 사이의 분열에 대해 다룬다. 그렇다면 오래 전에 내부자가 된 이방인 그리스도인은 이 본문을 한때 자신들을 초청해준 식구들과 관련하여 어떻게 읽어야 하겠는가? 어쨌든 이 이방인 그리스도인들은 적어도 자신들의 관점에서 원래의 가족을 외인과 나그네로 만들어버렸다. 본문은 당시에 그 담wall에 어떤 일이 일어났는지를 찬양하며 사실상 우리에게 현재의 우리 자신에 대해 물을 것을 요구한다.

찬양으로 우리를 변화시킴

끝으로 필자는 본문에 제시된 찬양의 용례에 대해 살펴보고자 한다. 우리가 앞서 주석을 통해 제시한 요지는 저자가 그리스도를 평화로 칭송하는 찬양을 이방인과 유대인의 관계라는 특정 이슈에 맞추어 편집했을 가능성이 높다는 것이었다. 이것은 우리가 시인이 경험한 증오, 적개심, 상처 및 압제에 대한 구체적인 접촉이 없었다면 일반적인 구원 및 화목의 찬양으로 부르지 못할 이유가 없다는 사실을 분명히 상기시킨다. 만일 이러한 찬양이 예배자가 아는 갈등가정, 교회, 나라, 자연을 의식한 상태에서 제시되지 않았다면 그리스도를 하나님의 피스메이커로 찬양하기는 쉬울 것이다.

따라서 평화의 노래를 부른다는 것은 이 사역의 성취를 위해 자신을 맡기는 것이다. 그리스도를 통해 평화의 선물을 주신 하나님에 대한 감사는 모든 사람과 만물을 그리스도 안에 통일시키는 사역에 동참하겠다는 맹세이다. 이러한 예배만이 "합당하다"TRYN의 롬 12:2에 대한 번역은 신중하다 예배의 갱신은 이처럼 평화로운 통합으로 시작하고 끝나야 한다.

> 하나님의 평화로운 갈릴리 사람
>> 사랑의 승리여, 우리는 당신을 따르리
>>> 모든 영역의 담을 허물기 위해
>>> 모든 마음에 이르는 길을 짓는
>> 사랑의 승리여, 우리는 당신을 따르리
> 하나님의 평화로운 갈릴리 사람
> 〈H. W. Farrington, "Strong, Righteous Man of Galilee," HWB, 540, 4연〉

계시된 비밀

개관

우리는 에베소서 3장 1-13절에서 "선지자들과 사도들의 터"에서 중요한 건축 블록 가운데 하나로서 바울을 만날 수 있다.2:20; 3:5 그는 이방인에 대한 하나님의 은혜의 신비로 인도하는 안내자이다. 그가 밝혀야 할 비밀은 이방인이 하나님의 이너서클inner circle의 한 지체가 되었다는 것이다.3:6; cf. 2:19-22 바울에 대한 신뢰성은 그리스도의 죄수이자 그리스도와 그의 사랑하는 이방인을 위해 갇힌 자가 되어 고난을 받음으로써 검증되었다.3:1, 13 바울의 고난이라는 주제는 본문의 틀이 된다.

구조적으로 1절은 불완전한 문장이며 14절에서 다시 제시된다.아래 참조 어쨌거나 이 구절은 사도로서 바울의 사역과 메시지에 대한 긴 여담을 시작한다.3:2-13 2절은 또 하나의 불완전한 문장과 함께 7절까지 이어지는 여담을 시작한다. 8-12절은 완전한 문장으로서, 2-7절의 내용을 재진술하는 한편 교회바울이 아니라가 담대함과 확신으로 하나님의 지혜를 알려야 할 우주적 영역으로 초점을 바꾼다. 13절은 자신의 환난에 대한 회고를 통해 이 인클루지오수미상관 형식의 뒤쪽 괄호를 닫는다.

어떤 사람들은 본문을 에베소서에서 "가장 개인적인" 내용을 담은 부분으로 생각하며예를 들면, Houlden: 294; cf. Best, 1998:293 다른 사람들은 바울을 존경하는 한 제자에 의한 공식적인 묘사로 본다. 이 관점을 뒷받침하는 견해로는 다음과 같은 것들이 있다. 우선 본문에는 바울을 비밀로 안내하는 자로 제시하는 전형적 묘사가 나타난다. 본문은 골로 새서 1장 23–29절에 의존했음을 분명히 보여준다.TBC, 도표 2 이것은 독자가 바울의 사역과 메시지에 대해 정확히 몰랐을 수도 있음을 의미한다.3:2 끝으로, 본문은 앞서 기록한 글에 대해 언급한다.3:3; 다른 바울 서신과의 접점에 대해서는 TBC, 도표 1 참조; cf. Lincoln: 168; R. Martin, 1991:39–40: Schnackenburg: 131

3장 1–13절의 구조

이러므로 그리스도 예수의 일로 너희 이방인을 위하여 갇힌 자 된 나 바울은3:1

너희가 들었을 것이라고 생각한다

내게 비밀을 알게 하셨으며

(내가 먼저 간단히 기록함과 같다)

이제 그의 거룩한 사도들과 선지자들에게 나타내셨으니

곧 이방인들이 그리스도 예수 안에서 약속에 온전히 참여하는 자가 됨이라3:2-7

모든 성도 중에 지극히 작은 자보다 더 작은 나에게 이 은혜를 주신 것은

비밀의 경륜이 어떠한 것을 드러내게 하심이라

이는 이제 교회로 말미암아 하늘에 있는 통치자들과 권세들에게

하나님의 각종 지혜를 알게 하려 하심이니

나는 너희를 위한 나의 여러 환난에 대하여 낙심하지 말기를 구한다 이는 너희의 영광이다.

개요

갇힌 자 된 바울, 3:1

비밀을 맡은 청지기 바울, 3:2-7

교회는 하나님의 지혜를 알게 한다, 3:8-12

낙심하지 말라는 당부, 3:13

주석

갇힌자된바울, 3:1

1절은 "이러므로"로 시작한다. 이 구절은 하나님이 이방인을 하나님의 가족으로 받아들였다는 앞서의 묘사를 가리키는 언급일 것이다.Best, 1998:294; Lincoln: 172 그러나 저자가 4-6장의 권면의 기초가 되는 전반부1-3장 전체를 이 결정적인 기도 구절에 담은 것으로 볼 수 있는 근거는 충분하다. 1절은 불완전한 문장으로 14절에서 다시 시작되는데 이 부분은 1장 16절에서 시작된 기도가 1장 3-14절의 찬양에 부합하는 영광송과 함께 끝나는 지점이다.

이 기도가 완전히 제시되기 전에 저자의 초점은 하나님의 평화 사역으로부터 비밀을 전해야 할 바울에게로 옮긴다. 이 전환은 강력하다. "그리스도 예수의 일로… 갇힌 자 된 나 바울." "나"라는 강조어는 우리의 관심을 바울에게로 향하게 한다. "갇힌 자" 앞에 있는 정관사는 탁월한 그리스도의 죄수로서 바울의 특별한 지위를 강조한다. 여기에는 자신의 사도직에 대한 바울의 이해와 일치하는 특별한 아이러니가 있다. 바울이 십자가를 지신 그리스도의 참된 사도임을 보여주는 증거는 영광이 아니라 고난이라는 언급을 자주 하지 않았다면고후 11장 일반적으로 죄수는 특별한 지위의 반대 개념으로 제시되었을 것이다.

바울은 그리스도의 죄수인가 그리스도를 위한 죄수인가? 두 가지 해석 모두 가능하다. 전자는 은유적 이해이며 후자는 신체적 투옥을 가리킨다. 바울은 자신의 투옥에 대해 두 가지 의미로 제시할 수 있었을 것이다. 빌레몬서 1절과 9절 및 빌립보서 1장 12-17절은 바울에게 실제적인 투옥은 신학적 중요성을 가진다는 사실을 보여준다. 나중에 기록된 본문은 수감 여부를 위대한 사도의 특징적 이력으로 제시하는 것을 볼 수 있다.딤후1장; 골 4:3,18 이것은 바울의 삶에서 항상 있는 일이지만 이방인에 대한 사도로서 자신의 직무를 수행하기 위해 감당할 수밖에 없는 일임을 보여준다.cf. 고전 9:16-17 "그는 모든 그리스도의 죄수 가운데 첫 번째이므로 가이사의 죄수이다"Best, 1998:296

바울은 "쇠사슬에 매인 사신"cf. 6:20, TRYN이기 때문에 하나님의 은혜의 비밀로 안내하는 믿을만한 안내자이다. 이것은 "바울의 외적 상황에 대한 상세한 묘사" 이상이다.Houlden: 297 1절은 아무리 불완전한 문장이라고 하더라도 문법적으로 문맥의 흐름을 방해하고 있는 바울의 선교에 대한 도입구로 충분하다.

비밀을 맡은 청지기 바울, 3:2-7

"너희가 들었을 터이라"라는 구절은 바울의 선교와 메시지에 대한 정보가 부족할 수도 있음을 보여준다. 이것은 에베소서가 바울 자신이 에베소서에 보낸 서신이라는 사실을 생각하면 당황스럽다. 사도행전 19장 10절 및 20장 31절은 바울이 에베소에서 3년을 보내었음을 보여준다. 이 구절은 본 서신이 에베소가 아니라 바울을 잘 알지 못하는 보다 광범위한 회중에게 보낸 것이라면 문제가 덜 될 것이다.서론: 1:1-2, 주석 한편으로 이 서신이 바울 사후에 기록되었다면 이런 구절은 후세대가 바울의 사역을 상기하고 감사를 잊지 않을 필요가 있었음을 보여준다.Lincoln: 173

아마도 3절의 "내가 먼저 간단히 기록함"은 이 문제에 대한 통찰력을 제공할 것이다. 어떤 사람들은 이것이 에베소서의 앞부분, 특히 1장 9-10절 및 2장 11-22절을 언급하는 것으로 본다.Barth, 1974:329; Best, 1998:302; Lincoln: 175; Schnackenburg: 133; NRSV 그러나 이 구절은 바울이 이곳과 마찬가지로 자신의 복음이 "예수 그리스도의 계시"로 말미암았다고 말하는 갈라디아서 1장 11-12절을 가리킬 수도 있다.cf. 갈1:16! Houlden: 298

갈라디아서에서 계시에 의한 복음에 대한 바울의 언급은 이곳의 에베소서 3장 2절과 유사한 표현 바로 다음에 이어진다. "너희가 [확실히] 들었거니와…"갈1:13, NRSV 그러나 이 진술은 바울의 사역에 대해 간접적으로만 알고 있는3:2 에베소서 독자가 갈라디아서를 잘 알고 있다는 사실을 전제한다. 이것은 바울의 생전보다 바울 사후, 독자가 이미 광범위하게 확산된 바울 서신에 대해 어느 정도 알고 있는 시점의 상황일 가능성이 크다. 바울의 통찰력에 대한 독서를 강조한 것 역시 바울의 글이 점차 연구와 묵상의 대상이 되었을 바울 사후의 상황임을 암시한다.cf. 벧후3:15-16

"하나님의 그 은혜의 경륜"3:2 및 "계시로 내게 비밀을 알게 하신 것"3:3이라는 두 개의 핵심 구절은 바울의 사역에 대해 묘사한다. "경륜"은 "오이코노미아"oikonomia를 번역한 것이다. NRSV는 oikonomia를 "계획"plan, 1:10; 3:9, "경영"management, 눅16:2, "훈련"training 딤전1:3으로 번역한다. NASB에서 oikonomia는 "청지기"엡3:2 및 "경륜"3:9으로 번역된다. 흥미롭게도 NJB는 3장 2절에서 이 단어를 번역하지 않으며 3장 9절에서는 "내적 사역"inner workings으로 제시한다. NIV는 "경륜"으로 번역한다. 확실히 이 단어의 의미는 탄력적이다. 영어의 "경제"economy의 모체가 되는 오이코노미아oikonomia는 문자적으로 "가정의 원리 또는 법"이라는 뜻이다.oiko-에 대해서는 2:19-22, 주석 참조 이것은 가정을 살피고 돌보는 자, 오이코노모스oikonomos의 일이다.cf. 고전4:1; 갈4:2 따라서 이 단어는 경륜, 임무, 청지기 및 직무에 이르기까지 다양한 번역이 가능하다.BAGD: 559; 엡 바울의 사도직은 이방인을 위해 하나님의 은혜를 경영하고 관리하는 일을 부여받았다는 점에서 하나님의 "은혜의 경륜"과 관련이 있다. 우리는 그를 "은혜의 경영자"로 부르거나 레티 러셀Letty Russell처럼 하나님의 집의 "살림하는 사람"으로 부를 수 있다.[57] 오이코노미아는 하나님의 섭리의 경륜 또는 계획을 가리킬 수 있으며 따라서 바울에게 알려진 비밀 또는 신비와 유사한 개념이라고 할 수 있다. 사도로서 바울은 관리 책임을 부여받았으나 하나님의 은혜의 경륜에 대한 통찰력도 받았다.

이 구원의 경륜은 "그의 거룩한 사도들과 선지자들에게 성령[영]으로" 나타내실 때까지 다른 세대에게는 비밀이었다.3:5 고린도전서 2장 7-10절 및 골로새서 1장 26-27절에는 이 사상을 도식화 한 "계시 도식"revelation schema이 나타나는데Lincoln: 170, 177 유대인, 특히 묵시 문학에 잘 알려져 있다. 이 도식에 따르면 하나님은 한때 감추어 있던 것을 이제 최종적으로 계시하신다. 지금 나타난 은혜는 오랫동안 비밀로 내려왔으며 창세전에 세워진 계획이다.cf. 엡1:3-14

2장 20절에는 "거룩한 사도들과 선지자들"이 하나님의 집을 짓는 터로 제시된다. 그들이 이곳 5절에서 거룩한 자들로 불린다는 사실은 본문이 골로새서 1장 26절비밀이 성도들[문자적으로 "거룩한 자들"]에게 계시된다에 의존했음을 보여준다. 에베소서에서는 보다 일반적인 표현인 "성도"가 교회 전체를 위해 보류된다. 저자는 "거룩한 사도들"이라는 언급을 통해 비밀을 받은 교회의 사도들과 선지자들에 대한 특별한 존경을 드러내고 싶어 한 것으로 보인다.Barth, 1974:335; Best, 1998:307-8; Lincoln: 179

이 거룩한 사도들과 선지자들은 "성령으로" 이 비밀을 받았다. 이것은 계시이론의 기초로는 충분하지 않다. 그러나 본문은 사도들과 선지자들에게 주어진 정보가 하나님이 성령으로 보내신 것이 확실함을 분명히 한다.cf. 고전 2:10-13; Fee, 1994:692-3

에베소서는 우리가 기독교 전승에서 바울이 차지하는 위상에 대해 잘못 생각해온 한 가지 중요한 주장을 한다. 즉, 당시 바울은 사도들 사이에서 자신의 지위를 위해 치열하게 싸워야 했다는 것이다.예를 들면, 고전1:10-4:21, 15:3-11; 고후10-12; 갈1-2장 그러나 우리는 에베소서에서 거룩한 사도들 및 선지자들과 함께 바울이 신적 계시를 받은 무리 가운데 확실히 포함된다는 사실을 발견한다. 바울이 받은 비밀 및 그것에 대한 경륜은 보다 광범위한 사도들과 선지자들의 공동체에 알려진 것과 일치한다.

바울의 비밀에 대한 경륜은 계시에 의한 것이다.*kata apokalupsin*, 3:3[계시로] 저자는 바울이 비밀을 알게 된 과정Best, 1998:299-300 및 하나님의 은혜에 대한 그의 경륜3:2이 계시의 규범norm과 일치한다는 사실Lincoln: 175에 초점을 맞추고 싶어 한다. 하나님의 은혜의 경륜에 대한 바울의 통찰력은 자신이 신뢰하거나 신뢰받고 싶어 하는 어떤 것이 아니라 자신과 거룩한 사도들과 선지자들에게 비밀을 알리신 하나님의 주권에 기초한다.

지금까지 인류문자적으로 "사람의 아들들"은 셈어적 표현이다에게 감춰진 비밀은 앞서 그리스도의 신비또는 비밀, 3:4로 규명된 바 있다. 따라서 에베소서의 비밀을 골로새서 1장 26-27의 "너희 안에 계신 그리스도," "비밀의 영광"으로 해석하는 사람들도 있다.Barth, 1974:331; E. Martin: 91-2 그러나 6절이 제시하는 것처럼 그리스도는 이 비밀의 중심이지만cf. 1:9-10, 에베소서에 제시된 비밀의 구체적인 내용은 이방인에 대한 내용이다. 즉 이방인은 "그리스도 안에서" 공동상속인cf. 1:13-14, 18, 한 몸cf. 1:23; 2:16, 함께 약속에 참예한 자cf. 접두사 "sun"[함께]의 반복적 사용, 2:5-6, 19-22, 4:16가 되었다.

이처럼 앞 장들과 많은 부분에서 연결된다는 것은 이 비밀이 1장 9-10절에서 예시한 것처럼 저자가 처음 세 장에서 제시한 내용 전체를 포함한다는 사실을 보여준다. 그렇다고 해도 이 비밀은 2장 11-22절에서 볼 수 있는 것처럼 구체적으로 이방인을 받아들인 내용과 관련된다.

3장 6절의 "복음으로 말미암아"는 복음을 전하는 자로서 바울의 사역을 다시 한 번 강조한다. 복음-선포 및 내용-은 이방인을 받아들이는 일을 성취하는 수단이다. 따라서 바울의 사역은 그리스도 자신의 평화 선포의 핵심적 요소이다.2:17, 주석; cf. 롬10:14-15, 바울은 사52:7을 자신에게 적용한다

이제 7절은 바울을 죄수나 청지기가 아니라 복음의 일꾼diakonos으로 제시함으로써 이 사상을 계속한다. "일꾼"은 집안 살림을 맡은 자에게도 해당되는 말이다.cf. Russell, "Housekeeper," 57 NIV와 NRSV는 3장 7절을 다음 문장의 한 부분으로 보지만 문법적으로 이 부분은 2절에서 시작하는 문장을 끝낸다. 또한 이 구절은 바울이 청지기직을 맡았다는 주제로 돌아간다.

바울은 "하나님의 은혜의 선물을 따라" 일꾼이 되었다.3:7 하나님은 은혜로우신 수여자이시다. 그의 은혜의 선물은 바울의 사역과 메시지에 권위와 신뢰성을 더했다. 더구나 이 은혜의 선물은 "하나님의 능력이 역사하시는 대로" 주어졌다. "역사"energeia와 "능력"dunamis은 1장 19절에서 만나며, 능력과 관련된 다른 두 단어와 함께 하나님의 능력의 지극히 크심이 성도들을 위해 역사하고 계심을 보여준다.1:19, 주석 참조 이 두 단어는 성도들에 대한 하나님의 능력에 대해 묘사한 3장 20절에서 다시 한 번 함께 나타난다.

이와 같이 3장 7절에서 바울의 사역은 하나님의 역동적 역사하심에 기인한 것이다. 1

절에서 바울이 죄수로 소개된 것을 생각하면 아이러니가 아닐 수 없다. 이처럼 놀라운 묘사는 바울이 사신으로 섬기는 그리스도 때문이다. 이 역설은 바울을 쇠사슬에 매인 사신으로 묘사한 6장 20절에서 다시 나타난다.

교회는 하나님의 지혜를 알려야 한다, 3:8-12

본 단원의 두 번째 문장3:8-12은 첫 번째 문장3:2-7을 재개하지만 단순한 반복은 아니다. 바울은 이방인에게 "측량할 수 없는 그리스도의 풍성함"을 전하고3:8, "영원부터… 하나님 속에 감추어졌던 비밀의 경륜"을 드러내는3:9 은혜를 받았다. 여기서 계시 도식이 다시 한 번 제시된다. 즉 한때 감추어져 있던 것이 이제 알려졌다는 것이다.3:9-11

이제 익숙한 용어들이 제시된다. 4절에서 만난 그리스도의 비밀은 이제 "그리스도의 풍성함"으로 언급된다.3:8; 골1:27에는 "비밀"과 "풍성함"이 결합된다 오이코노미아oikonomia[경륜]라는 헬라어는 비밀과 밀접한 관련을 가지고 나타난다. 여기서는 하나님의 은혜의 경륜을 가리키며 바울이 맡은 경륜에 대한 특정 언급이 아니다.Best, 1998:319 이 비밀은 만물을 지으신 하나님 안에, 그리고또는 하나님에 의해, 감추어졌다.3:9 이것은 비밀을 하나님이 그리스도안에서 만물을 통일시키려는 전략으로 언급한 1장 9-10절을 상기시킨다.1:9-10, 주석 참조

8-12절은 2-7절의 사상을 재진술하지만 우리는 중요한 초점의 전환을 알아차릴 수 있다. 8절을 시작하는 강조형 "나에게"는 1절에서처럼 사도를 강조하지만 본문의 초점은 바울에게서 교회로 미묘하게 바뀌는 것을 볼 수 있다. 이제 바울은 "모든 성도 중에 지극히 작은 자보다 더 작은"문자적으로 "가장 작은" 자이다. 이것은 바울이 자신을 "사도 중에 가장 작은 자"라고 말한 고린도전서 15장 9절을 상기시킨다. 본문은 이러한 과장적 표현을 더욱 강조한다. 첫째로, 기존의 최상급에 비교급을 덧붙이며"지극히 작은 자보다 더 작은" 둘째로, 바울을 탁월한 사도와 비교하는 것이 아니라 모든 성도와 비교한다. 이러한 사실은 특히 5절cf. 2:20에서 거룩한 사도들과 선지자들을 부각시킨 사실을 감안하면 더욱 주목할 만하다. 저자는 바울을또는 바울은 자신을 맨 뒤에 세운다.

고린도전서 4장 8-13절에서 볼 수 있듯이, 바울은 여전히 지도자이다. 이것은 단지 바울이 이 대열의 나중 된 자로서 자신을 본받기를 원했다는 것이다.cf. 고전4:16; cf. 빌2:1-11; 롬15:1-3 "지극히 작은 자보다 더 작은"은 자신을 비워 종의 형체를 취하신 그리스도를 섬긴다는 것이 어떤 의미인지를 정확히 보여준다.빌 2:6-11 또한 이것은 자신은 새 사람 −교회− 을 세우는cf. 2:15 일을 돕는 조력자일 뿐이라는 바울의 확신과 일치한다. 그

러나 바울이 완전한 권위를 가진 거룩한 사도로 인정된다고 하더라도3:5 바울과 그를 따르는 자들은 그가 그러한 조력자, 그러한 "일꾼"3:7, 그러한 "터"2:20, 그러한 은혜의 관리자3:2일 수밖에 없음을 잘 알고 있었다. 결국 본문의 목적은 이 고난 받는 은혜의 종의 권위를 지키는 것이다.

"지극히 작은 자보다 더 작은"이라는 구절이 바울에 대해 어떻게 말하든, 이것은 3장 10절에서 교회로 제시된 성도들에게 초점을 맞춘다. 에베소서가 기록될 당시 낡고 진부한 유대인과 이방인 아웃사이더로 이루어진 교회는 여전히 경이의 원천이었다.2:11-22 참조 이러한 교회는 존재 자체Best, 1998:325; Arnold, 1989:62-4 및 선포하는 메시지를 통해 하나님의 각종 지혜를 보여주는 증인이다.Wink, 1992:84-5; J. H. Yoder, 1994:147-9 교회는 "하나님의 작업장의 일꾼"이라는 벵겔Bengel의 주장은 옳다. Barth, 1974:364 따라서 교회는 단순히 그리스도 안에 있는 하나님의 평화의 수혜자가 아니라, 레티 러셀Letty Russell 이 잘 표현한 대로1984:59 "하나님의 집안일을 돌보는" 신적 은혜의 경륜을 성취하는 일에 능동적으로 동참하는 자이다.

이곳에 계시 도식이 제시된 것은 계시의 과정에서 교회의 중요성을 보여주기 위한 것이다. 한때 감추어졌던 것이 바울 및 그의 동료 사도들과 선지자들의 사역뿐만 아니라 교회를 통해서 드러나게 되었다는 것이다. 교회는 열린 비밀이며 성취된 신비이다.cf. 2:7; 교회는 "그리스도의 편지"라는 바울의 이미지에 대해서는 고후3:1-6 참조 교회의 임무는 하나님의 각종 지혜를 알게 하는 것이다.[지혜, 382쪽]

여기서 "지혜"는 그리스도를 의미하는 것일 수 있다.1:3-14, 주석 동시에 우리는 이 구절에서 지혜가 "다방면에 걸친" 또는 "매우 다채로운"이라는 뜻을 가진 "각종"polupoikilos, 3:10 지혜로 불린다는 사실을 기억해야 한다. 따라서 저자의 생각을 너무 제한해서는 안 된다. 이것은 결국 만물을 창조하시고3:9 만물을 새롭게까지 하시는1:10 하나님의 지혜이다. 그렇다면 이곳의 지혜는 하나님이 그리스도 안에서 세상을 화목하게 하시고 재창조하심에까지 이르게 한 모든 것에 대한 일반적 언급일 수 있다. 이것은 인격화 된 지혜 전승에 대한 언급이라기보다 창조3:9로부터 재창조에 이르기까지2:14-16 은혜의 경륜을 뒷받침하고 인도한 하나님의 지혜로운 뜻이라는 개념에 가깝다.Best, 1998:322

이곳의 지혜가 어떤 의미를 가지든, 중요한 것은 교회가 이 지혜를 우주적 차원에서 알리는 일에 중추적 역할을 수행해야 한다는 사실이다. 본문에는 이러한 사실이 요약적으로 제시되지만 5장 3-21절에는 교회의 변화시키는 사역이 상세히 제시되며 6장 10-18절에는 대결적 양상이 제시된다.

교회의 청중은 "하늘에 있는 통치자들과 권세들"이다. 3:10; cf. 1:21; 2:2; 6:12 이러한 통치자들과 권세들은 단지 먼 하늘에 있는 보이지 않는 영적 실재들이 아니라 인간의 삶에 깊숙한 영향을 미치는 권세의 핵심이라는 사실을 상기해야한다. 에베소서에서 이들의 영향은 대체로 악으로 경험된다. 그러나 Barth, 1974:365는 이 구절을 지나치게 로마서 13장 및 골로새서 1장에 의존하여 해석한다; cf. Arnold, 1989:62-4; Wink, 1992:68, 85[권세들, 371쪽] 4-6장에서 살펴보겠지만 교회가 하나님의 지혜를 알리는 일은 사회, 정치 및 문화적 삶의 모든 영역에서 일어나는 동시에 가장 고상한 차원에서도 일어나고 있다. Wink, 1992

에베소서 저자는 성도가 그리스도와 함께 절대적 권능의 처소인 하늘에 있다고 말함으로써 독자에게 이러한 사상에 대비하게 한다. 2:6, 주석

교회가 권세들에게 전할 지혜의 내용에 대해서는 이방인을 받아들인다는 소식 -이것이 본문사실상 본 서신 전체의 중요한 주제인 것은 사실이지만- 에 국한할 필요는 없다. Best, 1998:324의 주장과 달리 이런 면에서 "각종"이라는 형용사는 사실상 필요치 않다.

이 모든 일은 "하나님이 우리 주 그리스도 예수 안에서 예정하신 뜻plan대로"3:11; cf. 1:11 일어나고 있다. 이 구원 드라마에서 그리스도께서 차지하는 핵심적 위치는 8절에서 시작한 문장을 끝맺는 12절에 나타난다. "우리가 그 안에서 그를 믿음으로 말미암아 담대함과 확신을 가지고"또는 그의 신실함으로 말미암아; 믿음과 신실함에 대해서는 1:1-2, 1:15-23 주석 참조 한편으로 이것은 지금 신자들이 그리스도 안에서또한 그리스도와 함께 누리는 지위와 친밀함에 초점을 맞추게 한다. cf. 2:18! 다른 한편으로 우리는 마지막 구절을 교회가 받은 지상 과업, 즉 세상을 바꾸는 하나님의 각종 지혜로 하늘의 통치자들 및 권세들과의 싸움이라는 관점에서 해석할 수 있다.

이 일을 위해 교회는 담대함과 확신 및 하나님의 능력으로 나아감이 필요하다. 3:12 담대함parrēsia; 동사형은 parrēiazomai은 6장 18-20절에 다시 나타난다. 본문에서 바울은 복음의 비밀을 선포하고 있는 자신과 성도들을 위해 기도해줄 것을 요청한다.

우리는 3장 1-11절에서 독자를 2인칭"너희"으로 지칭했으나 12절에서는 1인칭"우리"이 다시 등장함을 볼 수 있다. 사도와 교회는 이러한 담대함과 확신을 함께 하고 있는 것이다. cf. 빌1:29-30

낙심하지 말라는 요구, 3:13

13절은 본 단원의 마지막 문장이다. 이 구절은 갑자기 주제를 바꾼 것처럼 보이지만 "그러므로"는 앞 내용과 연결됨을 보여준다. 사실 개관에서 진술한 것처럼 이 구절은 "너

희를 위한" 사도의 고난에 대해 다시 초점을 맞춤함으로써 사실상 인클루지오를 형성한다.cf. 3:1

번역자는 여러 가지 해석상의 문제점을 만나게 된다. 첫째로, NRSV는 아이투마이 *aitoumai*["구하노니"]를 "기도하다"로 번역한다. 이것은 낙심하지 않게 해 달라는 기도를 하나님께 드리고 있으며 독자는 낙심하지 말아야 하는 대상임을 보여준다.Barth, 1974:348-9 그러나 또 하나의 관점도 가능하다. 즉, 바울은 이방인 신자를 위해 자신이 낙심하지 않게 해 달라는 기도를 하고 있다는 것이다. 이것은 바울이 6장 18-20절에서 자신을 위한 기도를 요구한 것과 유사하다.cf. 고후4:1,16. 바울은 자신의 사도직에 대해 낙심하지 않을 것에 대해 언급한다 이러한 해석은 13절을 앞 내용과 보다 자연스럽게 연결한다.

끝으로, 아이투마이*aitoumai*는 단순히 "부탁하다" 또는 "요구하다"라는 의미이며, 본격적인 기도는 다음 절부터 시작되기 때문에 여기서는 부탁하다나 요구하다가 적절한 번역이라는 것이다.Lincoln: 191 이 경우 바울은 독자에게 그들을 위한 자신의 환난에 대해 낙심하지 말 것을 간구하고 있는 것이다.NIV

에베소서에서 흔히 있는 경우이지만 이상의 해석들은 모두 문법적으로 가능하기 때문에 역자는 모호성을 보전하는 방법을 모색해야 한다.Best, 1998:330-1 이 구절의 중심에는 이방인 신자를 위한 사도의 환난이라는 모티브가 자리한다. 따라서 이 구절은 바울의 "너희를 위하여 받는 괴로움*path mata*"이 그리스도의 남은 "고난"*thlioseis*을 채운다는 골로새서 1장 24절의 놀라운 표현과 일치하는 개념에 기초한다. 따라서 이곳 본문은 골로새서처럼 분명하거나 노골적으로 제시하지는 않지만 사도의 "환난"*thlipseis*은 어느 면에서 그리스도의 고난에 동참하고 있는 것이다.

"이는 너희의 영광이니라"라는 구절은 더욱 수수께끼와 같다. 우선 "영광"이 무엇을 가리키는지가 분명하지 않다. 바울의 환난인가? "그들은 너희의 영광이니라"라는 NRSVNIV도 유사하다의 대략적 번역은 환난과 영광을 직접 연결한다. 이것은 영광에 대한 고도의 역설적 이해를 함축한다. 즉 이방인 신자들을 위한 바울의 환난은 곧 영광이라는 것이다. 신자는 고난 -여기서는 그들 자신의 고난이 아니라 바울의 고난- 을 통해 영화롭게 된다. 이것은 고린도전서 1장 17-25절에 나오는 십자가의 능력에 대한 역설과 가까운 개념이다.

다른 한편으로 "영광"은 결국 종말론적 영광으로 이어질, 이방인을 위한 바울의 수고 전반에 대한 언급인가Lincoln: 192; Schnackenburg: 142; cf. 딤후 2:10? "영광"은 1장에서 자주 언급되며 적어도 한곳1:18에서는 종말론적 기업을 가리키는 것으로 볼 수 있다. 그러나 대부분의 경우 영광은 종말론적 소망보다 그리스도 안에서 역사하시는 하나님의 위엄과 능력에 대한 놀라움과 경외심을 가리킨다.1:6,12,14,17 능력과 영광은 성경, 특히 에베소서 1장 15-23절에서 한 짝으로 나온다.

골로새서 1장 24절 및 27절은 이곳 본문의 해석에 도움이 된다. 사도가 동참한 그리스도의 고난은 "너희 안에 계신 그리스도시니 곧 영광의 소망"과 나란히 제시된다. 골로새서와 비교해보면 현재와 미래, 또는 고난과 보다 큰 비밀의 경륜엡 3:2 사이에 하나를 선택하려 해서는 안 된다는 사실을 알 수 있다. 결국 양자는 분리될 수 없다. 비록 지금의 영광은 그리스도의 교회와 사도의 고난을 통해 굴절된 것이지만 현재와 미래는 영광으로 가득하다.

성경적 문맥 안에서의 텍스트

사도 바울

3절은 "먼저 간단히 기록"한 것에 초점을 맞춘다. 주석을 통해 살펴보았듯이 이것은 본 서신의 앞부분을 가리키거나 바울의 이전 서신에 대한 언급이다. 이곳 본문과 에베소서의 나머지 부분 및 다른 바울서신 사이에는 접점이 많다. 아래 도표 1에서 볼 수 있는 대로 이곳에 제시된 특징적 묘사는 바울의 선교에 대한 전형적 묘사이다.에베소서 이후에 기록된 목회서신은 괄호로 묶었다 본문과 골로새서 1장 23c-29절의 유사성은 도표 2에 제시된다.

도표 1

에베소서 3:1-13		에베소서 1-6장	관련 바울 서신
v. 1	바울, 죄수	4:1; 6:20	몬1,9(딤후1:8)
1	너희 이방인	2:11-22	롬11:13, 갈1:16
2, 9	위임["주신"], 경륜 (oikonomia)	1:10	고전4:1; 9:17 (딤전1:4)
3, 4, 9	비밀	1:9; 6:19	롬11:25, 16:25, 고전 2:7-8; 4:1
3	계시	1:17	갈1:16
5	사도들, 선지자들	2:20; 4:11	고전12:28
6	상속자	1:14,18	롬8:17; 갈3:29

6	함께(sun)	2:5-6,19,	롬8:17
		21-22; 4:16	
7	선물을 따라, 일꾼		롬 15:15-16
8	지극히(가장) 작은 자		고전 15:9
8	측량할 수 없는	1:7	빌4:19
	그리스도의풍성함		
10	통치자들과 권세들	1:21, 2:2; 6:12	고전15:24-28
10	지혜	1:17	고전 1:24,30
11	뜻	1:11	롬8:28 (딤후1:9)
12	담대함, 나아감	2:18	고후3:12
13	환난, 영광,		고후4:1,15;
	낙심하지 말라		빌3:8-4:20

도표 2

강조 부분은 두 서신의 유사성이 명백한 부분이다.

골로새서 1:23-29 (NRSV)	에베소서 3:1-13
23 **나 바울은 이 복음의 일꾼이 되었노라**	3:1,7
24 나는 이제 **너희를 위하여 받는 괴로움**을 기뻐하고 그리스도의	3:1,13
남은 **고난**을 그의 몸된 교회를 위하여 내 육체에 채우노라	3:13
25 **내가 교회의 일꾼 된 것은 하나님이 너희를 위하여**	3:2,7
내게 주신 직분을 따라 하나님의 말씀을 이루려 함이니라	
26 **이 비밀은 만세와 만대로부터 감추어졌던 것인데**	3:4-5,9
이제는 그의 성도들에게 나타났고	
27 하나님이 그들로 하여금 **이 비밀의 영광이 이방인**	3:8-9
가운데 얼마나 풍성한지를 알게 하려 하심이라	
이 비밀은 **너희 안에 계신 그리스도**시니 곧 영광의 소망이니라	3:11-12
28 우리가 그를 전파하여 각 사람을 권하고 **모든 지혜**로 각 사람을	3:10
가르침은 각 사람을 그리스도 안에서 완전한 자로 세우려 함이니	
29 이를 위하여 나도 내 속에서 **능력**으로 **역사**하시는 이의	3:7
역사를 따라 힘을 다하여 수고하노라	

에베소서 본문은 주요 강조점에 있어서 바울서신이 제시하는 전형적 방식과 일치한다. 이러한 사실은 바울이 자신을 고난 받는 매인 사신, 계시를 통해 메시지를 받은 자, 이방인에게 복음의 메시지를 전하는 자로 묘사한 부분에서 더욱 부각된다. 고린도전후서, 갈라디아서, 빌립보서를 읽어보면 이러한 특징적 묘사는 사실상 바울에 대한 논쟁 및 문제점의 원천이 된 것을 알 수 있다. 이런 갈등은 바울과 회중의 관계 또는 동료 사역자와의 관계에서 나타난다.cf. 고전4장; 고후3-12장; 갈1-2장; 빌3:2-4:1

이방인을 위한 복음

바울의 사도적 사역과 관련된 한 가지 근본적인 문제는 사실상 그의 사역의 핵심에 해당한다. 그것은 이방인 사역으로, 하나님은 이러한 이방인을 얻기 위해 참으로 깊은 골짜기를 건너셨다.앞서 2:11-22 주석에서 살펴본 바 있다 갈라디아서를 보면 바울이 자신의 사역에 얼마나 강한 집착을 보이는지 알 수 있다. 그는 이러한 이방인 사역이 계시로 말미암은 것이기 때문에 타협의 대상이 될 수 없다고 생각한다.갈1장 그러나 로마서 9-11장에서 바울은 자신의 사역을 제시함에 있어서, 동족 유대인에 대해 더 많은 관심을 보이는 한편 이방인 그리스도인의 두드러진 교만에 대해서는 조급함을 보임으로 뉘앙스의 변화를 보인다. 우리가 살펴보고 있는 에베소서 본문에 제시된 이방인에 대한 은혜의 관리자라는 바울의 프로필은 그에 대한 묘사의 가장 본질적인 요소에 해당한다. 이곳에서 바울은 갈등의 원천이 아니라 칭송의 근원으로 제시된다. 그럼에도 불구하고 이 문제는 2세기까지 계속해서 교회 갈등의 원천이 되었다.

고난 받는 사도

에베소서 3장에 제시된 또 하나의 공식적인 인물 묘사는 하나님의 은혜의 경륜의 핵심적 역설과 직결된다. 즉 하나님은 반역한 인간을 제거하는 방식이 아니라 자신의 메시아의 수치스런 죽음이라는 방식을 통해 인간과의 새로운 시작을 택하셨다. 둘째로, 하나님은 "지극히 커다는 사도들"고후 11:5이 아니라 "성도 중에 지극히 작은 자"3:8, 고난 받는 사도를 통해 이 메시지를 알리기로 정하셨다. 바울이 비통한 마음으로 보낸 고린도후서가 보여주듯이 바울은 그들이 자신과 같은 사도직에 나타난 것과 같은 역설을 받아들이지 못하는 것은 곧 그들에게 전해진 그리스도를 받아들일 수 없다는 뜻임을 잘 알고 있었다. 이것은 사실상 그들이 자신에 대한 소명을 받아들일 수 없다는 뜻이기도 한다.특히 고후10-13장; Shillington: 202-52

복음서 역시 이 중요한 역설의 어려움을 잘 보여주며 특히 마가복음에는 이러한 사실이 두드러지게 나타난다. 제자들은 고난당하는 인자, 죽음을 앞둔 인자 개념을 이해하지 못하는데 이것은 자신에 대한 십자가를 받아들이지 못한 것과 일맥상통한다.8:27-38

현재의 본문에서 볼 수 있듯이 고난은 바울의 영웅적 프로필의 중요한 한 부분이 되었다. 이러한 사실은 디모데후서에서는 물론 에베소교회의 장로들에 대한 바울의 고별사행20:18-35에서도 찾아볼 수 있다. 바울의 글 가운데 후기 서신에서 이러한 주제가 풍부하다는 것은 연약함과 능력, 겸손과 영광에 대한 바울의 역설적 관점이 승리했음을 보여주는가? 그럴 수도 있다. 그러나 이러한 관점이 성공하기 어려운 것은 교회가 이러한 고난을 십자가에 달리신 그리스도처럼 위대한 영웅에게만 해당하는 특징으로 본다는데 있다.

대조적으로 에베소서의 다른 곳에서와 마찬가지로 이곳에서도 저자는 교회를 하나님의 구원 전략의 핵심에 위치시킴으로써 교회가 영웅의 고난을 무조건 기뻐하는 것을 허락하지 않는다.3:13 그들은 영웅을 기억할 때 하나님의 지혜를 전해야 하는3:10 소명의 대가를 고려해야 한다. 바울은 다른 곳과 마찬가지로 여기서도 본받아야 할 모범으로 제시된다. 교회는 그리스도의 뜻을 따라 이 대열의 가장 나중 된 자 가운데 지도자를 찾아야 한다.cf. 마20:25-28; 막10:42-45; 요13:3-10 교회의 지도자는 성도 가운데 가장 작은 자 중 하나여야 한다. 그런 자만이 십자가에 달리신 메시아의 사신이 될 수 있다.

하나님의 각종 지혜

3장 10절의 "하나님의 각종 지혜"라는 언급은 비록 짧은 구절이지만 이스라엘의 풍성하고 다양한 전승을 들여다볼 수 있는 창문이 된다. 유대인 저자에게 지혜는 다양한 의미를 가진 단어이다.cf. 1:3-14 및 1:17-19a 주석 참조 지혜는 세상에 대한 하나님의 지혜로운 목적을 포함한다.잠언. 8:22-31; 솔로몬의 지혜서 6-7; cf. 엡3:9, 이러한 목적은 율법 속에 간략히 제시된다.Ecclus./Sirach 6:23-31, 24:1-23; cf. 마 11:19, 28-30 또한 지혜는 창조 사역과 관련하여 하나님의 딸이나 벗으로 인격화 되거나잠 8:30 신실한 사람의 이웃이 될 수도 있다. 예를 들면, 잠9:1-6; Ecclus. 24; 솔로몬의 지혜서 7:1-14 3장 1-10절의 언급은 성경적 지혜 문학 전체정경 및 외경의 광범위한 텍스트 안에서만 평가할 수 있다.[지혜, 382쪽]

교회적 상황에서의 텍스트

신앙과 행위의 영웅

교회의 전승이 어떠하든, 신앙과 행위의 영웅들은 수세기를 통해 교회의 도덕적, 영적 이미지에서 중요한 역할을 수행했다. 수많은 증인과 순교자들헬라어로 동일한 용어를 사용한다은 실로 광범위하다. 신자 교회의 재세례파에 미친 가장 중요한 영향 가운데 하나는 고난 받는 믿음의 영웅들의 보고인 브라트van Braght의 순교자의 모범Martyrs Mirror이다.Waltner: 148-50 본회퍼Dietrich Bonhoeffer, 도로시 데이Dorothy Day, 마틴 루터 킹 쥬니어Martin Luther King Jr., 테레사 수녀Mother Teresa 및 오스카 로메로Oscar Romero는 최근의 사례에 해당한다.Waltner: 153-4 1998년 과테말라의 후안 헤라르디Juan José Gerardi 주교는 구름처럼 둘러싼 이 위대한 증인 대열에 합류한다. 교회적 영역을 넘을 경우 오늘날 가장 위대한 사례는 넬슨 만델라를 들 수 있다. 그는 사반세기를 투옥되어 있으면서도 불의와 싸우는 사람들의 구심점이 되었다.

이 대열에는 셀 수 없는 증인들이 있으며 이들 가운데는 일부 사람들에게만 신앙과 용기의 모범이 알려진 자들도 있다. 가장 위대한 도덕적, 영적 모델은 스스로 고난을 자처하거나 그들의 헌신으로 인한 어려움과 고난 중에서도 큰 용기로 인내한 자들이다.

이러한 영웅들은 교회 문화에서 이중적이며 다소 모순적인 역할을 수행한다. 한편으로 그들은 교회 내 모든 사람들이 귀하게 여기는 가치관을 따라 산다는 점에서 모든 사람의 귀감이 된다. 그러나 다른 한편으로 그들이 영웅인 것은 일반적으로 만연된 광범위한 사회적 가치관을 받아들이고 타협하는 세속적 사람들과 다르기 때문이다. 가톨릭 전승에서는 이러한 사례를 비범한 사람이 성인이 되는 힘든 과정에서 찾아볼 수 있다.

우리의 본문은 영웅 바울에서 시작하여 성도 가운데 가장 나중 된 자로서 바울까지 추적한다. 이것이 함축하는 것은 교회 지체들은 하나님이 특별한 방식으로 복을 준 자 —설사 바울이나 테레사 또는 오스카라는 이름을 가지고 있다고 해도— 를 무조건 존경하는 것은 아니라는 것이다. 그리스도인은 말하자면 맨 앞에 있는 성도이며 뒤에는 신앙의 영웅들이 그들을 격려하고 도와주며 채찍질한다.

거룩한 자들의 공동체로서 교회는 높은 곳에 있는 자들에게 하나님의 무한히 다채로운 각양 지혜를 전하는 소명에 동참한다. 이 일은 바울이 맡은 임무만큼 중요하다.본질적으로 바울의 임무는 특별하고 규범적인 사도적 임무라는 점에서 중요하지만 결국 교회에 대한 평가는 교회의 영웅들이 아니라 얼마나 그들의 말에 주의하고 그들의 모범을 따르느냐에 달려 있다. 이러한 교회만이 높은 곳에 있는 자들에게 그리스도의 비밀, 하나님의 각종 지혜를 전할 수 있다.

권세들에게 하나님의 지혜를 알림

교회는 어떻게 권세들에게 하나님의 지혜를 알릴 수 있는가?"권세들"'에 대해서는 6:10-
20, 주석 참조 [권세들, 371쪽] 첫째로, 교회는 그리스도 안에서 품격 있는 존재가 됨으로
써 하나님의 지혜를 알린다.Arnold, 1989:62-4; Berkhof: 41-2; Wink, 1992:85; J. H. Yoder,
1994:147-53 "교회다운 교회가 되라!"J. H. Yoder, 1994a:168-80 교회는 민족, 인종, 문화 및
사회경제학적으로 공존하기 어려운 다양한 사람들이 모여 "터놓고 이야기할 수 있는 존
재"가 될 때 가장 강력해진다. 이런 교회야말로 상호 대립하는 사람들을 받아들여 자신
안에서 하나의 새 사람으로 재창조하시는 그리스도의 평화의 몸인 것이다. 그렇게 함으
로써 교회는 인간을 분열시키는 적개심을 지배하고 조장하는 권세들에게 강력한 메시지
를 전달할 수 있다. 하늘과 지상에는 새로운 질서가 침투하고 있다. 유사한 지체들로 구
성된 교회들은 이러한 복음적 과업을 수행하기 어려울 것이다.

둘째로, 교회는 본연의 모습을 찾음으로써 이 지혜를 전하지만 위에서 말한 그리스도
의 교회가 되기 위해서는 많은 노력을 요한다. 이러한 교회는 지체가 그들의 교제 밖에
있는 자들을 위해, 특히 성도 상호 간에 십자가를 지는 일에 동참할 때에만 존재할 수 있
다. 교회가 평화로운 공동체가 되기 위해서는 2장 11-22절에 강력히 제시된 구원 드라
마를 다양한 방식으로 재현해야 한다.cf. 4:32-5:2 교회의 존재와 사역은 분리될 수 없다.

또한 교회는 지혜로운 복음으로 권세들과 담대히 맞서는 자립으로 끝나서는 안 된다.
교회의 메시지는 하나님이 악과 반역의 손아귀에서 인간과 모든 피조물을 새롭게 하신다
는 것이다. 신실한 교회는 은혜를 받기만하는 수동적 수혜자가 아니다. 신자가 그리스도
의 평화를 받으면2:14 이 세상을 주관하는 통치자들 및 권세들과 맞서게 된다. 따라서 지
혜의 전달이 대결이 되기도 한다. 그러므로 교회는 담대함과 확신을 가져야 한다.3:12; cf.
특히 6:18-20

교회 증거의 포괄성

압제, 불의, 폭력 및 파괴에 대한 교회의 비판이 그리스도 안에서 새 사람으로 변화된
상태에서 이루어질 때마다 교회는 하나님의 지혜를 선포하고 있는 것이다. 이러한 전달
은 하나님의 각종 지혜만큼 다양해야 할 것이다. 그것은 지혜에 대한 저항만큼 구체적이
어야 할 것이다. 복음과 지혜에 대한 교회의 이해, 즉 권세들에게 전하는 임무는 몇몇 슬

로건이나 지엽적 지표에 국한되어서는 안 된다. 3장 10절의 문구는 광범위한 지표, 확장적인 지혜를 요구한다.

핵심은 하나님이 그리스도 안에서 하신 행위이다. 그러나 앞서 1장 10절이 제시한 대로 이러한 행위는 모든 사람과 만물을 그리스도 안에서 통일시키는 일을 가리킨다. 그리스도 안에서의 통일이 오래 걸리고 감추어져있는 것처럼 보이는 이유가 무엇인지에 대해서는 해석의 여지가 광범위한 것이 분명하지만 냉소주의나 낙심의 여지는 있을 수 없다.

이러한 입장은 에베소서의 후반부가 거듭 제시하는예를 들면, 4:17-24, 5:6-17; 특히 6:10-20 "이 세상의 지혜"바울의 말이다. 고전 1:18-30와 정면으로 충돌할 수밖에 없다. 감사하게도 교회의 말이 좋은 반응을 얻기도 한다.

예를 들면, 한때 재세례파의 평화주의는 주로 비저항 및 소박한 삶에 국한될 때가 있었다. 그러나 오늘날 이러한 열정은 가정 폭력, 교회 안팎의 권력 및 성적 남용, 법원의 교정 시스템, 국내 및 국제간 갈등 등 다양한 영역에 적용된다. 평화와 정의를 말하는 하나님의 지혜를 실천한 결과 실제적 지혜를 추구하는 단체가 부상했다. 제도적으로는 VORP, 즉 "피해자-가해자 화해 프로그램"Victim-Offender-Reconciliation Programs [VORP]을 비롯하여 평화 및 갈등 해소를 위한 다양한 학문적 프로그램, 콜롬비아의 "정의, 평화, 비폭력 기구"JustaPaz 및 기독교 평화 팀CPT 등 다양한 기관이 생겨났다.

이러한 지혜는 교회 밖 공동체로부터 적극 수용되고 있다. 이것은 하늘의 통치자와 권세들에게 알리는 것이 반드시 "세상을 증오하는" 것만은 아니라는 중요한 사실을 상기시킨다. 그럼에도 불구하고 이러한 대중성의 취약점은 이 지혜가 그리스도의 비밀에 닻을 내리지 못하고 하나님의 각종 지혜를 하늘에 있는 자들에게 전하기 어렵다는 것이다. 결국 하나님의 각종 지혜는 그리스도 안에서 만물을 통일시키는 것이다.1:10

사도의 기도

개관

이제 3장 1절에서 시작된 문장은 끝났다. 따라서 1장 6절에서 시작된 기도도 끝났으며 동시에 에베소서의 첫 번째 패널이 끝났다. 서론 참조 기도 사실상 본 서신의 전반부를 마무리 짓는 것은 영광송이다.

14-19절은 하나의 긴 문장으로 이루어진다. 우주에 있는 각 족속patria에게 이름을 주신 아버지pater를 향한 이 기도는 세 개의 점진적 요구로 이루어진다. Schnackenburg: 146 첫 번째는 성도가 능력과 사랑으로 중심이 새로워지게 해 달라는 것이다. 3:16-17; 속사람 [anthrōpos]에 대한 해석은 매우 중요하다 두 번째는 그들이 그리스도의 사랑과 그 실재너비와 길이와 높이와 깊이를 깨닫게 해 달라는 것이다. 3:18-19a 세 번째는 성도가 하나님의 충만을 경험하게 해 달라는 것이다. 3:19 이 기도는 구하거나 생각하는 모든 것에 능히 넘치게 하실 하나님에 대한 기쁘고 확실한 영광송으로 끝난다. 3:20-21

3장 14-21절의 구조

이러므로 내가 아버지 앞에 무릎을 꿇고 비노니

- 너희 속사람을 능력으로 강건하게 하시오며
- 너비와 길이와 높이와 깊이가 어떠함을 깨닫게 하옵시며
- 하나님의 모든 충만하신 것으로 너희에게 충만하게 하시기를 구하노라

우리가 구하거나 생각하는 모든 것에 더 넘치도록 능히 하실 이에게

교회 안에서와 그리스도 예수 안에서 영광이 대대로 영원무궁하기를 원하노라

아멘

개요

아버지 앞에 무릎을 꿇음, 3:14-15

능력, 사랑 및 그리스도의 내주, 3:16-17

깨달아 아는 능력, 3:18-19a

하나님의 충만하신 것으로 충만함, 3:19b

영광송: 능력을 베푸시는 하나님에 대한 찬양, 3:20-21

주석

아버지 앞에 무릎을 꿇음, 3:14-15

14절은 3장 1절에서 시작된 문장을 받아 갇힌 사도의 기도를 보여준다. 이곳의 기도에 사용된 구체적인 용어는 "엎드리다" 또는 "무릎을 꿇다"이다. 일반적으로 유대인은 서서 기도하기 때문에 이러한 자세는 다소 특이하다. 이것은 아마도 갇힌 사도라는 모티브에서 나왔을 것이다. 누가-행전에서 무릎을 꿇는 것은 임박한 죽음과 관련된다.예를 들면, 눅22:41; 행7:60, 20:36; Perkins: 88 그러나 무릎을 꿇는 것은 하나님 앞에서의 경외심과 존경심의 표현이기도 하다.예를 들면, 사45:23; cf. 빌2:10-11 여기서는 하늘과 땅에 있는 각 족속의 아버지이신 하나님께 대한 기도이기 때문에 후자의 의미가 적합하다. 결론적 영광송은 장엄한 예배 분위기를 형성한다.

바울이 무릎을 꿇은 모습은 중요한 신학적 관심사에 도움을 준다. 이 장면은 앞 절에서 살펴 본 하나님의 자녀의 담대함과 확신에 찬 나아감에 대한 균형감을 제공한다. 성도는 한 식구로서의 자유와 확신을 가지고 하나님께 나아갈 수 있지만2:18-22; 3:12 그럼에도 불구하고 그들은 기도를 통해 우주 만물의 창조주이자 구원자에게 나아가야 한다. 바울과 그의 교회들은 예수님이 제자들에게 하나님을 아버지 −아빠− 라는 친숙한 이름으로 부르게 하신 사실을 잘 알고 있었다.cf. 막14:36; 롬8:15; 갈4:6 그러나 이곳 본문에서 아

버지는 친밀함보다 존경의 의미를 담은 용어이다. 이것은 하늘과 땅을 막론하고 우주의 모든 족속은 하나님께 존재를 의지하며 그의 권세 아래 있다는 인식을 드러낸다. 하나님이 1장의 서두 찬양 및 첫 번째 기도에서 같은 이름으로 불린 것 —우리 아버지[1:2], 우리 주 예수 그리스도의 아버지[1:3]; 일부 사본은 3:14의 아버지를 이 표현으로 확장한다, 특히 영광의 아버지[1:17]— 은 놀라운 일이 아니다. 우리의 본문은 4장 6절하나님도 한 분이시니 곧 만유의 아버지시라도 예시한다.

"아버지"patēr와 관계가 있는 "족속"patria은 드문 단어이며 따라서 언어유희로 보인다. 이것은 NJB가 잘못 번역한 "부성"fatherhood처럼 추상명사가 아니라 모든 가정, 집단, 부족, 민족 또는 같은 조상을 둔 나라를 의미한다. BAGD: 636; Barth, 1974:368, 382; Gnilka: 181; Lincoln: 201 NIV는 "각 족속"을 전혀 다른 의미의 "족속 전체"로 번역한다. 그러나 "파사"every 앞에 관사가 없다는 것은 "전체"가 아니라 "모든"각으로 번역되어야 함을 보여준다. Barth, 1974:381; Best, 1998:338; Lincoln: 202

하나님의 부성아버지다움에 초점을 맞춘 번역은 몇 가지 문제점에도 불구하고 간과되어서는 안 된다. 첫째로, 이 족속은 온 우주 —하늘과 땅— 에 거주하고 있다. 지상의 족속과 관련하여, 하나님의 부성에 대한 가장 극적인 표현은 앞서 2장 11–22절의 유대인 및 이방인과 관련하여 살펴본 바 있다. 따라서 지상의 족속에 관한 한 "족속"보다 "사회적 그룹"이라는 번역이 바람직할 수 있다. Best, 1998:338 그러나 하늘의 족속이 누구인지에 대해서는 추측만 난무할 뿐이다. 그들은 천사 무리인가?예를 들면, Lincoln: 202; Schnackenburg: 149 그들은 이미 일부 지체가 죽어 하늘에 가고 없는 교회인가?Mitton: 237–9

또한 "각 족속"은 얼마나 많은 족속을 말하는가? 이것은 하나님이 지상 모든 족속, 교회 영역 밖 사람들까지 아버지가 되신다는 의미인가? 이것은 하나님이 호전적 통치자들과 권세들을 포함한 하늘의 모든 족속의 아버지시라는 뜻인가cf. 1:21; 6:12? 그렇다면 아버지가 되신다는 것은 무슨 의미인가? 저자는 이러한 질문들에 대해 설명할 생각이 추호도 없지만 일종의 만인구원설보편성은 물론 확산된 예배 및 경배의 분위기가 답이 될 수 있다. "하늘과 땅에 있는 각 족속"이라는 문구는 하늘과 땅, 온 우주의 창조주와 구원자로서 하나님의 돌보심이 어디까지 미치는지 보여주기 위해 예배라는 후한 표현을 사용한다. Perkins: 89 또한 이 구절은 성도들에게 하나님은 하늘과 땅 및 그 안에 사는 자들의 직접적인 주가 되심을 보여준다. Best, 1998:339

하나님과 이 모든 족속의 관계는 이름을 주심으로 성립된다. 고대사회에서 이름을 준다는 것은 아버지가 된다는 뜻이다. 그러나 이것은 지배를 위한 권위를 주장한다는 의미이기도 하다. 이것과 밀접한 관련이 있는 것은 이름을 받은 자가 이름에 담긴 능력과 권세를 가진다는 것이다. 이름은 힘이다. cf. 특히 1:21, 5:3; 또한 빌2:9-10; 계2:17, 14:1, 19:12

이 구절에는 두 개의 중요한 개념이 결합되어 있다. 하나는 다소 신비로운 개념으로, 하나님은 하늘과 땅에 있는 모든 족속의 시조이시며 그들에게 이름을 주신다는 것이다. 물론 이것은 이러한 족속들과 그들의 신적 아버지의 관계가 어떤 상태에 있는지에 대해서는 아무런 언급도 하지 않는다. 에베소서의 관점에서 볼 때 이러한 족속이나 그룹은 대부분 하나님과의 관계가 깨어진 상태에서 살고 있다. 예를 들면, 2:1-3,12, 6:12 그러나 하나님이 모든 족속과 그룹의 아버지라는 근본적인 확신은 하나님의 구원 및 회복 계획에는 한계가 없다는 확신과 일치한다. 따라서 우리는 하나님이 창조주, 주 및 구원자로 언급되는 결정적인 부분예를 들면, 1:10,23, 3:9, 4:10에서 *"만물"ta panta*이라는 단어가 반복되는 것을 볼 수 있다. 하나님은 만물을 새롭게 하고 계시며 여기에는 모든 그룹의 인류를 포함됨이 분명하다.

두 번째 개념은 관계적이다. 즉 하나님은 그리스도 안에서그리고 그로 말미암은 사역을 통해 확인된다. 따라서 모든 족속에 이름을 주신 것은 하늘과 땅에 있는 모든 족속에 대한 권위와 주권을 확인하는 하나님의 행위이다. 이러한 개념은 가부장적 용어로 표현된다. 1세기 사람들은 아버지를 가정의 통치자로 생각했다. 우리가 우주여전히 무질서한 가운데 있지만를 어느 면에서 하나님의 가정으로 생각한다면2:19-22; Russell, 1984; 1985, 하나님이 족속들에게 이름을 주신 것은 하나님이 그들의 주가 되심을 재확인한 것으로 보아야 할 것이다. 결국 이러한 확신은 교회가 하늘에 있는 통치자들 및 권세들3:10, 12과 맞서기 위해 필요한 자신감의 원천이 된다. 하나님은 그들의 주이시며 그들은 생명을 주는 이 위대한 지혜 −이 지혜는 화목해야 할 족속만큼이나 다채롭다−를 알려야 한다.

능력, 사랑 및 그리스도의 내주, 3:16-17

세 가지 간구 가운데 첫 번째는 교회가 하나님의 능력으로 강건하게 해 달라는 것이다. 이것은 이 기도 및 본 서신 전체의 핵심 관심사이다. Arnold, 1989:137-9; R. Martin, 1991:44; Schnackenburg: 150 이 관심사가 중요한 이유는 교회가 받은 소명과 임무의 규모가 실로 엄청난 때문이다. 교회는 메시아의 몸1:23; 2:16, 새 사람2:15, 하나님의 성전2:21이 되어야 한다. 교회는 하나님의 지혜를 하늘에 있는 통치자들과 권세들에게 알리고3:10 결국 그들과 싸워야 하는6:10-20 임무를 맡았다. 따라서 저자는 1장 15-23절 및 6:10-13절에서처럼, 능력으로 강건하게 해 달라는 간구를 이 기도의 핵심에 위치시킨다.

능력power으로 강건하게empower 해 달라는 간구는 저자가 자신의 주장을 특별히 강조할 때 사용하는 전형적인 반복구문이다. cf. 1:19 및 6:10 주석 독자는 이로 말미암아 확신과 담대함을 가지게 된다. 따라서 이러한 표현이 쿰란의 전쟁 문학에서 발견되는 것은 놀라운 일이 아니다. 1QM 10.5-6; 11.4-5, 9 이곳에서 볼 수 있는 것처럼 "능력"이라는 단어의 동의어가 쌓이는 것은 역설적으로, 인간의 언어로는 그리스도 안에 있는 하나님의 능력과 은혜와 사랑을 제대로 표현하기 어렵다는 사실을 보여준다. 3:19-20에서 분명히 보여주는 대로

성도는 "[하나님의] 영광의 풍성함을 따라" 강건하게 된다. cf. 1:18; 롬9:23; 빌4:19; 골1:27 하나님의 영광의 풍성함3:16은 1장 7절의 은혜 및 2장 4절의 긍휼하심과 마찬가지로 능력에 대해서도 무한한 원천이 된다. 하나님의 영광은 성도 안에서 성도를 위해 역사하고 계신, 하나님의 능력이다. 랄프 마틴Ralph Martin이 영광을 "하나님의 능력의 임재"로 제시한 것은 영광과 능력의 관계를 정확히 파악한 것이다. 1991:45

마틴의 언급에서도 찾아볼 수 있듯이 우리를 능력으로 강건하게 하는 수단은 성령이시다. 성경에서 영광과 능력이 사실상 동의어로 사용되듯이 "영"spirit이라는 단어도 하나님의 능력의 감지할 수 있는 임재를 가리키는 한 표현이다. Fee, 1987:695 헬라어에서 프뉴마 pneuma는 "영"이라는 뜻과 함께 "바람"이라는 의미도 있다. 이와 같이 성령은 움직이는 능력이다.

3장 16절에서 가장 어려운 구절은 "속사람 안으로"문자적 번역이다이다. NIV와 NRSV는 이 구절을 "너의 내적 존재 안에서"로 번역한다. 이것이 정확한 번역이라면 우리는 동시대의 많은 사람이 공유하고 있었을 것으로 보이는 저자의 인간론을 엿볼 수 있다. 즉, 사람은 외적 존재겉 사람와 내적 존재속사람로 구성된다는 것이다. 속사람은 하나님과 교감하는 부분으로 "성령의 힘주시고 새롭게 하시는 사역이 일어나는 인간 존재의 중심 좌소이다"Lincoln: 205; Best, 1998:340-1; cf. 롬7:22; 고후4:16 3장 17절에 바로 이어지는 그리스도께서 "너희 마음에" 계시게 해 달라는 언급은 "속사람"을 강건하게 해 달라는 언급과 평행을 이룬다. 따라서 속사람과 마음은 상호보완적이다. Fee, 1987:695-6

그러나 정확한 언어를 자세히 관찰해보면 3장 16절에 대한 해석은 달라진다. 이 구절은 문자적으로 "속사람anthrōpos 안으로"라는 뜻이다. "안으로"는 방향을 가리킨다. 즉 하나님의 능력이 성도들의 어느 곳을 향하게 해 달라는 것인지를 보여준다. 뿐만 아니라 우리는 이미 2장 15절에서 안드로포스anthrōpos가 그리스도 안에서 새로 지어진 인간을 가리킨다는 사실을 알고 있다. 2:15, 주석 참조 만일 이곳의 안드로포스가 이러한 의미로 사

용되었다면Barth, 1974:388-94; 그러나 Fee, 1987:696; Lincoln: 205는 이러한 주장을 거부한다. 이것은 하나님께 그들 안에 거하시는 분 -그리스도- 에게 능력을 주시기를 구하는 기도가 될 것이다. "그리스도 안에서"와 "내주하시는 그리스도"라는 개념두 개념 모두 개인적 의미와 공동체적 의미를 포함한다은 바울의 전형적 표현이다. cf. 예를 들면, 갈2:20, 4:19 에베소서에서 강조점은 "그리스도 안에서"cf. 4:13, 15-16에 맞추어진다. 동시에 교회는 그리스도의 충만함을 지니고 있다.1:23 따라서 "속사람"의 다른 한 짝은 성도의 "마음"이 아니라 3장 17절에서 볼 수 있는 것처럼 마음속의 "영원한 거주자"Best, 1998:341가 되시는 그리스도이다. 저자의 관심사는 인간론이 아니라 기독론, 또는 기독론에 비추어 본 교회이다. 그러므로 "속사람"의 "속"inner은 개인적 실재가 아니라 사회적, 대중적, 공동체적 실재를 가리킨다. 내주하시는 그리스도는 화목한 대적들로 구성된 거룩한 공동체, 하늘에 있는 통치자들과 권세들이 주목하게 될 새 사람의 외적, 사회적 실재를 통해 드러난다.3:10

후자의 요지는 "사랑 가운데서 뿌리가 박히고 터가 굳어져서"라는 구절에 의해 강조된다.cf. 골1:23; 2:7 이 구절에는 식물학적 이미지와 건축학적 이미지가 결합되어 있다.cf. 2:20-22 성도는 그리스도 안에서 경험한 것처럼 하나님의 사랑 안에 뿌리를 내리고 있다.2:4, 이것은 그들이 하나님의 사랑에 생명의 빚을 지고 있으며 그것으로부터 계속해서 힘을 얻는 뜻이다. 그러나 동시에 그들은 그것을 터로 삼아야 한다.tethemeliōmenoi, 3:17; cf. 터[themelios], foundation, 2:20 따라서 성도의 존재는 그들의 삶을 통해 드러나는 사랑에 의해 지배를 받고 형성된다. 우리는 다른 많은 주석가들처럼 하나님의 사랑과 그리스도의 사랑을 구별할 필요가 없다.cf. Best, 1998:343; Lincoln: 207 결국 양자는 상호에게 영향을 미친다. 그리스도 안에 있다는 것은 이런 것이다.

깨닫고 아는 능력, 3:18-19a

두 번째 간구는 다시 한 번 능력이라는 용어로 표현된다. "능히… 그 너비와 길이와 높이와 깊이가 어떠함을 깨달아." "깨달아"는 "이해하다"라는 뜻일 수 있다. 이 단어는 중간태인 "카탈람바오마이"katalambanomai를 번역한 것이다. 다른 본문에서 이 동사의 능동태는 "붙잡다," "깨닫다" "사로잡다," "이기다" 등의 의미로 사용된다.예를 들면, 막9:18; 요1:5; 살전5:4 이러한 깨달음을 위해, 지금까지 지속적으로 강조되어 온 신적 능력을 간구한 것이다.

"네 가지 영역"Best, 1998:344는 3차원 공간밖에 존재하지 않는다며 반대한다은 하나의 관사만 선행하기 때문에그 너비와… 하나의 전체를 네 가지 양상으로 표현한 것으로 받아들여야 한다. 이 표현은 온갖 추측의 원천이 되었다. 어떤 사람들은 여기서 십자가에 대한 암시를 발견하며Houlden: 304-5, 다른 사람들은 새 예루살렘이나cf. 겔48:16; 계21:16 신적 능력을 부르는 주술을 개조한 것으로 본다.Arnold, 1989:89-96 에베소서의 관심사와 일치하는 것은 네 가지 영역이 우주의 영역, 그리스도의 비밀, 그리스도 자신cf. 특히, 1:10에 함축된 우주적 영역 및 이어지는 구절에 언급된 그리스도의 사랑과 관련이 있다는 관점이다.3:19; Barth, 1974:395-7; Best, 1998:344-6; Lincoln: 208-13

많은 사람은 대부분의 역본과 마찬가지로예를 들면, NAB, NIV, REB, TEV 네 가지 영역을 그리스도의 사랑과 연결한다. 바로 앞 절의 "사랑 가운데서 뿌리가 박히고 터가 굳어져서"3:17 및 바로 뒤에 이어지는 "지식에 넘치는 그리스도의 사랑을 알고"라는 언급은 이러한 해석을 뒷받침한다. 어쨌든 이제 드러난 비밀의 핵심은 결국 그리스도의 사랑을 통해 나타난2:13-18 하나님의 사랑이다.2:4

그러나 에베소서 -특히 지혜를 각종 지혜로 언급한 3장 10절- 에는 지혜에 대한 꾸준한 강조가 나타난다. cf. 1:17; 1:3-14의 지혜에 대한 주석; 3:1-13 [지혜, 388쪽]; 지혜의 영역에 대한 배경에 대해서는 욥11:5-9; 시편139:8-10; Perkins: 90 참조 본질상 지혜에 대한 성경적 이해는 전체론 및 포괄적으로 창조, 율법 및 구원에 나타난 하나님의 뜻과 연결된다. 본 서신의 관점은 어떤 신약성경보다 이러한 확신으로부터 나온다.

따라서 우리는 네 가지 영역에 대해, 실재를 온전히 파악하라는 촉구로 받아들여야 할 것이다. 여기에는 지금 그리스도 안에서 드러난 하나님의 비밀에 대한 조망을 통해 실재를 보는 방법 및 그리스도 안에서 만물을 통일시키는 사역에 동참한다는 차원에서 실재를 파악하는 방법도 포함된다.1:10 따라서 네 가지 영역에 대한 깨달음은 교회가 그리스도 안에서 구원을 받고 새롭게 된 경험 및 3장 10절에 제시된 사역이라는 관점에서 보아야 한다. 그러나 이러한 해석은 19절에 제시된 그리스도의 사랑과의 밀접한 관계를 배제하지 않는다. 오히려 그리스도의 사랑은 한이 없으며 파악할 수 없이 무한하고 불가해하며 만물 및 우주의 네 영역 가장 자리까지 확장된다.

그리스도의 사랑 안에서보다 하나님의 무한하신 지혜가 창조적으로 드러난 곳은 없다. 이것은 모든 참된 지혜와 마찬가지로 인간의 이해를 넘어선다. 동시에 성도들은 알 수 없는 것 -이해할 수 없는 그리스도의 사랑-을 알고 실재를 깨닫는 능력을 입어야 한다. 왜냐하면 이 헤아릴 수 없는 지혜를 하늘에 있는 통치자들과 권세들에게 알리는 것이 그들의 임무이기 때문이다.

다시 한 번 말하지만 간결한 언어는 정확성을 요구하는 것이 아니라 이해를 촉구한다.

해석 가능한 여러 가지 대안 가운데 하나를 선택하려는 시도만큼 어리석은 일도 없다. 결국 깨닫고 아는 일은, 하나님이 인간에게 주신 모든 지적 능력을 동원해야 함에도 불구하고 결코 지적인 활동이 아니다. 이 지식은 바로 하나님의 은혜로운 계시의 선물을 받는 것이다. 또한 이러한 지식은 그리스도의 사랑에 대한 경험과 함께 이러한 경험에 기초한 삶 및 그것으로부터 힘을 얻는 삶을 포함한다. 안다는 것은 사랑한다는 것이다.

이것은 사적이거나 개인적인 지식의 능력을 입는다는 것이 아니다. 신자는 다른 모든 성도와 함께 실재의 참된 본질을 깨닫고 그리스도 안에서 통일시키는 사역에 동참해야 한다.1:10 그리스도인의 지식은 사적인 것이 아니다. 그것은 공적이고 사회적이며 따라서 성도들의 공동체 안에서 그리스도의 사랑을 실천하는 삶과 관련된다.Barth, 1974:394-5

어떤 사람들은 이것에서 바울의 교회에 뿌리박기 시작한 영지주의에 대한 반론을 발견한다.Houlden: 305 지식에 대한 강조 및 이러한 지식이 사랑*agapē*에 기초한다는 주장은 영지주의 내의 반대 논리이기도 하다. 그러나 네 가지 영역에 대한 고도의 암시적인 언급을 포함하여 본문 어디에도 2세기 이후 영지주의에서 볼 수 있는 것과 같은 몇몇 특수층의 사색을 염두에 둔 내용은 없다.

하나님의 충만함으로 충만하게 되는 능력, 3:19b

세 가지 간구는 19절에서 절정에 달한다. "하나님의 모든 충만하신 것으로 너희에게 충만하게 하시기를 구하노라." 이 구절 역시 문법적으로 다양한 해석을 가능하게 한다. 앞서 1장 23절에서 살펴본 대로 충만함은 충만함을 입는 것과 충만하게 하는 것을 모두 포함한다. 이곳에 제시된 "충만하게 하다"라는 동사의 수동태"너희에게 충만하게 하시기를[너희가 충만함을 입기를] 바로 뒤에는 일반적으로 "~안으로"나 "향하여"로 번역되는 "에이스"eis라는 전치사가 이어진다. 이것은 과정이나 진행방향을 함축한다.BAGD: 228-9 NRSV는 "모든 충만함으로"with로 번역하는데 이것은 이 중요한 사실을 흐린다.KJV, NJB, REB도 마찬가지이다 본문은 성도가 하나님의 모든 충만하심을 향해 충만해야 한다는 뜻으로 보아야 한다.예를 들면, Best, 1998:348; Lincoln: 214; cf. NAB, NASB, NIV 이처럼 세밀한 번역은 4장 13절에서 볼 수 있는 성장과 발전의 요소도 담을 수 있다.

교회는 이미 그리스도의 몸이며 그의 충만함을 지고 있다.1:23, 주석; 3:19은 골2:9-10과 밀접한 관계가 있다 동시에 사도는 그러한 교회를 위해 실제로 그렇게 충만하게 해 달라는 기도를 그쳐서는 안 된다.1:16-17 우리가 파악하는 에베소서의 의미는 이렇다. 즉, 충만하신 그리스도의 충만한 몸으로서 교회는 하나님의 충만하심을 향해 끊임없이 충만함을 입어야 한다는 것이다. 본문에서 방향 및 과정이라는 요소는 간과되어서는 안 된다.

이러한 설명에도 불구하고 이 기도에는 놀라운 함축이 담겨 있다. 본문은 "신성에 동참하는" 수준까지 암시하고 있어 우리를 초조하게 한다. 그러나 이러한 과묵함은 에베소서 저자와 맞지 않는다. 하나님의 놀라우신 거룩함과 사랑은 측량할 수도 이해할 수 없지만 이 사랑의 광대함은 첫째로, 아무 자격 없는 자를 하나님의 가족이 되게 하고 둘째로, 그들이 그리스도 안에서 하나님의 충만함을 받을 수 있는 은혜를 베푸심으로 가장 완전하게 드러났다.

영광송: 능력을 베푸시는 하나님에 대한 찬양 3:20-21

3장의 마지막 두 절은 14-19절의 기도의 결론에 해당한다. 본문은 능력을 주시는 자에게 영광을 돌림으로써 능력이라는 주제를 계속한다. 이 능력은 우리가 구하거나기도에 대한 언급이다 생각하는3:14-19에 제시된 지식과 깨달음에 대한 주제를 암시한다 모든 것을 훨씬 능가한다.

이 영광송은 확실히 에베소서 전반부의 결론으로 적합하다. 로마서 11장 33-36절에서와 마찬가지로 하나님의 은혜에 대한 진술은 이 모든 일을 시작하시고 완성하실 하나님을 찬양하는 송영을 촉구한다. 또한 로마서 11장에서처럼 이 영광송은 이어지는 권면의 근거를 제공한다. 이것은 모든 윤리, 선한 일 가운데 행함2:10은 오직 하나님의 은혜 및 능력으로만 가능하다는 사실을 상기시킨다. 모든 선한 일은 은혜로우신 하나님과 함께 시작하고 마쳐야 한다. 모든 윤리, 모든 제자도는 찬양과 경배로 시작해야 한다. 무엇보다 윤리 자체가 예배가 되어야 한다.

이 영광송의 많은 요소들은 에베소서 전체의 특징 및 관점을 반영한다. 첫째는 앞서의 기도3:14-19; cf. 1:15-23의 중요한 요소인 능력에 대한 강조이다. 이 구절의 헬라어에는 영어의 능력dynamic 및 역사energy라는 두 가지 의미가 담겨 있다. "우리 가운데 역사하시는energoumen 능력dunamis대로… 능히dunamenos 하실 이에게"능력과 역사는 3:7; 1:19에도 함께 나타난다 "우리 가운데서"라는 구절이 특히 관심을 끄는 것은 1:19-20에서 하나님의 능력은 "그리스도 안에서" 우리를 위해 역사하기 때문이다. 이러한 능력이 이제 우리 안에서 역사한다는 것은 에베소서에서 교회가 얼마나 탁월한 지위를 차지하고 있는지를 보여준다. 이것은 이 영광송의 마지막 구절에 교회가 들어간 이유를 설명해준다.아래 참조

둘째로, 우리 안에서 우리로 말미암아 역사하는 능력은[안에, 373쪽] 우리가 구하거나 상상할 수 있는 것 이상이며, 또는 NRSV의 번역처럼 "모든 …보다 훨씬 풍성하다." 링

컨Lincoln은 의도적으로 "모든 것보다 무한하게 더 풍성한"이라는 불합리한 언어를 사용한다.216 여기서 저자는 다시 한 번 과장적 문체를 사용하고 있는 것이다. 이것은 아무리 과장된 인간의 언어라도 하나님의 능력이 할 수 있는 일을 제대로 표현할 수 없음을 보여준다. 에베소서에서 과장은 저평가되어 있다. "아무리 담대한 인간의 기도나 아무리 위대한 상상력이라고 해도 하나님의 능력을 규정할 수 없다"Lincoln: 216 우리는 저자의 주장을 다시 한 번 강조할 필요가 있다. 이 능력은 우리 안에서, 우리를 통해 역사하고 계신다. 따라서 이 영광송은 결국 감사이다.

셋째로, 하나님에 돌린 영광은 "교회 안에서와 그리스도 예수 안에서"이다. 이 영광송의 정점에 위치한 교회의 탁월성은 에베소서 전체에 나타나는 교회에 대한 강조와 일치한다. 이것은 신약성경의 영광송 가운데 독특하다.cf. 롬16:25-27; 유24-25절 이것은 헬라어 "en"을 단순히 "안에서"in로 볼 것인가NRSV를 비롯한 일부 역본 아니면 "~를 통하여"through나 "~에 의해"by처럼 도구적 용례로 볼 것인가라는 문제에 직면하게 된다.[안에, 367쪽] 우리는 하나님의 능력이 역사하는 대리인으로서 그리스도, 하나님의 은혜와 능력의 수혜자이자 참예자로서 교회에 대한 강조를 보게 된다. 이러한 강조들은 우리에게 교회란 하나님을 영화롭게 하는 수단이라는 인식을 갖게 한다.Houlden: 305 따라서 하나님의 영광은 교회 안에서와 그리스도 안에서 볼 수 있으며, 말하자면 그리스도와 교회를 통해 생성된다. 하나님은 교회의 삶과 사역을 통해 영광을 받으신다.

이 모든 것의 배후에는 영원이라는 배경이 있다. 저자는 앞서 3장 전반부에서 사용한 두 개의 익숙한 모티브—세대3:5와 영원3:9—를 사용한다. 여기서는 두 모티브가 에베소서의 전형적 방식으로 결합한다. 하나님이 그 은혜의 지극히 풍성함을 오는 세대에 나타내신 것처럼 교회와 그리스도를 통해안에서 영광이 대대로 영원 무궁히 하나님께 돌아갈 것이다. 아멘!

성경 문맥 안에서의 텍스트

아버지 하나님

이 기도의 가장 탁월한 특징 가운데 하나는 하나님을 아무런 수식어가 없는 "아버지"로 부른다는 것이다. "Father," TLC, 1:3-14 주석에서 설명했듯이 아버지로서 하나님이라는 모티브는 본 서신 전체에 나타난다.cf. 1:2,17; 2:18; 4:6, 5:20, 6:23 이것은 뚜렷이 구별되는 특징이다. 이 단어는 바울서신 어디서나 발견되며 주로 서신을 시작하는 문안인사에 나타난다. 예를 들면, 롬1:7; 고전1:3; 고후1:2; 갈1:3; 빌1:2; 골1:2; 몬3 범위를 확장하면, 하나님을 아버지로 묘사한 사례는 복음서, 특히 마태복음과 요한복음에 두드러진다. 예수님은 하나님을 자신의 아버지라고 부르거나 다른 사람과 관련하여 하나님을 아버지로 언급하신다. 예를 들면, 마5:16,45,48; 7:11,21; 11:25-27; 요3:35, 10:15, 14:23

드물게 사용되는 "아빠"라는 친근한 호칭은 임박한 죽음을 앞두고 고뇌하시던 예수님에 대해 묘사한 마가복음 14장 36절에만 나타나며 바울의 교회에서도 확실히 기도에 사용되었음을 볼 수 있다.cf. 롬8:15; 갈4:6 그러나 에베소서 3장 14절의 "아버지"는 피조세계 전체, 특히 "하늘과 땅에 있는 각 족속"을 창조하시고 유지하시며 회복하시는 하나님에 대한 묘사로 사용된 것이 분명하다.cf. 2:18 이것은 친밀감이나 친숙함의 호칭으로서 "아버지"에 초점을 맞춘 것이 아니다.

기도

마태복음과 요한복음은 다른 두 개의 중요한 기도의 사례를 제시한다. 마태복음 6장 9-13절cf. 눅11:2-4에는 단축된 형태로 나타난다에는 주기도문이 제시된다. 예수님은 우리가 하늘에 계신 아버지께 어떻게 기도해야 할 것인지에 대한 모범을 보여준다. 에베소서 3장 14-21절은 예수님이 제자들에게 심어주려 했던 것과 같은 확신과 담대함 및 하나님께 나아감을 분명히 보여준다.cf. 엡2:18, 3:12 성경 시대 이후 오늘날 사용되고 있는 주기도문 형식은 에베소서의 기도 내용과 유사하게 하나님께 권세와 영광을 돌리는 내용으로 마친다. "권세와 영광이 영원히 당신의 것입니다, 아멘cf. Didache 8

우리는 3장 14-21절의 기도1:16에서 시작한다가 교회에게 기도하는 방법을 가르치려는 의도도 있었는가라는 의문을 가질 수 있다. 본문은 교회가 자신의 정체성 및 임무와 관련하여 어떻게 기도해야 할 것인지를 보여준다. 교회는 담대함과 확신을 가지고 능력, 지혜, 사랑 및 충만함을 구해야 한다. 이것은 바울의 또 하나의 "우리 아버지여"인가?

또한 에베소서의 기도는 요한복음 17장에 나오는 예수님의 대제사장적 기도와 유사성이 있다. 이 기도 역시 아버지를 부르는 것으로 시작한다. 이 기도는 에베소서 3장에 나오는 주제들을 다룬다. "영광"요17:1,4,5,22,24, 능력17:2,18, 지식17:3,7,8,25,26, 이름 17:6,11,12,26, 거룩함17:17,19, 그리스도의 사역을 온 세상에 나눔17:18,21,23, 사랑17:26, 하나님 및 그리스도와 하나 됨, 하나님 및 그리스도 안에 있음17:21,24, 그리스도와 그의 사랑이 신자 안에 거함17:10,13,22,23,26

필자는 어느 한 기도가 다른 기도에 의존했다고 말하는 것이 아니다. 그러나 확실히 두

기도는 교회에 대한 목양적 관심으로부터 나온다. 이것은 두 기도 사이의 가장 큰 유사성이 될 수 있다. 에베소서의 기도는 바울의 대제사장적 기도로 보아 마땅하다. 이러한 관점은 이 기도를 바울 사후 이 위대한 사도와 교회 전체와의 관계에 대한 회고 및 목회적 관심의 결정체로 본다고 해도 동일한 설득력을 가진다. 에베소서 3장의 기도를 마태복음 6장의 주기도문 및 요한복음 17장의 제사장 기도에 비유한 것은 에베소서 저자의 목적과 잘 부합된다. 여기서는 위대한 사도가 교회를 위하여 간구하지만 6장 18-20절에는 상황이 바뀌며 편지의 수신자가 모든 성도, 특히 사도 자신을 위해 복음을 담대히 알리는 사명을 완수하게 해 달라는 기도를 요구받는다.

교회적 상황에서의 텍스트

하나님 아버지에 대한 기도

이 기도의 내용은 당시와 마찬가지로 오늘날에도 꼭 필요하다. 오늘날 성도들에게도 당시의 성도들과 동일한 능력, 새롭게 됨, 지식 및 교회의 사명을 감당할 용기가 필요하다. 유감스럽게도 이 기도는 **아버지로서** 하나님께 드리는 기도이기 때문에 많은 사람은 이 기도의 심오하고 장엄한 어조를 듣지 못하고 있다. 대부분의 교회사에서 하나님의 아버지 되심은 논쟁의 대상이 된 적이 없다. "아버지"는 하나님의 권위와 부성을 높이는 용어이지만 주로 성도가 기도로 하늘에 계신 아버지께 온전히 나아갈 수 있는 자녀의 자격을 부여해왔다. "아버지"로 시작하는 기도는 하나님의 주 되심 뿐만 아니라 하나님과의 개인적 관계를 보여준다.

그러나 최근 들어와 아버지라는 신명은 커다란 사회적 파장을 초래하고 있다. "Father," TLC, 1:3-14 사람들은 아버지 되심을 가부장제patriarchy와 동일한 의미로 생각한다. 가부장제는 문자적으로 "아버지의 통치"라는 뜻을 가진다. "아버지"라는 용어에는 계급제도, 지배 및 상하관계라는 의미도 담겨 있으며 따라서 약자, 특히 여자와 아이들의 희생과 남용을 함축한다. 따라서 일부 교회에서는 기도할 때 하나님에 대해 아버지라는 호칭을 사용하지 않는다.

문제는 심각하다. 한편으로 남성특히 아버지의 역할에 집중된 특권에 상처를 입은 자들은 에베소서의 아버지 되심이라는 표현이 도움이 되지 않거나 상처를 준다고까지 생각한다. 이런 비판은 종종 권력 및 성적 남용에 대한 개인적 경험을 넘어서며 이러한 구조나 행동을 뒷받침하는 이데올로기 및 문화적 기반으로까지 확장된다. 많은 영역에서 가부장제는 특히 교회 안에서 여자들이 격론을 벌여야 하는5:21-6:9, notes, 악한 통치자들과 권세들6:12, KJV의 대표적 사례로 자리하고 있다. 다른 한편으로 어떤 사람들은 아버지로서 하나님의 이미지를 거부하는 것은 문화적 제도나 신앙의 중요한 기초 가운데 하나로서 아버지 됨을 고집하는 것이라고 경고한다.Kimel; J. W. Miller

하나님을 아버지로 부르는 것은 하나님이 존재하는 모든 것의 창조주이자 유지자이심을 인정하는 것이다. 그것은 하나님과 "만물"의 관계를 주권의 하나로 인정한다. 즉, 하나님은 "자신의" 가족에게 요구할 수 있다는 뜻이다. 1세기에는 아버지라는 단어에 이러한 함축이 담긴 것에 대해 어느 정도 당연하다고 생각했을 것이다. 레티 러셀Letty Russell은 아버지 되심을 쉽게 지배력으로 단정해 버린 관점은 하나님을 인간 아버지에 비유한 잘못된 관점이라고 말한다.Russell: 30-32, 62 등

오늘날 우리는 하나님의 주권을 표현하는 보다 나은 방법을 찾을 수 있다. 그러나 에베소서의 관점에서 볼 때 권위와 주 되심, 능력과 영광은 교회가 사명을 수행하기 위해 필요한 확신의 기초가 된다. 하나님의 은혜, 자비, 용서, 사랑 및 평화는 하나님만이 악과 적개심 및 와해된 세상에 대한 궁극적 승리를 보장한다는 확신과 불가분리의 관계에 있는 강력하고 권위 있는 주권적 요소들이다.

어쨌든 십자가에 못 박히신 주님을 그에게 속한 자들과 함께 죽은 자 가운데서 다시 살리신 것은 영광의 아버지이시다.1:17,20, 2:4-6 이러한 관점이 우리와 동시대인에게 어떤 어려움을 주든, 결국 하나님이 모든 것을 제 자리로 회복시키실 것이라는 확신은 성경 전체에서 발견되는 핵심적 사상이다. 이 확신은 복음이 폐지되지 않는 한 제거되지 않을 것이다.cf. 롬8:28, NRSV 주석: 8:38-39

러셀은 권위에 대한 가부장적 관점에 대한 하나의 대안으로서 "협력"partnership을 제시한다. 아이러니한 일이지만 러셀은 스스로 인정한 대로 이 용어를 통해 에베소서의 아버지 되심의 중요한 함축을 훨씬 정확히 간파했다.32, 62 이러한 파트너십은 하나님을 본받으라는 분명한 명령5:1에 덧붙여, 이 본문 및 사실상 에베소서 전체의 밑바탕이 되는 교회론 속에 함축되어 있다. 우리가 그리스도 -사실상 하나님- 와 함께 하늘에 앉아2:6-7 하늘에 있는 통치자들과 권세들에게 하나님의 지혜를 알림으로써 실재들에 대해 "이름을 주는" 하나님의 사역에 동참한다는 것은 이런 뜻이다.

가장 놀라운 것은 교회가 하나님의 충만함에 이르기까지 하나님의 충만하신 것으로 충만하게 되고 있다는 것이다.3:19 에베소서에서 하나님의 아버지 되심은 무엇보다도 하나님의 권위와 능력 및 영광이 우리, 즉 하나님의 자녀를 위한 것이라는 사실을 보여주는 방식으

로 제시된다.¹ː¹⁹; ³ː²⁰ 또한 하나님을 아버지라고 부른다는 것은 하나님의 자녀에 대해 신격화 된 인간과 허물없이 지낼 만큼 강력한 협력관계에 있는 자로서 존경한다는 뜻이기도 하다.³ː¹⁹; cf. 골²ː⁹ 그러나 그것은 우리가 측량할 수 없는 사랑에 대한 척도가 된다. 이것이 바로 지금까지 가족이 아니었던 외인들을 구원하시고 능력을 주신 아버지이시다.²ː¹¹⁻²²

우리는 하나님의 아버지 되심에 대해 오직 이러한 관점에서 살펴본 후에야 이 이미지에 대해 비판적으로 접근할 수 있을 것이다. 하나님에 대한 대안적 호칭들은 적어도 능력 면에서 하나님께 나아감, 확신, 소망 및 영광이라는 개념을 모두 합할 만큼 심오한 호칭이 되어야 할 것이다.Swartley, 1990; Volf: 167-90도 참조하라

물론 하나님에게 "아버지"라는 단어를 적용한 것은 인간적 삶의 영역에서 나온 유추이다. 우리는 이러한 유추에 대해, 신적 아버지가 어느 정도 인간 아버지의 규범이 되는지 물어볼 수 있는가? 인간 아버지는 과연 자신에 대해, 만물이 지향할 "영광의 아버지"로 생각하라는 권면을 받았는가? 이 질문에 대한 대답은 에베소서에서 남편의 본분에 관한 문제가 구체적으로 제기되었을 때 전능자를 본받으라는 명령이 아니라 신부인 교회를 위해 자신의 생명을 주신 그리스도를 본받으라는 명령이 주어진 사실에서 찾을 수 있다.⁵ː²⁵ 아버지는 자녀를 노엽게 해서는 안 되며 그리스도를 닮아가도록 양육해야 한다.⁶ː⁴ 따라서 하나님은 정확한 의미에서 인간 아버지의 모델이 아니다.

에베소서에서 하나님을 본받으라는 분명한 언급이 제시된 곳은 오직 한 곳뿐이다.⁴ː³²⁻⁵ː¹ 이것은 바울의 글에서 흔치 않는 경우로, 본 서신이 성도에 대해 얼마나 높은 수준의 협력을 증거하고 있는지 보여준다. 아버지를 포함한 모든 성도, 남자와 여자는 최선을 다해 온유하고 용서하며 자비하며 사랑하라는 명령을 받는다. 이러한 기반을 전제로 하는 아버지 개념은 아내와 아들을 희생하면서 자신의 이익을 좇는 성향의 가부장제와는 부합되지 않는다.

윤리의 기초로서 영광송

3장 20-21절의 영광송이 하나님의 은혜로우신 개입에 대한 긴 진술¹⁻³장이 끝난 후, 권면⁴장이 시작되기 직전에 위치한 것은 몇 가지 중요한 가르침을 준다. 첫째로, 하나님의 은혜에 대한 어떤 진술도 반드시 감사의 예배로 끝난다는 것이다. 하나님의 사랑과 은혜에 대한 깊은 인식은 진정한 "하나님에 대한 감사"가 성도의 삶 가운데 지속되게 해야 한다.

두 번째 교훈은 첫 번째 교훈으로부터 나온 것으로, 영광송의 위치가 권면을 시작하기에 앞서 일종의 서문으로 제시된 사실과 관련이 있다. 아무리 감사로 가득한 예배라 할지라도 강압에 의한 순종이 아닌 하나님에 대한 진심어린 감사의 표현으로서 "순종"을 경험하는 삶이 없다면 예배는 완성될 수 없으며 진실 될 수도 없다. 이러한 통찰력은 가령 그리스도인의 윤리를 예배보다 순종과 제자도로 보는 재세례파와 같은 전통에서는 진가를 인정받기 어려울 것이다. 이 본문은 독자에게 어떤 희생과 어려움이 따를지라도 능동적으로 감사해야 한다는 사실을 주지시키려 한다.

함께 그리스도에 이르기까지 자라라

개관

3장 끝의 기도와 영광송은 에베소서 전반부의 적절한 결론을 형성한다. 또한 이 부분은 하나님의 은혜에 대한 성도들의 감사의 반응을 기대한다. 따라서 본 서신의 후반부는 에베소서 전반부에서 제시한 부르심에 합당한 삶을 살라는 긴급한 호소로 시작한다.

첫 번째 강조는 하나가 되라는 것이다. 에베소서 전반부의 은혜에 대한 진술의 핵심에는 옛 대적들로부터 한 새 사람을 지으시는 그리스도의 평화 사역이 자리한다.2:11-22; 서론 이제 교회의 사역은 이 하나 됨을 유지하는 것이다.4:3 이어서 이러한 하나 됨을 보장하는 일곱 가지의 중요한 항목이 제시된다.4:4-6 7-16절은 교회가 연합을 하나의 실재로 형성할 수 있도록4:13 그리스도께서 교회에 선물을 주시는 행동을 강조함으로써4:7-11 하나 됨에 대한 강조를 이어간다. 9-10절은 시편 68편 18절을 선물을 주시는 자로서 그리스도에게 적용한다. 4장 1절은 에베소서 후반부의 권면을 시작하지만 7-16절은 교회의 성장 및 선물을 주시는 자이자 머리로서 그리스도의 역할에 대한 보다 정확한 신학적 사색을 제시한다. 17절부터는 다시 권면에 대한 본론을 다룬다. 제시된 리스트는 본문의 특징적 요소이다.아래의 구조 및 부록의 Schematic Trans. 참조 가장 두드러진 것은 4-6절의 "하나 됨의 목록"과 11절에 제시된 그리스도께서 교회에 주신 선물 목록 및 13절에서 교회의 성장 목표로서 그리스도에 대한 다양한 묘사이다.

4:1-16의 구조

그러므로 내가 너희를 권하노니

　너희가 부르심을 받은 일에 합당하게 행하여

　　["하나 됨에 필요한 미덕"의 목록]

　평화의 매는 줄로 성령이 하나 되게 하신 것을 힘써 지키라4:1-6

우리 각 사람에게 그리스도의 선물의 분량대로 은혜를 주셨다.4:7

　[승리의 선물 수여자로서 그리스도라는 관점에서

　시편 68편 18절에 대한 간략한 해석] 4:8-10

그가 선물을 주셨다

　[선물 목록: 특정 사역을 맡은 사람들]

　이는 성도를 온전하게 하여 봉사의 일을 하게 하며

　그리스도의 몸을 세우려 하심이라

　…그는 머리라. 그에게서 온 몸이

　사랑 안에서 스스로 세우느니라 4:11-16

　독자는 한편으로는 몸의 하나 됨, 다른 한편으로는 개인에게 능력과 은사를 주심 사이의 상호 작용에 세밀한 관심을 기울여야 한다. 둘째로, 교회 지도자은사와 일반 지체성도가 어떻게 상호 간에, 그리고 교회 사역과 관련되는지에 주목해야 한다. 셋째로, 교회는 다시 한 번 그리스도의 몸으로 규명되며4:4; cf. 1:23, 이 구절들에서는 아직 완성되지 못했다는 의식이 강력히 강조된다.4:13, 16 교회의 사명은 자신을 완성하는 것이다.

　하나 됨에 대한 강조가 본 서신의 수신자 가운데 구체적인 분열이 있었음을 의미하는지는 확실히 알 수 없다. 바울과 그를 따르는 자들에게 분열은 상존하는 위험이거나 현실이었을 것이다.서론 그들은 신학 및 교리에 있어서 견해차를 드러내었기 때문에 윤리와 선교에 관한 문제에 대해 종종 의견이 갈렸다. 권면의 서두에 하나 됨에 대한 관심이 제시된 것은 아마도 바울 사후 수십 년간 그의 교회에서 야기된 분쟁에 대한 반응일 것이다.

개요

주석

하나 됨에 대한 촉구 4:1-6

4:1 갇힌 자의 권면

3장 1절에서처럼 바울은 갇힌 자로 나타난다. "그러므로 주 안에서 갇힌 내가 너희를 권하노니." 따라서 본 서신이 그의 글인지, 또는 3장 1절이 실제적 투옥을 배경으로 하는지의 여부와 관계없이, 바울을 "주 안에서" 포로 된 자로 제시한 것은 확실히 비유적, 신학적 의미를 가진다.[3:1, 주석] 이 권면에는 성도들에게 강권하지 않을 수 없는 누군가의 부담감이 담겨 있다. 바울은 주께로부터 받은 사도의 사명에 사로잡힌 자이다.[cf. 고전9:15-23] 그는 다른 선택권이 없으며 그의 독자도 마찬가지이다. 그들은 "쇠사슬에 매인 사신"[6:20]에 의해 은혜로운 구원의 비밀로 인도함을 받았다.

이것은 "내가"라는 강조형을 쓴 이유를 설명하는 것으로 보인다. "갇힌 자"*desmios*는 재치 있는 언어유희와 함께 독자에게 "평화의 매는 줄로*sundesmos* 성령이 하나 되게 하신 것을 힘써 지키라"[4:3]고 호소한다. 권하는 자와 권함을 받는 자는 둘 다 같은 주의 종으로서, 동일한 은혜의 포로이다.

이 권면은 "그러므로"*oun*라는 중요한 단어로 시작한다. 이 짧은 단어가 그리스도인의 윤리에서 차지하는 중요성은 아무리 강조해도 지나치지 않다. 바울서신에서 권면*parae-nesis*은 전형적으로 하나님이 신자를 위해 하신 일에 대한 진술 다음에 이어진다. 신자의 신실한 삶이란 바로 은혜에 대한 감사의 반응이다. 구원은 행위로 **말미암아**by works 얻는 것이 아니며2:8 행위일를 **위한**for works 것이다.2:10 로마서 12장 1절은 이유를 분명하게 제시한다. "그러므로 형제들아 내가 하나님의 모든 자비하심으로 너희를 권하노니 너희 몸을 하나님이 기뻐하시는 거룩한 산 제물로 드리라."

이곳 본문에서 제시하는 이미지는 제물이 아니라 "부르심을 받은 일에 합당하게 행함"이다. 행함walking은 사람이 살아가는 방식을 가리키는 성경의 일반적 표현이다.cf. 2:2; "Two Ways of Walking," TBC, 2:1-10, 4:17, 5:2,8,15; cf., 예를 들면, 신10:12; 잠2:20; 사30:21; 미 4:5; 요8:12, 12:35; 요일1:7 이것은 오늘날의 "라이프스타일"에 해당한다. 그러나 성경의 이 미지는 덜 정적이다. 그것은 인간의 삶이 생명이든 죽음 이든, 어딘가로 향하고 있다는 사실을 함축한다.특히, 2:1-10

이 권면의 서두 부분에는 "부르다"와 "**부르심**"*kaleō* 및 동족어이라는 단어가 자주 등장 한다. 헬라어에서는 "권하다"로 번역된 용어조차 "**부르다**"*parakaleō*; Liddell and Scott; cf. Best, 1998:361; Schmidt; Schmitz와 관련이 있다. 성도는 어떤 부르심 안에서또는 향하여 부름 을 받았는가? 유대인 저자에게 거룩한 자들이나 성도로서 행한다는 것은 무엇보다도 하 나님의 뜻, 즉 하나님이 인간을 위해 예비하신 선한 일을 행하는 것이다.2:10 또한 1장 18 절에서와 마찬가지로 4절에는 이 부르심이 소망과 직접 연결된다. 하나님이 성도를 부르 신 것은 그들이 소망하는 것을 향해 "소망 안에서" 행하게 하기 위함이다.

따라서 우리는 이 권면의 서두에서 "이미"와 "아직" 사이에 존재하는 바울 특유의 긴장 을 볼 수 있다. 성도는 장차 온전히 받을 것이 확실한 미래적 능력과 가치관을 가지고 현 재를 살아야 한다. 그들은 이미 그리스도의 몸이며1:23; 2:16, 이미 하나님의 충만하심을 누리고 있다.1:23; 3:19 그러나 그들은 만물과 함께1:10 아직 그리스도의 장성한 분량에 이 르기까지 자라지는 못하였다. 그들은 아직도 충만해 지고 있는 과정에 있다. 그들은 구 원을 받았으며2:5, 8 구원을 완성해 가는 중에 있다.6:17, 주석

4:2-3 평화의 매는 줄

간힌 사신이라는 이미지에 담긴 역설3:1; 6:20은 십자가에 못 박히신 평화의 역설2:14-18과 마찬가지로 성도의 삶의 특징을 보여준다. 택자1:4는 그리스도와 함께 살리심을 받 고 함께 하늘에 앉히심을 얻었다.2:5-6 또한 그들은 살아 있는 성전으로서 하나님에게 처

소를 제공하며2:21-22 하나님의 충만하심을 입고 있다.3:19 이제 그들은 이 위대하고 고상한 부르심에 대해 "모든 겸손과 온유… 오래 참음으로" 행하라는 권면을 받는다.2:1

골로새서 3장 12절에서 나온 것으로 보이는 이 일련의 미덕은 하나님의 특권층 자녀나 개화된 엘리트에게 해당하는 미덕이 아니다. 사실 광범위한 이방 문화에서 이런 겸손은 자기주장이 없는 소심함으로 인식될 뿐 미덕으로 생각하지 않는다.Best, 1998:362; TBC 그러나 바울은 이러한 미덕이야말로 그리스도의 몸을 붙드는 접착제와 같다고 생각한다.예를 들면, 롬12:16; 빌2:3, 8; 골3:12 오래 참음makrothumia을 실천하는 것은 오래 참으시는 하나님을 본받는 것이며cf., 예를 들면, 출34:6, LXX; 시85:15, LXX, 4장 32절-5장 1절의 하나님을 본받는 삶을 예시한다. "사랑 가운데서 서로 용납하고"는 이러한 미덕을 잘 받아들여 그것에 온전함과 공동체 건설이라는 특징을 가미한다는 것이다.Russell: 76; 이 미덕에 대해서는 TBC 참조

이어지는 명령은 이러한 생각이 어떤 면에서도 수동적 개념이 될 수 없음을 보여준다. 성도는 "평화의 매는 줄로 성령이 하나 되게 하신 것을 힘써" 지켜야 한다. "힘쓰다" 또는 "서두르다"spoudazō는 하나 됨을 지키는 일의 긴급성을 보여준다. 신약성경에서 하나 됨을 뜻하는 헬라어 "헤노테"henotē는 에베소서에만 나타난다.cf. 4:13 이것은 성령의 하나 됨이다. 즉 성령이 하나 되게 하신다는 것이다.cf. 2:18 하나 됨은 하나님이 엄청난 대가를 치르고 인간에게 주시는 일종의 선물이다.2:14-16 그러나 이 선물은 깨어지기 쉬우며 그것을 계속해서 지키기 위해서는 하나님이 성령을 통해 성도에게 부여하신 모든 힘과 역량을 쏟아야 한다.

이 역설은 이 문장 끝에 제시된 "평화의 매는 줄sundesmos"이라는 이미지에서 완전한 모습을 드러낸다. sundesmo는 "결합하다," "매다," "묶다," "쇠사슬로 매다" 등의 의미가 있으며 사물을 결합하는 어떤 것을 가리킨다. 평화는 하나 됨의 족쇄이다. 겸손, 온유, 오래 참음 및 인내는 이 평화의 고리들이다.4:2-3

그러나 평화는 특정 회중 내의 조화로운 관계 이상이다. 2장이 보여주듯이 그리스도의 평화 사역의 결과는 새 사람화목한 대적들의 몸이다. 확실히 이러한 평화의 지평은 지역 교회를 넘어 우주적 교회 및 만유로 확장된다. 이 교회는 우주로 확장되어야 할 평화의 교두보이다.1:10 및 2:11-22 주석 참조 따라서 초점은 인간 상호간의 관계에서4:2-3 우주적 교회4:4-6로, 그리고 사실상 **만유 위에** 계시고 **만유를 통일**하시고 **만유 가운데** 계신 아버지 하나님에게까지 확장된다.4:6

4:4-6 하나 되게 묶는 것

하나 되게 하신 것을 지키라는 권면에 덧붙여 하나 됨이 경험하고 보존해야 할 것과 관련된 몇 가지 항목이 제시된다. 일부 해석가는 이것이 전통적 신조의 자료이며예를 들면, Barth, 1974:429 아마도 세례식과 관련이 있을 것이라고 말한다. 전통적 배경이 무엇이든, 저자가 이 리스트를 현재와 같은 형태로 가지고 있었을 것이라고 생각하는 사람은 결코 없다. Best, 1998:357-9; Lincoln: 228-9; Perkins: 96은 본문이 고전12:12-13, 8:6을 사용한 것으로 본다

첫째로, 제시된 항목의 수가 일곱이라는 사실에 주목하라. 이것은 우연이 아니다. 일곱은 성경에서 완전수로 잘 알려져 있다. 이곳에서는 하나 됨의 주제를 뒷받침하는 역할을 한다. 둘째로, 반드시 순서의 우열이 있다는 것은 아니지만 에베소서에서 교회의 중요성은 몸이 첫 번째로 제시된다는 사실에서도 알 수 있다. 교회 대신 몸이라는 용어를 사용한 것은 교회의 정체성 및 사명이 교회라는 몸의 머리이신 그리스도와 분리될 수 없음을 분명히 한다.4:15-16 바울의 특징적 양식에서 몸은 호흡과 에너지를 주시는 성령과 떨어질 수 없는 관계이다. cf. 고전12:13

다음 항목은 1절을 반복한다. "이와 같이 너희가 부르심의 한 소망 안에서 부르심을 받았느니라." 사명과 소망은 "몸" 및 "성령"과 밀접하게 연결되어있다. 어쨌든 몸은 정적인 개념이나 제도적 개념이 아니다. 몸은 하나님의 호흡프뉴마, 바람, 영을 통해 살아가는 하나의 유기체이며2:5, 18, 몸의 성장은 만물이 그리스도 안에서 통일 될 때까지 완성되지 않을 것이다.1:10; 4:13 또한 성령은 언제나 미래로부터 불어와 미래에 속한 것으로 교회를 재촉하며 교회로 하여금 미래를 향해 살게 하는 바람이다. cf. 1:13

5절에 압축된 세 가지 요소는 많은 독자에게 세례 고백처럼 들린다.마지막 항목은 "세례도 하나요" 각 항목은 성gender이 다른 명사로, 마치 관용구처럼 3중 구조를 형성한다. 즉 "한 heis 주, 한mia 믿음, 한hen 세례"라는 것이다. "한 세례""세례도 하나요"가 가리키는 것은 세례의 형식이 아니라 신자가 누구에게로into 세례를 받느냐즉, 한 주이신 예수 그리스도라는 것이다. "한 믿음""믿음도 하나요"은 하나님이 교회를 그리스도의 죽음으로 부르셨으며 이 교회는 유대인과 이방인으로 구성되며 그들이 소망하는 바 그리스도의 신분 및 사역에 동참한다는 확신을 내용으로 한다.

에베소서 전체의 기초가 되는 하나님 중심적 관점은 6절에 제시된 마지막 신앙고백에 잘 나타난다. "하나님도 한 분이시니 곧 만유의 아버지시라 만유 위에 계시고 만유를 통일하시고 만유 가운데 계시도다." 하나님은 궁극적으로 하나 됨을 지으신 분이시자 하나

됨의 목적이시다.cf. 특히 1:3-14의 서론적 찬양 참조

하나님은 한 분이라는 고백은 유대인의 신앙 깊숙이 뿌리 내리고 있다.cf. 고전8:6 유대인은 날마다 기도하는 쉐마를 통해 이러한 사실을 확인한다. "이스라엘아 들으라 우리하나님 여호와는 오직 유일한 여호와이시니"신6:4, KJV/RSV 따라서 그리스도인의 핵심적 고백에서 이러한 내용이 제시된 것은 놀라운 일이 아니다. 그러나 우리는 이 고백 속에서 후기 삼위일체론의 씨앗을 확인할 수 있다.Fee, 1994:702; Perkins: 96 이 구절에는 아버지와 주와 성령이 모두 제시된다. 그러나 이 리스트의 세 가지 요소는 모두 교회와 함께 제시된다는 사실에 주목하라. 이 목록에서 만유 위 및 만유의 전후에 계시며 자신의 충만한 것으로 만물을 충만케 하시는 분은 만유아들뿐만 아니라의 아버지가 되시는 하나님이시다.cf. 3:19; cf. 롬11:36; Best, 1998:370-1, 만유를 포함하는 방식 참조

하나가 되라는 권면은 확일성에 대한 요구인가? 한 몸, 한 믿음, 한 세례에 대한 주장은 이곳의 관점만이 합당하게 요구할 수 있는 주장인가? 14절은 저자가 믿음이 약한 신자들의 영적 건강 및 교회의 하나 됨에 대한 거짓 가르침의 파괴적 영향에 깊은 관심을 가지고 있음을 보여준다. 5장에서 저자는 빛과 어둠에 대한 현격한 구별을 제시한다.

그렇다고 해도, 에베소서의 지배적 관점은 하나로 모으는 것이지 떼어내고 제거하는 것이 아니다. 확실히 하나 됨은 한 분이신 주와 그가 지으신 평화를 붙드는 것으로 볼 수 있다.2:15; cf. 1:10 그러나 이것은 중심에 있어서 일반적이고 포괄적인 하나 됨이며 사망의 영역에서 벗어나 새 사람의 삶으로 부르심을 받은 모든 자는 이것을 힘써 지켜야 한다.Yoder Neufeld, 1993:211-32

그리스도에게까지 자라기 위한 준비 4:7-16

4:7 그리스도의 선물

7절에서부터 관심의 초점은 포괄적 하나 됨으로부터 "우리 각자" 및 각자가 받은 "선물"로 옮긴다. 7절에는 "주다"giving 및 "선물"gift에 해당하는 세 개의 다른 단어가 등장한다. 우리 각 사람은 선물dōrea의 분량대로 은혜charis를 받았다. didōmi 여기서 은혜charis로 번역된 단어는 선물로도 번역될 수 있다.cf. "성령의 은사"[charismata], 고전12:4 이처럼 여러 개의 동의어를 사용하는 방식은 본 서신의 스타일과 일치한다. 예를 들면, 1:19,21, 3:20, 6:10 이것의 목적은 강조를 위한 것이다. 즉 교회는 하나 되게 하는 사역을 위해 필요한 **모든 은사**를 공급받는다는 것이다.

주는 자와 받는 자가 누구인지에 대해서는 분명히 제시되지 않는다. 일반적으로 성경

에 나오는 수동태는 하나님을 행위자로 함축한다. 따라서 하나님은 주는 자로 암시된다. 하나님이 우리 각자에게 주시는 선물은혜의 분량또는 은혜은 하나님이 이미 그리스도 안에서, 그리스도에게 주셨다. 이런 사상은 이미 1장 19-23절에 제시되어 있으며 2장 4-7절 주석에도 분명하게 암시되어 있다.

그러나 저자는 9절과 10절에서 시편 68편 18절을 해석하면서 그리스도 자신을 선물을 주는 자로 제시한다. 따라서 그리스도의 선물의 분량은 측량할 수 없는 그리스도의 풍성함이다.cf. 3:8 본문은 하나님의 은혜와 구원의 대리인이신 메시아가 선물을 나누어주시는 자라는 점에서 궁극적 수여자가 하나님이심을 분명히 함축한다.

앞서의 본문에서는 강조점이 "한 몸"에 있었으나 여기서는 그리스도의 은사를 받은 자로서 "우리 각자"에게 초점을 맞춘다.cf. 4:16 "우리 각자"의 범주에 해당하는 자가 누구인지는 명확하게 제시되지 않는다. 어떤 해석가는 우리 각자가 11절사도들, 선지자들, 복음전도자 등과 연결된다고 주장한다. "우리 각자"라는 1인칭 복수는 모든 지체가 아니라 바울 및 다른 교회 지도자들을 가리킨다는 것이다.예를 들면, Schlier, 1971:191 그러나 11절은 사도와 선지자와 복음전도자와 교사 자신이 그리스도께서 온 성도4:12와 교회에 주신 선물임을 보여준다. 이 경우 그들은 선물을 받은 것이 아니라 자신이 선물인 것이다.

에베소서에는 은사를 받은 엘리트 그룹이 있다는 사상을 뒷받침할 만한 언급이 거의 없다.cf. 3:8, 주석 "우리 각 사람"은 몸을 구성하는 성도 개개인을 가리키는 것으로 보아야 한다.cf. 롬12:3 여기서 성도가 받은 은사는 11절의 말씀을 전하는 특별한 자들과 교사 및 목사이다.Barth, 1974:480; Best, 1998:376-7; Lincoln: 241; R. Martin, 1991:53; Schnackenburg: 177-8 하나 됨에 대한 강조가 그리스도의 선물이나 은혜를 받은 개인을 무시하거나 평가 절하 하는 일이 있어서는 안 될 것이다. 마찬가지로, 이 선물은 이곳에서 볼 수 있는 것처럼 지도자와 교사라는 선물에 초점이 맞추어진다고 하더라도 하나 된 몸 안에서만 받을 수 있고 누릴 수 있다.

4:8-10 올라가시고 내려오신 선물수여자로서 그리스도

이제 저자는 선물을 주심에 대해 설명하기 위해 "미드라쉬 페세르"Midrash pesher, 최근 또는 현재적 성취를 강조하는 랍비들의 성경 해석 방식"; Lincoln: 242-4; cf. Best, 1998:375; Perkins: 97 을 사용하여 시편 68편 18절을 해석한다. 시편 68편은 하나님을 승리의 전사로 찬양하는 위대한 찬양시 가운데 하나이다.cf. 1:15-23, 6:10-20의 신적 전사에 대한 주석 참조 하나님은 자기 백성을 구원하시고 대적을 무찌르신 후 시온산에 오르셨다. 그는 올라가실 때 백성으로부터 선물을 받으셨다. 에베소서에서 인용문의 내용은 크게 바뀐다.

시편 68편 18절 (NRSV)

주께서 높은 곳으로 오르시며

사로잡은 자들을 취하시고

선물들을 사람들에게서 받으시며

에베소서 4장 8절 (NRSV)

그가 위로 올라가실 때에

사로잡혔던 자들을 사로잡으시고

그 사람들[백성]에게 선물을 주셨다

에베소서 4장 8절과 시편 68편 18절을 비교해 보면 몇 가지 놀라운 사실을 발견하게 된다. 우리는 저자에 의한 바뀐 내용이 무엇이며 번역 과정에서 어느 정도의 변화가 가능한지에 대해 살펴볼 것이다. 첫째로, 2인칭 "you"^{"주께서… 오르시며"}가 3인칭 "he"^{"그가… 올라가실 때"}로 바뀌었다. 문자적으로 "having ascended"[올라가셨다]는 NIV 및 NRSV에서 볼 수 있는 것처럼 "올라가실 때" 또는 "올라가신 후"로 번역될 수 있다 그렇게 함으로써 저자는 하나님을 향한 예배의 고백을 그리스도에 대한 주장으로 바꾸었다. KJV, NKJV, TEV는 시68:18을 3인칭으로 번역한다

둘째로, 일부 역본^{NIV와 NRSV}은 에베소서 4장 8절 첫 번째 절의 마지막 구절을 "그가 … 사로잡은 것^{captivity}을 사로잡으시고"로 바꾸었다. 이것은 "사로잡은 자들^{captives[사로잡힌 자]}을 취하시고"와 반대되는 뜻으로 생각할 수 있으며 따라서 시편 본문을 크게 바꾼 것으로 보인다. 그러나 대다수 역본의 번역 및 거의 모든 주석가들이 동의하듯이 "captivity"^{속박, 감금, 포로}라는 추상명사는 사로잡힌 것 자체^{포로, 노략물, 탈취물}를 가리키는 관용구로 사용된다. ^{cf. 민31:12, LXX; BAGD: 26; Barth, 1974:431; NAB와 NJB는 시68편과 엡4:8 모두 그렇게 번역한다} 이 히브리어에 대한 헬라어 구약성경^{70인역}의 번역은 영어로 정확히 두 가지 의미, 즉 "사로잡다"^{taking captives}와 "사로잡은 것을 사로잡다.^{taking captivity captive"}로 번역될 수 있다. 따라서 ^{KJV와 NKJV}에는 시68:18 및 엡4:8 둘 다 "leading captivity captive"라는 구절이 나타난다

우리는 이와 같은 본문의 모호성을 존중해야 한다. 가령 8절을 "사로잡다"로 번역할 경우 그리스도께서 권세들을 사로잡으신 것으로 생각할 수 있다.^{cf. 1:21, 6:12; cf. 고전15:24; 특히 골2:15; 따라서 이 시편은 6:10-20에서 교회가 영적 전쟁에 동참한 상황을 예시한다; cf. Perkins: 98} 초기 주석가들은 이것을 그리스도께서 사탄에게 사로잡혔던 자들^{captives}을 해방시키신 것에 비유하기도 했다.^{Best, 1998:382} 심지어 우리는 여기서 바울과 평화의 매는 줄을 힘써 지키려 했던 자들의 "갇힘"에 대한 진술을 들을 수 있다.^{4:1, 3; cf. 고후2:14} 한편

으로 "사로잡은 것자체을 사로잡다"로 번역할 경우, 그리스도께서 원수된 것적개심 자체을 소멸하셨다는 2장 16절의 역설과 정확히 일치한다. 본문이 특별한 결정을 요구하지 않을 경우 해석가는 판단을 피해야 한다. 오히려 우리는 해석학적 가능성을 열어두어야 한다.

시편 68편과의 가장 중요한 차이점은 올라가시는또는 올라가셨던 자가 선물을 받지 않고 선물을 주신다는 것이다. 이런 변화는 7절과 11절에 제시된 그리스도께서 선물을 주셨다는 진술 때문임이 분명하다. 그러나 이것은 에베소서에만 찾아볼 수 있는 변화가 아니다. 유대인의 오순절 제의는 모세가 시내산에 올라가 율법을 받은 후 백성에게 준 것을 기념하기 위해 시편 68편 18절을 사용했다.Best, 1998:378-82; Lincoln: 242-4; Yoder Neufeld, 1997:100 저자가 성경을 자신의 목적에 부합되게 임의로 적용한 것은 전례를 따른 것으로, 결코 독단적인 행위가 아니다.

그러나 에베소서에서 그리스도는 모세와 연결되는 것이 아니라 시편 68편의 승리의 하나님과 연결된다. 그리스도와 하나님의 하나 된 관계는 그리스도의 올라가심이 우주 만물을 충만하게 한다는 10절에 더욱 분명히 나타난다.cf. 4:6; cf. 1:10,23,3:19

승리한 전사는 전리품을 받는다. 선물을 주는 것은 그들이 아니다. 그러나 이곳 본문에서 시편 68편 18절은 전혀 다른 내용으로 제시된다. 승전보는 우렁차고 확실하지만 이곳에서 승리자는 선물을 받아야 할 사람들에게 선물을 주신다. 이러한 사실은 시편 68편에서 신적 승리자가 반역자들로부터도 선물로 받았다는 구절에서 더욱 극적으로 드러난다. 에베소서에서 신적 승리자는 한때 반역한 불순종의 아들들에게 선물을 주신다.cf. 2:1-3

9절과 10절은 삽입구이다.예를 들어 NIV, NRSV, NASB에는 이런 사실이 분명히 나타난다 저자는 특정 본문에 대한 주의를 집중시키기 위해 시편 68편 18절에 해석학적 코멘트를 덧붙인다."christological midrash," Lincoln: 244 "올라가셨다 하였은즉 땅 아래 낮은 곳으로 내리셨던 것이 아니면 무엇이냐."

이 난해한 문장을 해석하는 방법은 대략 세 가지로 나뉜다. 첫 번째 관점은 "땅 아래 낮은 곳[parts]"을 음부의 세계에 대한 언급으로 보는 것이다.cf., 예를 들면, 롬10:7; 벧전 3:19; 계1:18 이 연결은 상당한 학문적 뒷받침을 받는다. 또한 이것은 1세기 교회가 선호하는 해석이기도 하다.Barth, 1974:432-4; Best, 1998:383-6; Lincoln: 244-7; Russell: 76 그러나 에베소서에는 땅 보다 낮은 특정 장소parts에 대한 어떤 관심도 찾아보기 어렵다.

주목할 사실은 많은 사본에는 "곳"parts이라는 단어가 빠져 있다는 것이다.따라서 필자의 번역에는 괄호로 묶어 삽입구로 처리했다. 정확히 번역하면, 낮은 곳*ta katōtera*이란 하늘 아래 어느 곳이든 해당된다고 말할 수 있다.*ta epourania*; 1:3-14, 주석 [에베소서의 우주론, 359쪽] 따라서 링컨Lincoln은 "땅의"라는 소유격을 동격의 소유격으로 보아 "낮은 지역, 즉 땅"으로 해석한다.245; NIV도 "낮은 곳, 땅의 지역"으로 해석한다. 저자는 말하자면 음부로 내려간다는 개념을 염두에 두고 있지 않은 것으로 보인다.

그렇다면 이 "낮은 곳"lowers으로 내려왔다는 것은 무엇에 대한 언급인가? 또 하나의 주장은 빌립보서 2장 6-11절 및 요한복음 1장의 기독론적 지혜 찬양에 기초한 것으로 9절을 그리스도의 성육신으로 보는 것이다.Best, 1998:386 에베소서의 기독론과 지혜전승의 유사성에 대해서는 앞서 언급한 바 있다.1:3-14, 1:15-23 주석 참조 [지혜, 382쪽] 실제로 일부 사본에는 성육신을 암시하는 "먼저"라는 단어가 들어 있다. "그가 처음 낮은 곳으로 내려가셨다" 이 경우 선물은 그리스도께서 이 땅에 오심 자체를 가리킨다.

세 번째 관점은 낮은 곳이 그리스도께서 부활하신 후 오순절에 성령으로 강림하신 것을 가리킨다는 것이다.예를 들면, Lincoln: 247; R. Martin, 1991:50 유대 오순절에서 시편 68편 18절의 역할은 앞서 언급한 바 있다. 부활 승천하신 승리자로서 그리스도께서 성령의 형태로 내려오셔서 자신의 몸교회에게 선물을 주셨다는 것이다. 우리는 여기서 에베소서 전체에서 나타나는 패턴을 다시 한 번 볼 수 있다. 즉 군사적 정복으로 묘사될 때조차 하나님의 가장 강력한 권능과 힘은 아이러니하게도 반역한 인간에게 사랑과 은혜를 베풀고 선물을 주시는 것으로 나타난다는 것이다.cf. 2:4, 13-18 신적 권능은 다른 사람에게 능력을 주시는 것으로 드러난다.

11절이 선물보다 선물들을 강조한 사실에 비추어 볼 때 세 번째 해석이 설득력이 있는 것으로 볼 수 있지만 중요한 것은 해석의 범위를 제한해서는 안 된다는 것이다. 결국 그리스도 안에서 하나님의 풍성함에는 끝이 없다. 여기에는 에베소서의 서두1:3-14에서 하나님을 찬양한 근거로 제시된 그리스도의 선물, 즉 평화의 선물과2:11-22 교회가 그리스도에까지 자라가도록 돕는 풍성함이 포함된다.

10절은 이러한 관점에서 해석되어야 한다. 이 구절은 그리스도께서 모든 하늘보다 높은 곳으로 올라가신 사실을 다시 한 번 강조한다. "내리셨던 그," 즉 이 낮은 땅에 사는 사람들의 삶을 경험하신 분이 바로 "모든 하늘 위에 오르신 자"이자 "만물을 충만하게" 하시는 분이시라는 것이다. 얼마나 많은 하늘이 존재하는가는 본문의 관심의 대상이 아니다. 본문의 관심은 오직 선물을 주시는 분의 올라가심은 한계가 없으며 그의 풍성함 역시 끝이 없다는 것뿐이다.

4:11 선물

11절에서 16절까지는 하나의 긴 문장으로 그리스도의 선물의 성격 및 목적을 제시한다. 11절은 이 선물의 목록을 제공한다. 논의의 쟁점을 이해하기 위해서는 정확한 번역이 핵심이다. 그러나 NIV, NRSV 및 일부 역본예를 들면 NJB, REB의 번역은 그리스도께서 특정인에게 선물을 주어 사도와 선지자와 교사가 되게 했다는 인상을 준다는 점에서 문제가 있다는 것이 필자의 판단이다. 롬12:6-8; 고전12:8-10, 28-30에서처럼 그들은 우리가 각 사람을 "유익하게 하려고"고전12:7 주신 선물을 받은 것처럼엡 4:7 "은사를 받은 자"라는 것이다. 그러나 본문은 문자적으로 사도, 선지자, 복음 전하는 자, 목사와 교사 자신을 선물로 열거한다. Best, 1997:160-73; 1998:389-95

본문을 로마서 12장 및 고린도전서 12장과 비교해보면 차이점이 분명히 드러난다. TBC, 도표 에베소서의 목록은 직분보다 개인에 초점을 맞춘다. 더구나 이 목록은 로마서 12장 8-10절보다 훨씬 짧다. 열거된 사람들은 본질상 말씀의 사역자들이다. cf. Barth, 1974:436 즉, 사도와 선지자, 그리고 그들이 전한 말씀을 선포하고 가르치는 자들 ―복음 전하는 자와 목사와 교사― 이다.

사도와 선지자는 앞서 2장 20절주석 참조 및 3장 5절주석 참조에 소개된 바 있다. 그들은 두 본문에서 교회라는 건물이 세워지는 터로 제시된다. 그들의 역할은 교회의 가르침과 신앙을 인정하고 권위를 세워주는 것이다. Lincoln: 249; Schnackenburg: 184 에베소서가 1세기 말에 기록되었을 것이라는 본 주석의 작업가설이 옳다면, 사도와 선지자는 그리스도께서 교회에 주신 초기 선물일 것이며 바울은 그들 중에서도 가장 중요한 선물이었을 것이다.

선지자는 1세대 사도들 이후 시대에 교회의 일정 영역에서 중요한 역할을 이어갔다. 1세기 후반 "열두 사도의 가르침"Didache은 당시 소아시아 교회의 인정을 받고 있던 많은 순회 선지자 가운데 참 선지자를 어떻게 구별하는지에 대한 일련의 가르침을 제공한다. Didache 11-13 이들이 에베소서가 염두에 두고 있는 선지자들인지는 알 수 없다. 아마도 저자는 이들을 사도와 함께, 당시 편지를 받은 교회들 안에 활동하는 은사가 아니라 "전문적으로 신적 계시를 전달하는 자"로 열거했을 것이다. Lincoln: 249 이것은 이어지는 목록에서 볼 수 있는, 바울의 회중 가운데 활동 중인 선교 및 예언 사역을 배제하는 것은 아니다.

열거된 선물 가운데 새롭게 추가된 자는 교회 안팎의 사람들에게 복음을 전하는 전도자"복음 전도자"이다. 여기서 강조점은 복음을 들어야 하는 성도들에 대한 사역에 맞추어진다. 초기에는 이 사역을 사도들 -전도자들- 이 담당했다. 그러나 그들이 죽은 후 사도는 점차 교회의 터로 여겼으며2:20 복음을 선포하는 사역은 복음 전도자에게 맡겨졌다. Best, 1997:163-6; 1998:391; Lincoln: 250; Schnackenburg: 184 사도행전 21장 8절은 -바울과 베드로 시대에 일어난 사건들에 대한 묘사이지만cf. 딤후 4:5- 이러한 전환을 언어적으로 반영한 것처럼 보인다.

목사와 교사는 마지막에 열거된다. 목양shepherding이라는 문자적 의미를 가진 목회 pastoring는 신약성경 여러 곳에서 직분이라기보다 교회를 위한 하나의 봉사 행위로 언급된다.cf. 벧전5:2 베드로전서가 분명히 제시하듯이 이 사역은 "목자장"벧전5:4; cf. 2:25, "선한 목자"요10:11, 또는 "양들의 큰 목자"히13:20 -예수 그리스도- 를 본받는 것이다. 에베소서 4장에서만 목사또는 목자가 교회에 대한 선물로 언급된다. 그들의 책임은 교회에 지침과 방향을 제시하고 양들의 삶을 돌보는 것이 분명하다.요21:15-17

베드로전서 2장 25절은 예수님을 "목자"와 "감독"episkopos, KJV; 벧전5:2에는 동족어 분사 [치되]"가 제시된다. cf. Waltner: 156-8, 183-4으로 제시한다. 목사와 장로의 기능이 유사하다는 사실은 본문에도 나타난다. 따라서 에베소서의 어법은 1세기 말의 상황을 반영한 것으로 보이며 당시 목사, 감독 및 장로는 의미와 기능에 있어서 유사하며 지역 교회를 감독하는 역할을 했다.

교사didaskaloi 앞에는 관사가 붙는다. 따라서 목사와 교사는 동일한 그룹일 수 있다. 바르트Barth는 이 구절을 "가르치는 목자"teacing shepherds로 제시한다.Barth, 1974:438; cf. R. Martin, 1991:52; 그러나 Best, 1998:393 참조 그렇게 볼 수도 있다. 그러나 교사라는 항목을 열거한 것은 에베소서가 지혜, 지식 및 통찰력을 강조한다는 사실과 잘 부합된다.cf., 예를 들면, 1:17-18, 3:14-19, 4:13-14 "교사"는 고린도전서 12장 28절의 전반부에 위치하며 따라서 바울의 교회가 시작되는 단계에서부터 일정한 역할을 수행한 것으로 볼 수 있다. 목회서신이 보여주는 대로딤전 6:20; 딤후 1:14, 사도가 "맡긴 것"을 지키는 자로서 이들의 중요성은 사도 이후 시대에 급격히 확대되었다. 에베소서 저자를 이러한 교사 가운데 하나로 본다면 우리는 그들이 사도적 유산을 지키는 자이자 영감 있는 개발자라고 생각할 수 있다.

에베소서에는 충분한 정보가 나타나지 않으며 매우 모호한 일련의 에베소서 밖의 자료만으로는 초기 교회가 어떤 사역자와 지도자로 조직되어 있었는지에 대한 직감 이상을 기대하기 어렵다. 예를 들어 에베소서에는 장로, 집사, 감독에 대한 언급이 나타나지 않는다. 또한 우리는 이러한 선물 목록이 목회서신에 제시된 것처럼 개인이 받은 직분의 구조를 반영하는지에 대해서도 확신할 수 없다. 우리는 본문을 통해 그리스도께서 교회에 주신 선물은 교회의 정체성 및 사명에 특별히 중요하다는 것이 저자의 생각임을 발견할 수 있다. 중요한 것은 이들 가운데 사도적 유산 및 가르침을 보존하고 주입하는 일과 관련 있는 자들이 가장 돋보이는 선물이라는 것이다.

4:12-16 선물의 목적

본문에서 중요한 문제는 선물사도와 선지자…과 성도 전체의 관계이다. 그리스도는 성도를 온전하게 하고 봉사의 일사역을 하게 하며 그리스도의 몸을 세우게 하는 선물을 주시는 분으로 제시된다. 여기서 "~하게 하다"for는 의미가 다른 세 개의 헬라어 전치사에 대한 번역이라는 사실을 알아야 한다.Schematic Trans. 첫 번째 구절은 "프로스"pros에 의해 도입되며 두 번째와 세 번째 구절은 "에이스"eis에 의해 도입된다.

문제는 두 번째 및 세 번째 구절이 첫 번째 구절에 의존하는가예를 들면, Best, 1998:395-9 아니면 이것은 선물이 수행하는 직무에 대해 규정한 세 개의 평행 구절에 대한 언급인가라는 것이다.예를 들면, Houlden: 315; Lincoln: 253 만일 후자라면 이 선물들은 사실상 성도를 온전하게 하고 봉사의 일을 하며 그리스도의 몸을 세우는 세 가지 일을 하는 사역자들을 가리킨다. 이런 해석은 오늘날 대다수 교회가 하는 일을 뒷받침한다.성직자에 대한 정의는 다양한 것이 사실이지만

그러나 다른 한편으로, 만일 에이스eis로 시작하는 두 구절이 지도자선물의 사역이 아니라 성도 전체의 사역을 가리킨다면 교회와의 관계 및 사역에 대한 전혀 다른 해석이 가능하게 된다. 이 경우 사도와 교사는 모든 성도가 함께 봉사의 일과 몸을 세우는 일을 하게 한다는 의미가 된다.NRSV 및 대부분의 역본은 이 해석을 취한다

따라서 한편으로 저자는 사도와 선지자, 복음 전하는 자, 목사 및 교사가 교회에 대한 그리스도의 선물 ─그리스도를 주신 "왕의 하사품"─ 으로서 합당한 존중을 받기를 원한다.Lincoln: 248 다른 한편으로, 이들은 성도로 하여금 봉사의 일을 하게 하는 그리스도의 선물 이상도 이하도 아님을 보여준다.Russell: 77 상반된 문법적 견해를 가진 링컨Lincoln, 위 참조은 7절과 16절이 모든 성도의 사역의 중요성을 옹호하며 12절의 초점은 정확히 "사도… 교사"와 연결된다고 생각한다.Lincoln: 253 그러나 12절은 11절의 지도자들선물을 성도와 연결함으로써 7절과 16절에 제시된 각 지체의 사역에 대한 강조를 확실하게 한다고 보는 관점이 설득력이 있다.

스포츠계는 유익한 유추를 제공한다. 11절의 선물 목록은 감독, 코치, 팀 닥터 및 트레

이너로 볼 수 있다. 성도는 실제로 경기를 하는 팀이다. 모든 선수는 감독이나 코치의 지시에 따라 각자가 준비해야 할 역할이 있다. 감독이나 코치가 없는 팀은 제 기량을 발휘할 수 없다. 감독은 막강한 힘과 권위를 가질 수 있다. 사실 그들은 선수들의 존경과 복종을 필요로 한다. 그러나 그들 가운데 선수로 뛰는 자는 거의 없다. 그들에게는 팀이 있어야 하며 팀이 없으면 승리는커녕 경기도 없다.

마찬가지로 팀성도이 완벽한 준비를 갖추어 하나의 팀으로 기능하게 하는 것은 목사와 교사 및 지도자들의 책임이다. NJB는 이 구절을 하나님의 거룩한 백성을 하나로 묶는 것으로 해석한다 성도는 지도자선물의 전문적인 가르침, 지도, 보살핌 및 격려를 통해 다른 지체와 함께 4:16 봉사의 일을 하며 그리스도의 몸을 세워나간다. 그것은 "경기"이다.

이 유추는 감독과 팀을 엄격히 구별한다는 점에서 한계가 있다. 지도자선물와 성도는 교회의 한 부분이다. 둘 다 경기에 나선다. 사도, 목사, 교사는 직접 경기를 뛰는 플레잉 코치에 해당하며 함께 봉사의 일을 수행한다. 그러나 이 유추는 교회 안의 구별된 책임에 대한 저자의 관점과 일치할 뿐만 아니라 모든 성도가 경기를 하는 것이 중요하다고 강조한다는 점에서 유익하다.

"지도자"와 교회 전체에 대한 구별은 교회시대 초기보다 저자의 시대에 더 강조된 것으로 보인다. 에베소서가 기록된 지 불과 10–20년 후, 안디옥의 감독 익나티우스Ignatius는 모든 사람, 특히 평신도는 감독에게 복종해야 한다는 감독 중심의 계층적 리더십 모델을 추천한다. 예를 들면, 익나티우스의 서신: To the Ephesians 6.2; Magn. 6; 8; Trall. 3.1; 7.2; Philad. 3.2 현재의 본문은 점차 뚜렷해진 성직자와 평신도의 구별을 뒷받침하기 위한 용도로 사용되기도 했다. 예를 들면, Best, 1997:172; 1998:399 그러나 이 목록에 감독이 빠져 있다는 사실에 주목하여 보다 바울적인 사역 개념을 강조하기 위해 의도적으로 생략했을 가능성을 제기하는 사람들도 있다. Fischer: 15, 38

어쨌든 우리는 에베소서를 통해 지도자와 교회 전체의 구별이 어떤 식으로 인정을 받게 되었는지 확인할 수 있다. 사도, 선지자, 복음 전하는 자, 목사와 교사는 마땅히 존경받아야 하며 이러한 사실은 바울의 초기 서신에 제시된 가르침과도 일치한다.

> 형제들아 우리가 너희에게 구하노니 너희 가운데서 수고하고 주 안에서 너희를
> 다스리며 권하는 자들을 너희가 알고 그들의 역사로 말미암아 사랑 안에서 가장
> 귀히 여기며 너희끼리 화목하라살전 5:12-13

그럼에도 불구하고 데살로니가전서와 마찬가지로 에베소서에서 사역이나 봉사는 교회의 모든 지체에게 맡겨진다.Elias: 214-23 에베소서의 수신자는 교회에 주신 그리스도의 선물에 해당하는 자들과 교회의 지체들이다. 지도자와 교사는 확실히 그리스도의 선물이지만 그들은 모든 성도의 사역을 위해 주어졌다. 본 서신이 기록될 당시 지도자들로서는 이러한 사실을 강조할 필요가 있었을 것이다. 또한 이것은 지도자를 존경한 나머지 자신을 하찮게 보는 경향을 가진 교회 지체들에게도 필요한 메시지이다. 자신을 사역자로 보지 않는 사고는 본 서신의 교회론과 배치되며 그리스도의 희생적 사역과도 부합되지 않는다.

동시에 이 본문은 자존감 때문에 선물을 경시하는 성도들에게도 명확한 메시지를 전달한다. 첫째로, 그들은 신앙의 사도적 기원에 대한 감사가 부족하다. 둘째로, 그들은 신앙을 돌보고 양육하며 발전시키는 자들에 대한 존경심이 부족하다. 그것 역시 본 서신의 비전과 배치된다.

성도를 온전하게 하여 봉사의 일을 하게 함 4:12

이 구절에 사용된 카타르티스모스*katartismos*라는 명사형은 신약성경 가운데 이 곳에만 나타난다. 이 단어의 동사형은 "정돈하다," "회복하다," "완성하다"라는 뜻이 있으며cf. 고전1:10; 갈6:1 "준비하다," "만들다," "창조하다"라는 일반적 의미로도 사용된다.cf. 롬 9:22 예를 들면, "뼈를 맞춤"이라는 뜻으로 사용되는 명사형은 회복, 결합. 훈련, 단련이라는 차원에서 "구비"equipping라는 의미를 가진다. 이처럼 풍성한 의미는 몸이라는 지배적 메타포에 비추어볼 때 간과되어서는 안 된다.특히 4:4, 16 참조

이 선물은 성도를 온전하게 하여 봉사의 일을 하게 하는 것이다. ministry사역는 디아코니아diakonia를 번역한 것으로 "봉사, 섬김"service이라는 번역이 본서의 취지와 부합된다. 디아코니아는 섬김의 종이자 주님이신 예수님을 본받은 바울과 같은 초기 기독교 지도자들과 연결될 때에만 고상한 의미를 가졌다. 아이러니하게도 이 단어는 권력과 권위를 위한 다툼에 휘말렸으며 결국 겸손한 섬김 개념은 사라지고 기독교 리더십을 일컫는 가장 중요한 호칭이 되고 말았다. 따라서 이 구절을 어떻게 해석할 것인지에 대해 학자들 간에 의견이 갈리고 있다. 에베소서에 대해서도 이러한 혼돈은 정리되지 않고 있다. 교회 지도자는 모두 봉사하고 사역을 수행해야 한다. 이러한 섬김은 활력과 에너지 및 건강을 요구한다. 또한 이것은 그들 자신이 제자들의 발을 씻기시고 마침내 십자가를 지신 그리스도보다 나은 교사가 없다는 사실을 상기시키는 모델을 요구한다. 바울은 이러한 사실

을 알고 있었으며특히 고린도후서 참조 에베소서는 지도자선물와 성도들에게 이러한 사실을 상기시키려 한다.cf. 2:13-18, 5:2, 25

그리스도의 장성한 분량이 충만한 데까지 이르기 위해 4:13-14

봉사의 목적은 모든 신자가 하나님의 아들에 대한 지식과 신앙에 있어서의 하나 됨, 온전한 사람, 그리스도의 장성한 분량이 충만한 데까지 이르기 위한 것이다. 그리스도의 몸을 세우는 사역4:12은 우리 모두가 그리스도에 이르기까지 계속되어야 한다.

이곳에는 에베소서의 기초가 되는 관점의 본질적인 요소가 제시된다. "까지"until라는 접속사는, 이미 교회는 그리스도의 몸이자cf. 4:12 충만함이지만cf. 1:23; cf. 3:19 성도들 가운데 역사하고 있는 모든 힘과 선물은 우리 모두가 함께 충만함에 이르기까지 계속해서 역사해야 한다는 사실을 분명히 보여준다. 사역봉사는 이미 형성되어 있는 자신과 관련이 있다.

이처럼 분명한 모순 – "이미/아직" – 은 바울의 종말론 및 윤리의 핵심적 요소에 해당한다. 이러한 긴장 가운에 어느 한 쪽 요소를 완화시키려 한다면 교회의 신실함은 위협을 받게 될 것이다. 교회는 이미 그리스도의 몸이며2:15["새 사람"] 따라서 그리스도 안에서 만물을 통일시키는 메시아적 사역에 동참하고 있다.1:10 그러나 교회는 아직 자신이 될 수 있는 것, 되려고 하는 것이 되지 못한 상태이다. 성도는 그리스도의 몸이라는 정체성에 합당한 삶을 살고 또한 그러한 신분의 장성한 분량에 이르기까지 자라기 위해서는 그리스도의 선물에 의존해야 한다는 사실을 인식해야 한다.

12절과 15절 및 16절을 나란히 병렬하면 언뜻 불합리하게 보이지만 통찰력 있는 그림을 얻을 수 있다. 즉 몸은 머리에 도달해야 한다. 몸은 이미 연결되어 자신을 규정하고 있는 머리에까지 자라야 한다. 또한 몸은 자신을 성장케 하는 머리에까지 자라야 한다.

봉사의 목적은 다양한 방식으로 규명된다. 첫째는 우리가 다 믿는 것에 하나가 되는 것이다. 여기서 믿음은 –몸이 그리스도에까지 자라기 위해서는 성도 상호간 및 하나님에 대한 믿음이 핵심 요소라는 점에서4:16; 1:1, 2:5,8, 6:16 주석– "충성"보다 나은 번역이다. 또한 믿음은 구원의 핵심 요소라는 점에서2:8, 주석 "신뢰"보다 나은 번역이다. 본문은 교회의 하나 됨에 초점을 맞춘다. 교회는 모든 성도가 공통의 고백을 붙들고 진술함으로써 구성되고 보존되기 때문이다.cf 4:5

그러나 일련의 명제나 교리에 대한 동의보다 더 중요한 것이 있다. 이 하나 됨은 하나님의 아들에 대한 공통의 지식으로 규명된다. 3장 17, 19절에서 그리스도의 측량할 수 없는 사랑에 대한 지식은 그리스도께서 성도의 마음에 계신 결과로 제시된다. 성경을 가르치는 자는 알겠지만 안다는 것은 "경험하다, 한 몸이 되다"라는 뜻이며cf. 5:31 여기서는 그리스도에 초점을 맞춘다.

이러한 하나 됨이 얼마나 강력한지는 온전한 사람을 이루어야문자적으로는 "~로 도달해야" 한다는 구절에 잘 나타난다. 이 구절에서 "사람"an 은 남성에 국한된 표현남자 성인으로 그리스도와의 강력한 하나 됨을 암시하지만 남성 자체에 대한 이상화로 해석해서는 안 된다. 1:13; Russell: 82-3; Barth, 1974:441, 484-7, 바르트 역시 5:25-32의 결혼 모티브와 연결된 것으로 본다 NIV, NRSV 및 일부 역본은 이 구절을 성인으로 번역하여 14절의 어린 아이문자적으로는 "유아"와 대조시킨다. 그럼에도 불구하고 Lincoln: 256은 교회 공동체의 성숙이라는 기본적 의미를 유지하고 싶어 한다

13절과 14절은 대조를 이루고 있는 것이 분명하다. 그러나 앞서의 하나님의 아들에 대한 언급 및 이어지는 "그리스도의 장성한 분량이 충만한"이라는 구절이 보여주듯이 온전한 사람은 바로 예수 그리스도를 가리킨다. 2장에서 그리스도는 적대적 인간을 한 몸, 한 새 사람anthrōpos으로 재창조하신다. 여기서는 이 과정이 다른 방향으로 묘사된다. 그리스도는 자신의 선물을 통해 교회로 하여금 자신, 온전한 사람에게 이르게 했다. Best, 1998:402 역시 다소 주저하지만 동의하는 것으로 보인다

"온전한"teleios은 대부분의 번역에서 볼 수 있듯이 성인이라는 의미를 함축하고 있는 것이 분명하다. 따라서 온전한 사람을 이룬다는 것은 이어지는 그리스도의 장성한 분량에까지 이른다는 구절과 동격으로 볼 수 있다. 이러한 관점에 담긴 모든 요소는 에베소서의 "발전적 교회론"과 일치한다. 그러나 어휘적 공통점만 두고 본다면 우리는 이 단어가 마태복음 5장 48절에 나타난다는 사실에 주목할 필요가 있다. 마태복음에서 "온전함"teleios은 원수를 사랑하시는 하나님의 의에 대한 언급으로, 하나님의 자녀가 되려는 사람은 모두 이를 본받아야 한다.마5:45

에베소서에서 하나님의 아들 그리스도는 원수 사랑의 화신으로 소개된 바 있다.2:11-22 그의 온전하심은 자신 안에 새 사람을 지으심으로 성취되었다.2:15 인간은 그리스도 안에서 다시 지으심을 받아 온전함을 되찾는다. 하나님의 충만하심3:19과 인간의 충만1:23, 2:15은 그리스도 안에서 만난다. 이 온전한 사람은 이미 그의 몸을 이루고 있는 사람들의 목적이 된다. 교회는 이미 그리스도의 충만함이지만1:23 교회의 사역은 "아직 이르지 않은" 온전함에 모든 초점을 맞추고 있다. 이러한 목적을 이루기 위해 원수를 사랑하시는 하나님의 그리스도의 온전하심을 실천하는 것보다 나은 방법이 있는가?

14절이 제시하는 대로 독자는 이러한 온전함을 경험하는 것이 쉽지 않다는 사실을 인식하고 있다. 그리스도의 몸에 속한 모든 지체 가운데 능력이 역사하고 있음에도 불구하고1:19-20 및 3:14-21 주석 참조, 걸음마를 배우고 있는 이방인 신자는 악한 자의 속임수와 간사한 유혹에 밀려 요동하기 쉽다. 이러한 속임수는 마귀의 전략의 일환이며cf. 6:11, 여기서는 사람의 간계를 통해 역사하고 있다.이것은 부정한 주사위놀이에서 나온 이미지이다; Best, 1998:405 이것은 교회 안의 사람들을 명시적으로 가리키지는 않지만 강력히 암시한다.cf. 골2:22는 거짓 교훈에 대한 경고에 동일한 용어가 사용된다

따라서 그리스도에게까지 자라는 것은 바른 믿음이나 믿음을 고수하는 문제 이상이지만, 저자는 바른 믿음에 대한 문제에도 많은 관심을 가지고 있다. 문제는 만물을 하나님과 화목하게 하시는 그리스도의 임재로서 교회의 생존이다. 우리는 여기서 그리스도의 몸으로서 교회에 대한 강조의 이면을 본다. 교회가 신실한 하나 됨4:1-6에 실패하고 오합지졸이 되어 악한 풍조에 밀려 요동한다면cf. 2:1-3, 자신 안에 만물을 통일시키고 새 사람을 지으시려는 그리스도의 사역을 저해할 수 있다.

바다에서 표류하는 모습을 보여주는 이 짧은 이미지"풍조에 밀려 요동"에는 냉엄한 현실적 요소가 드러난다. 에베소서를 지배하고 있는 풍성함의 이미지 및 하나님의 은혜의 우주적 영역에 대한 찬양에도 불구하고 저자는 난파선으로 이끄는 삶의 유형과 사상이 있음을 보여준다. 풍조에 밀려 요동함; REB; cf. 4:17-19 에베소서는 이전 바울서신예를 들면, 갈라디아서, 고린도전후서에서 볼 수 있는 것과 같은 논쟁적 분위기를 찾아볼 수 없으며 저자의 관점은 끝까지 평화적이지만, 이 긴급한 경고는 하나 됨의 논의에서 결코 간과할 수 없는 내용이다. 인생의 파고에 휩쓸린 어린 아이의 이미지가 제시된 사실을 감안할 때 저자는 아직도 연약한 가운데 있는 이 새로운 신자들에 대해 책망보다 측은한 마음을 가지고 있음을 알 수 있다. 또한 본문에는 교회로 하여금 이 험난한 항해를 준비하게 하는 일의 중대성에 대해 교회 지도자에게 암시하는 메시지가 나타난다.

믿음에 하나가 되어 그리스도와의 하나 됨에까지 자라가라는 강조가 발전을 가로 막는 것에 대한 경고와 함께 제시된 것은 저자가 염두에 두고 있는 교회 때문일 수 있다. 이 교회는 나그네와 외인, 전통적으로 상호 갈등을 빚어왔던 그룹 및 하나님의 뜻에 대적하는 삶을 살았던 자들예를 들면, 2:1-3; 4:17-19로 구성된다. 이러한 교회가 계속해서 새롭게 화목 된 대적들의 유입을 통해 성장한다면 교회는 언제나 방황하기 쉬운 연약한 자들로 구성될 것이다. 따라서 익숙하지 않은 믿음과 자신이 공유하고 있는 평화의 고귀함으로 인해 그들은 온갖 거짓의 먹이가 될 수 있다.

2장 11-22절이 상기시키는 선교적 평화 교회는 본질상 그리스도께서 주시는 선물의 안내를 받아 자랄 수밖에 없는 연약한 "어린 아이"로 가득할 수밖에 없다.4:11, 주석 그럼에도 불구하고 속임수와 거짓 가르침에 취약함은 모든 지체에 해당하며 따라서 우리는 이제부터 더 이상 어린 아이가 되지 않아야 하는 것이다. 이것은 이방인 독자에 대한 유대인 저자의 목회적 확신이자 이러한 취약함이야말로 아직 그리스도에게 온전히 도달하지 못한 모든 성도의 특징적 삶이라는 저자의 솔직한 인식이다.

그리스도에게까지 자라기 위해 4:15-16

15절은 그리스도에게까지 자라가라는 긍정적 목적으로 되돌아온다. "참된 것을 하여"alēheuontes라는 분사는 "진리"alōheia라는 단어의 동사 형태에 해당하며, "참된 것을 하다"truthing로 번역될 수 있다. NIV와 NRSV는 "진리를 말하다"로 번역하지만, "말하다"를 넘어서는 의미로 확장하려는 일부 역본의 시도는 타당하다.예를 들면, NJB, 진리로 살다; REB, 진리를 유지하다 참된 것을 한다는 것은 말과 행동 모두를 포함한다. 이 참된 것은 성도를 온갖 풍조에 휩싸이게 하려는 거짓과 대조된다. 그리스도 안에서의 하나 됨4:13이 성도를 더 이상 거짓 교훈으로 가득한 거친 파도에 휩쓸리는 어린 아이가 되지 않게 하듯이, 진리로 가득한 삶은 그리스도에게까지 이르는 길이 된다.

참된 것을 한다는 것은 "정직하게" 말한다는 의미를 포함한다. 그러나 이 용어의 지평은 개인적 정직을 훨씬 넘어 확장된다.cf. 4:21, 25; 6:14 참된 것을 한다는 것은 에베소서 처음 세 장에 진술된 "진리를 고백한다"는 뜻이다.cf. 4:4-6 따라서 이것은 거짓 선생들의 교묘한 속임수와 정면으로 배치된다.4:14 이것은 진리를 말한다는 뜻으로NRSV, 상호 간에 복음을 선포한다는 의미가 우선적이지만Best, 1998:407, 하나님의 각종 지혜를 하늘에 있는 통치자들과 권세들에게 알린다는 의미도 내포되어 있음이 분명하다.3:10 또한 이것은 참된 삶을 영위하며NJB 하나님의 아들을 믿는 것과 아는 일에 하나가 된다는 의미이기도 한다.4:13

이러한 말과 행위는 사랑 안에서 행하지 않으면 참될 수 없다. 에베소서에는 "사랑 안에서"라는 표현이 자주 등장한다.1:4, 3:17, 4:2,16, 5:2 사랑은 진리참된 것가 공동체 속으로 들어오는 수단이다.[안에, 367쪽] 우리는 모든 피조세계에 대한 창조주의 계획 및 이러한 계획을 추진하고 형성하는 것이 사랑이라는 사실을 인식하기 때문에cf. 2:4 진리와 사랑은 분리될 수 없음을 잘 알고 있다.4:25, 주석 따라서 성도에게 있어서 "진리에 대한 선포의 핵심은 궁극적으로 사랑이며 사랑의 삶은 진리의 구현"인 것이다.Lincoln: 260; cf. Best, 1998:407; Russell: 79-80; Schnackenburg: 191

진리 안에서, 진리에 의한, 진리를 위한 삶은 "범사에"또는 "만물 안에서"; 둘 다 panta로 번역될 수 있다 머리이신 그리스도에게까지 자라가는 방법이 된다.[머리, 363쪽] 이 경우 대부분의 번역가와 해석가는 "범사에"NRSV; 만물 안에서, NIV; 유사한 해석으로는 Barth, 1974:444; Best, 1998:408; Lincoln: 260; Schnackenburg: 191; Gnilka: 218 등이 있다를 선호한다. "Ta panta"는 다른 곳에서는 "만물"로 번역된다. 이것은 에베소서 저자가 우주와 그 안에 있는 모든 것을 가리킬 때 사용하는 전형적 표현이다.4:10; cf. 1:10-11,23; 3:9 따라서 일부 해석가는 이 구절을 "만물을 머리이신 그리스도에게까지 자라게 하다"로 해석한다.여기서 "자라게 하다"는 타동사로 간주된다[특히 Schlier, 1965:680-1; 1971:190 참조]

이러한 해석에 따르면 이 구절은 그리스도 안에서 만물을 통일시키는 사역에 동참한 교회의 선교사역을 가리키는 것으로 볼 수 있다.cf. 1:10 어떤 사람들은 이러한 해석이 저자의 교회론과 부합되지 않는 제국주의적이고 승리적인 교회관이라고 생각한다.예를 들면, Barth, 1974:444-5; Schnackenburg: 191; Schlier, 1965:681, 그는 이것이 실제로 그렇게 들린다고 주장한다 그러나 이러한 주장들 때문에 이 해석을 무시할 이유는 없다. 교회를 그리스도의 몸으로 부르신 것은 메시아의 사역에 동참하게 하기 위함이라는 것은 에베소서 어느 곳에서나 찾아볼 수 있는 개념이다.

1장 10절에서 볼 수 있는 것처럼주석 참조 간략한 언어는 단순한 보편론을 주장하기 위한 것이 아니다. 그러나 이것은 교회 성장이라는 "집중적" 개념에만 한정되지 않는다.예를 들면, Best, 1998:408; Lincoln: 260-1; Schnackenburg: 191의 주장과 달리

머리와 몸 이미지는 원래 독립적인 두 전승, 즉 우주적 몸의 머리로서 그리스도에 대한 전승골1:16-18에서와 같은과 그리스도의 몸으로서 교회라는 다른 전승고전12장 및 롬12장에서처럼; Best, 1998:195; Lincoln: 262이 하나로 결합된 것일 수 있다. 그러나 우주와 교회의 결합은 이미 골로새서에 나타나는데 이것은 이러한 전승들이 본 서신이 기록되기 전에 결합되었음을 보여준다. 머리는 권위와 함께cf. 특히 1:22 근원이라는 개념을 함축한다.cf. 고전11:3,7 [머리, 363쪽] 여기서는 두 개념 모두 나타난다. 즉, 머리로서 그리스도는 교회 성장의 주 목표이다.cf. 4:13 또한 머리로서 그리스도는 교회 성장의 근원이자4:16; 문자적으로 "그로부터" 교회의 정체성과 임무 및 권능의 근원이 된다.4:7-12

16절은 다양한 의미를 가지기 때문에 문법적 해석이 어렵다. 이 구절이 당황스러울 만큼 복잡한 것은 이것을 핵심적 결론으로 제시하려는 저자의 의도 때문이다. 이 구절에는

7절의 "우리 각 사람" "각 지체"과 "분량"이라는 용어가 다시 나타나며 인클루지오처음과 끝에 동일한 단어나 구가 반복되는 형식를 형성한다. 문법적으로 이 구절은 그리스도는 머리라는 앞서의 진술4:15에 종속되지만 이 절의 초점은 이제 몸에 맞추어진다. 또한 골로새서 2장 19절의 언어가 복잡한 문장 속으로 들어와서 관절과 인대"연결되고 결합되어"라는 의학 용어와 함께 확장된다. 우리는 이러한 용어가 실제로 무엇을 의미하는지 모르지만; Best, 1998:411

순sun["함께"]이라는 접두어를 가진 두 단어, 즉 "연결되고"sunarmologoumenon; cf. 2:21와 "결합되어"sumbibazomenon는 동일한 접속사sun를 가진 일련의 단어들이 열거되는 2장 5-6, 21-22절 및 3장 6절을 상기시키며 성도 상호 간 및 그리스도와의 상관성에 주의를 집중시킨다. 2장 21절에서 "연결하여"는 건물의 건축학적 이미지의 역할을 하였으나 여기서는 유사한 내용의 "결합되어"와 함께 몸의 조직적 성장을 묘사한다. 그럴지라도 개인이 시야에서 사라지는 것은 아니다. 마지막 구절에는 개인 신자가 몸의 "근원이신" 그리스도는 물론 하나님의 능력을 의지할 수 있다는 사실이 다시 제시된다. 모든 개인은 각 지체에 적합한문자적으로는 "분량에 따른" 능력대로cf. 특히 3:20, "역사하시는 능력대로"; 4:7의 "우리 각 사람에게 그리스도의 선물의 분량대로 은혜를 주셨나니"와 평행을 이룬다 성장할 수 있다.cf. 4:15 결론적으로 교회의 성장은 사랑 안에서 일어나야 한다.cf. 4:15, 주석

"스스로 세우느니라"라는 구절은 특히 당황스럽다. 아마도 이 구절은 일부 사본에서 발견되듯이 "그의 건물로"into his building로 번역해야 할 것이다.Schematic Trans. 두 가지 대안은 밀접하게 연결된다. 전자는 교회가 사랑 안에서 스스로 세운다는 것으로 점차 그리스도를 닮아간다는 의미이다.4:12에는 동일한 eis oikodomē가 사용된다 그러나 몸의 유기적 성장이라는 이미지는 이 해석을 억제한다. 대안적 번역인 oikodomē는 건물을 세우는 것이 아니라 건물 자체를 가리킨다. 이 용어는 2장 21절에서 "연결하여"sunarmologoumenon와 함께 하나님의 성전으로서 교회와 관련하여 사용된 바 있다. 그리스도는 자신 안에 하나님의 처소로서 섬겨야 할 한 새 사람을 지으신다. 또한 그의 몸으로서 교회는 이 성전을 짓는 일에 동참해야 한다.

핵심 주제와 이미지를 이처럼 성공적으로 압축하기 위해 문법은 큰 역할을 하지 않은 것이 분명하다. 본문의 요지는 분명하다. 즉, 머리이신 그리스도는 몸인 교회에게 사랑 안에서 새 사람 -그리스도- 을 세우는데 필요한 것을 제공하신다는 것이다. 또한 우리는 본문이 고린도전서 12장에 제시된 바울의 관점에 부응하여 몸 전체의 성장을 위한 지체의 중요성을 강조한 사실에 주목해야 한다.

4장 7-16절의 결론으로서 16절의 역할은 이어지는 장들의 모든 권면이 공동체적 실

재로서 교회 전체에 대한 것임을 분명히 한다는 것이다. 하나 됨은 권면의 전제이자 목적이다. 동시에 성도 개인은 몸 전체에 대한 명령에 귀를 기울이고 반응해야 한다. "사랑 가운데서 서로 용납하고"4:2라는 명령이 하나가 되라는 권면의 서두인 1-3절의 핵심에 위치한 것은 놀라운 일이 아니다.

성경 문맥 안에서의 텍스트

골로새서와의 유사성은 여기서도 나타난다. 에베소서 4장 2-3절은 골로새서 3장 12-14절에 의존한 것으로 보이며 4절은 골로새서 3장 15절에, 16절은 골로새서 2장 19에 의존한 것으로 보인다. 이어지는 단원에서 살펴보겠지만, 사실상 골로새서 3장 1-17절의 대부분은 에베소서 4장 1절-5장 20절에 새롭게 재배열된 것을 볼 수 있다.

하나 됨

신약성경 가운데 이곳 본문만큼 하나가 되라는 요구를 설득력 있게 제시한 곳은 없다. 요한복음 17장에 제시된 예수님의 제사장적 기도는 교회의 하나 됨을 뒷받침하는 말씀으로 자주 거론되는 유일한 본문이다. 요한복음 17장에 대해서는 앞서 주의 깊게 살펴본 바 있다. "Prayer," TBC, 3:14-21 두 본문은 하나 됨이 교회의 정체성 및 사명에 얼마나 중요한지를 강조한다.

예수님의 기도의 경우요 17장, 이러한 하나 됨은 육신이 되신 말씀에 대한 충성과 동참을 의미한다. 아버지와 아들의 하나 됨은 신자 상호 간에, 특히 신자와 하나님 및 그의 그리스도와의 하나 됨에 대한 척도가 된다. 에베소서 4장에서의 하나 됨은 사도들과 선지자들의 터에 대한 충성을 의미한다. 그것은 평화의 줄에 매인다는 것이며4:3 특히 그리스도에게까지 자람으로써4:16 하나님과 하나가 된다는 뜻이다.4:6

이러한 하나 됨은 믿음을 힘써 지키기 위한 신중하고 열정적인 노력을 필요로 한다. 요한복음과 에베소서의 하나 됨에 대한 요구는 둘 다 분열을 회복하는 힘을 가진다는 뜻으로 이해할 수 있다. 특히 그리스도와의 연합에서 이러한 하나 됨을 찾아야 할 경우, 그리스도를 누구로 믿어야 할 것인가는 하나의 중요한 분기점이 된다.요한 서신은 자신의 공동체를 위해, 목회서신은 바울의 교회들을 위해, 적합한 설명을 제시한다 하나 됨은 언제나 사람들그리스도인까지 포함하여 상호 간의 하나 됨 이상이다. 요한복음 17장의 예수님이 기도하신 하나 됨과 에베소서 4장이 권면한 하나 됨은 둘 다 그리스도 안에서, 그리스도와 함께 하는 하나 됨이다.

하나 됨의 미덕

그리스도와 하나가 된다는 것은 그의 존재 방식에 동참한다는 뜻이다. 이것은 하나 됨의 미덕의 핵심이 겸손과 온유 및 오래 참음임을 보여준다.

유대교의 "가난한 자의 신앙"piety of the poor은 겸손을 신자가 가져야 할 합당한 태도로 평가한다. 하나님은 특히 가난한 자를 사랑하시며 따라서 하나님의 은총을 누리고 싶은 자는 스스로 겸손해야 한다.Grundmann, 1972:6, 11-15; cf. 특히 마5:3-12의 산상수훈; 1QS 4.2-6 그러나 보다 넓은 헬라세계는 이처럼 자기를 낮추는 태도를 자존적 자유인에 어울리지 않는 굴욕과 자기 비하 및 노예근성으로 여겼다.Grundmann, 1972:1-5

그러나 바울은 이러한 섬김의 자세야 말로 교회의 삶을 가능하게 한다고 보았다. 이러한 바울의 관점은 그리스도 자신이 하나님과 동등됨을 버리고 복종하는 종의 형체를 가지심으로 겸손의 모델이 되신 빌립보서 2장 3-11절에 가장 잘 나타나 있다. 에베소서에서 성도들에게 서로 종노릇 하며 이웃을 위해 갇힌 자가 될 것을 요구한 자는 바로 이 그리스도 안에서 갇힌 자이다.4:1 그것은 그리스도와 사도들의 소명이자 그들의 소명이다.3:8; cf. 고전4:8-13 및 고후4:7-12 그들은 겸손한 섬김을 위해 능력을 입었다.cf. 5:21

온유는 기독교에서 사실상 겸손과 동의어로 사용되지만 광범위한 헬라적 용례에서는 비굴함보다 우정이라는 뜻으로 사용된다. 두 단어가 나란히 제시됨으로써 겸손이 암시하는 자기 비하는 그나마 친구를 암시하는 온유에 의해 경감된다. 이러한 언어적 용례는 초기 바울서신과 일치한다. 예를 들면 고린도전서 4장 20-21절에서 바울은 고린도인에게 능력을 보여주는 대안적 방식으로서 "온유"를 "매"와 대립된 개념으로 제시한다. 온유는 신적 능력을 보여주는 한 방편이자 갈라디아서 5장 23절에 제시된 성령의 열매 가운데 하나이다.

"오래 참음" 역시 갈라디아서 5장 22절에 나오는 성령의 열매 가운데 하나로 조급함의 반대 개념으로 제시되며 인내를 뜻한다.Lincoln: 236; Thurston: 123 공동체의 핵심적 요소로서 오래 참음은 서로를 용납하는 능력을 가리킨다. 그러나 만일 이러한 인내가 스토아적 "극기"와 다른 무엇이라면 그것은 형제자매에 대한 존경과 사랑에서 나온 의지적 선택일 것이다.

선물

은사에 대해 다룬 바울의 다른 본문 가운데 가장 관련이 있는 접촉점 및 대조점은 로마서 12장 및 고린도전서 12장이다.엡4:11, 주석 참조 다음은 세 본문에 대한 문자적 번역이다.

롬12:6-8	고전12:8-10, 28	엡4:11
우리에게 주신 은혜대로	성령으로 말미암아	
받은 은사가	지혜의 말씀	
각각 다르니	지식의 말씀,	
예언	믿음	
섬기는 일diakonia	병 고치는 은사	
가르치는 자	능력 행함	
위로하는 자	예언함	
구제하는 자	영들 분별함	
다스리는 자	각종 방언 말함	
긍휼을 베푸는 자	방언들 통역함을 주시나니	
	하나님이… 세우셨으니	[그리스도가]… 삼으셨으니
	첫째는 사도요	사도
	둘째는 선지자요	선지자
	셋째는 교사요	복음 전하는 자
	그 다음은 능력을 행하는 자요	목사
	그 다음은 병 고치는 은사와	교사
	서로 돕는 것과	
	다스리는 것과	
	각종 방언을 말하는 것이라	

본문을 자세히 대조해보면, 로마서 12장 6-8절과 고린도전서 12장 8-10절에서 중요한 단어는 은사은혜, 선물이라는 뜻의 charis와 관련된 charismata이다. 이 리스트는 은사의 다양함을 보여주며 이러한 은사가 당시 "직분"을 가진 자로 인정된 일부 사람들에게만 주어졌는지의 여부에 대해서는 거의 관심을 갖지 않는다. 대부분의 학자들은 본문의 초점이 직

분보다 기능에 맞추어졌다는 바른 관점을 제시한다. 처음에는 직분자에 대해 나열하던 고린도전서 12장 28절조차 교사 이후에는 다시 기능에 초점을 맞춘다. 이것은 교회의 모든 지체가 유익을 위해 은사를 받았다는 강한 인상을 준다.[12:7]

에베소서 4장 7절의 선물과 은혜에 대한 강조에도 불구하고 에베소서에는 은사charis-mata라는 용어가 나타나지 않는다. 이것은 많은 학자들이 주장하는 것처럼 에베소서가 초기의 "은사적" 교회의 삶으로부터 보다 조직적이고 체계를 갖춘 교회 "직분"으로 발전했음을 보여주는가? 그럴 수도 있다. 그러나 보다 중요한 것은 에베소서가 이처럼 확장된 제도를 어떻게 활용하고 있느냐라는 것이다. 우리는 앞서 주석을 통해 저자가 은사 – 아무리 전문화 된 기능이라고 할지라도– 에 대해 교회가 몸을 세우는 사역을 돕는 역할을 하는 것으로 본다는 사실을 살펴보았다.

평화의 전사

시편 68편 18절은 에베소서에 인용되어 내용이 바뀐 유일한 전쟁 본문이 아니다. 6장 14-17절에는 이사야 59장 17절이 인용되며 내용도 대폭 바뀐다.[6:10-20, 주석 참조] 성경 전승은 그리스도의 놀라운 선물이라는 관점에서 독창적으로 바뀐다. 에베소서에서는 이러한 적용과 변화가 특히 한때 외인, 이방인이었던 자들에 대한 특별한 은혜라는 차원에서 일어난다. 이러한 각색의 자유는 어느 면에서 성경 텍스트의 원래적 의도와 의미를 가능한 정확하게 파악하려는 주석가의 신중함과 상반된다. 역설적이지만, 이러한 신중함이 없었다면 성경본문에 대한 독창적 인용에서 드러나는 성경 저자의 자유와 영감 있는 독창성은 묻히고 말았을 것이다.

신중하고 꼼꼼한 주석은 이런 식으로 성령의 경이로운 흔적을 추적할 수 있다

교회적 상황에서의 텍스트

하나 됨과 평화

우리는 3절에서 성령이 하나 되게 하신 것을 힘써 지키려는 평화주의를 발견한다. 이것은 무엇보다도 온유라는 평화적이고 역설적인 힘과 능력을 통해 드러나는 평화주의이다. 온유는 역사적으로 재세례파 신앙의 문화와 직결된다. 그러나 오늘날 그들은 연약함을 보이거나 개입을 꺼려한다는 의심을 받고 있다. 광범위한 사회와 분리된 교회에 적용되는 "그 땅에서 평화한 자"die Stillen im Lande라는 구절은 일반적으로 모욕적 별명이 되어

가고 있다.

에베소서에서 온유와 오래 참음은 하나님의 자녀가 고귀한 소명에 합당한 삶을 사는 방법이다. 온유함의 문화에서 점차 멀어지고 있는 세대가 겸손과 복종을 회복할 수 있는 가? 우리의 텍스트는 교회의 하나 됨이 이러한 평화주의에 달렸음을 보여준다.

하나 됨과 신앙의 다양성

동시에 에베소서 4장에서 말하는 하나 됨은 특히 신앙과 행위의 이러한 하나 됨은 믿음의 하나 됨이 아니라 온갖 교훈의 풍조에 휩쓸린 어리석은 자들의 하나 됨이다.4:14 하나님이 주신 하나 됨은 하나님의 바람성령에 의한 하나 됨이다.4:3 그것은 한 몸, 한 주, 한 하나님을 붙드는 하나 됨이다. 또한 그것은 지역 회중의 편협한 하나 됨이 아니다. 본 서신은 교회 전체를 의식하면서 기록되었다.

이 부분에서 양날의 도전이 제시된다. 한편으로, 신자교회 전승의 분파주의는 호칭에서 암시되듯이 신앙과 행위에 있어서 한 주를 붙드는 것을 하나 됨의 준거로 삼았다. 모임의 영역은 자연히 엄격할 수밖에 없었다. 영역이 작으면 작을수록 신실함은 더욱 강력해지고 하나 됨의 강도는 더했다. 우리는 재세례파 역사로부터 이러한 하나 됨의 영역이 지나치게 엄격하고 작을 때 하나 됨은 화목을 이룬 우주적 그리스도의 하나 됨이 아니라 숨 막히는 획일성이 되어버린 사실을 발견할 수 있다.

에베소서는 진리와 거짓, 빛과 어두움, 신앙의 문제4:4-6와 행위의 문제4:17-5:21를 구별함에 있어서 관대한 태도를 보인다. 동시에 교회는 **모든** 족속all famillies의 아버지3:13의 명령에 따라 **만물**all things을 통일시키시는 분의 화목 된 몸이라는 에베소서의 교회관은 모든 의도적인 분파주의를 정죄한다. 다시 말하면 분파나 소수파는 그리스도에 대한 신실함 때문일 수 있다. 그러나 사람을 전적으로 새롭게 지으시는 그리스도를 따르고 구현하는 자들에게 이러한 상황은 기껏해야 신실함의 애석한 결과일 뿐이다. 교회는 과감하게 "분리"할 수 있는 용기를 필요로 하지만 분리의 목적은 어디까지나 더 광범위한 만물을 얻기 위함이어야 한다. 요약하면 독선적 소수파는 그리스도의 포괄적 화목을 경시하는 것이다.

또한 우리의 본문은 에베소서가 기록된 후 일어난 "가톨릭 사상"catholism에 대해 비판적 입장을 취한다. 본문은 이러한 운동의 증거본문으로 제시되고 있음에도 불구하고 조직적이고 구조적인 하나 됨을 시도하려는 움직임에 비판적 의문을 제기한다. 본문이 강조하는 하나 됨은 성령에 의해서만 가능하며4:3 일곱 가지의 "하나"를 붙드는 것으로 제시된다.4:4-6 따라서 최소공분모에서 나온 하나 됨은 독선적 분파주의와 마찬가지로 본문의 관점에 부합하지 않는다.

리더십과 능력주심

사역과 관련하여 본문에 대한 해석은 초기부터 매우 다른 접근방식이 이루어졌다. 가톨릭이나 개혁주의 전승에서 볼 수 있듯이, 어떤 사람들은 교회 지도층에 대한 명백한 규정을 뒷받침하는 구절로 보았다.Schnackenburg: 328-31은 해석 역사에 대해 고찰한다 다른 사람들은 본문을 고린도전서 12장에 비추어 평등주의적 관점에서 해석한다. 이것은 영적 은사고전12장에서 볼 수 있는 것과 같은와 직분 사이의 긴장으로 볼 수 있다. 그러나 필자와 같은 사람들은 본문이 새롭게 부상한 교회 직분을 반영하지만 이러한 발전을 그리스도에 비추어 비판적으로 활용한 것으로 본다. 어쨌든 본문은 오늘날 교회에 대해, 그들이 은사와 직분이라는 스펙트럼의 어디쯤 위치해 있는지와 관계없이 중요한 도전을 제시한다. 예를 들면, 신자 교회 전승에는 다양한 모델이 존재한다. 스펙트럼의 한쪽 극단에는 한 명의 목사가 CEO이자 신앙 전문가이자 만물박사로 있는 회중이 있다.J. H. Yoder, 1987:5, 59 다른 쪽 극단에는 모든 지체가 사역에 동참하는 평등주의가 자리 잡고 있다. 이러한 교회에서 리더십은 펠로십 교회나 가정교회에서 볼 수 있는 것처럼, 애매하거나 매우 기능적이고 일시적이 되기 쉽다.신자교회의 사역 모델에 대한 연구는 J. H. Yoder, 1987; Bauman; D. B. Eller; Esau; Lebold: 24-31; Toews: 217-37 참조

대부분의 회중은 광범위하고 유동적인 중간 지대에 속한다. 이 경우 목회 사역은 전문 스텝, 각종 위원회 및 전체 회중의 비공식적 노력을 통해 수행된다. 리더십주로 평등주의를 거부하는 "목사"에 의해 수행된다은 회중적 차원 및 교단적 차원에서 쉽게 관료화되었다. 지도자는 주로 전문적 기술이나 훈련 및 업무 능력에 의해 선정되었으며, 인격이나 신앙 또는 영성성령이 부여한 것으로 교회를 위한 겸손한 자기희생을 통해 드러난에 기초한 리더십은 유급이든 무급이든, 전문적 훈련을 받았든 경험을 통해 형성되었든 종종 위기에 처하거나 상실되거나 인정을 받지 못했다

리더십 문제나 사역에 대한 기대와 관련하여 회중과 목회자 사이에 발생하는 잦은 갈등적 관계는 잠재적 폭발성을 가진 몇 가지 요소에 기인한다. 첫째로, 회중은 사역에 보다 적극적으로 동참하였음에도 불구하고 훨씬 권위가 있었던 모범 -가령 무급으로 충성했던 사역 장로들- 에 대한 희미한 기억이 남아 있다. 둘째로, 회중은 유능하고 훈련 받은 전문 목회자의 필요성에 대한 강력한 요구를 드러낼 수 있다. 셋째로, 회중은 일반 신

자의 권리를 빼앗을 수 있는 전문 지식에 필적하는 신중함을 가지고 있었을 수 있다. 넷째로, 그들은 일반적으로 자신이나 회중이 이 스펙트럼의 어느 지점에 있는지와 관계없이 사역권의 관계 및 구조를 바르게 하는 것이 신실한 교회의 핵심이라는 공통된 인식을 가지고 있다.

우리의 본문은 이러한 관심사와 어떤 관련이 있는가? 에베소서 4장에는 교회 지도자가 된 자들에 대한 깊은 존경이 제시된다. 그들은 머리가 몸에게 준 선물이다. 회중은 그들의 리더십에 대해 그리스도의 선물에 합당한 감사함을 가지고 따르는가? 그렇게 하지 않으려는 경향은 교회의 역사만큼 오래되었으며 신약성경이 기록될 초기부터 나타난다.cf., 예를 들면, 살전5:12-13; 고후8-12장

목사를 비롯한 지도자들 역시 자신에게 동일한 질문을 던져야 한다. 우리는 자신을 그리스도의 선물로 생각하며 그것에 합당한 처신을 하고 있는가? 지도자와 회중의 이러한 관계에 대해본문은 적어도 지도자는 자신이 그리스도의 선물로 볼 뿐만 아니라 모든 성도의 사역을 위해 주어진 선물에 불과하다는 사실을 알아야 한다고 주장한다.스포츠 감독에 대한 유추에 대해서는 4:12-16, 주석 참조

그러기 위해서는 지도자와 사역을 동의어로 생각해서는 안 된다. 다른 말로 하면, 지도자는 사역의 특정 형태일 뿐이라는 것이다. 사도, 선지자, 복음 전하는 자, 목사 및 교사가 수행하는 리더십은 지원 사역ministry of enablement이다.cf. 3:7; cf. 고전3:5; 고후6:3-4 즉 지도자는 온 몸이 -구체적으로는 각 지체가 함께- 그리스도의 몸을 세우는 사역을 감당할 수 있도록 돕는 일을 수행한다. 그러나 이것은 지도자가 몸의 광범위한 사역에 직접 동참하는 것을 배제하는 것은 아니다. "플레잉 코치"로서 그들은 다른 사람에게 이타적인 섬김의 사역이 어떤 것인지를 보여주는 귀감이 될 수 있다. 그러나 그들이 지도자로서 성도 전체의 사역에 동참하는 것은4:12 모든 성도를 구비케 하고 온전하게 하는 사역으로 드러난다.

다양한 전문지식은 의무적이다.스포츠 팀에 대해서는 4:12-16, 주석 참조 오늘날 우리가 전문 지식으로 규정하는 특정 전문성에 대한 필요성도 있다. 그러나 사역은 모든 지체가 한 몸을 이루어야 하는 것과 마찬가지로 포괄적이고 다양한 작업이라는 사실은 달라지지 않는다.

권위와 섬김

동일한 사람들 안에 권위와 섬김이 공존할 수 있는가? 이 대답은 그리스도께서 지도자

의 모범이 되시는 한 "그렇다"가 될 수밖에 없다. 바울은 이 문제가 종의 형체를 취하신 분이 "주님"이라는 고백빌2:5-11의 의미를 이해하는 핵심임을 잘 알고 있었다. 이것은 자신이 맡은 회중의 종으로서 바울의 사도직의 핵심이다.고전4장 당시 고린도인은 섬김의 지도자종이신 주님라는 개념을 받아들이기 어려웠다.고후10-13장 이것은 자신을 전문가, 컨설턴트, CEO로 생각하라고 배운 오늘날 지도자들은 물론 회중들도 받아들이기 어렵다.

그때나 지금이나 진정한 종으로서 지도자 개념은 전문적 지식이 소득, 권력 및 지위와 비례한다는 지배적 인식과는 조화될 수 없었다. 우리가 한 명의 고용된 목사나 제사장 또는 "사역자"에게 모든 사역이 집중되는 것에 주의 한다고 해도J. H. Yoder, 1987:1-8, 역설적이지만 결국 이러한 섬김을 보여주어야 할 가장 좋은 자리는 만물박사가 앉게 될 것이다.

그렇다고 해도 이처럼 긴장으로 가득한 섬김이나 권위 가운데 어느 한 쪽을 완화시킨다면 그리스도의 주되심을 근본적으로 훼손하게 될 것이며 예수님과 그의 사도 바울을 제대로 이해할 수 없을 뿐만 아니라 교회의 사역을 새롭게 하는 본문의 능력도 왜곡하게 될 것이다. 우리가 권위와 섬김의 긴장을 완화시킨다면 그리스도의 이름으로 리더십을 행사하고 있는 지도자들의 사역은 그를 배신하는 결과를 초래하게 될 것이다. 또한 그것은 교회로 하여금 전문적인 능력과 훈련을 받지 못한 자들 가운데 있는 진정한 종의 사역과 리더십을 인식하거나 인정하지 못하게 할 것이다.

다양한 선물로서 지도자

물론 11절에 제시된 선물 목록은 지도자의 기능을 모두 망라한 것은 아니며 그럴 의도도 없다.Best, 1998:393의 주장과 달리 바울서신에만 한정하더라도 다른 지도자선물을 발견할 수 있다. "감독"빌1:1; 딤전3:1; 딛1:7, "장로"딤전5:1-2, 17-21; cf., 예를 들면, 행20:17; 21:18, "집사"남자와 여자; 예를 들면, 롬16:1; 빌1:1, "보호자"남자와 여자; 롬16:2; 살전5:12, "과부"딤전 5:3-16 시대마다 교회 전승은 이 많은 선물, 기능 또는 직분을 다양한 방식으로 제도화 했다.

우리의 본문은 구조나 제도 문제에 대한 관심을 거의 보이지 않는다. 대신에 본문은 여러 가지 기능 및 직분을 가진 자가 다양한 지체로 구성된 교회로 하여금 그들을 한 몸이 되게 하여 그리스도의 몸을 세우는 사역을 수행하게 하는지 묻는다. 이 문제는 교회가 어떤 구조를 가지느냐의 문제보다 훨씬 중요하다.

구조 자체는 능력을 주지 못한다. 아무리 평등한 구조라고 할지라도 리더십을 포함한

다양한 사역의 시행을 방해하거나 금지한다면 교회의 성장과 선교를 가로막을 수 있다. 반대로, 종에게 부여된 권위를 행사하는 자는 아무리 계층적이고 압제적인 구조라고 할지라도 바꿀 수 있다. 본문은 우리 모두에게 만물이 하나님의 아들의 하나 됨, 그리스도의 충만함에 이르기까지 함께 몸을 세워나가도록 자신을 재설정하게 한다.

제자도와 선교

몸이 자라가야 할 머리는 그리스도이다. 모든 사람과 만물은 그 안에서 통일될 것이며1:10, 가까운데 있는 자와 먼데 있는 자들이 모여 그 안에서 한 새사람을 이룰 것이다.2:13-18 이것은 13절의 성장이 집약적이며제자도 반드시 확산되어야 함선교을 보여준다.

이 본문에 대한 해석은 2장 11-22절의 위대한 평화 본문과 불가분리의 관계에 있다. 교회는 우주의 모든 영역에 대한 회복 사역에 동참하기까지 평화이신2:14 그리스도에게로 자라가야 한다. 여기에는 그리스도 안에서 원수 된 자들의 화목, 버림을 받아 방황하는 자들과 그들을 사랑하는 하나님 아버지와의 화목, 온전한 사람으로의 회복 및 특히 만물과 하나님의 화목이 포함된다.

이러한 관점은 사람들에게 하나님을 전하려는 다양한 교회 성장 운동의 조바심을 받아들인다. 그러나 이 관점은 인종적, 윤리적, 사회경제적으로 포괄적인 교회의 본질과 배치되는 어떤 교회론에 대해서도 깊은 의구심을 보인다.Yoder Neufeld, 1999a:69-82 디자인만 같은 교회는 더 이상 원수와 이방인을 모아 한 새 사람으로 지으신 그리스도의 몸이 아니며2:15 각 족속의 아버지의 교회도 아니다.3:14-15, TRYN

세상의 갈등을 치유하는 사역평화 사역, 평화 구축, 공의 시행, 갈등 해소, 중재, 기아 구제 및 개발 및 생태학적으로 훼손된 지구를 회복해야 할 필요성에 민감하지 못한 교회는 만물을 통일되게 하실1:10 그리스도에게까지 자라가고 있는 것이 아니다. 다른 한편으로, 용서받지 못한 자, 화목하지 못한 자, 영적으로 회복되지 못한 자들의 운명에 냉담한 교회들 역시 화목 사역을 통해 하나님께 나아가 하나님의 자녀가 되고 그 앞에서 기쁨으로 예배할 수 있는 길을 여신 그리스도에게까지 자라가고 있는 것이 아니다.2:18-22; 5:18-20

우리는 에베소서가 전하는 것과 같은 포괄적 선교 비전을 절박한 마음으로 촉구한다. 우리는 이러한 비전을 통해 하나님과의 화목 및 이 땅의 평화를 경험, 이해, 선포, 증거하고 하나의 온전한 전체로서 하나님의 은혜롭고 사랑이 풍성하며 신비로운 뜻의 베틀 속으로 들어가 직조될 수 있도록 힘써야 한다.cf. 엡1장

옛 사람과 새 사람: 두 가지 길

개관

4장 1절-5장 21절의 단락을 나눈다는 것은 다소 인위적이다. 그렇기는 하나 우리는 편의상 문체 및 주제에 기초하여 본문을 몇 개의 단락으로 나누어 살펴보고 있다. 에베소서 4장 17절은 4장 1절에서 권면 부분을 도입한 "그러므로"oun를 반복함으로써NIV는 "따라서"[so], NRSV는 "이제"[now] 강력한 호소와 함께 본격적으로 권면을 재개한다. "이제부터 너희는 이방인이 그 마음의 허망한 것으로 행함 같이 행하지walk; NIV 및 NRSV: '살지'[live] 말라." 본 단원은 "그리스도께서 너희를 사랑하신 것 같이 너희도 사랑 가운데서 행하라"라는 동일한 강조와 함께 5장 2절에서 끝난다. 2장 1-10절에서와 마찬가지로 "행하라"walk는 인클루지오를 형성한다.

이러한 프레임에 덧붙여 자신을 방탕에 방임한 이방인4:19과 자신을 희생제물로 하나님께 드리신 그리스도5:2의 대조가 제시된다. 대조적 삶의 초점은 5장 2절에서 끝나지 않지만cf. 5:8, 15의 "행하라" 참조, 두 가지 길에 대한 강력한 대조는 본문을 그러한 주제 하에 별도의 단원으로 살펴보기에 충분하다.

본문에는 두 개의 삶에 대한 강력한 대조가 두 가지 방식으로 제시된다. 첫째로, 4장 20-24절은 독자에게 세례가 옛 사람을 벗어버리고 새 사람-즉 그리스도-을 입는 의식임을 상기할 것을 요구한다. 둘째로, 25-32절은 참된 것을 말하고 분을 품거나 도둑질,

더러운 말로 성령을 근심하게 하지 말라는 권면으로 새 사람의 삶을 예시한다. 금지된 행동은 그것을 대치할 행동과 대조된다. 이 대조는 31절과 32절에서 악과 미덕에 대한 리스트와 함께 더욱 뚜렷이 대비된다. 이 목록은 아마도 골로새서 3장 8절 및 12-13절에서 가져온 것으로 보인다. 5장의 첫 두 구절은 하나님을 본받고 그리스도처럼 행하라는 촉구로 권면을 끝낸다. 우리는 여기서 부르심을 받은 일에 합당하게 행하라는 4장 1절의 촉구를 다시 들을 수 있다.

다음은 본문에 제시된 대조를 요약한 것이다.

옛 사람	새 사람
썩어져 감	새롭게 됨
이방인처럼 행함	하나님을 본 받음
자신을 방탕에 방임하여	우리를 위하여 자신을 버리신
모든 더러운 것을 행한	
이방인처럼 행함	그리스도처럼 사랑으로 행함
하나님의 생명에서 떠남	하나님의 용서와 사랑을 받은 자녀
무지함	배움
허망한 마음, 총명이 어두워짐	심령spirit of the mind이 새롭게 됨
거짓	진리
모든 악독	참된 것
도둑질	자기 손으로 수고함
더러운 말	선한 말
노함과 분냄과 떠들고 비방함	친절, 불쌍히 여김, 용서

구조와 관련하여 17-19절은 20-24절과 마찬가지로 하나의 문장으로 이루어진다. 25-32절은 여러 가지 행동에 대해 권면한 짧은 문장들로 구성된다.

4:17-5:2의 구조

그러므로 내가 이것을 말하며 주 안에서 증언하노니
　　이제부터 너희는 이방인이… 행함 같이 행하지 말라　　　　4:17-19
너희는 그리스도를 그같이 배우지 아니하였느니라

진리가 예수 안에 있는 것 같이

너희는… 옛 사람을 벗어 버리고

새 사람을 입으라   4:20-24

그런즉 거짓을 버리고

이웃과 더불어 참된 것을 말하라

분을 내어도 죄를 짓지 말며

도둑질하지 말고 돌이켜 가난한 자에게 구제하라

더러운 말은 너희 입 밖에도 내지 말고 선한 말을 하라

하나님의 성령을 근심하게 하지 말라

모든 악[리스트]을 버리라   4:25-32

그러므로 하나님을 본받는 자가 되고

그리스도처럼 사랑 가운데서 행하라   5:1-2

개요

주석

이방인처럼 행함 4:17-19

이 단락은 이중 강조적 진술과 함께 시작한다. "그러므로 내가 이것을 말하며 주 안에서 증언하노니." 먼저 "그러므로"는 4장 1절에서처럼 은혜를 전제로 한 권면이 다시 시작되었음을 보여준다. 4장 1절의 권면이 앞 장들에서 다룬 하나님의 은혜를 전제로 하고 있는 것처럼 이곳의 본문 역시 선물을 주시는 자이자 자라나게 하시는 분인 그리스도에 대한 진술4:7-16 뒤에 이어진다.

"증언노하노니"는 martyr순교자라는 영어 단어의 기원이 되는 마르투로마이marturomai를 번역한 것이다. 독자는 주 안에서 증인된 자의 권면을 듣고 있으며 따라서 그의 증언에 귀를 기울여야 한다. 데살로니가전서 2장 11-12절에는 보다 친밀한 어조가 제시된다. 그곳 본문에서 바울은 "아버지"2:11로서 "자녀"에게 "하나님께 합당히 행하게" 권면하고 위로하고 경계한다.marturomaicf. 엡4:1! 에베소서 4장 17절의 어조는 부성적 친밀함보다 사도적 권위가 부각된다. 고린도후서 2장 17절에서 바울은 "하나님 앞에서와 그리스도 안에서"TRYN 말한다는 사실을 상기하라.

4장 1절에서처럼 이 권면은 행함과 관련이 있다. 이 모티브는 2장 2절에 처음 나타난다.주석; 4:1, 주석 참조 생명은 정적인 것이 아니다. 그것은 멸망으로 이끌거나 하나님의 생명으로 이끈다.4:18 성도가 행하여야 할 방향은 먼저 이방인의 행함에서 돌아서야 한다. 본 서신의 수신자는 대부분 이방인이기 때문에 "이방인"이라는 용어를 사용한 것은 그들의 이전 삶의 방식에 대한 자각을 위한 것이다.cf. 4:22, 2:1-2, 11-12, 5:3-7

이방인의 삶에 대한 묘사는 혹독하게 단순하고 일방적인데 이것은 이방인의 삶에 대한 유대인의 전형적 묘사 때문이다.TBC 여기서는 독자에게 자신의 예전 모습을 반영하는 추한 거울을 보여줌으로써 경고와 동시에 정체성을 강화하기 위해 제시된다. 독자는 더 이상 예전에 행하던그리고 여전히 유혹을 받고 있는 것처럼 행해서는 안 된다. 2장에서도 살펴본 "그 때-지금"once-now 도식은 더 이상 적용되지 않으며주석 참조 4장 22-24절에는 세례 장면이 반영된다.

하나님과 및 우리를 위한 하나님의 뜻에서 떠난 것은 무엇보다도 마음이 굳어진 때문이며 그것으로부터 모든 감각 없는 행동이 흘러나온다. 이러한 사실은 사실상 상호 대체가 가능한 일련의 이미지 - "하나님의 생명에서 떠나" 있는 자들cf. 2:12의 "마음"nous은 "허망"하다. 4:17; cf. 롬1:21; 솔로몬의 지혜서13:1 - 와 함께 광범위하게 묘사된다. 그들의 "생각"dianoia은 어두워졌다. cf. again 롬1:21; 솔로몬의 지혜서17:2-3, 17, 21 "이방인의 통찰력의 좌소에서 '총명함'이 사라짐으로써 그들은 더 이상 궁극적 진리를 깨닫지 못하게 된 것이다"Lincoln: 277 이 모든 것은 그들 가운데 있는 "무지함" 때문이며cf. 벧전1:14; 유사한 내용으로는, 솔로몬의 지혜서 13:1 참조, 이러한 무지는 그들이 하나님을 떠난 결과이자 이유이다.

따라서 무지는 변명이 될 수 없다.cf. 롬1:20-22 유대적 관점에서 보면 이방인의 무지는 비난 받아 마땅한데 이것은 특히 지식과 지혜에 대한 망상 때문이다.cf. 엡4:22; 고전1:18-25에는 이러한 망상에 대한 강조가 나타난다 저자는 "독자의 논리적 사고의 부족 때문"이라고 말하지 않고Best, 1998:417 하나님의 생명 및 그의 뜻을 좇아 살라는 요구를 받아들일 능력도 의지도 없기 때문이라고 말한다.

"마음의 굳어짐"4:18을 무지와 함께 제시한 것은 놀랍지 않다. 성경에서 heart마음는 사실상 mind생각와 동의어이다.1:18, 주석 참조 성경에서 "굳어짐"은 종종 하나님의 진리를 거부한다는 뜻으로 사용된다.cf. 막6:52, 8:17; 요12:40; 롬2:5; 고후3:14; 바로는 대표적인 사례이다, 출7-14; 롬9:18 놀랍게도 본문에는 이러한 "마음의 굳어짐"엡4:18이 "아픔을 느끼지 못한다"는 뜻의 "감각 없는 자"apalgeō로 연결된다.4:19; Liddell and Scott NJB의 번역처럼 "옳고 그름에 대한 그들의 의식이 무디어진" 것이다.

일단 마음이 굳어지면 사람들은 방탕과 온갖 더러운 것 및 욕심에 방임하거나 그것에 탐닉하게 된다. 로마서 1장과의 유사성은 놀랍지만 그곳에서 바울은 세 번이나 하나님이 이러한 사람들을 방탕한 삶에 버려두셨다고 기록한다.1:24, 26, 28 paradidomi버리다라는 동사는 유대인이 예수님을 당국자에게 넘겼다는 묘사예를 들면, 마26장; 막14장; 눅 22장; 요13장에 사용된 것과 같다. 또한 이 단어는 에베소서 5장 2절에서 우리를 위해 자신을 희생제물로 내어주신 예수님에게 사용된 단어와도 같다. 이곳에 사용된 단어는 이처럼 비극적이고 운명적인 의미를 함축한다. 어쨌든 이들은 불순종의 자식들이며 공중의 권세 잡은 자를 따르는 "죽은 자"walking dead이다.2:1-3 그들은 이러한 권세에 **자신을** 산 제물로 넘겨준 것이다.

그들의 삶은 상호 관련이 있는 세 가지 범주의 악 ―방탕, 더러운 것, 욕심― 과 연결되며 이 악들은 하나도 빠짐없이 다시 한 번 악의 리스트에 열거된다.Best, 1998:422 부도덕 또는 방탕aselgeia은 이미 고린도후서 12장 21절 및 갈라디아서 5장 19절에서 "더러운 것"akatharsia과 연결된다. 두 본문에서 더러운 것은 음행음란, porneia 및 호색부도덕과 함께 제시된다. 유대 그리스도인 및 유대인 신자는 성적인 죄에 대해, 하나님의 거룩함을 모욕하는 대표적인 죄이자 "부정한" 이방인 및 그들의 우상 숭배의 특징으로 생각한다.cf., 예를 들면, 솔로몬의 지혜서14:26 이 세 가지 악은 5장 3절 및 5절에서 방탕이 음행으로 바뀐 것만 제외하면 그대로 반복된다.

이곳 본문의 경우 성결에 대한 관심은 개인의 영적 도덕적 건강에 대한 것이라기보다.

이러한 것도 중요하지만 이제 이방인 독자가 하나님의 성전의 한 부분이 되었다는 사실2:21-22에 초점을 맞춘다. 하나님의 집이 죄모든 더러운 것로 오염됨으로써 생각과 마음이 성결과 거룩에 익숙한 자들에게 영향을 주어서는 안 된다는 것이다.cf. 고전6:9-20

이곳의 탐욕pleonexia은 방종 및 더러운 것을 충동하는 힘NRSV: 실행하려는 욕심으로 정의된다. 어떤 사람들은 이것을 정욕으로 번역함으로써 성문제와 직접적으로 연결한다.예를 들면, NIV 이것은 용어의 의미를 지나치게 제한한 것이기는 하지만 만족할 줄 모르는 욕심이 성적 무질서의 뿌리라는 사실에 초점을 맞춘다. 이런 의미에서 성적인 죄는 다른 모든 탐욕의 상징이며 가장 대표적인 것은 성적 욕구가 아니라 경제적 욕심이다. 5장 5절이 보여주듯이 성경적으로 이 모든 탐욕은 우상숭배와 밀접하게 연결된다.cf. 골3:5; 롬1:29[롬1:24-25에 비추어]; 고전5:9-13; 사2:6-20

이방인에 대한 이처럼 어두운 묘사는 외인들에 대한 도덕적 교만으로 흐를 소지가 있다. 그러나 본문의 목적은 거울을 통해 성도들의 옛 삶의 방식을 상기시키고 현재의 삶을 돌아보게 하는 것이다. 이것은 결국 권면이다. 그들을 가리키는 손가락은 이런 식으로 구약성경을 상기시키는 예언자/사도의 말씀이 된다. 구약성경에서 이러한 방탕, 무지, 어두움 및 완고한 마음은 이스라엘의 배교를 묘사하기 위해 사용된다.cf., 예를 들면, 사59장은 엡6:10-20에 대한 중요한 배경이 된다

따라서 저자는 독자의 삶이 예전에 어떠했으며 지금은 어떤 자들이 되었는지에 대해 구별한다. 베드로후서 2장에는 이처럼 전형적인 악의 삶이 어떻게 교회 안에 들어오게 되었는지를 보여준다. 본문에는 무지, 거짓, 속임수 및 도덕적 타락 등 동일한 악이 거짓 선생의 특징으로 제시된다.Charles: 237-44 한 마디로 이방인의 삶은 처음 믿는 자나 오래 믿은 자 모두에게 위험하다는 것이다.

새 사람을 옷 입음으로 그리스도를 배움 4:20-24

4:20-21 예수 안에 있는 진리, 그리스도를 배움

다른 사람에 대한 손가락질은 권면의 핵심이 아니다. 오히려 이 권면의 핵심은 독자에게 그리스도와 합하기 위하여 세례를 받는다는 것의 의미를 상기시켜 '배워서 제자가 되는 과정'을 시작하게 함으로써 새로운 삶을 촉구하는 데 있다. 다시 한 번 예전 삶의 방식에 대한 대조가 강조적으로 진술된다. "오직[그러나] 너희는 그리스도를 그같이 배우지 아니하였느니라." 바르트의 해석처럼 "너희는 메시아의 학생이 되었다"1974:504는 것이다. 신실한 신자가 된다는 것은 그리스도의 학교에서 "행하는 법"how to walk을 배우는 문

제이다. "배우다"라는 단어는 "제자"라는 단어의 동사 형태이다. 그리스도를 배운다는 표현은 놀랍고 사실상 전례가 없다. 일부 역본은 이 구절의 의미를 명확히 한다: "그리스도에 대해 배우는 것"TEV 또는 "그리스도를 알기 위해 오는 것"NIV 그러나 대부분의 역본은 그리스도를 배운다는 독특한 표현을 유지한다. 마찬가지로, 골로새서 2장 6-7절은 "받았다"와 "배웠다"를 결합한다. "그러므로 너희가 그리스도 예수를 주로 받았으니 그 안에서 행하되 그 안에 뿌리를 박으며 세움을 받아 교훈을 받은 대로 믿음에 굳게 서서 감사함을 넘치게 하라"TRYN

"그리스도를 배운다"는 것은 "그리스도에 대한 전승을 배운다"는 뜻인가?Lincoln: 279; Schnackenburg: 199는 그렇게 생각한다 맞는 말이다. 그러나 이것은 너무 제한적이다. 골로새서에서 가르치고 배운 것은 그리스도 자신이며 그에 대한about 가르침신앙 교육에서 결코 배제될 수 없는 것이지만이 아니다. 우리는 에베소서 4장 11절의 리스트에 제시된 선물들 가운데 가르치는 사역에 대한 강조를 상기할 필요가 있다. 확실히 가르친다는 것은 정보나 교리를 전달하는 것과 다르며 배운다는 것은 단순한 정보습득이 아니다. 그것은 그리스도를 향해 자라는 것이며4:13,16 그리스도의 몸의 지체로서 보다 온전하게 그리스도의 한 부분이 되는 것이다.cf. "너희 속에 그리스도의 형상을 이루기까지," 갈4:19 그리스도를 배운다는 것은 교회 안에 임재하신 부활하신 그리스도를 만나고 교제하는 것이다.Best, 1998:426-7도 같은 주장을 한다 이와 같이 에베소서 4장 21절은 "그 안에서 가르침을 받았을진대"라고 진술한다

21절은 3장 2절의 내용을 반복한 것이다. "너희가 들었을 터이라." 여기서는 저자가 본 서신의 독자가 듣고 배웠을 것이라고 생각하는 것을 상기시키고 있는 것이다. 이것은 저자가 자신의 호소를 진술하는 전제가 된다."너희가 참으로 그에게서 듣고 또한 그 안에서 가르침을 받았을진대" 그러나 3장 2절에서와 마찬가지로 이 표현은 암시적으로 자기 성찰을 촉구한다. 또한 3장 2절에서처럼 중요한 강조점을 소개한다. 그곳에서는 사도적 유산의 내용에 대한 진술이 있었으나 이곳에서는 그리스도를 배운다는 의미에 대해 언급한다.

신자가 그 안에서 가르침을 받았다는 것은 그리스도 안에서 가르침을 받았다는 뜻이다. 이것은 공간적이고 도구적인 의미로 볼 수 있지만 대리인을 뜻하는 것일 수 있다.[안에, 367쪽] 신자는 그리스도의 몸의 지체로서 그리스도 **안에서** 배운다.1:23; 2:15-16; 3:16-17; 4:15-16 그들은 그리스도와 **함께** 살리심을 받은 자로서2:5-6 배운다. 그들은 그리스도 안에서 본 것에 의해 살라는 가르침을 받는다. 끝으로 그들은 그리스도의 가르침을 받는다. 우리는 이러한 해석 가운데 어느 하나만을 고집해서는 안 된다. 부활하신 그

리스도 자신이 모범과2:14-18, 5:21-33, 선물사도… 교사, 4:11 및 그의 영을 통해1:17, 3:5,16, 4:3-4; 5:18-21의 주석, 서로를 섬김은 성령 충만의 결과임; cf. 6:4, 주석, 교회를 가르치는 선생이 되신다.

이어지는 구절은 그리스도를 배운다는 구절만큼 당황스럽다.

"진리가 예수 안에 있는 것 같이"는 진리를 예수님이라는 특정인과 결부시킨다. 바울 서신에서 예수님을 "주"나 "그리스도"라는 호칭 없이 언급하는 것은 매우 드문 일이다.롬 3:26, 8:11; 고전12:3; 고후4:10-11, 14, 11:4; 갈6:17; 빌2:10; 살전1:10, 4:14 저자는 "그리스도"나 "그"라는 표현으로는 부족한 것처럼 "예수"라는 단어에 특별한 관심을 보이고 있는 것이 분명하다. 그러나 이유는 무엇인가? 아마도 저자는 배워야 할 내용, 특히 예수라는 사람 의 삶과 죽음 및 부활에 초점을 맞추려 했을 것이다.Schnackenburg: 199 그러나 이 구절을 복음서에 기록된 것과 같은 예수님의 말씀과 행위에 대한 전승을 가리킨다고 보기에는 증거가 부족하다.

오히려 이 구절은 궁극적 선물인 자신의 생명을 주시기까지 하나님과 인간에게 자신을 온전히 내어주신 예수님의 신실하심에 대한 언급으로 보인다.2:14-16, 5:2! cf. 빌2:6-11 다 시 말하면 그리스도를 배우는 것은 예수라는 사람의 생명과 관련된 내용을 포함해야 한 다는 것이다. 우리가 따라야 할 사람은 바로 이 사람이다.so also Best, 1998:429-30 예수님을 따름으로 배우는 이러한 진리는 예수님에 관한 진리그리스도 안에 동참한 자로서의 그들을 위한 모범 에 담긴 함축을 피하게 한다로 인해 간과되기 쉽다

4:22-24 "옷이 날개다"

22-24절은 상호 관련이 있는 세 개의 부정사와 함께 20절에서 시작된 문장을 계속한 다. 이 부분은 종종 명령형으로 번역되지만예를 들면, REB "너희가… 가르침을 받았을진 대"의 종속절로 보아야 한다.NIV와 NRSV 및 대부분의 역본은 이처럼 제대로 번역한다 요지는 다 음과 같다. "너희는 예수 안에 있는 진리와 일치하는 가르침을 받았다. 첫째로, 너희는 옛 사람을 벗어 버리고 둘째로, 심령이 새롭게 되어 셋째로, 새 사람을 입으라." 따라서 이 권면은 신자가 그리스도 안에서 가지는 정체성과 밀접하게 연결된다.

우리는 이 모티브의 제목으로 러셀Letty Russell의 "유니폼의 변화"81나 잘 알려진 격언 "옷이 날개다"로 정할 수 있다. "입다"나 "벗다"와 같은 특정 용어는 바울 교회의 세례식 을 반영한 것으로 보인다.TBC 여기서는 골로새서 3장 9-10절에서 볼 수 있는 이미지 및 사상에 의존하고 있다. 그곳에서 이 구절은 그리스도와 함께 죽고 그리스도와 함께 살았

다는 확장된 문맥의 한 부분으로 제시된다.골2:20, 3:1, 또한 골3:11 참조; cf. 갈3:27-28; 그러나 Best, 1998:431-3은 골로새서와의 관련성에 의문을 제기한다 그러나 아래의 도표에서 볼 수 있듯이 골로새서에 의존했다고 해서 그대로 반복한 것은 아니다.예를 들면, 새롭다는 뜻의 단어들 -new, kainos, neos- 간에 어떤 자리바꿈이 있었는지 살펴보라

<table>
<tr><th>에베소서 4장 22-24절</th><th>골로새서 3장 9-10절</th></tr>
<tr><td>옛 사람을anthrōpos</td><td>옛 사람을anthrōpos</td></tr>
<tr><td>벗어버리라apotithēi</td><td>벗어버리라apekduomai</td></tr>
<tr><td>심령이 새롭게 되어ananeoomai</td><td>지식에까지 새롭게 하심을 입어anakainoomai</td></tr>
<tr><td>하나님을 따라kata 지으심을 받은</td><td>창조하신 이의 형상을 따라kata</td></tr>
<tr><td>새 사람을 입으라 kainos anthrōpos</td><td>새 사람을 입었으니neos [anthrōpos]</td></tr>
</table>

두 본문은 바울교회에 있어서 세례의 중요성 및 이 권면이 어떤 창의성으로 세례에 호소하고 있는지를 보여준다.

권면의 요지는 신자가 옛 삶을 버리고 새로운 삶을 살아야 한다는 것으로첫 번째 및 세 번째 부정사는 과거 시재이다 옛 사람anthrōpos을 버리고 새 사람anthrōpos을 입으라는 표현으로 제시된다. 이것은 개인의 성품이나 신조에 대한 언급인가? 아니면 보다 광범위한 의미를 담고 있는가? 로마서 6장 6절은 우리의 옛 사람anthrōpos이 그리스도와 함께 십자가에 못 박혀 죽은 사실에 대해 진술한다. 이것은 "사람"anthrōpos에 대한 다소 개인적인 이해로 볼 수 있다. "자아," NIV, NRSV; cf. 고후4:16은 "겉사람"과 "속사람"에 대해 언급한다; Shillington: 105-7 대부분의 역본은 에베소서 4장 24절에서 이 구절을 개인에 초점을 맞추어 "자아"self로 번역하거나NRSV, NIV, NASB, TEV "인간의 본성"이라는 심리학적 번역을 시도한다.REB

그러나 2장은 이미 그리스도 안에서 새로 지으심을 받은 적대적이고 호전적인 사람을 새 사람kainos anthrōpos으로 소개한 바 있다.2:15, 주석 참조 NJB는 옛 사람old anthrōpos을 옛 자아로, 새로운 사람new anthrōpos을 새 사람New Man으로 구별함으로써[sic] 2장 15절 및 4장 13절은전한 사람과의 연관성을 인식하고 있음을 보여준다. 그러나 옛 사람old anthrōpos을 새 사람보다 덜 포괄적인 의미로 볼 이유는 없다.

이 이미지의 핵심에는 사람은 무엇인가라는 근본적인 이슈가 담겨 있다. 에베소서에서는 결코 개인적인 차원에서 해석하지 않는다. 인간의 정체성은 부정적인 면에서나 긍

정적인 면에서, 공동체적 경험을 통해 형성된다.cf. 2:1-3, 15-16, 4:1-16, 17-19 이곳에는 사용되지 않지만 저자의 "인간론"과 일맥상통하는 용어를 사용하면 사람은 "첫 번째 아담"에 동참하거나 그리스도의 화목 사역으로 인해 "새로운[마지막] 아담"에 동참한다.cf. 특히 롬5:12-21; 고전15:45-49 "옛 사람"과 "새 사람"에 대한 언급은 한 개인의 성품에 대한 것이라기보다 "인간 문화"culture of humanness를 묘사하는 한 방식이다.Martin, 1993:152, 골 3:9-10에 대한 주석 참조

옛 인간의 존재 방식은 거짓 탐욕에서 나오는 부패로 말미암아 썩어져 가는 특징이 있다.cf. 4:17-19, 2:1-3 그것은 죽음과 계약한 "삶"이다.cf. 잠8:36; 사28:15, 18; 솔로몬의 지혜서 1:16-:24 그것은 본 서신의 독자가 한때 살아보았던 "삶"이다. 이 긴급한 권면이 제시된 것은 그들이 여전히 그러한 삶과 싸워야 하기 때문이다. 결국 그들의 새로운 삶은 불순종의 자녀들 가운데서 그들과 함께 살아야 하는 것이다.2:2 요한복음 17장이 진술하듯이 그리스도를 믿는 신자는 "세상에 살지만 세상에 속하지 않은" 자이며 그러한 이유로 자신의 정체성을 위해 세상과 끊임없이 싸워야 한다.5:3-21 이 싸움은 확실히 개인적인 영역에서 일어난다. 그러나 옛 사람과 새 사람은 가치관과 상상력이 개인의 생각이나 마음보다 훨씬 넓은 모루 위에서 형성되는 사회적 문화적 영역과 밀접하게 연결되어 있음을 보여준다.

옛 사람과 대조적으로 새 사람은 그리스도이다. 그리스도는 몸에 붙은 몸으로4:15 많은 지체로 이루어진다.4:7,16 그리스도는 하나님을 따라 지으심을 받은4:24, 2:10 새 사람이다.2:15 이것은 새로운 "자아"이지만 온 교회와 그 이상을 포함하는 광범위한 자아로, 만물이 그 안으로 통일될 새 사람new anthrōpos이다.1:10; 그러나 Best, 1998:439-40은 에베소서 전체에서 새 사람을 개인화 한다 개인 신자의 정체성은 전체 -그리스도- 로 규명된다. 따라서 옛 사람이 여전히 "살아 있는" 이 땅에서 새 사람으로 살기 위한 싸움은 혼자서 하는 것이 아니라 그리스도의 몸의 다른 지체들과 함께 하는 것이다. 새 사람을 입는다는 것은 4:24 그리스도의 몸과 하나가 되어 함께 그리스도에게까지 자라간다는 또 하나의 언급이다.4:15-16

첫 번째 부정사와 세 번째 부정사에 과거 시재를 사용한 것4:22절의 "벗어버리고"[have taken off]와 4:24의 입으라[have put on]은 회심이나또는 세례가 과거 한 순간의 사건이라는 인상을 준다. 그러나 이 구절에서 세례라는 근본적인 변화의 이미지는 듣고 가르치고 배운다는 모티브와 연결된다.4:20-21 이것은 변화의 시점 및 과정을 함축한다. 새 사람 안에 있는 생명은 은혜에 의해 시작되고 뒷받침을 받지만cf. 2:5, 8 신자가 개인적으로나 공동체

적으로 모든 힘과 훈련 및 노력을 기울일 것을 요구한다.4:11-16

이러한 통찰력과 조화를 이루는 "새롭게 된"수동태 또는 "[스스로] 새로운"중간태, 자신을 새롭게 하는 행위라는 두 번째 부정사는 현재적 경험의 계속을 나타내는 현재시재이다. 유사한 내용의 로마서 12장 2절을 상기하라. "오직 마음을 새롭게 함으로 변화를 받아." 놀랍게도 로마서 12장은 마음을 새롭게 하라는 이 놀라운 수동적 경험을 "명령형"으로 제시한다. 이것은 새롭게 되라는현재 시재이다! 4:23 가르침을 이미 받았다는 것과거 시재, 4:21은 이 진술에 명령이 함축되어 있음을 보여준다. 심령이 새롭게 된다는 것은 그리스도에게서 듣고 가르침을 받고 배우는 것과 관련된 지속적 과정이다.

"너희복수의 심령이 새롭게 되어"라는 표현은 독특하기 때문에 당황스럽다. 다양한 번역에 주목하라. NRSV는 "너희의 심령 안에서"라는 문자적인 번역을 취한다. 다른 번역은 해석적이다. "너희의 마음의 태도에서"NIV, 새롭고 영적인 사고방식을 취하라NAB, "영 안에서 새롭게 된 너희의 마음"NJB, "마음과 영에서"REB, "마음과 생각에서"TEV 해석가들은 전형적으로 한 두 가지 방식을 취한다. 하나는 영을 "생각"이나 "마음" 또는 "내적 인격"과 어느 정도 동의어로 취하는 것이다.cf. 4:18, 3:16-17, 그러나 주석 참조; cf., 예를 들면, Barth, 1974:508-9; Best, 1998:436; Lincoln: 287 또 하나는 문법적 문제에도 불구하고 영을 신적인 영Spirit으로 보는 것이다.예를 들면, Houlden: 319; Schnackenburg: 200

고든 피Gordon Fee는 두 가지 해석 모두 고려한다. 그의 관점에 따르면 초기 독자는 영을 우선적으로 "인간의 영"으로 받아들였을 것이다. 그러나 그들과 우리는 "가까이서 운행하시는 성령을 인정할 준비"를 해야 한다.Fee, 1987:712 본서에서 반복적으로 언급하는 말이지만 문법적 모호성이 나타나는 본문은 본 서신의 핵심과 일치하는 중요하고 통찰력 있는 해석을 요구하기 때문에 모호성을 해결하려고 해서는 안 된다.

24절은 새 사람을 지으심에 구체적인 초점을 맞춘다.cf. 2:10,15 새 사람은 하나님을 따라kata theon의 또는 "공의"[NJB]와in 또는 with [안에, 373쪽] 진리의 거룩함으로in 또는 with 지으심을 받았다. NRSV와 다른 많은 역본들은 "하나님을 따라"라는 구절이 하나님의 형상에 대한 언급임을 정확히 알고 있다. 즉 "그를 지으신 하나님의 형상을 따라"cf. 창1:26; 골3:10에서처럼 명확하지는 않지만라는 것이다. 신자는 새 사람 ―그리스도― 을 입기 때문에 하나님처럼 된다.cf. 5:1! 그들은 의와 진리의 거룩함으로 지으심을 받은 새 사람의 한 부분이 된 것이다.

역본들은 이 마지막 구절을 다양한 의미로 번역한다. 대부분은 NIV와 NRSV를 따라 진리를 형용사적으로예를 들면, 참된 의 번역한다. 그러나 진리는 이어지는 25절에서 거짓과 관련된 대조가 보여주는 것처럼 말보다 보다 고상한 이미지로 볼 수 있다. 진리는 의 또는 공의둘 다 헬라어로는 dikaiosunē이다와 거룩함에 의해 묘사된다. 이것은 익숙한 한 쌍이 다. 예를 들면 하나님은 공의와 거룩함으로 묘사된다.신32:4, 70인역; 시145:17 [144:17, 70인역]; cf. 눅1:75; 솔로몬의 지혜서9:3

진리와 하나님 역시 밀접하게 연결된다. 가령 4장 15절은 "오직 사랑 안에서 참된 것을 하여 범사에 그에게까지 자랄라"고 말씀한다. 따라서 진리는 그리스도 안에서 하나님 에 의해 형성되고 재창조된 실재를 포괄한다. 진리는 새 사람으로서의 삶의 표제이다. 6 장 14절에서 하나님의 전신갑주 가운데 첫 번째로 진리가 언급된 사실에 놀라야 하는가? 의와 진리를 "미덕"으로 부르는 것을 잘못되었다고 말할 수는 없겠지만 새 사람에 동참 하는 수단이나 신적 선물로 그들의 역할을 저평가하는 것이다.

거짓을 버리고 진리를 따르라 4:25-32
4:25 거짓을 버리고 참된 것을 말하라

25절의 "거짓을 버리고"는 옛 사람을 벗어버리라는 22절과 맥을 같이 한다. 다수의 역 본예를 들면, NIV, NJB, REB은 부정과거 분사를 명령형으로 해석하는데 문법적으로는 가 능하다. 그러나 필자의 번역에서 볼 수 있는 것처럼 부정과거 분사는 이어지는 호소의 전 제로 제시된 것일 수도 있다. 즉 "너희가 거짓을 버렸기 때문에"라는 것이다. 여기서 거 짓은 옛 사람에 해당한다.

24절의 "진리"에서 본 것처럼 해석가는 전형적으로 "거짓"의 의미에 대해서도 소극적 으로 접근한다. 이것은 이어지는 명령"이웃과 더불어 참된 것을 말하라"의 영향 때문임이 분명 하다. 그들은 이 구절을 31절 끝까지 이어지는 금지 명령 가운데 첫 번째로서 거짓말을 금지하는 명령 정도로 본다.cf. 골3:8-9 그러나 거짓이라는 명사형을 사용한 것 및 4장 22 절의 "벗어 버리고"에 대한 강력한 암시에 비추어 볼 때 에베소서의 거짓은 단순히 "사실 이 아닌 것을 말하다"라는 뜻 이상의 의미를 가진 것으로 보인다. 이것은 24절의 진리가 "믿을 수 있는 말" 이상의 의미가 있는 것과 같다.4:15, 21 주석; 6:14 거짓은 하나님을 대적 하는 옛 사람을 가리킨다. cf. 롬1:25; Barth, 1974:511의 입장도 같지만 Best, 1998:445; Lincoln: 300의 생각은 다르다

성경에서는 종종 하나님을 반역하는 사회를 묘사하기 위해 자신과 이웃을 속인다는 표현을 사용한다. 이웃과 더불어 진리를 말하라는 명령이 제시되는 스가랴슥8:16; cf. 레 19:17-18는 "거짓 맹세"를 좋아하는 것을 하나님을 대적하는 특징으로 제시한다.특히 슥

8:17; cf. 레19:11, 15-16 참조. 6장 14-17절의 배경이 되는 이사야 59장 역시 진리의 부재를 부정한 사회의 특징으로 제시한다[특히 사59:3-4, 13-15] 따라서 "거짓"은 단순한 "거짓말"이 아니며 "옛 사람의 삶"을 가리킨다. 거짓은 교회 안팎에서 개인적인 영역이든 공적인 영역이든, 진리에 대한 무감각을 가리킨다. 또한 거짓은 종을 자유로 오해하고 그러한 "자유"에 대해서는 형벌을 면하는 방편으로 왜곡하는 자들이 실재에 대해 가지는 근본적인 오해를 가리키는 것일 수 있다. cf. 2:1-3, 4:17-19, 5:3-5

14절에서 저자는 유혹하는 사람들의 속임수와 간계에 빠지기 쉬운 어린 아이와 같은 삶을 더 이상 살지 말라고 경고한다. 이제 4장 25-32절에서는 옛 삶의 방식과 새로운 삶의 방식을 다루면서 진리와 거짓을 권면의 핵심적 요소로 제시한다. 또한 이 권면은 이미 새 사람 -그리스도- 을 입은과거 시제이다! 자들에 대한 것이다. 이것은 우리가 예전의 삶에 대한 모든 것을 상기하고 지금의 사실에 대한 분명한 확신에도 불구하고, 새 사람이 의와 거룩한 진리를 행하는 법을 배우는 상황에서도 옛 사람의 "문화"가 여전히 남아 있음을 보여준다. 아무리 많은 사람이 이미 그리스도와 함께 하늘에 앉은 성도라고 할지라도2:5-6 그들이 그리스도와 함께 하는 삶은 거짓에 매우 가깝다. 빛은 신자들의 삶 가운데 있는 어둠에도 비취어야 한다. 5:8-14; cf. 요1:5

따라서 이웃과 더불어 참된 것을 말하라는 언급4:25은 "이웃에게 진실을 말하라"는 것 이상의 의미를 가진다. 확실히 이것으로는 새 사람의 삶을 산다고 말할 수 없다. cf. 4:24 이 구절은 사실상 스가랴 8장 16절과 궤를 같이한다. 그러나 본문에는 이 구절을 도입하는 인용구문이 없기 때문에 우리는 저자가 특정 구절을 인용했다는 확신을 가질 수 없다. 아마도 저자는 유대의 윤리적 전승에서 이 내용을 가져왔을 것이다. Best, 1998:446; Lincoln: 300; cf., 예를 들면, Test. Dan5:1-2 그러나 에베소서가 구약성경을 종종 인용하는데다 스가랴 8장이 에베소서의 내용과 일치하기 때문에 저자가 의식적으로 스가랴를 인용했을 가능성이 있다.

그러나 에베소서 4장 25절과 70인역 스가랴 8장 6절 사이에는 약간의 차이가 있다. 즉 스가랴에는 에베소서와 달리 이웃과 함께meta가 아니라 이웃에게pros로 되어 있다는 것이다. 물론 이웃"에게" 말을 한다는 것은 이웃과 "함께" 또는 이웃의 "면전에서"라는 뜻이 있다. 그러나 확실히 뉘앙스의 차이는 있다. 참된 것을 말한다는 것은 모든 신자가 각각 이웃과 더불어 참된 것을 말한다는 뜻이다. 왜냐하면 "우리가 서로 지체"이기 때문이다. 여기에는 사랑의 대면도 포함될 수 있다. 엡4:26 참조 그러나 이것은 몸의 지체들이 -상호에게, 그리고 권세들을 포함한 세상에 대해- 함께 전해야 할 진리를 가리킬 수도 있

다.3:10; 6:14

덧붙여 말하자면, 스가랴 8장에서는 이러한 증거를 통해 하나님에 대한 각성을 하게
된 이방인 청중 앞에서 진리와 평화가 시행된다.8:18-23 에베소서에서도 가까운 데 있는
자들과 먼데 있는 자들에게 평화의 복음이 전해진다.특히 2:13,17 참조 따라서 이웃은 먼저
그리스도의 몸의 지체에 대한 언급으로 보아야 하지만Lincoln: 300; Schnackenburg: 206 보
다 광범위한 의미를 부여하지 못할 이유는 없다.Best, 1998:447 신실한 공동체적 삶은 본
질상 복음을 전하는 삶이다.

이제 몇 가지 권면이 "거짓을 버리고 진리를 따르라"라는 말의 의미를 드러내줄 것이
다. 그러나 이 권면은 단순한 금지 명령이 아니며 예전 방식의 삶에 대한 긍정적 대안이
함께 제시된다. 금지 명령은 어느 면에서 새 사람의 삶에 동참하라는 권면의 핵심적 요지
를 위한 장식일 뿐이다.

4:26-27 분을 내어도 죄를 짓지 말라

얼핏 보기에 분노와 관련하여 죄를 짓지 말라는 명령은 매우 부정적인 것처럼 보인다.
독자는 죄를 지어서는 안 되며 해가 지도록 죄를 품어서도 안 되고 마귀에게 틈을 주어서
도 안 된다. 이런 식으로 읽으면 이 구절은 4장 31절의 "노함"과 "분냄"을 금한 것처럼 보
인다.cf. 골3:8; 약1:19-20 본문의 관심사는 분을 내거나 품는 것에 맞추어진 것처럼 보인
다. 의역하면, "해가 지기 전에 너희의 분노를 처리하라. 그렇지 않으면 마귀가 틈을 타
너의 삶을 장악할 것이다"라는 것이다. 그러나 이것은 본문에 대한 유일한 또는 최선의
해석이 아니다.

분을 내어도 죄를 짓지 말라는 명령은 헬라어역70인역 시편 4편 4절을 축어적으로 인용
한 것이다. 히브리어에서 시편 본문은 분노할 때 죄를 범하는 것에 대한 경고이며 번역자
도 그런 의미로 번역한다.NIV: 분노 중에라도 죄를 범하지 말라; NRSV: 불안할화가 날 때에도 죄
를 짓지 말라 한 마디로 해가 지기 전에 분을 해결하라는 것이다. 헬라어는 명령형으로
되어 있다. "분노하라. 그러나 죄를 짓지 말라"는 것이다. 에베소서는 헬라어역 시편을
인용한 것이 분명하다.

이 낯선 시편을 설명하는 한 가지 방법은 명령형을 "양보" 명령으로 보아 사실상 명령
형으로 보지 않는 것이다. 즉, "[꼭 화를 내어야 한다면] 화를 내라. 그러나 죄를 짓지는
말라"NIV, NAB, NJB; Barth, 1974:513; Best, 1998:449; Lincoln: 301; Schnackenburg, 207는 것
이다. 이 경우 헬라어역과 히브리어 시편 4편 4절 사이에는 실제적인 차이가 없다. 이어

지는 "해가 지도록 분을 품지 말고"는 분노를 신속히 해결해야 한다는 긴급성을 말한 것뿐이다. 이 해석에서 문제가 되는 것은 분노이다.$^{cf.\ 4:31}$ 또한 해가 질 때까지 분노를 제거하지 않은 죄도 문제가 된다. 이러한 분노는 마귀에게 들어 올 틈을 내어주는 문이 된다.

그러나 26절의 두 번째 문장, 특히 일반적으로 분노^{parorgismos}로 번역되는 단어를 자세히 관찰해보면 대안적 해석을 찾을 수 있다. 이 단어는 명사형으로는 신약성경에서 이곳에만 나타나지만 헬라어역 구약성경에는 자주 등장한다. 이것은 "분노"보다 "분노하게 하는 것"으로 해석하는 것이 정확하다.$^{이것은\ 렘21:5에도\ 해당된다.\ 본문은\ 시드기야에\ 대한\ 하}$ 나님의 맹렬한 노여움을 보여준다: 그러나 Lincoln: 302의 생각은 다르다 또한 에베소서 6장 4절의 역시 이러한 의미로 사용된다. "아비들아 너희 자녀를 노엽게 하지 말고."

4장 26절의 분을 "노엽게 하는 것"으로 번역할 경우, 초점은 분노에서 분노를 자극한 것으로 옮길 것이다. 문제는 "외부"에 있다. 즉, 중요한 것은 반응을 도발한 자극이며 이러한 자극에 대한 감정적 반응이 아니라는 것이다. 마귀는 분노 자체보다 해가 진 후에도 남아 있는 노여움의 대상을 통해 틈을 얻는다. 누구의 분노를 자극하는가? 한편으로 26절의 분을 내라는 명령은 노엽게 한 것을 다스려야 할 자가 독자임을 보여준다. 분노 자체와는 관계없이, 새 사람^{그리스도}의 내주하심에 의해 형성된 인생관을 가진 자를 노엽게 하는 것들이 있다. 불의와 거짓은 의와 진리를 위해 지으심을 받은 자들$^{4:24}$을 자극한다. 그러나 보다 중요한 것은 하나님의 뜻에 대한 이러한 거역이 하나님의 분노나 진노를 초래한다는 것이다. 하나님의 심판은 해가 지기 전에 이 문제를 해결할 것을 촉구한다.

하나님의 뜻과 진노에 대한 이러한 이해는 다음과 같은 문제를 제기한다. 우리가 찾아내어 해결해야 할 것은 우리와^{또는} 하나님에 대한 도발인가? 아니면 우리가 고백하고 고쳐야 할 것은 우리 자신의 도발인가$^{cf.\ Ecclus./Sirach\ 5:4-7}$? 어느 쪽이든 이러한 도발은 즉시 해결되어야 한다.

에베소서 4장 25-26절은 레위기 19장으로부터 쿰란 및 마태복음 18장까지 이어지는 전승의 한 부분이다.$^{Gnilka:\ 235-6;\ TBC}$ 이것은 노엽게 하는 것, 특히 하나님의 진노를 초래케 하는 것을 죄로 본다. 또한 이것은 공동체적 새 사람의 삶을 위해 레위기 19장 17절의 함축을 도입한다. 이 과정에서 율법의 가장 중요한 관심사 가운데 하나 −이웃에 대한 사랑− 이 새 사람의 삶에 동화되기 위한 중심으로 옮겨온다. $^{2:11-22,\ 율법의\ 지속적\ 타당성에}$ 대한 주석 참조

따라서 "마귀에게 틈을 주지 말라"라는 4장 27절의 명령은 마귀에게 기회를 주지 말라

는 명령 이상이다. 이웃과 더불어 참된 것을 말하고 해가 지기 전에 노엽게 하는 것들을 해결하라는 명령은 사랑의 채찍을 들 때가 있을지라도 용기를 내라는 것이다. 따라서 마귀에게 틈을 주지 말라는 것은 마귀를 담대히 대적하라는 것이다. 사실 이 짧은 구절은 무장한 그리스도의 몸이 진리와 의와 평화와 믿음과 구원으로 마귀와 그의 무리에 맞서 담대히 싸우는 6장 10-20절의 전체 그림을 예시한다. 마귀에게 틈을 주지 않는 방법은 하나님의 진노를 유발하는 것이 있을 때마다 사랑 안에서 용기와 때로는 분노로, 참된 것을 말하는 것이다. 우리는 여기서 만물을 통일시키는 사역의 마찰적 영역의 일면을 볼 수 있다.

4:28-29 말과 손으로 가난한 자를 구제하라

도둑질과 더러운 말을 금한 이 명령은 외견상 새 사람으로서의 삶에 대한 대표적이고 전형적인 권면과 부합되지 않는 것처럼 보인다. 물론 우리는 도둑질이 이기심과 탐욕을 나타낸다고 볼 수 있다.cf. 5:3, 5 마찬가지로 "더러운 말"은 단순히 "쓸데없는 말을 하는 것"이 아니라Fee, 1987:712 진리에서 벗어난 말을 하는 것으로 볼 수 있다. 이런 말은 옛 사람의 입에서 나온다.cf. 5:4, 6; cf. 약3:1-12; 1QS 7.2-11

그러나 두 권면의 실제적 중요성은 도둑질과 더러운 말이 아니라 대안적 언급에 있다. 새 사람은 도둑질하지 않고 손으로 선한 일을 한다. 이러한 수고는 자신을 위한 것이 아니다. 자신을 위해 일하는 것 자체는 하나님의 것에 대한 일종의 도둑질에 해당될 수 있다. 이 일은 가난한 자와 나누기 위한 수고이다. 새 사람의 지체들은 더러운 말을 하지 않아야 하지만, 여기서도 선한 말은 개인적 성결을 위해서가 아니라 "오직 덕을 세우는 데 소용되는 대로 듣는 자들에게 은혜를 끼치게" 하기 위함이다. 도둑질과 더러운 말에 대한 언급은 다른 사람을 위한 삶이라는 권면의 실제적 강조를 돋보이게 하는 역할을 할 뿐이다.

우리는 여기서 하나님이 은혜로 구원 받은 자들을 위해 예비하신 선한 일을 바로 곁에서 찾을 수 있다.2:8-10 가난한 자들을 위한 수고와 그들을 세우는 일 및 듣는 자들에게 은혜를 나누어주는 것이 그런 일이다. 이 명령은 일반적이며 다른 성경 및 성경외적인 자료에도 자주 언급되지만 매우 중요한 내용이다. 사실 특정 어법은 바울이 이 구절을 인용했을 가능성을 보여준다. 그는 "자기 손으로 수고하여"라는 표현을 사용한다.고전4:12; cf. 9:6

듣는 자들에게 은혜를 끼치는 말을 하라는 명령 역시 사도의 중요한 직무 ─듣는 자들에게 치유와 은혜 및 구원의 말씀을 전하는 일예를 들면, 3:7-10, 6:19-20; cf. 롬10:5-17; 고후 5:20-6:13을 상기시킨다. 한 마디로, 옛 사람의 방식을 거부하고 돌아선 사람에게는 사도 적 사명이 기다리고 있다는 것이다.

4:30 성령을 근심하게 하지 말라

30절은 하나님의 성령을 근심하게 하지 말라는 분명한 경고이다. 이 권면은 독립적 권면이며 종종 그런 식으로 해석된다. 바울의 글은 종종 상호 관련이 없는 권면을 묶기도 한다. 이것은 그들의 중요성을 약화시키지 않으며 다만 더 이상 특별한 사상 및 논리적 발전이 없다는 사실을 보여줄 뿐이다.

그럼에도 불구하고 이 경고를 새 사람으로서의 삶이라는 광범위한 문맥 안에서 해석해야 할 충분한 이유가 있다. 첫째로, 이 권면은 새 사람의 삶의 기초가 되는 능력에 대해 다룬다. 둘째로, 본문의 앞 구절 및 바로 뒤에 이어지는 구절이 말을 강조한 것은 성령과 말의 밀접한 관계를 반영한다. 5:18-19; 6:17; cf. 예를 들면, 롬12장; 고전14장; 살전5:18-19

이 권면의 기저에는 −신자가 구원의 날까지 인치심을 받은 것이 성령에 의한 것임에도 불구하고− 하나님이 성령을 통해 능력을 주심이 행위와 말에 있어서 감각 없는 자들에게는 취약하다는 사실이 깔려 있다. 본문에 언급된 인치심은 세례에 대한 언급일 수 있다. 예를 들면, Perkins: 110; Russell: 83-5; Schnackenburg: 210; 다른 주장으로는 Barth, 1974:521; Lincoln: 40; Best, 1998:458은 인치심이 세례 및 앞서의 회심과 연결된다고 생각한다 이것은 외견상 신자의 지위가 구원의 날까지 보장된다는 사실을 보여준다. cf. 1:13 그러나 성령을 근심하게 하지 말라는 이곳의 경고는 안전에 대한 경솔한 인식을 몰아내기 위한 것이다. 사실이 권면은 하나님의 성령을 근심하게 한 직접적인 결과에 대한 경고로 볼 수 있다. 무감각은 하나님의 능력을 받는 것을 방해할 수 있다.

마가복음 3장 29절에 나오는 "누구든지 성령을 모독하는 자는 영원히 사하심을 얻지 못하고 영원한 죄가 되느니라" cf. 마12:32라는 예수님의 말씀을 잘 알고 있는 자들은 이 구절을 그러한 방해로 해석할 수 있다. 그러나 이 경고의 상황은 에베소서와 다르다. 마가복음 3장에서 예수님은 더러운 귀신이 들렸다는 비난에 대해 대답하신다. 에베소서에서 관심은 하나님의 능력주심과 새롭게 하심에 대한 말과 행동으로 배치되는 것에 초점을 맞춘다. cf. 3:18

이러한 배신의 결과는 성령의 사역을 왜곡하고 방해한다. 성령은 그리스도의 몸을 하나 되게 하고4:3 그리스도의 화목 사역을 통해 화목 된 자들이 하나님께 나아감을 보장하며2:18, 그들을 하나님이 거하실 처소로 만들며2:22, 살아 있는 예배를 드리게 하며5:18-19, 통치자들과 권세들과 싸우기 위해 필요한 전신갑주를 제공하신다.6:17-18 따라서 비록 본문의 상황은 다르지만 마가복음 3장의 내용은 마땅히 엄중히 받아들여야 한다.

이 권면의 중요성은 70인역 이사야 63장 10절을 반영한 어법을 통해 절정에 달한다. 본문에서 선지자는 이스라엘의 반역이 하나님[주]의 성령을 근심하게 한 것으로 제시한다.Fee, 1987:713, n. 175; Lincoln: 306 이에 대해 하나님은 이스라엘의 대적이 되신다.사 63:1-6 이 중요한 선지자의 경고를 상기시킨 것은 매우 의도적이다

본문의 논리는 분명하다. 즉, 너희는 불순종의 아들들 가운데서 역사하고 있는 악한 영들의 풍조에서 자유함을 받았다.2:2 너희는 생명을 얻고 하나님의 성령을 통해 능력을 받았으며3:18, 성령을 통해 그리스도와 하나가 되었으며4:3, 성령 안에서 하나님께 가까이 나아감을 얻었으며2:18, 22, 성령 안에서 구원의 날까지 인치심을 받았다.cf. 1:13 따라서 너희가 옛 사람의 방식으로 돌아가거나 새 사람의 삶을 위해 하나님의 영적 능력을 사용하지 않는다면 하나님을 모독하는 것이 될 것이다. 이러한 죄는 은혜로우신 하나님 앞에서 일어난 "성당의 살인"murder in the cathedral이라는 점에서 매우 중대하다. ."

이 권면은 구원의 날까지 새 사람의 삶은 약점 및 위험으로 가득하며 신실한 싸움을 계속해야 한다는 냉정한 현실을 상기시킨다. 이것은 신자가 성령 안에서 나아갈 수 있게 하시겠다는 하나님의 약속과 함께 시작한 싸움이지만 동시에 하나님의 심판을 배경으로 한다. 이것은 날마다 성령의 능력에 의지할 것인가 마귀에게 틈을 내어줄 것인가라는 선택의 기로에 선 삶이다.

4:31-32 이웃을 대하는 두 가지 길

"목록에 의한 권면"Barth, 1974:550은 유대 그리스도인 사회에서 볼 수 있는 도덕 교육의 일반적 관습이다. 악과 미덕의 리스트는 소위 "두 가지 길에 대한 교훈"의 전형적 방식이다. 이것은 신실함과 반역을 대조하는 간단한 방식을 제시한다. 우리는 산상수훈에서 이 유명한 모티브를 발견한다. "좁은 문으로 들어가라 멸망으로 인도하는 문은 크고 그 길이 넓어 그리로 들어가는 자가 많고 생명으로 인도하는 문은 좁고 길이 협착하여 찾는 자가 적음이라"마7:13-14; 바울서신에서는 롬1:29-31; 고전5:9-11; 갈5:16-26 참조; 신약성경 밖으로는, cf. 시1; 잠2:12-13; 특히 Ep. Barnabas; Lincoln: 296-7 참조

이곳 본문의 경우 저자는 골로새서 3장 8절 및 12절에 크게 의존한다. 골로새서와 마찬가지로 악의 리스트가 먼저 제시된 후 성령을 근심하게 하지 말라는 경고가 뒤따른다.

이어서 에베소서 4장 26절에 언급된 분노에 대한 내용이 다시 한 번 주요 관심사로 등장한다. 26절에서 분노 또는 분노를 야기하는 것을 처리하지 못한 것는 마귀에게 틈을 주는 잠재적 요인으로 제시된다. 4장 31절에서 분노는 다양한 모습으로 성령을 근심하게 하고 하나님의 사역을 좌절시키고 방해한다. 따라서 신자는 실제적으로 모든 형태의 분노를 제거하거나 벗어나야 한다. GNB, NIV, NAB은 골3:8은 엡4:22,25와 마찬가지로 "벗다"와 "입다"라는 용어를 사용한다

31절은 사실상 분노의 목록이다. 악독, 노함, 분냄, 떠드는 것, 비방하는 것, 모든 악의 분명한 것은 적어도 일부 용어는 동의어라는 것이다. 동시에 우리는 "분노의 사이클"에서 일정한 발전을 찾아볼 수 있다. Best, 1998:460-2 분노는 악독과 적의로부터 나온다. 분노는 발작적으로 표출되지만 지속적인 적개심을 통해 분노를 키운다. 그것은 다른 사람에 대해 폭력적이고 파괴적이며 한계를 모른다. 모든 악의

우리는 4장 26절에서 "분을 내어도 죄를 짓지 말며"라는 명령이 "분노"에 대한 언급이 아니라 제거되어야 할 "분노를 야기하는 것"을 염두에 두고 있을 가능성에 대해 살펴보았다. 이 경우 분노는 이웃 사랑의 반대 개념이 아니다. 4:26, 주석 4장 31절에서 비난의 대상은 사랑의 부재로부터 나오는 분노이며 cf. 특히 고전13:5, 이 분노는 공동체와 언약을 파괴한 것을 목격한 결과가 아니라 관계를 파괴하려는 분노이다.

도둑질과 더러운 말의 경우에서와 마찬가지로, 이곳에서도 새 사람의 길을 행하기로 선택한 자들에게 대안이 제시되며 다시 한 번 목록의 형식을 취한다. "서로 친절하게 하며 불쌍히 여기며 서로 용서하기를 하나님이 그리스도 안에서 너희[우리]를 용서하심과 같이 하라" 4:32 악독과 분노 대신 친절과 불쌍히 여김과 용서가 제시된 것이다. 본문의 초점은 행위보다 행위를 초래하는 성향에 맞추어진다. 이것은 성품의 문제이다. 중요한 것은 하나님의 형상을 따라 지으심을 받은 새 사람의 성품은 신적 창조주를 모범으로 한다는 것이다. 4:24

이 구절의 용어들은 함께 신앙 공동체의 다른 지체들에 대한 긍정적이고 관대한 성향을 묘사하지만 각 용어는 중요한 의미 영역을 보유하고 있다. 친절은 "착한 사람"을 가리키는 일반적 단어, "크레토스" chrētos를 번역한 것이다. Best, 1998:462 중요한 것은 헬라어 성경에서 "선한"이라는 뜻의 히브리어의 tob "선한," 시25:8, 34:8, 86:5, 100:5, 136:1; cf. 솔로몬의 지혜서15:1-3가 크레토스로 번역되어 하나님을 찬양하는 용도로 제시된다는 사실이다. 하나님은 선하시다라는 말은 인간에 대한 하나님의 친절하심을 가리킨다. 관계적 상황에서 "선하다"는 것은 -심지어 원수에게까지눅 6:35- 친절하고 관대하며 은혜롭다는

것이다. cf. 특히 2:7; 롬11:22; 딛3:4; 벧전2:3 하나님의 형상을 따라 지으심을 받은 인간은 이런 특징을 가져야 한다.

"불쌍히 여김"은 헬라어 구약성경에는 전혀 나타나지 않고 신약성경에서 이곳과 베드로전서 3장 8절에만 나타나는 *"eusplanchnos"*문자적 의미는 "좋은 내장" cf. "직감"[gut feeling]를 번역한 것이다. 이 단어는 외경인 므낫세의 기도 7절에 나오는 중요한 단어이다. Ode 12:7, 70인역 본문에서 중죄인인 므낫세 왕은 하나님의 자비를 호소하며 그를 "지존자, 긍휼이 크시고*eusplanchnos*, 오래 참으시며 자비가 많으신 분"으로 묘사한다. 해부학적으로는, "마음이 따뜻함"*Tenderhearted*이 "불쌍히 여김"보다 *"eusplanchnos"*의 문자적 의미에 가깝다. 그러나 내장은 감정의 좌소로 이해되기 때문에 이 용어는 사실상 다른 사람에 대한 "직감"을 가리킨다.

사가랴는 아들이 태어난 것에 대해 하나님께 감사하면서 하나님의 "긍휼"*splanchna eleous*[긍휼의 내장], 눅 1:78에 대해 언급한다. 인간사에 대한 하나님의 구원적 개입은 인간에 대한 깊은 감정으로부터 나온다. 하나님의 형상을 따라 지으심을 받은 새 사람이 되어가는 과정에 있는 자들의 특징을 규명하는 것은 바로 이러한 사랑이다.

"용서"에 해당하는 헬라어 "카리조메노스"*charizomenos*는 "은혜를 베풀다"나 "관대하다"라는 의미에서 "호의를 베풀다"라는 뜻이지만 용서를 의미하기도 하며 대부분의 성경은 이런 의미로 번역한다. 이것은 최선의 독법이 될 수 있지만 카리조메노스는 에베소서에 자주 등장하는 카리스은혜 또는 선물의 동사분사 형태이다.예를 들면, 1:2,6,7, 2:5,7,8, 3:2,7,8, 4:7 그러므로 우리는 용서에 대해, 하나님을 본받아 은혜를 베푸는 행위로 생각해야 한다. 2장 7절에서 지극히 풍성하신 하나님의 은혜*charis*가 하나님의 자비하심*chrē-tot* [chrētos의 동족어이다]을 통해 드러난다는 사실에 주목하라.

하나님을 본 받고 그리스도처럼 행함 5:1-2

5장의 첫 번째 두 절은 본 단원을 끝맺는 결론이다. 에베소서 4장 17절은 독자에게 더 이상 이방인처럼 행하지 말라고 권면한다. 이제 5장 1-2절은 그들에게 하나님을 본받는 자가 되고 그리스도께서 그들을 사랑하신 것같이 사랑 가운데서 행하라고 권면한다.

이 두 절이 바로 앞 내용과 밀접하게 연결된다는 사실은 "되라"Be라는 명령형 및 "그러므로"라는 구절이 반복된다는 사실을 통해 나타난다.cf. 4:32 또한 4장 32절에서 긍정적인 성향의 은혜로운 마음이 하나님 자신의 은혜에 기초한 것처럼 여기서 독자는 하나님을 본받는 자가 되라는 권면을 받고 있다. 하나님을 본 받으라는 구체적인 명령은 성경에서 유일하며 유대교에서도 거의 찾아보기 어렵다.광범위한 논의는 Barth, 1974:556, n. 10; 588-92; Best, 1998:466-8; Lincoln: 311 참조 이것은 유대교의 하나님에 대한 경외심 때문임이 분명하다. 첫 번째 인류의 죄가 "하나님과 같이" 되려 했던 것이라는 사실을 상기해보라창3:5

이러한 경외심에도 불구하고 이미 레위기 19장 2절의 성결법에는 하나님을 본받으라는 암시가 나타난다. "너는 이스라엘 자손의 온 회중에게 말하여 이르라 너희는 거룩하라 이는 나 여호와 너희 하나님이 거룩함이니라." 이것은 산상수훈에서 놀랍게 반복된다. "그러므로 하늘에 계신 너희 아버지의 온전하심과 같이 너희도 온전하라"마5:48 병행구인 누가복음 6장 36절의 "자비하라[자비로운 자가 되라]"는 에베소서와 유사하다. 이러한 가족 관계는 이곳 본문에도 분명히 나타난다. 독자는 "사랑을 받는 자녀 같이" 하나님을 본받아야 한다.cf. 마5:45

바울서신에서 본받음은 중요한 개념이다. 이러한 본받음은 주로 바울과 그의 동역자를 본받는 것이며고전4:16, 11:1; 빌3:17; 살전1:6; 살후3:9, 따라서 그리스도를 본받는 것이지만고전11:1; 살전1:6 바울은 신자가 다른 지체를 본받음에 대해서도 언급한다.살전2:14 또한 바울은 도덕적 형성을 위해 자신을 본받으라고 말할 때에도 부모-자녀라는 가족 관계를 활용한다.cf. 고전4:14-16; Best, 1998:467; Perkins: 114

하나님을 직접 본받으라는 요구는 이곳 본문에만 나타난다. 이것은 에베소서의 철저한 하나님 중심적 관점을 반영한다. 또한 이것은 신적 아버지의 형상을 따라 지으심을 받은 사랑받는 자녀로서 하나님의 아들과 딸이 모인 교회에 대한 고귀한 관점을 반영한다. 이곳에서 사랑받는 자녀의 아버지는 친절과 불쌍히 여김과 용서의 모델로 묘사된다. 6장 10-20절에 묘사된 하나님을 본받는 내용은 놀랄 정도이다. 본문에서 새 사람은 통치자들 및 권세들과 싸우기 위해 하나님 자신의 전신갑주를 받는다.

그러나 이것은 신자가 모든 면에서 하나님이 인간사에 행하시는 방식으로 하나님을 본받는다는 말이 아니다. 4장 26절의 분노하라는 명령, 5장 11절의 어둠의 일을 책망하라는 명령 및 악한 세력에 대적하라는 촉구6:10-20는 신자가 어떤 형태로 신적 심판에 동참할 것인지를 암시한다. 그러나 본받음의 초점은 심판보다 은혜와 사랑에 맞추어진다.예를 들면, 5:5

하나님의 아들, 그리스도께서 자신을 제물로 드렸다고 진술한 2절보다 하나님의 사랑과 은혜가 강력히 나타난 곳은 없다. 그리스도의 사랑은 제의적 용어로 묘사된다. "그는 우리를 위하여 자신을 버리사 향기로운 제물과 희생제물로 하나님께 드리셨느니라." 그리스도는 "감각 없는 자가 되어 자신을 방탕[과 모든 더러운 것과 욕심]에 방임"한[4:19] 이 방인과 달리, "우리를 위하여 자신을 버리사 향기로운 제물과 희생제물"이 되셨다. 그리스도께서 우리를 위해 자신의 생명을 희생제물로 하나님께 드리신 것처럼 우리도 하나님과 이웃을 위해 자신을 희생제물로 드리기 위해 사랑 가운데서 행하여야 한다.[cf. 롬12:1-2; 겔20:41] 하나님의 사랑을 받는 자녀는 그리스도께서 자신을 사랑하신 것같이 사랑 가운데서 행하여야 한다. "~같이"just as는 이미 4장 32절에 나타나며 때로는 "유사패턴"으로 불린다.[Lincoln: 309, 311]

그리스도의 삶은 사랑과 한없는 관대함을 특징으로 하지만 희생적 삶이었다.[2:16] 제물에 대한 언급은 골로새서 1장 24절을 반영한 것일 수 있다. "나는 이제 너희를 위하여 받는 괴로움을 기뻐하고 그리스도의 남은 고난을 그의 몸된 교회를 위하여 내 육체에 채우노라"[NRSV; cf. 롬8:17] 그리스도의 죽음은 우리를 위한 것이다.[cf. 롬5] 또한 그리스도의 죽음은 예수님아 복음서에서 말씀하신[막 8:34] 자기 십자가를 진다는 말씀의 의미 및 사랑이 무엇인지를 보여주는 모델이 된다는 점에서도 우리를 위한 죽음이었다. 그러나 무엇보다도 에베소서 5장 2절의 말씀은 예배적 영역으로부터 도출된 것으로, 참되고 신실한 삶은 그리스도를 따르는 산 제물의 감사제임을 상기시킨다.[cf. 롬12:1-2; 윤리 및 예배에 대해서는 엡3:20-21, 주석 참조; "Doxology," TBC, 3:14:21; 신약성경에 제시된 그리스도를 닮는 내용에 대해서는 J. H. Yoder, 1994:112-33; Swartley, 2000:218-45 참조]

성경 문맥 안에서의 텍스트

분석을 통해 살펴본 대로, 본문은 에베소서의 나머지 부분 및 다른 바울서신과 공명하는 부분이 많다. 본 단원은 죄 가운데 행하여 공중의 권세 잡은 자를 좇아 육체의 욕심을 따라 지낸, 하나님이 없는 삶에 대한 묘사[2:1-3; cf. 2:12]로 시작하는 2장 1-10절로 거슬러 올라간다. 하나님이 이처럼 죽어 있는 불순종의 아들들을 살리심[2:5-6]은 썩어져가는 옛 사람을 벗어버리고 새 사람 -그리스도[cf. 2:15]- 을 입음과 평행을 이룬다. 하나님의 형상을 따라 그리스도 안에서 새롭게 지으심을 받은 목적은 선한 일 때문이다.[2:10] 이곳의 본문은 "선한 일"을 행한다는 의미를 정확히 제시한다.[특히 4:28-29]

2장을 회상한 저자는 골로새서 3장 5-15절에 의존한 것으로 보이는 "옛 사람을 벗어 버림"과 "새 사람을 입음"이라는 개념[cf. 골3:9-10]을 제시한다. 또한 악골[3:5, 8-9]과 미덕[3:12-15]의 목록은 에베소서 4장 17절-5장 2절에 나오는 항목들과 일치한다는 사실에도 주목할 필요가 있다. 로마서 1장 18-25절 역시 지혜서솔로몬의 지혜서 13-15와 함께 아래 참조 본 단원을 형성하는 배경이 되었을 것이다.

부정적인 이방인의 삶

에베소서 4장 17-19절이 이방인의 삶에 대해 부정적으로 묘사한 것은 하나님의 백성을 구별하고 자신의 영역을 강화하고자 했던 유대교의 일반적 전승 때문이다.2:11-12, 주석; Best, 1997:143-6, 152; 1998:416-25 바울서신 가운데 로마서 1장 18-32절특히 21-25절은 이방인의 삶을 악하고 무익한 삶으로 묘사한 전례를 보여준다. 이러한 인물 묘사는 동시대 유대 문헌, 특히 지혜서솔로몬의 지혜서 13-17에서 쉽게 찾아 볼 수 있다.

이처럼 무지한 인생은 도덕적 타락 및 자기 기만적 사고에서 비롯된 무감각하고 파괴적인 자기 방종의 삶을 통해 형성된다. 행위와 사상, 몸과 마음은 함께 간다. 따라서 무지는 단순한 정보 부재 이상이다.cf. 벧전1:14 이러한 무지는 선택의 결과이기 때문에 결코 핑계할 수 없으며cf. 롬1:20-22, 지식과 지혜로 가장한 것일 뿐이다.cf. 고전1:18-25 이것은 본문에서 이방인의 삶에 대한 정확하고 균형 잡힌 묘사를 제시하기보다 기억을 상기시키고 경고하는 역할을 한다. 이것은 도덕적 권면에서 일반적으로 사용되는 기법이다.유대인 및 이방인의 사례에 대해서는 Best, 1998:423-5 참조

이러한 정형화에서 조심해야 할 한 가지 요소는 타인의 악에 대한 과장이며 마찬가지로 조심해야 할 또 하나의 위험은 자신의 선함에 대한 과장이다. 본 단원의 나머지 권면은 이러한 무지를 쫓아내라는 것이다.

벗어버림과 입음

벗어버리거나 입는다는 모티브4:22-24는 세례식에서 나온 것이다.Meeks: 155; Lincoln: 284-5는 우리가 바울의 세례에 대해 구체적으로 알 수 없다는 회의론에도 불구하고 이러한 사실에 동의한다; Best, 1998:432-3은 더욱 회의적이다 우리에게는 후 시대의 증거만 있을 뿐이지만 바울의 교회에서 세례를 받은 자들이 예전의 삶에서 떠남을 상징하기 위해 입고 있던 옷을 벗었다는 것은 믿을 만한 추측이다.Jeschke: 126 당시 그들은 그리스도의 죽음과 부활에 동참한다는 상징으로 세례를 받았다.cf. 롬6 죽음을 상징하는 물에서 나온 그들은 하나님의 형상을 따라 지으심을 받은 새 사람, 그리스도의 몸에 참예하여 새로운 신분이 되었음을 상징하는 새 옷을 입었다.4:24

2장은 공중 권세 잡은 자의 통치와 지배를 받는 "죽은 자"로부터, 선한 일을 위해 그

리스도 예수 안에서 지으심을 받은 한 새 사람의 삶으로 옮기는 동일한 움직임을 보여준다. 2:1-10 또한 6장은 하나님의 전신갑주를 입으라는 분명한 명령과 함께 어떤 투쟁성을 가지고 세례 서원을 해야 하는지를 보여준다. 일찍이 바울은 로마서 13장 12절에서 "어둠의 일을 벗고 빛의 갑옷을 입자"라는 유사한 내용의 말을 했으며 14절에서는 이 갑옷이 "주 예수 그리스도의 옷"임을 보여준다.

분노와 참된 것을 말함

우리는 주석을 통해 분노를 일으키는 것 ―자신이 하나님을 노엽게 하든 다른 사람이 자신이나 하나님을 노엽게 하든― 에 다룬 에베소서 4장 26-27절에 대한 해석은 레위기 19장 17절을 배경으로 살펴보아야 한다는 언급을 한 바 있다. 언약 공동체의 지체들은 이웃의 죄를 책망하거나 드러냄으로써 자신에 대한 정죄를 피해야 한다. 죄를 드러냄에 대해서는 엡5:11 참조; cf. 잠17:10; 27:5-6 이처럼 고통스러운 진실을 말한다는 것은 갈등의 소지는 있지만 동일한 언약 공동체의 지체들에게 필요한 이웃 사랑의 한 단면일 뿐이다. 레위기 19장 17절은 에베소서 4장 25절에도 인용된 스가랴 8장 16절의 명령각각 그 이웃과 더불어 참된 것을 말하라의 배경이 되었음이 분명하다. 70인역 스가랴 8장 14절에서 조상들의 죄는 하나님을 격노하게parorgisai; cf. 드물게 사용되는 단어, parorgismos에 대해서는 엡4:26 참조 했다.

이러한 이웃 사랑은 쿰란의 사해 공동체 법Community Rule of the Dead Sea covenanters at Qumran에도 나타난다. 이 법은 모든 지체에게 타인의 죄를 신속하고 솔직하게 처리해야 한다는 근거로 레위기 19장 17절을 반복적으로 언급한다. 이것은 공동체 내의 죄를 범한 지체를 책망함으로써 자신을 분노하게 한또는 하나님을 노엽게 한 요소를 처리한다는 것이다. 예를 들면, 1QS 5.24-.1; CD 20.4-6, 17-19; 4QDe [4Q270] 10.3.13; 4.11-12 확실히 이러한 증거는 복수심이 아니라 "진리 안에서 온유함으로 그 사람을 불쌍히 여기는 사랑에서 나온다[sic]"1QS 5.25; cf. CD 20.4, 17-18; cf. 엡4:15,25,32

분노를 야기하는 도전에 대한 반응은 즉각적이어야 한다. 그것은 "해가 지기 전"에 처리되어야 한다. CD 9.6; 1QS 5.26 서약자들은 에베소서 4장 27절과 매우 유사한 방식으로 "마음 속에 벨리알Belial을 남겨두지 않겠다"고 선언한다. 1QS 10.21 긴급성이 요구되는 이유는 하나님의 진노또는 심판라는 관점에서 언약 당사자에 대한 배려 때문이다. "나는 하나님의 공의와 함께 신실함을 유지하기 위해 그를 확고한 울타리로 가둘 것이다"1QS 10.25

우리가 잘 알고 있는 마태복음 18장 15-20절의 "그리스도의 법"에는 형제의 죄에 대해 동일한 긴급성을 가지고 신실함과 사랑으로 처리하라는 요구가 나타난다. 이렇게 하는 목적은 두 가지이다. 첫째로, 이것은 형제를 얻으려는 마음에서 나온 사랑의 행위로서 죄를 범한 형제와 화목함으로써 하나님의 가족과 화목하게 해야 하기 때문이다.[18:15] 두 번째 목적은 첫 번째와 밀접한 관련이 있다. 즉, 그렇게 하지 않으면 하나님의 진노의 심판이 불가피하기 때문에 죄를 범한 형제를 회복시켜야 한다는 것이다. 사실 "매는 것과 푸는 것"[마18:18]은 하나님의 자비와 심판에 모두 동참한다는 것이다.[마18장 및 관련 본문]에 대해서는 J. H. Yoder, 1992:1-13; 1997을 참조하고, 교회의 징계에 대해서는 Huebner, 1997; Schroeder, 1993을 참조하라

교회적 상황에서의 텍스트

이 텍스트는 신실함이란 예전의 길[4:22]이 아닌 새로운 좁은 길[4:23-24; cf. 2:10, NRSV]을 가는 것이라는 확신으로부터 출발한 신자교회 전승의 관심을 받고 있는 것이 분명하다. 두 가지 길에 대한 극명한 대조는 세상을 따르지 않고 구별되어야 한다는 가치관과 궤를 같이 한다.[4:17; 5:2; 5:3-21]

변화와 재창조 의식으로서 세례

세례 의식에 뿌리를 내리고 있는 "벗어버림"과 "입음"이라는 핵심적 이미지는 재세례파 및 신자교회 전승과 중요한 접촉점을 보여준다.[4:22-25] 이것은 침례를 행하는 교회들에게 특별한 관심의 대상이 되지 않을 수 없다. 그들은 자주 반복되는 변화 의식 및 침례 후에 갈아입을 옷을 보았다.

이 본문은 세례가 멤버십 의식이나 순종 행위 이상임을 상기시킨다. 이것은 새 사람, 즉 그리스도[우리는 그와 함께 살리심을 받았다]의 몸으로 들어가는 출입구이다.[2:5-6] 이러한 세례는 새로운 삶의 길을 시작한다는 표시이며 의와 진리와 거룩함을 특징으로 하는[4:24] 새 사람의 삶에 동참한다는 충성 맹세이다. 영어로 성찬이라는 단어의 어원에 해당하는 라틴어 "새크라멘툼"[sacramentum]은 로마 군인의 군사적 맹세를 가리킨다 세례가 신자의 충성과 신실함에 대한 맹세라면 새로운 피조물은 하나님의 은혜의 행위에 해당한다. 세례에 대해서는 TLC, 2:1-10; cf. Finger, 1989:342-8; J. H. Yoder, 1992:28-46, 71-3; McClendon, 1986:255-9, 특히, "부활 윤리"와 관련된 세례

교회 안에서 옛 길과의 투쟁

본문은 옛 사람4:22의 문제는 이방인불신자, 4:17-19과 관련이 있으며, 교회 안에는 진리와 의와 거룩함으로 풍성하다는 인상을 준다. 옛 사람과 구별된 거룩한 삶에 대한 전적인 헌신을 주장하는 자들을 포함한 교회들은 자신의 가정과 회중 가운데 여전히 옛 길이 남아 있다는 사실을 깊이 인식하고 있으며 점차 공개적으로 인정하고 싶어 한다. 이러한 사실은 소비자운동이나 연예계특히 성 추문만 떠올려보아도 알 수 있다. 이러한 현실에 대해 두 가지 대조적인 반응이 맞서고 있다.

현실주의 대 완전주의

한 가지 반응은 교회에 대해 "현실적"이 되는 것이다. 따라서 "완전주의"는 대체로 교만하고 자기 기만적이라는 비판을 받는다.cf., 예를 들면, Block; Sawatsky and Holland, 1993 이러한 사실을 보여주는 보다 광범위한 사례는 한때 근본주의적 성향을 가지고 있었던 많은 교회에서 사실상 징계가 사라졌다는 사실이다.예를 들면, Resources Commission: 97-103; Huebner, 1997

이에 대해 우리는 본문의 새 사람처럼 행하라는 권면은, -대부분 회복된 불순종의 아들들로 구성된2:2-3- 교회는 새 사람그리스도의 몸이라는 확신과 분리될 수 없다는 사실에 주목해야 한다. 교회는 그리스도의 몸이라는 직설법은 그러므로 그리스도처럼 행하여야 한다는 명령의 전제이다. 갈라디아서 5장 25절을 의역하면 "만일 너희가 새 사람이라면 새 사람처럼 행하라"는 것이다.5:8-10, 주석 완전주의에 대한 불편함은 그리스도 안에서 새로운 피조물이 되었다는 전제에 대한 공격이 되기 쉽다. 따라서 은혜는 하나님을 본받아 그리스도처럼 행하는 능력이 아니라 지속적인 실패에 대한 면죄부가 된다.cf. 2:1-10, 주석 그로 말미암아 교회의 메시아적 특징은 결정적으로 왜곡되고 성령은 근심하신다.

무관용

또 하나의 반응은 주로 일련의 특정 관심사와 관련하여 상반된 접근을 한다. 교회 안에는 권력, 특권 및 성적 남용에 대해 경고하려는 정당한 움직임이 있다. 이런 상황에 대해 교회와 사회 안에는 남용의 실체를 밝히고 엄격한 행동의 잣대를 제시하며 범법자 -특히 성적 남용- 를 엄격히 처벌해야 한다는 공감대가 형성된다.예를 들면, Heggen, 1993; Melissa A. Miller 요약하면, 바람직하게도 교회는 남용의 문제를 다루는 과정에서 진리와 의와 거룩함의 중요성을 재발견하고 있다는 것이다.

교회는 어느 정도 레위기 19장의 지혜를 따라 사는 삶을 살기 시작했다.TBC 그러나 안타까운 사실은, 교회를 이러한 문제에 관심을 갖고 개입하도록 끌어들인 것은 보다 광범위한 사회적 공감대일 때가 많다는 것이다. "이방인"은 "성도"에게 압박을 가했다. 새 사람처럼 "행하여야" 한다는 어려운 사역을 재발견할 수 있는 기회를 교회에 제공한 자가 세상이라는 것은 참으로 역설적이다.

아이러니한 것은, 완전주의와 예전 교회의 징계에 대해 비판적 입장을 가진 자가 종종 교회나 가정에서 성적 남용에 대해 무관용을 적극 주장한다는 것이다. 주류 교단이든 급진적 성향이든 힘 있는 교회들은 성적 남용에 대한 문제를 다루는 일의 중요성에 대한 광범위한 사회적 공감대 안에서 다른 영역의 삶에 관하여 진리와 의와 거룩함을 회복하는 출발점을 발견하는가? 여기에는 관계적, 경제적, 정치적 및 제도적 영역이 포함된다. 교회는 그로 말미암아 옛 세상에서 새 사람이 되는 일에 헌신하는 공동체 안에서 징계를 회복할 수 있다.

분노: 미덕인가 악인가?

본문은 분노가 교회 안팎의 불의와 폭력에 대한 불가피하고 의무적인 반응이라고 가르친다.4:26 이러한 분노는 고통스러운 경험이며 폭력을 당하거나 다른 사람에 대한 폭력을 목도한 것에 대한 노여움의 반응이다. 동시에 본문은 이러한 분노를 악독과 복수로 끌고 가지 말라고 경고한다.4:31 대신에 이 분노는 사랑 안에서 이웃에게 참된 것을 전하여Augsburger의 "carefronting"[사랑으로 맞섬] 참조 회개와 변화를 이끌어내고 궁극적으로는 용서로 이어져야 한다.

분노, 진리, 사랑 및 용서는 교회 안의 권력 및 성적 남용과 관련하여 잠재적 폭발성을 가진 몇 가지 요소이다. 남용에 관한 문제는 오늘날 북미 사회에서 큰 관심을 끌고 있다. 우리는 온전함과 치유를 위한 싸움을 통해 분노를 무시하지 않고 용서를 강요하지 않는 법을 배운다. 또한 우리는 이러한 싸움을 통해 진리의 상황에서 일하는 법과 의와 거룩함을 찾는 법을 배운다. 에베소서는 이러한 탐색을 전적으로 뒷받침한다. 그러나 앞서 진술한 대로, 우리의 본문은 이렇게 배운 것을 새 사람의 공동체 안에서 다른 영역의 삶으로 확장할 것을 요구한다. 오늘날 세계 도처에는 그리스도의 몸의 지체들이 경제적, 정치적 억압과 폭력을 당하고 있으며 이러한 곳이야말로 진리와 의와 분노와 사랑이 우선적으로 행사되어야 할 곳이다. 이러한 지역에서는 의에 주린 자가 보다 개인적인 사적인 영역의 가정 폭력 및 성적 남용으로 확산될 필요도 있다.

에베소서의 강조점은 근본적으로 몸을 온전하게 하고, 세우며, 필요를 충족시켜주며, 은혜를 끼칠 수 있는 것4:28-29에 초점을 맞춘다. 이 사역을 수행함에 있어서 자비하고 친절하며 불쌍히 여기시는 신적 아버지를 본받는 것4:32-5:2보다 나은 방법은 없다. 무엇보다 중요한 것은 교회가 이러한 친절, 불쌍히 여김, 용서는 새 사람의 표지인 의와 진리 및 거룩함과 결코 분리되어서는 안 된다는 "온전함"의 전승 안에 있어야 한다는 것이다.TLC. 4:1-16 양자가 분리될 경우 우리는 분노를 일으키게 하는 것들이 형제자매에 의해 남용되도록 풀어줌으로써 하나님의 심판에 이르게 하는 결과를 초래할 것이다.

"빛의 자녀들처럼 행하라"-세상을 본받지 않고 변화시킴

개관

에베소서의 이 부분은 4장 1절에서 시작하여 4장 17절부터 본격적으로 다루기 시작한 "합당히 행하라"는 권면을 계속한다. 5장 21절에서는 가족법이 소개된다. 본 단원의 제목의 전반부는 따온 것으로, 하나님의 자녀의 고상한 소명에 합당하게 행하라는 8절의 익숙한 강조를 반영한 것이다.[2:10; 4:1; 5:2] 이 제목의 하반부는 세상을 본받아서는 안 된다는 강력한 주장을 반영한 것이다.

놀랍게도, 이러한 비타협은 어둠에서 돌아서는 문제 및 어둠을 빛으로 변화시키는 - 즉, 세상을 변화시키는- 수단으로 이해된다. 이처럼 놀라운 전환은 급진적 비타협이 급진적 분리주의를 요구하는 것처럼 보이는 곳예를 들면, 5:3,7,11에 나타난다. 빛의 자녀들[5:8]은 어둠의 일에 참여하지 않으며[5:11] 그들을 빛으로 변화시킨다.[5:13-14]

이러한 전환이 도입되는 곳에는 세례식 찬양의 한 조각을 만날 수 있다.

> 잠자는 자여 깨어서
> 죽은 자들 가운데서 일어나라
> 그리스도께서 너에게 비추이시리라 하셨느니라[5:14: cf. 2:1]

죽음에서 깨어난 자들은 이제 성령 충만한 지혜로운 자들처럼 행하여야 한다.5:15-18 이처럼 성령 충만한 "세상을 본받지 않음"은 예배, 상호 화답, 하나님에 대한 찬양과 감사 및 상호 복종을 통해 드러난다.5:19-21

일반적으로 21절의 피차 복종하라는 요구는 이어지는 가족법의 한 부분으로 받아들인다.5:21-6:9, 주석 그러나 5장 21절은 문법적으로 5장 18절의 성령으로 충만함을 받으라는 명령에 연결된다. 이것은 피차 복종하라는 명령이 신적 능력을 전제함을 뜻한다.cf. 4:1-3, 주석 이런 상황에서 상호 복종은 성령으로 "취한" 결과로 인한 도취적 예배의 핵심적 요소이며5:18 따라서 본 단원의 한 부분으로 다루어야 한다.

5장 3-21절의 구조

음행, 온갖 더러운 것, 탐욕

누추함, 어리석은 말, 희롱의 말,

감사하는 말을 하라5:3-4

정녕 이것을 알거니와

이런 자들에게는 하나님의 진노가 임하나니

그러므로 그들과 함께 하는 자가 되지 말라5:5-7

빛의 자녀들처럼 행하라

모든 착함과 의로움과 진실함

열매 없는 어둠의 일에 참여하지 말고

도리어 책망하라5:8-11

모든 것은 빛으로 말미암아 드러나나니

드러나는 것마다 빛이니라

그러므로

잠자는 자여 깨어서

죽은 자들 가운데서 일어나라

그리스도께서 너에게 비추이시리라 하셨느니라5:12-14

오직 지혜 있는 자 같이 하여

세월을 아끼라

술 취하지 말라

오직 성령으로 충만함을 받으라

- 찬송하며
- 감사하며
- 피차 복종하라 5:15-21

개요

세상을 본받지 않고 변화시킴, 5:3-14

지혜로운 자처럼 행함, 5:15-17

성령으로 충만함, 5:18-21

주석

세상을 본받지 않고 변화시킴 5:3-14

5:3-7, 11 어둠으로부터의 분리

이 권면은 앞 단원으로부터 흐름을 이어오고 있다. 이제 "그리스도께서 우리를 사랑하신 것같이 사랑 가운데서 행함"5:2은 일련의 세 가지 악 −성적인 죄porneia, 더러운 것 또는 부정akatharsia 및 탐욕pleonexia− 과 대조된다. NAB는 이 부분을 "음행과 난잡함 및 정욕"으로 번역함으로써 세 항목과 연결된 요소가 성적인 악임을 암시한다.Lincoln: 321-2 "포르네이아"porneia; 포르노그라피[pornography]의 어원적 배경이 된다에 대한 일반적 번역은 음행fornication이지만, 이 단어는 보다 광범위한 성적 죄를 가리키는 것으로 보아야 한다.Best, 1998:475-6

세 단어는 골로새서 3장 5절의 다소 긴 목록에서 나온 것으로 성적인 죄를 중심으로 간추린 것이다. 그러나 이 부분은 4장 17-19절주석 참조의 이방인의 삶에 대한 묘사를 반영한 것이기도 하다. 특히 탐욕은 아무리 성적인 죄의 동력이 된다고 하더라도 경제적 분야를 포함한 광범위한 의미를 가진 것으로 보아야 한다. 동시에 성적인 죄는 하나님을 떠난 삶의 중요한 특징으로 볼 수 있다.cf. 롬1:18-32; 호1-2장; 겔22-23장 성sex이 탐욕과 연결되고 이러한 탐욕이 사람과 그들의 언약에 무감각해지면cf. 정욕과 행음에 대한 성경의 명령 성적인 방종은 하나님의 성전을 구성하는2:21 하나님의 백성의 거룩함을 오염시키는 제의적 부정으로 이어진다.

이 짧은 악의 목록은 5장 5절에서 되풀이 되며 죄보다 죄인에 초점을 맞춘다. 이들은 모두 우상숭배자로 규정된다.cf. 골3:5; 롬1:23-25; 탐욕과 부도덕 및 우상숭배의 연결에 대해서는 솔로몬의 지혜서14:12, 22-27; 마6:24//눅16:13 참조

이러한 악은 "너희 중에서 그 이름조차도 부르지 말라 이는 성도에게 마땅한 바니라"5:3고 했다. NRSV는 이 구절을 "너희 중에서 언급도 하지 말라"고 번역한다. NIV는 "암시조차 해서도 안 된다"고 번역한다. 두 역본은 5장 3절을 악한 말을 금한 5장 4절의 명령에 비추어 해석한다. 4절에서 희롱의 말을 못하게 한 것은 확실히 성적인 죄와 남용을 얕보는 말을 겨냥한 것으로, 이러한 행위를 오락으로 여김으로 죄의 심각성을 인식하지 못하게 하는 것을 금한 것이 분명하다. 3절에서 보는 것처럼 이러한 말은 거룩함에 부합되지 않는다. 희롱의 말이 마땅치 않다는 것은 성도가 교회의 지체 및 영적인 존재로도 불린다는 사실을 상기하면 더욱 분명해진다.1:1-2, 주석; Perkins: 115

쿰란의 급진적 서약자들은 이러한 행동에 대해 엄격히 다룬다. "큰 소리로 낄낄 웃는 자"는 침을 뱉거나 몸을 노출하거나 공동체의 다른 지체를 비방한 자 및 집회 중에 자는 자와 마찬가지로 30일 동안… : 1QS 7.16-17

에베소서에서 이름을 부름naming에 대한 언급은 이미 3장 14-21절의 위대한 기도에 제시된 바 있다. 하나님은 하늘과 땅에 있는 각 족속에게 이름을 주신다. 그곳 본문에 대한 주석에서 살펴본 대로 이름을 준다는 것은 이름을 받는 자의 출생 및 그에 대한 소유권과 관련이 있다. 하나님은 이름을 주심으로 부권을 선언하신다. 만일 5장 3절의 이름을 부른다는 언급의 의미가 이러한 배경에 영향을 받았다면, 이 구절의 관심사는 이러한 죄에 대한 언급이 아니라 그것을 생성함으로써 거룩한 공동체에 침입하게 하는 행위에 초점을 맞춘 것으로 보아야 할 것이다. 본문은 두 가지 의미 모두 가진 것으로 보이며 특히 성적인 죄를 가볍게 여기는 말이 죄의 문턱을 낮춘다면 더욱 그러할 것이다.Best,

1998:476-7; Lincoln: 322; Thurston: 134

한편으로, 이름을 부른다는 것은 오늘날 전혀 다른 의미를 가지며 성적인 죄를 다룰 때 중요한 역할을 한다. 본문에서 이름을 부르는 것을 금한 것은 확실히 성적인 죄를 규명하고 그것을 드러낸다는 의미에서 죄의 이름을 부르는 것을 배제하지 않는다. 사실 이러한 명령은 어둠의 일을 책망하라는 명령과 일치한다.TLC 책망하라는 명령이 제시된 5장 11절과 말하기도 부끄러운 것들에 대해 언급한 5장 12절 사이에는 의도적인 대조가 있을 수 없다. 확실히 본문은 교회가 이러한또는 다른 죄에 대해 언급하는 목적과 방법에 초점을 맞춘다. 이런 말은 죄에 생명력과 힘을 주는가 아니면 그것을 드러내고 무력화 시키는 가5:13-14?

4절은 이러한 관점에서 이해해야 한다. 즉, 음행과 온갖 더러운 것과 탐욕을 책망해야 할 임무를 가진 자에게 "누추함과 어리석은 말이나 희롱의 말"은 마땅치 않다는 것이다. 대신에 신자는 감사하는 말eucharistia을 해야 한다. 본문에서 "감사하는 말"eucharistia은 "희롱의 말"eutrapelia; 헬라 문화에서 이 용어는 "증거"라는 뜻으로도 사용된다; Lincoln: 323을 대신한다. 이것은 은혜를 끼치는 말이 "더러운 말"을 대신한 4장 29절을 상기시키는 것이 분명하다. 4장과 마찬가지로 여기에서도 말을 강조한 것은 말이 중요하다는 사고를 반영한다. 말은 인격과 성품을 드러내며 선하게도 하고 악하게도 한다.cf. 마15:16-20; 약3:10-12

감사의 말eucharistia 사실상 예배5:4; cf. 5:20-은 파괴적인 말 및 성적 행동을 대체한다. 이것은 성 자체에 대한 반대가 아니다. 본 장 후반부에 가족법이 제시된 것은 저자가 가정과 자녀에 관심이 있으며 그리스도와 교회의 관계를 전형적 결혼 관계로 본다는 사실을 보여준다.5:23-32 아무리 좁은 길이라 할지라도 거룩한 길을 가는 것은 감사의 찬양을 특징으로 한다.

이러한 악의 목록에 중요한 경고가 덧붙여진다. 5절은 이러한 악을 행하는 자들이 "그리스도와 하나님의 나라에서 기업을 얻지 못하리니"라고 강조한다."정녕 이것을 알거니와" 6절은 독자에게 "헛된 말"에 속지 말라고 경고한다. 이것은 어리석은 말cf. 5:4을 뜻하는 또 하나의 표현이지만 이러한 행위가 심각한 결과를 초래하지 않을 것이라는 거짓 확신을 가리키는 것으로 보인다.cf. 2:2, 4:17-19; 고전6:9-10; 갈5:21

"그리스도와 하나님의 나라"라는 이중 나라에 대한 5장 5절의 독특하고 당황스러운 언급에 대해서는 세밀히 살펴볼 필요가 있다. 한편으로 그리스도와 하나님에 대한 언급은 에베소서에서 종종 볼 수 있는 것과 같은 동의어를 쌓으려는 경향일 수 있다. 다른 한편으로, 이것은 5장 1-2절에 제시된 하나님과 그리스도에 대한 이중 강조에서 나온 것일 수 있다.Perkins: 117 이곳의 어법은 고린도전서 15장 24-28절을 잘 알고 있음을 보여주는 것일 수 있다. 즉,그리스도의 통치 또는 나라는 사망을 이기심으로 절정에 달하는, 권세들과의 싸움을 특징으로 한다. 이러한 통치가 이루어지면 그리스도는 나라를 하나님께 바치신다.

우리는 에베소서 1장 20-22절에 대한 주석에서 저자가 시편 119편 1절 및 8편 6절을 결합하면서 고린도전서 15장에 직접 의존했을 가능성에 대해 살펴보았다. 이러한 의존은 이곳 본문까지 확장되었을 수 있다. 저자는 두 단계의 나라에 대한 개념을 염두에 두었을 것이다. 하나는 화목 사역 및 반역적인 통치와 권세를 복종시킴을 특징으로 하는 그리스도의 현재적 통치이며1:20-23; 6:10-18 다른 하나는 하나님의 미래적 나라미래적 기업; cf. 1:14이다. 이런 내용은 이 수수께끼 같은 구절 속에 암시만 되어 있을 뿐이지만Schnackenburg: 220 무조건 부인하는 태도Barth: 564-5; Best, 1998:482; Lincoln: 325처럼는 옳지 않다.

7절과 11절은 어둠의 일에 함께 하지 말고 참여하지 말하는 요구를 매우 간략히 제시한다는 점에서 급진적이라고 할 수 있다. "함께"라는 접두사sun를 가진 두 단어는 어둠과 그 가운데서 행하는 자들에 동참하는 것을 나타낸다. "그들과 **함께** 하는 자*summetochoi*가 되지 말라"5:7 "열매 없는 어둠의 일에 **참여**하지*sunkoinōneite* 말고"5:11 같은 접속사를 두 번이나 사용한 것은 에베소서의 전형적 문체로는 잉여적이다. 그러나 이러한 중복은 동참 개념을 더욱 강조한다.cf. 2:5-6,19, 21-22, 3:6, 4:3, 16에는 접두사 *sun*의 긍정적 용례를 찾아볼 수 있다: Schematic Trans. 참조

이 경고에 귀를 기울이지 않는 자는 하나님의 진노또는 심판를 받기 쉽다. 흥미롭게도 본문은 그리스도와 하나님의 나라또는 통치를 구분함으로써 저자가 하나님의 지속적인 심판 및 끊임없는 경계가 에베소서의 종말론과 부합됨에도 불구하고 하나님의 미래적 심판을 염두에 두고 있음을 보여준다.Schnackenburg: 221; cf. Best, 1998:485-6

5:8-10 빛의 자녀들처럼 행하라

8절에서 10절까지는 권면의 핵심을 요약적으로 보여준다. 8절에는 구별 및 세상을 본받지 말라는 요구가 나타난다. "너희가 전에는 어둠이더니 이제는 주 안에서 빛이라 [그러므로] 빛의 자녀들처럼 행하라… 주를 기쁘시게 할 것이 무엇인가 시험하여 보라."

이 구절은 바울 사상의 몇 가지 중요한 전형적인 요소로 형성된다. 2장에 지배적으로 나타나는 "전에는/이제는"once-now 구조는 여기서도 나타난다.cf. 골3:7-8 이것의 기원

은 옛 사람cf. 4:22을 벗어버리고 새 사람을 입는cf. 4:23; 2장 주석; 4장 주석; cf. 골2:20, 3:1; Lincoln: 326 세례식이다. 이곳에서는 성경의 가장 극명한 대조 가운데 하나인 빛/어두움과 연결된다.TBC

에베소서는 신자가 빛으로서 "행하어야" 할 영역에 대해 묘사한다. 본문은 이러한 사실을 더욱 강조한다. 즉, 그들 자신이 빛이라는 것이다.5:11-14, 주석 동시에 그들은 "주 안에서"만 빛이다.5:8 따라서 빛의 후손, 빛의 자녀들tekna, 자녀를 가리키는 포괄적 용어이다은 그들과 하나님의 빛과의 관계를 보여준다. 이러한 결합 원리는 부정적 의미에도 적용된다. "너희가 전에는 어둠이더니"5:8

에베소서에서 빛과 어둠의 대조는 윤리적 이원론에 해당한다. 이것은 각 신자의 마음이나 교회 공동체가 아니라 인간을 중심으로 선을 긋는다. 이러한 구별은 불순종의 아들들5:6; cf. 2:2과 사랑을 받는 빛의 자녀들5:8; cf. 5:1, 공중의 권세 잡은 자를 따르는 자들2:2과 어둠에서 빛으로 옮긴 자들5:14; cf. 예를 들면, 고후4:6; 살전5:4-5; 벧전2:9 사이에도 이루어진다. 동시에 이 선은 빛의 자녀들의 예전 삶과 현재의 삶의 차이에 대한 묘사이기도 하다.

이처럼 분명한 대조는 신자의 삶 속에 무엇인가 근본적이고 혁신적인 변화가 일어났음을 보여준다. 그들은 더 이상 예전의 그들이 아니다.cf. 2:11-22 이것은 신자의 삶에서 발견되어야 할 실제적 변화이다. 바울 신학 해석가들은 종종 이 개념을 "직설법과 명령법"으로 부른다.Best, 1998:489

직설법: 너희가 전에는 어둠이더니 이제는 빛이라
명령법: 그러므로 빛의 자녀들처럼 행하라

이것은 갈라디아서 5장 25절을 강력히 상기시킨다. "만일 우리가 성령으로 살면 또한 성령으로 행할지니"TRYN 이러한 호소는 성령이 하나님의 지으심을 받은 새 사람의 한 지체가 된 신자의 삶 가운데 변화와 능력을 주심을 가정한 것으로cf. 갈6:15; 고후5:17; cf. 엡 4:24, 우리는 이러한 새로운 본질의 자연스러운 "열매"로서 그들에게 "행함"이 나타날 것이라고 기대한다.

에베소서 5장 9절은 "빛의 열매는 모든 착함과 의로움과 진실함에 있느니라"고 말씀한다. 갈라디아서 5장 22-23절에는 완전한 목록이 제시된다. "오직 성령의 열매는 사랑과 희락과 평화와 오래 참음과 자비와 양선과 충성과 온유와 절제니"일부 사본에는 엡5:9에

서 "빛" 대신 "성령"으로 되어 있는데 이것은 갈5:22의 영향을 받은 것이 분명하다

그러나 이러한 미덕은 저절로 맺어지는 열매가 아니다. 지금 빛의 자녀들에게 해당하는 것은 분명하지만 권면이 제시된 것은 바울과 그를 따르는 자들이 잘 알고 있는 것을 보여준다. 이미 이루어진 사실이제는 빛이라이지만 여전히 성취되어야 할 것이 있다는 것이다. 바울은 자신의 글에서 에베소서의 구원의 날4:30이나 하나님의 나라5:5로 불리는 영역 이편의 현실적 영역과 관련된, 소위 "종말론적 유예"eschatological reservation 개념을 고수하려 한다. 이 개념은 에베소서에서 "그리스도에게까지 자라가라"4:13, 16, "그리스도를 배우라"4:20, 또는 "악한 세력과 맞서 싸워라"6:10-20는 권면으로 나타난다.

동시에 바울서신 가운데 회심, 세례 및 성령의 현재적 효과를 에베소서만큼 자유롭고 열정적으로 찬양한 곳은 없다. 빛의 열매는 빛 된 자들그리고, 앞으로 보게 되겠지만 아직 어둠 가운데 앉아 있는 자들 가운데 이미 풍성하다.

5장 9절에는 빛의 열매가 익숙한 세 가지 항목 –착함*gathōsunē*, 의로움*dikaiosunē* 공의, NAB; 정직함, NJB; 의, NIV, NRSV, REB 및 진실함*alētheia* –과 함께 도입된다. 세 가지 미덕 모두 에베소서에 자주 등장한다. 의와 진리는 하나님을 따라 지으심을 받은 새 사람을 구성하는 요소이며4:24 6장 14절에 나오는 하나님의 전신갑주의 첫 번째 항목으로 제시된다. 따라서 이들 요소는 새 사람의 "성품"과 관련되며 새 사람이 행할 길을 형성한다. 에베소서에 진리참만큼 자주 언급되는 미덕이 없다. 1:13, 4:21,24,25, 6:14; Schnackenburg: 224는 이것을 "신실함"으로 번역함으로써 이런 사실을 놓치고 있다 동시에 "착함"은 포괄적 의미를 가지며 특히 2장 10절에서는 명백히 "일"과 연결된다. 4:28-29에도 적용된다

이러한 미덕은 "주를 기쁘시게 할*euareston* 것이 무엇인가 시험"하는 일5:10과 관련이 있다. 신자는 착함과 의로움과 진실함을 실천함으로써 주를 기쁘시게 할 것이 무엇인지 분별해야*dokimazō* : NIV, NRSV; "발견해야", NJB; "판단하는 법을 배워야", REB 한다. 바울 서신에서 "주"Lord는 일반적으로 그리스도를 가리키지만 여기서는 "하나님"에 대한 언급으로 보아야 한다. "주를 기쁘시게 할 것"은 하나님께 제물을 바치는 예배를 가리키는 성경의 일반적 표현이다. 이것은 열납되는 향기나 실제적 제물의 경우이든예를 들면, 레1-2장; 민15장 자신의 생명과 행위를 하나님을 기쁘시게 하는 제물로 바친 은유적 경우이든예를 들면, 시51; 히13:16 마찬가지이다.

앞서 에베소서 5장 2절은 그리스도께서 어떻게 자신을 향기로운 제물로 하나님께 드리셨는지에 대해 언급한 바 있다. 5:2, 주석; cf. 빌4:18 로마서 12장 1-2절은 신자들이 자신을 하나님이 "기뻐하시는 산 제물"로 드리라는 내용이다. 로마서 12장에 나오는 기뻐

하시는 제물은 바로 세상을 본받지 않는 비타협적 변화의 실천이며, "하나님의 선하시고 기뻐하시고 온전하신 뜻이 무엇인지 분별"하는 수단이다.TRYN

세상을 본받지 않음 및 "착함과 의로움과 진실함"5:9의 실천은 하나님을 기쁘시게 한다. 그러한 삶은 빛의 자녀들의 예배를 형성한다.cf. 시50:14, 69:30-31 5장 4절의 감사에 대한 요구는 빛의 삶에 대한 이러한 묘사를 예시한다. 에베소서의 이 단원이 19절 및 20절의 찬양 및 예배에 대한 요구까지 이어진다는 사실은 놀라운 일이 아니다.

5:11-14 어둠을 빛으로 변화시킴

열매 없는 어둠과 생산적인 빛의 대조는 계속될 필요가 있다. "너희는 열매 없는 어둠의 일에 참여하지 말고." 참여하다.sunkoinōneō 라는 단어는 에베소서에만 나오는 단어는 아니지만cf. 빌4:14; 계18:4, 확실히 저자가 "함께"라는 접두사sun를 선호한다는 사실과 부합한다.5:7, 주석 참조 여기서는 신자가 어둠에 동참해서는 안 되며 입에 올리는 것조차 금해야 한다는 의미로 제시된다.

쿰란 및 그 후에도 수차례 있었던 것처럼 이제 신자 공동체는 어둠에서 떠나 스스로를 구별해야 한다. 세상을 본받지 않는 급진적 태도는 종종 의와 진리의 기준에 부합되지 않는 자들에 대한 적개심을 강화했다. 그러나 에베소서는 신자에게 어둠과 그 안에 있는 자들을 떠나 어둠의 일을 잊어버리는 것보다 더 나은 방법을 제시한다.5:12 대신에 빛의 자녀는 악한 일을 책망해야 한다.elench , NIV 및 NRSV; 그들을 빛으로 드러내다, GNB; 그들이 어떤 자들인지 보여주다, NJB, REB; 그들을 정죄하다, NAB

다양한 번역이 보여주듯이 "엘렌코"elenchō라는 헬라어는 광범위한 의미를 가진다.B chsel, 1964 확실히 "정죄하다"NAB라는 번역은 어둠의 일에 맞서 강력하고 절대적인 선을 긋는 공동체에 부합된다.솔로몬의 지혜서4:20에서 볼 수 있는 것처럼 본문은 어둠의 행위와 말과 생각은 정죄되어야 한다는 생각에 대해 일말의 의혹도 남기지 않는다.특히 5:5-6 주석 참조

Elench 는 앞서 4장 25절과 관련하여 살펴본 몇몇 본문과 밀접한 관계가 있다.주석; "Anger and Speaking Truth," TBC, 4:17-5:2 레위기 19장 17-18절에서 "견책하다"NRSV; elenchō, 70인역는 이웃을 사랑하라는 언약적 의무를 나타낸다. 마태복음 18장 15절에서 예수님은 제자들에게 형제의 죄를 "권고하라"elenchō[드러내라]고 말씀하신다. 이러한 사랑의 채찍이 회개와 회복을 위한 것이라면 관대한 조치에 해당한다.cf. 고전14:24-25

에베소서 5장 13-14절은 "엘렌코"elenchō에 대한 이러한 이해가 이 구절에도 나타난다는 암시를 준다. 그러나 본문의 드러남은 공동체에 속한 다른 지체의 잘못이 아니라Best.

1998:492-3; cf. Lincoln: 329-30 불순종의 아들들 가운데 지속되고 있는 일에 초점을 맞춘다. Schnackenburg: 226, n. 34 이제 4장 25절에 제시된 이웃 사랑의 행위는 불순종의 아들들 그들이 대결에 초점을 맞추든, 그것을 사랑의 행위로 여기든에게까지 확장되어야 한다. "복음적 드러냄" 에 대해서는 고전14:24-25; 요4:29 참조 먼 데 있는 자들에게 평화를 전한 것2:13, 17은 이제 어둠의 문화와의 충돌과 관련하여 제시된다.

13절은 속담을 제시한다. "책망을 받는 모든 것은 빛으로 말미암아 드러나나니또는 계시되나니" 문법은 모호하지만 의미는 분명하다. 즉, 빛이 사물의 실제적 모습을 보여준다는 것이다.NJB, REB 지금까지의 의미는 주로 정죄에 가깝다. 그러나 14절은 여기에 또 하나의 경구를 덧붙인다. "드러나는 것마다 빛이니라." "왜냐하면 모든 것을 보이게 하는 것은 빛이기 때문이다"라는 NIV의 번역은 이 놀라운 의미 전환을 잡아내지 못한다. 본문에서 드러내는 어둠의 일은 이웃 그리스도인에게 아직 남아 있는 어둠의 일이 아니다.4:25처럼 여기서는 피조세계와 그 가운데 있는 자들을 회복하시는 하나님의 포괄적 계획에 동참한다는 뜻이다.cf. 1:10; 2:4; Perkins: 119 드러낸다는 것은 변화시킨다는 뜻이다.

이것은 찬양의 한 조각인 14절을 난해 구절이 아니라Best, 1998:497-8; Lincoln: 331 그리스도와 함께 하는 세례를 축하하는 찬양 가사로 보아야 하는 이유를 설명한다.cf. 롬6:1-11; 엡2:4-6; Schnackenburg: 228-30 이 "3행의" 세례영창R. Martin, 1991:63은 바울 사회에서 광범위하게 사용되고 있었으며 정경에 가까운 지위를 누렸던 것으로 보인다. 이러한 지위는 이 구절이 성경을 인용할 때 사용하는 관용구에 의해 도입된다는 사실로 확인된다.cf. 4:8; 약4:6

> 그러므로 이르시기를:
>> 잠자는 자여 깨어서
>> 죽은 자들 가운데서 일어나라
>> 그리스도께서 너에게 비추이시리라 하셨느니라 5:14

이 찬양 또는 영창에는 몇 가지 중요한 항목이 들어 있다. 우선, 이것은 전형적으로 세례에 참예한 새 신자들이 부른 노래이기 때문에 사실상 이 구절은 그리스도께서 가까이 있는 자들과 먼 데 있는 자들에게 평화를 전하셨다는 2장 13절을 반영한, 전도적 차원의 깨어나라는 요구이다. 또한 이 구절은 신자들에게 자신이 그리스도의 은혜롭고 변화시키는 각성의 수혜자임을 인식시킨다. 그들은 이러한 감사의 마음을 갖고 어둠 속에 빛을 비추어야 한다.

이 찬양은 잠자는 자에게 빛을 비추시는 그리스도를 찬양하지만, 유대 독자는 민수기 6장 24-26절의 위대한 축복, 보다 구체적으로는 이사야 60장 1-4절을 반영한 것으로 해석할 것이다. 이 경우 본문은 신실한 자에게 일어나서 하나님의 영광을 드러내는 빛을 비추라는 명령이 될 것이다. 또한 어둠에 앉은 백성은 하나님의 백성이 비추는 위대한 빛으로 나아와야 할 것이다. 에베소서에서 "그리스도"는 그리스도의 몸의 한 지체가 된 자들을 포함한다. 한때 그리스도의 빛을 받은 자들이 빛으로 규명된 것은 놀랄 일이 아니다.^{5:8} 그들은 주 안에서 빛이다. 그런 자들이 그리스도의 몸, 새 사람의 지체로서 어둠에서 잠자는 자들의 눈을 밝히는 사역에 동참하게 된 것이다.^{cf. 마5:14,16; 사42:6-7}

구별과 차이는 화목, 회복, 부활 및 재창조에 길을 내 주었다.^{"Light" and creation, TBC} 다른 말로 하면, 구별과 차이는 그리스도 안에서 만물을 통일시키는^{1:10} 근본적 동인이 되었다는 것이다. 이것은 빛과 어둠의 구별이 유지되지 않으면 불가능한 일이라는 것이 저자의 생각이다.

지혜 있는 자 같이 행하라 5:15-17

15-21절은 세 가지 대조로 구성된다.

지혜 없는 자 같이 하지 말고	오직 지혜 있는 자 같이 하여
어리석은 자가 되지 말고	오직 주의 뜻이 무엇인가 이해하라
술 취하지 말라	오직 성령으로 충만함을 받으라

첫 번째 두 대조는 어리석은 자와 지혜 있는 자의 대조이다. 이 대조는 성경에서 자주 발견되며 특히 예언서 및 지혜 문학에 많이 나타난다.^{예를 들면, 잠7-8, 4:11-19}의 두 여자로 인격화 된 지혜와 어리석음은 엡5:15-17의 지혜/어리석음 및 빛/어둠의 대조와 연결된다 본문은 빛의 자녀가 누구인지 상기시킨 후 그들에게 "어떻게 행할지를 자세히 주의"할 것을 촉구한다.^{삶을 가리키는 은유로서 "행함"에 대해서는 cf. 2:1-10; 4:17-5:2}

지혜와 그리스도의 연결을 염두에 두는 것은 중요하다.^{TBC, 1:3-14 [지혜, 388쪽]} 지혜자는 그리스도를 **배운** 자이며^{4:20} 하나님의 비밀을 깨달은 자이다.^{1:9-10, 17-18, 3:8-9} 또한 그들은 하나님의 각종 **지혜**를 전하는 위대한 사역을 맡은 자들이다.^{3:10} 그들은 하나님을 기쁘시게 할 것이 무엇이며^{5:10} 하나님의 뜻이 무엇인지 **분별**한다.^{5:17; 롬12:1-2에서}

하나님의 뜻과 하나님을 기쁘시게 하는 것은 사실상 동일하다 지혜로운 자는 하나님의 벗이자 지혜의 벗이다.솔로몬의 지혜서7:26-30 또한 그들은 에베소서에서처럼 그리스도의 몸의 지체이며, 그 안에서또한 그와 함께 새 사람에 동참한 자이다.2장 5장 15절과 같은 지혜 있는 자로 불리기 위한 전제는 신자가 그리스도의 사역 및 하나님의 각종 지혜에 완전히 동참하고 있어야 한다는 것이다.3:10

지혜 있는 자는 자신이 어떻게 행할지를 자세히 주의하라는 요구를 받는다. 우리는 먼저 이 구절을 빛의 자녀들이 착함과 의로움과 진실함의 길에서 벗어나기 쉽다는 사실에 비추어 해석해야 한다.5:9 그러나 자세히 주의하라는 말씀은 "세월을 아끼라 때가 악하니라"라는 5장 16절과 관련하여 해석해야 할 것이다. 그러나 이 구절의 의미는 명확하지 않다.

"아끼라"로 번역된 헬라어 "엑사고라조"exagorazō는 무엇을 "구입하다" 또는 "변제하다"라는 의미이며 이곳과 같은 중간태는 누군가에게 "지불하다," "매수하다"라는 뜻도 된다. 만일 후자의 의미로 번역한다면 지혜자는 진노"악한 날"에 의해 암시된다에게 지불한 것이며 따라서 갈라디아서 3장 13절 및 4장 5절에서 그리스도께서 율법의 저주아래 있는 자들을 "속량"하신 것처럼 시간을 속량한다.BAGD: 271는 해석이 가능하다. 이렇게 해서 시간이 진노로부터 "구원을 받는다"는 것이다.Barth, 1974:578; Best, 1998:505; Lincoln: 341

이처럼 기발하지는 않지만 무난한 해석으로는 이 단어exagorazō를 "이용할 수 있는 모든 가능성을 염가로 덥석 물다"라는 "상업적" 의미로 해석하는 것이다.R. Martin, 1991:66; 골4:5 이것을 시간에 적용하면 "이용할 수 있는 모든 기회를 먹어치우다"라는 뜻이 된다.E. Martin: 200; cf. Büchsel, 1964a: 128; Schnackenburg: 235 시간은 하염없는 세월이 아니라 잡아야 할 기회로 가득하며 따라서 기회의 시간이라는 뜻의 "카이로스"kairos라는 단어를 사용한다."기간"으로서의 시간[chronos]이 아니라 따라서 어떻게 행할 것은 자세히 주의한다는 것은 어둠을 드러내어 책망할 모든 기회를 구입하고5:11, 시간을 속량하는 사역에 동참하여 어둠을 빛으로 변화시킨다는 뜻이다.5:13-14

이 요구가 긴급한 이유는 무엇인가? 바울의 전형적 묵시적 종말론에 비추어 해석하면 시간이 없기 때문에 세월을 아껴야 한다. 악한 날은 심판과 구원의 날이 이르기 전에 위기가 고조되는 시기이다.cf. 6:13의 악한 날 마찬가지로 로마서 13장 11-14절은 신자에게 구원의 날이 어느 때보다 가까웠기 때문에 신자는 "어둠의 일을 벗고"TRYN; cf. 엡4:22, 5:11, "빛의 갑옷을 입자"TRYN; cf. 엡6:10, 14-18라고 권하며 술 취하거나 잠들지 말라고 경고한다.cf. 엡5:14,18; 살전5:2-8 한 마디로, 지혜자는 자신이 말세를 살고 있으며 허비할 시간이 없다는 사실을 알아야 한다는 것이다. 모든 시간은 구원의 날을 준비하는 일에 사용해야 한다.

그러나 에베소서는 묵시적 프레임에 부합되지 않는다.Best, 1998:503-4 예를 들면, 2장 5-7절에서 저자는 다른 바울서신에서 예시만 된 내용을 이미 이루어진 사실로 찬양한다. 즉 신자는 **이미** 그리스도와 함께 살리심을 받았으며 그와 함께 하늘에 앉아 있다는 것이다. 더구나 "오는 여러 세대"에 대한 2장 7절의 언급은 일정 기간 동안 하나님의 은혜가 나타날 보장된 미래를 허락하는 것처럼 보인다.2:7, 주석 실제로 에베소서에는 현실적 영역과 마찬가지로5:5 미래적 형벌이나 구원의 날 개념이 제시되지만1:14; 4:30, 그리스도의 재림에 대한 분명한 예시는 나타나지 않는다.

그 대신 에베소서에서 "현재"는 비교할 수 없이 큰 축복 및 싸움과 함께 제시된다. 구원의 날까지 얼마나 많은 시간이 남았든, 그 시간은 모두 기회로 가득 차 있다.kairos 그러나 많은 날이 악하며 그 날들은 악을 빛으로 드러내어야 하는 도전과 함께 한다. 권면의 긴급성은 시간과 관련된다. 그러나 시간만큼, 어쩌면 그 이상으로 교회의 정체성과 관련이 있다. 어리석은 자처럼 행한다는 것은 "현재"라는 시간-비록 이 시대는 내일에 몰두해 있으나살전4:13-5:11와 대조해볼 때; cf. Elias-에 대해 깨닫지 못한 채 살고 있다는 뜻이다. 어리석은 자가 된다는 것은 빛으로서 어둠을 빛으로 변화시켜야 할 모든 순간kairos을 붙잡아야 할 지혜자들의 공동체로서 교회의 본질과 임무를 무시한다는 뜻이기도 하다.cf. 마 5:14

지혜롭게 된다는 것은 "주의 뜻이 무엇인가 이해"하는 것이다.5:17 여기서 "주"는 그리스도를 포함하지만 그리스도에만 한정되지 않는다.Best, 1998:506; Lincoln: 343와 달리 이 구절은 보다 광범위하고 구체적인 의미를 가진다. 한편으로 이 구절은 그리스도 안에서 계시된 하나님의 뜻의 비밀 -그리스도 안에서 만물을 통일시킴- 의 너비와 길이와 높이와 깊이를 아는 것을 의미한다.cf. 1:9-10; cf. 3:18-21 이것은 불순종하는 자2:1-10, 특히 이방인2:11-22; 3장에 대한 하나님의 은혜로우신 뜻에 대한 인식과 감사를 포함한다. 또한 이것은 하나님께서 하나님의 처소를 구성하고 있는 공동체에게 기대하는 행동이 무엇인지를 이해하는 것이다. 이것은 하나님과 그리스도를 본받는다는 뜻이며4:32-5:2 그리스도와 예수 안에 있는 진리를 깨닫는다는 것이다.4:20-21 이 모든 것은 하나님을 기쁘시게 하는 것에 대한 분별로 요약할 수 있다.cf. 5:10

성령으로 충만함 5:18-21

5:18 술 취함과 성령 충만

18절은 세 번째 대조를 보여준다. 이번은 술로 충만한 것과 성령으로 충만한 것을 대조한다. 오늘날 독자에게는 갑자기 지혜와 통찰력으로부터 금주로 초점이 이동한 것처럼 보일런지 모른다. 이러한 인상은 술 취하지 말라는 명령이 잠언 23장 31절에서 직접 인용한 것처럼 보인다는 사실에 기인한다. 이 구절은 술에 잠긴 자의 결과에 대한 확장된 묘사23:29-35 가운데 일부로 제시된다. 그러나 에베소서 5장 18절과 앞서의 대조는 결국 큰 차이가 없다. 잠언 20장 1절에서 술 취함은 어리석음과 마찬가지로 지혜와 대조된다. 술 취함에 대한 경고가 그때나 지금이나 꼭 필요한 것은 사실이지만Best, 1998:507 이 구절은 과음에 대한 윤리적 교훈을 "명확하게 설명"하고 "확실하게 이해"하는 것 이상이라는 사실을 알아야 한다.R. Martin, 1991:63-4; Schnackenburg: 236과 달리

술 취함은 어둠의 삶을 가리키는 은유이다.TBC 여기서는 5장 3-5절의 불순종의 아들들이나 4장 17-19절의 무지한 이방인의 술 취한 삶을 묘사한다. 초기 독자들 역시 이 구절에서 많은 이교도 종교인들의 특징인 무절제한 중독에 대한 암시를 발견했을 것이다. 이러한 사실은 이 구절이 은유라는 사실을 뒷받침한다.이어지는 5:19-20에는 예배에 대한 구체적인 언급이 제시된다 술 취하지 말라는 명령은 음주와 관련된 특별한 문제고전11:21에서처럼나 부당한 예배 때문에 제시된 것이 아니다. 독자는 두 문제에 대해 익히 알고 있었을 것이다. 오히려 술 취함은 어리석은 자의 "걸음[삶]"과 관련이 있다.

일부는 술 취하지 말라는 명령이 유대의 도덕적 교훈에 광범위하게 확산되어 있었으며 에베소서에도 그렇게 들어와 있었다는 사실을 근거로 이 구절을 잠언 23장 31절과 직접 연결하기도 한다.cf. Lincoln: 340 예를 들면 유다의 증언Testament of Judah 14에 나오는 술 취하지 말라는 동일한 명령은 유다가 며느리 다말에게 행한 범죄cf. 창38:12-26를 중독의 파괴적 결과와 연결한다.

그러나 잠언 23장 -특히 헬라어 본문- 을 사용했을 것이라고 생각할 수 있는 근거는 충분하다. 잠언 23장 31절70인역은 에베소서 5장 18절에서 볼 수 있는 것처럼 "…말라 … 그러나"mē … alla 구문을 사용한다. 또한 에베소서 5장 19-22절에서와 마찬가지로 잠언 23장 31절70인역은 술 취함의 대안을 제시한다. "술 취하지 말고 의인들과 함께 대화하라"homileō, "homily"[훈계]의 동사형 에베소서에 제시된 술 취함의 대안은 성령으로 충만함을 받으라는 것이다. 이것은 "시와 찬송과 신령한 노래들로 서로 화답하며"라는 구절로 표현된다.

이 권면의 핵심은 "성령으로[안에서] 충만함을 받으라"[안에, 373쪽]는 명령이다.

우리는 여기서 다시 한 번 부정적 명령 후에 더욱 중요한 긍정적 권면이 이어지는 4장 25-32절의 패턴을 발견한다. 술 취하지 말라는 명령의 대안은 단순한 금주가 아니라 성령으로 충만하는 것이다. 우리는 이 구절을 "술로 취하지 말고 성령으로 취하라"고 해석하지 않아야 하지만Fee, 1987:720-1 병행구도 간과해서는 안 될 것이다. 두 구절은 오해를 받기도 했다.cf. 행2:14-21

에베소서의 성령 충만은 고린도전서 14장에서와 같은 환각적 상태에 초점을 맞추지 않는다. 그러나 도취적 이미지를 벗어버릴 경우 교회 공동체가 광범위하게 경험하고 있는 열정과 힘을 놓칠 수 있다. "sober inebriation,"Schnackenburg: 236-7 이 구절이 현자를 위한 내용임을 염두에 두고 있는 집회서Ecclus 1장 16절은 "여호와를 경외하는 것은 지혜로 충만함이다. 지혜는 인간을 자신의 지혜의 열매로 취하게 한다"라고 진술한다.

성령은 신자의 삶을 새롭게 하고 회복하시는 하나님의 능력에 나아감을 언급하는 에베소서에서 탁월한 지위를 누린다.예를 들면, 1:13, 2:18,22: 3:16: 4:3-4, 30 이곳 본문의 배경이 되고 있는 3장 19절에서처럼 신자는 성령 충만을 받음으로써 하나님으로 충만해야한다. 놀랍게도 충만함을 받는 것은 수동태이지만 명령형이다. "충만함을 받으라" 이 명령은 지혜 있는 자가 하나님을 기쁘시게 하는 것이 무엇이며 하나님의 뜻이 무엇이며 성령을 따라빛으로 행하라는 말씀cf. 갈5:16이 무슨 뜻인지 분별하는 일에 상당한 책임이 있다는 사실을 분명히 제시한다.

그럴지라도 신자는 이러한 책임을 다할 수 있는 힘을 주시는 하나님의 임재를 필요로한다. 결국 지혜로운 빛의 자녀의 삶에 힘을 주시는 것은 하나님의 은혜로우신 성령이시다.1:15-23,2:1-10, 3:14-21, 특히 1:17, 2:8, 3:16,19,20

확실히, 성령으로 충만함을 받는 것은 공동체 전체이다. 성령으로 충만함으로 받는 것은 개인적인 경험이 아니다. 대신에 그것은 새 사람의 몸이 하나님의 호흡으로 살아가게 한다.cf. 고전12장 및 14장에 제시된 바울의 논쟁, 본문에서 성령의 선물은 그리스도의 몸의 "유익"을 위해 [12:7] 하나 되게 하고 생명력을 부여한다 중요한 것은 신자 공동체의 삶에는 성령을 근심하게 하는 일도 일어난다는 것이다.4:30, 주석

5:19-20 성령 충만한 예배

19절에서 21절까지는 문법적으로 성령으로 충만함을 받으라는 명령5:18에 종속되어 있다. 저자는 여기서 일련의 분사를 사용하여 충만함의 의미를 더욱 상세히 보여준다. "화답하며, 노래하며, 찬송하며, 감사하며, 피차 복종하라." 이들 분사의 기능에 대해

서는 다양한 해석이 시도된다. 많은 역본은 이것을 별도의 명령들로 번역한다.예를 들면, GNB, NAB, NIV, REB 이것은 이 구절이 문법적으로 성령으로 충만함을 받으라는 주 명령에 종속되어 있다는 사실을 흐림으로써 일련의 불연속적 호소가 이어진다는 인상을 준다. NRSV는 일련의 분사를 제시한 후"노래하며… 찬송하며… 감사하며…" 마지막 분사에만 명령형을 도입함으로써복종하라 가장 문법에 충실한 번역을 보여준다.

그러나 분사노래하고…와 주 동사충만하라는 어떤 관계가 있는가? NRSV의 번역처럼 충만함에 수반되는 상황이나 결과를 묘사하는가? 또는 신자가 성령으로 충만함을 받는 수단을 가리키는가? "…노래함으로써 성령 충만을 받으라." 이것은 공동체의 예배와 상호 관계가 성령을 근심하게 할 수 있는 상황이자4:30 성령 충만이 일어나는 상황이 됨을 보여준다. 보다 중요한 것은 신자가 성령으로 "서로를 세움으로" 동참한다는 것이다. 이러한 이해는 새 사람이신 그리스도에게까지 자라가는 과정에서 서로를 세워야 한다는 강력한 강조cf. 4:3, 12-16와 일치한다.

해석가는 언제나 문법적 모호성을 존중해야 한다. 그럼에도 불구하고 분사를 도구적 의미수단로 받아들인다는 것은 새 사람의 몸을 구성하는 지혜자의 공동체로서 교회의 지위와 책임에 대한 저자의 근본적 존중을 가장 중요한 요소로 보았다는 뜻이다.

첫 번째 분사인 "화답하며"laleō는 이러한 사실을 잘 보여준다. "랄레오"speaking는 독자가 시와 찬송과 신령한 노래로 서로 "말해야" 한다는 뜻으로 보이기 때문에 이 동사를 택한 것은 특이해 보인다. 이것은 가능한 동의어를 많이 사용하려는 에베소서의 전형적인 방식 때문인가 아니면 초기 바울교회가 사용했던 여러 가지 찬송가를 말하는 것인가는 분명하지 않다. "시편"은 성경에 나오는 용어이며 "찬송"은 그리스도에 대한 것이며 5:19b 참조 "신령한 노래"는 당시의 노래이다.Fee, 1987:650, 653-4은 이것을 "영의 노래"로 불렀다cf. 고전14:26 이 장면에서 분명한 것은 교회 공동체가 함께 하는 음악적 경험이다. 따라서 NRSV는 랄레오라는 헬라어를 노래하다로 번역한다.

그러나 랄레오laleō는 바울 서신에서 중요한 의미를 가진다. 이 단어는 거의 예외 없이 심오한 진리 —때로는 신적 계시— 에 대한 전달을 가리킨다. 바울은 자신의 사도적 증거와 관련하여 자주 이 단어를 사용한다.예를 들면, 고전2:6-7; 고후2:17; 12:19; 13:3; 살전2:2, 4

또한 이 단어는 회중 가운데 신적 진리를 전할 때에도 사용된다. 특히 고린도전서 14장에는"랄레오"가 방언이든 예언이든 교회를 세우는 방식으로가령, "방언으로 말하고" 언급된다.cf. 엡 4:25 따라서 이 단어는 골로새서 3장 16절가르치며 권면하고"의 병행구로 가장 적합한 대안이 된다. 그렇다면 성령으로 충만함을 받으라는 요구는 시와 찬송과 신령한 노래들로 피차 지혜롭게 말함으로바울의 언어적 풍성함을 사용하면 이루어질 수 있다.

신령한 노래는 예외가 될 수도 있겠지만Fee, 위 참조 이 구절에는 방언이나 예언과 같은 도취적 영감의 말에 대한 어떤 암시도 없다. 오히려 이 구절에는 교회 찬송이 가진 교훈적이고 교정적이며 동기를 부여할 수 있는 힘에 대한 인식이 나타난다. 이러한 노래는 이웃과 더불어 참된 것을 말하고cf. 4:25, 2:11-22, TLC, 은혜가 필요한 자들에게 은혜를 끼치는 선한 말을 하며4:29 이곳 본문에서처럼 성령으로 서로를 채우는 한 방편이 된다.

5장 14절의 짧은 찬양은 이러한 화답의 한 형태일 수 있다. 2:14-16 및 빌2:6-11에서 볼 수 있는 것처럼 기독론적 찬양을 권면을 위한 목적으로 사용한 사례이다 "서로"가 교창을 암시한다면 Best, 1998:511 더욱 바람직할 것이다. 형식과 내용이 서로를 뒷받침해 주기 때문이다.

교회 찬양의 직접적인 청중은 신자 공동체이지만 다음으로는 주님이시다. "너희의 마음으로 주께 노래하며 찬송하며." "노래하며 찬송하며"는 사실상 동의어이지만 찬양의 중요성을 보여준다. "마음으로"는 조용한 내적 노래에 대한 언급이 아니라 그리스도께서 좌정하고 계신 자신의 존재 깊은 곳으로부터의 찬양을 가리킨다. cf. 1:18, 3:17 유대인의 예배자에게 "주"는 하나님을 가리키는 말로 들리겠지만 바울의 교회에서 "주"는 주로 그리스도를 가리킨다.

바울서신에 나타나는 여러 가지 기독론적 찬양은 본문의 관점이 "주"이신 그리스도에 대한 찬양임을 암시한다. cf. 예를 들면, 빌2:6-11; 골1:15-20; 딤전 3:16; 가장 가까운 본문으로는, 엡 2:14-16! 이 외에도 우리는 요한복음 1장 및 계시록에 나타나는 그리스도에 대한 많은 찬양을 상기할 수 있다. 앞으로 살펴보겠지만 그리스도를 주로 고백하는 신앙은 예배나 찬양에 종종 표현된다. 고린도전서 12:3에서 예수님을 주로 고백하는 찬양은 오직 성령이 임재하신 결과라는 바울의 주장은 이곳의 본문과 일맥상통한다.

20절에서는 "우리 주 예수 그리스도의 이름으로… 아버지 하나님"을 향한 예배로 초점을 살짝 바꾸어 묘사한다. 우리는 "범사에" 그에게 "감사"해야 한다. "감사"는 5장 4절에서 "어리석은 말이나 희롱의 말"에 대한 대안으로 제시된다. 여기서는 성령 충만 및 그러한 충만의 수단에 대한 증거로 언급된다. 5장 19절에서와 마찬가지로 이 구절도 골로새서 3장 16절의 영향을 받은 것으로 보인다.

술에 대한 암시에도 불구하고 이곳의 "감사하며"는 교제는 말할 것도 없고 예배의 어떤 특정 부분에 대한 언급도 아닌 것으로 보인다. 감사하다라는 뜻의 eucharisteō는 eucharistia[감사와 관련된다: Best, 1998:515; Schnackenburg: 239 이 구절이 예배 장면인 것은 사실이지만 초점은 다양한 방식으로 표현된 감사의 자세에 맞추어진다. "감사"는 이스라엘의 시편에서 기원을 찾을 수 있지만 여기서는 복[1:3-14]과 은혜[cf. 2:5,8, 4:32]를 받고 성령으로 충만함을 입은[cf. 3:14-21] 자들의 성품에 대해 묘사한다. "범사에 감사"한다는 것은 빌립보서 4장 4-7절을 반영한 것이다. 이것은 다소 수사학적 과장으로 보인다. 저자는 감사가 신성모독에 해당된 사례 -개인적 경험이든 공동체적 경험이든- 를 염두에 두고 있지 않다. 이스라엘의 지혜 전승은 고난의 신비한 본질 및 억지 감사가 얼마나 잘못된 것인지에 대해 잘 알고 있다.[욥기 참조] 동시에 이러한 수사학적 미사여구는 은혜와 사랑에 대한 경험 및 때때로 가장 고통스러운 상황 속에서 경험하는 신비로운 체험의 깊이를 보여준다. 이것은 가정의 갈등[5:22-6:9]이나 어둠의 세력과의 싸움[6:10-20]을 포함한 모든 삶의 영역에서 하나님께 감사하는 삶을 상기시킨다.[1:3-14, TLC]

이러한 감사는 "주 예수 그리스도의 이름으로" 드려야 한다. 따라서 이 구절은 이러한 은혜를 어디서, 어떻게 만날 수 있는지에 대해 증거한다.[2장 전체 참조]

5:21 섬김의 능력

번역가들은 대부분 21절부터 새로운 문단을 시작한다.[NAB는 예외이다] 그들은 복종하라는 명령을 가족법[다음 단원에서 살펴볼 Household Code]이라는 새로운 화제를 시작하는 도입구로 본다. "복종하라"[hupotassomenoi]는 성령으로 충만함의 의미를 설명하는 일련의 분사 가운데 마지막이 아니라 새로운 명령형[복종하라!]으로 해석된다.[Schnackenburg: 231-2, 244]

5장 21절은 이어지는 단원[가족법]에서도 요긴한 한 부분이라는 사실은 중요하다. 이 법전은 문법적으로 새로운 단원[5:21-6:9, 주석]에 해당된다. 그러나 동시에 5장 21절은 그 자체로 성령 충만함을 받는다는 의미를 설명한다.[Best, 1998:515-6; Perkins: 125] 따라서 우리는 5장 21절을 성령 충만에 대한 권면 및 가족법 둘 다와 연결된 "전환구"로 보아야 한다.[Lincoln: 338, 365] 여기서는 먼저 성령으로 충만함을 받으라는 명령에 비추어 살펴본 후 다음 단원에서 가족법과 관련하여 살펴볼 것이다.

중요한 것은 "휘포타소"[hupotassō]라는 단어를 어떻게 이해하고 번역할 것인가이다. 이 단어의 문자적 의미는 "아래에 두다"라는 뜻이다. 이것은 종종 "정복하다"에서와 같이 "복종시키다"라는 뜻으로 사용된다.[예를 들면, 엡1:22; 고전15:27-28] 이 단어의 수동태는 "복종하다" 또는 "지배를 당하다"라는 뜻이다. 이곳 본문에서와 같은 중간태는 "자신을 다른 사람 아래에 두다"라는 뜻이 된다.[Delling, 1972; BAGD: 847] 헬라 문화에서 이러한 복종[노예근성]은 일반적으로 미덕으로 여기지 않는다. 상호관계["피차"]라는 요소는 복종하라는 요구를 노예근성이나 자기 비하를 이상화하거나 권력과 서열의 엄격한 계급구조 하에 두는 것을 막아준다. 이러한 복종은 공동체적 경험으로 제시된다. "**피차** 복종하라"*allēlois*, mutually; cf. 특히 롬12:10; 갈5:13; 빌2:3-4 따라서 이곳의 용례는 바울의 글에 나타나는 다른 사람의 행복을 자신보다 우선하는 이타적 삶에 대한 핵심적 강조와 조화를 이룬다.

피차 복종한다는 말 자체는 아이러니를 담고 있다. 모든 사람이 다른 사람의 종이 된다면 모든 사람이 주인이 되는 것이다. 이 용어 선택이 노리는 것은 바로 이러한 역설이다. 빌립보서 2장 3-4절에서 바울은 성도들에게 자기보다 남을 낮게 여길 것을 요구한다. 그는 계속해서 유명한 그리스도 찬송을 인용하여빌2:6-11 그리스도 자신이 하나님과 인간 공동체를 위해 자발적으로 종이 되심으로 이러한 복종의 본이 되셨음을 보여준다. 이것이 이곳 에베소서 본문이 의도하는 의미이다. 신자는 그리스도를 본받아 피차 복종하는 자리에 서야 한다.cf. 5:2 이것은 모든 사람이 "자신의 자리를 알고" 겸손하고 태연하게 받아들여야 한다는 복종 개념과 대조된다.cf. 1 Clem. 37.1-8.2; 1QS 2.19-25

그리스도의 종 되심은 근본적으로 자신의 주권에 대한 표현이다. 그리스도의 주 되심은 그의 섬김에서 찾을 수 있다. 그의 제자들이 본받아야 하는 것은 바로 이러한 섬김의 주이다.5:25-31, 주석 그들의 이러한 섬김은 하나님의 자녀, 그리스도와 함께 살리심을 받고 하늘에 앉은 자들의 주권에 대한 표현이 된다.2:5-6 따라서 이 구절이 문법적으로 성령으로 충만함을 받으라는 명령에 종속된다는 사실을 아는 것은 중요하다. 상호 복종은 하나님의 능력을 온전히 입는 것을 요구한다.Best, 1998:518

신자들이 본받아야 할 종 되신 주님은 경외의 대상이신 그리스도이시다. 신자는 "그리스도를 경외함으로*en phobō Christou*" 서로 복종해야 한다. 이 구절은 신약성경에서 유일하게 나타나는 표현이다. 본문의 가장 가까운 병행구는 6장 5-9절이다. 그리스도는 자신을 제물로 바친 화목자이지2:11-22 많은 것을 요구하시는 엄격한 주인이며 심판자이시다.cf. 5:5; cf. Barth, 1974:521; Best, 1998:518는 이곳의 심판자에 대한 암시를 거부한다

오늘날 번역가는 "경외함"을 공동체 내의 상호관계를 위한 동력으로 묘사하기를 주저한다. 그들은 그리스도에 대해서도 -본 서신 다른 곳에서 전혀 다른 모습으로 묘사된 사실 때문에cf. 5:2, 25-27- 이런 식으로 묘사하는 것을 꺼린다. 일반적으로 "포보스"*phobos*는 존경으로 번역된다.NIV, NRSV, NJB, TEV 어떤 식으로 번역되든, 이 구절은 성경에 자주 등장하는 "주를 경외함"또는 덜 일반적인 "하나님을 경외함"과 평행을 이룬다. 일부 사본에는 이 본문에 이러한 이문이 나타난다; KJV 이들 본문에서 경외함은 존경, 놀라움, 존중 및 감사의 뜻을 담고 있다.예를 들면, 시25:12,14, 34:4-11

그러나 "포보스"의 충격 효과도 전적으로 제거되어서는 안 된다.so Barth, 1974:608,

662-8; Lincoln: 366 "그리스도를 경외함"은 존경이나 존중 이상의 의미로 해석하는 동시에 신적 심판에 따른 두려움과 놀라움을 상기시키는 것으로 받아들여야 한다. "그리스도를 경외함"은 그리스도의 종으로서6:6 그리스도의 뜻에 따라 사는 순종은 물론 이러한 놀라움과 감사가 혼합된 의미를 의도한 것일 수 있다. "그리스도를 경외함"에 대한 이러한 이해는 성령으로 충만함을 받음과 어떤 갈등도 빚지 않는다.TBC

이러한 이슈 가운데 많은 부분은 다음 단원에서 다시 다룰 것이다. 여기서는 상호 복종과 그리스도를 경외함이 성령으로 충만함을 받음과 연결된다는 사실만 강조하고자 한다.

성경 문맥 안에서의 텍스트
빛과 어두움

성경에서 빛은 하나님과 동일시된다. 하나님은 천지를 창조하실 때 빛의 근원이 되신다. 창1:3; cf. 고후4:6 또한 하나님은 빛이시며cf. 약1:17; 요일1:5; 계21:23, 그의 얼굴은 하나님의 뜻을 행하는 자에게 비추신다. 민6:24-26; 시89:15; 아마도 가장 극적인 묘사는 사60:1-4일 것이다 뿐만 아니라 우리는 에베소서에서 신자 자신이 빛이라는 묘사를 발견한다. 5:11-14, 주석 그러나 그들은 "주 안에" 있을 때만 빛이다. 5:8 그들과 하나님의 빛의 관계는 후손의 관계, 즉 빛의 자녀들이 되는 것이다. 이 구절은 데살로니가전서 5장 5절에서도 "빛의 아들"이라는 표현으로 나타난다. cf. 요12:36 야고보 역시 하나님을 "빛들의 아버지"1:17로 묘사한다.

그럼에도 불구하고 지금 빛인 자들은 한때 어둠이었다. 5:8 어둠이라는 단어는 성경 문학 깊숙이 자리 잡고 있다. 하나님은 흑암으로부터 빛을 창조하셨는데 어둠은 이 흑암을 가리킨다. 창1:2-4; cf. 욥12:22 또한 어둠은 생명의 중단을 뜻하는 죽음을 가리킨다. 예를 들면, 욥10:20-22, 38:17 어둠은 종종 죄, 반역 및 압제를 가리킨다. 예를 들면, 욥24:13-17; 시44:19; 사59:9 이 단어에 담긴 흑암, 죽음, 유기라는 어조는 하나님의 두려우신 진노와 심판을 암시한다. 예를 들면, 사47:5; 렘13:16; 겔32:8; 욜2:2,31; 암5:20; 습1:15

이처럼 극명한 대조는 인간의 생명 및 인간 공동체에 대한 이원론으로 이어질 수 있다는 것은 놀라운 사실이 아니다. 어떤 사람들은 이 본문을 영지주의에서 발견되는 물질적 이원론이라는 관점에서 해석한다. 예를 들면, Russell: 96-7 그러나 인간과 그 행위를 이런 식으로 개념화 하는 것은 쿰란의 급진적 분파주의와 유사한 점이 많다. 쿰란 서약자의 관점에서 볼 때 인간은 "어둠 가운데 행하는 거짓 영"을 가진 자와 "빛 가운데 행하는 진리의 영"을 가진 자, 두 진영으로 구성된다.1QS 3.17-4.1

어둠 가운데 행하는 자들에 대한 쿰란의 적개심은 "빛의 아들들과 어둠의 아들들의 전쟁"The War of the Sons of Light Against the Sons of Darkness이라는 유명한 두루마리 제목에 잘 나타난다.1QM 쿰란의 신앙 또는 유사한 내용이 에베소서의 이 단원에 영향을 미쳤을 수 있다.Perkins: 117 이것은 고린도후서 6장 14-15절에도 영향을 미쳤을 수 있다. "빛과 어둠이 어찌 사귀며… 믿는 자와 믿지 않는 자가 어찌 상관하며." 요한복음에서 빛과 어둠은 상호 배타적 영역으로서 역할을 하지만, 그럼에도 불구하고 상대 영역 깊숙이 침투한다. 따라서 요한복음 1장에서 "빛"그리스도은 "어둠"으로 들어오며 어둠은 빛을 흡수하지도 못하고 이기지도 못한다.1:4-9 빛은 모든 사람을 비추지만1:9, 8:12 오직 믿는 자만 "빛의 아들"이 된다.12:36 그들은 "진리를 행하며" "하나님 안에서" 행한다. 그러므로 그들은 "빛"을 발견한다.3:21 요한복음과 에베소서에서 사람이 어둠에서 빛으로 옮기는 전환점은 "믿음"이다.예를 들면, 요1:12-13; 엡2:8 그러나 에베소서의 깨달음에 대한 통찰력은 요한복음보다 한 걸음 더 나아가 세례의 경험 및 공동체적 새 사람으로 들어간다.5:14, 주석

경외함

이 단어가 "두려움"phobos이라는 문자적 의미로 번역되지 않는 이유는 몇몇 성경 구절을 살펴보면 드러난다. 히브리시의 수사학적 기법인 평행법은 시편 112편 1절의 지복eatitude에서 경외함과 즐거워함을 동의어로 보게 한다. "여호와를 **경외하며** 그의 계명을 크게 **즐거워하는** 자는 복이 있도다." 이런 식의 이해에는 두려움이라는 어조가 나타나지 않는다. 따라서 사람들은 종종 "여호와를 경외함"을 하나님의 뜻에 대한 "지혜"나 "통찰력"과 연결한다. cf. 엡5:15-17, 주석; 예를 들면 시111:10; 잠2:5-6 앞서 인용한 집회서 1장 16절에서 주를 경외함은 지혜의 열매에 "도취한 상태"와 연결된다는 사실Ecclus./Sirach 1-2을 상기해보라. 특히 율법에 충실함fidelity은 사실상 "주를 경외함"과 같은 의미로 인식된다.Balz: 9.201-8; 212-7

요약하면, "주를 경외함"은 위협적 의미보다 깊은 감사와 동시에 심오한 경외감과 연결되는 경우가 많다는 것이다. 이것은 하나님의 초월성 및 "경이로움으로 가득한" 다가오심에 대한 경외감이다. 그의 이름 여호와YHWH는 헬라어역 구약성경70인역에서 "주"kurios로 번역되는데 이 단어는 어원적으로 정확히 이러한 경외감과 직결된다.

동시에 성경은 종종 하나님에 대해 죄와 불순종에 대한 반응을 통해 드러나는 두려우

신 분으로 묘사한다.cf., 예를 들면, 신6:13-19; 사2:10, 19-21; 이 외에도 "여호와를 경외함"을 심판과 연결한 많은 본문 하나님은 결코 희롱당하지 않으시며 그의 은혜는 기만당하지 않는다. 이러한 확신은 신약성경 전체에 나타나는 중요한 요소이며 에베소서 5장 5-6절cf. 4:25-26, 주석에도 나타난다. 예를 들면 고린도후서 5장 10-11절에서 "주의 두려우심"은 "그리스도의 심판대"와 연결된다.cf. 살전5:2-3; 살후1:5-10 2장 4절주석 참조에서 볼 수 있는 은혜의 놀라운 전환을 뒷받침하는 것은 이러한 확신이다. 하나님의 화목 사역을 통해 드러난 관대하심 및 풍성하심은 악과 죄를 눈감아 주지 않으신다.

하나님은 세상을 은혜로 품으시지만 악을 참지 않으신다. 로마서 6장 1-2절에서 바울은 "그런즉 우리가 무슨 말을 하리요 은혜를 더하게 하려고 죄에 거하겠느냐 그럴 수 없느니라 죄에 대하여 죽은 우리가 어찌 그 가운데 더 살리요"라는 수사학적 질문을 던진다. 신자는 더 이상 그런 삶에 동참하지 않음으로서 진노의 현장에서 벗어나야 한다.cf. 살전5:4-5 우리는 에베소서 5장 21절에서 이러한 어조를 배제하지 않도록 조심해야 한다.

하나님을 떠났음을 보여주는 술 취함

술 취함은 무지, 잠, 죽음과 함께 성경에서 자주 찾아볼 수 있는 묘사이다. 특히 술 취함은 자신이 어떤 상태에 있는지 깨닫지 못한 채 그런 식으로 살아가는 자를 묘사할 때 적합한 용어이다. 그들은 방탕한 삶으로엡5:18, 무절제한 삶, NJB; cf. 4:19 도덕적, 영적 무감각에 빠진다.

아모스 6장 3-6절은 이러한 사실을 특히 잘 보여준다. 본문에는 이곳에서 발견되는 많은 요소가 나타난다. 사람들은 "악한 날"을 일부로 잊는다.암6:3; cf. 엡5:16 그들은 상아상에서 자고6:4; cf. 엡5:14 다윗처럼 게으른 노래를 지절거리며6:5; cf. 엡5:19처럼 시를 노래하는 것이 아니라 대접으로 포도주를 마신다.6:6 이사야 28장에서 유다의 술 취한 지도자들은 "에브라임의 술 취한 자"로 묘사된다.28:1, 3 그들은 하나님의 뜻을 분별하는 힘을 완전히 잃고 말았다.28:7-13 바울의 글에서 잠과 술 취함이 하나님을 떠난 상태와 연결된다는 것은 로마서 13장 13절 및 데살로니가전서 5장 7절에 명확히 나타난다.

파괴적인 말과 건설적인 말

에베소서 5장 4, 11-14, 19-20절에 나타나는 유익한 말과 파괴적인 말에 대한 내용은 야고보서 3장에서도 찾아볼 수 있다. 본문은 혀를 파괴나 은혜의 강력한 도구로 규정한다. 에베소서는 야고보서와 마찬가지로 말이 선이나 악의 실재를 형성하는 힘이 있다고 말한다.cf. 4:29 따라서 말은 교회 안팎의 사람들에게 은혜를 전하는 행동이라고 할 수 있다. 말은 말하는 자나 듣는 자 모두를 멸망시킬 수 있다.5:5-6 우리가 주석을 통해 이름을 부른다는 개념을 중요하게 다룬 이유는 이 때문이다.cf. 3:14; 5:3, 11-12

찬송

본문에서 찬송이 사례5:14와 권면의 초점5:19-20으로 언급된 것은 초기 교회의 신앙에서 찬송이 얼마나 중요한 역할을 했는지를 보여준다. 에베소서를 비롯한 신약성경 여러 곳에서 시편에 대한 인용이 자주 나타나는 것은 유대 그리스도인이 예배 중에 시편을 찬양했음을 보여준다. 이러한 관습은 이방인 신자의 예배에도 들어왔을 것이다.

에베소서 5장 14절 및 5장 19b절 역시 그리스도에 대한 찬양과 관련된 풍성한 전승을 보여준다. 찬양은 기독론의 요람이다. 우리는 여기서 시편이나 이사야에서 발견되는 찬양예를 들면, 시8; 110; 사9; 11에 대해 가령 기독론의 원자료에 해당하는 것으로 생각해볼 수 있다. 이러한 자료는 에베소서 2장 14-16절 및 5장 14절, 아마도 1장 3-14절 및 1장 19-23절을 넘어 요한복음 1장, 빌립보서 2장 6-11절, 골로새서 1장 15-20절 및 요한계시록가령 5장에 나오는 많은 찬양으로 확장된다.

찬송은 하나님을 찬양하며 그리스도로서 예수님의 의미와 영광을 높이는 수단일 뿐만 아니라 윤리적 권면을 위한 수단도 된다. 후자의 기능은 특히 이곳 본문과 관련된다. 예를 들면 바울은 가장 유명한 기독론적 찬양 가운데 하나인 빌립보서 2장 6-11절을 인용하여 자신의 급진적이고 겸손한 상호성에 대한 권면을 뒷받침한다. 따라서 찬송은 비전과 방향을 제시하는 보고이며, 이러한 비전은 예배 행위에 합당한 존중을 받았다. 또한 찬양은 본문이 상기시켜주듯이 신자들이 성령의 충만함을 받는 수단이다.

교회적 상황에서의 텍스트

본문은 교회가 세상을 본받지 않는 기독교의 전승을 따라 살 때 만나는 여러 가지 문제들에 대해 다룬다. 이 가운데 대부분은 2장 1-10절과 2장 11-22절 및 4장 17절-5장 2절에서 살펴본 바 있다.

세상을 본받지 않음

아마도 본문이 제시하는 가장 큰 도전은 세상을 본 받지 않으려는 노력과 관련이 있을 것이다. 세상2:12 또는 이 세대1:21를 본 받지 않음은 초기 교회 및 그 후 많은 교회 전승특히 급진적 개혁주의의 후손에서 그리스도에 대한 신실함의 시금석이 되었다. 이러한 비타협적 태도의 가장 큰 취약점은 엄격함과 자기 의이다. 비타협이 차별화라는 틀로 정형화 되면 신실함이라는 요소 이상으로 윤리적, 사회경제적, 문화적 요소에 의해 강화되고 갇힐 수 있다. 또한 이처럼 잘못된 비타협은 인류라는 가족을 떠나 반목으로 향하게 되며 그들이 "누구며 무엇을 하는지" 알지 못하게 된다.

그러나 많은 교회에서 세상을 본받지 않음은 점차 지나간 과거의 유물로 인식되고 있다. 농촌에서 도시로 올라온 자들은 일단 윤리적, 문화적으로 구별되면 광범위한 주류 사회의 문화에 편안함을 느꼈다. 에베소서에 나타나는 빛과 어둠 빛의 자녀와 불순종의 아들들에 대한 엄격한 이원론은 많은 그리스도인에게 더 이상 참된 경험이 아니다. 이러한 이원론은 점차 교만, 부정직 및 심지어 자기기만으로까지 몰리고 있다.Russell: 97, 이원론에 대한 비판과 함께 에베소서 1장 10절, 2장 11-22절 및 3장 14절주석 참조과 같은 "포용적" 본문은 더 이상 그들의 귀에 와 닿지 않는다.

본서에서 살펴보았듯이 에베소서는 세상을 본 받지 않는 비타협적 태도에 대해 강경하지만 여기서는 세상을 변화시키기 위한 전략으로 제시된다. 에베소서는 "본받지 않음"을 그리스도 안에서 만물을 통일되게 하시는1:10 하나님의 전반적 전략의 일환으로 본다. 급진적 교회 전승을 따르는 자들은 "세상"과 우정을 돈독히 하는 것이 과연 그 안에 사는 자들에 대한 진정한 우정인지 자문해보아야 한다. 빛과 어둠의 차이를 엄격히 구별하지 않는 것이 빛의 가혹한 광채를 순화시킬 때도 있지만 흑암에 앉아 있는 자들에게는 아무런 실제적 유익이 되지 못한다. 이러한 태도는 오히려 이웃인 그들과의 결속을 끊는 결과를 초래할 것이다. 그것은 더 이상 그들에게 어둠의 일에 대한 참된 것을 말하지 않는 것이며 어둠의 일을 "책망"하지 않는 것이다.5:11 무엇보다 중요한 것은 이러한 태도는 세상을 변화시키는 복음 진리를 전하는 사역에 대한 태만이라는 것이다.

빛이 없다는 것은 잠을 잔다는 뜻이며 결국 빛이 되어야할 자들이 잠들었다는 것이다. 그들은 때가 악하다는 사실을 잊은 것이다.5:16 "세상"과 타협한다는 것은 세상을 바꾸는 변화적 비타협과 배치된다. 폐쇄적 자기만족 및 윤리적 분리주의도 마찬가지이다. 신자교회 전승은 이러한 요소를 고수하지만 다른 사람들은 반대한다. 둘 다 우리가 예수님에게서 볼 수 있는 것과 같은, 그리고 바울과 그를 따르는 자들이 그리스도의 몸 된 교회에 전하고 싶어 했던, 희망적인 차별성을 놓치고 있다.

음란과 탐욕

서구 문화는 성적인 문제에 대한 도덕적 무감각이라는 점에서 1세기와 큰 차이가 없다. 이곳 본문은 성 집착적 말과 행위의 심각성에 매우 민감하다.5:3, 5 성적 방종은 그 자체로 문제가 되며, 5장 2-21절에서는 보다 광범위한 탐욕의 한 부분으로 제시된다. 교회는 성적인 영역에서 남용과 사람을 존중하지 않는 태도를 금하는 새로운 방안을 강구해야 할 것이다.TLC, 4:17-5:2 특히 금융 시장이 점차 새로운 가치 및 가치관의 원천으로 자리 잡아가는 오늘날 교회는 모든 형태의 탐욕에 의한 남용과 비존중에 대해 동일한 민감성을 가져야 한다.

동시에 성과 모든 하나님의 물질적 선물에 대한 교회의 태도는 감사와 예배를 통해 형성되어야 한다. 여기서도 교회의 분리주의 및 비타협성은 현장에서 벗어나려는 마음보다 그것을 변화시켜 하나님이 좋다고 말씀하시고 다시 한 번 좋다고 말씀하시기를 원하는 피조물로 변화시키겠다는 소원이 앞서야 한다.

예배 문화에 대한 전쟁

우리의 음악이 하나님의 영광을 찬양하고
경배가 어떤 교만의 여지도 안 남긴다면,
모든 피조세계가 큰 소리로 "할렐루야!"
라고 외치는 것과 같을 것이다.HWB, 44

찬송은 예배의 핵심적 요소 가운데 하나이다. 그러나 찬송은 많은 회중에게 가장 큰 갈등의 원천이 되기도 한다. 교회 음악은 문화가 충돌하는 전쟁터가 되었다. 그것은 혁신과 전통, 전도의 도구로서 음악과 정체성 보존을 위한 음악, 내면화해야 할 보화와 영감된 가창, 극단적 엘리트주의와 일시적 대중성의 진부함 사이의 갈등이다.Dawn, 1995:165-204, 탁월한 논쟁과 함께

본문은 찬송을 만드는 일이 교회의 가장 중요한 활동 가운데 하나임을 상기시킨다.5:19-20 이것은 성령으로 충만함을 받는 것과 밀접한 관련이 있다. 한편으로 이것은 하나님으로부터 성령의 선물을 받은 결과이다. 다른 한편으로 이것은 노래 듣는 자를 향한 전달이다. 이 찬송을 듣는 청중은 세 부류이다. 첫 번째는 이웃 신자 또는 회중이며5:19 두 번째는 그리스도이며5:19 세 번째는 하나님 아버지이다.5:20

서로 노래하는 것은 옳은 일이다. 이 본문에서 찬송은 이웃에게 참된 것을 전하는 한 방식으로 제시된다. cf. 4:15, 25; 5:19, *laleō* [말하다] 이것은 교회 음악이 서로 화답하며 경험을 나누는 방식이 되어야 한다는 뜻이다. 따라서 전달은 찬양의 적합성을 판단하는 중요한 요소이다. 이것은 음악 스타일의 다양성으로 인한 당연한 결과이며 교회는 마땅히 예상하고 있어야 하며 긍정적으로 받아들여야 한다.

진젠도르프Graf von Zinzendorf가 작시한 18세기의 한 찬송은 문화적으로 다양한 신앙 공동체의 갈등 속에 상호 격려하며 경건한 평화를 추구한 모범적 찬송이다. 다음은 그가 작시한 "사랑으로 하나 된 마음"Heart with Loving Heart United이다.

> 우리 모두 서로 사랑하며 모든 이기심을 버리게 하소서
> 그리하여 형제를 위해 죽는 것을 주저하지 않게 하소서
> 주님은 우리를 사랑하사 자신의 생명까지 내어주셨으며
> 지금도 우리의 이기심과 분열로 인해 근심 중에 계시네
> HWB, 420, 2절

에베소서의 핵심적 관심사는 마지막 절에 강력히 나타난다. 이 찬양은 하나님이 교회에게 "사랑의 긍휼함을 주셔서 모든 회중이 우리의 교제를 통해 새 사람에 대한 약속을 볼 수 있게" 해 주시기를 간구한다.

교회 찬송의 두 번째 청중은 그리스도이다. 찬송은 교회가 자신에게 주가 누구시며 그가 교회를 위해 자신을 주셨다는 것이 어떤 의미이며5:2 교회의 몸 된 지체에게 요구하신 삶과 사역이 무엇인지 상기시키는 가장 중요한 수단 가운데 하나이다. 찬송은 그리스도 ─탄생, 사역, 죽음, 부활, 승천 및 주 되심─ 를 배우는 방법 가운데 하나이다.4:20 그리스도를 찬양하는 수많은 찬송 가운데 존 옥센함John Oxenham의 "주 예수 안에 동서나"In Christ There Is No East or West는 에베소서 저자가 제시하는 예배의 본질을 잘 파악하고 있다.

> 주 예수 안에 동서나 남북이나 있으랴
> 온 세계 모든 민족이 다 형제 아닌가
>
> 주 예수 계신 곳마다 참 사랑 사슬이

뭇 백성 함께 묶어서 한 가족 이루네

HWB, 306, stanzas 1-2절

끝으로, 시편 22편 3절이 하나님을 "이스라엘의 찬송 중에 계시는 주여"라고 고백한 것 처럼 유대인과 이방인으로 구성된 교회는 끊임없는 감사의 찬양으로 하나님의 처소를 공급한다.2:21-22

다 감사 드리세 온 맘을 주께 바쳐

그 섭리 놀라와 온 세상 기뻐하네

예부터 주신 복 한 없는 그 사랑

선물로 주시네 이제와 영원히

HWB, 86, stanza 1절어제부터

이와 같이 찬양, 놀라움, 존경 및 사랑을 표현하는 능력은 찬양의 적합성을 판단하는 준거가 된다. 교회의 예배에서 찬양의 형식 및 심미적 요소에 대한 갈등은 어느 곳에나 초래된다. 앞서 살펴본 Dawn 이것은 "모든 사람이 예배 찬양 및 공동체 찬양 분야에서 나름 대로 전문가"이기 때문이다.R. Martin, 1991:64 보다 중요한 것은 **교회가 신실하다면**, 그리고 교회가분열의 담을 허물고 가족의 영역을 넓히고자 한다면, 이러한 긴장과 갈등은 지속될 수밖에 없다는 것이다.TLC for 2:11-22

많은 교회에서 음악은 갈등의 가장 중요한 배경이자 화목하게 하는 요소가 되었다. 따라서 에베소서에서 피자 복종하라는 명령이 찬송에 대한 권면 바로 다음에 이어진 것은 충분히 이해할 수 있다. 한편으로는 서로 성령 충만한 가르침을 주고 다른 한편으로는 하나님을 "높이는," 이처럼 중요한 교회 사역은 예배를 둘러싼 문화 전쟁에서 발견되는 취향의 문제나 무례함 또는 양보하지 않는 태도와 같은 문제의 희생물이 되어서는 안 될 것이다.

상호 복종

에베소서 5장 21절의 복종 문제는 오늘날 신자들에게 많은 논쟁이 되는 만큼 중요한 문제이다. 여기서는 이러한 상호 복종이 성령에 의해또한 성령으로 능력을 입은 결과로 나타난다는 사실만 알아두기로 하자. 이것은 교회가 자신의 구원의 차이점을 가장 극적으로 보여주어야 할 한 영역이다. 또한 이것은 교회의 차별성이 권력과 주권에 대한 다른 개념을 선호함으로 점차 약해지는 영역이다.

급진적 계통의 교회 신자들은 실제로 복종을 성령에 기인한 지혜로 생각하는가? 아니면 이러한 복종을 어리석은 것으로 보는가? 그들은 복종을 빛으로 보는가 어둠으로 보는가? 그들은 실제로 복종을 예수 안에 있는 진리를 배운 자들의 주권으로 보는가?

이러한 질문들은 민감하게 물어보아야 한다. 왜냐하면 교회에는 특히 여자들 가운데는 상호 복종이나 자발적 개념을 경험해보지 않은 사람들이 많기 때문이다. 많은 사람에게 복종은 여자가 남자에게, 가난한 자가 부자에게, 흑인이 백인에게, 무식자가 배운 자에게, 평신도가 목사에게, 종업원이 고용주에게 하는 복종과 같은 개념이다. 따라서 "그리스도를 경외함으로"5:21라는 호소는 이러한 일방적 복종을 강화하는 역할을 할 뿐이다. TLC, 5:21-6:9 이 본문은 교회의 모든 사람이 서로를 자신보다 낮게 여길 때에만 회복과 새로움 및 능력을 줄 수 있다. 오직 그렇게 할 때에만 모든 사람이 자신을 사랑을 받은 빛의 자녀이자 성령 충만한 지혜자 및 노래하는 자로 경험하게 될 것이다.

가족법

개관

에베소서의 가정법전은 가정과 교회에서 남자와 여자의 바른 관계를 위한 교회의 투쟁에서 불쑥 나타난다. "가족법"Household Code은 루터의 독일어 "Haustafel"을 번역한 것으로 보다 전문적인 논의에서 여전히 선호되는 제목이다.예를 들면, Best, 1998:519-21; cf. J. H. Yoder, 1994:162 어떤 사람들은 "가정 법전"Domestic Code, E. Martin: 181이나 "신분법"stationcodes, Schroeder, 1976:546; R. Martin, 1991:73이라는 명칭을 선호한다. 이름과 관계없이 이곳 본문은 가족을 위한 보다 광범위한 전승의 공식적인 법의 한 부분이다.

우선 본문에 나타난 몇 가지 특징에 대해 살펴보자. 첫째로, 가족법의 가족은 확장된 가족 및 이러한 사회적 단위와 경제적으로 연관된 자들을 포함하며 핵가족보다 가업family business 개념에 가깝다.Thurston: 138-9 아울러 에베소서 앞부분예를 들면, 2:19-22, 3:14, 4:6, 16 가정과 가족으로서 교회에 대한 강조를 감안하면 이 교훈은 암시적으로 교회 가족 전체에 적용되는 것으로 이해해야 할 것이다.

둘째로, 베드로전서와 비교해보면 에베소서의 교훈은 지배적인 사회적 신분에 초점을 맞춘다.종은 주목할 만한 예외이다; TBC 이 부분은 저자가 이 전승에 대해 시도한 특별한 전환을 파악할 수 있는 중요한 요소이다.

셋째로, 그리스도는 본문 전체에서 모범과 주가 되신다. 본문은 권위에 대한 계급구조를 뒷받침하는가? 완화시키는가? 아니면 아예 해체하는가? 아마도 가족법의 전승에 익숙하기를 원하고 에베소서가 전승을 다루는 특정 방식을 보다 잘 이해하기 원하는 독자는 TBC를 읽어보아야 할 것이다.

가족법의 구조 5:21-6:9

성령으로 충만함을 받으라.. 5:18

그리스도를 경외함으로 피차 복종하라 5:21

    아내들이여 자기 남편에게 복종하기를 주께 하듯 하라

        이는 남편이 아내의 머리 됨이

            그리스도께서 교회의 머리 됨과 같음이니

            그가 바로 몸의 구주시니라

            그러므로 교회가 그리스도에게 하듯

        아내들도 범사에 자기 남편에게 복종할지니라 5:22-24

    남편들아 아내 사랑하기를

        그리스도께서 교회를 사랑하시고

            그 교회를 위하여 자신을 주심 같이 하라

                거룩하게 하시고

                자기 앞에 영광스러운 교회로 세우사

                거룩하고 흠이 없게 하려 하심이라

        남편들도 자기 아내 사랑하기를 자기 자신과 같이 할지니

            그리스도께서 교회에게 함과 같이 하나니

            우리는 그 몸의 지체임이라

                [그 둘이 한 육체가 될지니, 창 2:24]

                이 비밀이 크도다 나는 그리스도와 교회에 대하여 말하노라

        자기의 아내 사랑하기를 자신 같이 하고

        아내도 자기 남편을 존경하라 5:25-33

    자녀들아 너희 부모에게 순종하라

        이것이 옳으니라

        [네 아버지와 어머니를 공경하라, 출 20:12//신 5:16]

또 **아비들아** 너희 자녀를 노엽게 하지 말고

오직 주의 교훈과 훈계로 양육하라 6:1-4

종들아 육체의 상전에게 순종하기를 그리스도께 하듯 하라

두려워하고 떨며 성실한 마음으로

그리스도의 종들처럼 마음으로 하나님의 뜻을 행하고

이는 각 사람이 무슨 선을 행하든지 주께로부터 그대로 받을 줄을 앎이라

상전들아 너희도 그들에게 이와 같이 하고

이는 그들과 너희의 상전이 하늘에 계시고

그에게는 사람을 외모로 취하는 일이 없는 줄 너희가 앎이라 6:5-9

개요

중개 역할을 할 것인가 머리가 될 것인가? 5:21

아내와 남편, 5:22-33

5:22-24, 33b	아내
5:25-33	남편

자녀와 부모, 6:1-4

6:1-3	자녀
6:4	아비

종과 상전, 6:5-9

6:5-8	종
6:9	상전

주석

중개 역할을 할 것인가 머리가 될 것인가? 5:21

앞 단원 5장 21절에서 살펴본 대로 복종에 대한 명령은 문법적으로 성령으로 충만함을 받으라는 명령5:18에 종속된다. 가장 신뢰성 있는 헬라어 사본에는 22절에 복종하라는 명령이 명확히 제시되지 않는다. NIV, NRSV 및 많은 역본은 5장 22절에서 새로운 문단을 시작하며

복종하라는 명령을 반복한다; Schematic Trans. 5장 21절의 복종하라는 명령은 악한 날에 지혜 있는 자 같이 행하라는5:15-16 의미와 직접적으로 연결된다. 따라서 상호 복종은 지혜로운 자가 행할 바이며, 하나님의 지혜에 뿌리 내린 방식이자 성령에 의해 능력을 입으며, 예배를 통해 활성화 된다.

상호 복종은 곧 은사 활동에 해당한다. 따라서 가족법은 에베소서보다 앞선 전승이지만TBC 성령으로 충만함을 받으라는 의미의 한 단면, 구체적으로는 피차 복종하라는 명령을 확장한다. 18절과 21절은 에베소서의 독자가 가족법이라는 익숙한 전승을 들여다볼 수 있는 두 개의 렌즈이다.

아내와 남편 5:22-33

가족법에서 제시하는 첫 번째 관계는 아내와 남편의 관계이다. 아내는 남편에게 복종해야 하며 남편은 아내를 사랑해야 한다. 에베소서와 골로새서의 가족법을 대충 비교해보아도 에베소서가 이 짧은 교훈을 크게 확장함으로써 저자의 관점 및 특별한 관심사를 보여준다.2장, TBC, 골3:18-19와 비교한다

에베소서가 아내와 남편의 관계를 교회와 그리스도의 관계에 직접 비유한 사실은 매우 중요하다. 두 개의 결혼관계는 상호를 조명한다. 상호 조명은 저자가 5장 32절에서 자신이 지금 어떤 결혼에 대해 말하고 있는지 밝혀야 할 만큼 분명하다. 저자의 직접적인 관심사는 아내와 남편의 상호 관계에 대한 명확한 지침을 제공하는 것이 분명하지만 본문에는 교회와 주구주의 관계를 조명하려는 전반적 관심사가 나타난다.

5:22-24, 33b 아내

골로새서에서와 마찬가지로, 아내가 먼저 언급된다. 아내는 주께 하듯 남편에게 복종해야 한다. 앞서 언급한 것처럼 이 명령은 5장 21절로부터 추론되어야 한다.5:21-6:9; Schematic Trans. "복종하라"*hupotassō*는 단어는 "맹종, 고분고분한 노예근성, 아무 생각 없는 아첨"과 같은 부정적 의미로도 해석될 수 있으며R. Martin, 1991:69 문자적으로는 "아래에 두다"라는 뜻이다.5:21, 주석 필자는 이처럼 덜 추론적인 번역을 선호하며 이런 의미를 허용한다.

아내에 대한 명령은 짧다. 우리는 골로새서의 "이는 주 안에서 마땅하니라"라는 구절 대신 "주께 하듯"이라는 보다 강력한 구절을 발견한다. 이 구절은 "그리스도를 경외함으로"라는 5장 21절의 특이한 표현을 반영한다.5:3-21, "경외함"에 대한 주석 참조 이 단어*phobos*

에는 존경이라는 뜻도 있다는 5장 33b절에 동사 형태로 다시 나타나며*phobeomai* 남편에 대한 아내의 바른 태도에 대해 규명한다. 이와 같이 두 구절은 인클루지오첫 단어나 구를 마지막에 반복함으로써 한 단위를 형성하는 문학적 기법를 형성한다.

남편에 대한 아내의 복종은 첫째는 그리스도에 대한 복종5:22과, 둘째는 교회의 머리이며 몸의 구주이신 그리스도에 대한 교회의 복종5:23에 비유된다. 따라서 아내와 남편의 관계는 교회와 교회의 주와 구주이신 그리스도의 관계에 기초한다. 이 관계는 아내가 남편에 대해 어떻게 복종할 것인지를 보여준다.

이곳의 결혼은 몸과 머리의 이미지와 연결된다. 교회를 가리키는 은유로서 몸은 에베소서 앞부분에 나타나며1:23, 2:16, 3:6, 4:4,12,16 초기 바울서신, 특히 로마서 12장 및 고린도전서 12장을 통해 잘 알려져 있다. 그러나 그리스도를 몸의 머리로 부른 것은 에베소서 1장 22절과 4장 15절 및 골로새서 1장 18절과 2장 19절에만 나타난다.

이 복종의 범위 또는 한계는 무엇인가? 한편으로 "범사에"5:24, NIV, NRSV는 한계를 두지 않는다. 다른 한편으로 이 복종은 교회가 교회의her "주"께 하듯 자발적이다. 보다 중요한 것은 그리스도따라서 남편가 어떻게 머리가 되셨는가라는 것이다.

복종과 마찬가지로 머리는 다양한 의미를 가진다.[머리, 363쪽] 이 단어는 우월적 지위와 권위라는 의미가 있으며 "기원"원천이라는 뜻도 된다. "머리" "Head"라는 논문이 제시하듯이 에베소서에서 머리는 권위와 원천이라는 의미를 모두 가진다. 한편으로 하나님은 그리스도를 그의 몸인 교회를 위해또는 교회를 통해 모든 권세들의 머리로 삼으셨다.1:22, 주석; 머리되심은 시8:6 및 110:1에 대한 인용을 통해 지위, 권위 및 승리와 연결된다 다른 한편으로 기관으로서—몸으로서—교회는 성장의 원천이기도 한 머리를 향해 자란다.4:15-16; cf. 2:15

따라서 머리는 만물의 구주와 주로서 그리스도의 지위cf. 골1:18 및 교회의 원천이자 목표로서 그리스도의 목적을 나타낸다. 따라서 남편과 아내의 관계는 비록 남편의 역할이 우주적 교회의 머리되신 그리스도를 희미하게 모방하지만 매우 중요하다.

그리스도와 남편을 머리로 소개한 것은 상호 복종에 도움이 되는가? 아니면 더욱 일방적인 복종으로 몰고 가는가? 아내에 대한 명령의 어법은 5장 21절의 "피차"에 비해 많이 부족한 것처럼 보인다. 남편과 달리 아내는 사랑하라는 분명한 명령을 받지 않으며5장 21절에 따라 오히려 존경함으로 복종해야 한다.5:33에서 다시 강조된다 남편에 대한 아내의 복종은 기껏해야 순종, 경의, 존경 및 제자도를 암시할 뿐이며 그의 동료로서의 지위는 물론 상호성조차 발견하기 어렵다.

본문에 나타난 해석상의 명백한 난제를 흐린다고 해서 얻을 수 있는 것은 없다. 해석자의 태도와 관계없이 본문에는 확실히 긴장이 존재하며 그 골은 깊다. 이것은 복음과 문화의 단순한 긴장이 아니다. 한편으로, 본문의 주된 관심사는 주께 대한 교회의 신실함복종이다. 이것을 아내와 남편의 관계에 적용하면 남편에 대한 아내의 무조건적 순종을 암시하는 것으로 볼 수 있다. 다른 한편으로 빌립보서 2장 6-11절의 위대한 그리스도 찬양과 전적으로 일치하는 관점에서 볼 때, 상호 복종만큼 에베소서의 그리스도에 대한 복종을 더욱 깊고 철저하게 하는 것은 없다. 이것은 서로 섬기는 종이 되어 상대의 주가 되기를 거부한다는 뜻이다. 1:15-23; 2:11-22; 3:1-21; 4:1-16; 6:10-20 주석 참조

마지막 요지를 고려할 때 우리는 일련의 명령에 기초한 익숙한 관계를 잠정적으로 완화하거나 심지어 해체할 수 있는 요소들에 대해 경계해야 한다. 몇 가지 사례에 대해서만 살펴보자. 첫 번째 요소는 적어도 에베소서의 가족법에 나오는 여자에 관한 한, 가장 설득력이 떨어진다. 사람들은 종종 본문에는 우리가 기대하는 가부장적 가족의 의무와 달리 아내에 대한 언급이 먼저 제시될 뿐만 아니라 그들을 도덕적 행위자로 직접 언급한다고 주장한다. 예를 들면, Best, 1998:532; E. Martin: 183, 188; Schroeder 1959:89; J. H. Yoder 1994:171 그러나 이러한 사실은 지나치게 확대 해석할 필요가 없다.

역서들이 보여주듯이GNB, NIV, NRSV, REB는 직접적인 언급으로 제시하나 NAB, NJB는 그렇게 하지 않는다 골로새서와 베드로전서에서는 아내에 대해 직접 언급되지만 에베소서에서는 분명하지 않다. 실제로 에베소서는 아내에 대해 직접 언급하지 않는다. 특히 5:33

가부장적 강조와 균형을 맞추기 위해 제시하는 보다 강력한 평행추는 아내에 대한 명령이 문법적으로 5장 21절의 **상호** 복종에 의존한다는 것으로, 번역자에 의해 끊임없이 흐려져 왔던 부분이다. 대부분의 학자들이 정당하게 주장하는 것처럼 에베소서의 저자가 골로새서에 나오는 법을 인용한 것이라면, 복종에 대한 명령은 여자에 대한 명령을 벗어나cf. 골 3:18; 벧전3:1 법전 전체의 제목이 될 것이다. 5:21 바르트는 이 점을 가장 강조한다. "남편에 대한 아내의 복종은 **상호** 복종의 틀 안에서**만** 명령된 것이다"1974:610

그러나 이러한 "틀"은 오직 에베소서 버전의 가족법 안에서만 제시된다는 사실에 주목해야 한다. 그것은 가족법 전승 전체의 특징이 아니다. 피차 *allēlōn*는 바울의 권면에서 자주 발견되는 중요한 용어이다.cf., 예를 들면, 롬12:10,16, 13:8, 14:19, 15:7; 고전11:33, 12:25; 빌 2:2; 살전3:12 이 단어는 이곳이나 에베소서 어디에서도 가볍게 사용되지 않는다. 4:2,25,32 따라서 저자는 상호성에 대한 강조를 의도적으로 가족 배열에 삽입한 것이며 상호성과 호혜성의 전형적 특징으로 볼 수 없다. 이러한 요소를 어떻게 가볍게 다룰 수 있겠는가? 가족관계의 상위에 있는 자가 어떻게 이러한 사실을 놓칠 수 있겠는가?

가부장적 질서를 흔들려는 세 번째 잠재적 요소는 아이러니하게도 저자가 머리라는 단어를 사용한 방식이다. 에베소서에서 "권위"와 "원천"이라는 머리의 두 가지 의미는 교회의 유익에 초점을 맞춘다.[머리, 363쪽] 5장 23절에서 머리이신 그리스도는 몸의 구주로 제시된다. 이것은 교회를 위해 자신의 생명을 주시고5:25; cf. 2:13,16; 5:2 지속적으로 "구원하심"5:26; cf. 3:16-19을 가리키는 것이 분명하다. 1장 15-23절이 보여주는 대로 교회는 교회를 위해또는 교회를 통해; 1:15-23, 주석 자신을 내어주시고 머리가 되신 그리스도를 다시 살리시고 높이신 능력의 최대 수혜자이다. 이러한 사실은 2장 5-6절에서 강조된다. "허물로 죽은 우리를 그리스도와 함께 살리셨고 또 함께 일으키사 그리스도 예수 안에서 함께 하늘에 앉히시니."

이러한 사실이 가장 명확하게 제시된 4장 15-16절에서 그리스도는 몸 -교회- 이 자라가야 할 머리로 제시되며 몸은 그리스도로부터 성장에 필요한 것을 받는다.4:15-16, 주석 에베소서에서 교회는 그리스도가 교회를 위해 존재하는 것만큼 그리스도를 위해 존재하지 않는다. 에베소서의 저자는 이러한 어조가, 아내간접적으로는 남편에 대한 명령에서 머리라는 이미지가 주는 공명의 한 부분이 되기를 원한다. 그리스도의 머리되심은 복종의 구체적인 내용을 제시하기 위한 여건을 마련한다. 확실히 머리되심은 주 되심을 의미한다. 그러나 이러한 주 되심은 복종하는 자를 구원하고 높이는 것에서 가장 완전하게 표현된다. 이것이 에베소서에 나타난 기독론 및 교회론의 특징이다.

아내에 대한 말씀에 나타난 분명한 긴장은 부분적으로 그리스도에 대한 호소를 가부장적 가정이 반영된 가족법 전승과 혼합한 때문이다. 그러나 앞서 언급한 대로 이러한 모호성은 제자도의 핵심에 내재되어 있는 역설 -즉 종이신 주께 복종하며 그를 본받아야 한다.cf. 빌2:6-11- 에도 기인한다. 이처럼 유약하고 불안한 조합은 본문이 아내와 남편의 관계에 대해 가진 확실한 의미에 대한 경솔한 추론을 금한다. 앞으로 살펴보겠지만 이 불안한 조합은 남편에 대한 말씀에도 가득하다.

5:25-33 남편

남편은 골로새서보다 에베소서에서 더 많은 관심을 받는다.특히 2장, TBC: 골로새서의 가장 큰 관심은 종이며 베드로전서는 종과 아내이다; 1장, TBC 에베소서의 상황에서 교회는 더욱 제도화 된 것으로 보이며 따라서 온전한 가정도 더 많았을 것이다.Gnilka: 276; Best, 1997:189-203 및 1998:524-7는 에베소서와 골로새서에서 발견된 이 법이 신자와 불신자가 함께 사는 가정들로 구성된 교회의 실재와 접촉하지 않은 것으로 본다 특정 구조에서 아버지/남편은 가풍을 결정한다.

그러므로 이러한 역할/지위에 대한 언급은 가족체계 전체에 영향을 미친다.J. H. Yoder, 1994:177-8 남편에 대한 언급의 분량이 많은 것은 이 때문이라고 할 수 있다.

그것은 그렇다 치고 6장 5-9절에서 종에게 그처럼 많은 지면을 할애한 것은 납득하기 어렵다. 저자는 이 법전에서 남편 자리를 이용하여 그리스도와 교회의 관계를 다루고 있는 것으로 보이며 본 서신 다른 곳에서도 마찬가지이다.특히 1:22-23, 2:11-22, 4:1-16 남편에 대한 권면은 저자에게 두 가지 기회를 부여한다. 즉 그리스도를 본받는 자로서 남편이 아내를 어떻게 대할 것인지에 대한 모델을 제시하는 동시에 그리스도와 교회의 관계를 신학적 및 예배적 차원에서 반영할 수 있다는 것이다. 후자의 목적은 전자를 밀어내는 경향이 있으며 결국 5장 32절에서 코멘트에 대한 부연설명까지 요구하게 한다.

본 단락은 두 부분으로 나뉜다. 여기서는 간략히 살펴보는 것이 유익할 것이다. 첫 번째 부분5:25-28a에서 남편은 "아내 사랑하기를 그리스도께서 교회를 사랑"하신 것처럼 하라는 명령을 받는다.5:25 이 사랑은 그리스도께서 신부인 교회를 "자기 앞에 영광스러운 교회로 세우사 티나 주름 잡힌 것이나 이런 것들이 없이 거룩하고 흠이 없게" 하시려고 "자신을 주심"으로 묘사된다.5:26-27 낭만적 사랑의 분위기가 자기희생적 분위기와 결합된 것이다. 28a절은 남편에게 그리스도께서 자신의 몸인 교회를 사랑하신 것이 그들이 자신의 몸인 아내를 사랑하는 모범이 된다는 사실을 상기시킨다.

28절은 앞서 23절의 아내에 대한 교훈에서 살펴본 몸의 이미지를 상기시키고 자기 사랑의 개념을 도입함으로써 첫 번째 부분을 끝내고 두 번째 부분5:28-33을 시작한다. 29절은 자신의 육체를 미워하는 사람은 없다는 속담과 같은 진술을 통해 자신을 사랑할 것을 호소한다. 이것은 자신의 몸인 교회를 위한 그리스도의 양육 및 보호하심5:30과 연결된다.

이곳에서는 육체와 몸이 드문 방식으로 상호작용한다. 일반적으로 바울서신에서 육체 sarx는 영pneuma; cf. 롬8장; 갈5장; 엡2:3,11과 반대된다. 그러나 여기서는 그렇지 않다. 육체에 대한 언급은 에베소서 5장 31에 인용된 창세기 2장 24절을 통해 소개된다. "그러므로 사람이 부모를 떠나 그의 아내와 합하여 그 둘이 한 육체가 될지니." 이러한 육체적 결합 및 그렇게 하기까지의 과정은 비밀로 소개된다. 에베소서에서 비밀은 구원의 온전한 지표와 함께 제시된다.1:10, 3:3-9, 6:19 그러나 이 비밀은 남편과 아내의 하나 됨이 아니라 5장 31-32절cf. 2:14-15에서 분명히 제시하고 있는 것처럼 그리스도와 교회의 "육체적" 연합에 반영된 우주의 통일에 대한 하나님의 뜻을 가리킨다.

그리스도와 교회에 대해 다룬 저자는 5장 33절에서 다시 남편으로 돌아와 아내를 자신같이 사랑하라고 명한다. 이 구절 끝에서 아내는 간략하고 간접적인 방식으로 자기 남편을 경외[존경]하라는 권면을 받는다. 경외^{또는 존경: cf. 5:21}라는 단어가 다시 등장한 것은 가족법의 이 부분이 끝났으며 단락 전체가 인클루지오를 형성함을 보여준다.

언뜻 읽으면 본문은 아내에 대한 남편의 우월적 지위를 뒷받침하는 것이 주 목적인 것처럼 보인다. 첫째로, 남편과 아내의 관계는 주와 교회의 관계에 대한 유추이다. 5장 21절에서 신자는 그리스도를 경외해야^{fear} 한다. 5장 33절에서 아내는 남편을 존경해야^{fear} 한다. fear라는 단어가 "놀라움"이나 "공포"라는 뜻은 아니라고 하더라도^{대부분의 역본은 "존경하다"를 선호한다: 5:21, 주석}, 강자에 대한 약자의 두려운 존경을 암시한다. 둘째로, 아내는 5장 28b절에서 볼 수 있는 것처럼 아내에 대한 사랑이 자신에 대한 사랑으로 제시될 만큼 남편의 육체로 규정된다. 따라서 남편의 가부장적 특권은 기독론 및 심리학적 정당성을 부여받는 것처럼 보인다는 것이다.

그러나 정말 그러한가? 앞서 아내에 대한 교훈에서 살펴본 대로 그리스도에 대한 호소와 자기 사랑에 대한 호소는 가부장적 특권을 허무는 잠재력을 가지고 있다. 첫째로, 우리는 그리스도가 어떤 식으로 자신과 같은 머리들^{남편}의 모범이 되시는지를 살펴볼 필요가 있다. 5장 31절에 인용된 창세기의 창조기사에 제시된 분명한 암시에도 불구하고 남편은 자신의 아내를 다스리라는 명령^{cf. 창3:16} 대신 그리스도께서 교회를 사랑하신 것 같이 아내를 사랑하라는 명령을 받는다. 창세기 3장에서 남편이 아내를 다스리는 것은 죄에 대한 형벌로 선포된 저주이다. 그러나 에베소서에서 남편의 사랑은 하나님이 그리스도 안에서 피조물에게 복을 주심을 본받는 것이다.^{cf. 엡1} 남편의 사랑은 피조세계에 대한 완전한 재창조 및 개화^{flowering}를 원하는 사랑을 본받아야 한다.

경외함은 이 단락의 틀을 형성하지만^{5:21, 33}, 사실 이곳에 묘사된, 두려움과 거리가 먼 그리스도의 성품에는 그러한 요소가 전혀 나타나지 않는다. 그리스도는 교회를 사랑하시고 그 교회를 위해 자신을 내어주셨다. 이 구절은 십자가에서의 죽음을 가리키는 것으로 앞서 2장 14-16절에서 평화, 화목 및 새 창조의 드라마에서 다룬 바 있다. 이러한 머리되심을 본받는 것은 참으로 두려운 일이 될 수 있지만 이 권면은 아내가 아니라 남편에 대한 것이다! 여기서 자신을 내어주신 그리스도의 사랑은 의도적으로 5장 2절을 반영한다. 본문에서 사랑과 자기희생은 신자가 어떻게 자신의 목숨을 다해 예배해야 하는지를 보여주는 하나의 모델로 제시된다.^{5:2, 주석} "그리스도께서… 자신을 주심"^{5:25}이라는 바울 특유의 표현은 그리스도의 구원 사역의 온전한 의미와 함께 제시된다.^{cf. 갈2:20} 이러한 그리스도를 본받는 것은 곧 하나님을 본받는 것이며^{5:1} 근본적인 자기희생이다.

여기서 이러한 사랑은 구체적으로 남편에게 요구된다. 그들은 그리스도께서 사랑하신 것같이 사랑해야 한다. 그들의 역할은 다른 사람, 배우자를 위해 살고 죽는 것이다. 남편의 사랑은 자신의 해방이 아니라 배우자의 해방을 통해 드러난다. 이러한 그리스도와의 연대가 남편의 지위를 뒷받침하는 버팀목이 된다면, 아이러니하게도 이것은 배우자의 유익을 위해 섬기는 목적이 된다. 이러한 사랑은 다른 사람의 유익을 위해 자신의 유익을 복종시키는 것이다.

본문에 나오는 사랑은 "아가페"*agapē*이다. 이 단어는 종종 친구간의 우정을 가리키는 "차분한" 필로*philia*나 감각적이고 성적인 사랑을 가리키는 "뜨거운" 에로스와 대조된다. 이와는 달리 아가페는 이기적이지 않으며 감정이나 매력에 좌우되지도 않는다. 이러한 차이는 지나치게 강조되어 왔다. 아가페는 열정과 소원을 너무 쉽게 내어주었으며 전적으로 다른 사람의 유익만을 위한 자기 부인으로 이해되어 온 것이다.cf. 고전13 앞서 살펴본 것처럼 이처럼 초점이 다른 해석은 이곳에서 요구하는 사랑에서도 많은 부분을 차지하고 있음이 분명하다. 그리스도의 사랑은 매우 자기희생적이다. 그러나 결혼이라는 유추와 육체적 결합에 대한 암시는 교회를 위한 그리스도의 사랑의 바탕에 있는 열정과 소원을 보여준다. 우리는 이어지는 본문에서 신부의 목욕5:26-27 및 결혼의 절정5:31; Best, 1998:540와 달리 이미지에서 이러한 열정적 사랑의 요소를 놓치지 말아야 한다.

5장 26-27절에 제시된 세 개의 목적절은 자기희생적인 그리스도의 사랑에 대해 진술한다.5:21-6:9의 구조; Schematic Trans. 첫째로, 그리스도는 자신의 신부를 "거룩하게" 하시려고 물로 씻기시는 것으로 묘사된다. "물로 씻어 말씀으로 깨끗하게 하사"라는 구절은 많은 것을 연상케 한다. 가장 직접적인 것은 세례이다. 따라서 말씀으로또는 "말씀 안에서"는 일반적으로 "예수의 이름으로"와 마찬가지로 세례와 관련된 언급으로 인식된다.Best, 1998:543-4; Gnilka: 281; Houlden: 334; Lincoln: 375; Schnackenburg: 250

세례에 대한 암시를 부인하기는 어렵지만, 일반적으로 바울의 세계에서 세례는 그리스도의 죽음 및 부활과 연결된다.cf., 예를 들면, 롬6장 더구나 세례에 대한 암시는 신자의 삶 가운데 과거의 사건을 강조하지만 이곳에서 거룩하게 하시고 깨끗하게 하시는 그리스도의 사랑은 계속되고 있다. 이것은 그리스도의 사랑이 아내에 대한 남편의 지속적 사랑의 모델이라는 주장의 기초가 된다. 따라서 물로 씻음5:26은 세례에 덧붙여 계속해서 양육하시고 거룩하게 하시는 말씀 사역을 암시하는 것일 수 있다.cf. 4:11에 제시된 말씀 사역

또한 이곳 본문은 에스겔 16장 8-14절의 풍성한 이미지를 연상시킨다.예를 들면, Barth, 1974:693; Best, 1998:543; Lincoln: 375 여호와는 벌거벗고 피투성이가 된 어린 예루살렘을 발견한 후 그를 씻기고 결혼을 위해 단장시키신다. 이러한 암시는 에베소서에서 그리스

도께서 신부를 찾아 결혼을 위해 단장시키시는 행위를 2장의 전혀 다른 이미지로 묘사된 보다 광범위한 문맥 속에 위치시킨다. 에베소서 2장은 공중의 권세 잡은 자로부터 불순종의 아들들을 구원해 내시고2:1-10 육체로 화목하게 하시고 새 사람을 지으신 위대한 행위에 대해 묘사한다.2:11-22 이곳에서는 동일한 사건이 신부를 물로 씻어 거룩하게 하시는 행위로 묘사된다.

이 물로 씻는 이미지는 그리스도에 대해 한편으로는 결혼식을 위해 신부를 단장시키는 하인-또는 베스트Best의 주장처럼 "미용사"1998:546-으로 묘사한다. 다른 한편으로 그리스도는 사랑하는 자를 애정으로 돌보는 연인으로 묘사한다. 어느 쪽도 지배적인 이미지는 아니다. 이것은 그리스도의 자기희생적이고 구원적인 사랑을 묘사하기 위해 섬김, 소원 및 기쁨이 결합된 것으로 볼 수 있다.

그리스도의 사랑의 목적은 자신의 배우자를 영광스럽고 거룩하며 흠과 티가 없게 세우는 것이다.5:27 우리는 이것이 남자에게? 완벽한 배우자에 대한 판타지를 제시한다는 관점에 대해 반대할 수 있다. 그러나 본문의 핵심적 의도는 비현실적이고 불가능한 기대에 대한 강조가 아니라 독자에게 그리스도를 통해또는 안에서 베푸신 무한히 은혜로우신 구원 사역을 상기시키는 것이다. 교회를 거룩하고 흠이 없는 자로 세우는 일은 -아무리 많은 지체의 역량이 동원된다고 하더라도- 그리스도의 사역이다. 거룩하고 흠이 없음은 그리스도의 화목 사역의 필연적 결과이다.cf. 2:20-22; cf. 2:10, 4:24 따라서 이와 같이 남편도 아내를 온전한 사람으로 만들기 위해 모든 열정을 다해야 한다.

남편의 사랑에 대한 이런 식의 묘사는 아내가 이런 남편에게 복종하는 것을 상호 복종으로 보게 한다. 이것은 저자가 복종의 정도에 있어서 아내와 남편의 복종을 동일하게 생각한다는 의미는 아니다. 가부장적 가정은 저자가 이러한 추론을 온전히 도출하는 것을 막기 때문이다. 그러나 우리는 남편에게 요구되는 사랑의 내용이 복종의 가장 엄격한 표현 -씻음, 돌봄 및 다른 사람을 위한 죽음- 과 거의 구별하기 어렵다는 사실을 간과해서는 안 될 것이다.

그러나 적어도 이어지는 내용은 우리를 놀라게 한다. 지금까지 핵심적 강조는 교회를 위한 그리스도의 사랑에 맞추어져 왔다.5:25-27 남편에 대한 말씀의 후반부5:28-33는 자신에 대한 사랑을 배우자에 대한 사랑의 동인으로 제시한다.

얼핏 보면 이 권면은 보다 근본적인 본능 또는 자명한 이치에 호소하는 것처럼 보인다. 자기 육체를 미워하는 사람은 없다.5:29 그러나 자세히 살펴보면 이러한 이해는 문제가 있음을 알 수 있다. 첫째로, 그리스도는 5장 29절에서 교회를 양육하고ektrephō 보호하는

thalpō 것으로 묘사된다. 이러한 용어는 신약성경에서 드문 단어이다. 에크트레포*ektrephō*는 에베소서에서 이곳과 6장 4절에서만 나타난다. 6장에서는 자녀에 대한 양육과 교육을 묘사하는 말로 사용된다.6:4, 주석; 살전2:7에는 "양육하다" "유모"라는 뜻의 *trophos*가 나타난다 "탈포"*thalpō*는 바울이 자신을 자녀를 기르는 유모로 비유한 데살로니가전서 2장 7절에만 나타난다.

다른 문학에는 두 동사가 함께 혼인 계약에서 남편의 의무를 규정하기도 한다.Gnilka, 285; Perkins: 134 그러나 여기서는 아내를 위한 남편의 관심과 보호의 깊이를 묘사한다. 이러한 돌봄은 자신의 몸에 대한 사랑의 정도 −보다 중요한 것은 그리스도께서 자신의 몸인 교회를 얼마나 사랑하는가− 에 의해 측정된다.

둘째로, 에베소서 5장 31은 창세기 2장 24절을 인용하며 중요한 역할을 부여한다. 어떤 사람들은 이 구절을 본문의 내용 대부분을 형성하는 중심으로 본다.예를 들면, Tanzer: 339 "그러므로 사람이 부모를 떠나 그의 아내와 합하여*proskollaomai* 그 둘이 한 육체가 될지니." 본문의 프로스콜라오마이*proskollaomai*는 "고수하다"NAB, "들러붙다"NASB 또는 "연합하다"GNB와 같은 능동적 의미나 "∼에 연합되다"NIV, REB, "∼에 부속되다"NJB 또는 "∼와 결합하다"NRSV와 같은 수동적 의미로 번역된다. 이 단어의 문자적 의미는 "∼에 달라붙다, 결합하다"라는 뜻이다.Liddell and Scott

창조기사로부터 인용된 내용은 남녀의 연합과 관련된 사랑과 소원의 분위기를 잘 파악하고 있으며 현재의 본문에 도움이 된다. 부모를 떠나 배우자와 합한다는 것은 그리스도와 교회라는 프리즘을 통해 볼 때 심오한 의미를 가진다. 5장 32절이 상기시켜주듯이 이것은 이 인용의 중요한 포인트이다.Miletic: 18-22

에베소서는 이처럼 언어유희적인 두 결혼의 연결을 통해 성경이 전하는 이미지를 완전히 이해하기를 바란다. 에베소서의 기독론은 이스라엘의 지혜 전승과 깊은 관련이 있다.1:3-14; 3:10, 주석 참조 지혜와 관련된 유대 전승 가운데 하나는 지혜가 하늘의 집을 떠나 이스라엘과 함께 거한다는 것이다.cf. Ecclus./Sirach 24 이런 관점에서 볼 때 창세기 2장 24절은 그리스도께서 하늘의 처소를 떠나 인간과 함께 하실 것임을 암시한다.

남편은 아내와의 관계에 대해 그리스도 안에서의 구원 경험에 비추어 사색할 것을 요구받는다. "그 둘이 한 육체가 될지니"라는 구절은 부부간의 성적 연합에 대한 이미지 이상으로 2장 11-22절의 위대한 평화의 찬양을 상기시킨다. 그리스도는 십자가 죽음을 통해 "자신의 육체로"2:14 "둘로"2:15 한 "새 사람"*anthrōpos*을 지으신다. 물론 5장 31절에서 둘 은 유대인과 이방인이 아니라 그리스도와 교회, 남자와 여자를 가리킨다. 그렇다고 해도 두 쌍은 각각 화목과 재창조 및 신적 비밀의 핵심인 그리스도 안에서 만물을 통일 되게 하는 연합1:10을 보여주는 동일한 자극이다.

따라서 창세기 2장 24절은 고도의 집약적 방식으로 그리스도를 통한 구원 이야기를 다시 진술한다. 동시에 이 구원은 에베소서cf. 2:10, 4:24에서 자주 발견되는 피조물의 회복과 직결된다. 이 구원의 핵심에는 남자가 집을 떠나 사랑하는 사람과 하나가 될 만큼 강력한 열정적 사랑이 있다. 결혼에 의한 남자와 여자의 사랑은 이 구원의 드라마를 가정적 차원에서 시행할 기회를 제공한다.

이러한 사상에 일관성을 부여하는 것은 육체와 몸sarx and sōma의 밀접한 유사성이다. 에베소서에 나타난 교회의 핵심적 이미지는 그리스도의 몸이다. 그리스도의 몸으로서 교회는 충만함을 가지고 있다.1:23 역설적으로 이러한 **자기** 사랑은 그리스도의 **타인**에 대한 사랑의 결과를 보여주는 한 방법이다. 그리스도는 자신의 몸을 위해 죽으셨다.2:15-16 이러한 자기희생적 사랑의 결과는 그리스도의 몸인 한 새 사람이다. 이 새 사람은 회복된 인간 -남은 사람들을 포함한- 및 그리스도 자신을 포함한다. 2장 15절에서 그리스도는 자기 안에 새 사람을 지으려 하시며 4장 7-16절에서 그리스도는 머리로서 몸이 자신에게까지 자라는 것을 주시하신다.

그리스도와 교회의 화목 및 연합은 그리스도께서 교회를 자신처럼 사랑하신 만큼 높고 깊고 넓고 길다.3:14-19 따라서 자신을 사랑함은 남편이 아내와 함께하는 출발점이 아니라 그리스도의 유추에 의하면, 다른 사람 -즉, 그가 자신의 집을 떠나 한 몸을 이룬 자신의 아내- 를 사랑한 결과이다. 남편은 자신의 생명을 잃음으로 다시 찾은 것이다.

이처럼 어려우면서도 너무 쉽게 왜곡되고 있는 자기 사랑의 개념은 또 하나의 전승을 통해 알려진다. 에베소서 저자를 포함한 모든 유대인은 율법의 핵심, 즉 하나님에 대한 신실함의 중심에는 두 개의 계명이 있다는 사실을 알고 있었다. 이 내용은 복음서에 잘 나타난다.

> 서기관 중 한 사람이 그들이 변론하는 것을 듣고 예수께서 잘 대답하신 줄을 알고 나아와 묻되 모든 계명 중에 첫째가 무엇이니이까 예수께서 대답하시되 첫째는 이것이니 이스라엘아 들으라 주 곧 우리 하나님은 유일한 주시라 네 마음을 다하고 목숨을 다하고 뜻을 다하고 힘을 다하여 주 너의 하나님을 사랑하라 하신 것이요 둘째는 이것이니 네 이웃을 네 자신과 같이 사랑하라 하신 것이라 이보다 더 큰 계명이 없느니라.막12:28-31; cf. 마22:35-40; 눅 10:25-28; cf. 롬13:8-10; 갈5:13-14

사랑을 해본 사람은 누구나 다른 사람을 위한 사랑의 정도를 자신을 사랑하는 만큼 만들기 위해서는 자기희생이 요구된다는 사실을 잘 알고 있다. 누가복음에서는 두 계명이 선한 사마리아인의 비유를 통해 제시된다. 눅10:29-42; cf. 요15:12-17

구약성경에서 자신을 사랑하는 명령은 생각만큼 많지 않다. 자기 사랑은 자기도취가 아니라 자신을 보호하고 양육하기 위한 ―즉 생존에 필요한― 거의 무의식에 가까운 일차적 행동이다. 이웃을 자신과 같이 사랑한다는 것은 사회를 결속하는 접착제이자 언약의 접착제이다. 공동체는 구성원이 다른 사람을 위해, 따라서 공동체를 위해 기꺼이 특권의식을 포기할 수 있느냐의 여부에 따라 살기도 하고 죽기도 한다. 레위기 19장 18절의 이웃을 사랑하는 명령cf. 19:34은 자신의 유익을 위한 호소가 아니다. 대신에 이것은 자신이 가진 기존의 이익을 모두 다른 사람의 이익을 위해 준비하라는, 즉 자신의 이익을 다른 사람의 이익에 종속시키라는 가장 급진적인 명령이다.

에베소서 5장 33절에서 남편은 아내 사랑하기를 자신 같이 하라는 명령을 받는다. 이 명령은 자기보존 본능에 대한 현실성 및 보다 중요한 요소로, 핵심적 언약을 통해 제시된다. 남편은 율법이라는 수단레19장; 창2장 및 모범그리스도을 통해, 내면에 깊이 배어 있는 기존의 특권 의식을 모두 아내를 위한 생각과 행동으로 바꾸라는 촉구를 받는다.

자신의 몸을 사랑함에 있어서 그리스도를 본받는다는 것은 남편이 얼마나 사랑스러워야 하는가와 관계없이, 아내가 남편의 정체성에 흡수되어 남편의 정체성 안에서만 자신의 가치를 발견한다는 것을 암시한다. 이웃즉, 상대을 사랑하라는 레위기 19장 18절의 명령cf. 19:34에 제시된 "거류민"에 대한 사랑은 남편에게 결혼의 사랑은 언약적 사랑임을 상기시킨다. 언약적 사랑에서 상대는 자신에게 흡수되지 않으며 상대와 **함께** 한 육체를 형성한다.2:11-22, 육체로 화목 된 새 사람[2:14]

저자는 거의 들리지 않는 목소리로 갑자기 충격적 내용과 함께 경외함이라는 주제로 돌아온다.5:33b "포비오마이"phobeomai를 경외함이 아니라 존경이나 두려움으로 번역하더라도 대칭적 요소는 사라질 것이다. 이 구절은 남편들에 대한 직접적 언급으로, 그들은 각각 자기의 아내를 사랑해야 하며 여기에 덧붙여 아내에 대해 남편을 존경하라는 간접적 명령이 이어진다. 아마도 이곳에서 저자의 의도는 이러한 인클루지오 형식을 통해 이 단락을 끝맺으려 한 것으로 보인다.cf. 5:21의 경외함 그렇다면 더욱 놀라운 것은 이러한 상호성이 사라진다는 것이다. cf. 5:21; Best, 1998:559-60

본문이 남편에게 요구하는 것은 **피차** 복종하라는 5장 21절의 명령에 부합된 삶을 사는 것인가? 링컨Lincoln은 사랑과 복종은 "동전의 양면"이라고 주장한다. 393; cf. Penner: 135-

6. 142 그러나 앞서의 논쟁이 비록 남성 우위의 문화적 가정을 배경으로 한다고 하더라도, 에베소서에 묘사된 사랑을 복종의 표현으로 볼 수 있는가? 이 구절의 의미는 첫째로, 그리스도를 어떻게 볼 것인가에 달려 있다. 둘째로는 남편이 행위와 성품에 있어서 종처럼 보이는 주가 되시는 그리스도를 닮는 것이 가능한가의 여부에 달려 있다. 후자의 요소는 중요하나. 예를 들어 사라 탄저Sarah Tanzer는 "인간 행동의 한계"를 감안할 때 본문이 아내에게 기쁜 소식일 가능성은 거의 없다고 주장한다.335 그의 주장을 달리 표현하면, 이 권면은 여자가 메시아와 결혼할 때만이 구원이 가능하다는 것이다. 탄저의 말은 옳다. 본문의 소망은 남편이 얼마나 그리스도를 배울 수 있느냐와 관계없이4:20 그들이 얼마만큼 오직 섬김의 주 되심을 보이시는 메시아와 결혼할 수 있느냐에 달려 있다.

이처럼 모호함이 중첩된 구절에서 어떤 요소들은 남성 우위의 기초를 강화하는 것으로 보이며 다른 요소들은 잠재적으로 이러한 기초를 허무는 것처럼 보인다. 본문은 다음과 같은 질문을 던지게 한다. 과연 저자는 자신의 주이신 그리스도를 주들남편, 아버지, 주인 앞에 제시함으로써 에베소서 저자는 자신의 이해를 능가하는, 보다 중요하고 잠재적으로 변화적인 가부장제에 대한 예언적 진술을 하고 있는가? 혼합된 요소들에도 불구하고 이 논쟁의 기본적 방향은 분명하다. 즉 에베소서 저자가 밝히려는 비밀은 그리스도를 통한 하나님의 사역이 구원, 화목, 회복, 그리고 상호간 및 하나님과의 연합이라는 것이다. 아내에 대한 남편의 성향은 본질적으로 모방이 될 수밖에 없다. 그들은 만물을 통일시키는 비밀1:10 속에 있는 결혼 상황에 동참해야 한다.

에베소서의 이 본문은 주로 가부장적 상황에서 자신의 우위를 당연한 것으로 여기는 남편들에게 주어진 말씀이라는 것은 사실이다. 그러나 이 말씀은 그리스도와의 관계를 가장 진지하게 받아들이는 자들에게 주어진 말씀이기도 하다. 그들의 가장 자연스러운 연합은 머리─이 경우 그리스도─와의 하나 됨이다. 따라서 그들 앞에 제시된 그리스도를 모델로 삼는 것은 매우 중요하다. 본문의 함정은 여기에 있다. 즉, 머리는 모델인 종에게 주어진다는 것이다. 에베소서 저자는 이 논쟁을 이런 식으로 구성함으로써 주이신 예수께서 제자들의 발을 씻기시는 다른 본문요13:1-20의 저자와 동일한 파괴적 행위에 동참한다.

에베소서에서 머리로서 그리스도의 성품과 역할은 자신을 주시는 구원자, 사랑하는 신랑 및 애정 어린 종의 역할이다. 다른 머리들은 본받기만 하면 된다.cf. 4:32-5:2 이러한 본문의 요지는 일차적으로 당시 독자에게 도전을 주며 이어서 오늘날 결혼생활을 하고 있는 부부에게 도전을 준다.

자녀와 부모 6:1-4

자녀와 부모에 대한 교훈은 간략하며 요점적이다. 그렇다고 해도 골로새서와 비교해 보면 저자가 가족법의 한 부분에 해당하는 이 짧은 본문 안에 자신의 특징을 남긴 사실을 알 수 있다._{도표2, TBC}

6:1-3 자녀

자녀에 대해서는 직접적인 언급이 제시된다. "자녀들아 주 안에서 너희 부모에게 순종하라 이것이 옳으니라." 많은 사본에는 "주 안에서"라는 표현이 나타나지 않는다. 이 구절이 이곳에 들어 있는 이유는 본문의 내용을 반영하고 있는 골로새서 3장 20절의 영향때문으로 보인다._{도표 2, TBC} 그러나 이 구절은 특히 주가 하나님과 그리스도를 암시한다면 저자가 자신의 권면의 근거를 제시하는 방식 및 독자를 자극하는 방식과 일치한다. 많은 주석가는 "주 안에서"를 보다 원래적인 자료의 한 부분으로 생각한다._{예로, Barth, 1974:654, n. 194; 755; Lincoln: 395; Schnackenburg: 261. Best, 1998:564는 이 구절의 기원을 의심한다}

이러한 가르침은 그리스-로마 사회 전체의 광범위한 공명을 얻었을 것이다. 그러나 이 구절이 유대적 기원을 가진다는 사실을 뒷받침하는 몇 가지 주장이 있다. 첫째로, 자녀가 부모를 순종해야 하는 것은 그것이 옳기_{의롭기} 때문이다. 이것은 확실히 율법에 나타난 하나님의 뜻과 일치하는 행위에 대한 법이다._{Schrenk, 1964:188} 이러한 사실은 이 구절에 이어 즉시 인용되는 다섯 번째 계명_{자녀는 아버지와 어머니를 공경해야 한다}을 통해 드러난다. 이 구절은 어법에 있어서 70인역 신5:16, 특히 출20:12에 가깝다; _{Lincoln: 397; Perkins: 137; 그 외에도 마15:4, 19:19; 막7:10, 10:19; 눅 18:20에도 나타난다} 따라서 순종은 부모에 대한 공경이라는 보다 광범위한 개념의 한 부분이다. 막힌 담으로서 율법이 허물어진 것은 사실이지만 주안에 있는 자들에 대한 지침으로서 율법은 여전히 유효하다._{엡2:14-16, 율법에 대한 주석 참조}

율법 준수에 대한 약속이 이 땅에서의 장수라는, 철저히 물질적인 복이라는 사실은 놀랍다. 얼핏 보면, 이러한 "세상적" 약속과 본 서신의 앞부분에 언급된 "하늘의" 기업_{1:14, 18, 5:5} 사이에는 긴장이 존재하는 것처럼 보인다. 따라서 일부 해석가는 이곳의 약속을 율법에 중요성을 부여하는 한 방법에 지나지 않는다고 평가절하 한다._{Schnackenburg: 262} 다른 사람들은 이 약속을 영적 기업에 비추어 재해석한다._{Schlier, 1971:282} 그러나 본 서신의 열린 종말론_{2:7, 주석} 및 구원에 대한 이해에 있어서의 포괄성_{1:10, 주석}을 감안하면 땅에서 장수할 것이라는 이곳의 약속은 놀랍지 않다._{예를 들면, Best, 1998:568}

실제로 저자는 약속에 땅에 대해 언급한 "네 하나님 여호와가 네게 준 땅"_{cf. 출20:12; 신}

5:16이라는 구절을 생략함으로써 이방인에게까지 복의 대상을 확장한다. 본 서신에 가족법이 제시되었다는 자체는 저자가 이 땅에서의 삶에 큰 관심을 가지고 있음을 보여주는 강력한 증거가 된다. 에베소서에서 구원은 가장 생식력 있는 가정을 비롯하여 모든 사회적 영역의 일상적 삶을 포함한다. 따라서 자녀에게 기대되는 순종은 상호 복종5:21 및 그리스도 안에서 만물을 통일시키는1:10 하나님의 행위가 지속되는 기간을 존중하는 상황에 포함된다.

자녀라는 용어는 연령에 초점을 맞춘 표현이 아니다. 퍼킨스Pheme Perkins는 성인이 되지 못한 자녀는 나이 든 부모를 순종하고 돌보아야 한다는 자신의 주장을 뒷받침하기 위해 쿰란 본문을 인용한다.4Q416, Frag. 2: 3.16-17; Perkins: 137 본문과 성인 자녀의 관계를 제한하는 것은 어리석은 일이겠지만 쿰란 본문은 이곳의 법이 나이와 상관없이 모든 부모와 자녀의 관계에 대한 언급일 가능성이 높다는 사실을 보여준다. 이 말씀이 자녀에게 직접 주어졌다는 것은 그들을 도덕적 행위자로서 중요하게 여긴다는 사실을 보여주는 지표이다. 또한 이것은 저자와 청중이 가정하는 연령대를 가리키는 것일 수 있다.so also Best, 1993:57; 1998:563; Lincoln: 403

첫 번째 단락5:21-33의 복종에서와 마찬가지로 이곳의 순종에도 분명하게 정해진 한계는 없다.6:1 물론 이 구절은 정상참작 사유를 무시한 전형적인 짧은 명령이다. 안타까운 사실이지만, 이러한 명령은 오늘날에도 여전히 부모의 부당하고 불법적인 명령과 기대에 순종을 강요하기 위해 사용되고 있다. 그러나 우리의 본문은 순종에 대한 암묵적인 제한을 제시한다. 첫째로, 본문이 요구하는 순종은 "주 안에서"이다. 이것은 부모에 대한 순종이 믿는 공동체를 배경으로 한다는 것이다.Lincoln: 403; Thurston: 142 두 번째 제한은 이어지는 아비들에 대한 명령을 통해 제시된다.

6:4 아비들

이제 "부모"goneis는 "아비들"pateres로 대체된다. 아비들은 부모 가운데 한 쪽을 가리킬 수 있지만cf. 히11:23 포괄적 부모로부터 아비들로의 명백한 전환은 가정에 대한 책임이라는 가부장적 성격을 반영한 것으로 보인다. 당시의 문화적 상황에서 아버지는 자녀의 도덕적 종교적 교육에 대한 궁극적 책임이 있었다.Best, 1998:563

이러한 권위가 남용될 수 있다는 잠재성은 아비들에게 주어진 첫 번째 명령이 자녀를 노엽게 하지 말라는 내용이라는 사실을 통해 잘 드러난다. 이처럼 짧은 구절이지만 "분노를 도발하다"provoke라는 단어는 문화가 부여한 이론의 여지가 없는 권위를 가진 자들이

범하는 온갖 유형의 권력 남용을 포함한다. 이곳의 권면은 그리스-로마 문화에서 아비들에게 일반적으로 주어지는 충고를 반영한다. 이것은 사실상 자녀에 대한 아버지의 무제한적 법적 권리를 전제한다.1세기의 부모-자녀 관계, 남용의 잠재성 및 실재는 Lincoln: 398-402, 406 참조

이것은 단순히 자녀를 노엽게 하지 말라는 명령 이상이라는 사실은 "분노를 도발하다"*parorgizomai*; cf. 골3:21, "노엽게 하다," *erethizō*라는 동사를 사용한 것에서 찾을 수 있다. 4장 26절에서 신자는 분노할 수 있으나 죄를 범해서는 안 된다는 명령을 받는다. "죄를 범하지 말라"는 것은 해가 지기 전에 분노를 자극하지 말라는*parorgismoi* 의미이다.4:26, 주석 이곳 본문에서 아비들은 자녀를 노엽게 해서는 안 된다. 4장 26절에 비추어볼 때 이러한 특정 어휘에 대한 선택은 아비들이 자녀가 하나님의 진노 아래에 넘어가도록 방치해서는 안 된다는 의미로 받아들이게 한다. 아비들은 자녀가 아버지의 잘못을 다루어야 하는 자리로 몰거나 하나님의 뜻을 저버린 아비의 잘못에 동참하는 일이 없게 해야 할 것이다.

따라서 이 구절의 어법은 부모와 아비들에 대한 자녀의 맹목적 또는 이론의 여지가 없는 순종을 가리키는 것이 아니다. 이러한 사실은 "자녀"가 성인일 경우 더욱 확실해진다. 요약하면, 아비들은 자녀에 대해, 상호 복종을 특징으로 하면서 하나님 앞에서 연대 책임을 진 동료 지체로 대하여야 한다는 것이다. 이 주제는 이어지는 종과 상전에 대한 교훈에 분명히 나타난다.

골로새서의 전례와 비교해 볼 때 아비들에 대한 교훈은 에베소서 저자의 손길을 명확히 보여준다.도표 2, TBC 에베소서에서 자주 찾아볼 수 있는 것처럼cf. 특히 4:25-32; 2:1-10 및 5:3-14의 논쟁 구조 참조 여기서도 부정적 금지 명령 이후에 보다 중요하고 근본적인 긍정적 권면이 이어진다. 부모-자녀 관계를 깨는 것에 대한 대안으로 아비들은 자녀를 "오직 주의 교양과 훈계로 양육"해야 한다.

양육*ektrephō*은 5장 29절주석 참조에 나오는 교회에 대한 그리스도의 "양육"NIV과 "보호"NRSV를 가리킨다. 그리스도께서 모범을 보이신 돌보심과 양육은 아비들이 자녀에게 보여주어야 할 성향이다. "에크트레포"*ektrephē*는 "기르다"나 "키우다"라는 뜻도 있지만 양육이라는 어조가 간과되어서는 안 된다. 바울은 데살로니가전서에서 자신의 사도적 활동을 묘사하면서 자신을 유모*trophos thalpē* 살전2:7; cf. 엡5:29와 권면하고 위로하는 아버지살전2:11에 비유한다. 현재의 본문에서 어머니와 아버지의 역할은 아비들에 대한 요구 속에 포함된다.

이제 저자는 의미적으로 중복이 되는 두 개의 용어를 덧붙인다. 아비들은 자녀를 주의

교훈*nouthesia*과 훈계*paideia*로 양육해야 한다. 두 단어 모두 교훈과 연결되며 "파이데이아"*paideia*는 징계의 어조를 가지며cf. 히12:5-11 "누데지아"*nouthesia*는 경고의 개념을 가진다.cf. 고전10:11; Bertram, 1967; Lincoln: 407; Schnackenburg: 263 두 단어 모두 자녀의 도덕적 영적 발전에 대한 부모의 책임의 중요성을 반영한다.

주라는 호칭의 독립적절대적 용례는 이 장면을 하나님과 연계하며 따라서 훈계, 징계 및 교훈을 자녀가 하나님의 뜻을 깨닫는 상황 속으로 가져온다. 따라서 "주의"of the Lord는 "[명사의] 자질을 나타내는 소유격"일 수 있으며Lincoln: 408 이 교훈과 훈계는 "주께 관한 것"이 된다. 유대인 아버지는 이 구절에 대해 자녀를 율법으로 훈계한다는 뜻으로 이해했을 것이다. 6장 3절에는 율법에 대한 이러한 용례를 보여주는 사례가 나타난다. 다른 한편으로 바울의 사회에서 "주"는 구체적으로 그리스도를 가리키는 한 방식이었다. 따라서 자녀에 대한 아비들의 중요한 책임은 그들을 그리스도의 방식으로 훈계하고 그리스도를 배우도록 도우며 예수 안에 있는 진리의 의미4:20-21 –친절, 사랑 및 겸손2:13-17, 5:2, 25-26– 를 깨닫게 하는 것이다. 아비들은 스스로 예수님의 삶의 모범이 됨으로써 이러한 사역을 효과적으로 수행할 수 있다.

그러나 이 소유격은 "주격 속격"으로도 볼 수 있으며, 따라서 이곳의 교훈은 주의 교훈이다.Bertram, 1967:624; Best, 1998:570 이 경우 우리는 하나님과또는 그리스도께서 아비들의 교훈을 통해 구원 사역을 수행하신다는 뜻으로 볼 수 있다. 두 가지 의미 모두 문법적으로 허용되며 본문의 논리적 흐름과도 일치한다.

이곳에서 아비들에게 주어진 책임의 중요성은 부모의 책임에 대한 전적인 존경을 요구한다. 1세기의 유대인과 이방인은 모두 그렇게 생각했을 것이다. 그러나 오늘날에는 이러한 사실이 분명하지 않다. 동시에 종이신 주 예수를 본받음에 기초한 권위의 행사는 필연적으로 계층적이고 남용적인 가정의 권력 구조를 허문다. 1절에 제시된 부모에 대한 자녀의 순종이 여기서는 다가올 하나님의 통치에 대한 사가랴의 찬양에 나타나는 "마음을 자식에게" 돌리라는눅1:17, 사실상 아비들에 대한 요구로 나타난다. 이러한 "마음의 전환"은 교회의 가정 –특히 그들의 자녀– 을 찾아오시고 나타나신 메시아의 몸의 한 부분인 아비들에게 요구된다.

법전의 이 부분은 앞부분과 마찬가지로 상호 복종의 렌즈5:21; Lincoln: 393, 402, 409를 통해 읽어야 한다.

종과 상전 6:5-9

아내와 남편 및 자녀와 부모아비들과 달리 노예제도는 본서를 읽는 대부분의 독자가 경험하는 사회적 현실의 한 부분이 아니다. 그러나 에베소서를 읽는 초기 독자에게 노예제도는 익숙하고 일반적인 제도였으며, 이곳 본문 및 신약성경의 다른 법전에 나타나는 노예제도에 대한 관심은 이 제도가 바울의 회중에 실재했음을 보여준다. cf. 고전7장; 빌레몬서

에베소서가 기록될 당시 노예제도는 오늘날 경제 구조의 노동자-경영자처럼 광범위하고 뿌리 깊은 제도였다. 노예에 대한 인간적 대우를 요구하거나예를 들면, Seneca; Epictetus 대부분의 경우 노예는 법이 허용하는 것보다 덜 잔인한 대우를 받아야 한다는 목소리도 있었다. 그럼에도 불구하고 종은 교육 수준이나 주인에 대한 중요성과 관계없이 아무런 권리가 없었다. 노예제도에 대해서는 Bartchy: 65-73; Best, 1998:572-4; Lincoln: 415-20 참조

골로새서와 마찬가지로 이곳 본문은 상전보다 종에게 더 많은 관심을 가진다. 이것은 회중의 사회적 구성을 반영한 것으로 보인다. 또한 이것은 1세기 말의 성장 중이던 교회 내에 갈라디아서 3장 28절과 보조를 맞춘 자유의 복음에 대한 사회적 강조가 확산된 때문일 수 있다. Schüssler Fiorenza, 1983:214-8; J. H. Yoder, 1994:175, 190 후자의 경우, 아무리 종이 자유를 갈망한다고 해도 종이 없으면 살 수 없을 만큼 노예제도가 뿌리 깊이 박혀 있다고 생각하는 사람들에 의해 반박을 받는다. cf. 고전7:21; Balch, 1981:107; Lincoln: 418, 그러나 358; MacDonald: 112를 보라

어쨌든 이 법은 종과 상전의 관계가 그리스도의 주 되심 아래로 들어와야 한다는 사실을 명확히 한다. 우리는 여기서도 저자가 기존의 자료를 새롭게 형성한 것을 본다.

6:5-8 종

골로새서 3장 22-24절에서와 마찬가지로 종은 먼저, 직접적으로 명령을 받는다. 도표 2, TBC 자녀의 경우처럼 여기서도 종은 교회 안에서 도덕적 행위자로 대우를 받는 사회적 현실을 반영한다. Lincoln: 419-20, 424; J. H. Yoder, 1994:171-2 자녀와 마찬가지로 그들의 취하는 복종의 형태는 순종hupakouō이다. 권면은 두 가지 비교로 제시된다. 하나는 육체의 상전의 종이 되는 것과 그리스도의 종이 되는 것의 유추이며 또 하나는 눈가림만 하는 "평범한" 종과 성실과 정직을 특징으로 하는 섬김그리스도의 종의 대조이다.

가족법의 다른 곳에 나타난 기독론적 요소가 여기서는 더욱 부각된다. "주께 하듯"cf. 5:22이나 "주 안에서"6:1는 이제 그리스도의 종으로 바뀐다. 6:6; cf. 고전7:22 인간 상전에 대한 순종은 사실상 그리스도 자신에 대한 신실한 섬김이다. 이 섬김은 한편으로는 "두려워하고 떨며"라는 다소 놀라운 단어의 결합으로 제시된다.cf. 5:21, 33 다른 한편으로 더

욱 놀라운 것은 이 섬김은 "성실한 마음"*haplotēs*, 즉 관대함과 선함 및 열정을 특징으로 할 뿐만 아니라 "마음을 다해"*heart and soul* 섬겨야 한다.6:5-7, 이 구절은 신6:5를 상기시킨다; Best, 1998:578; Lincoln: 421

부정적인 금지 명령 이후 훨씬 중요한 긍정적인 권면이 제시되는 에베소서의 익숙한 패턴은 여기서도 나타난다.cf. 4:25-32, 6:4 이것은 6장 6절의 "~말고"*not/but rather*라는 패턴 속에 잘 나타난다. 그리스도인 종은 체면상 섬기거나 인간 상전을 기쁘게 하기 위해 섬겨서는 안 된다. 자신의 안녕이나 심지어 생존까지 상전의 뜻에 달린 자는 이러한 태도에 가장 취약할 수밖에 없다. 그들은 그리스도를 전심으로 섬겨야 한다.

도둑질은 선한 일로 대치되어야 한다는 4장 28절에서처럼cf. 2:10, 여기서도 "그리스도의 종들처럼" 섬기는 것은 "하나님의 뜻을 행"하는 것이며6:6 "선을 행"하는 것이다.6:8 2장 10절 및 4장 28절에 제시된 것처럼 "선을 행함"은 에베소서에서 중요한 의미를 가지는 표현이다. 이것은 신실한 섬김이 인간에 대한 하나님의 전체적인 뜻의 범주에 해당됨을 보여준다.2:10, 주석

더구나 이러한 섬김은 신적 보상의 범주와 연결된다. 하나님은 선한 일을 하는 것에 특별한 관심을 가지고 주목하시며 육체의 상전이 알아주든 말든, 보상해 주신다.6:8 남은 문제는 이것이 종말론적 결산에 대한 언급인가, 아니면 하나님이 선악에 대해 갚아주시기 위해 계속해서 지켜보고 계신다는 의미인가라는 것이다.cf. 롬13:3-5 골로새서 3장 24-25절의 종에게도 유사한 확신이 주어진다. 이 본문은 확실히 종말론적 "보응" 및 "기업"에 대한 보장을 선악에 대한 신적 보상과 관련된 잠언과 연결한다. 베드로전서에는 종이 불의한 주인에게 고통을 당할 때 하나님이 신원해주실 것을 확신하며, 동일하게 불의의 고통을 당하신 그리스도와 같은 운명을 기대할 수 있다.cf. 벧전 2:23 그들의 인내는 임박한 심판 및 해방의 범주에 해당한다.벧전4:7

그러나 베드로전서와 달리 에베소서는 종과 상전이 교회 안에 함께 있는 것으로 간주한다. 여기서는 6장 9절에서 상전에게 주는 종에 대한 위협을 그치라는 경고 외에는 부당한 고통에 대한 언급이 나타나지 않는다. 대신에 종은 상호 복종에서 볼 수 있는 것처럼5:21 그리스도의 주 되심에 비추어 섬겨야 한다.

이러한 섬김에 제한이 있는가? 그리스도의 종이 된다는 것은 그리스도를 섬김에 있어서 어떤 제한도 없음을 보여준다. 그러나 한편으로 이러한 가정은 -특히 종과 상전이 하늘에서 한 주인을 섬겨야 하는 그리스도의 몸 안에서- 종에게 요구되는 본질적인 제한이 있다. 따라서 에베소서가 골로새서에 나오는 "모든 일에"*kata panta*, 골3:22라는 구절을 생

략한 것은 확실히 의도적이라고 할 수 있다. 종의 "순종"과 관련된 다른 내용은 이어지는 상전에 대한 말씀에 포함된다.

6:9 상전

상전에 대한 말씀은 적어도 외견상 짧다. 골로새서 4장 1절과 비교해보면 몇 가지 분명한 특징이 나타난다.도표 2, TBC 저자는 골로새서의 의와 공평에 대한 요구를 종에 대한 "위협을 그치라"는 특정 명령으로 대체한다. 그러나 중요한 것은, 저자가 처음으로 짧지만 "너희도 이와 같이 하고"라는 명령을 한다는 것이다. 이 명령은 골로새서의 종에 대한 본문 끝에 제시된, 하나님에게는 사람을 외모로 취하는 일이 없다는 말씀으로 끝난다.

골로새서에서는 하나님이 상전을 지위와 관계없이 심판하시겠다는 것이 종에게 확신을 주는 말씀이다. 여기서는 동일한 말씀이 하나님 앞에서는 상전이 어떤 특권도 가질 수 없으며 그들의 종과 함께 그리스도의 종일뿐이라는 경고로 제시된다.

얼핏 보면, 골로새서 4장 1절의 의와 공평에 대한 요구는 에베소서의 말씀보다 종에 대해 더욱 강력하고 의미심장한 충고처럼 들린다. 그러나 에베소서의 종에 대한 권면의 실제적 내용을 감안하면, "너희도 그들에게 이와 같이 하고"라는 명령은 놀라우며 주인이 종과 비교하여 가질 수 있는 "특별한" 특권이나 책임을 인정하지 않는 것을 볼 수 있다. 저자는 "너희도 그들에게 이와 같이 하고"라는 명령을 통해 **상호** 복종에 대한 요구5:21를 불평등한 구조의 사회적 관계에 적용한다.

에베소서 6장 9절은 상전들에게 그들이 하늘에 계신 상전을 함께 섬기는 자임을 상기시킨다. 하늘의 상전에 대한 신실함의 준거는 종과의 관계에서 신실한 종을 본받는가이다. 요약하면, 상전은 종으로부터 상전이 되는 법을 배워야 한다는 것이다. 이것은 불합리한 것처럼 보이지만 권면을 통해 제시된 그리스도cf. 5:2, 25-26 및 바울의 권면에 나타나는 요지특히, 빌2:6-11와 일치한다. 사실상 "너희도 그들에게 이와 같이하고"라는 명령은 5장 21절에서 가족법을 시작하는 "피차 복종하라"는 명령과 동일한 역할을 하며Best, 1998:580와 달리, 따라서 적절한 결론이 된다.

이 권면은 노예제도에 대한 정면 공격이라고 할 수는 없지만 진지하게 받아들일 경우 구조적 불평등을 근본적으로 와해시킨다. 6장 9절의 하나님에게는 외모로 사람을 취하는 일이 없다는 주장은 차치하고라도, 6장 8절 끝부분의 "종이나 자유인이나"cf. 고전 12:13; 골3:11라는 구절에는 갈라디아서 3장 28절의 연합과 평등의 관점이 나타난다. 상전은 즉시 신실한 종을 본받기 시작해야 한다는 사실은 적어도 교회에서 종은 자신의 선한 일에 대한 보상을 심판의 날까지 기다릴 필요가 없음을 보여준다.6:8; Lincoln: 424; 그러나 Schüssler Fiorenza, 1983:268의 생각은 다르다

성경 문맥 안에서의 텍스트

가족법의 기원

가족법 전승은 에베소서 5-6장을 넘어 골로새서 3장 18절-4장 1절과 베드로전서 2장 13절-3장 7절, 그리고 다소 변형된 형태지만 디모데전서 2장 8-15절, 5장 1-2절, 6장 1-2절 및 디도서 2장 1-10절, 3장 1절에도 발견된다. 때로는 로마서 13장 1-7절도 이 전승의 한 부분으로 포함시킨다.cf. 벧전2:13-17; Schroeder, 1976:546

이 전승의 역사적 배경 및 기원은 많은 논쟁의 대상이 되었으며 여기서 다루기에는 내용이 너무 복잡하다.예를 들면, Household Code에 대한 광범위한 연구에 대해서는 Balch, 1981; 1992; Crouch; J. H. Elliott, 1981; Lührmann; Schüssler Fiorenza, 1983:251-84; Schrage; J. H. Yoder, 1994; BCBC treatments by E. Martin: 181-95; Waltner: 95-103, 180-3를 참조하라 그러나 몇 가지 문제는 살펴볼 필요가 있다.

고대의 가족이나 가정은 아버지를 맨 위 정점으로 어머니, 자녀, 자유자예전 노예, 그리고 맨 밑에 종이 위치하는 피라미드식 권위 구조를 가진다. 이러한 일반적 모델은 실제 사회에서 시대 및 장소에 따라 변해왔다. 예를 들어 여자는 과부가 아니더라도 가정의 머리가 되기도 했다.Wordelman: 392 그럴지라도 유대인과 이방인 사회에서 시대의 지배적 가정은 가부장적 사회이다. 따라서 이러한 관계의 질서 및 적절한 기능은 일반적 관심사였다. 우리는 신약성경에서 이러한 관심사를 제시한 서신에 놀랄 이유가 없다

오늘날 학자들은 대부분 신약성경 저자들이 헬라화 된 유대 회당으로부터 가족법 전승에 대해 알았을 것이라고 생각하지만 이 전승의 뿌리는 깊고 다양하다. 이 전승은 주로 가성 경영peri oikonomias, 문자적 의미는 "가정에 관한 법 또는 규칙" Lührmann: 85-90에 대한 헬라의 광범위하고 전형적인 교훈에 기인한다. 사회를 구성하는 핵심적인 벽돌인 가정은 광범위한 사회 전체의 축소판으로 생각했다.

아리스토텔레스가 인용한 가정 경영에 대한 광범위한 언급은 골로새서와 에베소서에 제시된 가족법의 구조를 예시한다. 아리스토텔레스는 나라의 구성 요소를 분석하면서 다음과 같이 주장한다.

모든 것에 대한 연구는 가장 작은 부분으로부터 시작하며 가정의 가장 작고 중요한 부분은 주인과 종, 남편과 아내, 아버지와 자녀이다. 따라서 우리는 이 세 가지 관계의 타당한 구성 및 특징에 대해 조사해야 한다.Politics 1.1253b; quoted in Lincoln: 357; Schüssler Fiorenza, 1983:255

우리는 마이크로코즘가정의 관계를 매크로크좀사회으로 인식함으로써, 아내와 남편, 자녀와 부모, 종과 상전에 대한 지금까지의 언급을 통해 사람들이 교회와 사회 전체에서 어떻게 처신할 것인지에 대한 분위기를 살펴볼 수 있다.

데이빗 슈로더David Schroeder와 그를 따르는 어네스트 마틴Ernest Martin과 엘란드 왈트너Erland Waltner 및 존 하워드 요더John Howard Yoder는 다수 의견에 맞서 다른 접근 방식을 취한다. 그들은 신약성경의 가족법이 여러 면에서 유대인과 이방인의 광범위한 헬라 문화를 반영한다는 사실을 인정하지만 그 안에는 기독교적 특징을 보여주는 요소들이 나타난다고 주장한다. 다음은 특별히 중요한 것들이다. 첫째로, 묘사된 관계는 상호적 성격을 지닌다. 둘째로, 신약성경의 각 본문은 일반적으로 낮은 계층의 신분을 가장 먼저, 직접적으로 언급함으로써 특별한 대우를 한다. 셋째로, 명령형의 사용은 헬라의 가정 의무 목록보다 구약성경의 율법에 의존한 것이다. 넷째로, 성경의 가족법에는 동기를 부여하는 자이자 모델로서 그리스도에 대한 뚜렷한 호소가 나타난다.Schroeder, 1959; 1976:547; E. Martin: 287; Waltner: 180; J. H. Yoder 1994:178-9, 187

첫 번째 접근은 그리스도와 사랑agapē에 대한 언급을 가부장적 전승이 고스란히 남아 있는 자료를 겉만 기독교화 한 내용으로 저평가하는 경향이 있으며, 따라서 "결코 참신한 내용이 아니다"Best, 1993:85; cf. 1998:583 슈로더와 그를 따르는 자들이 주장하는 두 번째 접근은 그리스도에 대한 언급을 강조하며, 복음서나 빌립보서 2장 6-11절과 같은 본문에서 만날 수 있는 종으로서 예수님에 비추어 법을 해석한다. 특히 존 하워드 요더는 가족법에 대한 자신의 접근방식을 "혁명적 복종"Revolutionary Subordination으로 제시한다.1994:163-92

신약성경에 나타난 가족법

필자는 이 전승에 대해 복수의 자료를 인정하는 것이 최상이라고 생각한다. Schroeder가 인정했듯이, 1976:547; J. H. Yoder, 1994:189, n. 55 중요한 것은 다양한 배경의 삶과 신학적 및 목회적 지표가 도표 1 및 2아래와 같은 여러 전승에 주어졌다는 사실을 이해하는 것이다. 도표 1에서는 특히 순서, 어휘, 뒷받침하는 주장 및 설명의 차이에 주목해야 한다. 이것은 우리로 하여금 전승이 어떻게, 왜 지금과 같은 모습을 갖추게 되었는지를 보여준다.

표 1. 골로세서 에베소서 베드로전서에 나타난 가족법 골격

골 3:18-4:1	엡 5:21-6:9	벧전 2:13-3:7
		인간의 모든 제도를 주를 위하여 순종하되 (cf. 롬13:1-7)(이곳의 종에 대한 교훈, 아래 참조)
아내들아 남편에게 복종하라	그리스도를 경외함으로 피차 복종하라 아내들이여 자기 남편에게 복종하기를(그리스도와 남편의 머리됨에 대한 내용으로 확장)	아내들아 이와 같이 자기 남편에게 순종하라 (고난당하신 그리스도를 본받음으로써 믿지 않는 남편을 구원하기 위함이라는 내용으로 확장)
남편들아 아내를 사랑하며	남편들아 아내 사랑하기를 그리스도께서 교회를 사랑하심같이 하라 (남편과 아내로서 그리스도와 교회에 대한 내용으로 확장)	남편들아 아내를 더 연약한 그릇이요 생명의 은혜를 함께 이어받을 자로 알아 귀히 여기라
자녀들아 부모에게 순종하라	자녀들아 주 안에서 너희 부모에게 순종하라 (율법에 대한 내용으로 확장)	(자녀-부모에 대한 언급 없음)
아비들아 너희 자녀를 노엽게 하지 말지니	아비들아 너희 자녀를 노엽게 하지 말고(교훈과 훈계로 양육하는 자로서 아비들에 대한 내용으로 확장)	
종들아(douloi) 육신의 상전들(urioi)에게 순종하되(궁극적 상전이신 그리스도에게로 확장)	종들아(douloi) 육체의 상전에게 순종하기를 그리스도께 (kurioi) 하듯 하라(그리스도의 종이 됨으로 확장)	사환들아(oiketai, 집 종) 주인들에게(despotai) 순종하되(그리스도께서 고난당하신 것처럼 섬기고 고난당하라는 내용으로 확장)
상전들아 의와 공평을 베풀지니... 너희에게도 하늘에 상전이 계심을 알지어다	상전들아 너희도 그들에게 이와 같이 하고... 그들과 너희의 상전이 하늘에 계시고	(인간 상전에 대한 언급 없음)

표 2. 에베소서 골로새서 나타난 가족법 비교

엡 5:21~6:9	골 3:18-4:1
5:21 그리스도를 경외함으로 피차 복종하라	
22 아내들이여 자기 남편에게 복종하기를 주께 하듯 하라 23 이는 남편이 아내의 머리 됨이 그리스도께서 교회의 머리 됨과 같음이니 그가 바로 몸의 구주시니라 24 그러므로 교회가 그리스도에게 하듯 아내들도 범사에 자기 남편에게 복종할지니라	18 아내들아 남편에게 복종하라 이는 주 안에서 마땅하니라
25 남편들아 아내 사랑하기를 그리스도께서 교회를 사랑하시고 그 교회를 위하여 자신을 주심 같이 하라 26 이는 곧 물로 씻어 말씀으로 깨끗하게 하사 거룩하게 하시고 27 자기 앞에 영광스러운 교회로 세우사 티나 주름 잡힌 것이나 이런 것들이 없이 거룩하고 흠이 없게 하려 하심이라 28 이와 같이 남편들도 자기 아내 사랑하기를 자기 자신과 같이 할지니 자기 아내를 사랑하는 자는 자기를 사랑하는 것이라 29 누구든지 언제나 자기 육체를 미워하지 않고 오직 양육하여 보호하기를 그리스도께서 교회에게 함과 같이 하나니 30 우리는 그 몸의 지체임이라 31 그러므로 사람이 부모를 떠나 그의 아내와 합하여 그 둘이 한 육체가 될지니 32 이 비밀이 크도다 나는 그리스도와 교회에 대하여 말하노라 33 그러나 너희도 각각 자기의 아내 사랑하기를 자신 같이 하고 아내도 자기 남편을 존경하라	19 남편들아 아내를 사랑하며 괴롭게 하지 말라
6:1 자녀들아 주 안에서 너희 부모에게 순종하라 이것이 옳으니라 2 네 아버지와 어머니를 공경하라 이것은 약속이 있는 첫 계명이니 이로써 네가 잘되고 땅에서 장수하리라	20 자녀들아 모든 일에 부모에게 순종하라 이는 주 안에서 기쁘게 하는 것이니라
4 또 아비들아 너희 자녀를 노엽게 하지 말고 오직 주의 교훈과 훈계로 양육하라	21 아비들아 너희 자녀를 노엽게 하지 말지니 낙심할까 함이라
5 종들아 두려워하고 떨며 성실한 마음으로 육체의 상전에게 순종하기를 그리스도께 하듯 하라 6 눈가림만 하여 사람을 기쁘게 하는 자처럼 하지 말고 그리스도의 종들처럼)마음으로 하나님의 뜻을 행하고 7 기쁜 마음으로 섬기기를 주께 하듯 하고 사람들에게 하듯 하지 말라 8 이는 각 사람이 무슨 선을 행하든지 종이나 자유인이나 주께로부터 그대로 받을 줄을 앎이라	22 종들아 모든 일에 육신의 상전들에게 순종하되 사람을 기쁘게 하는 자와 같이 눈가림만 하지 말고 오직 주를 두려워하여 성실한 마음으로 하라 23 무슨 일을 하든지 마음을 다하여 주께 하듯 하고 사람에게 하듯 하지 말라 24 이는 기업의 상을 주께 받을 줄 아나니 너희는 주 그리스도를 섬기느니라 25 불의를 행하는 자는 불의의 보응을 받으리니 주는 사람을 외모로 취하심이 없느니라
9 상전들아 너희도 그들에게 이와 같이 하고 위협을 그치라 이는 그들과 너희의 상전이 하늘에 계시고 그에게는 사람을 외모로 취하는 일이 없는 줄 너희가 앎이라	4:1 상전들아 의와 공평을 종들에게 베풀지니 너희에게도 하늘에 상전이 계심을 알지어다

다양한 배경의 삶에서의 복종

부당함을 참는 복종

신약성경 저자들은 왜 이 전승을 가져왔는가? 첫째로, 교회는 유대인과 헬라인, 종과 자유인, 남자와 여자의 구별이 더 이상 중요하지 않다는 복음이 가져다 준 자유cf. 갈3:28에 대해 제한을 가할 필요가 있었다는 주장이 종종 제시된다. 존 H. 요더John H. Yoder의 말처럼 "너희의 자유를 지나치게 축하하지 말라"는 것이다.1994:190; 그보다 훨씬 앞서 Schroeder, 1959:151는 복종해야 할 위치에 있는 자들이 복음을 "과잉해석"할 소지가 있다고 주장한 바 있다 그러나 이유가 무엇인가?

아마도 전도와 증거의 필요성 때문에 가정의 선한 질서가 필요했을 것이다. 아버지가 식구들의 종교적 삶을 결정하는 사회에서 아내나 종처럼 사회적 약자의 위치에 있는 식구의 회심은 사회적인 불안정을 초래할 수 있는 불복종으로 생각되었다.Russell, 1984:102; Schüssler Fiorenza, 1983:262-6 따라서 사회를 파괴시키는 해방 운동으로서 교회에 대한 적개심은 교회의 노력을 위태롭게 했을 것이다. 아이러니하게도 신자들은 자유의 복음을 위해 자신의 자유를 억제할 필요가 있었던 것이다. 가족법은 사회를 안심시키는 한편, 신자들에게 그리스도인은 가정과 경제 및 사회에 위협이 되지 않는다고 가르쳤다. 보다 적극적으로 말하면, 아내가 믿지 않는, 어쩌면 적대적인 남편에게 자발적으로 복종하는 것이나 신자가 적대적인 "인간의 제도"에 대해 순종하는 것은 배우자와 사회의 회심을 끌어내기 위한 것이라고 말할 수 있다.

베드로전서에서는 이 법이 이러한 상황 및 목적과 잘 부합되는 것처럼 보인다.특히 3:1; cf. 딛2:5,8 참조; Schertz, 1992a; Schroeder, 1990:48-58; Schüssler Fiorenza, 1983:260-6; J. H. Yoder, 1994:176, 185; Waltner의 베드로전서 2:11-3:12에 대한 논문은 "Christian Witness in Hostile Society"[적대적 사회 안에서 그리스도인의 증거]라는 적합한 제목을 사용한다 이러한 상황에서 이 법의 주 관심사는 지배적인 사회적 관습을 개조하는 것이 아니라 어렵고 심지어 적대적인 상황에서 어떻게 하면 그리스도를 본받을 수 있을까라는 것이다. 지배적인 사회적 패턴과 구조는 문제의 한 부분이지 해결의 대상이 아니다.

그러므로 적대적 사회에서의 복종은 힘이 없고 고통을 받는 상황 가운데, 끔찍한 상황 −또는 확실히 상황의 변화를 위해− 을 참으신 그리스도를 닮아가는 한 형태이다. 따라서 복종은 변화를 바라는 마음에서 비롯된 행동 방식이다. 그러나 이것은 신적 개입과 심판의 확실성이라는 관점에서 부당함을 기꺼이 참으려는 의지라고도 할 수 있다.cf. 벧전 4:12-19 전도와 종말론 및 '하나님의 신원을 믿은 의로우신 분으로서 그리스도를 닮음'

은 모두 이러한 복종의 태도를 뒷받침한다.

질서 잡힌 사회의 미덕으로서 복종

다른 삶의 정황에서 복종은 미덕에 해당한다. 이 경우, 사회적 약자의 복종은 복음의 보다 큰 승리를 위해 그리스도 안에 있는 근본적인 자유로부터 물러나는 전략적 후퇴가 아니며, 따라서 아이러니하게도 이러한 자유의 표현이다. 또한 이것은 사실상 부당함을 참을 수밖에 없는 자들의 태도도 아니다. 대신에 이것은 가정과 교회의 바른 질서를 세우는 미덕이다. 복종은 부당함을 참는 것이 아니라 바른 질서를 세우는 것이다.

교회가 점차 보수적이 되고 전통적이 될수록 ―아마도 베드로전서의 경우에서처럼 고통이 직접적인 요소가 아닌 사회에서― 종말론적 열정은 식기 마련이다. 대신에 제도와 조직에 대한 필요성이 보다 중요한 문제로 대두된다.Gnilka: 276; Lincoln: 390 또한 교회는 가정생활을 경시한 자에 대해서도 진지한 문제로 다룰 것이다.R. Martin, 1991:72; Schüssler Fiorenza, 1983:266-70 이러한 삶의 정황에서 관심의 초점은 종종 문제를 야기하는 교회와 세상이 교차하는 삶으로부터베드로전서에서처럼 전적으로 교회 내의 삶으로 초점을 옮긴다. 흥미롭게도 교회 내의 질서와 관계에 대한 이러한 개념은 주로 주변 세상의 이상ideals에 기인한다.

계급적이고 가부장적 사회 패턴은 아내, 자녀 및 종과 같은 약자 편에서의 복종을 요구한다. 그럼에도 불구하고 신약성경 가족법의 그리스도에 대한 호소는 지배적 위치에 있는 자의 사랑과 돌봄 및 존중의 태도를 포함한다.종종 "사랑의 가부장제"로 불린다. cf. Koontz: 204-5, "자비한 가부장제"; Lincoln: 391; Schüssler Fiorenza, 1983:269-70; Schroeder, 1959:127 그때나 지금이나 이것은 확실히 특권과 지배의 이용이나 남용에 대한 대안이 될 것임이 분명하다. 그렇다고 해도 베드로전서와 달리 이 모델은 원칙적으로 그리스도를 복종의 전형으로서가 아니라 우월적 지위에 있는 자 ―남편, 아버지, 상전― 의 전형으로 제시한다.

어떤 상황이 에베소서와 부합되는가?

두 개의 주장, 두 개의 관점, 두 가지 색깔의 복종 및 그리스도에 대한 두 가지 호소가 있다. 한편으로 그리스도는 복종하는 자고난 받는 아내와 종의 동료이며 다른 한편으로는 상위에 있는 자머리, 남편, 상전의 동료이다. 이러한 준거의 틀은 전혀 다른 청중 및 전략을 반영한다. 앞서 언급한 대로, 첫 번째 대안은 베드로전서의 상황과 잘 부합된다. 두 번째 대안은 골로새서와 에베소서가 전승을 다루는 방식에 훨씬 많이 반영된 것이 사실이다.

골로새서의 경우처럼 에베소서에 제시된 가족은 모두 교회 안에 있다. 에베소서에서는 베드로전서의 경우에서 볼 수 있는 것처럼 바깥세상과 관련된 문제로 인해 이 법이 필요하게 되었다는 어떤 암시도 없다. 어네스트 베스트Ernest Best는 에베소서의 가족법이 교회 내 가정의 삶을 묘사하는 방식은 실제적 경험을 반영한다는 주장에 대해 의구심을 나타낸다. 그는 불신자 가족이 없는 그리스도인 가정의 삶이라는 가정은 1세기 교회의 현실과 맞지 않으며 따라서 논리적으로 "부당하고"1997:201 "목회적으로 비현실적"이며 "결함이 있다"1998:526고 주장한다.

필자의 생각에 베스트는 이상적인 모델의 목적 및 목회적 기능을 오해한 것으로 보인다. 그러나 에베소서에는 골로새서와 마찬가지로 믿는 아내가 믿는 남편에게 복종하고, 믿는 자녀가 믿는 아비에게, 믿는 종이 믿는 상전에게 순종해야 한다는 그의 관찰은 옳다. 이 모든 내용은 모델, 동기를 부여하는 자 및 궁극적인 권위로서 그리스도에 대한 반복된 호소로 둘러싸여 있다. 확실히 그는 우월적 지위에 있는 자를 위한 모델이다.

많은 해석가는 이러한 요소들이, 바울이 갈라디아서 3장 28절을 기록한 후에 에베소서를 기록한 저자가 더 이상 아내의 일방적 복종과 <u>피차</u> 복종하라는 명령 사이에 긴장을 느끼지 못하였음을 보여준다고 말한다. 이 관점에 따르면 에베소서의 "피차"는 교회와 가정의 모든 사람이 윗사람에게 복종해야 한다는 의미이다. 레티 러셀Letty Russell의 말처럼 "우리는 **모두 복종해야** 하지만 어떤 사람은 다른 사람보다 **더욱 복종해야** 한다"1984:101, her italics는 것이다. 그들은 에베소서가 바울의 그리스도 중심적 평등주의를 교회 밖의 지배적 관습으로 바꾸었으며 그것을 교회 안에서 정상화 했다.Johnson: 341고 말한다.

이러한 초기 바울의 급진적 가르침으로부터의 이탈은 예수님의 가족에 대한 복음서의 진술과도 배치된다.막3:31-35 외; 마10:34-37 외; 19:29; 그러나 15:4-6를 보라 에베소서에서 가정오늘날의 소가족보다 광의의 개념일지라도은 인간에 대한 하나님의 지속적 축복의 한 부분으로 제시된다.예를 들면, 6:2-3의 자녀에 대한 명령에서 율법의 용례

러셀Letty Russell은 이러한 회귀를 "일상생활에 대한 수정된 계획"으로 부른다.1984: 100; cf. Johnson: 340-2; Perkins, 1997:140; Schüssler Fiorenza, 1983:270; Tanzer: 331 계급적 관계는 기독론적 정당성을 부여받은 것으로 인정되며 따라서 영구적이라는 것이다. 어떤 사람들은 가족법이 에베소서의 관대하고 포용적인 관점과 전혀 부합되지 않기 때문에 훗날 에베소서 본문에 어쩔 수 없이 들어갔을 것이라고 생각한다.예를 들면, Tanzer: 340-2; cf. Munro, 1983:27-37 본문에 대한 용례는 이러한 비판에 상당한 무게를 둔다.

그러나 의도된 목적 및 잠재적인 영향과 관련하여 가족법에 대한 다른 해석도 가능하다. 첫째로, 가족법을 에베소서에 이식된 외부 자료로 볼 설득력 있는 근거는 없다. 이 법은 정확히 골로새서에서 발견되는 것과 동일한 주제 배열을 보여준다. 더구나 이 법은 본 서신 전체의 요지와도 일치한다. 가족, 특히 결혼은 그리스도의 희생적 주 되심 및 에베소서 전체의 특징인 몸과 머리의 연합이라는 렌즈를 통해서 들여다보아야 한다. 특히 2장, 4장; Houlden, 1977:329 가족법이 훗날 에베소서에 삽입되었느냐의 여부는 궁극적으로 무관하다. 어쨌든 우리에게는 현재의 정경 형태로 도달했기 때문이다. 본문을 정경으로 읽는 자로서 우리는 본문이 제기하는 문제를 제거함으로써 "문제를 해결하는" 호사를 누리거나 원해서는 안 될 것이다.

둘째로, 그리스도와 그의 구원 사역에 대한 저자의 묘사는 에베소서에서 발견되는 법전 내용의 한 부분으로 생각해야 한다. 에베소서에서 그리스도는 교회에 끼친 유익과 관련되지 않는 한, 교회가 그의 자리를 대신할 만큼 거의 관심을 받지 못한다. 예를 들면, 1:23, 3:19 주석 신약성경 가운데 에베소서만큼 교회를 귀하게 여기고 많은 관심을 가진 자료는 없다. 서론 참조

많은 사람은 에베소서의 가족법에 나타난 강력한 그리스도의 임재를 전통적 가정의 계급적 관계를 "공고히 하는" 방식으로 본다. 그러나 이 법전에 기록된 그리스도 역할은 본 서신의 나머지 부분과 전적으로 일치한다. 그리스도는 인간과 화목하고 그를 높이며 재창조하시는, 하나님의 희생적 대리인이다. 이 법전에서 모델이자 동기부여자로 나타나시며 주가 되시는 분이 바로 이 그리스도이시다.

에베소서의 가족법에서 그리스도는 베드로전서에서 볼 수 있는 것처럼 압제자와 불의한 자의 손에 고난당하는 무고한 자의 동료, 취약자의 모델로 제시되지 않는다. 에베소서에서 그리스도는 강한 자와 지배자의 모델로 제시된다. 그들은 어떤 자로 나타나는가? 죽음조차 불사하는 섬김을 통해 가장 확실하게 사랑을 드러내는 열정적인 연인이다. 상호 섬김 및 그리스도를 본받음이라는 바울의 주제cf. 빌2:6-11는 ―이러한 주제가 저자가 전수받은 가족법에 스며있는 가부장제와 밀착해 있음에도 불구하고확실히 불편한 동거이겠지만!― 저자가 이 가족법의 전승을 에베소서에 맞추어 적용할 때 반영되었음을 보여준다.Hays: 65 이 부분을 본문에서 들어냄으로써 한편으로 일축하거나 다른 한편으로 내적 역동성 및 광의의 콘텍스트에 제대로 주의를 기울이지도 못한 채 시행될 수밖에 없는 법으로 분리시킨다면, 신실하지 못한 해석가가 될 것이다.

공적 증거로서 가정

앞서 진술한 대로 가족에 대한 교훈은 교회 내 관계에 대한 것이다. 이것은 베드로전서 3장이나 고린도전서 7장과 달리 그리스도인이 세상과 접촉하는 부분의 삶에 초점을 맞추지 않거나, 또는 대부분의 결혼관계나 경제적 관계가 상처와 적개심의 부담을 안고 있다는 쪽으로 이어졌다. 예를 들면, Best, 1993:82-85, 96; 1998:524 그러나 우리는 에베소서의 가족법에서 다루지도 않은 내용을 기대해서는 안 된다. 저자는 당면한 목회적 관심이나 전도 문제를 다루기보다 가정의 바람직한 관계는 그리스도 안에서 만물을 통일되게 하시려는1:10 하나님의 전체적 계획에 기초함을 보여준다. 따라서 에베소서는 그리스도와 교회에 초점을 맞춘다. 그러나 그로 말미암아 가족 관계는 공적능력을 포함한다 증인이 된다.3:10: 6:12 빛의 자녀들은 어둠에 맞서 어둠을 빛으로 바꾸는 변화에 관심을 가져야 한다.5:3-15 신자는 함께 하나님의 능력을 통해 강건해져야 한다.6:10-20 오직 그렇게 할 때만이 가정생활은 성령 충만한 예배의 공적인 행위가 된다.가족법이 문법적으로 5:18-21에 의존한다는 사실을 상기하라 에베소서가 "그리스도께 하듯"6:6 살아가는 가족 관계의 비전을 제시한 것은 이러한 공적 증거를 위해서이다.

교회적 상황에서의 텍스트
싸움에 대비한 본문

오늘날 가족법은 교회의 삶, 특히 남자와 여자의 관계와 관련하여 많은 논쟁이 되고 있다. 미국의 남침례교연합회는 최근 에베소서 5장을 성경적 근거로 인용하며 남편이 가정의 머리됨의 중요성을 재확인하는 분명한 태도를 취한 바 있다. 다른 사람은 이 본문을 여자에 대한 치명적 공격으로 받아들여 여성 그리스도인의 실효적 정경에서 대부분 빠져 있다.

두 극단 사이에 있는 자들은 성경의 권위를 인정하지만 본문은 여성을 공격하는 무기로 오용되고 있다고 생각한다. 그들은 "머리됨"이 권위로 왜곡되었음을 인정하고 가부장제라는 문화적 상황이 규범으로 잘못 받아들여졌다고 주장한다. 예를 들면, Grenz: 107-17: Scholer: 40-4: Swartley, 1983:256-69 ["Head"]

개인적이든 사회적이든 경험과, 해석가의 정치적 입장이나 위치는 텍스트를 어떻게 읽고 해석해야 할 것가와 밀접한 관련이 있다. 많은 사람은 본문에서 "옛"전통적방식이 최선이며 가정과 교회에 대한 하나님의 뜻을 대부분 반영한다는 사실을 확인한다. 가정 및 경제적 관계에서 고통스러운 상처의 역사를 가지고 본문을 대하는 자들은 이 본문이 자신의 상처에 연루된 교회를 덮어주거나 심지어 그들독자과 맞서기 위해 사용된 곤봉임을 경험한다. 특히 그들이 열린 마음으로 하나님의 말씀을 듣기 위해 나왔다면 큰 긴장을 경험하게 될 것이다.

해석가는 가능한 자신의 관심사, 관점, 소망, 두려움에 대해 인식하고 있어야 하며 다른 사람의 경험에 대해 알고 목회적 민감성을 가질 필요가 있다. 해석가가 서 있는 땅은 거룩한 땅이다. 그들이 해석하고 있는 책은 성경이기 때문이다. 또한 그곳은 여자와 남자, 자녀와 부모 및 종과 상전의 경험이 그렇게 만들기 때문에 거룩하다. 이러한 경험은 새로운 피조물의 복음에 대한 담대한 충성으로 나타날 때도 있지만 학대와 비인간화로 얼룩질 때가 얼마나 많은지 모른다.

예를 들어 필자는 학자에게 필요한 도구와, 양육과 가사를 분담하는 한 목회자의 남편으로서 필자의 경험을 가지고 본문을 해석한다. 나는 여성이 교회와 가정 및 직장에 완전히 동참하는 것이 복음과 일치하며 복음의 열매와도 합치한다는 생각으로 환영한다.Yoder Neufeld, 1990:289-99 그러나 교육을 받고 특권을 가진 남자로서 나는 많은 여성, 아이들 및 생존 능력이 약한 취약계층에 비하면 강한 자이다.

이 텍스트에 대한 작업을 할 당시 필자는 중앙아메리카로 안식년을 떠나 있었으며 이러한 요소들에 대해 정확히 인식하고 있었다. 그곳에 있는 사람들은 남녀 가릴 것 없이 모두 즐거워보였으며 권력이나 자신의 소유라고 주장할 땅도 없고 경제적 예속을 일상화시킬 상전도 없었다. 여자와 어린이는 가정의 남용에도 복종해야 하는 이중으로 취약한 삶을 산다.

필자의 모국인 캐나다에서는 많은 여성과 아이들이 권위주의자와 때로는 폭력적 남편에게 복종한다는 것이 무슨 의미인지 알고 있다. 그들은 에베소서의 가족법과 같은 본문에 의존하지 않더라도 그러한 행동을 넌지시 하고 있다는 사실을 잘 알고 있다.Heggen; Melissa A. Miller; Thistlethwaite 많은 사람은 실직이나 불완전고용이 무엇인지 알기 때문에 무자비한 상사설사 그가 얼굴 없는 시장[faceless market]으로 드러났다고 할지라도의 변덕에 복종해야 한다는 사실을 잘 알고 있다. 많은 사람, 특히 여성은 이 본문이 "자신의 안녕에 위험하다"는 사실을 잘 알고 있다.Russell, 1985:141

오늘날 본문을 해석하는 자들은 자신과 타인의 경험에 대해 잘 알고 있다. 그러나 그들은 본문 안에서, 본문을 통해 하나님의 음성을 귀담아 들어야 한다. 이러한 귀 기울임이 쉬운 것은 아니다. 가령 본문에서 아내에게 경외하라"존경"이나 "두려움"으로 해석하더라도고 명령한 것은 문제를 야기한다.5:21, 33 이 경외함은 저자가 온 가정이 그리스도를 본받는 긍정적 관점을 제시하고 있다는 점에서 더욱 혼란을 준다. 따라서 그들은 본문 자체는 결혼 관계에서 아내의 위치와 역할에 대한 비전으로 제시하기에는 적합하지 않다고 생각한다.

동시에 청중 가운데 첫 번째 열을 차지할 남편과 아버지와 상사로서 본문을 통해 하나님의 말씀을 들으려는 자는 상당히 불편해 할 것이다. 그는 고난과 자기희생적 사랑으로 주와 머리가 되신 자를 본받아야 한다. 그는 아버지에게만 주어진, 남용에 대한 분명한 경고로 인해 불편해 할 것이다. 그러나 그는 그리스도 학교에서 자녀의 선생이 되어 다른 사람의 종이 되는 법을 가르치고 배우라는 권면에 약간의 부담감과 함께 힘을 얻을 것이다. 확실히 그리스도를 잘 배운4:20 남편과 아버지는 그리스도께서 사랑하신 것처럼 사랑하라는 명령이 남성 특권을 뒷받침하는 구조를 근본적으로 와해시킨다는 사실을 보여주는 충분한 증거가 된다. 만일 저자에게 다른 의도가 있다면 독자 앞에서 이러한 모델 ─이곳과 신약성경 다른 곳에서 만나는 그리스도─ 을 붙들고 있음으로 큰 실수를 한 것이다.

남은 문제는 이 본문이 가부장적 관계를 "공고히 하느냐"예를 들면, Schüssler Fiorenza, 1983:270 그것을 타파하느냐라는 것이다. 이 문제는 사람들이 이 본문을 어떻게 읽으며, 우리가 "가정"이라고 부르는 다양한 사회적 구조 안에서 어떻게 실천할 것인가라는 문제를 떠나서는 해결할 수 없다. 또한 우리가 본문그리고 이어지는 삶을 통해 만나는 그리스도가 누구인가라는 문제를 떠나서는 해결될 수 없다. 이 본문이 그리스도인의 실효적 정경에서 삭제되어야 한다는 주장을 반박할 수 있는 대안은 남편과 아버지 및 상전이 본문에서 그들의 모델로 제시된 주를 본받아 섬김의 삶을 실천하는 것이다.

회심과 변화의 능력은 본문이나 논증의 승리에 있는 것이 아니라 종이신 그리스도의 영성령에 있다. 저자는 문법적으로 가족법을 성령으로 충만함을 받으라는 명령에 덧붙임으로 이러한 사실을 암시한다.5:18, 주석; Schematic Trans.

남편은 아내의 구원자인가?

여성은 자신의 구원해방이 교회의 구원이 그리스도에게 달린 것처럼 남편에게 달려 있을 수 없으며 그렇게 될 수도 없다고 주장할 것이다. 이러한 주장은 그리스도와 남편의 유추가 제한적이라는 점에서는 확실히 옳다. 그러나 반론은 더욱 강하다. 즉, 이러한 유추 자체는 아내를 구원할 자는 남편이 될 것이며 반대의 경우는 아니라는 가부장적 가정과 깊이 연결되어 있다는 것이다. 이러한 반론은 어느 정도 사실이다.

그러나 그리스도와 남편의 유추도 면밀히 살펴보아야 하겠지만 에베소서에서 남편에 대한 호소는 아내에 대한 해방/구원이 가부장적 문화를 배경으로 하는 상황에서 이루어진다는 사실을 기억해야 한다. 사실 본문은 이러한 사회적 구조를 전제한다. 본문은 결혼 관계에 있어서 사회적 강자에 해당하는 계층에 대해 주를 본받는 삶을 살라는 명령을 제시한다.

오늘날 결혼한 사람들에게 이 가족법을 재 진술한다면 다르게 들릴 것이며 다르게 들려야 한다.Jewett: 139-41; Lincoln: 393-4 그러나 그때나 지금이나 가족에 대한 명령그리스도를 본받으라은 남편과 아내, 아버지와 어머니 가운데 책임과 자유 및 권위를 행사하는 누구에게든 동일한 효력으로 제시되어야 할 것이다. 그런 삶을 사는 것은 다른 사람에 대한 구원과 능력주심 및 그들을 위한 사랑과 희생적 섬김을 통해 자신의 머리됨을 가장 완전하게 보여주신 그리스도를 흉내 내는 것이다. 이것은 교회 안팎의 모든 사회적 질서를 흔들고 무너뜨리는 도전을 제시한다.

더구나 이러한 재형성reformulation은 남편과 아내 모두에게 교회와 그리스도의 비밀에 동참하고5:32 자신의 결혼을 구원, 능력, 평화 사역, 화목 및 영원한 사랑의 드라마로 만들 것을 요구한다. 따라서 그들의 결혼은 그리스도 안에서 만물을 통일되게 하는 일1:10을 경험하고 선포하는 장소가 될 것이다. 우리가 에베소서에서 발견하는 가족법에는 시대를 초월한 영원한 근본적 요소가 담겨 있다.

혁명적 복종인가?

가족법에 대한 이러한 분석 및 해석은 고 존 H. 요더의 잘 알려진 논쟁적 논문1994:162-92, "Revolutionary Subordination"과 많은 부분에서 일치한다. 필자는 이 전승의 기원과 관계없이, 이 가족법에 나타난 그리스도에 대한 호소는 지배적 사회 계층에 대한 정당화가 아니라 변화의 진원지라는 그의 관점을 나누고자 한다.

그럼에도 불구하고 필자는 몇 가지 점에서 요더와 다른 견해를 가지고 있다. 무엇보다 필자는 요더와 달리 베드로전서의 법전에 대한 용례와 에베소서및 초기 골로새서; TBC 법전의 용례를 명확히 구별한다. 베드로전서에서 그리스도에 대한 호소는 고난이 잠재적으로 복음에 유익하다는 차원과 임박한 심판 및 하나님의 구원이라는 차원에서 부당함을 견디는 자들의 결심을 강화하는 역할을 한다.Schertz, 1992a; Waltner: 82-118 우리가 베드로전서에 대해 논의할 수 있는 쟁점은 가부장제가 유익한가의 여부가 아니라 그것을 견디어야 하는가 및 그러한 제도 하에서 고난이 의미가 있느냐라는 것이다.

베드로전서의 법전이 요구하는 복종에 혁명적 요소가 있다면 신실한 복종을 통해 지배적 파트너의 회심을 추구한다는 것이다. 중요한 것은 이러한 복음 전도 차원의 고난이 심판자와 해방자로서 하나님의 개입과 분리해서 생각할 수 없다는 인식이다. 이러한 주장은 본질상 평화주의나 비저항주의가 **모든** 부당한 상황에서 제기해야 하는 주장과 차이가 없다. 가족법에 대한 요더의 논쟁의 대부분은 이러한 역사적, 신학적 배경과 관련된다.1994:185

에베소서에서는 골로새서에서처럼, 가족법이 본질적으로 사회적 관계에 대한 긍정적 관점으로 제시된다. 고난은 핵심 이슈가 아니며 그리스도는 함께 고난을 받는 동료로서 안심 시키는 역할을 하는 것이 아니다. 대신에 그는 가정의 우월적 지체의 모델로 제시된다. 따라서 에베소서의 법전은 상호관계에서 이미 지배적 위치에 있는 파트너가 자신에게 가장 우선적으로 주어진 피차 복종하라는 명령을 듣고 그들이 모델로 삼은 그리스도가 섬김의 주Lord일 경우에만 혁명적이 될 것이다.

요더가 말한 바, 자신의 구원관을 "교회 영역 **밖의** 사회 질서에 대해 **격렬히** 강요하려고 시도했던" 교회1994:185 밑줄 부분 첨가는 베드로전서의 상황과 좀처럼 일치하지 않는다. 그곳 본문에서 복종하는 자들은 큰 희생이 없이는 반역할 방법이 없었다. 그들 가운데 대부분은 확실히 누구에게 무엇을 강요할 위치에 있지 않았다. 또한 세상에 대해서는 간접적인 증거만 제시하고 교회 내 관계에 초점을 맞춘 에베소서의 상황과도 부합되지 않는다. 에베소서의 청중은 대부분배타적인 것은 아니지만 교회 안의 사회적 지배 계층에 있는 자들로 구성된다.

에베소서 저자는 남자에 대해 너무 유약해서 가부장제를 전복하기 어렵다는 주장을 하지 않는다.J. H. Yoder, 1994:190 대신에 에베소서는 지배적 지위에 있는 자들로 하여금 기존의 지배력을 그리스도를 본받는 섬김으로 재 규명하게 한다. 이것은 "지배층의 혁명"이다. 그러나 이것은 본질적으로 부당한 구조에 대한 개선을 넘어 사회적 약자에 대한 관심을 통해 근본적인 변화를 초래할 때만이 가능한 혁명이다. 그때만이 그리스도께서 사랑하신 것처럼 사랑하는 것이다. 그때만이 가정이 **새 사람**2:15을 창조하는 일에 동참할 수 있다.

사회적 지배층의 이러한 희생적 사랑은 그리스도인의 자유를 침해하지 않는다. 오히려 그것은 자유에 대한 완전하고 강력한 행사이다! 교회가 세상에 자유의 복음을 "강요"해서는 안 된다는 요더의 주장은 옳다.1994:185 동시에 교회가 권세들에게 하나님의 각종 지혜를 알리는3:10 자리에 있으려면 "지혜의 몸"의 지체들은 교회 안에서 이러한 복음이 시행되게 해야 할 것이다. Yoder가 상기키듯이; 1994:148; 1994a: 56, 61 그리스도의 몸의 지체로서 불평등 및 불의와 관련하여 교회로부터 기대하는 것은 세상으로부터 기대하는 것보다 중요하다. 베드로전서 4장 17절을 반영하면, 변화는 "하나님의 집에서부터 시작"되어야 한다. 이것이 그리스도의 몸인 교회를 부르신 목적이다.

가족법과 고난

재세례파 신학은 전형적으로 능력 및 주되심보다 고난과 친밀한 신학이다. 따라서 이 공동체의 가족법에 대한 연구는 베드로전서에 더 많은 초점을 맞추었다. 예를 들면, Schertz, 1992a; Waltner: 82-118 가족법에 대한 일반적 언급에 있어서도 재세례파 학자들은 주로 베드로전서의 역동성에 의해 제시된 프리즘을 사용했다. cf. Schroeder, 1959; 1990; J. H. Yoder, 1994:162-92 감사하게도 오늘날 남편, 아버지 및 지도자에게 고통을 당하는 여자와 어린이에 대한 민감함이 고조되고 있다. 따라서 오늘날 이러한 상황에서 베드로전서의 "평화주의자" 방식의 도전은 교회에 혼란을 주고 있다. 예를 들면, Gerber Koontz, Penner, and Schertz in Elizabeth Yoder, 1992

에베소서는 권력과 특권의 자리에 있는 자에게 큰 도전이 된다. 남편, 아버지 및 윗사람이 회개할 수 있을 것인가? 그들은 어떻게 또한 누구를 위해 자신의 힘을 행사할 것인가? 그들은 권력을 포기할 만큼 강한가? 그들은 사회적 구조가 인간화 되고 그리스도의 형상을 닮아갈 만큼 예수님을 따를 수 있는가? 이러한 질문은 재세례파 사람들이 자주 받지 못한 질문이다. 그러나 세상과 그것의 구조 및 권력의 속성에 점차 편안함을 느끼고 있는 자들에게 매우 중요한 질문들이다.

> 우리를 끌어안으소서-부자도 오만한 자도
> 우리를 끌어안으소서- 교만한 자도 강한 자도
> 우리에게 온유하고 겸손한 마음을 주소서
> 우리에게 이 노래를 떠올릴 용기를 주소서 HWB: 6, 2연

그리스도와 교회

입장은 다르지만 중요한 한 주석에 따르면 적어도 저자에게 있어서 그리스도와 교회의 관계는 남편과 아내의 관계만큼 중요하다. 5:31 오늘날 아내와 남편의 관계를 둘러싼 논쟁은 현재의 본문이 제시하는 의미를 제대로 파악하지 못하게 하고 있다. 본문은 우리에

게 신자가 개인적으로나 공동체적으로 누릴 수 있는 은혜로운 교제를 통해 환희로 가득한 그리스도와의 관계를 회복할 것을 요구한다. 오늘날 기도와 음악을 통해 영적 심오함과 친밀함을 찾으려는 현상은 신자들 가운데 "첫 사랑"계2:4의 회복에 대한 깊은 갈망이 있음을 보여준다. 어떤 사람들은 중세 신비주의의 영성을 재발견하며 다른 사람들은 은사적 부흥을 통한 새로운 호흡법을 발견한다.

우리의 본문은 이처럼 생명력 있는 영성이 일상적으로 경험하는 가정과 사회 및 경제적 의무의 중심에서 가장 잘 드러나며 행사된다고 말한다. 예배와 영성과 윤리가 상호 긴장관계에 있지 않다는 점은 재세례파의 중심과 궤를 같이하는 통찰력이다. 그들은 같은 곳에서 발견되어야만 한다.

평화 전쟁: 하나님의 전신갑주를 입어라

개관

우리는 드디어 에베소서의 절정에 해당하는 6장 10-20절에 이르렀다. 본 서신 전체에 퍼져 있는 능력과 충만함에 대한 여러 지류의 강조점이 결국 하나로 모인 것이다. 이곳에는 하나님의 구원 행위 중심에 있는 교회에 대한 놀라운 이미지가 제시된다. 에베소서는 청중을 향해 큰 소리로 낭독되었을 것이다. 따라서 전쟁을 수행하라는 이 자극적인 촉구는 고대 수사학을 배우는 학생들이 "결론"peroration이라고 부르는 역할을 수행한다. 저자나 연사는 결론 부분에서 서신이나 연설의 핵심 주제를 요약하고 청중에게 행동을 촉구한다.Lincoln: 432-3; Perkins: 141; Yoder Neufeld, 1997:110 하나님을 본받음5:1은 용서 및 자비와 연결될 뿐만 아니라 그리스도 안에서 만물을 통일되게 하심1:10에 저항하는 우주적 세력과의 싸움과 연결된다.

5장 21-6장 9절에서 가족이라는 축소판에 초점을 맞춘 후 우주적 전쟁을 위한 무기를 들라는 명령이 이어진 것은 다소 놀랍다. 그러나 "우주적"이라는 말은 결코 인간 영역을 배제하지 않는다. 사실 에베소서는 세상을 본받지 않음5:3-21 뒤에, 그리고 하나님의 전신갑주를 취하라는 명령 바로 앞에 가족법을 제시한다. 따라서 저자는 독자에게 "오직" 날마다의 사회적 관계만이 권세들과의 싸움의 실제적 영역임을 깨닫게 한다.

에베소서 6장 10-13절은 하나님의 능력으로 강건해 질 것을 명한다. 신자는 하나님의 전신갑주를 입어야 한다. 14-17절의 무기는 1세기 독자에게 그들이 날마다 목격하는 군인들을 상기시켰을 것이다. 그러나 더욱 중요한 것은 저자가 갑옷을 입으신 하나님에 대한 전승특히 이사야 59장 17절에서 발견되는을 제시한다는 것이다. 따라서 하나님의 전신갑주를 입으라는 명령은 독자에게 신적 전사를 본받으라는 명령이다. 이러한 갑옷에 비해 대적은 마귀와 그의 세력들이라는 것은 놀라운 일이 아니다. 14-17절은 하나님의 전신갑주를 입은 전사를 진리, 의, 믿음 및 구원으로 무장하고 말씀을 휘둘러 평화를 선포할 준비를 갖춘 자로 묘사한다.

18-20절은 "전쟁 중인" 성도의 투쟁 및 결속을 위한 자세로서 기도에 초점을 맞춤으로써 전쟁에 대한 은유를 마친다. 바울은 마지막에 묶여 있는 메신저"쇠사슬에 매인 사신"로 한 차례 소개됨으로써 복음의 능력 및 자유와 그것을 전하는 메신저의 대조가 얼마나 큰 아이러니인지를 보여준다.

6장 10-20절의 구조

그러므로 주 안에서 강건하라

하나님의 전신 갑주를 입으라
    마귀의 간계를 능히 대적하기 위하여
하나님의 전신 갑주를 취하라
    악한 날에 너희가 서기 위함이라

서라!
- 진리로 허리띠를 띠라
- 의의 호심경을 붙이라
- 평화의 복음을 선포할 준비를 하라
- 믿음신실함의 방패를 가지라

취하라!
- 구원해방의 투구
- 하나님의 말씀의 검
- 항상 기도하라
      여러 성도를 위해

나를 위해

복음의 비밀을 담대히 알리도록

나는 이 일을 위하여 쇠사슬에 매인 사신이 되었다

에베소서가 이러한 자료를 다루는 독특한 방식은 에베소서와 골로새서를 비교해보면 잘 알 수 있다. 골로새서는 3장 18-4장 1절의 가족법에 이어 4장 2-4절에서 바로 기도에 대한 내용으로 들어간다. 에베소서는 가족법에서와 마찬가지로, 골로새서의 내용을 반영할 때 가족법과 기도 요구 사이에 무장을 촉구하는 내용을 끼워 넣는다. 따라서 경계와 기도에 대한 내용은 문법적으로나 개념적으로 무장을 촉구하는 내용과 연결된다.

주의할 것은 대부분의 주석가가 그리스도인의 **개별적** 무장에 초점을 맞춘다는 것이다. 예를 들면, Best, 1998:586; Thurston: 145 개인에 초점을 맞춘 해석은 삶을 전쟁으로 보는 스토아 냉소주의적 입장에서 본문을 본다면 가능하다. 예를 들면, Malherbe, 143-74; Lincoln: 437-8, with survey 그러나 이러한 해석은 이 싸움의 성격을 제한하는 것이며 신적 전사로서 하나님에 대한 성경적 암시를 놓친 것이다. 따라서 본문은 교회 전체, 즉 하나로 통일된 신적 세력으로 활동하는 "그리스도의 몸"에 대한 명령으로 보는 것이 에베소서의 요지와 훨씬 일치한다. Barth, 1974:791; Schnackenburg: 285; cf. Yoder Neufeld, 1997:111

개요

신적 전쟁에 대한 촉구, 6:10-13

하나님의 전신갑주, 6:14-17

    6:14a   진리

    6:14b   의

    6:15   평화

    6:16   믿음신실함

    6:17a   구원/해방

    6:17b   성령/하나님의 말씀

투쟁 및 결속으로서의 기도, 6:18-20

    6:18   경계 및 성령 안에서 기도로 깨어 있음

    6:19-20   바울을 위한 기도

주석

신적 전쟁에 대한 촉구 6:10-13

그러므로 독자는 하나님의 능력으로 강건해져야 한다.6:10 "끝으로"NIV, NRSV는 "그러므로"둘 다 tou loipou에 대한 번역으로 가능하다에 비해, 이것이 4-6장의 권면의 절정이며 따라서 지금까지 능력 및 그리스도와의 하나 됨을 중심으로 구축해온 메시지예를 들면, 1:19-23; 3:20의 근거가 된다는 점을 정확히 부각시키지 못한다. 또한 "그러므로"는 세례에 관련된 요소를 반영할 수 있다.6:11, "입으라"에 대한 주석 참조; cf. 4:22, 24-25, 주석

성경은 하나님의 능력을 입는 것과 관련하여 명령형을 사용하는 일이 드물다는 점에서 "강건하여지고!"라는 명령형은 놀랍다. 강건하게 하는 것은 하나님만이 할 수 있기 때문이다.cf. 롬4:20; 빌4:13; 딤전 1:12 그러나 우리는 에베소서에서 교회가 얼마나 많은 지위와 주도권을 부여받는지 거듭 살펴보았다. 따라서 다소 주제넘지만 우리는 이 구절을 "권력을 장악하라! 하나님의 능력으로 충만하게 하라"라는 뜻으로 읽어야 할 것이다.

이것은 우리에게 구약성경에서 발견되는 고대 전쟁의 부르짖음을 상기시킨다. 그곳에서 백성은 하나님을 향해 일어나 우리를 위해 대적과 싸워달라고 부르짖는다.출15:3; 민 10:35; 시35:1-3, 22-28; 사42:13; 삿5:12에는 백성이 일어나 싸운다

10절에는 능력을 뜻하는 세 개의 단어가 함께 제시된다. "주 안에서와 그 힘might의 능력strength으로 강건하여지고empowered" 이것은 외견상 가능한 많은 단어를 사용하려는 저자의 전형적 기법처럼 보인다.Schnackenburg: 271 본문은 고린도전서 16장 13절에 제시된 바울의 권면"깨어 믿음에 굳게 서서 남자답게 강건하라"[NRSV]을 어렴풋이 반영한 것으로 보이기도 한다. 또는 주와 그리스도를 동일시하거나, 그리스도께서 마음에 계시며 신자를 강건하게 하신다는 에베소서 3장 16-17절을 상기할 수도 있다.

그러나 여기서 힘과 관련된 일련의 용어를 사용한 것은 그 이상의 것을 보여준다. 유사한 단어를 묶은 것은 하나님의 능력의 위대하심을 묘사하기 위한 것이다. 우리는 앞서 1장 19절에서 일련의 동의어가 그리스도를 다시 살리시고 모든 권세들을 그의 발아래 복종하게 하신 하나님의 능력이 얼마나 압도적인지를 보여준다는 사실을 살펴보았다. 이 구절의 배경이 되는 골로새서 1장 11절 역시 하나님의 능력을 묘사하기 위해 일련의 동의어를 배열한다.

골로새서와 에베소서는 둘 다 이사야 40장을 모방한다. "그는 땅 위 궁창에 앉으시나니… 그의 권세가 크고 그의 능력이 강하므로"40:22, 26 이러한 언어는 시기적으로 에베소서와 가까우며 하나님께 궁극적 승리와 능력을 돌리는 쿰란의 유명한 전쟁기War Scroll; 주

로 하나님의 군대, "빛의 아들들"에 대한 명령과 함께 제시된다[1QM 11.4-5]에도 나타난다. 따라서 에베소서 6장 10절에 나오는 명령의 어법은 에베소서 저자가 성도들에게 얼마나 고상한 지위를 부여하고 있는지를 가늠케 한다.Yoder Neufeld, 1997:116

에베소서는 여기서 한 걸음 더 나아간다. 교회는 하나님의 전신갑주panoplia, 문자적으로는 "모든 또는 완전한 갑옷"를 입으라는 명령을 받는다. 이것은 종종 하나님이 치열한 삶에 필요한 보호를 제공하신다는 의미로 해석된다. 이 무기는 하나님이 입히시는 것이 아니라 하나님이 신자에게 제공하시는 것이다. 그러나 저자는 이사야 59장에 제시된 무기에 대한 언급을 그대로 가져옴으로써 공동체가 입는 것은 하나님 자신의 갑옷이라는 사실을 분명히 한다.TBC

이 구절의 강조점은 종종 주장되는 것처럼 로마 군인의 은유적 무기를 입은 개인 신자가 아니라R. Martin, 1991:75; Thurston: 147-8 신적 전사의 갑옷을 입은 신자 공동체에 맞추어진다. 교회가 싸우라는 부르심을 받은 것은 하나님의 전쟁이다.Schnackenburg: 272 "입으라"는 메시아이신 새 사람을 입으라는 명령을 상기시킨다.4:24; cf. 2:15-16; cf. 롬13:12, 14 따라서 입는다는 것은 세례를 암시한다.cf. 4:22-24, 주석

신적 전사에 대한 전승에서 이 모티브의 기원에 관한 모든 것은 우리에게 이것이 방어적 싸움이 아님을 보여준다.Best, 1993:60; 1998:588; Klassen, 1984:128; Berkhof: 52와 달리 또한 이것은 단순히 승리를 거둔 후의 마무리에 대한 언급도 아니다.Thurston: 145; Lincoln: 442-3과 달리 물론 그리스도의 부활은 권세들의 패배를 의미한다.1:19-23, 주석 또한 최후의 승리도 확실하다. 그러나 이러한 확신은 성경에서 언제나 신적 전쟁에 앞선다. 이것은 결코 이어지는 싸움의 중대성을 얕보는 태도가 아니다.예를 들면, 수6:2; 삿7:9; 삼상24:4; von Rad: 42-4

에베소서에서 능력과 충만함을 찬양한 것은 세상을 구원하기 위한 현재와 미래의 싸움을 무시한 때문이 아니라 고대의 싸움에서처럼 이 싸움을 위한 용기를 주기 위한 것이다. 결과는 확실할지라도 전쟁은 실재한다. 혈과 육에 대한 싸움은 아니더라도 대적은 실재한다. 비록 진리와 평화와 의와 하나님의 말씀으로 끊임없이 기도하는 것이 전부지만 갑주와 무기는 실재한다.

바울은 고린도후서 10장 3-6절에서 "비육신적인" 싸움을 예시한다. 그곳에서 그의 "무기"는 불순종하는 고린도인을 향한다. 보다 밀접한 관련이 있는 것으로서, 특정 이미지에 대한 선택은 교회의 싸움이 고린도전서 15장 24-25절에 묘사된 전쟁의 핵심적 요소임을 보여준다. 그곳에서 바울은 그리스도의 통치 또는 나라를 악한자의 권세에 대

한 성공한 전쟁으로 묘사한다. 에베소서에서 싸우라는 명령은 그리스도의 몸 –다시 살리심을 받고 그와 함께 하늘에 앉은 자2:6; cf. 1:20-23– 도 그리스도의 통치에 동참한다.Barth, 1974:804 이것은 종말론적 전쟁이며 지금은 악한 날이다.6:13; 이 날이 얼마나 될는지는 알 수 없지만[5:16] 교회는 종말론적 순간을 살고 있으며 세월을 아껴야 한다.5:16, 주석 이미 드러난 대로, 세월을 아낀다는 것은 우주를 끝까지 회복하는 싸움을 한다는 의미이다.Schnackenburg: 275-6

확실히 교회는 하나님을 대신하지 못한다. 결국 교회가 하나님의 메시아의 몸이 되고1:23, 교회가 하나님의 충만함을 입으며1:23; 3:19, 신자가 다시 살리심을 받고 메시아와 함께 하늘에 앉는2:5-6, 이 모든 것은 하나님의 은혜의 결과이다.2:8-10 인간의 자랑과 업적은 배제된다.2:9 그러나 이러한 사실이 하나님의 전신갑주를 입으라는 명령의 고무적이고 엄숙한 본질을 흐려서는 안 될 것이다. 이 명령이 고무적이라는 것은 전신갑주의 "크기"가 대적 앞에서 모든 두려운 생각을 떨쳐버리게 하기 때문이다. 엄숙하다는 것은 교회가 하나님의 대적과 싸우는 전장이기 때문이다.

"마귀의 궤계를 능히 대적하기stand against 위하여"라는 구절에서 "서다"stand는 이 명령의 힘을 확장한다. 이처럼 서서 대적한다는 것은 수동적이거나 방어적 태도가 아니다. 출애굽기 14장 13절에서 "서서"standing는 그들을 위해 싸우시는 하나님 앞에서 백성의 합당한 자세를 보여준다. 그러나 현재의 본문에서 하나님의 백성은 신적 전사의 역할을 수행하라는 명령을 받고 있다. 따라서 이곳의 "서다"는 전혀 다른 뉘앙스를 가진다. 하나님의 능력과 전신갑주는 신자들을 마귀와 맞서게 하며 결국 그 궤계전략를 무너뜨리게 한다. 강력하고 담대하며 궁극적으로 승리적인 "서서"는 본문의 가장 중요한 모티브 가운데 하나이다.cf. 6:13-14; Arnold, 1989:120; Yoder Neufeld, 1997:129-31

11절은 이 대적을 마귀diabolos; 문자적 의미는 "혼란으로 몰고 가는 중상자"[권세들, 371쪽]로 규명한다. 이것은 2장 2절에서 보았던 것과 동일한 "악한 자"이며cf. 6:16 마귀라는 단어는 4장 27절에도 나타나지만 바울서신에서는 드문 단어이다.딤전 3:6-7 12절은 이것이 혈과 육에 대한 씨름이 아니라고 말한다. 이렇게 말한 이유는 무엇인가? 본 서신에는 구체적인 증거가 나타나지 않지만 아마도 일부 신자는 타종교나 권력의 적개심을 직접적으로 경험하고 있었을 것이다. 그들은 그러한 적대적 세력을 실제적 대적으로 보려는 생각이 있었을 것이다.

또한 우리는 앞서 에베소서와 사해 쿰란공동체의 사상 및 언어와의 광범위한 접촉점에 대해 살펴본 바 있다. "빛의 아들들과 어둠의 아들들의 전쟁기"War of the Sons of Light

Against the Sons of Darkness로 불리는 두루마리는 악의 세력과의 최후 전쟁은 "혈과 육"을 대표하는 자들과의 가장 근접한 싸움이 될 것이라고 말한다. 예를 들면, 1QM 12.11-12; 15.13; 19.4; cf. CD 1.2 아마도 에베소서의 독자 가운데는 이런 생각을 가진 사람들도 있을 것이다. 본 서신에서 인간 대적과의 싸움에 대한 분명한 거부는 2장 14-16절에서 강조되고 이곳 6장 15절에서도 초점을 맞추고 있는 평화 사상과 일치한다.

혈과 육에 대한 전쟁에 대한 분명한 거부의 필요성은 저자가 이사야 59장, 솔로몬의 지혜서Wisdom of Solomon 5장 및 데살로니가전서 5장에서 발견되는 하나님의 전신갑주에 대한 전승을 사용한 때문이다. TBC 이 모티브의 역사는 성경에서 "혈과 육"은 주로 신적 전쟁의 대상이 되어왔음을 보여준다. 이사야와 솔로몬의 지혜서에서 하나님이 재판장과 집행자로서 싸우신 대상은 부패한 육체적 인간 사회이다. TBC 데살로니가전서 5장조차 신적 전사의 이미지는 급격히 바뀌며5:8, 인간을 신적 전사의 개입의 대상으로서 5:2-3 어둠에 앉힌다. 5:4 우리는 에베소서를 통해 이 시점에서 이 전승에 대한 중요한 변화를 관찰할 수 있다. 혈과 육은 대적이 아니다. 혈과 육은 대적의 지배하에 있다. 2:2, 주석 교회는 대적에게 희생된 자와 싸우는 것이 아니라 대적과 싸워야 한다.

마르쿠스 바르트Markus Barth는 저자가 전쟁polemos이나 싸움machē 대신 분투palē라는 드문 단어를 사용한 것은 평화적 성향을 보여준다고 말함으로써1974:764 이러한 사실을 놓치고 있다. 고대 문학에서 "팔레"palē는 주로 씨름을 가리키지만 싸움이나 전쟁을 뜻하는 일반적 용어로도 사용된다. Greeven: 721 중요한 것은 에베소서 저자가 아무리 평화에 대한 관심이 깊다고 해도 이곳에 묘사된 전쟁의 중요성을 경시할리는 절대 없다는 것이다. 사실 하나님의 능력으로 강건함과 하나님의 전신갑주를 입는 것은 개념적으로 상반된다. 역설적으로 표현하면, 평화주의는 적개심과의 전쟁이다. cf. 2:11-22, 특히 2:6, 주석

6장 12절에 제시된 힘의 목록은 인상적이다. "정사archai와 권세exousiai와 이 어둠의 세상 주관자들과kosmokratores 하늘에 있는 악의 영들pneumatika; 문자적으로는 영적인 것들" 정사와 권세는 1장 21절에서 살펴본 익숙한 용어이며 다른 단어는 이곳에서만 발견된다. 일부 용어는 정치 영역에서 나왔으며정사, 권세 다른 것은 천문학적 개념일 것이다. 우주의 실권자; Arnold, 1989:65-8; Best, 1998:593-4 기원이 무엇이든, 이들 용어는 인간에 대한 하나님의 구원적 활동을 가로막는 크고 작은 권력, 인간 권력과 비인간 권력, 개인적 권력과 조직적 권력 등 수많은 권력을 가리킨다. Lincoln: 445; Yoder Neufeld, 1997:122-4 [권세들, 371쪽]

이 목록의 마지막 항목에 대한 번역 "영들"[pneumatika]은 이러한 포괄성을 보여준다. Pneumatika프뉴마티카는 "영적"이라는 형용사의 중성복수로 "영적인 것들" "영적인 문제

들"로 번역된다. NIV와 NRSV는 "영적인 세력"으로 번역한다. 그러나 고린도전서 2장 13절에서, NRSV는 동일한 단어를 "신령한 것"으로 번역하며 NIV는 "영적인 진리"로 번역한다. 따라서 "악의 영적인 영역"이 "영적인 세력"보다 나은 번역일 것이다. 이것은 교회가 부르심을 받은 싸움의 대상에 대한 인식을 확장한다.

이러한 "영들"이 "하늘에" 있다는 구체적 언급은 인간이 경험하는 하늘 위 높은 곳에 있는 장소나 사물에 대한 언급이 아니다. 이 표현은 장소보다 신분을 가리킨다. 어쨌든 신자는 이미 하늘에 있다.cf. 2:6 "하늘에 있는"이라는 표현은 이 악한 영들이 인간사를 다스리는 위치에 있다는 것이다.cf. 2:2 그러나 그리스도 안에서 또한 그와 함께 있는 자들이 입고 있는 전신갑주와 능력 역시 "하늘에" 있으며 교회를 당하지 못하게 한다.

저자는 악한 권세들의 목록에 있는 포괄성에 대한 강조를 통해 교회는 우주를 위한 하나님의 구원 계획을 대적하는 모든 세력과 싸워야 함을 보여준다. 그리스도의 승리를 경시하는 세력들에 대한 어떤 제한적 정의도 에베소서의 핵심 논쟁을 와해시킬 것이다. 우리는 1장 21절에서 그리스도께서 "모든 통치와 권세와 능력과 주권과 이 세상뿐 아니라 오는 세상에 일컫는 모든 이름"에게 승리하신 사실을 기억한다. 따라서 6장 12절의 암시적 목록은 공중의 권세 잡은 자가 불순종의 아들들을 유혹한 모든 권세를 가리킨다.2:1– 3: "어둠의 문화"에 대한 주석 참조, 5:11–14: "Light and Darkness," TBC, 5:3–21 [권세들, 371쪽]

저자는 전신갑주 자체에 대한 묘사로 가기 위해 6장 13절에서 다시 한 번 "하나님의 전신 갑주를 취하라"고 촉구한다. 6장 11절에서 성도는 전신갑주를 입으라는 예비적 명령을 받았으나 이제 6장 13절의 언어는 무기를 들라는 취지로 명령한다. 이것은 성도가 "악한 날에 능히 대적할 수 있게" 하기 위해서이다. NRSV의 "참다"NIV, "자리를 지키다"는 방어적 개념으로, 저자가 이곳에서 제시한 이미지와 부합되지 않는다. "저항하다"라는 문자적 의미는 "맞서 싸우다"라는 뜻의 적극적 개념"대적하다"으로 해석해야 한다.

6장 13절의 "악한 날"에 대한 언급은 당황스럽다. 이 구절은 하나님과 그의 거룩한 자들이 마귀와 악한 세력을 물리칠 종말론적 전쟁의 시기에 대한 언급으로도 볼 수 있다. 그러나 에베소서에는 대체로 전통적인 묵시적 종말론에 대한 관심이 거의 나타나지 않는다.[묵시사상, 353쪽] 따라서 이곳의 악한 날은 특정 종말론적 시나리오 없이 모든 싸움, 고통 및 희생이 따르는 전쟁의 날에 대한 언급으로 보인다.5:16의 악한 날들복수에 대한 주석 참조

때때로 두 개념을 결합하는 해법이 제시되기도 한다. 우리는 고린도전서 15장 24–27절과 에베소서 6장 10–20절 사이의 중요한 연결에 대해 알고 있기 때문에cf. 1:19–23, 주

석, 저자가 "그리스도에게 속한 자"고전15:23가 현재의 싸움을 최후의 결정적 싸움의 일부로 보아주기를 원한다는 사실을 알 수 있다. 그러나 이 전쟁이 얼마나 지속되든, 그런 날이 얼마나 오랜 세월이 되든5:16 이것은 사실이다. cf. Arnold, 1989:113-5; Barth, 1974:804; Best, 1998:597; Schnackenburg: 275-6 "최종적" 및 "결정적"은 "역사의 종말"을 가리키는 것이 아니라Lincoln: 446과 달리, 만물이 평화이신 그리스도 안에서 완전하고 충만하게 통일되기 전의 날들을 가리킨다. 따라서 역사, 즉 "오는 여러 세대"2:7는 만유 가운데 계시는 하나님과 함께4:6; cf. 고전15:28 계속될 것이다.

13절은 번역자에게 또 하나의 당황스러움을 안겨준다. NIV와 NRSV는 "카테르가조마이"*katergazomai*를 "모든 일을 행하였다"로 번역한다. 실제로 이 단어는 바울서신에서 "일하다"나 "생산하다"라는 뜻으로 사용된다.예를 들면, 롬2:9, 4:15, 7:15, 15:18; 고전5:3; 고후4:17, 5:5; 빌2:12 신자는 무슨 일을 행하였는가? 가장 직접적인 대답은 전신갑주를 입는 일이다. 어쨌든 에베소서 6장 14절에는 서라는 명령이 다시 나타난다. 신자는 서서 허리 띠와 호심경과 신을 착용해야 한다.과거시재이다! 그러나 "카테르가조마이"는 "물리치다"나 "파괴하다"라는 뜻이 있다. 이것은 싸움이나 전쟁에 관한 현재의 본문과 더 일치한다.BAGD: 421; Bertram, 1965:634-5; Yoder Neufeld, 1997:128-9

따라서 이 구절은 "완전히 정복한 후에 서기 위함이라"로 읽을 수 있다. 고대전쟁에서 전쟁이 끝날 때 서 있는 군사는 싸움에서 이겼음을 보여준다. 선다는 것은 싸울 수 있는 힘을 나타내며 성경 및 관련 문학 여러 곳에서 승리의 의미로 제시된다.예를 들면, 시18:33-34; 솔로몬의 지혜서18:16, 21-23; 1QM 14.4-8

하나님의 전신갑주 6:14-17

14-17절에는 교회가 입어야 취하여야 할 태도가 제시된다. 앞서 언급한 대로 저자가 이 이미지를 가져온 전승은 익숙한 로마군병의 갑옷이 아니라 주로 이사야 59장 17-19절 및 관련 본문으로부터이다. cf. "Isaiah 59 and Its Offspring," TBC의 본문 및 무기 항목 참조

우리는 몇 가지 일반적인 관찰로부터 시작할 것이다. 첫째로, 이 갑옷은 은유적이며 실제적이다. 이 갑옷이 은유적이라는 단 한 가지 이유는 사실상 의와 진리와 평화와 하나님의 말씀 및 기도가 권세들을 이기는 효과적인 수단으로 제시된다는 점이다. 본문을 "주술"이라는 제한적 방식으로 해석하는 자들은 이러한 점을 염두에 두어야 할 것이다. 권세들은 하나님의 말씀과 기도로 정복되듯이 의와 진리와 평화와 믿음신실함과 해방을 시행함으로써 정복된다. 이 은유의 강조점은 은유의 도구인 전신갑주허리, 신발 등가 아

니라 그러한 미덕과 행위에 맞추어진다. 무기와 갑옷의 특정 항목은 어느 정도 상호 교환이 가능하다. TBC, 이 이미지의 다양한 용례

둘째로, 에베소서 저자는 데살로니가전서 5장을 넘어 이사야 59장까지 거슬러 올라감으로써 이 전신갑주가 하나님의 것임을 분명히 한다. 이것은 무장한 전사 전체에 대한 은유를 어떻게 해석할 것인가에 대해 중요한 함축을 지닌다. 이 모티브의 역사는 이 은유가 본질상 방어적이라기보다 공격적임을 보여준다. Berkhof: 47-50과 달리

셋째로, 복수와 진노는 이사야서와 솔로몬의 지혜서에서 하나님의 전쟁에 속한 한 부분이며 따라서 데살로니가전서 5장 이미지의 배경이 되지만 아이러니하게도 Elias: 206-9; Yoder Neufeld, 1997:84-93 에베소서에서는 강조되지 않는다. 언급은 되지만; 5:5-7, 주석 참조 권세들과의 싸움은 그럼에도 불구하고 실제적이며 그들의 패배는 명약관화다. 복수와 진노가 분명하게 제시되지 않은 것은 혈과 육에 대한 전쟁을 연상시키기 때문이다. 그리고 그것은 이 싸움의 본질이 아니다.

이어지는 구절에서 하나님의 모든 무기가 언급된 것은 신실한 공동체가 서라는 부르심을 받았음을 보여준다. cf. 6:11, 13 그들도 하나님의 일을 해야 하며 과거 하나님의 구원적 개입의 특징으로 제시된 것과 동일한 미덕과 행위를 통해 메시아의 몸처럼 행하여야 한다. 이러한 미덕과 행위는 진리, 의, 평화, 신실함/결속, 구원/해방, 말씀 및 기도이다.

6:14a 진리

진리alētheia는 갑옷의 항목 가운데 첫 번째로 제시되며 허리띠를 띠는 행위로 제시된다. 이처럼 진리에 우선적 위치를 부여한 것은 저자가 서신 전체에서 진리를 강조한 사실을 생각하면 놀랍지 않다. 1:13, 4:15, 21, 24-25, 5:9 중요한 것은 진리는 예수님을 통해 이 땅에 오신 하나님의 임재의 본질이자4:21, 24 그리스도를 입은 자들이 상호 대하여야 할 방식이라는 것이다. 4:15, 25 특히 이곳의 임재는 진리로 허리띠를 삼아야 한다는 헬라어역70인역 이사야 11장 5절을 생각나게 한다.

여기서 진리가 갑옷에 포함되었다는 것은 "성실"과 "신실함"Houlden: 339이 권세들과의 싸움에 필요한 준비인 것처럼 저자에게 진리를 행하는 것은 정직 이상의 것임을 보여준다. 진리는 교회의 활동적 영역이다. 그것은 하나님이 거짓말을 문화적 특징으로 하는 세상에 개입하는 방식이다. 4:25-27, 주석 그것은 새 사람의 공동체 안에서 은혜로운 순수성을 굳게 붙드는 것이다. 4:15, 25 그것은 아직도 "악한 자의 지배하에 있는 자들에게" 참된 복음을 전하는 것이다. 예를 들면, 2:2,17; 이 단어의 의미에서 이러한 영역을 배제할 이유는 없다.

진리를 행한다는 것은 권세들에게 예수 안에 있는 진리4:21, 하나님의 각종 지혜3:10를 전하는 것이다.Berkhof: 50-1 때로는 말과 행위로 진리를 행하는 것이 큰 마찰을 빚기도 한다. 진리는 공격을 통해 경험되기도 하므로 때로는 필사적이고 격렬하게 저항한다. 진리는 진리를 대적하는 권세들의 궤계와 맞서는 갑옷이다.6:11; cf. 4:14 또한 진리는 거짓을 파괴하는 무기이다.

6:14b 의

갑옷의 다음 조각은 의/정의righteousness/justice의 호심경이다. 의와 정의는 헬라어에서 "다카이오수네"dikaiosunē라는 한 단어로 번역된다. 필자는 이 단어의 완전한 의미를 반영하기 위해 두 단어를 함께 제시했다. 의/정의는 5장 9절에서 진리와 함께 빛의 열매로 규명되며 새 사람이 지으심을 받는 수단으로 제시된다.진리의 거룩함과 함께, 4:24 여기서 의를 "칭의"와 연결하는 것은 도움이 되지 않는다.Barth, 1974:795-7과 달리 의는 하나님이 행위가 아닌 믿음에 기초하여 신자에게 전가시키는 것이라는 사실을 강조하기 때문에 오히려 지장을 줄 수 있다.2:8-10, 주석

본문에는 전혀 다른 이해가 작동하고 있다. 즉 옳은 일을 한다는 것이 요지이다. 이사야 59장 17절에서 하나님은 의/정의를 호심경갑옷으로 삼으신다. 하나님이 갑옷을 입으신 것은 정의를 행하는 자가 없기 때문에, 거리에서 죽임과 고통을 당하는 자들을 위한 중재자가 없기 때문이다.59:7, 14 갑옷은 하나님이 재판장과 구원자로서 개입하심을 보여준다. 의는 하나님이 전사자로서 행하시는 것이며 곧 정의를 가리킨다. 우리는 에베소서에 제시된 의의 호심경을 면죄의 보호막으로많은 사람이 "칭의"로 생각하는 것처럼 받아들여서는 안 된다. 의의 호심경은 희생자의 편에서 권세들에 맞서 신적 전쟁에 활발히 동참하는 것을 의미한다.

이사야 59장에서 하나님이 의를 입으신 것처럼 성도는 의를 입고 의를 실천해야 할 것이다.cf. 사11:5 이사야 59장에서 하나님은 중재자를 찾지 못하셨다. 그러나 에베소서 6장에서 교회가 의의 호심경을 붙임으로 중재자가 생긴 것이다.

6:15 평화

에베소서는 15절에서 하나님의 전신갑주에 새로운 요소를 도입한다. 신자는 평화의 복음을 선포할 준비hetoimasia를 위해 신을 신어야 한다. 이 구절을 본래 방어적 개념으

로 받아들인 베스트Best는 "헤도이마시아"준비를 확신으로 해석한다. 즉 확실한 신발을 신음으로써 대적의 공격을 막아낸다는 것이다.Best, 1998:599-600 확실한 신발도 의미 있지만 준비는 평화의 복음을 전하기 위한 거룩한 초조감을 보여준다. 어쨌든 우리가 2장 11-22절에서 살펴본 대로 평화는 2장 14-16절의 찬양을 통해 가장 아름답게 표현된, 에베소서의 핵심 관심사이다.

전신갑주에 대한 본문에 평화가 등장한 것은 "고상한 역설"로 불린다.Harnack, 1963:13; cf. Schnackenburg: 278 평화의 복음이 신적 전사의 "무기" 가운데 하나라면 역설이다. 평화의 복음이 전쟁을 준비하게 한다면 확실히 역설이다.Lincoln: 449 저자는 이미 2장 16절에서 이러한 역설에 대해 암시한 바 있다. 본문에서 평화이신 분은 자신의 죽음을 통해 원수된 것적개심을 죽이신다.

또 하나의 해석은 이러한 역설적 관점보다 더 설득력이 있다. 즉 전사가 이미 패배한 한때의 적대적 권세들에게 평화를 선포할 준비를 한다는 해석에는 역설적 요소가 나타나지 않는다.Yoder Neufeld, 1997:137-9 이러한 관점의 배경에는 이사야 52장 7절에서 전쟁이 끝났음을 알리고 평화를 선포하기 위해 오는 평화의 메신저에 대한 이미지가 있다.cf. 사57:19, used in 엡2:17; cf. 롬10:15; 이러한 관점은 Best, 1998:600과 상반된다 여기서 평화를 선포할 준비를 한다는 것은 이미 그리스도께서 유대인과 이방인을 화목하게 하셨지만2:11-22 아직 평화가 완전히 제시되지 않았음을 의미한다. 그리스도 안에서 만물을 통일되게 하는 사역1:10은 교회가 핵심적 역할을 맡아 지속적으로 싸워야 할 과정에 해당한다. 이러한 싸움은 궁극적 평화이신 그리스도를 본받는 고난의 사랑을 직접 실천하는 경험이지만 권세들에 대한 공격이기도 하다.

6:16 믿음신실함

전신갑주의 또 하나의 새로운 항목은 "악한 자의 모든 불화살을 소멸"하는 "믿음신실함의 방패"이다. 이 믿음의 방패에 대한 이미지는 거의 보편적으로 방어적 의미로 해석된다. 방패는 공격해오는 악한 자의 불화살을 막아내기 위해 필요하다는 것이다. 그러나 방패를 방어적 의미로 규정하는 것은 방패를 가진 자가 전장에서 수비를 하고 있는지 공격을 하고 있는지에 대해 알려주는 언급이 아니다. 고대의 포위 전쟁에 관한 글과 그림을 살펴보면, 성을 포위 공격하는 군대가 성을 지키는 자들이 쏘는 화살을 막아내기 위해 방패를 들고 있는 것을 볼 수 있다.Yoder Neufeld, 1997:139-40; Perkins: 146-7는 이러한 사실을 인정하지만 결론을 내리지는 않는다

물론 방패 자체는 본질적으로 방어적이다. 본문에서 하나님의 능력에 대한 신뢰나 확신은 전신갑주의 중요한 부분이다. 시편 전체에서 하나님은 "방패"로 불리신다"예를 들면, 시3:3, 5:12, 7:10, 18:2,30,35; 35:1-3, 59:11, 76:3, 115:9-11, 119:114, 144:2 시편 91편 4절의 마지막 구절은 에베소서 본문을 상기시킨다.

> 그가 너를 그의 깃으로 덮으시리니
>> 네가 그의 날개 아래에 피하리로다
> 그의 진실함은 방패와 손 방패가 되시나니

시편 28편 7절 역시 에베소서의 갑옷과 관련된 하나님의 능력을 상기시킨다.

> 여호와는 나의 힘과 나의 방패이시니
>> 내 마음이 그를 의지하여 도움을 얻었도다
> 그러므로 내 마음이 크게 기뻐하며
>> 내 노래로 그를 찬송하리로다

그러나 이 이미지에 대한 이러한 방어적 해석은 에베소서의 사상을 파악하지 못한 것이다. 6장 16절에서 독자는 신적 전사의 보호를 받고 있는 것으로 묘사되지 않는다. 물론 이러한 의존이 믿음을 가진 자의 삶에 있어야 하는 것은 사실이다. 이곳 명령의 공격적 어조는 이러한 의존이 당연하다는 데에서 부상한다. 본문의 경우 그들 자신이 전사이다.

2장 8절의 "믿음으로 말미암아 구원을 받았으니"라는 바울의 진술에 대한 논의에서 살펴보았듯이 이곳 본문의 믿음은 하나님의 구원하시는 능력에 대한 "신뢰"를 가리킨다. Lincoln: 449 이 구절의 정관사는 종종 "그 믿음"the faith으로 번역되며 "그리스도인의 믿음"의 내용을 가리킨다. Best, 1998:601은 이 구절을 그런 뜻으로 해석한다 그러나 "피스티스"pistis에는 "신실함"이라는 뜻도 있다. cf. 1:1 및 3:12 주석 참조; Bultmann and Weiser; Yoder Neufeld, 1997:139, n. 140 우리가 담대함과 확신을 부여받은 것은 우리에 대한 그리스도의 신실함 때문이다. 따라서 믿음의 방패를 가진다는 것은 메시아의 신실함에 동참함을 가리키는 또 하나의 방식이다.

그리스도 안에서 하나님의 신실하신 행위는 인간과 권세들과의 전쟁에 동참한 공동체의 밑받침이 된다. 마찬가지로, 이 갑옷을 사용한다는 성도가 '혈과 육'과의 신의를 지켜 그들을 위해 개입^{중재}할 것이라고 믿는다는 것이다. 이곳에서의 <u>신실함</u>은 하나님 및 인간과의 "결속"을 의미한다.

따라서 신실함의 방패라는 이미지는 방어적이자 공격적이다. 교회는 권세들을 무너뜨리라는 명령을 받았다. 그들의 방패는 시편 35편 1-3절에서 확실하게 보여주는 것처럼 중보적 전쟁에 필요한 무기의 하나이다. 그곳 본문은 하나님께 방패와 손 방패를 잡으시고 창을 빼사 고통당하는 자를 대신하여 싸워주실 것을 간구한다.

6:17a 구원/해방

이제 에베소서는 이사야 59장 17절에 나오는 하나님의 전신갑주의 구체적인 요소인 구원^{정확한 동의어를 사용하면 해방}의 투구에 대한 언급으로 돌아간다. 이 리스트에 투구가 언급된 것은 이전 항목들이 문법적으로 6장 14절의 서라는 명령과 연결된 데 반해 새로운 명령이 제시되었다는 점에서 중요성이 부각된다. "구원의 투구[를 쓰라]!" 이사야 59장에서 하나님은 구원의 투구를 쓰신 분으로 묘사된다. 이러한 배경은 우리가 에베소서 6장 17절을 하나님이 구원의 확신을 통해 성도들에게 제공하시는 보호하심으로 해석하지 않게 주의하라는 의미이다.^{Best, 1998:602; Lincoln: 450에서 볼 수 있는 것처럼 "투구를 받다"라는 해석과 달리}

사실 신자의 구원은 이미 보장된 것이다.^{2:8} 본 서신의 전반부의 요지도 그것이다. 그러나 전신갑주를 입는 상황에서 구원의 투구를 쓴다는 이미지는 교회에게 이사야 59장의 하나님을 본받음으로써 묶여 있는 자들을 해방시키는 임무를 부여한다. 이 구절의 어휘를 자세히 고찰해보면 이러한 해석을 뒷받침한다. 에베소서 6장 17절은 자주 사용되는 "소테이아"^{sōtēia} 대신 헬라어역^{70인역} 이사야 59장 17절에서 발견되는 "소테이온"^{sōtēion}이라는 단어를 사용한다.^{엡1:13; 살전5:8의 바울} 이것은 이사야 59장과의 의도적인 연결을 보여준다.^{Yoder Neufeld, 1997:87-9, 141-2, 엡6:17; 사59; 살전5장}

6:17b 성령/하나님의 말씀

성도는 해방의 투구를 쓰고 성령의 검, 곧 하나님의 말씀을 가져야 한다. 검이라는 단어^{machaira}는 종종 그리스-로마 시대의 "키포스"^{Xiphos}나 "롬파이아"^{rhomphaia}로 불리는 큰 칼이 아니라 단검이나 작은 칼을 가리킨다는 주장이 제기된다. 때때로 해석가들은 저자가 본문의 호전성이나 공격성을 완화하고 싶어 한다는 결론을 내렸다.^{예를 들면, Berk-}

hof: 52; similarly Klassen, 1984:128; J. H. Yoder, 1994:203 그러나 초기 그리스도인이 가장 많이 사용한 헬라어역 성경70인역은 히브리어 "헤렙"*hereb*을 마카이라로 번역한다. 이 히브리어 단어는 신명기 32장 41-42절이나 예레미야 25장 30-38절32:30-38, 70인역과 같은 중요한 신적 전쟁 본문 및 66장 16절을 제외한 이사야서의 모든 용례예를 들면, 27:1, 34:5-6, 65:12에서 검sword이란 뜻으로 사용된다.

더구나 에베소서의 저자는 의식적으로 성경의 언어 및 성경의 은유를 사용하며 이사야에 의존한다. 따라서 마카이라라는 단어를 선택한 것은 로마 군사가 아니라 신적 전사로서 하나님과의 비교를 도출하기 위함이다.

이 이미지의 나머지는 이러한 해석을 뒷받침한다. 이 검은 프뉴마영 및 바람의 검이다.2:1-2, 주석 이사야 59장 19절 및 솔로몬의 지혜서 5장 23절에서 "바람"은 신적 전사의 무기 가운데 하나로 제시된다. 그러나 힘과 능력이라는 어조는 그곳으로부터만 나오는 것이 아니다. 바울의 교회에서 "성령"은 하나님의 강력하신 임재와 신자들 가운데 이미 "불고 있는" 종말론적 미래의 신적 능력을 가리킨다.예를 들면, 롬8장; 갈5장; 고전12장; 고후3장 에베소서 6장에서 "성령의 검"은 하늘에 있는 악의 영들과 싸우기 위한 것이다.

이 검은 하나님의 말씀이다. 에베소서에서 하나님의 말씀이라는 용어는 성경과 동의어로 사용되지 않는다. 대신에 이 구절은 다양한 신적 계시 및 중재 전체를 가리킨다. 이곳의 "말씀"은 "레마"*rhēma*를 번역한 것이지만 주로 6장 19절의 로고스와 동의어로 사용된다.Yoder Neufeld, 1997:144 이 단어가 암시하는 범위는 넓다. 예를 들면, 5:26에서 "말씀"은 깨끗하게 하는 도구로 사용된다 이곳에서 우리의 관심을 끄는 것은 특히 이 "말씀"을 신적 전쟁의 상황 안에서 보여주는 본문이다.

이러한 신적 전쟁 본문에서 주목할 것은 솔로몬의 지혜서 18장의 로고스이다. 본문에서 로고스는 심판의 칼을 들고 있는 진노의 천사에게 주어진 이름이자18:14-16 죽음의 사자로부터 백성을 보호하는 보호자가 사용하는 무기로 제시된다.18:22 하나님이 택하신 왕이 "입의 막대기"헬라어역에서는 히브리어 *shebet*[막대기] 대신 로고스[말씀]를 사용로 세상을 치는 이사야 11장 4절70인역과 비교해보라. 이 구절에 이어 "그의 입술의 기운*pneuma*"사 11:4, 70인역이라는 평행구가 이어진다. 에베소서 본문과 놀라울 만큼 유사한 구절은 히브리서 4장 12절이다. 본문에서 "하나님의 말씀"은 "좌우에 날선 검"*machaira*으로 묘사된다. 요한계시록 1장 16절 및 2장 12절은 이들 용어의 상호교환성을 보여준다. 승귀하신 그리스도의 "입"으로부터 나오는 "[좌우에 날선] 검"은 "롬파이아"*rhomphaia*[장검]이다.cf. 2:16, 19:15 고린도후서 6장 7절에 나오는 "진리의 말씀"과 "의의 무기"의 밀접한 유사성

에도 주목하라TRYN

우리는 여기서 다시 한 번 저자가 −특정 본문에 의존한 것은 아니지만− 신적 개입 및 능력이라는 어조가 담긴 상징검을 선택한 사실을 볼 수 있다.

이 "말씀"의 내용에 대해서는 규명되지 않는다. 일부 주석가는 이것이 "복음"을 의미한다고 주장한다.예를 들면, Arnold, 1989:111; Fee, 1987:729; Schnackenburg: 280 이러한 관점은 대체로 맞는 말이지만 이 "복음"이 하나님의 지혜처럼 규모의 표현에 있어서 다양한3:10["각종 지혜"], 풍성하고 포괄적인 "복된 소식"이라면 더욱 설득력을 가질 것이다. 다른 사람들은 이것이 악한 권세들을 막기 위한 슬로건이나 관용구일 것이라고 생각한다.Best, 1998:604; 이것은 소위 제3의 물결에 의한 "주술적" 해석에 해당한다[권세들, 371쪽]

이 경우 교회가 하나님의 말씀을 효과적이 되게 해야 한다는 명령을 받았음을 이해하는 것이 중요하다. 하나님의 말씀이라는 용어에 특정 내용이 주어졌는지는 중요하지 않다. 교회가 하나님의 말씀을 검처럼 휘두른다는 것은 말씀이 확실히 "헛되이… 되돌아오지 아니"하게사55:11 힘써야 한다는 것이다. 아더 코크란Arthur Cochrane[128]은 이 본문에 대한 논문에서 마틴 루터의 유명한 찬송 "내주는 강한 성이요"를 인용한다.

> 이땅에 마귀 들끓어 우리를 삼키려 하나 겁내지 말고 섰거라 진리로 이기리로다
> 무서운 어둠의 권세 우리를 밟으려 하나 두려워 하지 말아라 그 나라 영원하리니
> 말씀이 승리하리라F. H. Hedge 번역

싸움과 결속으로서 기도 6:18-20

번역가들은 전형적으로 이 단락을 별개의 본문으로 다룬다. 그럼에도 불구하고 이 세 절은 문법적으로 성도에게 투구를 쓰고 검을 가지라는 17절의 명령과 연결되거나Fee, 1987:730 일부에서 주장하는 것처럼 14절의 서라는 명령과 연결된다.예를 들면, Arnold: 112; Barth, 1974:777; Lincoln: 451 헬라어에서 분사는 명령과 같은 역할을 하나 여기서는 이 구절들이 문법적으로 전신갑주의 나머지 부분에 의존한 것으로 보는 것이 최선이다. 기도는 신적 전사로서 공동체의 싸움에서 중요한 역할을 한다. 기도는 전쟁이다. 그러나 기도는 경계를 게을리 하지 않는 한 방법이다. 그것은 위험과 승리의 기회에 온 신경을 집중하는 경계의 한 형식이다.

에베소서가 권세들에 대한 교회의 싸움의 한 부분으로서 기도를 얼마나 중요하게 여기는지는 본문의 배경이 되는 골로새서 4장 2−4절과 비교해보면 알 수 있다. 골로새서

는 경계와 기도 및 전쟁 사이에 어떤 연결도 하지 않는다. 그것은 그리스도인의 삶을 전쟁으로 묘사하지 않는다. 권세들은 멸망되었으며 이미 구경거리가 되었다.골2:15; cf. E. Martin: 116 에베소서에서 기도는 "군사화" 되었으며 권세들과의 싸움에 돌입한다. 에베소서는 이런 식으로 경계와 경고를 바울의 신적 전쟁과 연결한다.예를 들면, 롬13:11-14; 살전5:6,8; cf. Arnold, 1989:112는 권세들과 싸우는 수단으로서 기도에 대해 고찰한다; Wink, 1992:308-14

6:18 성령 안에서 깨어 기도함

기도의 중요성은 문자적으로 "항상"*kairos*, "충만한 시간" 1:10, 주석 기도해야한다는 사실에 잘 나타난다. 중요한 순간마다 기도한다는 것은 모든 기회*kairos*; 5:16, 주석를 붙잡는다는 뜻이다. 따라서 깨어 있어야 하는 것이다. 다시 한 번 말하지만 우리는 이 구절을 방어적 의미로 해석해서는 안 된다. 우리는 어둠을 빛으로 변화시키는 기회를 보고 있는 공동체적 신적 전사이다.

기도와 전쟁의 관계는 "성령 안에서" 이루어지는 기도라는 사실에 잘 나타난다.[안에, 367쪽] 우리는 이것을 성령의 능력을 받아 방언으로 하는 기도로 생각하기 쉽다.cf. 롬 8:26-27; 고전14:14-15; Fee, 1987:730-1 만일 이것이 본문의 의도라면 이런 형태의 예배 형식은 권세들과의 싸움으로 이해해야 할 것이며 성령 충만한 예배는 세상을 본받지 않고 변화시키는 담대한 행위가 되어야 할 것이다.엡5:18-21 17절에서 성령은 검 및 말씀과 연결된다. 이 구절에서는 성령과 함께 기도함, 기도로 성령을 "휘두름" 및 하나님의 능력을 행사하는 것으로 이해할 수 있다. 어떤 해석도 배제해서는 안 된다. 분명한 것은 기도는 우주와의 싸움에서 효과적이고 권세 있는 수단이라는 것이다.싸움으로서 기도에 대해서는 Ellul, 『우리의 기도』1973:139-78, 특히 150-3 참조; McClain: 69-73, 104-15; Wink, 1992:297-317

그러나 한편으로 기도는 동료 전사들과의 결속이다. 모든 성도를 위한 간구는 신적 전사의 지체가 서로의 필요를 채워주는 사역에 동참하는 것이다. 성경에서 신적 전사는 곤고한 자의 기도를 들어주시는 분으로 제시된다.cf. 시35:1-3 따라서 기도하는 자는 기도에 대한 응답에 동참하고 있는 것이다.cf. Ellul, 『우리의 기도』, 1973:160-78

6:19-20 바울을 위한 기도

성도를 위한 기도에 이어 바울을 위한 기도가 제시된다. 즉 그에게 "말씀을 주사… 입을 열어 복음의 비밀을 담대히 알리게" 해 달라는 것이다. 바울을 성도 가운데 가장 마지막에 세우는 에베소서의 방식3:8, 주석에 따라 바울에 대한 기도는 모든 성도를 위한 기도

후에 제시된다. 성도는 전신갑주를 입고 신적 전사의 역할을 해야 하지만 바울은 쇠사슬에 매인 사신으로서 갇혀 있다.cf. 3:1, 4:1; 사신의 이미지는 6:20, 고후5:20; 몬9절, NRSV 주석 참조

쇠사슬에 매인 사신의 이미지에는 반전이 있다. 묶인 사신은 바울의 관점이 아니라면 용어 자체에 모순이 있다. 투옥은 바울에게 큰 고통이었으나특히 빌립보서 참조 십자가에 달리신 분의 사신이 될 수 있는 자격을 더욱 강화했다. 바울 시대에 십자가는 수치스러운 고통 및 처형을 의미했으나 한편으로는 하나님의 능력과 지혜를 보여주는 중요한 표현이기도 하다.고전1:18-25 따라서 바울의 투옥은 비밀을 드러내고 그리스도를 통한 하나님의 화목 사역cf. 엡3에 대한 복음을 알리는 사명을 가로막을 수 없었다.

독자에 대한 메시지는 분명하다. 즉 그들의 연약함 역시 하나님의 전신갑주를 입고 싸우는 자격을 박탈할 수 없다는 것이다. 그렇게 함으로써 독자는 큰 고통과 환난 가운데에도 교회를 위한 인내와 사랑으로 "의의 무기"를 휘둘렀던 위대한 사도 바울을 본받는다.고후6:1-13

따라서 우리는 6장 20절을 통해 바울의 사도적 사역은 "쇠사슬에 매인 사신"이라는 묶여 있는 메신저 이미지를 통해 드러난다는 또 하나의 중요한 역설을 발견한다. 3장에서 살펴본 것처럼 바울의 영웅적 지위는 교회와 관련하여 항상 스스로 낮은 자리에 서려했던 바울을 상기시킴으로 동기를 부여하는 방식으로 촉진되었다.

가령, 바울이 자신의 서신에서 얼마나 자주 기도를 부탁했는지 주목하라예를 들면, 롬 15:30-32; 빌1:19; 살전5:25 이곳 에베소서에서 바울은 사슬에 매여 있고 성도들은 신적 전사의 전신갑주를 입고 있다. 그들의 기도는 하나님께 쇠사슬에 매인 사신을 담대하게 하사 비록 몸은 갇혀 있으나 입은 자유롭게 열어달라는 간구이다. 이 기도는 결국 바울의 도움으로 이어지는 방법이기도 하다. 우리는 그의 이름으로 편지를 쓰는 행위조차 이러한 기도에 대한 응답으로 생각할 수 있다.

따라서 무력 투쟁이라는 이미지는 강력한 상호성에 대한 언급으로 끝난다. 바울은 자신보다 모든 성도의 안위를 먼저 생각하는 모범을 보여주었다. 다른 사람의 필요에 대한 존중과 모든 성도에 대한 존경은 하나님과 그의 메시아를 본받기 위해 휘두르는 두 가지 낯선 무기이다. 실로 이상한 전쟁이다. 그러나 권세들이 진리, 의, 평화 및 담대히 하나님의 말씀을 전함으로 원수된 것이 죽었다는 기쁜 소식이 선포되는 것을 가장 위협적으로 생각한다는 사실을 생각하면 이 두 가지만큼 치명적인 무기도 없다.

성경 문맥 안에서의 텍스트

신적 전사

에베소서 6장 10-20절은 신적 전쟁에 대해 다룬 여러 성경 본문예를 들면, 출14-15; 신 32-33; 시18편; 68편; 사59장, 63장; 합3장; 재세례파 저자들 가운데, cf. Ted Hiebert; Waldemar Janzen; Millard Lind; Ben Ollenburger; Devon Wiens; Yoder Neufeld 가운데 하나이다. 전사로서 하나님의 이미지는 신구약 성경의 주요 메타포 가운데 하나이다.

성경 문학에 기록된 가장 오래된 노래 가운데 하나는 출애굽기 15장에 나오는 미리암과 모세의 노래이다. 이 노래는 여호와를 말과 병거를 바다에 던지신 위대한 전사로 찬양한다.15:1, 21 이러한 하나님의 이미지는 수 세기동안 근본적인 변화를 겪었다. 가장 극적인 변화는 이스라엘 백성이 하나님과의 언약에 신실한 삶을 살지 않는 한 하나님은 그들을 대신하여 대적과 싸우시지 않았을 것이라는 예언적 통찰력이다. 오히려 하나님은 그들과 싸우셨을 것이다.예를 들면, 사29:3-10; 렘21:3-9, 29:16-19 이 전사는 이스라엘과 이스라엘의 대적예를 들면, 사13장에 대한 재판장과 집행자가 되었다.

하나님은 대적과 싸우실 때 자연 재해를 이용하실 수 있다.예를 들면, 출15장; 신32장; 삼하 22:9-16//시18:8-15; 시77:16-18 하나님은 이스라엘뿐만 아니라 하나님이 미워하시는 앗수르나 바벨론 또는 하늘의 군대나 소위 "하늘의 만군"을 자신의 동맹이 되게 하실 수 있다. 묵시 문학의 전형인 요한계시록은 이러한 이미지가 어떻게 하나님을 재판장과 해방자로 묘사하는데 도움이 되는지를 극적으로 보여준다.

이러한 전승의 바탕에는 궁극적으로 하나님만이 전사라는 확신이 깔려 있다. 승리는 하나님의 것이며 오직 하나님만이 승리하신다. 이러한 사실은 출애굽기 14장 13-14절의 홍해 장면에서처럼, 가만히 서서 여호와께서 그들을 위해 행하시는 구원을 보라는 명령에 잘 나타난다. 백성이 와서 "여호와를 돕는" 때에도 "YHWH," 삿5:23 —이것이 보다 일반적인 경우이지만— 전쟁과 승리는 언제나 하나님께 있다.

이사야 59장 및 관련 본문

저자가 취한 신적 전사에 대한 특정 본문은 이사야 59장으로 시작하여 솔로몬의 지혜서 5장 및 데살로니가전서 5장으로 이어진다. 이것은 모티브의 예언적 변화를 보여줄 뿐만 아니라 바울이 소개하는 보다 근본적인 변화를 나타낸다.

이사야 59장은 하나님이 이스라엘의 삶의 특징인 폭력과 압제에 진노하신 것으로 묘사한다. 공의를 행하는 것을 본 자가 아무도 없다. 따라서 하나님이 친히 신적 갑옷을 입으시고 언약 위반자를 심판하시며 신실한 자를 구원하신다. 따라서 갑옷은 해방의 상징이자 심판의 상징이다. 솔로몬의 지혜서 5장은 이러한 이사야의 모티브를 받아 동일한 사상적 틀 안에서 해석한다. 하나님은 갑옷을 입으시고 압제자들을 물리치시며 의로운 자를 신원하신다.

솔로몬의 지혜서는 오랜 후, 바울이 사역할 무렵에 기록되었을 것이다. 이러한 사실은 데살로니가전서에 갑자기 나타난 이사야 59장에 대한 바울의 근본적 재해석에 대한 우리의 궁금점만 키울 뿐이다. 어둠, 술 취함, 잠 및 치명적으로 왜곡된 안도감으로 가득한 세상에 "주의 날"이 "도둑 같이" 이를 것이다.살전5:2 이 이미지는 위협적이며 실제로 그것을 의도하고 있다. 그러나 놀라운 일이 있다. 누가 하나님의 전신갑주를 입고 있는가? 고난 중에 있는 연약한 신자들이다! 그들은 이 싸움에서 무엇을 휘두르고 있는가? 믿음, 사랑 및 구원의 소망이다.

확실히 바울은 데살로니가전서 1장 10절 및 2장 14절에서 분명히 보여주는 대로 하나님이 우주와 그 가운데 만물을 심판하실 것이라는 확신을 잠시도 포기하지 않는다. 그러나 바울의 복음 중심에는 동일한 하나님 –우리는 그의 거룩하심과 의로우심에 도저히 이를 수 없다.롬3:23– 이 은혜로 세상을 놀라게 하신다는 확신도 있다. 사실, 은혜로 놀라게 하시려는 마음은 하나님의 의의 완전한 표현이다.cf. 롬5

데살로니가전서 5장 1–11절은 이러한 복된 소식의 한 예이다. 신적 전사는 밤의 도둑같이 어둠에 앉은 자들을 놀라게 할 것이다. 이 전사는 믿음과 소망과 사랑을 실천하는 공동체이다.5:8 여호와의 날은 다시 한 번 구원의 날이 되었다. 낮이 밤이 되었다는 아모스의 끔찍한 역설5:18, 20은 바뀌었다. 밤은 낮이 되었다.Elias: 197–9; Yoder Neufeld, 1997:73-93

에베소서는 이러한 변화를 토대로 세워진다. 예를 들어 어둠의 실체를 드러냄으로써 어둠을 빛으로 바꾸는 행위엡5:11에 주목하라. 동시에 에베소서 6장 10–20절은 데살로니가전서 5장을 단순히 모방하지 않는다.두 본문 모두 신자 공동체가 신적 전사의 활동에 동참했다는 확신을 보여주지만 에베소서에서 대적은 바뀌지 않았다. 사실 그리스도의 몸으로서 교회는 이제 권세들과의 싸움을 특징으로 하는 그리스도의 나라 속에 함축된다.cf. 고전15:24-28

우리는 이 연관된 본문을 나란히 제시함으로써 에베소서가 하나님의 전신갑주에 대한 전승을 다룬 방식을 보다 분명하게 파악할 수 있다.

하나님의 전신 갑주

사59:17	솔로몬의지혜서 (5:17-20a)	살전5:8	엡6:14-17
	투구와 갑옷 또는 전신갑주		투구와 갑옷 또는 전신갑주
			진리의 띠
의의 호심경	의의 호심경	믿음과 사랑의 흉배	의의 호심경
			평화의 신발 믿음의 방패
구원의 투구	공평한 정의의 투구	구원의 소망의 투구	구원의 투구
	진노의 검		성령의 검 하나님의 말씀
보수와 진노의 옷을 입음 (이어지는 59:19에서 자연현상:바람, 하수)	(이어지는 5:20b-23에서 전쟁을 돕는 피조계: 번개, 우박, 바다, 강, 바람)		

전신갑주의 요소들을 비교해보면 성경 저자들이 이 모티브를 가져오면서 상당한 연속성과 창의성을 발휘했음을 알 수 있다. 투구와 호심경은 가장 지속적인 요소이다. 솔로몬의 지혜서는 의와 호심경과 비교하며 마지막 병행구인 공평한 정의를 투구에 비교한다. 데살로니가전서 5장에서 바울은 투구와 호심경을 그가 선호하는 세 가지 미덕믿음, 사랑, 소망을 덧붙여 확장한다. 바울은 믿음과 사랑을 하나님의 의/정의를 드러내는 또 하나의 표현으로 보았을 것이다. cf. 롬5:8, 18 에베소서는 의정의의 호심경 및 구원의 투구와 함께 원래의 이사야서 본문으로 돌아온다. 우리는 저자가 창의성을 가지고 이 이미지를 확장한 사실에 놀라게 된다.

이 긴 전승을 염두에 두어야만, 하나님의 전신갑주를 입으라는 명령을 받은 초기 독자와 청중이 느꼈을 충격을 짐작할 수 있을 것이다. 에베소서는 그들에게 하늘에 있는 어둠의 영적 권세들과의 싸움에 동참하라고 명령한다. 확실히 이것은 하나님의 전쟁이며 하나님의 승리이다. 또한 성도가 우주를 위한 하나님의 전쟁에 동참한 것도 사실이다.

모든 권세는 악한가?

6장 12절의 권세들에 대한 묘사는 매우 부정적이다. 물론 전쟁에 대한 전반적 이미지는 그런 식으로 보게 할 것이다. 그러나 모든 권세가 악한 것은 아니다.[권세들, 371쪽] 골로새서 1장 16은 그리스도께서 그들을 창조하셨다고 말한다. 그러나 지금 그들은 확실히 적대적이며cf. 2:2, 다만 2장 7절 및 3장 10절은 어떤 의미에서 −특히 만물을 통일되게 하시는 사역의 한 부분으로서1:10− 이러한 권세들과의 미래적 화목에 대해 언급한다. 그러나 대부분의 묘사는 매우 부정적이다.

에베소서의 저자는 독자에게 우주의 평화를 위한 싸움의 중대성을 특별히 각인시키고자 한다. 이러한 목적만이 권세들에 대한 묘사를 좌우한다. 에베소서의 논증의 틀 안에서 권세들에 대해 예상되는 운명은 패배이다.cf. 1:20-22 에베소서는 이것이 그들의 전면을 의미하는지 아니면 패배한 후에 회복이 있을 것인지에 대해서는 침묵한다.

세례와 하나님의 전신갑주를 입음

바울서신에서 "벗음"과 "입음"은 세례를 통한 신자의 변화를 묘사할 때 선호하는 방식이다. 예를 들면, 롬13:12,14; 갈3:27; 골3:8-12 이 언어는 광범위하게 반영된다. 가령 세례 받는 사람은 예전의 옷을 벗고 세례를 받으며 세례 받은 후에는 그리스도 안에서의 새 삶을 반영하는 새 옷을 받아 입는다.Meeks: 150-7 우리는 앞서 4장 22-24절에서 신자가 "옛 사람을 벗어 버리고… 새 사람을 입어라"는 명령을 받은 사실을 알고 있다.cf. 골3:5-11; E. Martin: 147-65

2장 15절에서 "새 사람"은 화목된 인간의 형태이지만 그리스도 자신으로 규명된다. 신자는 세례를 통해 그리스도의 몸과 인격으로 들어간다.갈3:27 로마서 13장 14절이 진술하는 대로 그들은 주 예수 그리스도로 "옷 입는다."

그러나 로마서13장 12-14절은 세례를 통해 그리스도로 옷 입음과 갑옷을 입는 것을 밀접하게 연결한다. "밤이 깊고 낮이 가까웠으니 그러므로 우리가 어둠의 일을 벗고 빛의 갑옷을 입자"12절, TRYN 이 구절은 데살로니가전서 5장 1-11절을 상기시킬 뿐만 아니라 로마서 6장 1-14절의 싸우기 위한 준비로서 세례를 상기시킨다. 로마서 6장에서 세례 받은 자는 그들의 지체를 "불의의 무기"로서 죄에게 내주지 말고 "의의 무기"로 하나님께 드리라는 권면을 받는다. 6:13, TRYN; NIV 및 NRSV는 "악의 무기"와 "의의 도구"라는 약한 번역을 한다

에베소서 6장 10-20절은 이 연결에 의존한다. 예를 들면, Gnilka: 310 그리스도의 몸, 새

사람을 입는 것은 그리스도의 일을 하는 것으로 규명된다. 이것은 하나님의 전신갑주를 입고 진리, 의, 평화, 신실함, 구원 및 하나님의 말씀으로 무장하고 깨어 기도함으로써 권세들과의 메시아 전쟁에 가담한다는 것이다. 세례는 그리스도의 죽음 및 부활과 하나가 되는 것으로서 —정확히 말하면 이러한 연합으로 인해— 입영식과 같다.

교회적 상황에서의 텍스트

투쟁적 언어

이 본문은 교회에 대해 하나님의 평화를 대적하는 권세들과 담대히 싸우라는 도전이자 권면이다. 또한 본문은 평화주의자에게 큰 격려와 동기를 제공한다.Christian Peacemaker Teams [CPT]의 이메일을 통해 반복해서 제시한 대로 안타깝게도 그들은 많은 희생자를 남긴 십자군 정신도 전수받았다. 의롭게 됨 및 하나님의 사역에 대한 확신이 다른 사람을 대적으로 보는 관점과 혼합될 때 교만과 무지로 이어졌으며 때로는 큰 희생을 치르기도 했던 것이다.Volf: 57-98, "배제"에 대한 통찰력 있는 논쟁과 함께

특히 평화 사역에 헌신하는 그리스도인 가운데 이러한 군사 용어 —매우 은유적이며 심지어 성경에 나오는 용어임에도 불구하고— 를 받아들일 수 있는지에 대한 질문이 증가하고 있다.예를 들면, Russell, 1984:122 전쟁을 가까이 접해본 사람들은 투쟁적 용어에 대해 —특히 긍정적 은유로 사용된 경우— 반감을 느낀다.

폭력을 미화하는 문제에 덧붙여, 이러한 언어는 현실을 지나치게 상호 "대립적" 영역으로 채색함으로써 다른 변화의 패러다임을 몰아내지는 않는가? 아무리 영적인 내용이라도 이러한 투쟁적 언어는 전쟁을 구원의 유일한 수단으로 보는 사고방식을 조장하는 것이 아닌가?

이러한 질문도 중요하지만, 우리는 에베소서 저자가 우주와 그 안에 있는 것들과 화목하시려는 하나님의 위대하신 계획을 반영하기 위해 훨씬 강력한 방식을 사용한다는 사실을 상기해야 한다.예를 들면, 통일 되게 하심, 1:10; 지으심, 2:10,15; 위하여 죽으심, 2:15-16, 5:2 이 특별한 본문은 교회로 하여금 권세들이 인간과 관계하는 방식에2:2; 6:11 본문에서 전쟁 용어로 표현된 '깨어 있음, 강건함 및 싸움' 을 필요로 하는 요소가 없는지 살펴보게 한다.

본 주석에 제시된 에베소서 해석은 군국주의, 즉 원수 된 것적개심 자체를cf. 2:16 싸워서 이겨야 할 권세 가운데 하나로 본다. 따라서 전쟁 언어는 매우 적절하며 고도의 역설을

지닌다. 조직적이고 문화적으로 양산된 적개심, 압제 및 소외는 얼마나 끈질긴지, 이 땅에서 이들과의 싸움은 권세들과의 전쟁으로 보아야 할 만큼 강력하다. 이 전쟁은 모든 신적 능력 및 하나님이 교회에 허락하신 전신갑주를 필요로 한다. 그렇지만 우리에게 주어진 중요하고 본질적인 사명은 이러한 역설적 전쟁을 지속하는 동시에 이것이 혈과 육에 대한 싸움이 아니라 혈과 육을 위한 싸움임을 깊이 인식하는 것이다. 교회사는 우리에게 이것이 긴급한 만큼 어려운 문제임을 보여준다.

에베소서 6장 10-20절의 말씀이 강력한 소망 및 심지어 영적인 허세와 함께 제시되더라도 압도적으로 많은 소수파와 아마도 압제당하는 자 및 외견상 힘이 없는 자가 말한다면 일방적인 말로 들릴 것이다. 그러나 동일한 말씀이 제도나 권력지배 조직과 연결된 교회에서 선포된다면 전혀 다르게 들릴 것이다. 이러한 상황에서는 역설이 사라지고 문자적인 전쟁종교적, 심리적, 물리적에 길을 내어줄 수밖에 없을 것이다. 이 경우 복음의 비밀은 계시되지 않고6:19; cf. 3:10 완전히 감추어져버릴 것이며, 평화의 복음은 질식되고 선포되지 못할 것이다.6:15 또한 복음의 핵심은 버림을 받을 것이며 성령은 탄식하실 것이다.4:30

텍스트와 그 이미지가 우리와 세계를 위한 복음이 되기 위해서는 독자로서 우리가 누구이며 무엇에 충성하고 있는지가 절대적으로 중요하다. 예를 들면 우리는 하나님의 전신갑주에 대한 메타포가 아무리 진실하다고 하더라도 이처럼 군사화 되어 있고 따라서 역설을 발견하기 어렵다면 이러한 메타포가 과연 "그리스도인의" 이미지에 적합한지 물어보아야 한다. 에베소서 저자는 경계, 활기, 확신 및 하나님과의 연합 이미지를 살릴 수만 있다면 이러한 전쟁 이미지보다 적합한 메타포를 찾으려는 어떤 시도도 마다하지 않았을 것이다.cf. Bergant: 102

권세들은 "실제적"인가?

권세들이라는 용어는 오늘날 실재에 대한 그리스도인의 관점과 조화를 이루는가? 놀랍게도 그렇다. 그러나 전혀 다른 의미에서 그렇다는 것이다. 많은 사람은 고도로 세속화되고 "비신화적인" 서구 사회를 넘어 사람들의 마음에 큰 혼란을 초래하는 악이나 마귀의 세력에 대한 생생한 인식을 가지고 있다. 그들에게 "영적 전쟁"은 이 본문이 근본적 격려가 될 만큼 경험적인 실재이다.[권세들, 371쪽]이러한 그리스도인은 기도를 전쟁으로 안다.예를 들면, Warner, 1991:133-43

안타깝게도 이러한 영적 전쟁의 관점을 가진 그리스도인은 경제적 불균형, 착취, 국수주의, 군국주의, 인종주의 및 성차별과 같은 문화적, 조직적, 구조적, 사회적, 정치적 악에 대해 무관심하며 적대적이기까지 하다. 대부분의 경우 그들은 이러한 압제 세력에 대해 동맹조차 하지 못한다. 본문은 이러한 신자들에게 영적 전쟁을 인간관계에서 다양하게 발생하는, 평화와 의와 진리와 구원을 위한 고통스러운 일상적 투쟁으로 볼 것을 요구한다.

다른 사람은 인간의 삶이 사회적, 정치적, 경제적 세력에 의해 훨씬 황폐화 되고 있다고 생각한다. 에베소서 6장은 이런 사람들의 관심사에 대해서도 도움이 될 것이다. 에베소서에 제시된 구원관은 우주와 그 가운데 만물처럼 포괄적이며1:10, 따라서 권세들에 대한 관점은 이러한 구원을 대적하는 모든 영역을 포함한다.[권세들, 371쪽]

앞서 언급한 대로, 마귀의 세력이 사람에게 영향을 준다는 관점은 하나님의 평화 사역을 대적하는 광범위한 대적에 대한 이해에 취약하다. 그러나 마찬가지로 마귀가 사회 제도에만 영향을 준다는 제한적 관점은 개인이 어떤 식으로 묶여 있는지에 대한 이해에 취약하다.예를 들면, 눅13:16 우리의 본문은 그리스도인에게 군국주의, 인종주의 및 성차별의 뿌리에 "영적" 요소들이 있음을 인식하라고 도전한다. 본문은 우리에게 신자가 정의와 평화를 위한 고귀한 싸움을 하기 위해서는 신적 능력이 필요하다고 말한다. 인간의 방식으로는 권세들을 극복하기는커녕 제대로 인식조차 하지 못할 것이다. 이것은 그들과의 싸움이 능력, 용기 및 통찰력을 위해 깨어 기도하는 방식으로 수행되어야 하는 이유이다.Ellul; McClain; Wink [권세들, 371쪽]

결국 메타포가 무엇이든, 이미지가 무엇이든, 싸움의 내용이 무엇이든, 성도 공동체로 하여금 그리스도 안에서 만물을 통일 되게 하는 사역1:10에 동참하게 것은 하나님의 능력이다.1:10

저항인가 비저항인가?

본문에 영향을 미친 신적 전사에 대한 전승은 교회에 비저항 및 비폭력이라는 중요한 도전을 제시한다. 앞서 언급한 대로 성경의 한 지류는 하나님이 반드시 공의를 시행하시고 악을 멸하실 것이라는 사실을 강력히 강조한다.예를 들면, 롬12:19 같은 맥락에서 인간이 취할 유일하게 합당한 태도는 오직 인내로 하나님만 의지하는 비저항적 태도이다.cf. Lind의 저서에 나타난 출14:13-14의 패러다임적 역할; 마5:39의 "악한 자를 대적하지 말라"는 명령은 비저항으로 이어진다

이것은 중요한 지류이며 평화교회는 이 원천을 반드시 염두에 두어야 한다. 물론 이러한 평화적 태도 자체는 권세들에 대한 저항의 한 형식이 될 수 있다.Berkhof: 50-2; J. H.

Yoder, 1994:147-53 그러나 압도적인 적개심 앞에서 담대한 용기를 가지는 것과 함께 비저항은 종종 세상으로부터의 격리로 이어질 수 있다는 사실을 인식해야 한다.

앞서 살펴본 대로, 에베소서의 교회에 대한 인식 자체는 세상과의 격리에 대한 여지를 남기지 않는다. 교회는 하나님과 세상을 화목하게 하신 그리스도와 한 몸이다.2:14-17, 5:29-32; 고후5:19 다시 말하면, 신자는 메시아의 사역에 의존하는 것이 아니라 동참하는 것이다. 권세들을 물리치기 위해서는 교회가 단순히 교회로 존재하는 것만으로는 충분하지 않다. 교회의 진정한 존재는 인간관계에서 복음의 진리, 의, 평화 및 해방을 위한 적극적이고 담대한 행동에 달려 있다. cf. 3:10, 5:11, 6:20; Berkhof: 51-2; J. H. Yoder, 1994:147-9; 그러나 Berkhof 와 Yoder는 에베소서보다 훨씬 더 교회의 투쟁적 성격을 과소평가한다 이 서신의 마지막 부분인 이곳에서 에베소서는 교회에게 중재자 - 신적 전사- 의 역할을 맡긴다.

사실 이 단원과 서신 전체는 모든 사람과 만물을 하나님께 화목 시키는 사역을 대적하는 모든 권세 -영적, 인간적, 물질적, 정치적, 사회적, 문화적, 및 경제적 권세- 와 담대히 싸울 수 있는 기초를 제공한다. 실제로 본문은 이러한 싸움을 그리스도 안에 있는지의 여부를 검증하는 리트머스 시험지로 본다. 무엇보다 중요한 것은 이렇게 동참한 자들은 원수를 위해 죽으시고 그러한 대적으로부터 새 사람을 지으신 그리스도의 지체로 행해야 한다는 것이다.2:11-22 이 근본적 자기희생은 원수된 것적개심을 죽였으며2:15 이러한 평화주의는 권세들에 대한 정면공격이다. 미국 및 재세례파 사회에서 광범위하게 읽히고 있는 1708년에 나온『진지한 그리스도인을 위한 기도서』*Prayer Book for Earnest Christias* 에는 하나님의 전신갑주라는 이미지에 담긴 보호하심 및 전투 명령이라는 이중적 함축이 잘 나타난다.

> 아버지여! 이제 우리에게 당신의 능력의 전신갑주를 입혀주셔서 진리를 대적하는 악한 대적의 기만적 공격을 이겨내게 하소서. 우리에게 참된 믿음의 방패를 주셔서 당신의 의를 경험하지 못하게 하는 모든 것으로부터 승리하게 하소서. 우리의 머리에 당신의 구원의 투구를 씌우시고 풀과 같이 시들어버릴 인간을 두려워하지 않게 하소서. 대신에 오 주여, 우리로 하여금 당신을 경외하게 하소서. 당신은 우리의 마음을 감찰하시고 속사람을 시험하시나이다.

> 따라서 이제 우리의 마음에 당신의 성령의 검, 거룩한 말씀을 주시옵소서. 우리

가 당신의 거룩한 이름을 위해 굳게 서서 축복의 마지막 날까지 진리를 위해 싸우

게 하소서Gross: 55-6

입영식으로서 세례

전신갑주를 입는 것과 세례의 관계는 신자 교회의 세례에 대한 이해 및 실천과 밀접한 관련이 있다. 이 전승에서 세례는 그리스도를 따르겠으며 교회 지체의 책임을 다하겠다는 성숙한 결심에 이어지는 것이 이상적이다. 동시에 많은 신자 교회에서 세례는 현재의 문화 -가정 및 회중- 의 기대에 부응하겠다는 의식이 되고 있다.

하나님의 전신갑주를 입으라는 명령이 새 사람 -즉, "주 예수 그리스도"롬13:12,14- 을 입으라는 명령4:24과 평행절인 한, 우리의 본문은 세례가 메시아 공동체에 들어가는 입영식임을 강력히 상기시킨다. 동시에 세례는 메시아의 임무를 위해 능력을 입는 의식에 해당한다. 메노 시몬스Menno Simons는 비록 고난과 압제의 상황에 대해 기록하고 있지만 cf. "The Cross of the Saints"[1554], Menno: 599-600, 세례는 신자들이 권세들과의 싸움에 들어가는 것을 함축한다는 사실을 알고 있었다.

> 마귀와, 세상이나 육신과 같은 그의 공범들은 세례를 통해 그리스도로 옷 입은 자들에 대해 시기하고 그들에 대해 전쟁을 선포하며 치명적인 대적이 되었다. 이에 중생한 자는 죄와 마귀의 원수가 되었으며 하나님의 전신갑주로 무장하고, 주의 천사들에 둘러싸인 채, 십자가 보혈의 기치 아래, 믿음을 완성하신 주와 함께 대적과 맞서게 되었다. 그들은 우는 사자처럼 밤낮 어슬렁거리며 삼키고 해칠 자를 찾아다니는 대적에게 삼킴을 당하지 않기 위해 항상 깨어 경계하고 있다. "The Spiritual Resurrection"[1536], Menno: 56-7; cf. 벧전5:8, "우는 사자 같이"

> 다시 한 번 말하겠다. 싸워라. 영광의 관이 여러분을 위하여 준비되어 있다. 피하지 말고 물러나지도 말라"The Cross of the Saints," Menno: 622; cf. 벧전5:4, "영광의 관"

그러므로 에베소서 6장 10-20절은 로마서 6장 및 13장 11-14절과 함께, 이러한 임무를 인식하고 그리스도인이 된다는 의미를 바로 아는 자에게 세례를 받는 것이 중요하다는 사실을 다시 한 번 상기시킨다.

결론 및 축복기도

개관

에베소서는 개인적 언급 및 신학적 의미를 담은 강력한 축복 기도로 마친다. 이 후기 부분은 대체로 다른 바울서신과 일치하며[바울서신의 구조, 368쪽] 사실상 1세기의 서신 작성 예법과 일치한다. 여기에는 상황, 사람 및 편지의 전달에 대한 언급이 포함되지만 결론적 축복도 제시된다. 골로새서 4장 7-8절과의 밀접한 유사성은 "개인적" 어조가 관계적이라기보다 문학적 의존일 가능성이 높다는 사실을 보여준다.

두기고는 이 편지를 지참한 자로 제시된다. 편지를 전달하는 일과 함께 바울과 편지의 수신자를 연결하는 일이 그의 임무이다. 그는 바울의 상황에 대한 정확한 묘사를 할 수 있는 신임 받은 편지 전달자로 추천된다. 덧붙여서 그는 독자의 상황에 대한 소식을 바울에게 전달하고 편지의 수신자를 격려하고 권면할 수 있다. 사실 두기고는 바울을 대신하여 행동할 수 있다. 편지는 서신의 시작 부분에 있는1:2 은혜와 평화에 대한 복을 비는 것으로 끝난다.

시작 부분과 끝 부분에 은혜와 평화에 대한 언급이 제시된 것은 본 서신의 핵심을 형성하는, 하나님의 화목하게 하시는 은혜에 대한 근본적이고 한결같은 고찰에 적합한 프레임이다.

개요

두기고의 임무, 6:21-22

결론적 축복 기도, 6:23-24

주석

두기고의 임무 6:21-22

21-22절은 이 편지를 수신자에게 가져가는 두기고의 역할에 대한 내용이다. 공식적으로 이것은 편지 소지자에 대한 추천장이다. 덧붙여 두기고는 바울의 상황 —아마도 그의 수감생활— 에 관해 모두 설명할 수 있는 신임을 받고 있다. 3:1, 4:1, 6:20 또한 바울은 그가 신자들의 소식을 가져올 것이며 그들의 마음을 위로하고 위축된 임무를 독려할 것이라고 믿는다. 한 마디로 두기고의 임무는 바울의 광범위한 사도적 활동 —바울의 사도의 편지와 밀사를 이용한 것— 의 한 부분에 해당한다.

우리는 두기고에 대해 거의 알지 못한다. 우리가 아는 것은 그가 아시아 사람이며 행 20:4, 바울의 주변 사람 가운데 하나이며 골4:7; 딤후4:12; 딛3:12 에베소와 관련이 있다는 정도이다. 행20:4; 딤후4:12; 이것은 이 편지와 에베소의 관계에 대한 설명이 될 수 있다; 1:1-2, 주석 참조 따라서 우리는 두기고에 대해 바울이 신임하는 동역자 가운데 하나로 "사랑을 받은 형제요 주 안에서 진실한 일꾼diakonos"으로 생각해야 한다.

그러나 본문을 자세히 살펴보면 몇 가지 의문이 제기될 수 있다. 이 어법은 사실상 골로새서 4장 7-8절과 정확히 동일한데 이것은 에베소서가 골로새서에 의존한 것이 거의 확실함을 보여준다. 서론 참조 특히 에베소서 6장 21-22절과 골로새서 4장 7-8절을 비교해보면 그렇다. 다음은 대조의 편의를 위해 문자적으로 번역하였다. 밑줄 부분은 각 서신에만 나타나는 고유한 내용이다

에베소서 6장 21-22	골로새서 4장 7-8
나의 사정 곧 내가 무엇을 하는지 너희에게도 알리려 하노니 사랑을 받은 형제요 주 안에서 진실한 일꾼인 두기고가 모든 일을 너희에게 알리리라 우리 사정을 알리고 또 너희 마음을 위로하기 위하여 내가 특별히 그를 너희에게 보내었노라	두기고가 내 사정을 다 너희에게 알려 주리니 그는 사랑 받는 형제요 신실한 일꾼이요 주 안에서 함께 종이 된 자니라 내가 그를 특별히 너희에게 보내는 것은 너희로 우리 사정을 알게 하고 너희 마음을 위로하게 하려 함이라

에베소서의 어법이 모든 실용적 목적에도 불구하고 골로새서 4장 7-8절과 일치한다는 것은 전자가 문학적으로 후자에 의존함을 보여준다.서론 참조

둘째로, 만일 이것이 바울의 글이라면, 골로새서의 평행구절에서 발견할 수 있는 문안 인사가 빠진 것은 납득하기 어렵다. 특히 바울에 에베소서에서 수년 간 사역한 사실을 생각하면 더욱 그렇다. 이 두 가지는 에베소서가 바울의 제자 가운데 하나에 의해 기록되었을 가능성을 보여준다.Lincoln: 462; R. Martin, 1991:78; Perkins: 151; Schnackenburg: 286-7를 비롯한 대부분의 주석가는 그렇게 생각한다. 상반된 주장에 대해서는 Barth, 1974:810을 참조하라; Best, 1998:612-4는 바울이 저자인 것은 동의하지만 골로새서 저자가 에베소서를 인용한 것으로 생각한다

다소 상상력을 발휘한 기발한 주장으로는 두기고가 골로새서에서 바울의 추천을 받은 것을 빌려오고 에베소서 6장 22절에서 1인칭 복수를 유지함으로써 실제 저자인 것처럼 끝 부분에 추가했다는 것이다. 그렇게 함으로써 두기고는 지금까지 바울에게만 초점이 맞추어져왔던 서신에 자신을 포함시켰을 것이다.예를 들면, Mitton, 1951:268

필자는 이러한 증거가 바울이 아닌 누군가의 저작성을 보여준다고 생각한다. 그렇다고 해도 놀라운 것은 바울이 본 서신의 기원이자 본 서신이 의도하고 있는 공동체의 중심 인물로 존경을 받는 사도임에도 불구하고 이 위대한 사도에 대한 참된 사색은 그가 혼자 사역하지 않았다는 사실을 인정하지 않을 수 없었다는 사실이다. 다른 "진실한" 일꾼들은 그의 사도적 사역을 확장했다. 그들은 평생 그 일을 했다.바울서신의 저자가 복수로 제시된 것이나 그의 편지 끝에 나타나는 광범위한 문안 인사에 주목하라; 예를 들면, 살전1:1; 롬16 그리고 필자와 많은 학자들이 가지고 있는, 이 서신이 위명 문서에 해당한다는 생각이 옳다면 신실한 동역자들은 바울의 사역을 그의 사후까지 확장한 것이다.

두기고가 바울의 편지를 에베소에 가져갔든, "두기고"가 "바울"의 편지를 여러 교회에 가져갔든, 변함없는 결과는 사실상 수많은 사람의 마음이 그로 인해 큰 힘을 얻고 더욱 신실한 삶을 살았다는 것이다.

결론적 축복 기도 6:23-24

이 두 절의 결론을 읽는 독자에게 떠오르는 생각은 세 가지이다. 하나는 바울서신 가운데 에베소서는 축복기도를 평소의 2인칭 복수가 아니라 3인칭으로 제시한 유일한 서신이라는 것이다. 둘째는 이 저자에게 기대하는 언어적 풍성함과 탁월함이다. 셋째는 모호함과 당황스러움을 안겨주는, 변함없는 사랑에 대한 마지막 강조이다.

첫째로, 6장 21-22절은 간접적이고 친밀함이 떨어지는 표현인 "형제들" 및 "우리 주

예수 그리스도를 변함없이 사랑하는 모든 자"에 대한 축복으로 이어진다. 형제들NIV이라는 표현 자체는 헬라어 아델포이*adelphoi*에 담긴 포용성을 담아내지 못한다. 이곳은 에베소서에서 "형제자매[형제들]"이라는 친밀한 표현이 사용된 유일한 곳이지만 바울의 글에서 흔히 볼 수 있는 직접적 표현형제들아이 사용되지 않았다. 이것은 이 서신이 처음부터 광범위한 교회들을 위해 준비되었다는 사실을 보여주는가?Lincoln: 465; Perkins: 151은 긍정적인 관점을 보여준다 이 축복 기도의 "냉담함"과 관계없이Barth, 1974:815, 독자를 형제들로 언급한 것은 이 서신의 가족 모티브에 대한 초점과 일치한다.특히 2:11-22, 3:14 참조; NRSV의 "공동체 전체"는 포괄적이지만 이러한 연결을 방해한다

더구나 "우리 주 예수 그리스도를 변함없이 사랑하는 모든 자"에게 "은혜"를 빈 것은 본 서의 구조를 정확히 반영한다. 에베소서의 전반부는 하나님의 은혜가 역사하고 계심을 생생히 보여준다. 이어지는 내용은 신자 공동체가 보여야 할 사랑의 반응에 대한 동일하게 중요한 고찰이다. 하나님의 은혜와 인간의 사랑 및 신실함은 확고하게 결합되어 있다.cf. 롬5-6장

둘째로, 이 결론적 축복은 언어적 풍성함에 의해 구별된다. 이곳에서 평화를 빈 것은 바울 서신에서 특이한 경우로, 에베소서가 평화에 부여하는 중요성특히 2:11-22을 보여준다. 다른 바울서신의 결론적 언급에서 "평화의 하나님"이라는 구체적 언급롬15:33; 살전5:23; 살후3:16이나 직접적인 언급고후13:11; 갈6:16을 사용하거나 아예 생략한다.고전, 빌립보서, 골로새서, 디모데전후서, 디도서, 빌레몬서 이곳의 평화와 은혜에 대한 이중적 축복은 1장 2절의 서두 인사를 의도적으로 반영한 것으로, 에베소서 전체의 틀을 염두에 둔 것이 분명하다. 본 주석을 통해 살펴본 대로 에베소서는 하나님이 그리스도를 통해 이루어 가시는 은혜로운 평화 사역 및 이러한 은혜가 가져오는 신실한 삶에 대한 긴 고찰이다.

저자는 평화에 대한 이러한 초점에 부응하여 자신의 위시리스트에 믿음을 겸한 사랑을 덧붙인다.NIV, NRSV 에베소서는 사랑*agapē* 과 믿음*pistis*에 대해서도 심층적으로 다룬다. 두 단어는 1장 15절 및 3장 17절에도 나타난다. 사랑은 인간 공동체에 대한 하나님은 은혜로운 행위의 동인이 된다.1:4, 2:4, 3:17,19 그러나 사랑은 신적 사랑으로 구원 받은 자들의 태도와 행동을 보여준다.특히 4:2, 15-16, 5:2,25; 특히 6:24 필자는 믿음을 신뢰와 신실함, "행동하는 사랑"으로 이해하는 것이 중요하다는 사실에 대해 거듭 살펴보았다.2:8, 3:12, 6:16 주석 참조

믿음신실함을 겸한 사랑이라는 특이한 구절은 야고보서의 "행함이 없는 믿음은 죽은 것"이라는 짧은 구절을 상기시킨다.2:17, 26 저자는 축복 기도를 통해 독자에게 이러한 연

결을 상기시킴으로써 2장 10절에 제시된, 인간의 사랑과 신실함 −선한 일− 은 하나님의 선물이라는 바울의 통찰력을 재확인한다. Barth, 1974:811

24절 하반절의 축복은 사랑과 믿음이 하나님이 주시는 평화의 핵심 요소이듯이6:23 하나님의 은혜 역시 하나님의 은혜를 받은 사람들의 행함이 있는 사랑과 떨어질 수 없는 관계에 있음을 보여준다. 이 "은혜"는 "우리 주 예수 그리스도를 변함없이 사랑하는 모든 자"에게 있다. 이 축복기도에 상응하는 고린도전서 16장 22절에는 부정적인 내용이 제시된다. "누구든지 주를 사랑하지 아니하면 저주를 받을지어다"NRSV 또한 우리는 에베소서 5장 2절의 그리스도께서 사랑하신 것 같이 사랑하라는 구절 후에 즉시 그렇게 하지 않는 자는 그리스도와 하나님의 나라에서 기업을 얻지 못할 것이라는 경고5:5가 이어지는 것을 본다. 그러나 우리가 아무리 이러한 은혜 주심에 있어서 암시적인 경고를 발견한다고 해도 본문의 강조점은 하나님의 평화와 은혜가 인간의 사랑 및 믿음신실함에 선행하며 뒷받침한다는 사실에 있다.

끝으로, 우리는 마지막 구절의 "변함없이"en aphtharsia에 대해 살펴볼 것이다. "아파다르시아"aphtharsia는 "불멸의," "쇠하지 않는," 또는 "죽지 않는"이라는 뜻을 가지고 있다. 바울의 글에서 이 단어는 주로 부활 생명을 가리킨다. 예를 들면, 롬2:7; 특히 고전15:42, 50-54 그러나 이 문장에서는 무엇을 가리키는가? 끝이나 제한이 없는 하나님의 은혜를 가리키는가예를 들면, Gnilka: 325? 그리스도에 대한 우리의 사랑이 "끝이 없다"는 뜻인가NIV, NRSV, NASB, REB; Best, 1998:620? 그리스도가 "하늘에서 영원히" 사신다는 의미인가R. Martin, 1991:79?

그러나 어느 한 가지를 택할 수 없다는 것이 필자의 생각이다. 우리는 본 서신을 분석하면서 문법적 모호성에 대한 해석학적 가능성을 존중하고 누리기보다 그것을 해결하려는 유혹을 많이 받았다. "아파다르시아"는 하나님과 구원받은 인간의 관계 전체를 소망과 영원함이라는 상황 속에 두려는 "수사학적 기교"로Lincoln: 466, 참으로 적절한 축복기도이다.

> "영원하신 우리 주 예수 그리스도를 끝없이 사랑하는 모든 자에게 다함없는 은혜가 있을지어다." 아멘

에베소서의 개요

에베소서에 대한 도식적 번역

다음 번역은 가능한 헬라어본문 및 문법에 가깝게 번역한 것으로 원래 문장의 구조를 반영한 것이다. 이 번역은 도식적으로 구성함으로써 독자가 반복적 패턴의 단어나 구를 확인할 수 있게 하였다. 저자가 사용한 헬라어 단어나 성경 인용문 출처는 괄호로 묶었으며 찬양 자료는 밑줄로 표시했다.

1:1-2 수신자 및 인사말

발신자: ¹하나님의 뜻으로 말미암아 그리스도 예수의 사도 된 바울은

수신자: [에베소에 있는] 성도들과[…] 그리스도 예수 안에 있는 신실한 자들에게 편지하노니

인 사: ²하나님 우리 아버지와 주 예수 그리스도로부터 은혜와 평화가 너희에게 있을지어다

1:3-14 서론적 찬양: 하나님의 복

³찬송하리로다 하나님 곧 우리 주 예수 그리스도의 아버지께서

그리스도 안에서 하늘에 속한 모든 신령한 복을 우리에게 주시되

4곧 창세 전에 그리스도 안에서 우리를 택하사

우리로 사랑 안에서 그 앞에 거룩하고 흠이 없게 하시려고

5그 기쁘신 뜻대로 우리를 예정하사

예수 그리스도로 말미암아 자기의 아들들이 되게 하셨으니

6이는 그가 사랑하시는 자 안에서 우리에게 거저 주시는 바

그의 은혜의 영광을 찬송하게 하려는 것이라

7우리는 그리스도 안에서 그의 은혜의 풍성함을 따라

그의 피로 말미암아 속량 곧 죄 사함을 받았느니라

8이는 그가 모든 지혜와 총명*을 우리에게 넘치게 하사

9그 뜻의 비밀을 우리에게 알리신 것이요

그의 기뻐하심을 따라

그리스도 안에서 때가 찬 경륜을 위하여 예정하신 것이니

10 [즉] 하늘에 있는 것이나 땅에 있는 것이 다

그리스도 안에서 통일되게 하려 하심이라

* 이 구절은 다음 절과 함께 읽을 수 있다. 모든 지혜와 총명으로… 우리에게 알리신 것이요

11모든 일을 그의 뜻의 결정대로 일하시는 이의 계획을 따라

우리가 예정을 입어 그 안에서 기업이 되었으니

12이는 우리가 그리스도 안에서 전부터 바라던

그의 영광의 찬송이 되게 하려 하심이라

13그 안에서 너희도 진리의 말씀 곧 너희의 구원의 복음을 듣고

그 안에서 또한 믿어

약속의 성령으로 인치심을 받았으니

14이는 우리 기업의 보증이 되사

그 얻으신 것을 속량하시고

그의 영광을 찬송하게 하려 하심이라

1:15-23 감사와 중보

15이로 말미암아 주 예수 안에서 너희 믿음과

모든 성도를 향한 사랑을

나도 듣고

16내가 기도할 때에 기억하며

너희로 말미암아 감사하기를 그치지 아니하고

17우리 주 예수 그리스도의 하나님, 영광의 아버지께서 지혜와

계시의 영을 너희에게 주사

하나님을 알게 하시고

18너희 마음의 눈을 밝히사

그의 부르심의 소망이 무엇이며

성도 안에서 함께 그 기업의 영광의 풍성함이 무엇이며

19그의 힘의 위력으로 역사하심을 따라

믿는 우리에게 베푸신 능력의 지극히 크심이 어떠한 것을

너희로 알게 하시기를 구하노라

20그의 능력이 그리스도 안에서 역사하사

죽은 자들 가운데서 다시 살리시고

하늘에서 자기의 오른편에 앉히사[cf. 시110:1]

21모든 통치와 권세와 능력과 주권과

이 세상뿐 아니라 오는 세상에 일컫는 모든 이름 위에 뛰어나게 하시고

22또 만물을 그의 발 아래에 복종하게 하시고[시 8:7]

그를 만물 위에 교회의 머리로 삼으셨느니라

23교회는 그의 몸이니

만물 안에서 만물을 충만하게 하시는 이의 충만함이니라

2:1-10 그리스도와 함께 사망에서 생명으로

1그는 허물과 죄로 죽었던 너희를 살리셨도다

2그 때에 너희는 그 가운데서 행하여

이 세상 풍조를 따르고

공중의 권세 잡은 자를 따랐으니

곧 지금 불순종의 아들들 가운데서 역사하는 영이라

3전에는 우리도 다 그 가운데서 우리 육체의 욕심을 따라 지내며

육체와 마음의 원하는 것을 하여

다른 이들과 같이 본질상 진노의 자녀이었더니

4[그러나] 긍휼이 풍성하신 하나님이

우리를 사랑하신 그 큰 사랑을 인하여

5허물로 죽은 우리를

그리스도와 함께말미암아 살리셨고

6 너희는 은혜로 구원을 받은 것이라)

또 함께 일으키사

그리스도 예수 안에서 함께 하늘에 앉히시니

7이는 그리스도 예수 안에서 우리에게 자비하심으로써

그 은혜의 지극히 풍성함을 오는 여러 세대에 나타내려 하심이라

8너희는 그 은혜에 의하여 믿음으로 말미암아 구원을 받았으니

이것은 너희에게서 난 것이 아니요

하나님의 선물이라

9행위에서 난 것이 아니니

이는 누구든지 자랑하지 못하게 함이라

10우리는 그가 만드신 바라(또는 작품)

그리스도 예수 안에서 선한 일을 위하여 지으심을 받은 자니

이 일은 하나님이 전에 예비하사

우리로 그 가운데서 행하게 하려 하심이니라

2:11-22 우리의 평화이신 그리스도

11그러므로

생각하라 너희는 그 때에 육체로는 이방인이요

손으로 육체에 행한 할례를 받은 무리라 칭하는 자들로부터

할례를 받지 않은 무리라 칭함을 받는 자들이라

12¹⁾그 때에 너희는

그리스도 밖에 있었고

이스라엘 나라 밖의 사람이라

약속의 언약들에 대하여는 외인이요

세상에서 소망이 없고

하나님도 없는 자이더니

13[그러나] 이제는

전에 **멀리** 있던 너희가

그리스도 예수 안에서

---

1) NIV 및 NRSV는 "생각하라"를 반복하나, 헬라어는 11절의 "생각하라"를 염두에 둔 hoti(that)로 시작한다.

그리스도의 피로안에서, 말미암아 **가까워졌느니라** [사57:19]

14그는 우리의 평화이신지라

둘로*ta amphotera* 하나를 만드사

원수 된 것 곧 중간에 막힌 담을 자기 육체로 허시고

15법조문으로 된 계명의 율법을 폐하셨으니

이는 이 둘로*hoi amphoteroi* 자기 안에서 한 새 사람을 지어

평화하게 하시고

16또 십자가로 이 둘을 한 몸으로

하나님과 화목하게 하려 하심이라

원수 된 것을 십자가로 소멸하시고

17또 오셔서 **먼 데 있는 너희에게 평화를 전하시고**[사52:7]

가까운 데 있는 자들에게 평화를 전하셨으니[사57:19]

18이는 그로 말미암아 우리 둘이*hoi amphoteroi* 한 성령 안에서 아버지께

나아감을 얻게 하려 하심이라

19 그러므로

이제부터 너희는 외인도 아니요

나그네도 아니요 오직 성도들과 동일한 시민이요

하나님의 권속이라

20너희는 사도들과 선지자들의 터 위에 세우심을 입은 자라

그리스도 예수께서 친히 모퉁잇돌이 되셨느니라[사28:16]

21그의 안에서 건물마다 서로 연결하여 주 안에서 성전이 되어 가고

22너희도 [그] 성령 안에서의해 하나님이 거하실 처소가 되기 위하여

그리스도 예수 안에서 함께 지어져 가느니라

엡2:11-22의 대칭구조

A 예전에는 외인이요 하나님도 없는 자였다   2:11-12

  B 그리스도는 멀리 있는 자를 가까이 오게 하셨다   2:13

    C 그리스도는 우리의 평화이시다   2:14-16

B' 그리스도는 먼 데 있는 자들과 가까운 데 있는 자들에게 평화를 전하셨다   2:17-18

A' 이제는 더 이상 외인이 아니며 하나님의 처소의 한 부분이다   2:19-22

3:1-13 계시된 비밀

1이러므로 그리스도 예수의 일로 너희 이방인을 위하여 갇힌 자 된 나 바울이 말하거니와

  2너희를 위하여 내게 주신 하나님의 그 은혜의 경륜을 너희가 들었을 터이라

    3곧 계시로 내게 비밀을 알게 하신 것은

        내가 먼저 간단히 기록함과 같으니 4그것을 읽으면

        내가 그리스도의 비밀을 깨달은 것을 너희가 알 수 있으리라

    5이제 그의 거룩한 사도들과 선지자들에게

    성령으로 나타내신 것 같이

    다른 세대에서는

    사람의 아들들에게 알리지 아니하셨으니

    6이는 이방인들이 복음으로 말미암아

    그리스도 예수 안에서 함께 상속자가 되고

    함께 지체가 되고 함께 약속에 참여하는 자가 됨이라

      7이 복음을 위하여 그의 능력이 역사하시는 대로

      내게 주신 하나님의 은혜의 선물을 따라 내가 일꾼이 되었노라

  8모든 성도 중에 지극히 작은 자보다 더 작은 나에게 이 은혜를 주신 것은

    측량할 수 없는 그리스도의 풍성함을 이방인에게 전하게 하시고

    9영원부터 만물을 창조하신 하나님 속에 감추어졌던

    비밀의 경륜이 어떠한 것을 드러내게 하려 하심이라

      10이는 이제 교회로 말미암아 하늘에 있는 통치자들과 권세들에게

      하나님의 각종 지혜를 알게 하려 하심이니

        11곧 영원부터 우리 주 그리스도 예수 안에서 예정하신 뜻대로 하신 것이라

        12우리가 그 안에서 그를 믿음으로 말미암아

        담대함과 확신을 가지고 하나님께 나아감을 얻느니라

13그러므로 너희에게 구하노니 너희를 위한 나의 여러 환난에 대하여 낙심하지 말라 이는 너희의 영광이니라

3:14-21 사도의 기도

14 이러므로 내가 하늘과 땅에 있는 각 족속에게

  15이름을 주신 아버지 앞에 무릎을 꿇고 비노니

  16[hina]그의 영광의 풍성함을 따라 그의 성령으로 말미암아

  너희 속사람을 능력으로 강건하게 하시오며

  17믿음으로 말미암아 그리스도께서 너희 마음에 계시게 하시옵고

  너희가 사랑 가운데서 뿌리가 박히고 터가 굳어져서

  18[hina]능히 모든 성도와 함께 지식에 넘치는 그리스도의 사랑을 알고

  19그 너비와 길이와 높이와 깊이가 어떠함을 깨달아

  [hina]하나님의 모든 충만하신 것으로 너희에게 충만하게 하시기를 구하노라

20우리 가운데서 역사하시는 능력대로 우리가 구하거나 생각하는 모든 것에

더 넘치도록 능히 하실 이에게

21교회 안에서와 그리스도 예수 안에서 영광이 대대로 영원무궁하기를 원하노라

  아멘

4:1-16 함께 그리스도에게까지 자라 감

1그러므로 주 안에서 갇힌 내가 너희를 권하노니

  너희가 부르심을 받은 일에 합당하게 행하여

  · 2모든 겸손과

  · 온유로 하고

  · 오래 참음으로

  · 사랑 가운데서 서로 용납하고

  · 3평화의 매는 줄로 성령이 하나 되게 하신 것을 힘써 지키라

  · 4몸이 하나요

  · 성령도 한 분이시니

  · 이와 같이 너희가 부르심의 한 소망 안에서 부르심을 받았느니라

  · 5주도 한 분이시요 믿음도 하나요 세례도 하나요

·6하나님도 한 분이시니 곧 만유의 아버지시라

만유 위에 계시고 만유를 통일하시고 만유 가운데 계시도다

7우리 각 사람에게 그리스도의 선물의 분량대로 은혜를 주셨나니

8그러므로 이르기를

그가 위로 올라가실 때에 사로잡혔던 자들을 사로잡으시고

사람들에게 선물을 주셨다[시68:18] 하였도다

9올라가셨다 하였은즉 땅 아래 낮은 곳으로 내리셨던 것이 아니면 무엇이냐

10내리셨던 그가 곧 모든 하늘 위에 오르신 자니

이는 만물을 충만하게 하려 하심이라

11그가 어떤 사람은

· 사도로,

· 어떤 사람은 선지자로,

· 어떤 사람은 복음 전하는 자로,

· 어떤 사람은 목사와

· 교사로 삼으셨으니

12이는*pros* 성도를 온전하게 하여

봉사의 일을 하게 하며*eis*

그리스도의 몸을 세우려 하심이라*eis*

13우리가 다

하나님의 아들을 믿는 것과 아는 일에 하나가 되어*eis*

온전한 사람을 이루어*eis*

그리스도의 장성한 분량이 충만한 데까지*eis* 이르리니

14이는 우리가 이제부터 어린 아이가 되지 아니하여

사람의 속임수와*en*

간사한 유혹에 빠져*en*

온갖 교훈의 풍조에 밀려 요동하지 않게 하려 함이라

15오직 사랑 안에서 참된 것을 하여 범사에 그에게까지 자랄지라

그는 머리니 곧 그리스도라

16그에게서*ex* 온 몸이 각 마디를 통하여 도움을 받음으로*2)

연결되고*sun-*

결합되어*sun-*

　각 지체의 분량대로

역사하여 그 몸을 자라게 하며 사랑 안에서 스스로 세우느니라*3)

4:17-5:2: 옛 사람과 새 사람: 두 가지 길

17그러므로 내가 이것을 말하며 주 안에서 증언하노니

이제부터 너희는 이방인이

그 마음의 허망한 것으로 행함 같이 행하지 말라

18그들의 총명이 어두워지고

그들 가운데 있는 무지함과 그들의 마음이 굳어짐으로 말미암아

하나님의 생명에서 떠나 있도다

19그들이 감각 없는 자가 되어 자신을 방탕에 방임하여

모든 더러운 것을 욕심으로 행하되

20오직 너희는 그리스도를 그같이 배우지 아니하였느니라

21진리가 예수 안에 있는 것 같이

너희가 참으로 그에게서 듣고 또한 그 안에서 가르침을 받았을진대

22[즉] 너희는

유혹의 욕심을 따라*kata*

썩어져 가는 구습을 따르는*kata*

옛 사람[*anthrōpos*]을 벗어 버리고

23오직 너희의 심령이 새롭게 되어

24하나님을 따라*kata* 의와 진리의 거룩함으로*안에서* 지으심을 받은

새 사람[*anthrōpos*]을 입으라

25그런즉 거짓을 버리고

각각 그 이웃과 더불어 참된 것을 말하라[슥 8:16]

---

2) 또는: 모든 돕는 관절을 통해
3) 또는: 사랑 안에서 그의 처소로 세워지느니라.

이는 우리가 서로 지체가 됨이라

26분을 내어도 죄를 짓지 말며[시4:5, 70인역4:4, NRSV]

해가 지도록 분또는 분노하게 한 것을 품지 말고

27마귀에게 틈을 주지 말라

28도둑질하는 자는 다시 도둑질하지 말고

돌이켜 가난한 자에게 구제할 수 있도록

[자기] 손으로 수고하여 선한 일을 하라

29무릇 더러운 말은 너희 입 밖에도 내지 말고

오직 덕부족한 것을 세우는 데 소용되는 대로

선한 말을 하여[if…then]

듣는 자들에게 은혜를 끼치게 하라

30하나님의 성령을 근심하게 하지 말라

그 안에서 너희가 구원의 날까지eis 인치심을 받았느니라

31너희는

· 모든 악독과

· 노함과

· 분냄과

· 떠드는 것과

· 비방하는 것을

· 모든 다른 악의와 함께 버리고

32서로

· 친절하게 하며

· 불쌍히 여기며

· 서로 용서하기를

· 하나님이 그리스도 안에서 너희우리를 용서하심과 같이 하라

5:1 그러므로 사랑을 받는 자녀 같이

너희는 하나님을 본받는 자가 되고

2그리스도께서 너희우리를 사랑하신 것 같이

너희도 사랑 가운데서 행하라

그는 우리를 위하여 자신을 버리사 향기로운 제물과 희생제물로
하나님께 드리셨느니라

5:3-21 "빛의 자녀들처럼 행하라-세상을 본받지 않고 변화시킴

- 3음행과
- 온갖 더러운 것과
- 탐욕은 너희 중에서 그 이름조차도 부르지 말라
  이는 성도에게 마땅한 바니라
- 4누추함[말?]과
- 어리석은 말이나
- 희롱의 말이 마땅치 아니하니
  오히려 감사하는 말을 하라

5너희도 정녕 이것을 알거니와
  음행하는 자나 더러운 자나 탐하는 자곧 우상 숭배자는
  다 그리스도와 하나님의 나라에서 기업을 얻지 못하리니
  6누구든지 헛된 말로 너희를 속이지 못하게 하라
    이로 말미암아 하나님의 진노가 불순종의 아들들[과 딸들]에게 임하나니
    7그러므로 그들과 함께[sun] 하는 자가 되지 말라
    8너희가 전에는 어둠이더니 이제는 주 안에서 빛이라
빛의 자녀들처럼 행하라
    9빛의 열매는 모든 착함과 의로움과 진실함에 있느니라
  10주를 기쁘시게 할 것이 무엇인가 시험하여 보라
  11너희는 열매 없는 어둠의 일에 참여하지 말고
    도리어 책망하라
  12그들이 은밀히 행하는 것들은 말하기도 부끄러운 것들이라
  13그러나 책망을 받는 모든 것은 빛으로 말미암아 드러나나니
  드러나는 것마다 빛이니라
  14그러므로 이르시기를
  잠자는 자여 깨어서

죽은 자들 가운데서 일어나라

그리스도께서 너에게 비추이시리라 하셨느니라[cf. 시60:1]

15그런즉 너희가 어떻게 행할지를 자세히 주의하여

지혜 없는 자 같이 하지 말고 오직 지혜 있는 자 같이 하여

16세월*kairos*을 아끼라

때가 악하니라

17그러므로 어리석은 자가 되지 말고

오직 주의 뜻이 무엇인가 이해하라

18술 취하지 말라

이는 방탕한 것이니

오직 성령으로[안에서] 충만함을 받으라

· 19시와 찬송과 신령한 노래들로 서로 화답하며

· 너희의 마음으로 주께 노래하며 찬송하며

· 20범사에 우리 주 예수 그리스도의 이름으로 항상 아버지 하나님께 감사하며

· 21그리스도를 경외함으로 피차 복종하라

5:21-6:9 가족법

21[성령으로 충만함을 받으라5:18]··· 그리스도를 경외함으로 피차 복종함으로써

22**아내들이여** 자기 남편에게 복종하기를 주께 하듯 하라

23이는 남편이 아내의 머리 됨이

그리스도께서 교회의 머리 됨과 같음이니

그가 바로 몸의 구주시니라

24그러므로 교회가 그리스도에게 하듯

아내들도 범사에 자기 남편에게 복종할지니라

25**남편들아** 아내 사랑하기를

그리스도께서 교회를 사랑하시고

그 교회를 위하여 자신을 주심 같이 하라

26이는 곧 물로 씻어 말씀으로 깨끗하게 하사

거룩하게 하시고

27자기 앞에 영광스러운 교회로 세우사

티나 주름 잡힌 것이나 이런 것들이 없이

거룩하고 흠이 없게 하려 하심이라

28이와 같이 남편들도 자기 아내 사랑하기를 자기 자신과 같이 할지니

자기 아내를 사랑하는 자는 자기를 사랑하는 것이라

29누구든지 언제나 자기 육체를 미워하지 않고 오직 양육하여

보호하기를

그리스도께서 교회에게 함과 같이 하나니

30우리는 그 몸의 지체임이라

31그러므로 사람이 부모를 떠나 그의 아내와 합하여 그 둘이

한 육체가 될지니 [창3:24]

32이 비밀이 크도다 나는 그리스도와 교회에 대하여 말하노라

33그러나 너희도 각각 자기의 아내 사랑하기를 자신 같이 하고

아내도 자기 남편을 존경하라

6:1**자녀들아** 주 안에서 너희 부모에게 순종하라

이것이 옳으니라

2네 아버지와 어머니를 공경하라

이것은 약속이 있는 첫 계명이니

3이로써 네가 잘되고 땅에서 장수하리라[출20:2]

4또 **아비들아** 너희 자녀를 노엽게 하지 말고

오직 주의 교훈과 훈계로 양육하라

5**종들아** 두려워하고 떨며 성실한 마음으로 육체의인간 상전에게 순종하기를

그리스도께 하듯 하라

6눈가림만 하여 사람을 기쁘게 하는 자처럼 하지 말고

그리스도의 종들처럼 마음영혼으로 하나님의 뜻을 행하고

7기쁜 마음으로 섬기기를 주께 하듯 하고 사람들에게 하듯 하지 말라

8이는 각 사람이 무슨 선을 행하든지

종이나 자유인이나 주께로부터 그대로 받을 줄을 앎이라

9상전들아 너희도 그들에게 이와 같이 하고

위협을 그치라

이는 그들과 너희의 상전이 하늘에 계시고

그에게는 사람을 외모로_{문자적으로는, 사람의 존경을} 취하는 일이 없는 줄

너희가앎이라

6:10-20 평화 전쟁: 하나님의 전신갑주를 입으라

10끝으로 너희가 주 안에서와 그 힘의 능력으로 강건하여지고

11마귀의 간계를 능히 대적하기 위하여 하나님의 전신 갑주를 입으라

12우리의 씨름은 혈과 육을 상대하는 것이 아니요

통치자들과 권세들과 이 어둠의 세상 주관자들과 하늘에 있는 악의 영들을

상대함이라

13그러므로 하나님의 전신 갑주를 취하라

이는 악한 날에 너희가 능히 대적하고

모든 일을 행한 후에 서기 위함이라

14그런즉 서서

진리로 너희 허리 띠를 띠고

의의 호심경을 붙이고

15평화의 복음이 준비한 것으로 신을 신고

16모든 것 위에 믿음의 방패를 가지고

이로써 능히 악한 자의 모든 불화살을 소멸하고

17구원_{해방}의 투구와 성령의 검

곧 하나님의 말씀을 가지라

18모든 기도와 간구를 하되 항상 [그] 성령 안에서 기도하고

이를 위하여 깨어 구하기를 항상 힘쓰며 여러 성도를 위하여 구하라

19또 나를 위하여 구할 것은

내게 말씀을 주사

나로 입을 열어 복음의 비밀을 담대히 알리게 하옵소서 할 것이니

20이 일을 위하여 내가 쇠사슬에 매인 사신이 된 것은

나로 이 일에 당연히 할 말을 담대히 하게 하려 하심이라

6:21-24 결론적 언급 및 축복기도

21나의 사정 곧 내가 무엇을 하는지 너희에게도 알리려 하노니

사랑을 받은 형제요 주 안에서 진실한 일꾼인 두기고가 모든 일을

너희에게 알리리라

22우리 사정을 알리고

또 너희 마음을 위로하기 위하여

내가 특별히 그를 너희에게 보내었노라

23아버지 하나님과

주 예수 그리스도께로부터

평화와 믿음신실함을 겸한 사랑이 형제들에게 있을지어다

24우리 주 예수 그리스도를 변함없이 사랑하는 모든 자에게 은혜가 있을지어다

에세이

묵시 사상 "아포칼립티시즘"은 "드러내다," "계시하다"라는 뜻의 헬라어 "아포칼룹시스"(apocalupsis)에서 나온 말로 문학의 한 유형 및 종말론적 관점이나 이데올로기를 가리킨다. 묵시문학이라는 이름은 성경의 마지막 책인 계시록(또는 요한의 묵시)에서 유래한 것이다. 미래에 대한 지극히 대립적인 관점, 종말론적 사건들에 대한 신화적이고 상징적인 본질 등을 감안할 때 아포칼립틱이라는 단어가 위협적인 미래, 재앙적 자연 재해, 우주적 충돌 및 최후 심판과 동의어로 사용된다는 것은 놀라운 일이 아니다.

성경 가운데 잘 알려진 묵시문학으로는 다니엘서7-11장와 요한계시록이 있다. 에스겔과 이사야24-27장, 스가랴1-6장 및 복음서막13장 및 마24장의 일부도 묵시문학의 범주에 속한다. 신구약성경의 외경과 외전에 나타나는 묵시 문학의 리스트는 광범하다. 이러한 묵시들은 아담, 에녹, 아브라함, 엘리야, 에스라 및 신약성경의 요한, 베드로, 바울 및 도마 등 거룩한 역사의 제 단계마다 등장하는 환상가들로부터 나온다.Charlesworth, 1983; Hennecke

이러한 문서들은 매우 다양하지만 중요한 공통점이 있다. 첫째로, 이러한 책들은 환상적이다. 즉 저자가 꿈이나 환상을 통해 받은 내용을 진술한다. 둘째로, 환상의 내용은 전형적으로 하나님이 이스라엘을 회복하시거나 보다 근본적으로는 세상 전체를 회복하실 때 하실 일에 대한 것이다. 신적 개입은 일반적으로 생명계보다 광범위하게 묘사되며 때로는 우리가 아는 세상이 새 하늘과 새 땅에 밀려나는 우주적 전쟁으로 묘사된다.

현재의 세상에 대한 저자의 관점은 전형적으로 매우 염세적이다. 이러한 책들은 모든 지표가 지혜롭고 주권적인 하나님의 부재 및 하나님의 뜻의 질서 있는 전개가 불가함을 보여주는 고통과 압제의 상황으로부터 나온다. 적대적인 영적 실재들권세들의 죄와 반역에 의해 초래된 혼돈은 오직 재앙적인 신적 개입만이 변화를 가져올 수 있을 만큼 심각하다. 이처럼 어두운 순간의 명백한 혼돈이 하나님의 계획의 한 장임을 보여줄 수 있는 것은 계시뿐이다. 마침내 하나님이 개입하시면 현재의 악한 시대는 끝이 날 것이다.

하나님이 일하시는 역사에 대한 이런 인식은 실재에 대한 이원론적 관점을 반영한다. 이것은 신실한 소수와 나머지 인간, 빛과 어두움, 이 세상과 오는 세상, 하나님의 통치와 이 세상 통치자, 하나님과 사탄 사이의 이원론이다.

이들 문학이 대부분 위경에 해당한다는 사실을 의심하는 사람은 없다.[위경, 378쪽] 특히 저자가 아담이나 에녹처럼 오래 전 사람인 경우 그럴 가능성은 더욱 높다. 이러한 익명의 글 뒤에는 한 가지 중요한 주장이 담겨 있다. 즉 현재의 고통과 혼돈은 결코 하나님의 연약함이나 부재를 가리키는 것이 아니라는 것이다. 이것은 역사가 시작될 때부터 이미 예고된 미래의 한 부분일 뿐이다. 한 마디로 현재의 소용돌이 속에서도 하나님의 섭리는 역사하고 계신다는 것이다. 또한 현재의 고통은 하나님의 구원적 개입의 시기가 이르렀음을 보여주는 증거이다. 혼란이 크면 클수록 구원의 날은 더욱 가까워진다.

이러한 묵시 문학의 일반적 특징에 해당하지 않는 한 가지 중요한 예외는 요한계시록이다. 계시록의 저자는 익명을 원하지 않는다. 우리는 밧모섬의 요한이 누구인지 모르지만 그의 이름과 그가 자신이 알고 있는 교회들에게 글을 쓰고 있다는 사실을 알고 있다. 요한계시록의 경우 익명성이 없다는 것은 고대의 환상이 예언한 우주적 변화가 예수님의 부활로 이미 실현되기 시작했다는 예수님의 제자들의 확신을 반영한다.

1세기의 많은 유대인과 그리스도인은 이러한 사상에 큰 영향을 받았다. 마카비 전쟁이나 로마전쟁과 같은 최근의 위기는 묵시 사상 및 문학에 비옥한 토양이 되었다. 여리고와 가까운 사해 부근에 위치한 쿰란 공동체에 묵시적 초점을 맞춘 광범위한 문헌은 특별히 관심을 끈다. 대부분의 신약성경은 문학적 장르에 있어서 묵시적 내용이 아니다. 그러나 대부분의 본문은 묵시 사상, 개념 및 사고방식에 의해 형성되었거나 적어도 영향을 받았다. 우리는 계시의 중요성은 물론 하나님의 나라, 부활, 심판 및 그리스도의 재림과 같은 핵심적인 주제만 생각해보아도 된다.

하나님이 십자가에 달리신 예수님을 다시 살리셨다는 확신은 묵시적 기대라는 틀 안에서 해석되었다. 부활절은 모든 인류의 부활을 포함한 일반적 부활의 "첫 열매"로 인식되었다. 이 부활이 어떤 사람에게는 심판이 될 것이며 "그리스도 안"에 있는 자에게는 영생이 될 것이다.cf. 바울의 글, 특히 살전4:13–5:11; 살후1; 고전15장; 롬8장

에베소서는 해석가들에게 종말론에 대한 특별한 도전을 제시한다. 장르에 관한 한 에베소서는 묵시가 아니다. 그러나 이 서신은 묵시적 사상으로 가득하다. 저자는 현재의

어둠6:12; cf. 5:8,11, 공중의 권세 잡은 자들의 지배를 받고 있는 불순종의 아들들2:2-3, 현재의 악한 날5:15; cf. 6:13, 통치자들 및 권세들과의 싸움6:10-20, KJV에 대해 이원론적인 주장을 제시한다. 우리는 여기에 비밀을 드러냄1:9; 3:3,9 및 부활의 핵심적 중요성1:19-23; 2:4-7이라는 반복적 주제를 덧붙일 수 있다. 이런 주제들은 대부분 묵시적 전승과 자연스럽게 연결된다. 많은 학자들은 에베소서의 묵시 사상에 대한 추적을 통해 이 책과 쿰란 사상 사이의 접촉점을 발견했다.예를 들면, Gnilka, Kuhn, Perkins

한편으로, 구원의 날에 대한 언급에도 불구하고4:30; cf. 1:14 에베소서에는 그리스도에 대한 명백한 언급이 나타나지 않으며 심판과 관련하여 스치고 지나가는 정도로만 언급된다.5:5 더구나 부활은 그리스도와 그리스도 안에 있는 자들에게 현재적 실재로 찬양된다.2:5-6 부활은 과거 시재로 언급되지 않으며2:5,8 만물이 신적 연합으로 통일되는, 변화와 성장의 한 과정으로 제시된다.1:10; cf. 4:13-16 이러한 강조점들은 묵시 문학의 위기 사상과 긴장 관계에 놓일 수 있다. 주석이 보여주는 대로 이러한 요소들은 하나님이 행하시기까지 참고 기다린다는 미덕과 전혀 다른 윤리이다.

한 마디로 에베소서에는 이원론과 통일성, 위기와 성장, 분리와 변화가 공존한다. 필자는 본 주석을 통해 저자가 의도적으로 일부 서신가령 데살로니가서에서 보여준 접근법과는 다르지만 자신의 사상을 신실하게 발전시킬 수 있는 방향으로 묵시 사상을 다룬다는 견해를 취한 바 있다.Yoder Neufeld, 1993

이러한 긴장 및 에베소서 저자가 그것을 다루는 방식에 대해서는 서론편을 참조하라. 묵시사상을 심층적으로 다룬 자료는 많지만 그 중에서도 특히 Brown: 774-80; Collins, Hanson, Yarbro Collins 및 이들 자료에 인용된 광범위한 문헌을 참조하라. BCBC의 또 다른 묵시적 에세이에 대해서는 J. Daryl Charles의 유다서 주석1-2 Peter, Jude: 330-3을 참조하고 바울의 묵시에 대해서는 Jacob Elias의 BCBC 주석, 1 and 2 Thessalonians354-7에 나오는 묵시 및 종말론 관련 에세이를 살펴보라.

저자 서론에서 살펴본 대로 에베소서의 저자성authorship은 수수께끼이다. 필자는 여기서 다양한 의견에 대해 소개하고 다소 상세히 다루고자 한다. 에베소서의 역사적 상황은 저자 문제와 복잡하게 얽혀 있기 때문에 독자 여러분은 이 글을 읽은 후 서론의 "역사적 배경" 및 에베소서와 골로새서의 관계에 대해 다룬 부분을 읽어볼 것을 권한다. 여기서는 서론에서 제시한 수수께끼에 대한 다양한 해법을 제시하고자 한다.

대안 1 : 바울은 특별한 서신을 기록했다.

에베소서의 특징인 난해한 요소들서론 참조에 접근하는 한 가지 방법은 이러한 요소들을 독창적이고 상황적인 신학자에게서 기대할 수 있는 영역 안에서 살펴보는 것이다.cf. 고전9:19-23 바울서신은 어조나 구조 또는 강조점에 있어서 결코 동일하지 않다. 예를 들어 고린도전서는 주로 윤리 및 예배와 관련된 특정 문제에 대한 반응으로 본다. 갈라디아서와 고린도후서는 자신의 사역 및 메시지의 순수성에 대해 전혀 다른 방식으로, 때로는 거칠게 대응한빌3장 변증이다. 또한 로마서는 바울이 아직 만나지 못한 회중에게 자신의 확신을 논리정연하게 제시한 논증이다. 그렇다면 바울이 −아마도 말년에− 감옥에서 손수 쓴 편지로 그리스도 안에 나타난 하나님의 은혜를 최대한 찬양한 것이 놀라운 일인가?

> 바울은 냉소적인 풍자와 함께 들끓는 분노로, 또는 하염없는 눈물의 호소로, 편
> 지를 쓰거나 대필하게 할 수 있었지만 그의 일시적인 감정 분출이 그를 항상 폭발
> 하게 한 것은 아니다.Barth, 1974:50; cf. Schlier, 1971

이러한 편지는 예배로 모인 회중에게 공개적으로 읽어야 했기 때문에 당연히 특정 상황에 대해 반응한 서신에 비해 설교에 가깝게 들렸을 것이다. 바울의 일반적 관습과 달리 에베소서는 본 서신을 기록한 계기나 당면한 현안에 대한 단서를 거의 제시하지 않는다. 서두와 끝 부분의 서신적 요소들은 논문이나 설교를 삽입하기 위한 봉투와 같다. 히브리서는 가장 뚜렷한 서신적 요소를 갖춘 설교의 또 하나의 예이다.

이러한 형식을 택한 바울은 에베소서를 통해 자신이 선호하는 주제 가운데 일부 −하나님이 그리스도 안에서 유대인과 이방인의 하나 됨을 촉구, 그리스도가 권세들의 주가 되심, 그리스도의 몸으로서의 교회 및 그리스도 안에서 새로운 삶의 표현으로서 거룩하고 흠이 없는 삶− 에 대해 다룬다. 교회, 구원, 종말론에 대한 강조점에 있어서의 주목되는 차이와 관련하여, 바울의 사상은 시간이 지나면서 중요한 변화를 거쳐 온 것으로 보인다. 그러나 이것은 선구자의 관점이 중요한 발전을 겪어온 최초의 또는 마지막 사례는 아니다. 새로운 상황 및 새로운 의문은 이러한 탄력적 접근을 요구했다.

한 예로, 바울의 초기 편지에 나타났던 임박한 기대감은 바울과 그의 교회의 말년의 삶을 반영하여, "장거리"에 순응한 관점에 자리를 내어 주었다. 아마도 바울은 에베소 부근의 모든 교회에서 읽어야 할 편지를 염두에 두었을 것이다. 이것은 교회에 대한 일반화

된 언급에 대한 설명일 뿐만 아니라 여러 사본에 수신자에 대한 구체적인 언급이 빠진 이유이기도 하다.1:1의 "수신자"에 대한 주석 참조

일반적으로 가장 신뢰성 있는 사본들이 1장 1절에서 수신자에 대한 언급을 누락한 것은 이러한 편지의 목적을 보여주는 단서가 된다고 주장하는 사람들도 있다. 오래 전에 굿스피드Goodspeed[1-75]는 에베소서가 초기 바울서신에 대한 첨부서라고 주장한 바 있다. 에베소서는 바울의 가르침 및 설교의 핵심적인 강조점에 대한 요약이라는 것이다. 에베소서는 당시에 회람되고 있던 바울서신을 대체하는 자료가 아니라 그것에 수반하여 조명하기 위한 편지였다.바울이 자신의 편지에 대한 수집 및 회람을 직접 시작했다는 주장에 대해서는 Trobisch를 참조하라

다른 사람들은 수신자가 빠진 것은 에베소서가 소아시아의 바울 회중에 대한 네트워크를 형성하기 위한 회람용 서신이나 회칙임을 보여준다고 주장한다.예를 들면, R. P. Martin, 1991:4-6 이러한 가설의 한 버전은 원래적 사본들이 다음 수신자를 삽입할 수 있게 공란으로 비워두었다는 것이다.1:1-2, 주석 일부 초기 사본은 회중 목록에 대한 마지막 이름을 기록함으로써 이 편지를 에베소서와 연결한다. 매력적이기는 하지만 이 주장의 문제점은 고대 사회에는 이처럼 여백을 채우는 관행에 대한 사례가 없다는 것이다. 이 문제는 대체로 미스터리로 남아 있다.

문체와 어조의 차이에 기여하는 또 하나의 요소는 로마서 16장 22절에서 볼 수 있는 것처럼 바울이 편지를 대필해줄 필사가나 서기관을 고용했을 가능성이다. 이런 서기관 amanuensis은 오늘날 연설문 집필자처럼 상당한 재량권을 가지고 있었다. 사상을 표현함에 있어서 이러한 필사가의 도움을 받았다고 할지라도 사실상의 저자는 바울이다. 많은 바울서신이 복수의 저자에 대한 언급을 분명히 한 것은 그의 글이 우리가 생각하는 것보다 훨씬 협력적 산물이었을 가능성을 보여준다. 바울의 동역자들은 서신의 어조와 문체에 상당한 영향을 미쳤을 것이다.

요약하면, 많은 사람은 에베소서와 다른 바울서신 간의 차이가 바울의 저자성이나 에베소서의 진실성을 저해할 만큼 중요하지 않다고 믿는다는 것이다.예를 들면, Barth: 36-50; Foulkes: 25-48; van Roon

대안 2: 바울이 아닌 누군가가 특별한 서신을 기록했다

오늘날 많은 학자들은 서론에서 제시한 이 서신의 독특한 묘사에 대해 바울이 아닌 다른 사람을 저자로 가리키는 것으로 생각한다. 그들은 에베소서가 위경이거나 위명의 글

이라고 생각한다.[위경, 에베소서 편, 380쪽] 이 저자는 바울을 수행하면서 그의 가르침을 받고 편지 기록을 도왔을 것이다. 바울서신은 일반적으로 여러 명의 저자에 대해 언급한다; 앞서 살펴본 대필가 참조; Meeks: 81-4 그는 바울 사후 이 작업을 수행했을 것이다. 아마도 그는 바울의 사도적 유산을 보존하고 발전시키려했던 -비록 비공식적인 단체라고 할지라도- 소위 "학파"의 일원이었을 것이다. Beker: 68-72; Best, 1998:36-40; Lincoln: 70인역 이것은 종종 어색한 문체와 어조에도 불구하고 회고적 표현을 사용한 것과 보편적 교회에 대한 신학을 강조한 것에 대한 설명이 될 수 있다. 또한 이것은 에베소서의 가장 잘 알려진 특징인 에베소서와 골로새서의 유사성에 대한 설명도 될 수 있다. 서론을 참조하라.

이러한 발전이 두 서신의 동일 저자인 바울의 마음속에서 일어났을 가능성도 배제할 수 없다. 저자들은 실제로 사상적으로 바뀌고 발전했다. 선생이나 설교자라면 잘 알겠지만 새로운 상황과 새로운 목회적 도전은 선호하는 강의나 설교에 대한 재작업에 영향을 미친다. 그러나 필자의 생각은 이런 관점도 가능하지만 이러한 요소들은 바울이 아닌 다른 저자를 가리킬 가능성이 크다는 것이다. 그는 바울의 사상과 글에 완전히 스며있고 바울의 사도적 음성이 계속되어야 한다는 강한 의지를 가진 자일 것이다. 저자와 관련된 가능성에 대해서는 Lincoln: lxviii-lxix 참조 에베소서가 신약성경 정경에 포함된 것은 이 책이 교회가 들어야 할 음성임을 보여준다.

에베소서 저자 -바울이든 바울 학파의 제자이든- 와 같은 성경기자들은 자신이 성경을 기록하고 있다는 인식을 하지 못했다. 모든 유대인과 함께 그리스도인은 율법서와 선지서 및 성문서를 성경으로 생각했다. 바울서신이 이러한 지위를 가지게 된 것은 오랜 시간이 흐른 후일 것이다. 따라서 에베소서 저자가 골로새서나 다른 바울서신에서 자료를 가져와 작업한 후 상호 영향을 주었다는 주장을 한다고 해서 마치 성경을 마음대로 주물렀다는 말처럼 생각해서는 안 된다. 하나님이 험난했던 1세기 교회에 편지를 모아 편집하는 방식으로 신자들이 수천 년간 따를 지침으로 삼으신 것은 참으로 놀라운 은혜가 아닐 수 없다. 우리는 이러한 문헌이 온전히 인간적이며 역사적이라는 사실을 생각할 때 하나님의 이런 결정을 배척해서는 안 될 것이다. 질그릇 속에 담긴 보배는 언제 어느 때든, 무한한 가치를 지닌다. 고후4:7

에베소서의 귀중함

에베소서나 본 주석을 대할 때 저자에 대한 특정 관점은 필요하지 않다. 교회는 처음부터 에베소서를 사도의 메시지로 인정하고 강력한 방식으로 받아들였다. 필자의 생각도 동일하다. 그러나 저자에 대한 특정 관점이 필요 없다는 것은 이 문제가 신학적으로나 목회적으로 중요하지 않다는 말은 아니다. 예를 들어, 우리는 바울이 에베소서를 기록했다고 믿을 수 있다. 그러나 그렇게 될 경우 우리는 에베소서와 다른 바울서신의 차이에 대한 증거와 싸워야 할 것이다. 이것 역시 바울이 아닌 다른 저자를 주장하는 것만큼 문제가 될 것이다. 동시에 이러한 해법은 특히 예전에 아무런 문제를 느끼지 못했던 독자, 진실성의 문제가 계시의 신뢰성을 결정하는 핵심이었던^{당연히 그래야겠지만} 독자를 자극하게 될 것이다. 본 주석은 가능한 독자에게 스스로 증거를 판단하게 할 것이지만 해석을 위해 저자 문제와 관련된 함축에 대해서도 언급할 것이다.

에베소서의 우주론 에베소서 저자는 동시대인과 함께 오늘날의 우주관과 전혀 다른 우주론을 공유했을 것이다.^{Perkins: 37-8} 예를 들어, 위는 아래보다 나은 곳이다. 하나님은 하늘이나 하늘들의 하늘에 계시며, 하나님과 인간 사이에는 선하고 악한 영들과 권세들이 있다. 많은 사람은 하늘에 무엇이 있는지 추측하며 때로는 이러한 영들에 대해 상세히 분류하기도 했다. 에베소서에서는 이러한 사색을 찾아볼 수 없다. 우리는 그리스도 안에서 하나님의 행위, 악이 인간에 미치는 영향 및 신자의 지위와 임무에 대한 논의 과정에서 저자가 제시하는 약간의 암시와 진술을 통해 그림을 도출할 수밖에 없다. 이 자료는 다음과 같이 요약할 수 있다.

에베소서의 우주론

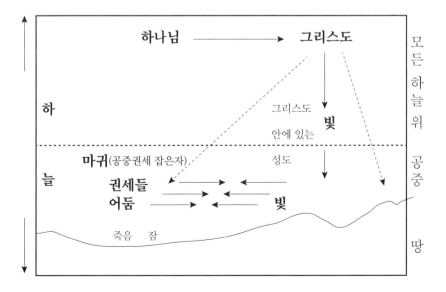

- 하나님, 그리스도, 신자 및 악한 영들은 모두 하늘에 살고 있다.[1:3, 2:6, 3:10, 6:12]
- 하나님, 그리스도 및 살리심을 받고 그와 함께 하늘에 앉은 자는[1:20, 2:6] 모든 권세들 보다 위에 있다.[1:21]
- 그리스도는 땅 아래 낮은 곳으로 내리셨다.[4:9]
- 그리스도는 모든 하늘 위에 오르셨다.[4:10]
- 공중의 권세 잡은 자는 불순종하는 자들을 지배하고 있다.[2:2: 공중은 6장 12절의 하늘 [heavenlies]과 동의어로 보인다]

이것을 도표로 나타내면 표와 같은 모습이다.

우리는 첫째로, 하늘은 사실상 모든 실재를 포함한다는 사실을 알 수 있다. 하늘이 – 신령한 복이 장차 신자들을 위해 기다리고 있다는 의미에서[1:3]– 현재와 거리가 먼 미래적 영역이라는 진술은 나타나지 않는다. 미래는 1장 14절의 "약속의 성령으로 인치심" 및 "보증," 2장 7절의 "오는 세대," 4장 30절의 "구원의 날" 및 5장 5절의 "그리스도와 하나님의 나라"에 의해 암시될 뿐이다.

둘째로, 이 도표는 성도를 우주의 모든 영역에 둔다. 한편으로 그들은 분명히 땅에 있으며 에베소서의 후반부에서 전제하듯이 정상적인 인간관계의 영역에 존재한다.[특히 5:21-6:9의 가족법 참조] 다른 한편으로 그들은 다시 살리심을 받고 하늘에 앉아계신 그리스도 안에서 모든 권세들보다 위에 있다.[1:20-21] 에베소서 2장 6절은 그들이 살리심을 받고 그리스도와 함께 앉아 있음을 분명히 한다. 따라서 하늘은 그리스도와 성도가 있는 곳이다. 동시에 그들은 아직 우리가 "낮은" 하늘이라고 부르는 곳, 공중의 권세 잡은 자가 여전히 불순종하는 자들을 지배하고 있는 영역[2:2]을 벗어나지 못하였다. 6장 10-13절에는 성도가 마귀와 그의 반역하는 권세들과의 만남을 피할 수 없는 "영역"이 있음을 분명히 보여준다. 이러한 만남 때문에 그들은 하나님의 능력과 성령을 필요로 한다.[5:18-22; 6:10-13]

이러한 장소적 모호성은 매우 의도적이며 에베소서의 근간이 되는 아젠다에 도움이 된다. 성도가 하늘에 있다는 것은 그들이 하나님의 아들과 딸로서 그리스도 안에 있다는 것이며 그들이 그러한 교제로 인한 모든 복을 누리고 있다는 것이다. 따라서 그들은 우주를 하나님과 화목하게 하는 사역에 동참하고 있는 것이다. 그들은 모든 신령한 복을 소유할 때에만 그렇게 할 수 있다.[1:3 하나님의 "힘"필자의 "도식적 번역" 1:11 참조] –성령– 으로 강건함을 받는 것이 이러한 삶의 전제 조건이다.[5:18-21]

영지주의 그노시즘Gnosticism은 "지혜"를 의미하는 헬라어 "그노시스"*gnōsis*에서 나온 말이다. 영지주의자는 지혜를 구원, 물질주의의 무감각한 잠으로부터의 해방, 그리고 영적 영역에서 신적 기원으로의 회귀로 생각하며 귀하게 여긴다. 영지주의는 2세기에 특히 지중해 동쪽을 중심으로 광범위하게 확산된 특별한 운동이다. 그들의 저술과 신앙은 다양한 형태로 보존되어 왔다. 우리는 이들 그룹과 그들의 지도자에 대해, 그들을 책망하고 반대할 때 그들의 저술을 보존한 교회 지도자들을 통해 듣고 있다. 우리는 사해사본이 발견된 시기와 비슷한 1945년 애굽 사막에 있는 나그 함마디Nag Hammadi에서 발견된 영지주의 장서를 통해 이들에 대해 알고 있다.[묵시사상, 353쪽] 영지주의는 에베소서가 기록되고 상당한 시간이 흐른 후에 생겨났기 때문에 이 문헌은 에베소서가 기록된 후 수십 년, 수백 년이 지나는 동안 이 서신을 어떤 식으로 읽었는지 확인할 수 있는 자료로 관심을 끈다. 영지주의의 기원은 많은 논쟁이 되고 있다. 초기 교회 교부들은 이것을 마술사 시몬행8:9-24의 탓으로 돌렸다. 오늘날 학자들은 헬레니즘 문화나 이란 종교 또는 묵시사상 및 사색적 지혜와 유사한 일종의 유대교에서 그 기원을 찾는다. 오늘날 가장 많은 뒷받침을 받고 있는 것은 후자이다.

따라서 영지주의는 "영지적"이라는 형용사와 함께 2세기에 발전된 하나의 체계로서, 이미 바울 시대에 존재했던 덜 제도화 된 운동 또는 세계관이라고 할 수 있다. 바울과 그를 따르는 자들 및 요한복음의 저자는 때때로 훗날 영지주의자들이 좋아할 만한 방식으로 기록했다. 그러나 그들은 종종 이러한 사상에 대해 매우 비판적으로 다루었다. 예를 들어 영지주의자들이 선호하는 고린도후서 3장 17-18절과 바울이 "몸"의 신실함을 주장한 고린도후서 5장 6-10절을 비교해 보라cf. 갈6:7-10 요한복음에서 하나님을 아는 것이 영생이라는 주장17:3은 영지주의자의 환영을 받았겠지만 "말씀이 육신이 되셨다"는 유명한 구절요1:14; cf. 요일1:1은 버렸을 것이다.

지나치게 단순화 한 느낌은 있지만, 영지주의가 생각하는 핵심 사상이나 모티브를 요약하면 다음과 같다.

1. 영지주의는 극단적인 이원론을 특징으로 한다. 묵시사상의 경우에는 옳은 것과 잘못된 것, 현재의 악한 세상과 장차올 세상 및 하나님과 사탄을 구별하는 이원론이다.[묵시사상, 353쪽] 영지주의의 이원론은 물질세계와 영적 세계를 구별하는 근본적인 이원론이다.

2. 물질세계는 초월적인 하나님에 의해 창조된 것이 아니라 그보다 못한 어리석은 힘에 의해 창조되었다. 세상을 창조한 것은 사실상 반역 행위이다.

3. 일부 인간에게는 아직도 신적 기운이 남아 있다. 영이나 정신으로서 그들의 진정한 본질은 물질적이고 육체적인 존재 안에 갇혀 있으며 깨어날 필요가 있다. 그렇게 깨어난 인간은 실재의 참된 본질과 자신의 참된 정체성 및 하나님을 향한 회복에 대한 지혜gnōsis를 받는다. 깨달음은 각성된 의식을 통해 물질 세상의 족쇄가 환상처럼 보인다는 의미에서 구원이다. 깨달음의 목적은 빛, 곧 신적 충만plērōma에 이르는 것이다.

4. 기독교 영지주의에서, 그리스도는 계시자이며 의식을 살리는 분이며, 잠든 자를 깨어나게 하는 분이라는 의미에서 구원자이다. 그는 죽었기 때문에 또는 십자가와 부활을 통해 권세들을 이기셨기 때문에 구원자가 아니다.

5. 도덕성은 금욕주의육체적 몸을 부인하거나 복종시킴나 −확실한 것은 아니지만− 방탕을 통해 드러난다. 몸이 악하다면 그것이 하는 일은 영에게 중요하지 않다 후자에 대해서는 오직 교회에서 영지주의와 싸운 자들을 통해서만 알 수 있다. 일반적으로 방탕에 대한 비난은 이단에 대한 비난과 함께 이루어진다.

이 자료에 대한 주요 문헌과 간접적인 문헌에 대한 상세한 고찰 및 "영지주의"로 언급된 사상에 대한 탁월한 개론서에 대해서는 Koester, 1982:381−8; Rudolf, 1983; 1992를 참조하라. 또한 영지주의 문헌에 대해서는 Foerster; Layton; Robinson을 참조하라.

에베소서를 연구하는 자들은 영지주의적 요소는 아니라고 하더라도 적어도 영지주의적 어휘나 사상과 깊이 공명하는 많은 요소들을 규명하였다. 예를 들면, 우리는 저자가 독자에게 이미 다시 살리심을 받고 하늘에 앉아 있는 자로 쉽게 언급하는 것을 본다. 2:6−7 미래적 종말론은 부활에 대한 영지주의적 탈역사화 및 영적 해석spiritualizing에 자리를 내어준 것인가? 충만함plērōma, 1:10,23, 3:19에 대한 거듭된 언급은 초월적인 하나님을 둘러싼 완전함의 영역에 대한 2세기 영지주의의 언급을 예시한 것인가? 그리스도는 영지주의의 "원초 인간"2:15의 "새 사람"[the new anthr pos]이나 4:13의 "온전한 사람"과 같은 개념으로 보아야 하는가? 5장 14절의 "깨어 일어나라"는 짧은 찬양은 종종 영지주의적 내용으로 해석되어 왔다. 5장 25-33절에 나오는 그리스도와 교회의 거룩한 결혼은 2세기 영지주의가 말하는 "신방 의식"을 예시하는가? 우리는 6장의 권세들과의 싸움을 하나님께로 돌아가는 과정에서 하늘의 적대적 권세들에 대한 영혼의 승리로 해석할 수 있는가이러한 사실 및 영지주의적 사례에 대해서는 Barth, 1974:12-8; Best, 1998:87-9; Koester, 1982a:269-70; Pokorny; Schlier, 1965; 1971 참조?

필자는 대부분의 학자들과 마찬가지로 에베소서를 영지주의적 문서로 보지 않는다. 그러나 에베소서에는 이어지는 수십 년간 교회가 현명하게 거부한 개념들에 대해 분별력 있고 비판적으로 접근한 요소들이 있다고 생각한다. 영지주의가 이 광맥을 집요하게 파내려 했다는 사실은 쉽게 알 수 있다. 에베소서는 나머지 바울서신과의 밀접한 관계 속에서 읽어야 한다. 이러한 관점에서 접근할 때 저자의 분명한 음성, 즉 세상을 부인하는 영지주의와 전혀 다른 음성을 들을 수 있다.

머리 머리*kephalē*는 해부학적으로 사람의 몸의 가장 윗부분을 가리킨다. 그것은 산이나 성벽과 같은 다른 것의 꼭대기 부분을 가리키기도 한다. "머릿돌" cf. 마21:42 및 병행구절에 인용된 시118:22, 70인역 "꼭대기"는 아마도 "케팔레"*kephalē*에 대해 기대할 수 있는 가장 간단한 언급일 것이다. 머리의 의미와 관련이 있는 단어는 "원천"이다.cf. "수원지" 영어에서 "머리"는 헬라어에서와 마찬가지로 은유적으로 사용되며 "처음의, 최고의, 극단적인"이라는 뜻을 가진다.Schlier, 1965:673 70인역에서 "케팔레"가 권위와 책임을 가진 자를 가리키는 본문에 나오는 히브리어 "로스"*ro'š*, [몸]에 대한 번역으로 사용된다는 사실은 놀라운 일이 아니다. 예를 들면, 삿10:18, 11:11; 삼하22:44; 사7:8-9 그러나 이것은 일반적인 용례가 아니다.Scholer: 42 아르콘*archōn*과 같은 다른 헬라어 단어도 이런 의미로 사용된다. 신약성경에 사용된 것과 같은 단어는 전통적인 용례에서는 물론 성경에서도 구체적으로 형성되어야 한다.

가정과 교회 및 사회에서 남자와 여자의 관계 및 "머리"라는 은유에 담긴 일차적 의미가 "권위"인가예를 들면, Fitzmyer; Grudem "원천"인가예를 들면, Bedale; Fee, 1987:502-5, 그는 502, n. 52에서 Grudem을 격렬히 비판한다; Kroeger, 1987에 대한 동시대인의 견해차로 말미암아 지속적이고 활발한 논쟁이 있었다. 이 논쟁이 식지 않고 있는 것은 부분적으로 성경적 권위와 사회적 변화의 격해지기 쉬운 만남 때문이다. 프랑스R. T. France의 말을 빌리면, "그들이 말한 대로 이것은 달리고 또 달릴 수 있다"44, n. 16 양측 모두 선호하는 본문의 사례들을 모을 수 있기 때문에 두 가지 은유적 의미 모두 독자에게 에베소서와 같은 책을 천거했을 가능성은 없는가흥미롭게도, Bedale; France: 38-41; Lincoln: 368-70은 그렇게 생각한다?

에베소서에 나타난 머리의 은유적 의미는 확실히 두 가지 의미 모두 포함한다. 보다 광범위한 관련 문헌에 대해서는 Barth, 1974:183-92; Best, 1998:193-6; Lincoln: 67-70, 368-70; Miletic: 67-87; Schlier, 1965:673-82를 참조하라 아래의 에베소서 본문은 모두 본서에서 다룬 내용으로, 머리의 모티브에 대한 관계는 다음과 같이 요약할 수 있다.

1. 에베소서 1장 21-22절에서 하나님은 그리스도롤 살리시고 모든 통치와 권세를 포함한 온 우주 위에 뛰어나게 하시며 문자적으로 만물 위에 머리를 삼으신다. 이 본문이 보여주듯이 머리가 된다는 것은 첫 번째, 우월한, 탁월한, 권위 있는, 지배적인 지위를 가진다는 뜻이다. 상세한 논의는 1:15-23, 주석 참조 이곳 본문의 일차적인 의미는 "원천"이 아니라 "지위"이다. 이러한 의미는 골로새서 1장 15-20절의 기독론적 찬양본문에서 머리가 된다는 것은 지위와 원천, 두 가지 의미를 모두 포함하고 있지만에 가장 잘 나타난다. cf., 예를 들면, E. D. Martin, 1993:59-77; Schweizer, 1982:55-88

그리스도는 창조골1:15와 부활 또는 재창조1:18 둘 다에서 "먼저 나신 이"*prōtotokos*이다. 그는 "만물보다 먼저*pro* 계시고"1:17, "만물의 으뜸*prōteuōn*"1:18이 되시며, 그 안에는 하나님의 충만이 거하신다. 1:19; cf. 2:9 요약하면, 그리스도는 몸의 머리이시다. 1:18; cf. 2:10 1장 18절에는 몸이 교회라는 사실이 구체적으로 명시되어 있으나 일반적으로 몸은 은유적으로 우주 전체를 몸으로 보는 전승에서 도출된 것으로 알려져 있다. 골로새서와 에베소서는 그리스도의 머리되심이 교회로 확장된 것으로 보지만골1:18; 엡4:15-16, 우주 전체로 확장된 사실 역시 중요하다. 덧붙일 말은, 에베소서 1장 10절은 머리라는 단어보다 머리되심의 개념을 사용하지만1:10, 주석 "그리스도 안에서" 통일될문자적으로 하나의 머리되심 아래로 모이게 될 "만물"에 대한 언급은 확실히 우주적 머리되심이라는 어조를 가진다.

2. 에베소서 4장 15절에서 그리스도는 우리가 자라가야 할 대상이자 그에게까지 자라기 위해 필요한 것을 주시는 분으로 묘사된다.4:1-16, 주석 머리로서 그리스도는 온 몸 -교회- 의 원천이자 목표 -처음과 마지막- 가 되신다. 그는 완전한 사람이며4:13, 그런 의미에서 꼭대기 -교회가 세워지고 있는 목표- 가 되신다.4:12 동시에 그리스도는 교회가 그리스도에게까지 자라기 위해 필요한 선물, 몸이 머리에까지 자라기 위해 필요한 선물을 주시는 공급자이시다. 4:7-11 우리는 골로새서 1장 15-20절이 그리스도를 우주 가운데 있는 만물을 창조하시고1:16 만물을 붙들고 계신다는1:17; cf. 엡4:16 유사한 관점을 가지고

있음을 알고 있다. "지위"와 "원천"은 자연스럽게 머리의 의미로 결합한다. 그리스도가 머리라는 말은 모든 면에서 그에게 최고의 자리를 내어준다는 뜻이다.

3. 에베소서의 "머리"에 관한 마지막 본문을 살펴보기 전에 고린도전서 11장 2-16절에 잠시 주목할 필요가 있다. 여기서는 머리에 쓴 것에 대해서나 여선지자가 머리에 "권위"를 쓴다는 것이 무슨 의미인지에 대해 길게 논쟁할 필요가 없다.예를 들면, Fee, 1987:491-530; Grenz: 108-17; Murphy-O'onnor: 104-109; Schssler Fiorenza, 1983: 226-230 머리라는 단어가 일련의 권위나 기원 -정확히 말하면 둘 다 해당된다: 하나님→ 그리스도 →남자→여자고전11:3- 을 묘사하기 위해 은유적으로 사용된 방식에만 주목하면 된다. 피조계의 질서에 대한 일부 개념은 고린도인의 삶을 규제하기 위한 용도로 사용된 것으로 보인다. 한편으로 바울은 11장 11-12절에서 "주 안에서" 남자와 여자는 서로에게 기원이 된다는 진술을 통해 남자와 여자의 함축적 관계에 대한 대안적 방식의 이해를 제시한 것으로 보인다. 두 진술의 긴장은 명백하다. 바울은 그리스도 안의 새로운 질서로 피조계에 대한 특정 이해에 기초한 사회적 질서 개념을 뒤집으려 했거나 자신이 전수받은 "피조계의 질서"와 "새로운 피조물의 질서"에 대한 진리를 보전하기 위해 싸우려 한다. 해석가들은 본문에 대해 격렬한 논쟁을 벌인다.해석학적 영역에 대한 사례에 대해서는 Swartley, 1983:166-74 참조 이 논쟁에서 머리라는 단어는 우리가 확신을 가지고 추적하기 어려운 몇 가지 은유적 의미를 가진 것으로 보인다. 그러나 바울은 성령께서 교회에 베푼 선물 가운데 최고라고 생각했던 선물예언을 여자가 행사하는 것을 축소하려고 했던 것은 결코 아니다.고전 14:1; 11:5

4. 에베소서 5장 23절에서 머리라는 모티브는 남편과 아내의 관계 및 그리스도와 교회의 관계 사이의 유추를 도출하기 위해 사용된다. "이는 남편이 아내의 머리됨이 그리스도께서 교회의 머리됨과 같음이니 그가 바로 몸의 구주시니라"5:23 이곳의 머리의 은유적 의미는 적어도 처음에는 "원천"이 아니라 "지위"나 "권위" 가운데 하나이다.France: 40; Lincoln: 368; contra Miletic: 103; Patzia, 1990:268 여기서 머리는 아내가 남편에게 복종하기를 주께 하듯 해야 하는 관계와 직결된다.5:22 또한 그리스도는 몸인 교회의 구주가 되신다는 사실에 주목해야 한다. 우리는 2장 15절에서 창조가 구원의 한 부분임을 보았으나2:15, 주석, 5장 23절에서 "그가 바로"라는 강조형은 해방자로서 자신의 지위에 초점을 맞춘 것으로 보인다. 끝으로, 남자는 아내를 자신 같이 사랑해야 하는 반면 아내는 남편을 경외존경

해야 한다는 사실을 알아야 한다.5:33 적어도 외견상 본문은 남편이 아내보다 우월한 지위에 있다는 가부장제를 뒷받침하는 것처럼 보인다.

그러나 남편이 결혼 관계에서 우월적 지위에 있다는 간편한 추론을 깨는 요소는 많다.

1. 에베소서의 기독론은 우주적 주로서 그리스도의 지위 및 인간을 재창조하심에 있어서 그의 주되심에 초점을 맞춘다. 이 주는 구주이시다. 이 상전은 해방자이시다. 그리스도의 머리되심의 의미와 내용은 화목 사역, 재창조, 회복된 사람을 위한 자기희생이다. 이 머리는 우리의 평화이시다.2:14

2. 그리스도의 머리되심은 그리스도께서 인간을 위해 자신의 생명을 주심에서 완전히 드러난다.2:11-22, 주석 이러한 사실은 5장 2절 및 5장 25절에 분명히 제시된다.

3. 에베소서 저자는 피차 복종하라는 명령과 함께 가족법을 소개한다. 이러한 섬김은 성령의 능력을 입어야 한다. 사실 하나님의 아들과 딸은 서로 머리로 인정해야 한다.5:21; 이 문제에 대해서는 5:21-6:9에 대한 상세한 논의를 참조하라,

오늘날 머리됨의 문제는 격론을 불러일으키고 있다.앞서 언급한 저자들에 덧붙여 Swartley, 1983:256-69의 해석학적 양극단 참조 이 문제는 전통주의자 및 상호보완주의자들과 평등주의자를 갈라놓았다. 이러한 구분은 보수적인 해석학과 비판적 해석 사이, 그리고 복음주의적 해석학계 내에서도 확산되고 있다.cf., 예를 들면, Fee; France; Grudem; Grenz and Kjesbo; Kroeger; Patzia; and Scholer 이 논쟁은 전형적으로 문화적 배경에 주어져야 할 지위와, 그것이 규범적 관계에 미칠 영향, 그리고 머리의 의미가 주로 "원천"인지 "권위"인지에 대한 언어적 문제에 초점을 맞춘다.위 참조; 이 문제에 대한 요약적 논의 및 복음주의 내의 상황에 대해서는 Grenz; Scholer 참조

이 문제는 언어적 탈출구를 찾거나 본문을 문화적-상황적 삽입구로 처리하는 방식으로 활로를 모색하려 해서는 안 된다. 본서의 접근방식은 언어적 문제와 문화적-상황적 문제에 대해 진지하게 다루었다. 필자는 머리가 탁월함과 권위의 어조를 가진다고 생각한다. 에베소서가 기록될 당시의 상황은 이미 사회 전반에 가부장제가 자리 잡고 있었다. 따라서 그리스도의 머리되심이 어떤 성격의 것이며 이러한 머리되심이 힘과 권위의 불균형이라는 뿌리 깊은 사회 구조에 어떤 영향을 미치는지는 매우 중요한 문제였다.

본 주석에서 제시한 논증은 사회적으로 우월적 지위에 있는 자들 -시대와 지역을 불문하고- 에게 그리스도의 머리되심은 그들의 특권과 지위를 근본적으로 허문다는 것이다.

그렇다. 그리스도는 우주적 황제, 우주의 머리가 되신다. 그러나 자세히 살펴보면, 이 황제의 새 옷은 종의 옷이다. 결국 모든 사람은 "갈릴리 출신의 겸손하고 가난한 자" 예수의 이름 앞에 무릎을 꿇을 것이다.빌2:11 그러나 이 종은 머리가 되어야만 남편, 아버지, 상전 -또는 오늘날 남녀 관계없이 힘과 권위를 가진 누구든- 을 지배할 것이다. 에베소서에 제시된 **이러한** 그리스도를 이해하지 못한다면 가족법을 -만물을 하나의 머리그리스도 안에 통일되게 하는- 영원한 혁명이 아니라 일방적 복종에 대한 명령으로 왜곡하게 될 것이다.

안에 "안에"*en*라는 짧은 단어는 중요한 만큼 탄력적이다. 간단히 말하면, 헬라어 *en*은 공간적, 원인적 및 시간적 의미로 번역될 수 있다. 필자는 여기서 몇 가지 대안에 대해 간략히 제시할 것이다.상세한 논의 및 다양한 본문의 사례에 대해서는 BAGD; Blass; 117-8; Oepke; Smyth 참조

1. 장소

- 이것은 문자적으로 "in"안; "하늘에" "도시에"이라는 뜻이 있으며 유사한 용례로는, "on"위; "노중에"이나 "near"가까이 또는 "at""하나님 우편에"라는 의미로도 사용된다.
- 인간관계적인 면에서, "among"~가운데이나 "with"함께 또는 "~의 앞에서"라는 뜻이 있다. 예를 들면, "성도들 가운데" "그리스도 앞에서"
- 은유적이지만 여전히 이러한 공간적, 지역적 의미를 가진 사례로서, "상태"를 나타내기도 한다. "사슬에 매인," "불멸의"
- 다른 사람에 대한 영향을 뜻하기도 한다. "성령으로"

2. 도구

- 원인적 의미로 사용된다: "~에 의해" "~를 통해"예를 들면, "피로써 의롭게 됨," "그리스도로 말미암아 구원 받음"
- 때때로 이 단어는 부사적 기능을 한다: "능력으로"강력히

3. 시간

- "~과정에" "동안"의 경우처럼 때로는 명백한 시간적 의미로 사용된다: "그 날"그 날 동안

• "언제"라는 시간을 가리키기도 한다: "그 날"그 날이 되면

이 세 가지 의미는 에베소서의 사상과 잘 부합된다. "장소"의 의미로서, 선민은 그리스도와 함께 하늘에in the heavenlies 있다.2:5-6 또한 그리스도는 성도들이 그 안에서 하나님의 복을 경험하는, 포괄적인 인격적 실재이시다.1:3,7,11,13 이러한 의미는 그리스도의 몸이라는 이미지 안에 가장 잘 나타난다.1:23, 2:16, 4:4,12,16, 5:30; cf. 롬12:4-8; 고전12:12-27; 골1:18,24; 2:19 그리스도는 하나님과 성도가 만나는 "장소"이시다. 그러나 에베소서에서 그리스도의 "외연"은 화목 된 새 사람을 넘어 확장된다. 궁극적으로 그리스도의 몸의 "규모"는 우주적이다. 그것은 피조계의 경계를 넘어서며 하늘과 땅에 있는 모든 것을 포괄한다.1:10 이러한 개념은 확실히 오늘날 개인에 대한 우리의 개념과 많이 다르다. 메타포의 역할을 부인할 수는 없지만 여기에는 에베소서 저자나 요한복음 저자가 신자들에게 그리스도 안에 거하라고 명령한 배경이 되는 공동체적 존재에 대한 개념이 제시된다.

에베소서에는 −특히 그리스도와 관련하여− en의 도구적 의미도 나타난다. 어느 면에서 도구적 의미는 헬라어로 메시아를 가리키는 "그리스도"라는 묘사 속에 함축되어 있다. 예수님은 하나님의 기름부음 받은 자이며 구원의 대리인이시다. 그리스도는 하나님의 창조의 대리인이다.1:4, 2:10,15 예수 그리스도는 십자가에서 죽으셨으며 그로 말미암아 구원을 가져오시고1:7 화목하게 하셨다.2:16 이런 의미에서 그는 하나님을 대행하는 도구대리인가 되신다. 그리스도의 죽음과 부활이라는 수단으로 하나님은 인간과 화목하시고 하나님의 형상으로 재창조하신다.2:4-7,10, 14-18, 4:24

"그리스도 안에"in Christ는 공간적 의미와 원인적 의미가 함께 들어 있음이 분명하다. 그리스도는 하나님이 피조세계를 구원하시는 수단이자 목적이 되신다. 매우 중요한 구절인 1장 10절은 그리스도 안에서, 그리스도로 말미암아, 만물을 통일시킨다는 의미로 받아들여야 한다. 마찬가지로 그리스도 안에 있는 자는 하나님 안에서의 통일을 향한 위대한 움직임의 핵심이며 그것의 성취와 관련된다.1:22, 3:21, 4:13, 6:10-20

끝으로, en의 시간적 의미는 2장 7절에서 찾아볼 수 있다. 이 구절에서 하나님의 은혜는 오는 여러 세대, 즉 미래에 나타날 것이다.

바울서신의 구조 신약성경의 서신은 고대 서신의 관행에 따라 다음과 같은 기본적 구조를 공유한다.Aune: 158-225; Bailey and Vander Broek: 23-31; Brown: 409-21; Doty; Koester, 1979; 1982a:54-6; Roetzel, 1998:51-66; Stowers, 1986; 1992

1. 서론적 관용구
   - 발신자들
   - 수신자들
   - 인사말
2. 감사
3. 본론
4. 결론적 관용구

서두는 편지의 발신자와 수신자를 밝힌다. 이어서 인사말이 제시된다. 헬라어 서신은 "Greetings!"친애하는으로 시작하는 반면 유대인은 "평화"을 뜻하는 "샬롬"shalom, 헬라어로는 eirēnē으로 시작한다. 이 인사말은 종종 수신자에 대한 긍정적인 회고나 편지를 쓰게 된 상황에 대한 회상과 함께 제시된다. 서두의 언급이 끝난 후에는 우정이나 건강과 같은 선물에 대해 하나님이나 신들에 대한 감사가 이어진다.

이러한 서론적 언급 후에 편지의 내용본론이 제시된다. 종종 "너희가 알기를 원한다," "호소한다," "부탁한다"라는 표현과 함께 비공식적인 개인 서한에서는 본론이 짧지만 공식적인 서한에서 본론은 에세이와 비슷하다. 이 부분은 동기나 요약 또는 회고적 진술로 끝맺는다. 전형적으로 결론부분은 건강에 대한 기원, 마지막 인사 및 결론적 인사로 마친다.

고대 사회는 다양한 유형의 서신에 대해 알고 있었다.상기 Aune, Stowers 가장 많은 것은 개인적 우정에 관한 것이다. 그러나 철학자나 교사가 제자나 지지자에게 바른 삶을 호소하는 편지도 많다. 이들이 죽은 후 그를 따르는 자들이 스승을 기념하여 존경을 담은 편지를 쓰는 것은 결코 놀라운 일이 아니다.[위경, 378쪽]

바울서신은 서신의 형태가 모두 동일한 것은 아니지만 전형적으로 이러한 기본적 구조를 가지고 있다. 학자들은 구조분석 방법에 대해 이견을 보이고 있지만 일부 중요한 요소에 대해서는 공감대를 형성하고 있다. 앞서 인용한 저서, 바울서신에 대한 다양한 개론서 및 에세이, "Epistolary Analysis," Elias: 348-50를 참조하라

바울서신의 구조
1. 서론적 관용구
   - 발신자들
   - 수신자들

· 인사말/축복

2. 감사

3. 본론

· 구체적인 관심사

4. 권면권고: 본론의 일부로 볼 때도 있다

· 종말론적 언급

5. 결론적 관용구

· 인사말/축복기도/영광송

서두와 관련하여 우리는 바울이 유대와 헬라의 서신 관습을 혼용한 사실을 알 수 있다. 바울서신은 "은혜와 평화"로 시작한다. 평화는 유대의 인사말 "샬롬"과 일치하며 "은혜"charis는 사실상 축복에 해당하는 인사말로 헬라어 chairein친애하는에 대한 언어유희로 볼 수 있다. 이러한 어법상의 수정은 간단하지만, 초기 기독교의 특징인 유대인과 이방인의 놀라운 결합을 보여주는 중요한 변화이다. 그러나 엄격히 말하면, 모든 편지에서 문안하는 자는 바울이나 공동발신자가 아니라 에베소서가 거듭 상기시키듯이 그리스도 안에서, 그리스도로 말미암아, 이러한 유대인과 헬라인을 하나 되게 하신 "우리 주 예수 그리스도의 아버지" 하나님이시다.

때때로 서신의 저자들는 편지의 어조나 핵심 메시지를 알려주는 방식으로 소개되기도 한다. 예를 들면, 갈1:1, 본문에서 바울은 명백히 전투적 태도를 취한다 수신자는 전형적으로 "그리스도 안에 있는 형제들[그리고 자매들]"이나 "거룩한 자들/성도"로 규명된다. 이어지는 서론 및 감사는 그리스도 안에 있는 신분에 대해 소개하고 본론의 기조를 제시하며 유대를 강화한다. 이러한 요소들은 바울의 전달 방식의 일부이며, 가령 갈라디아서에서처럼 이러한 감사 부분이 생략될 경우 강력한 불만의 표현으로 인식될 것이며 그것은 당연한 일이다.

바울의 경우 서신의 본론 부분은 모호한 점이 있다. 물론 모든 편지는 대상의 상황에 따라 모양이 달라진다. 로마서의 본론은 바울이 한 번도 만나보지 못한 회중이 마치 하나님의 은혜에 대한 에세이처럼 읽을 것이다. 대조적으로 고린도전서는 바울이 말과 글로 들은1:11; 7:1 긴 목록에 대한 반응으로 기록되었다. 이 문제는 바울서신 가운데 일부가 다른 서신 조각들로 구성되었을 가능성으로 인해 더욱 복잡해진다. 예를 들면, 고린도후서; 빌립보서 권면과 권고는 본론의 끝 부분에 제시되거나 본론이 끝난 즉시 이어지는 것이 바울서신의 특징이다. 학자들의 도식화를 달리 한다. 본론은 전형적으로 "그러므로 권하노니"라는 구절과 함께 시작한다. "그러므로"는 로마서 12장 1절에서 잘 보여주듯이 지금까지의 내용을 전제한 표현이다. 특정 방식의 삶에 대한 권면은 언제나 앞서의 하나님의 은혜에 대한 반응이다. 때때로 권고는 경고나 격려는 물론 신실한 삶을 위한 모티브를 제공하기 위한 한 방편으로, 종말론적 언급을 포함하거나 뒤에 이어지게 한다.예를 들면, 살전4:13-5:11

끝으로, 바울서신은 종종 바울 자신의 여정이나 여정의 어려움에 대한 개인적 사정예를 들면, 고전16:15-18, 수신자또는 저자들 가운데 특정인에 대한 문안예를 들면, 롬16장; 고전16:19-20; 빌4:21-22 및 마지막 축복기도나 영광송예를 들면, 롬16:25-27; 고후13:13으로 마친다.

바울의 사도적 편지는 사도로서의 "공식적인" 커뮤니케이션이지만 편지의 분위기나 문체는 개인 서신에 가깝다.Koester, 1979 이것은 바울이 사도로서 자신을 어떻게 이해하고 있는지를 보여준다. 그는 편지를 쓰는 대상인 회중의 형제이자 종이다. 또한 바울은 사도로서 그들에 대한 책임이 있다. 권위와 동료애 및 섬김의 혼합은 바울의 사도직의 핵심이지만, 때로는 고린도후서 전체가 보여주듯이 바울의 마음을 아프게 했다.

권세들

에베소서와 성경에서의 "권세들": 간략한 개요

권세들또는 "통치자들과 권세들"은 종종 사탄이나 마귀로부터 사람에게 달라붙어 괴롭히는 귀신들에 이르기까지 하나님을 대적하는 모든 세력을 가리킨다. 그러나 권세들은 구체적으로 하나님이 정하셨으나 타락한, 인간의 삶을 떠받치고 있는 동시에 허물고 있는 실재의 구조나 체계를 가리킨다고 주장하는 사람들도 있다.

신약성경에서 에베소서는 이러한 권세들에 대한 가장 풍성한 언어 목록 가운데 하나를 제시한다. 최고의 악한 권세는 마귀diabolos; 사탄이라는 용어를 사용하지 않는다이다.4:27. 6:11. cf. 2:2, 이 구절에서 마귀는 "세상 풍조," "공중의 권세 잡은 자" 및 "지금 불순종의 아들들 가운데서 역사하는 영"이라는 세 가지 용어로 제시된다 "통치자들과 권세들"이라는 다른 목록은 포괄적 표현이다. 여기에는 "모든 통치와 권세와 능력과 주권과 이 세상뿐 아니라 오는 세상에 일컫는 모든 이름"1:21이 포함된다. 에베소서 6장 12절은 "통치자들과 권세들과 이 어둠의 세상 주관자들과 하늘에 있는 악의 영들또는 세력들"이라는 목록을 제시한다. 우리는 이 리스트에 "오는또는 공격하는 세대"1:21, 어둠5:11 및 다소 거리가 있어 보이지만 "너비와 길이와 높이와 깊이"를 추가하는 것도 생각해볼 수 있다.

권세들에 대한 관심은 에베소서만 해당되는 것이 아니다. 가장 분명한 사례는 요한계시록을 비롯하여 복음서, 특히 예수님이 사탄과 마주하신 장면 및 귀신들을 쫓아내신 행위에서 찾아볼 수 있다. 바울서신 역시 이 문제에 직접적인 관심을 가지며 권세들에 대해 다양한 방식으로 묘사한다. 한편으로 바울은 그들을 악으로 본다. "이 시대의 통치자들"은 그리스도를 십자가에 못 박은 책임이 있다.고전2:6-8 그들은 사력을 다하겠지만 궁극적으로 신자들과 하나님 사이에 들어오지 못한다.롬8:38, 이미 십자가에 의해 패배를 당했으며골2:15 결국 그리스도의 최후승리로 말미암아 완전히 쫓겨날 것이기 때문이다.고전15:24 그러나 권세들이 현재적으로 적대적이라고 할지라도 원래는 그리스도에 의해 창조되었으며골1:16 합당한 존경과 복종을 보여야 한다.롬13:3; 딛3:1; 권세들에 대한 상세한 논의는, Grundmann, 1964; Schlier, 1961; 특히 Wink, 1984 참조

여기서 몇 가지 의문이 제기된다. 본문은 동일한 권세들에 대한 관점인가, 아니면 다른 권세들도 있는가? 권세들은 언제나 영적이며 천사와 관련되는가, 아니면 인간적이며또는 인간적이거나구조적인가? 다시 말하면 언제나 인격적 존재인가, 아니면 영적인 세력이지만 은유적으로만 인격적 언어로 표현되는가? 권세들은 언제나 악한가, 아니면 때로는 하나님의 명령을 수행하는가?

우리는 성경적 자료의 불분명함으로 인해 분명한 답을 제시하기 어렵다. 이 문제는 성경 기록에 흔적이 남아 있는, 수세기에 걸친 중요한 인식 변화로 말미암아 더욱 복잡해졌다. 초기에는 "사탄"이 인간의 "대적"이나예를 들면, 삼하19:22; 왕상11:14; 시109:6 하늘의 "고소자"로 나타난다.cf. 욥1-2장; 슥3:1-2; 민22:22,32에서 "사탄[사자]"은 신적 메신저로 제시된다 한 마디로 그는 항상 철저히 인격화 된 악으로 제시된 것은 아니라는 것이다. 유대교에서 정교한 마귀론이 제시된 것은 그리스도 시대를 불과 수 세기 앞둔 시점이었다. 악한 천사의 권세가 선한 천사의 권세와 싸운다는, 페르시아의 이원론에 영향을 받은 것으로 보이는 주장들이 제시되었다.구체적인 문헌에 대해서는 Finger and Swartley: 10-2; Hamilton: 987-8; Kuemmerlin-McLean: 138-40; Reese: 140-2 참조 "사탄"은 하나님의 악한 경쟁자를 가리키는 고유명사가 되었다.예를 들면, Jubilees 23:29; Assump. Moses 10.1; 다른 이름으로는 "마귀," "벨리알," "바알세붑," "Mastema" 등이 있다

어떤 이름이든, 마귀는 귀신들의 계급에서 "우두머리"Hamilton로 이해했다. 신약성경 저자들은 이 다양한 관점을 일부 반영한다. 신약성경 전체에서 "우두머리 대적"은 "사탄," "악," "이 세상 임금," "이 세상 신," "바알세불," 귀신의 통치자 또는 "벨리알"Belial로 불렸다. 복음서에 자주 등장하는 "마귀"는 신약성경 전체에 언급된다.

이것은 권세들과 어떤 관계에 있는가? 앞서 언급한 대로 "통치자들과 권세들"이 귀신의 세력을 가리키는지, 아니면 비록 타락했지만 인간의 사회적 존립을 뒷받침하는 "체계나 구조"를 가리키는지는 불분명하다. 대부분의 경우 신약성경 저자들은 광범위한 유대 공동체와 함께 사탄이나 마귀는 인간사를 파괴하는 악한 세력의 우두머리라는 견해를 가진다. 동시에 그들은 인격적 세력과 비인격적 세력을 늘면, 고전2:6-8, 귀신의 세력과 하나님이 창조했으나 타락한 "구조"를 구별하지 않는다. Cullmann: 95-114; Wink, 1984; 1986; Yoder, 1994:136-8

이러한 이중적 언급의 사례는 "스토이케이아"stoicheia; 갈4:3, 9; 골2:8, 20; 히5:12; 벤후 3:10, 12라는 헬라어가 "원리," "다스리는 영," "초보," "초등학문" 등으로 번역된다는 사실에서도 찾아볼 수 있다. NRSV는 동일한 용어를 갈라디아서 4장에서는 "원리적 사실"로 히브리서 5장에서는 "초보적 원리"로, 베드로후서 3장에서는 "물질"로 번역한다. 이러한 모호성은 유대인과 이방인 모두 실재의 대부분이 선한또는 악한 "영들"의 영향을 받았다는 고대 사상에 일부 기인한다. 인간의 삶은 –개인이든 단체든– 영적인 세력권 또는 "분위기" 안에서 일어난다고 믿었다.

본 주석의 입장은 이러한 모호성 및 잠재적 포괄성을 존중한다. 에베소서는 이러한 포괄성을 제대로 반영한다. 필자는 앞서 신약성경에서 에베소서는 권세들을 가리키는 용어를 가장 많이 가지고 있다고 했다. 이것은 한편으로 에베소서의 화려한 수사학적 스타일을 보여주며서론 참조 따라서 우리는 이것을 권세들에 대한 목록으로 보지 않아야 한다. 동시에 이처럼 풍성한 언어는 하나도 남기지 않겠다는 의도로 볼 수 있다. 즉, 하나님이 그리스도 안에서 모든 것을 통일되게 하시듯이1:10, 그리스도의 몸은 모든 권세들 –인격적이든 비인격적이든, 구조적체계적이든 영적이든, 하나님의 구원적 주권에 대적하는 모든 세력– 과 맞서 싸워야 한다는 것이다. 사회와 가정에서의 대안적 문화를 제시한 5장 3절-6장 9절은 6장 10절에서 권세들과의 싸움에 대한 명령으로 이어짐으로써 이러한 사실을 분명히 보여준다. 우리의 싸움은 혈과 육을 상대하는 것은 아니지만6:12 신실한 삶의 일상적 상황 가운데 일어난다.

해석의 다양성

오늘날 권세들따라서 에베소서에 대한 해석은 성경의 다양한 지표들을 망라한 스펙트럼 위에 놓을 수 있다. 한쪽 끝에는 교회의 선교를 인격적 귀신 세력과의 "영적 전쟁"으로 보는 관점이 있으며 반대쪽 극단에는 권세들을 전쟁과 폭력 및 압제를 초래하는 비인격적인 사회적 문화적 세력이나 구조 또는 및 제도로 보는 관점이 자리한다. 투쟁 수단은 공적인 증거, 예언적 비판 및 정치적 행동주의이다. 대부분의 그리스도인은 양 극단 사이어느 한 지점에 자리 한다. 신자교회의 경우 최근의 적극적 평화 활동 및 정의 회복에 대한 관심을 감안할 때 대체로 두 번째 극단으로 기운 것으로 볼 수 있다. 그러나 교회의 선교는 사탄 및 그의 무리와의 영적 전쟁을 포함한다고 믿는 분파도 있다. 권세들과 관련된 본문은 이처럼 광범위한 관점을 통해 읽어야 한다.

신자교회 전승 안에도 학자들 간에도 이러한 다양함이 나타나는 것을 볼 수 있다. 재세례파 형제들Mennonite Brethren에 뿌리를 내리고 있는 클린톤 아놀드Clinton Arnold는 에베소서 및 권세들에 대한 연구에 중요한 기여를 한 학자로, "통치자들과 권세들"에 대해 "선하거나 악한 천사적 존재이지만 주로 사탄의 영역과 관련된다"1992a:467고 주장한다. 에베소서에 대한 그의 학문적 연구는 영적 전쟁에 관한 그의 유명한 책1997과 마찬가지로 권세들을 비인격적 존재로 보는 관점을 반영한다.1989; 1992; Best, 1998:178-9; Lincoln: 444 이러한 접근은 소위 제3의 물결 운동 −이 운동을 주창한 피터 와그너C. Peter Wagner가 붙인 이름이다.1988; 그는 이 운동을 초기 은사주의 및 은사적 부흥과 구별한다− 이 표방하는 선교 정책과 일치한다. 제3의 물결은 "지역 영들"과의 영적 전쟁에 대한 강조로 가장 잘 알려져 있다. 권세들을 다루는 교회 선교의 주술적 관점에 대한 상세한 내용은 Arnold, 1992; 1997; Boyd; Page; Wagner, 1991; Warner, 1988; 1991 참조

신자교회 전승을 대표하는 또 한 명의 인물인 존 하워드 요더John H. Yoder는 매우 성경적인 전혀 다른 해석을 제시한다. 요더는 1962년 독일에서 번역한 벌콥Hendrikus Berkhof의 『그리스도와 권세들』Christ and the Powers에 기초하여 신약성경에 언급된 권세들을 "압도적으로 광범위한 전체"로 본다.

> 종교적 구조특히 안정적인 고대 및 원시 사회의 종교적 토대, 지적 구조~학, ~주의, 도덕적 구조법전 및 관습, 정치적 구조폭군, 시장, 학교, 법정, 인종 및 국가J. H. Yoder, 1994:142-3; 1964:8-14

최근 들어 벌콥과 요더는 권세들을 다음과 같이 규명한 월트 윙크Walter Wink의 영향력 있는 저서들과 궤를 같이한다.

> 인간 성직자와, 시간과 능력에 있어서 이들 성직자를 능가하는 자가 행사하는 합

법화, 권위의 자리, 계급구조, 이념적 정당화 및 가혹한 형벌Wink, 1984:85

성경적인 관점에서 볼 때, 이러한 권세는 눈에 보이는 것과 보이지 않는 것, 하늘에 있는 것과 땅에 있는 것, 영적인 것과 제도적인 것을 모두 포함한다. 권세들은 외형적으로는 형체를 가지며건물, 포트폴리오, 트럭, 팩스기 내면적으로는 영적인 성향, 공동체적 문화 또는 집단적 인격을 가진다. Wink, 1992:3; 1998; 1998a

권세는 우리가 지배 시스템Domination System이라고 부르는 매우 복잡한 네트워크를 통해 연결되어 있다.Wink, 1998:36.

마찬가지로, 옛 유고슬라비아에서 일어난 전쟁을 경험한 미로슬라브 볼프Miroslav Volf는 권력을 다음과 같이 규명한다.

광범위하게 확산되어 있는 덜 선명한 악… 사회 전반에 스며들어 있는 왜곡된 제도, 구조 및 체계… 그로 인해 고통 하는 사람은 많지만 책임을 물을 자는 없으며, 아무도 없고 모두가 불평하지만 타깃으로 삼을 사람은 없다.[87]

이러한 해석은 권세들이 얼마나 광범위하고 교활한지에 초점을 맞춘다. 사회적, 정치적 및 경제적 실재와 마찬가지로 권세들은 문화 전반에 확산되어 있다. 이들의 마귀적 특성은 초월적 특성이나 인간 대리인을 통해서보다 인간개인이든 공동체든의 생각과 행동을 지배하는 능력에서 보다 분명하게 나타난다. 이러한 사실은 초기 해석과 달리 주로 골로새서 1장 16절에 나타난다. 본문에서 그리스도는 권세들을 창조하신 자로 제시된다. 요더는 간략한 추론을 도출한다. 즉 권세들은 "일반적 본질에 있어서… 선한 창조의 한 부분이다… 우리는 그들이 없이 살 수 없다"는 것이다. 그들의 타락한 상태 및 개인과 사회에 부여한 절대적 주장에 있어서 그들은 "우리는 그들이 없이 살 수 없다"1994:143 윙크가 거듭 주장했듯이 "권세들은 선하다. 권세들은 타락했다. 권세들은 회복될 것이다."1992:65; 1998:51; cf. Yoder, 1985:114 심판과 변혁은 주술행위보다 이러한 권세들에 대한 반응으로서 보다 적합한 범주라는 것은 분명하다. 또한 심판과 변혁은 확실히 영적인 사역으로 이해된다. 가령 McClain: 38-47, 89-136은 권세들과의 중요한 싸움에 주술과 관련된 언어를 사용한다 권세들에 대한 유사한 해석에 대해서는 Cochrane; Eller, 1987; Ellul,

1976:151-60; McGill: 47-52, 86-93; Macgregor; Mott: 3-21; Mouw: 85-116; Schlier, 1961; 특히 에베소서에 대해서는 Barth: 800-3; Russell: 119-21; Schlier, 1971:291; Schnackenburg: 272를 참조하라.

두 "세계관"cf. Wink, 1992:3-10; 1988:13-56 및 기독교 전승에 다양한 형태로 스며든 유산McAlpine: 3-6은 성경 해석 및 교회 사역선교에 영향을 미친 것이 분명하다. 토마스 맥알핀Thomas McAlpine은 이것을 다음 제목의 장들에 반영된 유형학으로 제시한다.

- Transformation by Osmosis삼투적 변화: 개혁주의 전통
- Over Against대적과 맞섬: 재세례파 전통
- Expect a Miracle기적에 대한 기대: 제3의 물결
- Sociological Bible사회적 성경: 사회과학 전승

그의 유형학은 다양한 입장이 있음을 보여준다는 점에서 유익하지만 그의 술어는 큰 도움이 되지 않는다. 예를 들면, 오늘날 재세례파는 모든 범주에서 발견된다.그의 학문적 논의에서 볼 수 있다; 그의 광범위한 서지학을 참조하라. 재세례파 유형 가운데는 일부 대표적 가톨릭 학자들이 포함되며, 따라서 그의 범주에 대한 의문이 제기된다

확실히 그리스도인은 권세들 및 교회의 임무에 대해 매우 다른 관점들을 갖고 있다. 때로는 한 회중 안에 모든 관점이 발견되기도 한다. 각 전승에는 다른 세계관이 공존하며 사실상 화목을 이루지 못한 관점들도 함께 있다. 때때로 이러한 관점들은 소위 초자연주의와 물질주의로 불린다. 전형적으로 전자는 성경적 관점으로 불린다. 맥알핀은 다소 기발하지만 통찰력 있는 언급을 제시한다.

여기서 무조건 "성경을 믿으라"는 호소는 도움이 되지 않는다. 예를 들어 창세기 1장은 별이 있고 비를 보관하는 구체적인 장소가 있는 하늘과 들짐승에 대해 언급한다. 오늘날 우리가 묘사하는 세상에도 들짐승은 있지만 하늘에 대해서는 수정된 내용을 담고 있다. 통치자들과 권세들은 하늘에 가까운가 들짐승에 가까운가? 이 부분에 대해서는 어려운 신학적 작업이 필요하다.[78]

맥알핀은 이러한 작업을 하기에는 공통 영역이 최상의 장소라고 말한다. 그는 공통 영역을 찾는 일 자체가 권세들과의 싸움이며 그렇기 때문에 이 일은 교회 선교에 매우 중요

하다고 말한다.86 쿤츠Gayle Gerber Koontz는 현격한 관점의 차이가 교회에 초래한 불화에 대한 고찰을 통해 동일한 주장을 한다.

> 우리는 하나님이 우리 모두를 머리이신 그리스도의 몸 −부주의하고 편협한 신학
> 적 규정으로 인한 분열로 약해지지 않고 믿음과 소망과 사랑으로 하나 되어 미귀
> 권세에 강력히 맞설 수 있는 몸− 안으로 함께 형성해주시기를 기도해야 하지 않
> 는가?1988:93

> 오늘날 귀신에 대한 유형, 무형의 모든 경험은 우리 −모두− 에게 이처럼 특별한
> 믿음과 용기가 필요함을 보여준다.1988:99: emphasis added

맥알핀과 쿤츠는 오늘날 교회 선교에 대해 말하고 있지만 에베소서의 핵심 관심사를 반영한다. 권세들에 대한 어떤 제한적 정의도 하나님의 뜻은 만물을 통일시키는 것이라는 에베소서의 핵심 논증을 경시하는 것이며 따라서 거부하는 것이다. 오늘날 우리는 에베소서의 사상에 대한 온전한 이해 및 신실한 해석을 통해, 악과 악에 대한 교회의 반응에 대해 주술적 관점과 예언적 관점 가운데 어느 한 쪽을 배타적으로 선택해서는 안 된다는 사실을 알 수 있다.

초기 독자는 권세들에 대한 자신의 이해를 악과 어둠의 통치자들이 힘을 행사하는 장면을 상기시키는 점성술이나 주술 행위와 연결했을 것이다.Arnold 및 Best 그러나 그들은 이러한 권세들이 오늘날 우리가 문화적, 사회적, 정치적 영역에서의 비인간화와 압제라고 부르는 실재를 가리킨다는 사실도 알았을 것이다.Volf, Wink, and Yoder 그들의 임무는 이러한 개인적 사회적 삶의 영역에서 악령적 요소를 경계하며 그들과의 싸움을 근본적인 영적 전쟁으로 보는 것이다. 권세들과의 싸움은 개인적으로나 가정적으로 상대를 무시하고 깔보는 태도를 조심해야 한다. 그들은 "~론, ~주의, ~학, ~성"의 영적 본질을 과소평가하지 아니하도록 깨어 주의해야 한다.cf. Yoder, 1964:8, n.1

에베소서는 다양한 선물들이 이 싸움을 어떻게 해야 하는지 가르쳐 줄 것이라고 말한다. 저자는 권세들이 인간의 삶에 어떻게 영향을 미치며 어떻게 싸울 것인가라는 메커니즘에 대해서는 관심이 거의 없다. 그러나 에베소서는 지혜1:8, 17-23, 3:10, 14-19, 5:15-17, 세상을 본 받지 않음4:17-5:17, 예배1:3-14, 3:14-21, 5:18-21 및 맞서 싸움6:10-20에 대해서는 집중적인 관심을 가진다. 이 서신은 진리, 의, 평화, 하나님의 말씀 및 기도에 대

한 실제적이고 공동체적인 시행을 강조한다. 이러한 요소들은 신자로 하여금 에베소서의 중심에 위치한 복음 —공동체 상호간 및 하나님과 원수된 것적개심을 멸하셨다는 기쁜 소식엡2-3장에서처럼— 을 전할 수 있게 한다. 6:14-20

에베소서에서 악한 영의 존재를 보여주는 가장 큰 증거는 인간을 위한 하나님의 뜻에 대한 불순종2:1-10, 인간 공동체 내의 적대적이고 배타적인 분열2:11-22, 3:1-13, 방탕, 욕심 및 거짓의 심각성에 무감각한 어둠의 문화4:17-5:21이다. 우리는 에베소서 저자와 마찬가지로 문화적으로 경험할 수 있는 보다 큰 세력은 이러한 적개심을 키우는 자들이라는 사실을 안다. 진리, 의 및 평화가라는 대안적 문화가 그처럼 중요한 이유는 이 때문이다. 이러한 요소들이 그리스도 안에 있는 —새 사람을 입은— 공동체에 의해 제대로 시행될 경우 악을 쫓아내는 삶이 될 것이다.

위경 위경*pseudepigraphy*은 "*pseud-*"거짓과 "*epigrapha*"비문/표제라는 두 개의 헬라어 단어에서 유래했다. 많은 사람은 이 단어와 밀접한 관련이 있는 "위명"pseudonymity이라는 단어를 선호한다. 둘 다 거짓 이름으로 기록된 문헌을 가리킨다. 위경은 성경 시대에 유대인과 그리스도인 사회 안팎에서 광범위하게 확산되었다. 예를 들어 예수님이 오시기 전후 2-3세기 동안 많은 유대 문헌이 유명인사나 존경받는 선생의 이름을 사용하여 외경이나 위경으로 생산되었다. 외경, 증거, 시편, 기도 및 전설이 유명 인사의 이름으로 나왔으며 성경 기사의 서두에서 가져온 것도 있다. 가령, 에스라, 솔로몬, 열두 족장, 모세 아브라함, 에녹 및 아담까지; Charlesworth, 1983-85; 1992 소위 신약성경 외경은 바울이나 베드로와 같은 위대한 사도는 물론 예수님의 주요 제자들과 예수님의 형제들 및 심지어 마리아의 이름까지 사용하여 복음, 행전, 서신 및 묵시로 나왔다. Charlesworth, 1992; Hennecke

위명 문서는 성경 자료의 일부가 아닐 경우 특별한 문제를 야기하지 않는다. 위경과 비정경적 지위는 상호 연결되기 때문이다. 성경 정경 가운데 위경을 찾는 일은 많은 문제를 야기한다. 많은 그리스도인은 계시로서 성경의 완전성을 해치는 이러한 가능성을 신학적으로 용납하지 않는다. Guthrie, 1990:1011-28 그러나 많은 복음주의 학자들을 비롯하여 대부분의 학자들은 일부 문서의 경우 다른 사람의 이름으로 기록되었을 것이라고 생각한다. 예를 들면, 많은 사람은 다윗이 시편을 기록한 것과 8세기의 선지자 이사야가 이사야40-66장을 기록한 사실에 의문을 가지고 있다. 베드로후서와 목회서신이 위경이라는 데에는 사실상 공감대가 형성되어 있다. J. Daryl Charles' BCBC의 베드로후서 및 유다서 주석은 이러한 일반적 추세를 거부한다; 1-2 Peter, Jude: 260-3 대부분의 학자들에게 위경 리스트는

상당히 길다. 성경 개론 참조. R. Brown: 585-9

물론 영감이나 정경적 지위는 저작성에 대한 오늘날의 판단에 달린 것이 아니다. 예를 들면, Barth, 1974:50은 에베소서의 저자가 바울임을 받아들인다; Lincoln: lxxiii; R. P. Martin, 1991:1-3; Meade: 153-7, 215-6; Metzger: 21-2; Patzia, 1990:121-41; 1995:76-8 그렇다고 해도 위경 현상은 성경의 절대적 가치를 인정하는 집단 내에서 계속해서 논쟁이 되고 있다. 성경 시대의 저자성 윤리는 오늘날과는 많이 다르지만 다른 사람 이름을 사용하는 행위는 종종 논쟁이 되었다. 예를 들어 데살로니가후서 2장 2절은 바울의 이름으로 주의 날이 이르렀다고 기록한 편지에 대해 경고한다. 이 경우 문제가 된 것이 위경에 대한 것인지 잘못된 종말론에 대한 것인지는 분명하지 않다. 2세기 말 터툴리안Tertullian은 바울을 존경하고 사랑하는 마음에서 "바울과 데클라 행전"Acts of Paul and Thecla을 기록하려 했던 한 장로를 즉시 정죄했다. 이 경우에서도 문제는 바울을 대신하여 기록한 행위보다 바울이 한 여자에게 설교와 세례를 허락한 것으로 묘사하려 했기 때문인 것으로 보인다. 이러한 사례에 대해서는 Metzger: 14를 참조하라

그러나 우리는 표절이나 위조와 같은 오늘날의 저자성 윤리를 성경 시대에 적용하려 해서는 안 된다. Best, 1998:12; Brown: 585-9; Lincoln: lxxi; Metzger; Patzia, 1990:122 예수님이 오시기 전후 2-3세기 동안 유대 사회에서 위경은 "성경적 영감을 받은 그룹의 규범"이었다. Charlesworth, 1992:541 우리는 베드로, 바울, 야고보, 요한 및 도마와 같은 주요 인물을 중심한 사회에서 이와 유사한 사례를 기대할 수 있을 것이다. 유명인의 이름으로 기록하려 했던 동기는 무엇인가? 첫째로, 그것은 그들에 대한 존경과 "유대감"의 표현이다. Metzger: 21; 동기에 대한 상세한 고찰에 대해서는 5-12 참조 자신이 발표한 사상에 대한 저작권을 온전히 인정받기 원하는 자료의 출전에 합당한 공을 돌리는 학계의 신성한 관행처럼 오늘날 대부분의 저자와 달리 많은 위경 저자는 자신의 글에 영감을 준 사람의 뒤로 숨는 것을 기뻐했다. 그들은 자신의 책에게 돌아가야 할 합당한 인정을 받은 것이라고 생각한다.

둘째로, 위경은 명목상의 저자와 관련이 있는 계시적 전승에 대한 의존을 보여준다. 바울이 목회서신에서 밝힌 대로딤전6:20; 딤후1:12,14, "위탁"받은 "바른 가르침"은 보존 및 공표되어야 한다. 던Dunn의 말을 빌리면 위경은 "명목상의 저자의 상황과 실제 저자의 상황 사이에서 하나님의 목적의 계속성을 확인하는 수단"이다"68 브라운Brown은 우리가 성경을 기록한 "기자"와 "저자"를 구별해야 하는 이유에 대해 의문을 제기한다.585 예를 들어 야고보나 베드로라는 이름으로 성경을 기록한 사람은 그를 글의 내용의 원천으로서 진정한 '저자'로 인정한 것이다.

셋째로, 때로는 존경하는 인물의 가르침을 바로 이해하기 위한 가열된 논쟁이 그의 이름으로 책을 기록하는 결과로 이어지기도 했다. 목회서신 및 데살로니가후서는 종종 성경 정경 안의 사례로 제시되며Elias: 374-7 정경 밖으로는 많은 사례가 있다.

넷째로, 누군가 다른 사람의 글로 받아들여주기를 바라는 마음 역시 위경의 한 동기가 되었을 것이다. 존경하는 사람의 이름으로 포장할 경우 자신의 사상을 받아들이게 하는 데 분명히 도움이 되었을 것이다. 정경의 경우, 교회가 판단한 것은 받아들인 글이 실제로 "사도들과 선지자들의 터"엡2:20에 부합하는지, 특히 진술된 저자의 유산과 일치하는지의 여부이다.

우리는 위경 저자들이 -고상한 이유에도 불구하고- 독자를 우롱했다고 생각해야 하는가? 물론 의도적인 거짓 글도 많다.살후2:2의 경고; Metzge의 광범위한 논쟁; Brown: 587-8 그렇다고 해도 많은 학자들은 특히 위경이 학파나 저자 단체 또는 특정인과 관계가 있는 교사와 관련될 때, 매우 "투명한" 자료로 받아들여졌다고 말한다. "저자와 원래의 독자는 이 특정 방식의 커뮤니케이션에 관계된 자들을 알고 있었을 것이다"Lincoln: lxxii; cf. Dunn: 84 따라서 저자와 독자는 진리에 대한 에베소서의 반복된 강조4:15,25, 6:14와 바울의 제자이자 동역자가 바울 사후 이 글을 기록했을 가능성 사이에 아무런 긴장도 느끼지 못하였을 것이다.아래 참조

에베소서

에베소서가 바울의 기록인지 다른 사람이 그의 이름으로 기록한 것인지와 관련하여 대다수 학자들은 몇 가지 요소로 인해 다른 사람의 저작일 가능성에 누적적 무게를 둔다.이러한 주장의 누적성에 대해서는 Best, 1998:35-6; Lincoln: lxviii-lxix; Patzia, 1990를 참조하고, 동일한 자료에서 도출된 이견에 대해서는 Barth, 1974:49를 보라 복음주의 학자들 역시 바울이 아닌 다른 사람의 저작일 가능성으로 점차 기울고 있다.예를 들면, R. P. Martin, 1991:4; Lincoln: lxi-lxxiii, 및 인용된 문헌; Patzia는 확실히 이러한 주장을 거부하지만 이 문제 때문에 신학적으로 양분되어서는 안 된다고 믿는다; 1990:121-41; 1995:76-8

최근에 나온 일부 주석에는 상세한 자료가 진술되어 있다.예를 들면, Best; Lincoln; Schnackenburg; 최근의 Brown: 626-33에는 모든 신약성경 개론이 포함된다 다루어진 자료는 다음과 같이 요약할 수 있다.

1. 이견이 없는 바울서신undisputed letters of Paul과 달리 에베소서의 내용은 매우 일

반적이며 특정 이슈나 청중 또는 지역에 대한 명확한 언급이 거의 없다.

2. 데살로니가후서 및 목회서신을 제외하면 에베소서는 모든 바울서신과 내용이 유사하며 특히 골로새서에는 직접 의존한 것으로 보인다.

3. 에베소서의 언어와 문체는 이견이 없는 바울서신과 구별되며 매우 다르다.

4. 신학적 강조점은 뚜렷이 구별되며, 가장 좋은 것은 바울 주제의 발전으로 이해하는 것이다.

- 교회는 전례 없는 탁월한 지위를 누린다. 특히 교회는 끊임없이 우주적 보편적 실재로 제시된다.
- 십자가보다 부활과 승귀에 초점을 맞춘다.
- 에베소서의 종말론은 미래보다 현재를 강조하는 특징이 있다. 미래에 대해서는 성장 개념으로 접근한다. 그리스도의 재림이나 나타나심에 대한 언급은 제시되지 않는다.
- 구원은 미래적 심판이 아니라 만물을 통일시키는 개념으로 제시되며, 이러한 우주적 과정의 일환으로 그리스도 안에서, 그리스도로 말미암아 화목과 인간에 대한 재창조가 이루어진다.

이러한 주제들은 모두 바울의 사도적 가르침에 기원하지만 에베소서는 바울의 선교 반경 안에 있는 교회들의 지속적인 삶이라는 관점에서 바울의 유산을 어떻게 이해할 것인가에 대한 바울학파 내의 발전적 통찰력을 보여준다. 이것은 내용의 삭제나 추가 또는 강조점의 전환이 항상 바울에 대한 <u>의식적</u> 개정이나 업데이트라는 의미는 아니다. 시간이 지나면서 회중과 설교자와 교사는 보존하려고 했던 것을 기억하지 못할 때도 있었으며 때로는 무의식중에 새롭게 형성하기도 했다. 전통은 없어지지 않는다. 자주 찾아볼 수 있는 대로 목회서신은 "부탁한 것을 지키는" 일에 관심을 가진다.딤전 6:20; 딤후 1:14 또한 목회서신은 이견이 없는 바울 서신과 어조, 문체, 내용이 확연히 다르다.

우리가 만일 에베소서가 바울의 가르침과 글을 상당 부분 재형성했을 것이라는 추측과, 이 서신이 "학파"에서 나왔을 가능성을 결합한다면 단독 저자라는 관점에서 접근하려는 생각을 버려야 할 것이다.행19:9-10은 바울이 자신의 유산을 제자들에게 맡기는 장면을 보여준다 에베소서는 한 명의 탁월한 저자에 의해 기록되었다고 할지라도 협력적 작업의 산물일 가능성이 높으며, "터"2:20로서 바울이 남긴 편지와 가르침만 사용했을지라도 바울을 포함한 공동저작으로 보아야 할 것이다.

편의상, 그리고 서신의 서두에 한 사람의 저자만 소개되기 때문에, 필자는 본 주석 전체에서 "저자"the author라는 단수를 사용했다. 만일 바울이 편지를 기록한 탁월한 저자에 해당되지 않는다면Barth는 이러한 탁월함은 바울에게만 해당된다고 주장한다; 1974:50; 1984:23, 우리는 바울서신의 서두에 나오는 공동저자나 이러한 서신 끝 부분에 제시된 함께 문안하는 자 -자신에게 구원을 전한 바울과 가까운 사이일 것이다- 에게 눈을 돌려볼 수 있다. 미톤Mitton은 이 서신에 거명된 자 가운데 이러한 범주에 해당하는 자는 두기고가 유일하다고 말한다.6:21; Mitton: 230 오네시모Goodspeed나 누가R. P. Martin, 1968와 같은 인물도 저자로 제시된다. 결국 우리는 이 위대한 서신을 통해 실제 저자의 사역을 확장하고 싶어했던 위경 저자가 그의 배후에 숨고 싶어 하는 마음을 존중할 수밖에 없다.[저자, 355쪽]

지혜 지혜sophia는 성경 잠언, 욥기, 전도서Qohelet 및 여러 시편예를 들면, 시 1,19,37,49,73, 112,119, 127~128, 133장에 가장 분명하게 나타나는 일련의 전승을 가리킨다. 외경인 바룩서Baruch와 시락의 집회서Ecclesiasticus; Sirach/Wisdom of Jesus son of Sirah 및 솔로몬의 지혜서가톨릭에서는 정경에 해당한다 역시 중요한 지혜 문헌이다.본 주석 여러 곳에 등장하는 솔로몬의 지혜서에 대한 언급 참조 이러한 지혜는 대부분 솔로몬으로부터 나오며 상당 부분은 고대적 기원을 가지지만특히 잠10-31장 참조, 대부분의 학자들은 현재 형태의 지혜 문학은 대부분 포로기 이후의 자료라고 생각한다.

지혜문학, 특히 잠언은 창조 사역의 신적 원천으로서의 지혜를 배경으로, 경험에서 나온 여러 가지 속담 및 경구를 포함한다. 지혜자는 창조주가 질서 있는 세상을 만드셨으며 인간은 하나님이 명하신 법을 따라 살아야한다고 믿는다. 따라서 지혜의 정수로서 토라에 대한 고상한 찬양은 물론시119; Baruch 4:1; Ecclus./Sirach 24:23 식사 예법에 대한 세속적 교훈도 나타난다.잠23:1-3; 집회서 31:12-31

따라서 지혜 전승은 유대 신앙의 사색적인 면을 보여준다. 하나님은 온 세상과 모든 인간의 창조주시라는 사실을 감안할 때 지혜 전승은 다른 사람의 지혜에 개방적이다.잠언에 나타난 이집트 지혜, 솔로몬의 지혜서에 나타난 헬레니즘 등 욥기와 전도서의 고뇌에 찬 사색에 예민함을 더한 것은 자비로운 신의 손에 달린 선한 창조라는 잠언의 가정이다. 욥과 세 친구 사이의 논쟁이나 "모든 것이 헛되다"1:2는 전도자의 비관적 부르짖음에 나타나는 공의, 하나님 및 창조에 대한 현자들의 논쟁에 주목하라.

모든 진술이 특정 상황에 대한 여호와의 말씀을 선포하는 분위기로 형성되는 예언과 달리 지혜는 그러한 말씀 자체 및 백성의 일상적 경험이 철저한 사색의 대상이 된다. 피조세계와 율법에는 하나님의 길이 나타나지만 계시자의 도움이 없이는 알 수 없다. 현자는 하나님과 하나님의 창조 사역에 대해 끊임없이 의심하며 제한된 지혜와 하나님의 비밀로 인해 깊은 감명을 받는다. 욥11:1-8 및 36:22-26에 나타난 욥의 세 친구의 말과 롬11:33-36에서 바울이 모방한 놀라운 지혜 경구를 비교해보라

유대 지혜에서 계시의 필요성은 결코 지적 활동을 막지 않으며 반대의 경우도 마찬가지이다. 이러한 인식은 이사야서에서 볼 수 있는 것처럼 수십 년간에 걸쳐 확장된 예언적 전승에 대한 정보도 알려준다. 다니엘서와 같은 묵시 문학은 오직 계시헬라어 "아포칼립시스"의 의미[apocalyptic]만이 세계의 실재 상태 및 그것을 위한 하나님의 뜻의 신비에 대한 통찰력을 줄 수 있다고 말하지만, 이러한 문서들 역시 자의식적인 환상가들이 모인 지적 서클의 산물이다. 예를 들어 요한계시록을 자세히 살펴보면 환상과 꿈에 대한 매우 세밀하고 상세한 설명이 문학적 형식으로 제시된 것을 볼 수 있다. cf. Millard Lind' BCBC vol., Ezekiel [BCBC], 특히 pages 18-19

지혜 문학은 인격화 된 하나님의 딸 및 신실한 백성의 동료로서 지혜에 대한 시적 찬양을 포함한다. 예를 들면, 욥28:12-28은 NJB가 바르게 제시한 것처럼 지혜에 대한 시로 읽어야 한다; 잠1장; 3:13-20; 8-9; Baruch 3:9-4:4; Sirach 6:18-31; 14:20-5:8; 24; 51:13-22; 솔로몬의 지혜서6-9장 창조와 율법은 창조주이자 율법을 주신 하나님의 활동 및 인간의 신실한 "과학적" 탐구 활동과 동일시되는 매력적인 부인으로 인격화 된다. "솔로몬"은 학문 및 신학 교사로서의 지혜를 소유하고 있지만솔로몬의 지혜서7장, 특히 7:15-28 연인과 아내로서 지혜도 원한다. 8:2 지혜문학은 모든 신실한 자들에게 이러한 소원을 주입한다. 예를 들면, 잠8:2-5; 9:1-6; Baruch 3:36-:4; Sirach 4:11-13; 14:20-27

이 풍성한 지혜는 다양하고 중요한 방식으로 신약성경과 연결된다. 예수님의 윤리적 비유적 가르침은 지혜에 뿌리 내리고 있으며 동시대인도 그런 식으로 인식했다. 또한 초기 신자들은 인격화 된 지혜와 그리스도를 연계했다. 고전1:24-30; 마11:18-19, 28-30; 약3:13-18도 그런 암시를 보여준다 가장 극적인 것은 인격화 된 지혜의 범주 및 언어로 그리스도를 노래한 찬양이다. 골로새서 1장 15-20절은 예수 그리스도에 대해 만물을 창조하신 cf. 잠8:30; 솔로몬의 지혜서7:22 하나님의 형상으로 제시한다. cf. 솔로몬의 지혜서7:25-26 요한복음1장 1-18절에 제시된 "말씀"logos에 대한 시는 솔로몬의 지혜시가 보여주는 것처럼 대부분 이러한 전승에 기초한 것으로 보인다.

지혜는 영원한 빛의 광채이고

하나님의 사역을 보여주는 흠 없는 거울이며

그의 선하심의 형상이다.

지혜는 혼자이지만 모든 것을 할 수 있고

자신 안에 머무르면서 만물을 새롭게 하며

대대로 거룩한 영혼들 안으로 들어가

그들을 하느님의 벗과 예언자로 만든다. 솔로몬의 지혜서7:26-27

이것은 왜 예수님의 초기 제자들이 이 풍성한 우물로부터 도출하려 했는지를 보여준다. 십자가에 못 박히신 갈릴리의 선생을 지혜로 본마11:18-19; 고전1장 근본적 함축은 특히 주목할 만하다. 자신을 내어주신 희생적 메시아가 세상을 창조하고 인간의 존재와 삶에 대한 지침을 준 지혜와 동일시 된 것이다. 따라서 골로새서 1장 16절은 그리스도가 만물을 창조하시고 주가 되시며 통치자들과 권세들을 무력화하는 자로 제시한다. cf. 2:15 [권세들, 371쪽] 이 창조주는 십자가 위에서 죽으심으로 평화를 가져오신 분이다.1:20 초기 제자들은 예수님을 하나님의 지혜와 동일시함으로써 그가 인간의 죄와 인간의 역사에 대한 하나님의 해법이며 창조된 실재의 모든 영역을 이해하는 핵심이라는 근본적인 주장을 제시한다.

따라서 신약성경은 예수님의 죽음과 부활 및 구원에 대한 약속을 담고 있을 뿐만 아니라 날마다의 삶을 어떻게 살아야 할 것인지에 대한 잠언 및 비유적 지혜의 보고가 되신다. 한 예로, 그리스도의 죽음을 통해 가장 극적으로 드러난롬5 원수에 대한 사랑마5:43-48은 공중의 새나 들의 백합화에게까지 베푸시는 창조주의 세밀한 돌보심이라는 차원에서 시행되어야 한다.마6:25-34 구원과 창조는 한 하나님으로부터 나오며 동일한 사랑의 충동의 한 부분이다. Yoder Neufeld, 1999:174-91

에베소서는 지혜 전승을 다양한 방식으로 반영한다. 첫째로, 에베소서는 신약성경 어느 본문 못지않게 지혜와 통찰력을 귀하게 여기며 1장 8절과 17-18절 및 3장 14-19절에는 가장 극적으로 표현된다. 또한 에베소서는 지혜롭고 의로운 삶에 대해서도 강조한다.5:3-21

둘째로, 에베소서의 구원관은 거듭해서 재창조로 묘사된다.cf. 2:4-10,15, 4:24 확실히 만물을 통일시키시는 그리스도에 대한 묘사1:9-10는 지혜의 포괄적 지평이 스며든 포용적 비전이다.

셋째로, 에베소서는 많은 부분을 지혜문학에 바탕을 둔 기독론에 의존한다. 그리스도는 인격화 된 지혜처럼 하나님과 인간이 만나는 장소가 되신다. 그는 하나님의 대리인으로서 하나님과 인간을 화목하게 하고 인간을 재창조하신다._{예를 들면, 1:9-10, 2:14-18} 또한 그리스도는 인간에게 "새 사람"의 신분을 부여하신다._{2:15, 4:24} 그는 "몸의 머리"이시다._{1:23, 2:15-16, 4:11-16, 5:23} 지혜가 "거룩한 영혼들 안으로 들어가 그들을 하느님의 벗과 예언자로 만드는" 것처럼_{솔로몬의 지혜서7:27}, 에베소서에서 그리스도는 신자들 안에 사시며 그들을 하나님의 충만하신 것으로 충만하게 하신다._{3:16,19} 5장 25-32절에 묘사된 그리스도와 그의 신부인 교회의 관계는 의인과 지혜 부인의 친밀함에 대한 낭만적 묘사를 상기시킨다._{여기서는 의인이 신부로 묘사된} 에베소서에 나타나는 이러한 내용은 대부분 바울서신 전반에서 발견되는 내용을 발전시킨 것이지만, 이처럼 풍성한 지혜전승에 의존한 것이 분명하다.

에베소서는 지혜 전승을 다른 방식으로 반영한다. 바울의 가르침에 대한 의존 및 창의적 재진술, 그리고 다른 바울서신에 일반적으로 나타나는 특정 상황에 대한 묘사를 거의 볼 수 없다는 점 등 에베소서는 확실히 새로운 표현을 사용하자면 "계시적 사색"의 지혜 전승에 서 있다. 에베소서에서 종종 볼 수 있는 "과도한" 문체는 저자가 선호하는 수사학적 기법일 뿐만 아니라 사색적 지혜가 고도의 언어적 연마 과정을 거쳤음을 보여준다. 저자는 사도가 "부탁한 것"을 의식적으로 재형성 및 재진술하는 한편 함축된 의미를 드러낸다.

이러한 사색은 하나님이 그리스도와 성령 안에서_{또한 성령으로 말미암아} 친밀하게 나타나시고 사도들과 동역자와 제자들 및 회중에게 영감을 주신다는_{1:17-18, 2:20, 주석 참조} 확신과 함께 한다. 이러한 지혜는 하나님의 각종 지혜를 지속적으로 드러내는 사역에 온전히 동참한다._{2:7, 3:10, 6:19} 이러한 관찰은 에베소서가 어떻게 다른 바울 서신 −특히 골로새서− 의 내용을 많이 반영하는 동시에 바울신학에 풍성하고 탁월한 기여를 했는지에 대한 통찰력을 던져줄 것이다.[위경, 378쪽]

다양한 지혜 전승 및 광범위한 2세기 문헌에 대한 보다 상세한 연구는 R. E. Murphy 를 참조하라.

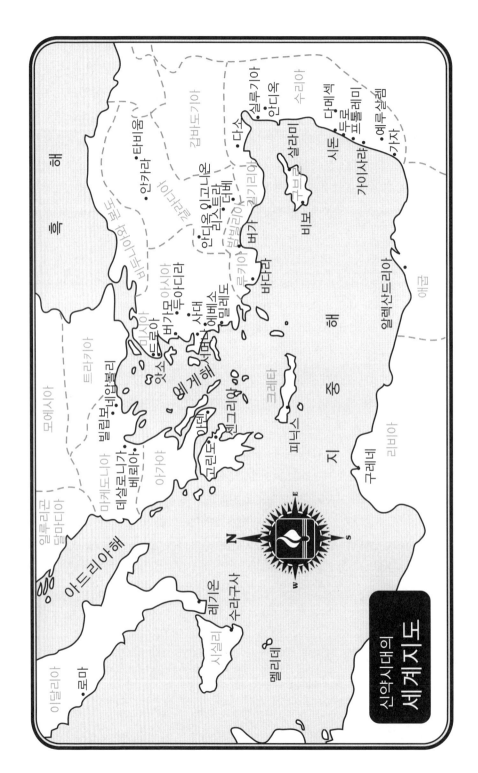

신약시대의
세계지도

참고문헌

ABD David Noel Freedman et al., eds.
1992 *The Anchor Bible Dictionary*. 6 vols. New York: Doubleday.

Arnold, Clinton E.
1987 "The 'Exorcism' of Ephesians 6.12 in Recent Research: A Critique of Wesley Carr's View of the Role of Evil Powers in First- Century A.D. Belief." *Journal for the Study of the New Testament* 30:71-87.
1989 *Ephesians: Power and Magic: The Concept of Power in Ephesians in Light of Its Historical Setting*. SNTS MS, 63. Cambridge: Cambridge Univ. Press.
1992 *Powers of Darkness: Principalities and Powers in Paul's Letters*. Downers Grove, Ill.: InterVarsity Press.
1992a "Principalities and Powers." *ABD*, 5:467.
1997 *3 Crucial Questions About Spiritual Warfare*. Grand Rapids, Mich.: Baker Books. Augsburger, David W.
1980 *Caring Enough to Confront: The Love-Fight*. Scottdale, Pa.: Herald Press.

Aune, David E.
1987 *The New Testament in Its Literary Environment*. Library of Early Christianity, 8. Philadelphia: Westminster.

BAGD Bauer, Walter, W. R. Arndt, F. W. Gingrich, and F. W. Danker
1979 *A Greek-English Lexicon of the New Testament and Other Early Christian Literature*. 2d rev., augmented ed. Chicago/London: Univ. of Chicago Press.

Bailey, James L., Lyle D. Vander Broek
1992 *Literary Forms in the New Testament: A Handbook. Louisville: Westminster John Knox.*

Bailey, Kenneth E.
1976 *Poet and Peasant. Grand Rapids, Mich.: Eerdmans Balch, David J.*
1981 *Let Wives Be Submissive: The Domestic Code in 1 Peter. SBLMS, 26; Chico, Calif.: Scholars Press, 1981.*
1992 "Household Code." *ABD*, 3:318-20.

Balz, Horst, and Günther Wanke
1974 "*Phobeō*." *TDNT*, 9:189-219.

Banks, Robert J.
1980 *Paul's Idea of Community: The Early House Churches in Their Historical Setting*. Grand Rapids: Eerdmans.

Bartchy, S. Scott
1992 "Slavery (Greco-Roman)" *ABD*, 6:65-72.

Barth, Markus
1974 *Ephesians. 2* vols. Garden City, N.Y.: Doubleday.
1984 "Traditions in Ephesians." *New Testament Studies* 30:3-25.

Bauman, Harold E.

1982 *Congregations and Their Servant Leaders: Some Aids for Faithful Congregational Relationships.* Scottdale, Pa.: Mennonite Publishing House.

BDB Brown, Francis, S. R. Driver, and Charles Briggs
1907 *A Hebrew and English Lexicon of the Old Testament.* Clarendon: Oxford.

Bedale, Stephen
1954 "The Meaning of Kephalē in the Pauline Epistles." *Journal of Theological Studies* 5:211-15.

Beker, J. Christiaan
1991 *Heirs of Paul: Paul's Legacy in the New Testament and in the Church Today.* Minneapolis: Fortress.
Bergant, Dianne
1994 "Yahweh: A Warrior God?" In *The Church's Peace Witness*, ed. Marlin E. Miller and Barbara Nelson Gingerich, 89-103. Grand Rapids: Eerdmans.

Berkhof, Hendrik
1977 *Christ and the Powers.* Trans. John Howard Yoder. Scottdale, Pa.: Herald Press.

Bertram, Georg
1964 "*Ergon . . .*" *TDNT*, 2:635-55.
1965 "*Katergazomai.*" *TDNT*, 3:634-35.
1967 "*Paideuō . . .*" *TDNT*, 5:596-625.

Best, Ernest
1993 *Ephesians. New Testament Guides.* Sheffield, U.K.: JSOT.
1997 *Essays on Ephesians.* Edinburgh: T & T Clark.
1998 *Ephesians. International Critical Commentary.* Edinburgh: T & T Clark.

Beyer, Hermann W.
1964 "*Eulogeō . . .*" *TDNT*, 2:754-65.

Blass, Friedrich, and Albert Debrunner
1961 *A Greek Grammar of the New Testament and Other Early Christian Literature.* Trans. and rev. Robert W. Funk. Chicago: Univ. of Chicago Press.

Block, Bill
1997 "The Pure Church Ideal and Real Membership." In *Naming the Sheep: Understanding Church Membership: Voices in Dialogue*, ed. Resources Commission, Conference of Mennonites in Canada, 46-54. Winnipeg: Resources Commission, Conference of Mennonites in Canada.

Bornkamm, Günther
1967 "*Mustērion.*" *TDNT*, 4:802-27.

Bowe, Barbara
1996 *A Key to the Letter to the Ephesians.* Quezon City, Philippines: Claretian Publications.

Boyd, Gregory A.
1997 *God at War: The Bible and Spiritual Conflict.* Downers Grove, Ill.: InterVarsity Press.

Breck, John
1994 *The Shape of Biblical Language: Chiasmus in the Scriptures and Beyond.* Crestwood, N.Y.: St. Vladimir's Seminary Press.

Brown, Raymond E.
1997 *An Introduction to the New Testament.* New York: Doubleday.

Bruce, F. F.
1976 "Election, NT." *IDB* Suppl.: 258-59.
1984 *The Epistles to the Colossians, to Philemon, and to the Ephesians.* Grand Rapids: Eerdmans.

Büchsel, Friedrich
1964 "*Elegchō. . . .*" *TDNT*, 2:473-75.
1964a "*Exagorazō.*" *TDNT*, 1:126-28.

Bultmann, Rudolf
1964 "Ginōskō. . . ." *TDNT* 1:689-719.

Bultmann, Rudolf, and Artur Weiser
1968 "Pistis. . . ." *TDNT*, 6:174-228.

Caird, G. B.
1956 *Principalities and Powers: A Study in Pauline* Theology. Oxford: Clarendon.

Carr, Wesley
1981 *Angels and Principalities: The Background, Meaning, and Development of the Pauline Phrase hai archai kai hai exousiai.* SNTS, 42. Cambridge: Cambridge Univ. Press Carrington, Philip
1940 *The Primitive Christian Catechism.* Cambridge: Cambridge Univ. Press.

Charles, J. Daryl
1999 "2 Peter, Jude." In *1-2 Peter, Jude*, by Erland Waltner and J. Daryl Charles. Believers Church Bible Commentary. Scottdale, Pa.: Herald Press.

Charlesworth, James H.
1985a "Pseudepigrapha." *HBD*: 836-40.
1992 "Pseudonymity and Pseudepigraphy." *ABD*, 5:540-41.

Charlesworth, James H., ed.
1983-85 *The Old Testament Pseudepigrapha.* Vol. 1: *Apocalyptic Literature and Testaments.* Vol. 2: *Expansions of the "Old Testament" and Legends, Wisdom and Philosophical Literature, Prayers, Psalms, and Odes, Fragments of Lost Judeo-Hellenistic Works.* Garden City, N.Y.: Doubleday.

Clark Kroeger, Catherine, and James R. Beck, eds.
1996 *Women, Abuse, and the Bible: How Scripture Can Be Used to Hurt or to Heal.* Grand Rapids: Baker Books.

Cochrane, Arthur C.
1986 *The Mystery of Peace.* Elgin, Ill.: Brethren.

Collins, John J.
1987 *The Apocalyptic Imagination.* New York: Crossroad.
1992 "Apocalypses and Apocalypticism: Early Jewish Apocalypticism." *ABD*, 1:282-88.

Crouch, James E.
1971 *The Origin and Intention of the Colossian Haustafel.* FRLANT, 109. Göttingen: Vandenhoeck & Ruprecht. Cullmann, Oscar
1956 *The State in the New Testament.* New York: Charles Scribner's Sons.

Dawn, Marva J.
1995 *Reaching Out Without Dumbing Down: A Theology of Worship for the Turn-of-the-Century Culture.* Grand Rapids: Eerdmans.
1997 *Sources and Trajectories: Eight Early Articles by Jacques Ellul That Set the Stage.* Grand Rapids: Eerdmans.
1999 "The Biblical Concept of 'the Principalities and Powers': John Yoder Points to Jacques Ellul." In *The Wisdom of the Cross: Essays in Honor of John Howard Yoder,* ed. Stanley Hauerwas, Chris K. Huebner, Harry J. Huebner, Mark Thiessen Nation, 168-86. Grand Rapids: Eerdmans.

Delling, Gerhard
1964 "Hēmera." *TDNT*, 2:943-53.
1972 "Hupotassō." *TDNT*, 8:39-46.

Dinkler, Erich
1992 "Eirēnē—The Early Christian Concept of Peace." In *The Meaning of Peace: Biblical Studies*, ed. Perry B. Yoder and Willard M. Swartley, 164-212. Louisville: Westminster John Knox.

Dintaman, Stephen F.

1992 "The Spiritual Poverty of the Anabaptist Vision." *Conrad Grebel Review* 10/2:205-8.

Doty, William G.
1973 *Letters in Primitive Christianity. Guides to Biblical Scholarship, New Testament Series.* Philadelphia: Fortress.

Douglass, James W.
1972 *Resistance and Contemplation: the Way of Liberation.* Garden City, N.Y.: Doubleday.

Dunn, James D. G.
1987 "The Problem of Pseudonymity." In *The Living Word*, by James D. G. Dunn, 65-85. London: SCM.

Edwards, Mark J., ed.
1999 *Galatians, Ephesians, Philippians. Ancient Christian Commentary on Scripture.* New Testament, 8. Downers Grove, Ill.: InterVarsity.

Elias, Jacob W.
1995 *1 and 2 Thessalonians. Believers Church Bible Commentary.* Scottdale, Pa.: Herald Press.

Eller, David B., ed.
1990 *Servants of the Word: Ministry in the Believers' Church.* Elgin, Ill.: Brethren Press.

Eller, Vernard
1987 *Christian Anarchy: Jesus' Primacy over the Powers.* Grand Rapids: Eerdmans.

Elliott, John H.
1981 *A Home for the Homeless: A Sociological Exegesis of 1 Peter, Its Situation and Strategy.* Philadelphia: Fortress.

Elliot, Neil
1994 *Liberating Paul: The Justice of God and the Politics of the Apostle.* Maryknoll, N.Y.: Orbis.

Ellul, Jacques
1973 『우리의 기도』 (대장간 역간).
1976 『자유의 윤리』 (대장간 역간).

Emonds, Hilarius
1938 "Geistlicher Kriegsdienst: Der Topos der militia spiritualis in der antiken Philosphie." In *Heilige Überlieferung: Ausschnitte aus der Geschichte des Mönchtums und des heiligen Kultes,* 21-50. Münster: Aschendorffsche Verlagsbuchhandlung. Repr. in *Militia Christi: Die christliche Religion und der Soldatenstand in den ersten drei Jahrhunderten*, ed. Adolf von Harnack, 133-62. Tübingen: Mohr, 1905; and Darmstadt: Wissenschaftliche Buchgesellschaft, 1963.

Esau, John A.
1995 "Recovering, Rethinking, and Re-imagining: Issues in a Mennonite Theology for Christian Ministry." In *Understanding Ministerial Leadership: Essays Contributing to a Developing Theology of Ministry,* ed. John A. Esau, 1-27. Text Reader Series, 6. Elkhart, Ind.: Institute of Mennonite Studies.

Esau, John A., ed.
1995 *Understanding Ministerial Leadership: Essays Contributing to a Developing Theology of Ministry.* Text Reader Series, 6. Elkhart, Ind.: Institute of Mennonite Studies.

Fee, Gordon D.
1987 *The First Epistle to the Corinthians.* Grand Rapids: Eerdmans.
1994 *God's Empowering Presence: The Holy Spirit in the Letters of Paul.* Peabody, Mass.: Hendrickson.

Finger, Thomas N.
1985 *Christian Theology: An Eschatological Approach.* Vol. 1. Nashville: Thomas Nelson; Scottdale, Pa.: Herald Press, 1987.
1989 *Christian Theology: An Eschatological Approach.* Vol. 2. Scottdale, Pa.: Herald Press.

Finger, Thomas, and Willard M. Swartley
1988 "Bondage and Deliverance: Biblical and Theological

Perspectives." In *Essays on Spiritual Bondage and Deliverance*, ed. Willard M. Swartley, 10-38. Occasional Papers, No. 11. Elkhart, Ind.: Institute of Mennonite Studies.

Fischer, Karl-Martin
1973 *Tendenz und Absicht des Epheserbriefs.* FRLANT, 3. Göttingen: Vandenhoeck & Ruprecht.

Fitzmyer, Joseph A.
1989 "Another Look at Kephalē in 1 Corinthians 11:3." *New Testament Studies* 35/4:503-11.

Foerster, Werner
1964 "*Eirēnē, . . . Eirēnopoios.*" *TDNT*, 2:400-20.
1972-74 *Gnosis.* 2 vols. Oxford: Clarendon.

Foulkes, Francis
1989 *Ephesians.* Rev. ed. Tyndale New Testament Commentaries. Grand Rapids: Eerdmans; Leister, England: Inter-Varsity.

France, R. T.
1995 *Women in the Church's Ministry: A Test Case for Biblical Interpretation.* Grand Rapids: Eerdmans. Gallardo, José
1984 "Ethics and Mission." In *Anabaptism and Mission*, ed. Wilbert R. Shenk, 137-57. Institute of Mennonite Studies; Missionary Studies, 10. Scottdale, Pa.: Herald Press.

Geddert, Timothy J.
2000 *Mark. Believers Church Bible Commentary.* Scottdale, Pa.: Herald Press. Gnilka, Joachim
1971 *Der Epheserbrief. Freiburg*: Herder. Goodspeed, E. J.
1933 *The Meaning of Ephesians.* Chicago: Univ. of Chicago Press. Repr., 1956.

Greeven, Heinrich
1967 "*Palē.*" *TDNT*, 5:721.

Grenz, Stanley J., with Denise Muir Kjesbo
1995 *Women in the Church: A Biblical Theology of Women in Ministry.* Downers Grove, Ill.: InterVarsity.

Grimsrud, Ted, and Loren L. Johns, eds.
1999 *Peace and Justice Shall Embrace: Power and Theopolitics in the Bible.* Festschrift for Millard Lind; Telford, Pa.: Pandora Press U.S.; Scottdale, Pa.: Herald Press.

Gross, Leonard, translator and editor
1997 *Prayer Book for Earnest Christians.* Scottdale, Pa.: Herald Press.

Grudem, Wayne
1985 "Does Kephalē ('Head') Mean 'Source' or 'Authority over' in *Greek Literature?* A Survey of 2,336 Examples." *Trinity Journal* 6:38-59.

Grundmann, Walter
1964 "Dunamai. . . ." *TDNT*, 2:284-317.
1965 "Ischuō. . . ." *TDNT*, 3:397-402.
1971 "Stēkō, Histēmi." *TDNT*, 7:636-53.
1972 "Tapeinos. . . ." *TDNT*, 8:1-29.

Guthrie, Donald
1990 *New Testament Introduction.* Rev. ed. Downers Grove, Ill.: InterVarsity.

Gwyn, Douglas, George Hunsinger, Eugene F. Roop, and John H. Yoder
1991 *A Declaration on Peace: In God's People the World's Renewal Has Begun.* Scottdale, Pa.: Herald Press.

Hamilton, Victor P.
1992 "Satan." *ABD*, 5:985-89.

Hanson, Paul D.
1975 *The Dawn of Apocalyptic.* Philadelphia: Fortress.

1992 "Apocalypses and Apocalypticism: The Genre and Introductory Overview." *ABD*, 1:279-82. Harnack, Adolf von

1963 *Militia Christi: Die christliche Religion und der Soldatenstand in den ersten drei Jahrhunderten.* Tübingen: Mohr. 1905. Repr., Darmstadt: Wissenschaftliche Buchgesellschaft.

Hauerwas, Stanley, Chris K. Huebner, Harry J. Huebner, and Mark Thiessen Nation, eds.

1999 *The Wisdom of the Cross: Essays in Honor of John Howard Yoder.* Grand Rapids: Eerdmans.

Hay, David M.

1973 *Glory at the Right Hand: Psalm 110 in Early Christianity.* SBLMS, 18. Nashville: Abingdon.

Hays, Richard B.

1996 *The Moral Vision of the New Testament: Community, Cross, New Creation: A Contemporary Introduction to New Testament Ethics.* 『신약의 윤리적 비전』 San Francisco: HarperSanFrancisco.

HBD Paul J. Achtemeier et al., eds.

1985 *Harper's Bible Dictionary.* San Francisco: Harper & Row.

Heggen, Carolyn Holderread

1993 *Sexual Abuse in Christian Homes and Churches.* Scottdale, Pa.: Herald Press.

1996 "Religious Beliefs and Abuse." In *Women, Abuse, and the Bible: How Scripture Can Be Used to Hurt or to Heal,* ed. Catherine Clark Kroeger and James R. Beck, 15-27. Grand Rapids: Baker Books.

Hendrix, Holland

1988 "On the Form and Ethos of Ephesians." *Union Seminary Quarterly Review* 42:3-15.

Hennecke, Edgar

1964 *New Testament Apocrypha. Vol. 2*: Writings Relative to the Apostles; Apocalypses and Related Subjects. Ed. Wilhelm Schneemelcher. English trans. ed. R. McL. Wilson, 1965. Philadelphia: Westminster.

Hiebert, Theodore

1986 *God of My Victory*: The Ancient Hymn in Habakkuk 3. HSM, 38. Atlanta: Scholars Press.

1992 "Warrior, Divine." *ABD*, 6:876-80.

Holmes, Michael W., ed., rev.

1999 *The Apostolic Fathers: Greek Texts and English Translations.* Updated ed. Grand Rapids: Baker Books.

Houlden, J. L.

1977 *Paul's Letters from Prison: Philippians, Colossians, Philemon, and Ephesians.* Westminster Pelican Commentaries. Philadelphia: Westminster.

Huebner, Harry

1997 "Church Discipline: Is It Still Possible?" In *Naming the Sheep: Understanding Church Membership: Voices in Dialogue*, ed. Resources Commission, Conference of Mennonites in Canada, 89-94. Winnipeg: Resources Commission, Conference of Mennonites in Canada.

Huebner, Harry, and David Schroeder

1993 *Church as Parable: Whatever Happened to Ethics?* Winnipeg: CMBC Publications.

HWB

1992 *Hymnal: A Worship Book. Prepared by Churches in the Believers Church Tradition.* Elgin, Ill.: Brethren Press; Newton, Kan.: Faith & Life Press; Scottdale, Pa.: Mennonite Publishing House.

IDB

1962 *The Interpreter's Dictionary of the Bible.* Ed. George A. Buttrick. 4 vols. Nashville: Abingdon.

IDB Suppl.

1976 *The Interpreter's Dictionary of the Bible.* Supplementary volume. Ed. Keith Grim. Nashville:

Abingdon.

Janzen, Waldemar

1982 *Still in the Image: Essays in Biblical Theology and Anthropology*. Institute of Mennonite Studies Series, 6. Newton, Kan.: Faith & Life Press; Winnipeg: CMBC Publications.

Jeremias, Joachim

1964 "Akrogōniaios." *TDNT*, 1:792.

1967 "Lithos . . . ." *TDNT*, 4:268-80.

Jeschke, Marlin

1983 *Believers Baptism for Children of the Church*. Scottdale, Pa.: Herald Press.

Jewett, Paul K.

1975 *Man as Male and Female: A Study in Sexual Relationships from a Theological Point of View*. Grand Rapids: Eerdmans.

Johnson, Elizabeth E.

1992 "Ephesians." In *The Women's Bible Commentary*, ed. Carol A. Newsom and Sharon H. Ringe, 338-42. Louisville: Westminster John Knox.

Käsemann, Ernst

1961 "Das Interpretationsproblem des Epheserbriefes." *Theologische Literaturzeitung* 86:1-8.

Kennedy, George A.

1984 *New Testament Interpretation Through Rhetorical Criticism*. Chapel Hill: Univ. of North Carolina Press.

Kimel, Alvin F., ed.

1992 *Speaking the Christian God: The Holy Trinity and the Challenge of Feminism*. Grand Rapids: Eerdmans.

Kirby, J. C.

1968 *Ephesians, Baptism and Pentecost: An Inquiry into the Structure and Purpose of the Epistle to the Ephesians*. London: SPCK.

Kitchen, Martin

1994 *Ephesians*. New York: Routledge.

Klassen, William

1984 *Love of Enemies: The Way to Peace*. Philadelphia: Fortress.

1992 "Peace: New Testament." *ABD*, 5:207-12.

1992a "War in the NT." *ABD*, 6:867-75.

Koester, Helmut

1979 "1 Thessalonians—Experiment in Christian Writing." In *Continuity and Discontinuity in Church History: Essay Presented to George Hunston Williams,* ed. F. Forrester Church and Timothy George, 33-44. Leiden: Brill.

1982 *Introduction to the New Testament. Vol. 1:* History, Culture, and Religion of the Hellenistic Age. Philadelphia: Fortress.

1982a *Introduction to the New Testament. Vol. 2*: History and Literature of Early Christianity. Philadelphia: Fortress.

Koontz, Gayle Gerber

1987 "The Trajectory of Feminist Conviction." Conrad Grebel Review 5:201-20. Repr. in *Essays on Peace Theology and Witness*, ed. Willard M. Swartley, 1988:154-78. Occasional Papers, 12. Elkhart, Ind.: Institute of Mennonite Studies.

1988 "Response to Timothy M. Warner." In *Essays on Spiritual Bondage and Deliverance*, ed. Willard M. Swartley, 89-99. Occasional Papers, 11. Elkhart, Ind.: Institute of Mennonite Studies.

1992 "Redemptive Resistance to Violation of Women: Christian Power, Justice, and Self-Giving Love." In

Peace Theology and Violence Against Women, ed. Elizabeth G. Yoder, 27-47. Occasional Papers, 16. Elkhart, Ind.: Institute of Mennonite Studies.

Kreider, Alan

1999 *The Change of Conversion and the Origin of Christendom.* 『회심의 변질』 (대장간 역간) Harrisburg, Pa.: Trinity Press International. Kroeger, Catherine Clark

1987 "The Classical Concept of Head as 'Source.'" In *Equal to Serve: Women and Men in the Church and Home,* ed. Gretchen Gaebelein Hull, 267-83. Old Tappan, N.J.: Revell.

Kroeger, Catherine Clark, and James R. Beck, eds.

1996 *Women, Abuse, and the Bible: How Scripture Can Be Used to Hurt or to Heal.* Grand Rapids: Baker Books.

Kuemmerlin-McLean, Joanne K.

1992 "Demons: Old Testament." *ABD,* 2:138-40.

Kuhn, Karl Georg

1968 "The Epistle to the Ephesians in the Light of the Qumran Texts." In *Paul and Qumran: Studies in New Testament Exegesis,* ed. J. Murphy-O'Connor, 111-8. Chicago: Priory Press.

Layton, Bentley

1987 *The Gnostic Scriptures.* Garden City, N.Y.: Doubleday.

Lebold, Ralph

1986 *Learning and Growing in Ministry: A Handbook for Congregational Leaders.* Scottdale, Pa.: Mennonite Publishing House.

Liddell and Scott Henry George Liddell and Robert Scott

1940 *A Greek-English Lexicon.* 9th ed. Oxford: Clarendon Press.

Lincoln, Andrew T.

1990 *Ephesians. Word Biblical Commentary.* Dallas: Word Books.

Lind, Millard C.

1980 *Yahweh Is a Warrior: The Theology of Warfare in Ancient Israel.* Scottdale, Pa.: Herald Press.

Lindemann, Andreas

1975 *Die Aufhebung der Zeit: Geschichtsverständnis und Eschatologie im Epheserbrief.* Gütersloh: Gerd Mohn.

1985 *Der Epheserbrief. Zürcher Bibelkommentare NT,* 8. Zurich: Theologischer Verlag.

Loewen, Howard John

1994 "An Analysis of the Use of Scripture in the Churches' Documents on Peace." In *The Church's Peace Witness,* ed. Marlin E. Miller and Barbara Nelson Gingerich, 15-69. Grand Rapids: Eerdmans.

Lührmann, Dieter

1980 "Neutestamentliche Haustafeln und antike Ökonomie." *New Testament Studies* 27:83-97.

Lund, Nils Wilhelm

1942 *Chiasmus in the New Testament: A Study in Formgeschichte.* Chapel Hill, N.C.: Univ. of North Carolina Press.

McAlpine, Thomas H.

1991 *Facing the Powers: What Are the Options?* Monrovia, Calif.: MARC.

McClain, George D.

1998 *Claiming All Things for God: Prayer, Discernment, and Ritual for Social Change.* Nashville: Abingdon.

McClendon, James Wm., Jr.

1986 *Systematic Theology, Vol. 1: Ethics.* Nashville: Abingdon.

1994 *Systematic Theology. Vol. 2: Doctrine.* Nashville: Abingdon.

MacDonald, Margaret

1988 *The Pauline Churches*. Cambridge: Cambridge Univ. Press.

McGill, Arthur C.
1982 *Suffering: A Test of Theological Method.* 1968. Repr., Philadelphia: Westminster.

Macgregor, G. H. C.
1954 "Principalities and Powers: The Cosmic Background of Saint Paul's Thought." *New Testament Studies* 1:17-28.

Malherbe, Abraham J.
1983 "Antisthenes and Odysseus, and Paul at War." *Harvard Theological Review* 76:143-73.

Martin, Ernest D.
1993 *Colossians, Philemon. Believers Church Bible Commentary*. Scottdale, Pa.: Herald Press.

Martin, Ralph P.
1968 "An Epistle in Search of a Life-Setting." *Expository Times* 79:296-302.
1991 *Ephesians, Colossians, and Philemon. Interpretation*. Atlanta: John Knox.

Mauser, Ulrich
1992 *The Gospel of Peace: A Scriptural Message for Today's World. Studies in Peace and Scripture* (IMS), 1. Louisville: Westminster John Knox.

Meade, David
1986 *Pseudonymity and Canon*. Grand Rapids: Eerdmans.

Meeks, Wayne A.
1983 *The First Urban Christians: The Social World of the Apostle Paul*. New Haven: Yale Univ. Press.
Mendenhall, George E.
1962 "Election." *IDB*, 2:76-82.
1962b "Predestination." *IDB*, 3:869.

Menno Simons
1956 *The Complete Writings of Menno Simons*. Trans. Leonard Verduin. Ed. J. C. Wenger. Scottdale, Pa.: Herald Press.

Metzger, Bruce M.
1972 "Literary Forgeries and Canonical Pseudepigrapha." *Journal of Biblical Literature* 91:3-24.

Michaelis, Wilhelm
1965 "Kratos. . . ." *TDNT*, 3:905-15.
1967 "Machaira." *TDNT*, 4:524-27.
1967 "Methodeia." *TDNT*, 5:102-3.

Michel, Otto
1967 "Oikos. . . ." *TDNT*, 5:119-59.

Miletic, Stephen Francis
1988 *"One Flesh": Eph. 5.22-24, 5.31: Marriage and the New Creation*. Analecta Biblica, 115. Rome: Editrice Pontificio Istituto Biblico.

Miller, John W.
1989 *Biblical Faith and Fathering: Why We Call God "Father."* New York: Paulist.
1999 Calling God "Father": *Essays on the Bible, Fatherhood, and Culture*. Rev. ed. of 1989 vol. New York: Paulist.

Miller, Marlin E.
1979 "The Gospel of Peace." In *Mission and the Peace Witness*, ed. Robert L. Ramseyer, 9-23. Scottdale, Pa.: Herald Press.

Miller, Marlin E., and Barbara Nelson Gingerich, eds.
1994 *The Church's Peace Witness*. Grand Rapids: Eerdmans.

Miller, Melissa A.

1994 *Family Violence: The Compassionate Church Responds*. Waterloo, Ont.: Herald Press.

Mitton, C. L.

1951 *The Epistle to the Ephesians: Its Authorship, Origin and Purpose*. Oxford: Clarendon.

Munro, Winsome

1983 *Authority in Paul and Peter: The Identification of a Pastoral Stratum in the Pauline Corpus and 1 Peter*. Cambridge: Cambridge Univ. Press.

Murphy, Nancey, Brad J. Kallenberg, and Mark Thiessen Nation, eds.

1997 *Virtues and Practices in the Christian Tradition: Christian Ethics After MacIntyre*. Harrisburg, Pa.: Trinity Press International.

Murphy, Roland E.

1992 "Wisdom in the OT." *ABD*, 6:920-31.

Murphy-O'Connor, Jerome

1979 *1 Corinthians*. Wilmington, Del.: Michael Glazier.

Mussner, Franz

1955 *Christus, das All und die Kirche*. Trier: Paulus.

Myers, Ched

1981 "Armed with the Gospel of Peace: The Vision of Ephesians." *Theology, News and Notes* 28:17-24.

Nickelsburg, George W. E.

1972 *Resurrection, Immortality, and Eternal Life in Intertestamental Judaism*. HTS, 26. Cambridge: Harvard Univ. Press.

Oepke, Albrecht

1964 "En." *TDNT*, 2:537-44.

Oepke, Albrecht, and Karl Georg Kuhn

1967 "Hoplon . . ." *TDNT*, 5:292-315.

Ollenburger, Ben C.

1987 *Zion, the City of the Great King: A Theological Symbol of the Jerusalem Cult*. JSOTSup, 41. Sheffield, U.K.: JSOT.

1988 "The Concept of 'Warrior God' in Peace Theology." In *Essays on Peace Theology and Witness*, ed. Willard M. Swartley, 112-27. Occasional Papers, 12. Elkhart, Ind.: Institute of Mennonite Studies.

1994 "Peace and God's Action Against Chaos in the Old Testament." In *The Church's Peace Witness*, ed. Marlin E. Miller and Barbara Nelson Gingerich, 70-88. Grand Rapids: Eerdmans.

Page, Sydney H. T.

1995 *Powers of Evil: A Biblical Study of Satan and Demons*. Grand Rapids: Baker Books.

Patrick, Dale

1992 "Election: Old Testament." *ABD*, 2:434-41.

Patzia, Arthur G.

1990 *Ephesians, Colossians, Philemon. New International Biblical Commentary*. Peabody, Mass.: Hendrickson Publishers.

1995 *The Making of the New Testament: Origin, Collection, Text and Canon*. Downers Grove, Ill.: InterVarsity.

Penner, Carol

1992 "Content to Suffer: An Exploration of Mennonite Theology from the Context of Violence Against Women." In *Peace Theology and Violence Against Women*, ed. Elizabeth G. Yoder, 99-111. Occasional Papers, 16. Elkhart, Ind.: Institute of Mennonite Studies.

Penner, Erwin

1990 *The Power of God in a Broken World: Studies in Ephesians*. Luminaire Studies. Winnipeg: Kindred.

Perkins, Pheme

1997 *Ephesians*. ANTC. Nashville: Abingdon. Pfammatter, Josef

1987 *Epheserbrief/Kolosserbrief.* Die Neue Echterbibel: Neues Testament. Würzburg: Echter.

Pfitzner, Victor G.

1967 P*aul and the Agon Motif: Traditional Athletic Imagery in the Pauline Literature*. NovTSuppl., 16. Leiden: Brill.

Pokorny, Petr

1965 *Der Epheserbrief und die Gnosis: Die Bedeutung des Haupt- Gliedergedankens in der entstehenden Kirche*. Berlin: Evangelische Verlagsanstalt.

Quell, Gottfried

1967 "Eklegomai. . . ." *TDNT*, 4:145-68.

Rad, Gerhard von

1991 *Holy War in Ancient Israe*l. Trans. Marva J. Dawn. Grand Rapids: Eerdmans.

Ramseyer, Robert L.

1979 "Mennonite Missions and the Christian Peace Witness." In *Mission and the Peace Witness*, ed. Robert L. Ramseyer, 114-34. Scottdale, Pa.: Herald Press.

1984 "The 'Great Century' Reconsidered." In *Anabaptism and Mission*, ed. Wilbert R. Shenk, 178-87. Institute of Mennonite Studies, Missionary Studies, 10. Scottdale, Pa.: Herald Press.

Ramseyer, Robert L., editor

1979 *Mission and the Peace Witness*. Scottdale, Pa.: Herald Press. Reese, David George

1992 "Demons: New Testament." *ABD*, 2:140-42. Resources Commission, Conference of Mennonites in Canada, ed.

1997 *Naming the Sheep: Understanding Church Membership: Voices in Dialogue*. Winnipeg: Resources Commission, Conference of Mennonites in Canada.

Richards, Kent Harold

1992 "Bless/Blessing." *ABD*, 1:753-55.

Roetzel, Calvin J.

1983 "Jewish Christian-Gentile Christian Relations: A Discussion of Ephesians 2, 15a." *Zeitschrift für neutestamentliche Wissenschaft* 4:81-89.

1998 *The Letters of Paul: Conversations in Context*. 4th ed. Louisville: Westminster John Knox.

Robinson, James M., director

1988 *The Nag Hammadi Library in English.* 3d ed. Trans. members of the Coptic Gnostic Library Project of the Institute for Antiquity and Christianity. New York: Harper & Row.

Roon, A. van

1974 *The Authenticity of Ephesians*. Leiden: Brill.

Rubinkiewicz, Richard

1975 "Ps LXVIII 19 (=Eph IV 8) Another Textual Tradition or Targum?" *Novum Testamentum* 17:219-24. Rudolph, Kurt

1983 *Gnosis: The Nature and History of Gnosticism*. Trans. Robert McLachlan Wilson. San Francisco: Harper & Row.

1992 "Gnosticism." *ABD*, 2:1033-40.

Russell, Letty M.

1984 *Imitators of God: A Study Book on Ephesians*. New York: Mission Education and Cultivation Program Dept., General Board of Global Ministries.

1985 "Authority and the Challenge of Feminist Interpretation." In *Feminist Interpretation of the Bible*, ed. Letty M. Russell, 137-46. Philadelphia: Westminster.

Sanders, Jack T.

1971 *The New Testament Christological Hymns: Their Historical and Religious Background*. SNTSMS, 15.

Cambridge: Cambridge Univ. Press.

Cambridge: Cambridge Univ. Press.

Schweizer, Eduard

1961 "Die Kirche als Leib Christi in den paulinischen Antilegomena." *Theologische Literaturzeitung* 86:241-56.

1972 "Huios, Huithesia." *TDND*, 8:334-99.

1982 *The Letter to the Colossians: A Commentary*. Trans. Andrew Chester. Minneapolis: Augsburg.

Shenk, Wilbert R., ed.

1983 *Exploring Church Growth*. Grand Rapids: Eerdmans.

1984 *Anabaptism and Mission*. Institute of Mennonite Studies, Missionary Studies, 10. Scottdale, Pa.: Herald Press.

Shillington, George V.

1998 *2 Corinthians. Believers Church Bible Commentary*. Waterloo, Ont.: Herald Press.

Shogren, Gary S.

1992 "Election: New Testament." *ABD*, 2:441-44.

Sider, Ronald J.

1993 *One-Sided Christianity? Uniting the Church to Heal a Lost and Broken World.* Grand Rapids: Zondervan.

Simons See Menno

Smith, Derwood C.

1973 "The Two Made One: Some Observations on Eph. 2:14-18." *Ohio Journal of Religious Studies* 1:34-54.

Smyth, Herbert Weir

1956 *Greek Grammar*. Ed. Gordon M. Messing. Cambridge: Harvard Univ. Press.

Snyder, C. Arnold

1992 "An Anabaptist Vision for Peace: Spirituality and Peace in Pilgram Marpeck." *Conrad Grebel Review* 10/2:187-203.

Steinmetz, Franz-Joseph

1969 *Protologische Heilszuversicht: Die Strukturen des soteriologischen und christologischen Denkens im Kolosser- und Epheserbrief*. FTS, 2. Frankfurt: Josef Knecht.

Stowers, Stanley K.

1986 *Letter Writing in Greco-Roman Antiquity*. Library of Early Christianity, 5. Philadelphia: Westminster.

1992 "Letters: Greek and Latin Letters." *ABD*, 4:290-93.

Stuhlmacher, Peter

1981 "'Er ist unser Friede' (Eph 2,14) Zur Exegese und Bedeutung von Eph 2,14-18." In *Versöhnung, Gesetz und Gerechtigkeit: Aufsätze zur biblischen Theologie*, ed. Peter Stuhlmacher. Göttingen: Vandenhoeck & Ruprecht.

Swain, Lionel

1980 *Ephesians. New Testament Message, 13*; Wilmington, Del.: Michael Glazier.

Swartley, Willard M.

1983 *Slavery, Sabbath, War, and Women: Case Issues in Biblical Interpretation*. Scottdale, Pa.: Herald Press.

1990 "God as Father: Patriarchy or Paternity?" *Daughters of Sarah*, Nov.-Dec.: 12-14.

1994 *Israel's Scripture Traditions and the Synoptic Gospels: Story Shaping Story.* Peabody, Mass.: Hendrickson Publishers.

1996 "War and Peace in the New Testament." *Aufstieg und Niedergang der römischen Welt*, II.26.3:2298-408.

2000 "Discipleship and Imitation of Jesus/Suffering Servant: The Mimesis of New Creation." In *Violence Renounced: René Girard, Biblical Studies,* and Peacemaking, ed. Willard M. Swartley, 218-45. Studies in Peace and Scripture (IMS), 4. Telford, Pa.: Pandora Press U.S.; Scottdale, Pa.: Herald Press.

Swartley, Willard M., ed.

1988 *Essays on Spiritual Bondage and Deliverance. Occasional Papers,* 11. Elkhart, Ind.: Institute of Mennonite Studies.

1988a *Essays on Peace Theology and Witness. Occasional Papers*, 12. Elkhart, Ind.: Institute of Mennonite Studies.

1992 *The Love of Enemy and Nonretaliation in the New Testament. Studies in Peace and Scripture* (IMS), 3. Louisville: Westminster John Knox.

Tanzer, Sarah J.

1994 "Ephesians." In *Searching the Scripture*. Vol. 2: A Feminist Commentary, ed. Elizabeth Schüssler Fiorenza, 325-48. New York: Crossroad.

TDNT Ed. G. Kittel et al.

1964-76 *Theological Dictionary of the New Testament*. 9 vols. Trans. and ed. G. W. Bromiley. Grand Rapids: Eerdmans. Thistlethwaite, Susan Brooks

1985 "Every Two Minutes: Battered Women and Feminist Interpretation." In *Feminist Interpretation of the Bible,* ed. Letty M. Russell, 96-107. Philadelphia: Westminster.

Thomson, Ian H.

1995 *Chiasmus in the Pauline Letters*. JSNTSS, 111. Sheffield, U.K.: Sheffield Academic Press.

Thurston, Bonnie

1995 *Reading Colossians, Ephesians, and 2 Thessalonians: A Literary and Theological Commentary.* New York: Crossroad.

Toews, J. B.

1993 *A Pilgrimage of Faith: The Mennonite Brethren Church in Russia and North America 1860-1990.* Winnipeg: Kindred.

Trobisch, David

1994 *Paul's Letter Collection: Tracing the Origins*. Minneapolis: Fortress.

Urbrock, William J.

1992 "Blessings and Curses." *ABD*, 1:755-61.

Verner, D. C.

1993 *The Household of God: The Social World of the Pastoral Epistles.* Chico, Calif.: Scholars Press.

Volf, Miroslav

1996 *Exclusion and Embrace: A Theological Exploration of Identity*, Otherness, and Reconciliation. Nashville: Abingdon.

Von Rad See Rad

Wagner, C. Peter

1988 *The Third Wave of the Holy Spirit.* Ann Arbor, Mich.: Vine Books.

Wagner, C. Peter, ed.

1991 *Engaging the Enemy: How to Fight and Defeat Territorial Spirits*. Ventura, Calif.: Regal Books. Waltner, Erland

1999 "1 Peter." In *1-2 Peter;* Jude, by Erland Waltner and J. Daryl Charles. Believers Church Bible Commentary. Scottdale, Pa.: Herald Press.

Warner, Timothy M.

1988 "An Evangelical Position on Bondage and Exorcism." In *Essays on Spiritual Bondage and Deliverance*, ed. Willard M. Swartley, 77-88. Occasional Papers, 11. Elkhart, Ind.: Institute of Mennonite Studies.

1991 *Spiritual Warfare: Victory over the Powers of This Dark World.* Wheaton, Ill.: Crossway Books.

Weiser, Artur

1968 "Pisteuō. . . ." *TDNT*, 6:174-228.

Wenger, J. C.

1954 *Introduction to Theology: A Brief Introduction to the Doctrinal Content of Scripture Written in the Anabaptist-Mennonite Tradition.* Scottdale, Pa.: Herald Press.

Wengst, Klaus

1987 *Pax Romana and the Peace of Jesus Christ.* Philadelphia: Fortress.

Westermann, Claus

1992 "Peace (Shalom) in the Old Testament." In *The Meaning of Peace: Biblical Studies,* ed. Perry B. Yoder and Willard M. Swartley, 16-48. Louisville: Westminster John Knox.

Wiens, Devon

1967 "Holy War Theology in the New Testament and Its Relationship to the Eschatological Day of the Lord Tradition." Ph.D. diss., Univ. of Southern California.

Wild, Robert A.

1984 "The Warrior and the Prisoner: Some Reflections on Ephesians 6:10-20." *Catholic Biblical Quarterly* 46:284-98.

1985 "'Be Imitators of God': Discipleship in the Letter to the Ephesians." In *Discipleship in the New Testament,* ed. Fernando F. Segovia, 127-43. Philadelphia: Fortress.

Wind isch, Hans

1925 "Friedensbringer—Gottessöhne." *Zeitschrift für die neutestamentliche Wissenschaft* 24:240-60.

Wink, Walter

1984 *Naming the Powers: The Language of Power in the New Testament.* The Powers, 1. Philadelphia: Fortress.

1986 *Unmasking the Powers: The Invisible Forces That Determine Human Existence.* The Powers, 2. Philadelphia: Fortress.

1992 *Engaging the Powers: Discernment and Resistance in a World of Domination.* The Powers, 3. Minneapolis: Fortress.

1998 T*he Powers That Be: Theology for a New Millennium.* New York: Doubleday.

1998a *When the Powers Fall: Reconciliation in the Healing of Nations.* Minneapolis: Fortress.

Wordelman, Amy L.

1992 "Everyday Life: Women in the Period of the New Testament." In *The Women's Bible Commentary,* ed. Carol A. Newsom and Sharon H. Ringe, 390-6. Louisville: Westminster John Knox.

Yarbro Collins, Adela

1992 "Apocalypses and Apocalypticism: Early Christian." *ABD,* 1:288-92.

Yoder, Elizabeth G., ed.

1992 P*eace Theology and Violence Against Women.* Occasional Papers, 16. Elkhart, Ind.: Institute of Mennonite Studies.

Yoder, John Howard

1964 *The Christian Witness to the State.* 『국가에 대한 기독교의 증언』 (대장간역간), Newton, Kan.: Faith & Life. Repr., Eugene, Ore.: Wipf and Stock, 1997.

1972 The Legacy of Michael Sattler. Scottdale, Pa.: Herald Press.

1979 "The Contemporary Evangelical Revival and the Peace Churches." In *Mission and the Peace Witness,* ed. Robert L. Ramseyer, 68-103. Scottdale, Pa.: Herald Press.

1983 "The Social Shape of the Gospel." In *Exploring Church Growth,* ed. Wilbert R. Shenk, 277-84. Grand Rapids: Eerdmans.

1985 *He Came Preaching Peace.* 『선포된 평화』 (대장간역간) Scottdale, Pa.: Herald Press.

1987 *The Fullness of Christ: Paul's Vision of Universal Ministry.* 『그리스도의 충만함』 (대장간역간) Elgin, Ill.: Brethren Press.

1990 "The One or the Many? The Pauline Vision and the Rest of the Reformation." In *Servants of the Word:*

Ministry in the Believers' Church, ed. David B. Eller, 51-64, with responses by Gerald T. Sheppard and Luke L. Keefer Jr. Elgin, Ill.: Brethren Press.

1992 *Body Politics: Five Practices of the Christian Community Before the Watching World.* 『교회, 그 몸의 정치』 (대장간역간) Nashville: Discipleship Resources. Repr., Scottdale, Pa.: Herald Press, 2001.

1994 *The Politics of Jesus.* 『예수의 정치학』 (IVP역간) 2nd ed. Grand Rapids: Eerdmans. 1994a The Royal Priesthood: Essays Ecclesiological and Ecumenical. Grand Rapids: Eerdmans. Repr., Scottdale, Pa.: Herald Press, 1998.

1997 "Practicing the Rule of Christ." In *Virtues and Practices in the Christian Tradition: Christian Ethics After MacIntyre*, ed. Nancey Murphy, Brad J. Kallenberg, and Mark Thiessen Nation. Harrisburg, Pa.: Trinity Press International.

1997a *For the Nations: Essays Evangelical and Public.* Grand Rapids: Eerdmans. Yoder, Perry B.

1986 *Shalom: The Bible's Word for Salvation, Justice, and Peace.* Newton, Kan.: Faith & Life. Yoder, Perry B., and Willard M. Swartley, eds.

1992 *The Meaning of Peace: Biblical Studies.* Studies in Peace and Scripture (IMS), 2. Louisville: Westminster John Knox. Rev. ed. with changed pagination, Elkhart, Ind.; Institute of Mennonite Studies, 2001.

Yoder Neufeld, Thomas R.

1989 "Christian Counter Culture: Ecclesia and Establishment." *Mennonite Quarterly Review* 63/2:193-209.

1990 "Paul, Women, and Ministry in the Church." *Conrad Grebel Review* 8:289-99.

1993 "'Bound by Peace' (Ephesians 4:3): The Reconciliation of Divergent Traditions in Ephesians." *Conrad Grebel Review* 11/3:211-32.

1997 "*Put On the Armour of God*": The Divine Warrior from Isaiah to Ephesians. JSNTSS, 140; Sheffield, U.K.: Sheffield Academic Press.

1999 "Power, Love, and Creation: The Mercy of the Divine Warrior in the Wisdom of Solomon." In *Peace and Justice Shall Embrace: Power and Theopolitics in the Bible*, ed. Ted Grimsrud and Loren L. Johns, 174-91. Festschrift for Millard Lind. Telford, Pa.: Pandora Press U.S.; Scottdale, Pa.: Herald Press.

1999a "Natural Church Development and the New Testament: Comparison and Assessment." *Mission Focus: Annual Review* 7:69-82 (issue has further articles on an "Anabaptist Look at Natural Church Development," by Ronald W. Waters and Lois Barrett)

2000 "Anastatic Anabaptists: Made Alive and Empowered to Preach Peace." *Vision: A Journal for Church and Theology* 1/1:57-65.

Zerbe, Gordon

1994 Response to Yoder Neufeld's "Bound by Peace" (see under Yoder Neufeld) Conrad Grebel Review 12/1:89-95.

추가적인 자료

일반자료

Brown, Raymond E. *An Introduction to the New Testament.* New York: Doubleday, 1997. Excellent on Ephesians and related topics.

Patzia, Arthur G. *The Making of the New Testament: Origin, Collection, Text and Canon. Downers Grove, Ill.*: InterVarsity, 1995. An evangelical scholar's excellent introduction to critical issues on the origin of NT documents, including Ephesians.

Guthrie, Donald. *New Testament Introductio*n. Rev. ed. Downers Grove, Ill.: InterVarsity, 1990. A conservative scholar who doubts that pseudepigraphy is found in the NT.

핵심연구자료

Arnold, Clinton E. *Ephesians: Power and Magic: The Concept of Power in Ephesians in Light of Its Historical Setting.* SNTS MS, 63. Cambridge Univ. Press, 1989. Grand Rapids: Baker Book House, 1997. Evangelical scholar treats issues of spiritual power/s. Also wrote *Powers of Darkness: Principalities and Powers in Paul's Letters.* Downers Grove, Ill.: InterVarsity Press, 1992.

Fee, Gordon D. *God's Empowering Presence: The Holy Spirit in the Letters of Paul.* Peabody, Mass.: Hendrickson 1994. An eminent evangelical Pentecostal scholar exegetes passages relevant to the Holy Spirit in Paul's letters, including Ephesians.

Grenz, Stanley J., with Denise Muir Kjesbo. *Women in the Church: A Biblical Theology of Women in Ministry.* Downers Grove, Ill.: InterVarsity, 1995. From an evangelical biblical perspective, forceful defense of women's role in the ministry of the church.

McAlpine, Thomas H. *Facing the Powers: What Are the Options?* Monrovia, Calif.: MARC, 1991. Incisive analysis of interpretations of the powers; calls for holistic reading of Bible.

Schüssler Fiorenza, Elisabeth. *In Memory of Her: A Feminist Theological Reconstruction of Christian Origin.* New York: Crossroad, 1983. A classic feminist interpretation of NT; influential discussion of the Household Code as a retreat from the radicalism of Jesus and early church.

Yoder, John Howard. *The Politics of Jesus.* 2d ed. Grand Rapids: Eerdmans, 1994. A milestone in Mennonite theology, ethics, and biblical studies; relevant on the powers and subordination.

논평자료

Barth, Markus. *Ephesians.* 2 vols. Garden City, N.Y.: Doubleday, 1974. A mine of information and theologically informed opinion; still widely used. Insists Paul is author of Ephesians.

Best, Ernest. Ephesians. ICC. Edinburgh: T & T Clark, 1998. Cf. *Essays on Ephesians.* Edinburgh: T & T Clark, 1997. Sees Ephesians shifting focus from world mission to inner-directed concerns for church preservation and order—differing from interpretation given in this commentary.

Lincoln, Andrew T. *Ephesians.* WBC. Dallas: Word Books, 1990. Still the best commentary on Ephesians.

Represents critical and evangelical sensibilities; technically and theologically satisfying.

Martin, Ralph P. *Ephesians, Colossians, and Philemon*. Interpretation. Atlanta: John Knox, 1991. Lively, engaging, for preachers-teachers, by a leading evangelical biblical scholar.

Penner, Erwin. *The Power of God in a Broken World: Studies in Ephesians*. Luminaire Studies. Winnipeg: Kindred, 1990. A pastorally perceptive commentary by a Mennonite Brethren Scholar.

Perkins, Pheme *Ephesians*. ANTC. Nashville: Abingdon, 1997. Concise, lucid, and particularly useful in identifying links between Ephesians and the Dead Sea Scrolls.

Russell, Letty M. *Imitators of God: A Study Book on Ephesians*. New York: Mission Education and Cultivation Program Dept., General Bd. of Global Ministries, 1984. A leading feminist scholar connects scholarship to the real life of believers.

Schnackenburg, Rudolf. *Ephesians*. Trans. Helen Heron. Edinburgh: T & T Clark, 1991. With the best of European Catholic scholarship, treats the history of interpretation over the millennia.

.

자료색인